婺城年鉴

（2017）

金华市婺城区地方志编纂委员会　　编

方志出版社
Publishing House of Local Records

图书在版编目(CIP)数据

婺城年鉴. 2017 / 金华市婺城区地方志编纂委员会编. -- 北京 : 方志出版社, 2019.12
ISBN 978-7-5144-4085-0

Ⅰ. ①婺… Ⅱ. ①金… Ⅲ. ①区(城市)-金华-2017-年鉴 Ⅳ. ①Z525.54

中国版本图书馆 CIP 数据核字(2020)第 086636 号

婺城年鉴(2017)

编　　者:金华市婺城区地方志编纂委员会

责任编辑:丛　珺

出 版 者:方志出版社

地址　北京市朝阳区潘家园东里 9 号(国家方志馆 4 层)

邮编　100021

网址　http://www.fzph.org

发　　行:方志出版社图书经销中心

电话(010)67110500

经　　销:各地新华书店

印　　刷:金华市远大印刷有限公司

开　　本:889×1194　1/16

印　　张:22.75

字　　数:619 千字

版　　次:2019 年 12 月第 1 版　2019 年 12 月第 1 次印刷

印　　数:001~300 套

ISBN 978-7-5144-4085-0　定价:200.00 元

编辑说明

一、年鉴以毛泽东思想、邓小平理论、“三个代表”重要思想、科学发展观、习近平新时代中国特色社会主义思想为指导，坚持辩证唯物主义和历史唯物主义的立场、观点和方法，以服务婺城改革开放、经济建设、全面建成小康社会为宗旨，记述2016年婺城区贯彻落实党的各项方针政策的情况以及全区各系统、各部门、各行业的新成就、新经验、新情况、新矛盾，客观反映婺城的经济、政治、文化和社会发展状况。

二、《婺城年鉴(2017)》全面、客观、系统记述婺城行政区域自然、政治、经济、文化、社会和生态文明建设的史册。资料力求全面、真实、准确，具有一定的权威性和连续性。为各方面了解研究婺城提供全面、系统、翔实的信息资料。

三、婺城年鉴采用分类编辑法。分为类目、分目、条目3个层次，以条目为主要载体，个别内容设有子目。为方便检索，不同层次的标题用不同的字号、字体和版式。索引采用条目检索，以笔画为序，笔画相同则按音序排序。

四、本年鉴记述年限为2016年1月1日至2016年12月31日。为保持事物的完整性、连续性和可比较性，部分内容、数据作上溯处理。收录范围为婺城区(含委托婺城区管理)的机关部门、园区、乡镇、街道和企事业单位。

五、本年鉴采用的文稿由区各机关、各部门、单位指定专人负责撰写，经年鉴编辑室修改整理后，再反馈各供稿单位，经相关领导审核后定稿；照片由各单位、部门提供。撰稿人姓名加括号列在类目、分目或条目后面。

六、本年鉴中的数据均经有关部门核实，综合性数据以区统计局提供的统计年鉴为准。

七、组织机构及负责人名录由区四套班子及组织部提供。

八、本年鉴的编辑出版，金华市地名委员会办公室提供了金华城区图；照片由各单位提供，区统计局提供了大量表格数据。

金华市婺城区地方志编纂委员会

《婺城年鉴（2017）》编辑室

主　编： 戴增贵

编　辑： 朱艳萍　范升元　方素佳

金华市婺城区政区图（2012年）
金华市
婺城区
金东区
兰溪市
建德市
龙游
兰江
云山
上华
女埠
永昌
赤溪
游埠镇
黄店镇
灵洞（石关）
罗店
竹马馆
白龙桥
汤溪
蒋堂
罗埠
洋埠镇
琅琊
长山
雅畈
苏孟
赤松镇（二仙桥）
曹宅镇
岭下镇（岭下朱）
江东镇（横店）
多湖
三江
江南
西关
城西
城中
城东
城北
新狮
秋滨
天井孔
十里牌楼
金华互通
兰溪互通
金华西互通
游埠互通
岭下朱互通
金华枢纽
沪昆高速（杭金衢段）
长深高速（金丽温段）
G330
S313
S314
S315
大盘山
1312
金华电视台转播台

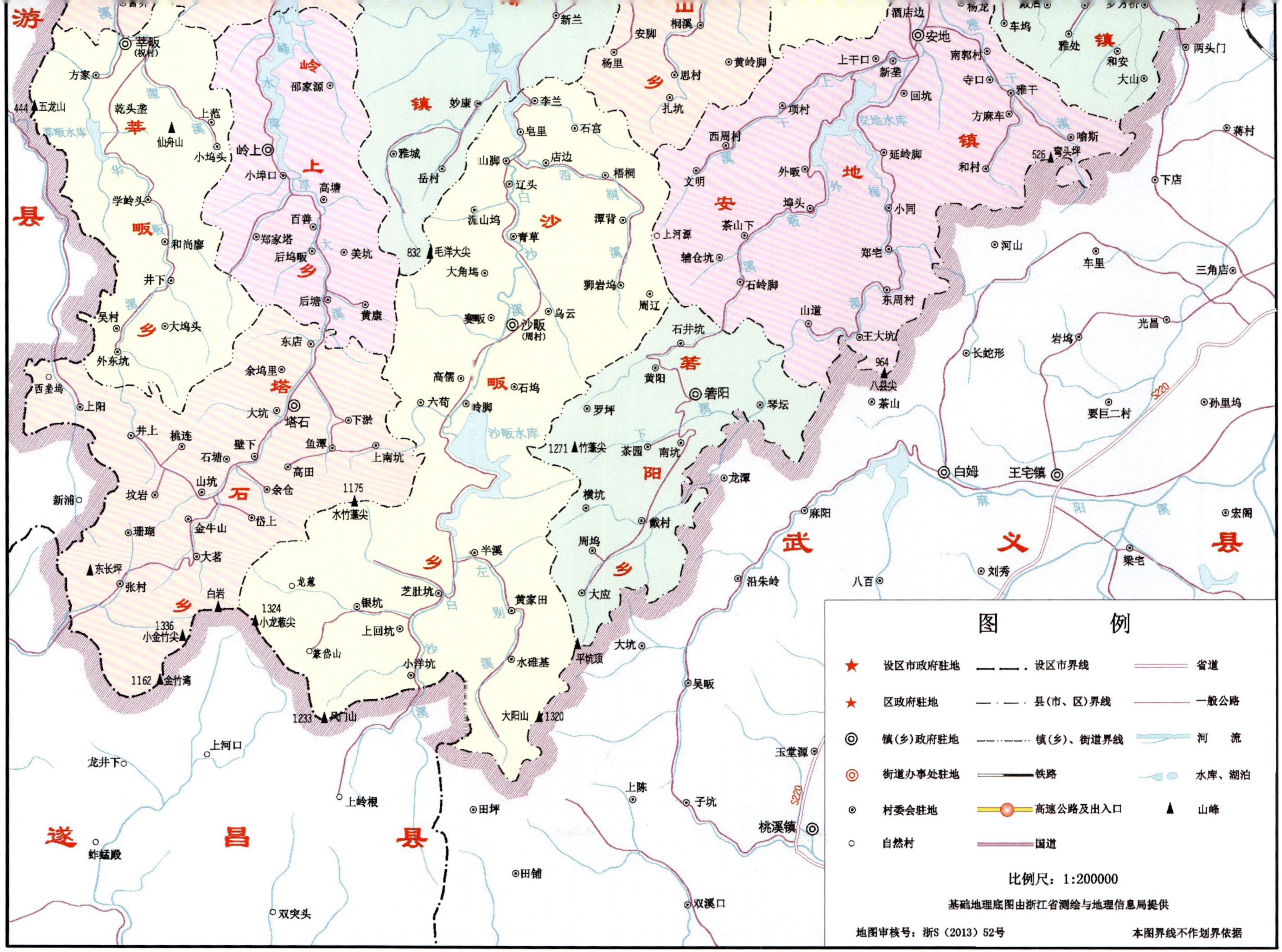

图 例
设区市政府驻地
区政府驻地
镇(乡)政府驻地
街道办事处驻地
村委会驻地
自然村
设区市界线
县(市、区)界线
镇(乡)、街道界线
铁路
高速公路及出入口
国道
省道
一般公路
河 流
水库、湖泊
山峰
比例尺：1:200000
基础地理底图由浙江省测绘与地理信息局提供
地图审核号：浙S（2013）52号
本图界线不作划界依据
武义县
遂昌县
莘畈乡
上岭乡
塔石乡
沙畈乡
箬阳乡
安地镇
莘畈(祝村)
岭上
塔石
沙畈(周村)
箬阳
安地
白姆
王宅镇
桃溪镇
沙畈水库
安地水库
莘畈水库

6月13日，省委副书记王辉忠(中)在园区调研考察，市委书记赵光君(右二)，市长暨军民(右一)陪同

(区网络经济发展局供稿)

3月14日，省委常委宣传部部长葛慧君(中)考察婺城区蒋堂镇泽口村文化礼堂建设工作，金华市委书记赵光君(右二)陪同

(区网络经济发展局供稿)

7 月 5 日，省检察院检察长汪瀚(左三)一行到婺城区检察院调研指导，区委书记王健(左四)陪同

(区检察院供稿)

1 月 30 日，市长暨军民(左一)一行到阳光社区走访民情　(三江街道供稿)

6月2日，市人大常委会主任黄锦朝（左一）在塔石检查工作　　　（塔石乡政府供稿）

重阳节，市长暨军民慰问婺城区百岁老人
（区民政局供稿）

8月3日，副市长林丹军(左一)调研婺城区图书馆免费开放工作　　　（区图书馆供稿）

8 月 12 日，副市长祝伦根（右二）到后尘村检查指导无违建创建工作　（苏孟乡政府供稿）

1 月 10 日，市委常委组织部部长余杰一（右一）到浙中信息产业园区调研考察

（区网络经济发展局供稿）

3 月 29 日，区委书记王健（左二）在塘头村调研　（塔石乡政府供稿）

7 月 26 日，区委常委宣传部部长方鹰（中）到山坑文化礼堂检查工作　　（塔石政府供稿）

12 月 13 日，省妇联副巡视员沈建新（右二）带队到婺城区考核平安家庭创建工作　　（区妇联供稿）

5 月 31 日，婺城区政协专题调研新城区开发建设　　（婺城新城区供稿）

6月6日，婺城新城区开发建设实景(一)　(婺城新城区供稿)

6月6日，婺城新城区开发建设实景(二)　(婺城新城区供稿)

12 月 30 日,区召开第七次党代会 （区委办供稿）

5 月 4 日,共青团金华市婺城区第八届代表大会召开 （区团委供稿）

10 月 27 日，区纪委召开区纪检工作会议（区纪委供稿）

7 月 15 日，区妇联举办传承好家风、护航 G20 暨文明城市创建推进会（区妇联供稿）

9 月 9 日，婺城区召开第 32 个教师节表彰大会（区教育局供稿）

9 月 24 日，民进婺城区基层委员会成立大会暨第一次会员大会召开　（民进婺城区基层委员会供稿）

11 月 8 日，白龙桥镇农民合作经济组织联合会成立　（区供销社供稿）

12 月 22 日，秋滨小学少年警校成立
（市交警一大队供稿）

3月7日，竹马乡工业功能区妇女联合会成立　　（竹马乡政府供稿）

11月22日，区妇联在沙畈乡中心小学成立春蕾班

（区妇联供稿）

3月15日，区市场监管局开展“3·15”消费维权活动

（区市场监管局供稿）

4 月 22 日，民革婺城基层委员会举办纪念孙中山先生诞辰 150 周年活动

（民革婺城基层委供稿）

10 月 15 日，小学生主题墙画活动

（区委宣传部供稿）

9 月 26 日，民革婺城总支开展捐赠助学献爱心活动　　（民革婺城总支供稿）

10 月 15 日，婺城区举办“永远跟党走”婺城区纪念红军长征胜利 80 周年演唱会　(区文化馆供稿)

3 月 24 日，婺城区举行“五水共治”诗歌朗诵会　(区文化馆供稿)

5月19日，婺城区举办第六届精神文明建设“草根奖”颁奖典礼 （区委宣传部供稿）

4月25日，婺城区平安志愿者队伍启动仪式 （区公安局供稿）

6 月 22 日，“非遗”活动进文化礼堂

（汤溪镇政府供稿）

12 月 5 日，金华市委宣传部向章均斌颁发“发现最美金华人，金华好人榜”荣誉证书

（交警一大队供稿）

6 月 1 月，幼儿园六一文艺会演

（区文化馆供稿）

12 月 27 日，北苑小学在第十六届中小学生“舞动婺城·逐梦路上”艺术展演上演出 （区教育局供稿）

12 月 27 日，站前小学在第十六届中小学生“舞动婺城·逐梦路上”艺术展演上演出 （区教育局供稿）

1 月 9 日，举办“缤纷舞星”婺城区 2016 年首届少儿舞蹈展演 （区文化馆供稿）

4 月 1 日，山花烂漫、美丽婺城塔石三月三民俗文化节开幕

（区妇联供稿）

10 月 22 日，婺城区第五届民俗文化艺术节开幕 （区文化馆供稿）

G20 杭州峰会婺城增援队

（区公安局供稿）

3月8日，区妇联表彰五好家庭示范户
（区妇联供稿）

5月30日，区检察院开展检察官牵手少年梦活动　（区检察院供稿）

5月6日，乾西乡拆除违章建筑
（乾西乡政府供稿）

目 录

特 载

专 辑

大事记

婺城概览

中国共产党金华市婺城区委员会

中国共产党金华市婺城区纪律检查委员会

金华市婺城区人民代表大会常务委员会

金华市婺城区人民政府

中国人民政治协商会议 金华市婺城区委员会

民主党派

群众团体

园　区

法治　军事

工　业

统计　发改　物价　粮食

经济　贸易

教育　文化　体育

科学技术

民　政

财政　税务

劳动人事和社会保障

城乡建设

旅　游

交通　运输

农林　水利

卫生与人口和计划生育

审　计

市场监督管理

国土资源

城乡规划

环境保护

质量技术与安全生产监督

城市管理

供电　通信

金　融

乡镇 街道

附　录

索　引

特　载

建设都市核心　决胜全面小康
努力开创快速崛起快步赶超新局面

——2016年12月29日在中国共产党金华市婺城区第七次代表大会上的报告

中国共产党婺城区委书记　王健

中国共产党金华市婺城区第七次代表大会，是在高水平全面建成小康社会决胜阶段召开的一次重要会议。大会的主题是：深入贯彻习近平总书记系列重要讲话精神和治国理政新理念新思想新战略，全面落实省委、市委重大决策部署，动员全区广大党员和干部群众，立足新的历史起点，凝心聚力建设都市核心，众志成城决胜全面小康，努力开创婺城快速崛起快步赶超新局面。

现在，我代表中国共产党金华市婺城区第六届委员会，向大会作报告。

一、过去五年的主要成绩和基本经验

区第六次党代会以来的五年，是婺城发展史上极不平凡的五年。我们围绕“五位一体”总体布局和“四个全面”战略布局，瞄准“两富”“两美”建设目标，坚持科学发展，加快跨越提升，大力实施“工业强区、商旅兴区、生态立区、城乡统筹”发展战略，顺利完成了区第六次党代会确定的主要任务。2016年，预计实现区属生产总值263.5亿元，人均生产总值68718元，均为2011年的1.5倍；财政总收入41.4亿元，区级财政收入10.7亿元，分别是2011年的1.4倍和1.7倍；社会消费品零售总额300亿元，是2011年的1.6倍；固定资产投资113亿元，是2011年的2.3倍；城镇居民人均可支配收入44831元，农村居民人均可支配收入19534元，均为2011年的1.6倍，获国家卫生城市、国家森林城市、国家园林城市等荣誉称号。过去的五年，是婺城经济、政治、文化、社会、生态文明和党的建设全面进步的五年，也是婺城历史上一个极其重要的发展时期。

这五年，我们坚持发展为先、量质并举，综合实力显著增强。始终坚持发展第一要务，主动适应和引领经济新常态，统筹稳增长、调结构、增动力，促进经济持续健康发展。产业结构持续优化。三次产业结构由2011年的6.4:36:57.6调整为5:25.3:69.7。农业经济稳定增长。粮食生产持续增收，粮食安全有效保障，获浙江省第一届河姆渡杯粮食生产先进单位银奖。现代农业园区建设稳步推进，建成主导产业示范区1个、特色农业精品园10个、现代农业示范基地57个，生态农业、休闲农业、网络农业等新业态不断涌现，美保龙生态养殖成为全省畜牧业转型升级示范样板。工业经济提质增效。制定加快转型升级、推进工业有效投资等一系列政策，开展“双千”“双服务”等一系列扶工强工举措，全力防范化解“两链”风险，实现工业总量、质量双提升。2016年预计完成规模以上工业产值150亿元。现代服务业蓬勃发展。金华信息经济产业集聚区总体规划基本完成,浙中信息产业园区形成“一区八园”发展格局,合丰、云安阁等一批项目有序推进,荣获浙江省首批“电子商务示范县”。乡村旅游高位增长,全区接待境内外游客355.9万人次,年均增长17.2%。创新驱动增添动力。高新技术企业达78家,2016年预计实现高新技术产业增加值7.5亿元,R&D经费支出占GDP比重提高到1.75%,被认定为省级知识产权示范区。科技创新水平不断提高,实施国家富民强区专项行动和首个国家农业成果转化项目,获评省级企业研究院2家、省级科技孵化器2家,国家级企业技术中心、省科学技术奖实现零的突破。新增省级名企2家,省级名品36件。自主知识产权拥有量大幅增长,2016年预计全区专利授权量1359件,是2011年的1.4倍。人才引育成绩显著,入选国家、省“千人计划”7人。深化改革激发活力。市区体制调整顺利完成。机构改革顺利实施,进一步实现简政放权、转变职能。“四张清单一张网”初步建成,权力事项减少1069项。商事登记制度改革走在全省前列,“五证合一”“一岗综合受理”等制度催生了大众创业热潮,2016年新设企业登记、个体登记分别为2011年的1.6倍、2.8倍。农村三权改革稳步实施,实现“三权到人、权随人走、带权进城”。资源要素市场化配置改革加快推进,以“亩产论英雄”的资源要素配置机制初步形成。公车改革、国有林场改革全面完成。

这五年,我们坚持精准施策、组合出拳,转型升级显著加快。坚定不移念好“拆治归”三字经,进一步拓展发展空间,转换发展动力,提升发展质量。“三改一拆”势如破竹。咬定“无违建先进区”创建目标,以拆促改,拆改结合,完成旧住宅区改造210.2万平方米、旧厂区改造76万平方米、城中村改造342.3万平方米,拆除违法建筑面积630.9万平方米,拆后利用率达94%。“五水共治”取得实效。严格落实河长制,全面推进截污纳管、畜禽甲鱼养殖污染整治、农村生活污水治理和垃圾分类等工作,全区Ⅲ类以上水质乡镇交接断面提升到86.7%,基本消灭劣Ⅴ类水体。“四破攻坚”顺利推进。处置各类企业133家,收回土地91.81公顷,盘活工业用地230.45公顷,消化批而未供土地172.95公顷。“招商引资”成果丰硕。建立婺城区浙(婺)商创业创新信息库,创建了北京、深圳等异地商会,积极开展全方位、多层次的婺城推介行动,引进内资项目166个197.4亿元、外资项目16个1.2亿美元、浙(婺)商回归项目39个53.9亿元。推进市场主体培育,加强小微企业扶持和服务,培育“小上规”76家、个转企750家。

这五年,我们坚持城乡统筹、协调发展,城乡面貌显著改善。着力推进城乡相向而行、融合发展,加快新型城镇化和城乡一体化,城乡发展更趋均衡协调。老城新区更为繁荣。江北老城区加快有机更新。全省最大棚户区改造项目二七区块改造征迁基本完成,6000多户居民圆了安居梦。“城中村改造、老旧小区改造、危旧房改造、背街小巷改造、基础设施改善”超过百万平方,三江六岸景观进一步提升,城市更为精致靓丽,顺利通过国家卫生城市复审。婺城新城区“工业主引擎”“行政商业副中心”地位凸显。2016年预计完成规上工业产值120亿元,是2011年的1.5倍。新建、续建工业项目45个,万里扬乘用车变速器等一批重点工业项目建成投产,为打造先进制造业基地奠定了基础。学校、医院、残疾人服务中心、公安应急指挥中心等一批公共服务设施相继建成,酒店、办公楼等一批商业配套设施投入运行,累计结顶房地产面积100万平方米,核心区块更为饱满,人居新城初具形象。仙源湖旅游度假区进行“区镇合并”,面积扩容到40.6平方千米,金华市水上运动中心等游乐项目和旅游配套设施有序建设,旅游发展上了新台阶。城乡基础配套日趋完善。高速铁路、高速公路快速发展,区位优势更为明显。一环、二环全线贯通,330国道拓宽、金罗路改造、迎宾大道优化提升、衢江婺城航运等项目有序推进,交通网更为完善,城乡公交覆盖率提高至96%。一批重要水利设施、电力设施、通信设施投入运行,城乡差距逐步缩小。镇村面貌深刻变化。因地制宜谋划建设特色小镇,大力拓展集镇发展空间,加强乡容镇貌治理,小城镇生活环境有所改善。创建国家级生态乡镇3个、省级6个,建成美丽乡村风景线2条、精品村15个、秀美村25个,森林覆盖率达到57.9%。生态环境不断改善。实施“811”生态文明建设行动，完成印染、造纸、化工、电镀四大重污染高耗能行业整治，“两路两侧”“四边三化”“四治两化”等工作全面推进，大气治理成效明显，AQI优良率达到80.6%。

这五年，我们坚持以人为本，和谐为重，民生保障显著提高。坚持以人民为中心的发展思想，把改革发展成果更多更公平地惠及全体人民，人民群众获得感不断增强。增收致富步伐加快。织密织牢民生保障网，养老、医疗、工伤、生育等政策和社会救助机制不断完善，城乡医保参保率达到95%以上，有效解决了8815人被征地农民历史遗留问题，基本实现居家养老照料服务城乡全覆盖，荣获省级扶残助残爱心城区、全省“双拥”模范城区。积极探索“互联网+就业”等新模式拓宽就业渠道，新增城镇就业人群2.1万，城镇登记失业率始终低于3%。深入实施“精准扶贫十大行动”，欠发达山区脱贫全面提速，全面消除人均年收入“4600”元以下绝对贫困现象。公共服务扩面提升。着力推进义务教育城乡均衡发展，新建、改扩建了东市街小学等一批标准化学校，标准化学校占比达到96%，成功创建全国义务教育发展基本均衡区。职业教育稳步提升，民办教育快步发展，特色教育亮点纷呈，“学在婺城”品牌更为响亮。协调推进优质医疗资源“双下沉，两提升”，基层医疗机构全部实行国家基本药物制度，医疗卫生服务三级网络基本形成，“两孩”政策全面落地。公共体育服务体系日益健全，群众体育蓬勃发展，居民健康水平稳步提升。设立区“8890”便民服务平台，问题处理满意率达99.5%，群众诉求得到更快更好解决。精神文明更加富有。以“信义婺城”为载体，深入推进全国文明城市创建，建成省级文化示范村5个、农村文化礼堂83家，文化村覆盖率达90%以上。建设区文化馆、图书馆等一批文化基础设施，开展“激情婺城”“草根奖”评选等活动，更好满足人民群众精神文化需求。平安建设持续深化。“六五”普法圆满收官，依法行政和公正司法水平进一步提高。推进“六大防控体系”“五大平安系统”建设，全面构建“大平安”格局，圆满完成“G20杭州峰会服务保障”等重大任务，社会治理能力进一步提高。安全生产责任体系不断完善，应急救援保障机制进一步健全，社会总体保持和谐稳定。连续十一年被评为省级平安区，有望夺得平安金鼎。统战、“双拥”、民族、宗教、外事、对台、港澳等工作取得新成绩，工会、共青团、妇联、工商联、红十字会、关工委、侨联、文联、科协、残联等人民团体的桥梁纽带作用进一步增强。

这五年，我们坚持从严治党、固本强基，执政能力显著加强。坚持把抓好党建作为最大的政绩，深入开展党的群众路线教育实践活动、“三严三实”专题教育和“两学一做”学习教育，逐步推动党内教育从关键少数向广大党员拓展、从集中性教育向经常性教育拓展，从严治党的思想建设、制度建设不断向前推进。领导核心得到强化。始终坚持正确的政治方向，做到在思想上政治上行动上与以习近平为核心的党中央保持高度一致。全面落实党委(党组)意识形态工作责任制，全区党员干部“当战士”的意识不断增强。坚持和完善“一个核心、三个党组”领导体制，人大、政府、政协作用得到充分发挥，爱国统一战线进一步巩固和发展。基层基础更加扎实。以“党群连心桥”工程为统领，坚持区领导联系“九个一”活动，深入开展机关部门“双联系双服务双结对”工作，深化乡镇“全科干部”队伍建设，推动各级党员干部直接到一线抓党建、解难题。实施基层党建“整乡推进、整区提升”行动，完成328个村(社区)“红色阵地”建设，探索建立社区大党委、在外党群服务中心，持续推动软弱落后村整转，不断夯实党在基层的执政基础。队伍建设逐步加强。深入推行“红色接力棒”工程，围绕“重实才、重实干、重实绩”导向在一线选人用人，一批敢担当、重实干、有作为的“狮子型”干部脱颖而出。换届坚持向“战斗力”聚焦，打造结构、功能双优的基层团队。注重从“二七征迁”“五水共治”“三改一拆”等攻坚克难一线选拔优秀干部，有效激发了基层干部干事创业的激情和活力。党风政风不断净化。建立健全惩治和预防腐败体系，牢牢抓住落实“两个责任”的牛鼻子，严明党的纪律规矩，严格党员干部日常管理，严肃换届纪律，自觉接受巡视监督并全力持续抓好整改，推动了全面从严治党向基层延伸、向全员覆盖。

坚持有腐必反，有贪必肃，立案查处398件398人，查办副科以上干部51人，执纪问责形成强大震慑。持之以恒落实中央八项规定精神，驰而不息正风肃纪，全区党风政风和干部作风持续好转，不断推动形成弊革风清、忠诚担当、干净干事的生动局面。

五年的攻坚克难、砥砺奋进，最鲜明的特点是探索出一条顺应时代潮流、符合婺城实际的发展之路，最深刻的变化是凝聚起干部敢打硬仗能打胜仗的精气神，最有力的保障是营造出风清气正的环境。五年来取得的成绩来之不易，这是在上级党委的坚强领导下，全区各级党组织、全体党员干部和人民群众团结拼搏、努力奋斗的结果，是广大老干部、各民主党派、工商联、各人民团体和各界人士热忱关心、大力支持的结果。在此，我代表中共金华市婺城区第六届委员会，向全区广大党员、干部、群众，向驻婺部队、武警官兵，向为婺城发展作出贡献的社会各界人士，表示崇高敬意和衷心感谢！

我们在实践中创出符合上级要求、符合婺城实际的工作特色，也积累了宝贵经验：

(一)党的领导是强区之本。坚持党总揽全局、协调各方，全面发挥党的理论优势、政治优势、组织优势、制度优势和密切联系群众的优势，统筹推进经济、政治、文化、社会、生态文明建设，团结社会各界的力量，与时俱进，求真务实，奋发进取，破除改革发展稳定的一切障碍，接连夺取了一个又一个胜利，推动了美好蓝图逐步变为现实。

(二)亲民为民是执政之基。把实现好、维护好、发展好最广大人民的根本利益作为一切工作的出发点和落脚点，深入践行党的群众路线，坚持民有所呼、我有所应，与群众一块苦、一块干、一块过，赢得了人民群众的拥护和支持。

(三)改革创新是活力之源。坚持以改革撬动全局发展，以创新引领社会进步，从人民群众最期盼、制约经济社会发展最突出的领域抓起，出台一系列行之有效的改革创新举措，推动发展动能不断积聚，激发社会活力不断涌现，总体维护了“稳中有进、持续向好”的良好局面。

(四)担当有为是成事之要。广大党员干部以敢于担当之志、善于担当之能，面对问题不退缩、直视矛盾不回避，以“公罪不可无，私罪不可有”的凛然大义，以“为官一任、造福一方”的责任心，千方百计创造条件，干成了一批一直想干而未能干成的大事，完成了一批被认为不可能完成的任务。

(五)合力攻坚是制胜之招。牢固树立“一盘棋”思想，区四套班子领导、三级干部心往一处想，劲往一处使，汇集最广泛的智慧，凝聚最强大的力量，接连攻克“二七区块旧城改造房屋征迁”等重大历史难题，树立起以“二七征迁精神”为代表的新精神丰碑。

在肯定成绩的同时，我们也清醒认识到，我区底子薄、基础差、发展不平衡的基本区情没有根本改变，经济发展整体实力不强、产业层次不高、自主创新能力弱的问题仍比较突出，推进供给侧结构性改革，加快新旧动能转换的任务急迫而艰巨；区域发展中地域差距、城乡差距、群体差距仍较大，城乡环境改善还有较大空间；基本保障水平还比较低，公共服务有效供给仍然不足，人民群众收入水平整体不高。社会治理中老矛盾、新问题交织缠绕，影响平安和谐的隐患仍比较多。少部分干部担当意识、奋斗精神、工作能力有待进一步提升，不敢为、不想为、不会为的问题需要加大力度破解。极少数党组织从严治党不力，制度不严，消极腐败还在一定范围内存在。对此，我们必须增强忧患意识，紧盯不放，切实采取有力有效措施予以解决。

二、今后五年的总体要求和主要目标

未来五年，是加快建设现代化都市核心区的关键时期，也是实现党第一个百年目标，确保与全省同步高水平全面建成小康社会的决胜阶段。从外部形势看，省情、市情正发生着深刻变化。着眼新的历史方位，当前的浙江，正挺立在中国特色社会主义伟大事业的潮头上，正奔跑在“干在实处、走在前列”的跑道上，发展前景十分光明。金华紧紧抓住新一轮开放开发继续向内陆腹地推进的契机，正全力建设浙江省第四大都市区，打造全省高质量发展重要增长极，“浙中崛起”大幕已开，大势已起。未来五年，将是婺城外部发展环境大幅改善的五年，是能够借梯攀高的黄金五年。以此锚定婺城发展坐标，尽管婺城当下综合实力仍不够强，核心作用仍不够突出,但我们拥有无可比拟的主城优势,拥有千载难逢的历史机遇。当前的婺城,正处在赶超发展的道路上,正处在加快建设现代化都市核心区的征程中,快速崛起、快步赶超既有一定基础、也有良好条件。只要我们保持坚强的政治定力、战略定力、执行定力, 以卓越的智慧和昂扬的斗志积极应对风险、迎战困难,以爬坡过坎、攻坚克难的勇气来克服困难,一定能在新一轮发展中加速崛起、实现赶超。

今后五年的指导思想是:高举中国特色社会主义伟大旗帜,以马克思列宁主义、毛泽东思想、邓小平理论、"三个代表" 重要思想和科学发展观为指导, 深入贯彻党的十八大和十八届三中、四中、五中、六中全会以及习近平总书记系列重要讲话精神,以"五大发展理念"为引领,统筹推进"五位一体"总体布局和协调推进"四个全面"战略布局,坚持以"八八战略"为总纲,紧扣"全面小康、浙中崛起"总体目标和"走在前列、共建金华"工作要求,深入实施"工业强区、科创兴区、生态立区、城乡统筹"发展战略,以"做强新城区、做优老城区、做美大郊区"为抓手,全面加强经济、政治、文化、社会、生态文明建设和党的建设,快速崛起、快步赶超,为建设现代化都市核心区,与全省同步高水平全面建成小康社会而努力奋斗。

今后五年的主要工作目标是:

一是经济实力再上新台阶。"一带、两城、三区、多点"的发展格局初步形成,以四大百亿产业为核心的现代产业体系基本建立,改革机制、开放格局和科技创新体系更为完善,经济发展规模、质量和效益全面提升,地区生产总值超 370 亿元,人均生产总值逼近十万元大关,赶超发展态势更为明显。

二是发展能级取得新提升。新型城市化步伐明显加快,城、乡(镇)、村空间结构更为合理,都市区的空间形态和个性特色化的城乡风貌形成雏形。产城融合进一步深化,基础设施配套更加完善,常住人口和户籍人口城市化率超过全省平均水平,综合承载力进一步增强,核心城区地位更加凸显。

三是生态建设迈出新步伐。生态环境保护和治理取得重大成果, 资源保护与利用水平大幅提升,绿色经济、循环经济大力发展,低碳城市、绿色生态家园建设走在前列,全面实现不把违法建筑、污泥浊水、脏乱差带入全面小康。

四是百姓生活实现新进步。就业、文化、体育、社保等民生事业全面进步,教育、医疗、生态、人才四大高地更为凸显,城乡居民逐步享受到更优质更均等的公共服务, 城镇居民人均可支配收入达到 6.5 万元,农村居民人均可支配收入达到 3 万元,社会更加和谐稳定,人民群众的获得感和幸福感明显提升。

五是党的领导得到新加强。党委统揽全局、协调各方作用进一步强化, 党的建设科学化步伐加快,各级党组织和党员干部"四个意识"进一步增强。基层党组织建设全面加强,基层治理能力明显提升,高素质干部队伍和人才队伍建设取得明显成效,党群关系更加密切,基层组织和基层政权更加稳固。党内政治生活更加规范,党内监督约束不断增强,"不敢腐、不能腐、不想腐"的机制建设取得新成效。

为实现上述目标,我们要做到五个必须。

(一)必须牢固树立五大发展理念。理念是行动的先导,思路决定出路。"创新、协调、绿色、开放、共享"五大发展理念是中国共产党治国理政路径探索的理论创新,共同构成"十三五"乃至更长时期中国建设发展的新理论基础。要确保婺城新一轮发展始终朝着正确的方向前进,就必须首先确保发展理念正确,要坚决破除因循守旧、墨守成规的传统思维方式, 以五大发展理念为遵循大胆开展理论创新、实践探索,任何时候、任何情况下都绝不动摇。

(二)必须强化舍我其谁的核心意识。婺城是金华在历史发展中形成的核心,但核心不强,能级不高。面对"走在前列、共建金华"带来的新机遇,婺城必须牢牢占据新一轮发展主动权,借势巩固提升核心地位、增强核心能级,真正早日建成名副其实的都市核心区。全体党员都要心存忧患,强化核心意识,把做强核心作为分内之责,以主人翁的姿态、主力军的担当勇挑重担、勇担大任,以守土尽责舍我其谁、履职担当舍我其谁、冲锋陷阵舍我其谁的豪情,努力在每一个层级、每一个领域、每一个环节上都快人一步,胜人一筹,以全面争先推动婺城快速崛起、快步赶超。

(三)必须深化转型升级的系列举措。转型升级只有进行时,没有完成时。要实现婺城新一轮的高质高效发展,必须将“五水共治”“三改一拆”“四破攻坚”“四换三名”等转型升级组合拳一套套、一组组、一遍遍地打下去,既要强化定力持续发力,也要顺时应势优化招法,直到打出凤凰涅槃的新境界,开辟柳暗花明的新天地。

(四)必须掌握补齐短板的工作方法。补短板是全面建成小康社会的必然要求,也是省委的重大决策部署。制约婺城新一轮发展的难点,主要在于实体经济、科技创新、交通建设、城市工作、生态旅游、民生保障、改革落地“七块短板”,我们要以“高质量、均衡性”为标准,高处着眼、长远考虑、系统谋划,把补齐短板作为基本工作方法,逐块短板分析研究,制定补齐方案,并以钉钉子的精神一抓到底,推动婺城各项事业全面进步、全面提升。

(五)必须练就攻坚克难的过硬本领。发展进入换档期、改革进入深水区、稳定进入新阶段,婺城新一轮发展面临的困难和问题一点都不比之前少。稳中求进,险中求胜,没有过硬本领就闯不出发展新路。全区各级党员干部特别是领导干部要能谋善断,把好方向,驾好全局;要能治善干,通过抓重点、抓统筹、抓执行来推动工作落实;要能征善战,铆足干劲、对症下药、久久为功,用科学的方法推动疑难问题解决,才能加快现代化都市核心区的建设步伐,夺取与全省同步高水平全面建成小康社会的伟大胜利。

三、今后五年的主要任务

围绕上述目标要求,今后五年要突出抓好五个方面工作:

(一)推进转型升级,建设动能强劲的创新之城

坚持把创新摆在发展全局的核心位置,加快形成以创新为主要引领和支撑的产业体系、发展方式,在县域经济向都市区经济转型上迈出新步伐。

完善现代产业体系。以信息经济、先进装备制造、生物医药健康、商贸文化旅游等四大百亿产业为核心,制定专项发展规划,推进三年行动计划,加快建立现代产业新体系。提升先进制造业竞争力。牢固树立“制造强基、实业兴区”理念,扎实推动以先进制造业为核心的实体经济发展提质增效、蓄能增势。做大做强汽摩配、五金工量具等主导产业,大力发展节能环保、新材料等战略性新兴产业,发挥龙头骨干企业带动作用,强化专业化协作和配套能力,促进区域特色块状经济向现代产业集群发展。大力实施“三名”工程,开展“婺城制造进京东”行动,创建一批知名品牌,提高“婺城智造”、“婺城创造”竞争力。打造现代服务业集聚区。加快金华信息经济产业集聚区规划落地,做大信息经济发展平台,完善信息经济产业支撑与配套服务体系,推进电子商务、现代金融、科技服务、信息服务等产业集聚发展。借力“互联网+”战略机遇,大力发展生态文化旅游、养老健康、现代物流等新兴产业,推动商贸、餐饮等传统优势产业触网提升。发展特色化都市农业。守牢耕地红线,稳定粮食生产,进一步提升粮食生产功能区种粮产粮水平。以“一区一镇”为载体,大力发展生态农业、设施农业、休闲观光农业,培育一批集观光、休闲、体验、科普为一体的现代农业综合体,提升国家现代农业示范区。

完善创新体制机制。积极融入金义科创走廊建设,用好浙中信息产业园、上海股权交易中心金华分中心等科创平台,谋划建设浙师大婺城科技园,引导和鼓励创新人才、创新要素和创新成果向园区和优势企业集聚。推进科技体制机制创新,深化知识产权领域改革,扩大专利权质押融资试点成效,推进省级知识产权示范区建设。进一步推广创新券应用,促进科技资源开放共享。加大企业科技创新财政支持,鼓励企业创建国家级、省级技术中心和自主创新示范基地,鼓励科研院所、高等学校与企业共建学科专业和研发机构,组建产业技术创新联盟。积极发挥多层次资本市场作用,为创新型企业提供综合金融服务,引导科技型企业上市发展。

推进传统发展动力升级。推动消费、投资、出口协调发力,释放新需求,创造新供给。增强消费对增长的基础性作用,创新产品和供给服务,引导消费朝着智能、绿色、健康、安全方向转变,培育和壮大新的消费热点。发挥投资对增长的关键作用。围绕服务实体经济推进地方金融改革,大力发展普惠金

融和互联网金融。打通民间投融资渠道,完善利用社会资本建设大项目的体制机制,鼓励引导更多社会资本特别是民间资本投向基础设施和社会事业。深入实施重点项目攻坚克难活动,扎实推进重大产业项目、重大基础设施项目、重大生态环保项目、重大公共服务项目建设。突出出口对增长的促进作用,转变外贸增长方式,培育外贸产业龙头,扩大对外贸易,提高外贸产品国际竞争力,促进出口转型升级,拓展新兴市场,实现外贸市场多元化。

(二)优化总体布局,建设实力雄厚的都市之核

紧紧抓住浙江第三大城市群、第四大都市区建设机遇,在空间布局优化上下狠功夫,加快推进以人为核心的新型城镇化,着力增强发展能级。

做强新城区。做强"工业经济主战场",深入推进新城区挖潜扩容,整合提升临江分区、重点发展栅川分区、加快开发洞溪分区,通过"东接南连西扩"进一步拓展战略空间,实现整合提升 66.67 公顷,新增开发 66.67 公顷,远期规划 133.33 公顷。开辟 45 省道经济新走廊,整合提升乾西工贸区,完善蒋堂界首区块基础配套,打造先进装备制造业重要基地。集中优质资源重点培育超百亿元大企业 1 家,培育 3 家以上总产值超 10 亿元的龙头企业,培育 3 家以上新上市公司,开工建设一批投资超过 20 亿元的重大项目,力争工业经济总量再上 100 亿元。做强"品质效益新城"。优化宾虹西路沿线商业、服务业项目布局,加快环中轴景观商业核心圈业态开发,加快促进人流、信息流、资金流、物流集聚,打造金华西部商业副中心。推进婺江西路、人民西路、双溪西路西延,完善城镇交通闭合圈,推进新城区与老城区、白龙桥镇联动发展。加快配套公建项目建设,进一步提升城市品质。

做优老城区。进一步提升城市规划水平,优化生产空间、生活空间、生态空间布局,科学安排对城市带动力强的产业和项目,建设具有婺城特色的现代化城区。进一步提升城市建设标准。积极推进二七区块开发建设,全面推进龙头企业招引、安置区块建设、基础设施配套等工作,努力把二七区块改造打造成滨水核心区和旧城改造示范区。实施站前广场周边区块连片改造、整合提升,打造有特色、有内涵的街区,着力打造高铁小镇。深化"五改"工程,全面提升基础设施、改善环境面貌,西拓扩展城市发展空间,东进焕发古城新韵,北延扮靓城市窗口,打造城市功能更加完善、空间布局更加合理、生活工作环境更加宜人的核心城区。进一步提高城市管理水平。深化综合行政执法体制改革,改进城市管理工作,完善精细化管理机制,创建"智慧城市",推进城市治理现代化。

做美大郊区。大力推进仙源湖旅游度假区跨越发展,围绕"一轴五区"空间发展框架,加大营销和招商引资力度,以"生态旅游、休闲度假、水上运动、文化养生"为主题,整合山水、人文、历史、宗教等资源,打造省内一流、国内知名的湖山型生态旅游度假区,并以此带动大南山旅游开发。顺应新型城镇化发展要求,推动多规合一,凸显主体功能,依托传统产业、特色资源,加快打造宜业宜居宜游的小城镇。挖掘蒋堂富硒土壤、竹马茶花、安地桂花等自然资源和雅畈非遗文化、琅琊白沙文化、长山历史文化等文化资源,发挥山区乡镇的生态优势,以小城镇环境综合整治为抓手,开展"一加强三整治"行动,全面改善小城镇整体面貌。以美丽乡村示范区创建为抓手,科学规划美丽乡村建设"路线图"。以中心村、历史文化村落、美丽乡村精品村、美丽宜居示范村为支点,以秀美南山、桂花飘香和茶花争妍等风景线为骨架,推进最美梅溪、最美白沙溪生态景观开发,建设最美公路,打造展示婺城农村之美的风景廊道。做好历史文化村落保护利用工作,强化村庄景观和风貌特色控制引导,让居民望得见山、看得见水、记得住乡愁。

(三)融合山水人城,建设和谐共生的生态之区

牢固树立"绿水青山就是金山银山"的发展理念,持续推进环境治理和生态保护,全面改善区域生态环境、人居环境和发展环境。

深化生态环境治理。以"811"美丽婺城建设行动为总载体,积极打造具有婺城特色的"美丽金华"新典范。深入推进"五水共治",完善河长制等治理机制,基本实现城区污水全收集、全处理、全达标,全面消灭劣 V 类水质断面。扎实推进"洪涝保节"协调共治,加快建设一批具有紧缺性、关键性、带动性

的重大水利和市政基础设施项目,不断改善水资源环境和水系结构。改进城乡垃圾一体化处理模式,实现减量化、资源化、无害化处理。围绕“无违建先进区、基本无违建、无违建区”三步走创建任务,持续深化拆改工作,进一步抓好重点领域、重点类型违建的整治,实现违法建筑的常态长效治理。强化生态屏障建设,加大对饮用水源涵养生态功能区的保护力度,维持源头流域的原始生态。大力推进森林城镇、森林村庄建设,抓好天然林、人工林建设和退耕还林工作,加强湿地保护,加快建设覆盖城乡的森林生态系统。

推进资源节约集约利用。积极培育和普及生态文化,树立节约集约利用的发展理念,持续降低能源、资源消耗强度和污染排放强度。严格实施用水总量管理,不断扩大节水型社会建设覆盖范围。加强雨洪资源利用,以老城区改造和二七区块开发建设为重点,着力解决水生态、水环境、水资源、水安全等问题,打造金华海绵城市建设示范区。坚持最严格耕地保护和节约用地制度,严格土地利用规划管控和用途管制,优化生产生活生态用地比例结构。加大“四破”整治力度,促进资源要素向重大发展平台、重点项目、优势产业及强优骨干企业集聚,提高土地开发强度和产出效率。实施环境质量和污染排放总量双控,持续强化结构、工程、管理减排,推进重点领域节能降耗,全面完成大气重污染企业关停或搬迁工作。

大力发展生态经济。依托山区生态资源,大力发展生态高效农业、生态休闲观光业、绿色农产品加工业,扎实推进生态保护和生态经济发展相融合,打造辐射三镇六乡的山区生态经济示范区。坚持以“全域生态化”促进“旅游全域化”,重点打造塔石、安地、箬阳、长山、琅琊、莘畈六大民宿集群,建设一批各有侧重、主题鲜明的生态休闲经济基地,逐步构建“一核一区一圈三板块”旅游新格局。充分利用互联网平台优势,拓展优质农产品销售渠道,走出一条“山上搞生产、山下精加工、山外拓市场”的生态产业发展之路。发展壮大节能环保产业,建设再生资源回收体系,促进区域绿色低碳循环发展。

(四)深化改革开放,建设活力迸发的区域之心

坚定不移全面深化改革,着力破除制约经济社会发展的体制机制,坚定不移扩大开放,向外拓展发展新空间,为区域发展增加活力、添加动力。

纵深推进改革。推进政府机构改革,稳妥推进乡镇(园区)、村行政体制调整,建设“智慧政务”,进一步实现简政放权、便民高效。完善“四张清单一张网”建设,积极推进权力清单“瘦身”和责任清单“强身”。深化先照后证、“五证合一”“一照一码”等商事登记改革,加强信用监管和事中事后监管,建立更为便捷的市场准入制度。建立健全政府向社会购买服务和政府性债务管理体制机制,清理和规范涉企行政事业单位收费,降低实体经济发展成本。深入推进资源要素市场化配置改革,提高要素配置效能和节约集约利用水平。全面加强乡镇(街道)综治工作、市场监管、综合执法、便民服务四个平台建设,着力构建权责一致、运转高效、方便群众的基层治理体系。深入实施农村供销、生产、信用合作“三位一体”改革,进一步提升为民服务的能力和水平。

持续扩大开放。全面融入国家“一带一路”倡议,借力金华“一点一区、两大通道”构建婺城多层次、全方位对外开放新格局。实施精准招商。完善产业链招商等专业化招商机制,建立一批异地商会,积极做好浙(婺)商回归对接服务,打造婺城投资热土。扩大交流合作。以合丰服务外包产业园为依托,做强中国服务外包高地和世界服务外包基地;以两岸环保科技园为平台,做优招引台商、服务台商的对外窗口;以广交会、浙洽会等平台为重点,鼓励企业走出去抢占市场份额。大力发展开放型经济。抓牢义甬舟、义新欧大通道建设机遇,加强与义乌等地对口协作,推动区内企业借船出海。依托金义跨境电商产业园、综保区等出口平台,深入实施外贸“四个多元化”,积极鼓励企业进入大型跨国公司的全球供应和采购体系。贯彻科技兴贸战略,提高出口优势产业的科技含量和附加值。建立健全外贸风险预警和防范机制,增强应对国际经济波动和国际贸易摩擦纠纷的能力。

融入共建金华。牢固树立“共建共融共享共赢”理念,紧盯“全面小康、浙中崛起”的婺城坐标,积极

参与市区、县域合作机制创新，打造命运共同体。共建同心圆。积极参与综合交通廊道建设，依托高铁、高速公路、城市轨道和快速交通等系统，实现与城市群、都市区各城市主体的快速连接，打造"一小时通勤圈"中心枢纽。统筹货场、港口等项目建设，打造公铁水联运综合枢纽。以交通同心圆为辐射，全面融入"共建金华"产业、城镇、生态、文化四大圈层，提升融合发展整体水平。共饮一江水。实施沙金兰水库、莘畈水库、安地水库等饮用水源的供水扩面等工程，加强上下游、左右岸联合治水，推进保供水、防洪水、治污水县域合作一体化。共创大景区。积极参与浙中生态廊道建设，加强与兄弟县（市、区）旅游发展对接，实现优势互补、串点成线，打造金华旅游联合体。共赏婺文化。加强与兄弟县(市、区)"文化走亲"，推动八婺文化互动交流，实现文化发展互促互进、共同繁荣。

（五）繁荣社会事业，建设民有民享的宜居之地

加快社会事业改革创新，不断满足人民群众日益增长的物质文化需求，增强人民群众获得感。

彰显社会主义新风尚。广泛开展理想信念教育，大力实施核心价值普及等"六大行动"，提升公民道德素质。以省级文明示范城区创建为抓手，弘扬古婺传统，传承优良家风，继续办好"激情婺城"系列文化活动，建设"信义婺城"。完善乡镇综合文化站等公共文化设施，建设以农村文化礼堂为重点的农村文化服务综合体，构建更为均衡的公共文化服务体系。加强公共文化机构网上平台建设，大力发展数字图书馆、数字文化馆、数字档案馆（室）等新型文化服务平台，引导文化资源向城乡基层倾斜，实现城乡资源整合和互联互通。建立文化遗产传承保护机制，推动婺剧、民俗等传统文化与文化产业融合发展。深入实施文艺人才培养工程，努力打造一支德艺双馨的文艺队伍。加快文化产业发展，培育一批文化重点园区和一批文化龙头企业，积极创建文化强区。

提升社会保障水平。坚持"广覆盖、保基本、多层次、有弹性、可持续"的方针，建立更加完善的社会保障体系。稳步推进社保扩面征缴，提高基本养老保险待遇标准，实现城乡居民低保标准并轨。履行好兜底责任，做到应保尽保。完善社会福利体系，实现城乡养老服务全覆盖，建成标准更高的新型救助体系。健全完善城乡均等的就业创业服务体系。完善激励创业和保障就业机制，形成规模化、信息化、网络化的人力资源服务市场。健全职业培训工作体系，做好高校毕业生、退伍军人、就业困难人员等重点人员就业工作。完善劳动关系调处机制，形成企业和职工利益共享的良好局面。深入实施"低收入农户收入倍增计划""富村五年计划"，大力推进西南山区扶贫开发，完善精准扶贫举措，确保全面小康不让一个人掉队。推进水源保护地村庄萎缩化管理，加大下山移民力度，加快移民新村规划建设，实现异地搬迁3000人以上。

推进公共服务提质增效。深化教育体制改革，开展新一轮学校布局调整，推进薄弱学校改造，加强教师队伍建设，加快形成基础教育均衡优质发展、职业教育与社区教育协调发展、各类教育多元发展的格局，创建教育现代化区。全面实施"健康婺城"战略，深化医药卫生体制改革，继续深入实施"双下沉、两提升"，加快婺城区人民医院建设，加大基层医疗服务设施投入，强化分级诊疗和责任医生签约，建立更加完善、覆盖城乡的基本医疗卫生制度。落实好"全面二孩"政策，促进人口均衡发展。以"四提升四覆盖"工程为主线，大力发展健康产业，积极推进群众体育科学发展。

维护社会和谐稳定。积极探索后G20时代社会治理新模式，法治德治自治并举，加快推进社会治理现代化。深化法治政府建设，实施"七五"普法，推动全社会形成办事依法、遇事找法、解决问题用法、化解矛盾靠法的良好法治氛围。坚持突出问题治理和社会风险防范化解两手抓，推进社会治理社会化、法治化、智能化、专业化建设，进一步夯实平安基础，努力建设更高水平的"平安婺城"。依法坚决打击涉黑涉恶犯罪、食品药品环境犯罪等刑事犯罪活动，严防暴恐事件，有效遏制影响公共安全的重大突发事件和个人极端事件，切实维护公共安全。抓牢"重点领域、重点时段、重点人群"三大重心，做好"七大重点领域"安全隐患排查整治，健全突发灾害事故应急处置机制，保障人民群众生命财产安全。

四、坚定不移推进全面从严治党

坚持把党建作为最大政绩，坚决落实管党治党政治责任，以严的要求、严的精神做到管党有方、治党有力、建党有效。

(一)加强思想政治建设，塑造忠诚担当的政治品格。始终把思想政治建设放在首位，牢固树立政治意识、大局意识、核心意识、看齐意识，始终如一地向以习近平为核心的党中央看齐，自觉做到拥护核心、维护核心、紧跟核心。坚定理想信念，深入学习党的十八大以来党中央治国理政新理念新思想新战略，自觉用习近平总书记系列重要讲话精神武装头脑、指导实践。坚持真学真懂真信真用，引导推动各级党员干部始终坚定道路自信、理论自信、制度自信、文化自信。全面落实党委(党组)意识形态工作主体责任，始终保持正确的政治方向、价值取向和舆论导向，牢牢占领思想阵地和舆论阵地，全面掌握意识形态领域的领导权、话语权、主动权。

(二)严肃党内政治生活，营造同心合力的干事环境。坚持党委总揽全局，协调各方，认真执行党委(党组)工作、议事规则和决策程序，确保议而有决、决而有行、行而有效。积极支持人大及其常委会依法行使职权，支持政府依法行政、高效工作，支持政协依章履行职能，支持审判机关和检察机关依法独立公正行使审判权和检察权。推动群团工作改革创新，扎实做好统战、双拥、民族、宗教、外事、对台、港澳、工会、共青团、妇联、工商联、红十字会、关工委、侨联、文联、科协、残联等方方面面工作。全面加强和规范党内政治生活，增强党内政治生活的政治性、时代性、原则性、战斗性，努力形成又有集中又有民主、又有纪律又有自由、又有统一意志又有个人心情舒畅生动活泼的政治局面。抓住继承和创新两个关键环节，坚持和完善“三会一课”、民主生活会和组织生活会、谈心谈话、星级评定和党性分析等制度，做到每个党员干部不论职务高低都要自觉参加党的组织生活。用好批评和自我批评这个党强身治病、保持肌体健康的有力武器，坚持实事求是，讲党性不讲私情，讲真理不讲面子，共同维护坚持党性原则基础上的团结。尊重党员主体地位，保障党员民主权利，全面推行乡镇党代会年会制，深化乡镇党代会代表任期制，探索开展街道党员代表会议制度，不断提高党内民主质量。

(三)加强基层基础建设，打造坚强有力的战斗堡垒。进一步压实基层党建工作责任制，深入推行基层党建责任审计制度、抓党建实效专项考察、联村联党建考评，牢固树立大抓基层的鲜明导向。坚持以“党群连心桥”工程为统领，探索“8890”党员志愿服务平台联动机制，推动各领域党员亮身份、作承诺、领岗位、送服务；深化村干部“治庸提能”、不合格党员“回炉教育整转”等重点工作，用好用活在外党群服务中心，加强流动党员教育管理，激活红色队伍“一池春水”。继续对照“浙江省20条”上紧发条，深化“红色阵地”建设，进一步打造基层党建示范集群。常态化开展基层党建督导，推动抓实支部经常性工作，兜底补齐城中村、软弱落后村、新领域新业态党建短板，统筹推进机关、乡镇(街道)、农村、社区、两新等各领域基层建设全面进步、全面过硬，率先建成“整区提升”示范区。

(四)坚持严管厚爱干部，锻造勇立潮头的婺城铁军。坚持好干部标准和正确用人导向，注重在改革发展的主战场、维护稳定的第一线、服务群众的最前沿锻炼、检验和发现干部，以事择人、人岗相适，真正把事业发展需要的好干部精心培养起来、及时发现出来、合理使用起来，锻造绝对忠诚、勇立潮头、敢打硬仗、能打胜仗的婺城铁军。按照“缺什么补什么”原则，针对能力弱项分层次开展干部教育培训。强化干部监督管理，健全干部综合考核评价体系，完善选拔任用干部“全程纪实”，坚决防止选人用人不正之风，坚决防止干部“带病提拔”，加大干部交流力度，推进领导干部能上能下。切实关心关爱基层干部，健全工作激励和容错纠错机制，旗帜鲜明地为敢于担当的干部担当、为敢于负责的干部负责，大力营造想干事、能干事、干成事的浓厚氛围。坚持党管人才原则，推行“人才新政”，打好招才引智组合拳，建设人才生态强区。

(五)扛起从严治党责任，构造风清气正的政治生态。全面从严治党、推进党风廉洁建设和反腐败斗争关乎人心向背，关乎党的生死存亡，是最大的政治。严格落实党委主体责任和纪委监督责任，忠诚履行党章赋予的神圣职责，用铁的纪律从严治党，始终保持党的先进性和纯洁性。执行中央八项规定精神，严纠“四风”，锤炼优良作风凝聚党心民心。严明党的政治纪律和政治规矩，旗帜鲜明讲政治守纪律守规矩，切实做到对党忠诚、为党分忧、为党担责、为党尽责。要从严落实党内监督条例，推进领导干部经济责任审计全覆盖，不断加强对权力运行的监督和制约，突出对“关键少数”和重点领域、重要岗位、关键环节的监督，形成有权必有责、用权必担责、滥权必追责的制度安排。深入推进全面从严治党进一步向农村基层延伸，着力构建廉洁基层治理体系，坚决整治群众身边的不正之风和腐败问题。紧紧围绕“六大纪律”和“四种形态”，严肃监督执纪问责，敢管敢严、真管真严、长管长严，努力营造风清气正的政治生态。

宏伟蓝图已经绘就，美好前景催人奋进。让我们更加紧密地团结在以习近平同志为核心的党中央周围，团结带领全区人民顽强拼搏、锐意进取，建设都市核心、决胜全面小康，以优异成绩迎接中国共产党第十九次全国代表大会召开！

春耕　　（区文体新局提供）

政府工作报告

2017年2月14日在金华市婺城区第九届人民代表大会第一次会议上

金华市婺城区代区长　郭慧强

一、过去五年及2016年工作回顾

2012年以来的五年，是婺城经历重大挑战、取得重大成就的五年。在区委的坚强领导下，在区人大、区政协的监督支持下，我们紧紧团结和依靠全区人民，坚持稳中求进工作总基调，主动把握经济社会发展新常态，抢抓机遇、奋力拼搏、迎难而上，较好地完成了本届政府确定的各项目标任务。成功创建国家森林城市、国家园林城市、全国义务教育发展基本均衡区，被授予省“双拥”模范城(区)、省知识产权示范区、省体育强区、省粮食生产先进县、省首批“电子商务示范县”等称号，顺利通过国家卫生城市、省级文明城区复评验收。

这是综合实力跨越提升的五年。2016年实现地区生产总值256亿元，年均增长7.7%；完成固定资产投资110亿元，年均增长17.4%；财政总收入42.5亿元、区级财政收入10.8亿元，年均分别增长10.9%和11.6%；社会消费品零售总额311.3亿元，年均增长10.6%。三次产业结构比重调整为5.1:24.8:70.1。工业经济提质增效。2016年实现工业增加值49.2亿元，年均增长6.2%。打好转型升级组合拳，大力培育装备制造等新兴产业，2016年实现产值54.6亿元，年均增长5.7%；深入实施“四换三名”“两化融合”工程，新增市级以上“三名”企业8家、“机器换人”示范企业12家、“两化融合”示范企业3家。现代农业成效显著。2016年实现农林牧渔业增加值13.7亿元，年均增长2.6%。农业“两区”建设稳步推进，新增粮食生产功能区128个、现代农业精品园10个、现代农业示范基地57个。农业主体不断壮大，家庭农场、专业合作社、农业龙头企业分别增至190家、853家、28家。成功创建省级农产品质量安全可追溯体系示范县。第三产业发展势头良好。2016年实现第三产业增加值179.4亿元，年均增长8.9%。浙中信息产业园形成“一区八园”发展格局，入园企业达313家，年交易额突破60亿元，被评为国家级电子商务示范园。金华信息经济产业集聚区概念性总体规划编制完成。江北核心商业区功能不断完善。旅游业快速增长，以举办“山花节”系列活动等为抓手，积极发展区域特色旅游，累计接待游客1390余万人次，实现旅游综合收入123亿元。

这是城乡建设突飞猛进的五年。主城区建设提档升级。“三改一拆”强势推进，完成旧住宅改造210万平方米、旧厂区改造76万平方米、城中村改造342万平方米，拆除违法建筑630万平方米，拆后利用率达94%。二七区块旧城改造征迁基本完成，拆除房屋58万平方米，6000多户居民圆了安居梦，“二七经验”被央视和人民日报点赞。金罗路、东市街北延、迎宾大道景观提升等重点工程顺利完工。新城区城市品质不断提升。荣光国际学校、伟达·雷迪森广场酒店等一批公建和商服配套设施投入运行，结顶房地产100余万平方米。仙源湖旅游度假区开发力度加大。水上运动中心等一批旅游项目落地建设，金华动物园获评国家AAA级旅游景区，40.57平方千米扩容可研报告获省级批复。镇村建设成果显著。推进城镇“多规合一”，城乡一体化发展新格局基本形成。全面启动小城镇环境综合整治，集镇形象持续提升。新农村建设扎实推进，建成桂花飘香、茶花争妍两条风景线，新增省级美丽宜居示范村4个、市级精品村15个、秀美村25个，安地镇喻斯村被评为国家级美丽宜居示范村。农村生活垃圾分类实现全覆盖。基础设施建设扎实推进。交通路网日渐完善，杭长高铁全线开通，二环西路、蒋罗公路等建成通车，新建农村联网公路39千米。加大城市治堵力度，打通断头路3条，新增停车位1814个。租赁自行车普及使用，4条BRT公交线路

开通运营，城乡公交覆盖率达96%。电网建设稳步实施，新增10千伏线路33条。4G移动通信实现城乡全覆盖。

这是发展活力竞相迸发的五年。改革不断深化。积极推进供给侧结构性改革，开展“四破”攻坚，处置“低小散”企业185家，盘活工业用地230.47公顷，资源要素差别化配置机制初步形成。商事登记制度改革取得突破，全面实行“先照后证”“五证合一”“一照一码”，五年新设企业登记5891户、个体登记12041户。区市场监管局注册窗口被评为“全国工商(市场监管部门)商事制度改革创新工作成绩突出窗口”。农村“三权改革”稳步推进，农村经济合作社股份制改革基本完成。医药卫生体制改革深入实施，推行分级诊疗、双向转诊，协调推进“双下沉，两提升”，群众就医更加便捷有效。科技创新成效显著。新增国家级高新技术企业18家、省级科技型中小企业58家，完成市级以上科技项目立项318个。2016年授权专利1802件，是2011年的1.9倍。大力推进“浙江制造”品牌建设，创市级以上名牌38只、著名商标35只、知名商号6只，获政府质量奖13家。项目建设持续加力，实施全省集中开工、省“411”及省、市重点项目130个，完成投资186.6亿元。开放经济平稳运行。引进亿元以上项目22个，实际到位40.2亿元；引进浙(婺)商回归项目39个，实际到位54.6亿元。实现外贸进出口总额41亿美元，对外贸易不断扩大。人才工程稳步实施，培养引进国家、省“千人计划”人才7人，入选“双龙计划”人才项目12个。

这是绿色崛起成效显著的五年。铁腕推进“五水共治”，全面推行河长制，实施水质提升十大工程，26个重点治水项目完成投资20.2亿元，通过省“清三河”达标区验收。全面治污水。初战“沙金兰”、再战“龙须沟”、决战“长湖”，连续打赢治水攻坚战，长湖成为全省“五水共治”现场会参观点。完成截污干管建设48千米、河道清理1100千米，消灭黑臭河9条102千米、排污口1500余个，关停拆除畜禽养殖场4755家119万平方米，农村生活污水治理实现全覆盖。出境断面水质从Ⅴ类升为Ⅲ类。着力保供水。加强沙金兰、安地、莘畈、九峰等水源涵养生态功能区建设，实现畜禽全面退养，守好金华人民的“大水缸”。致力防洪水、排涝水。完成水库除险加固15座，整治山塘60座，新建、加固堤防25千米，新建雨水管网11.3千米。努力抓节水。实行最严格水资源管理制度，万元GDP用水量下降34.8%。开展“气尘合治”十大专项行动。二环内烟花爆竹全面禁燃，黄标车全面淘汰，造纸、电镀等重污染高耗能行业整治提升基本完成，四种主要污染物减排目标全面完成，PM2.5浓度逐年下降。成功创建国家级生态乡镇3个。累计植树造林2400公顷，全区森林覆盖率达57.9%。

这是民生事业全面进步的五年。完成政府十方面重点惠民实事172件，民生事业支出占财政总支出的84%。人民生活水平持续提高，2016年城镇、农村居民人均可支配收入分别达44503元、19357元，年均增长9.4%、10.1%。教育均衡化发展迈出新步伐，投入11.2亿元改善学校硬件，东市街小学等一批学校建成投用，改造薄弱学校32所，省级标准化学校达96%。文化事业蓬勃发展，建成文化礼堂83个，送戏下乡606场，文化走亲30场。体育事业创先争优，创建省级体育强乡镇12个、小康体育村527个，连续五届蝉联市田运会金牌、总分双冠。区乡村三级医疗卫生服务网络基本形成，国家基本药物制度全面实施，“两孩政策”全面落地。人民武装、文物保护、民族宗教、外事、侨务、对台以及工青妇、双拥、老龄、残疾人、红十字等各项工作都取得新的成绩。社会保障体系日益完善。实施积极的就业政策，新增就业2.1万人，城镇登记失业率控制在3%以内。全民参保工作扎实推进，新增城镇职工养老保险参保4.1万人，4.2万人纳入被征地农民生活保障体系。建成养老机构6家、居家养老服务照料中心252家。社区建设不断加强。扶贫工作成效明显，全面消除家庭人均年收入4600元以下绝对贫困现象，完成乾西、蒋堂移民新村16万平方米安置房建设，累计搬迁安置369户861人。社会持续保持和谐稳定。平安婺城建设扎实推进，安全生产“党政同责、一岗双责”责任体系进一步夯实，食品药品安全监管力度不断加大，信访积案化解取得积极成效，社会治安综合治理能力持续提升，连续十一年被评为省级平安区。

这是行政效能持续提升的五年。深入开展党的群众路线教育实践活动、"三严三实"专题教育、"两学一做"学习教育,严格落实中央"八项规定"、省委"六个严禁"等纪律要求,持续强化行政监察和审计监督,政府公信力和执行力进一步提高。全面推进依法行政,严格规范执法行为,健全科学民主依法决策机制,顺利通过"六五"普法验收,法治政府建设迈出重要步伐。健全向人大报告和向政协通报工作的常态机制,承办人大代表建议和政协委员提案2837件,全部及时办复。扎实推进"四张清单一张网"改革,累计清理审批事项1069项,行政审批和便民服务事项办结率达100%,服务群众更加到位。

各位代表,过去的五年,是婺城经济、政治、社会、文化、生态"五位一体"建设全面进步的五年,也是婺城历史上一个极其重要的发展时期。特别是在刚刚过去的2016年,我们大力实施"经济发展、城乡建设、民生保障"三大提质赶超行动,全力确保经济社会平稳健康发展,"十三五"实现良好开局。

(一)经济实现平稳增长。工业经济难中求进。积极应对宏观形势挑战,实现工业总产值295.3亿元,完成工业投入24.4亿元。加快推进企业对接多层次资本市场,新增"新三板"挂牌企业3家,完成企业股份制改造6家。万里扬年产200万台自动变速器生产项目开工建设。农业经济稳步发展。实现粮食播种面积10000公顷,总产量6.2万吨,花卉苗木销售额9.8亿元。珍其源两头乌入选G20杭州峰会专用食材,永根杜鹃花进入太空辐射育种。第三产业加速发展。信息经济发展获省委主要领导点赞,"三分田"创业园建成运营,合丰、云安阁等重点项目扎实推进。完成旅游业中长期规划编制,乡村旅游基础配套日趋完善。

(二)发展动能有效增强。园区平台更加厚实。婺城新城区完成新一轮控规编制,新建续建工业项目21个,完成工业投入17.3亿元,实现工业总产值194.4亿元。区人民医院、金华银行婺城支行基本完工,总投资约3亿美元的马偕国际妇女儿童医院项目前期启动。仙源湖度假区完成管理体制调整,接待游客80余万人次,实现旅游收入2.5亿元,分别增长9.4%和11%。改革创新提速升级。农业农村改革不断深化,农村土地承包经营权确权登记颁证完成70.5%,"农合联"体系实现区乡全覆盖。扎实推进营改增改革。全面取消户口性质划分,完成户籍制度改革阶段性目标。科技创新能力不断增强,建立科技金融风险池基金,发放科技贷款1000余万元,新增市级以上企业技术中心15家,国家级企业技术中心实现零的突破。项目建设扎实推进。开展"扩大有效投资月""三百竞赛"等活动,市级以上重点项目开工率达100%。

(三)城乡面貌切实改善。"五改"工作扎实推进。大力实施勤俭一期等城中村改造项目,改善市政设施8个社区,改造老旧小区93万平方米、背街小巷24条,整治危旧房屋33幢。二七区块开发建设全面推进,巨龙安置房一期主体结顶,解放西路改造主体完工,金师附小教育集团小学项目进入土石方开挖,中天房产项目加快建设。完成下沿区块征迁改造,创造金华征迁新速度。"五水共治"取得新成效。金华江北岸等6条30千米污水干管全面建成,消灭长湖、回溪、洪源溪、通园溪四条劣V类支流,完成琅琊、蒋堂污水处理厂一级A提标改造,河湖库塘清淤132万方。浙江美保龙种猪育种有限公司成为全省畜牧业转型升级现场会观摩点。举办"共护碧水、畅游梦想"游泳活动,兑现治水"三年可游泳"的庄严承诺。实施农村环境"四治两化",285个村完成环境综合治理。农村生活污水设施实现第三方运维。330国道改建、二环西路跨沪昆公铁立交桥、汤溪至莘畈公路改建工程建成通车,衢江航运开发、S313(45省道)改建、沙畈至箬阳公路、235国道金武快速路等重点工程加速推进。整治"两路两侧"问题点831处,实施杭金衢高速公路景观提升、宾虹西路优化改造、虹戴公路绿化提档工程,路域环境持续改善。

(四)民生福祉全面提升。社会事业全面发展。启动新一轮学校布局调整,深入推进名师名校长工程和教师梯队培养工程,加强农村学校建设,教育发展后劲不断增强。实施公共文化服务标准化两年提升计划,组织文化培训1.6万余人次。被评为省级足球试点区。完成5家乡镇卫生院改造提升,成功创建省级慢性病综合防控示范区。保障水平不断提升。山区扶贫力度加大,到位帮扶资金 835 万元。蒋堂移民新村首期安置房全面建成,乾西移民新村四期安置房开工建设,塔石高田、鱼潭村地质灾害点异地搬迁基本完成。社会治理切实加强。全面落实平安创建、综治维稳各项措施,圆满完成护航 G20、第三届世界互联网大会等安保任务。完成区乡两级社会治理综合指挥平台建设,基层社会治理能力进一步增强。农产品安全快速检测机构实现区、乡全覆盖,创建省放心农贸市场 2 家。安全生产和消防安全形势总体稳定。

(五)*政府服务量质并进*。企业帮扶解困力度不断加大,“双千”“九个一”等活动深入开展,收集化解企业难题 135 件,兑现各类奖扶资金 6772 万元。全力应对“两链”风险,为企业办理应急周转金 4.5 亿元。在全省率先试点“企业注册通”,实施企业投资项目高效审批改革。法治政府建设深入推进,实现区乡村三级法律顾问全覆盖。完善重点领域巡查制度,不断健全惩治和预防腐败体系。统一的公共资源交易平台体系初步建成,公共资源交易行为进一步规范。扎实开展“双随机、一公开”,监管效能有效提升。厉行勤俭节约,完成公务用车改革,“三公”经费支出同比减少 14%。积极解决百姓诉求,“8890”便民服务满意率达 100%。

各位代表,五年的解放思想,凝聚了社会各界团结奋进、变革婺城的强大气场;五年的务实奋斗,绘就了婺城大地弯道超越、振兴崛起的壮丽画卷;五年的辛勤汗水,谱写了婺城人民干事创业、追求幸福的美好乐章。成绩的取得来之不易,这是区委正确领导的结果,是区人大、区政协监督支持的结果,是全区人民团结奋斗的结果。在此,我代表婺城区人民政府,向辛勤工作在各行各业的全区人民,向给予政府工作大力支持的人大代表和政协委员,向关心支持婺城发展的上级领导、驻金部队和武警官兵,向金华经济技术开发区、金华山旅游经济区,向各民主党派、人民团体、工商联和社会各界人士,表示衷心的感谢并致以崇高的敬意!

在肯定成绩的同时,我们也清醒地看到存在的问题和短板:经济发展整体实力不强,产业层次不高,自主创新能力较弱,做大经济总量与推动转型升级的任务非常艰巨;财政收支平衡压力大,要素制约矛盾较为突出;城镇化基础设施建设滞后,欠账较多,推进小城镇环境综合整治任务繁重;区域高等级公路少,交通路网亟待完善;基本保障水平还比较低,民生事业发展与人民群众要求还有差距;社会治理中老矛盾、新问题交织缠绕,影响平安和谐的隐患仍比较多;少数政府部门和工作人员的责任意识、法治意识不强,廉政建设和作风建设还需常抓不懈。对此,我们一定高度重视,认真研究,努力解决,补齐短板。

二、今后五年努力方向

综合分析未来发展背景,婺城面临的机遇与挑战并存,但希望远大于困难。未来五年,将是婺城外部发展环境大幅提升的五年,省、市大力推动第四大都市区建设,各层面领域扶持政策叠加,为经济社会发展带来了难得的历史机遇。未来五年,将是婺城聚力攻坚转型的五年,“拆治归”组合拳打出发展新境界,新旧动力转换特征进一步显现,为经济社会发展注入新的活力。未来五年,将是婺城加快赶超发展的五年,基础设施和民生事业迎来大投入大建设,“共建金华”跑出加速度,快速崛起、快步赶超既有一定基础、也有良好条件。只要我们精诚团结,巩固和发展政通人和的政治局面;只要我们奋发图强,保持和发扬干事创业的精气神;只要我们励精图治,实施和完善符合实际的战略思路,就一定能够创造经济强劲发展、社会欣欣向荣、人民幸福安康的黄金五年。

根据区第七次党代会精神,今后五年区政府工作的指导思想是:全面贯彻党的十八大和历届全会精神以及习近平总书记系列重要讲话精神,以“五大发展理念”为引领,统筹推进“五位一体”总体布局和协调推进“四个全面”战略布局,坚持以八八战略为总纲,紧扣“全面小康、浙中崛起”总目标和“走在前列、共建金华”新要求,以“三条廊道”建设和“做强新城区、做优老城区、做美大郊区”为抓手,建设中心区、领跑都市区,深入实施“工业强区、科创兴区、生态立区、城乡统筹”发展战略,快速崛起、快步赶超,为建设现代化都市核心区,与全省同步高水平全面建成小康社会而努力奋斗！

新一届政府推动经济社会发展的奋斗目标是：

经济实力更加雄厚。初步形成“一带、两城、三区、多点”发展格局，加快工业转型升级，推进农业现代化建设，进一步提高服务业增加值占GDP比重，基本建立以“四大百亿”产业为核心的现代产业体系，全面提升经济发展规模、质量和效益。实现地区生产总值超370亿元，年均增长7.5%左右；财政总收入、区级财政收入年均增长8.5%以上；固定资产投资年均增长15%以上；社会消费品零售总额年均增长5%以上。

改革创新更加深入。不断深化思想观念、发展模式、体制机制、对外开放、企业发展和社会管理等各领域的改革，优化投资创业环境，持续推进招大引强、招新引优、招才引智，进一步增强发展后劲。积极共建综合交通廊道，依托高铁、高速公路、城市轨道和快速公交等系统，统筹货场、港口等项目建设，打造“一小时通勤圈”中心枢纽和公铁水联运综合枢纽。积极共建金义科创廊道，“依托高校、辐射园区、对接金义”的科创平台基本形成，科技创新能力显著提升。

生态环境更加优美。积极共建浙中生态廊道，深入推进“三改一拆”“五水共治”，狠抓小城镇环境综合整治，资源保护与利用水平大幅提升，绿色经济、美丽经济、循环经济大力发展，低碳城市、绿色生态家园建设走在全市前列，绝不把违法建筑、污泥浊水、脏乱差环境带入全面小康。全区森林覆盖率稳定在57.9%以上，单位GDP能耗、主要污染物排放达到国家控制要求。

区域发展更加协调。加快“做强新城区、做优老城区、做美大郊区”步伐，以二七区块改造、高铁经济组团区建设等为重点，全面融入精品城市建设，推进新城区与老城区、集镇联动发展，科学规划和建设美丽乡村，城、乡(镇)、村空间结构更为合理。产城融合进一步深化，基础设施配套更加完善，综合承载能力进一步增强，核心城区地位更加凸显。

人民生活更加幸福。坚持以人民为中心，不断提高人民群众生活水平，城镇居民人均可支配收入达6.5万元，农村居民人均可支配收入达3万元。就业、文化、体育、社保等民生事业全面进步，教育、医疗、生态、人才四大高地更为凸显，基本公共服务均等化程度不断提高，社会更加和谐稳定，人民群众获得感和幸福感明显提升。

三、2017年工作安排

2017年是新一届政府谋篇布局、起步奋进的开局之年，做好今年工作，对全面落实区第七次党代会各项部署和实现“十三五”规划目标至关重要。今年政府工作的总体要求是：深入贯彻党的十八大和历届全会精神，认真落实市委、市政府和区委的决策部署，紧扣建廊道、拓平台、稳增长、促改革、惠民生五大主线，坚定不移打好“拆治归”转型升级组合拳，深入推进经济发展升级战、污水剿灭战、拆改攻坚战、项目精准招商战、交通基础设施建设大会战、小城镇环境综合整治战、巩固扩大G20峰会安保维稳战、民生发展提升战“八大战役”，以优异成绩迎接党的十九大胜利召开。

综合考虑内外部各种因素，建议2017年国民经济和社会发展的主要预期目标为：地区生产总值增长7.5%；区级一般公共预算收入增长8%；固定资产投资增长12%；社会消费品零售总额增长5%；城镇、农村居民人均可支配收入分别增长8%和9%；城镇登记失业率控制在4%以内；节能减排完成省、市下达目标。

为实现上述目标，我们将重点抓好以下五方面工作：

(一)积极共建“三条廊道”

完善完善交通廊道路网格局。推进S313(45省道)改建、235国道金武快速路、杭金衢高速拓宽改造、330国道跨宾虹西路立交桥、金义东城际轨道、衢江航运开发等重点工程建设，加快金建铁路项目前期，推进与城市群、都市区各城市主体的快速连接。加快实施双溪西路下穿公铁立交、解放西路西延工程，谋划实施人民西路西延、婺江西路西延、南山大道等工程，全力打通断头路，织密交通网，推动实现“南北畅达、东西贯通”。融入“同心圆”产业带建设，加快建设金华铁路竹马货场，谋划打造城西片现代物流园。

集聚科创廊道高端要素。加强与高校对接交流，发挥人才汇聚和重点学科优势，与浙师大合作共建婺城科技园,融合打造二环路信息经济、科技创新产业带。深入实施科技体制改革,大力开展科技型企业培育行动,全面优化创业创新环境。完善知识产权保护体系,推进科技“创新券”应用。加大企业技改和科技创新力度,实施市级以上技改项目18个、市级以上科技项目25项,新增市级以上高新技术企业10家、科技型中小企业20家。

深化生态廊道环境治理。全面打响“整治环境、靓化婺城”攻坚战,推进“后治水”时期的环境整治,打造“山水林田湖”生命共同体。实施治水五大工程,完成水库除险加固2个、山塘整治3座,实施河道综合整治5千米,河湖库塘清淤120万立方米。实施金华江“美丽城防”工程,推进长湖“水阁上陈”、梅溪“生态长廊”、白沙溪“最美河流”、桐溪“浙中水乡”、盘溪“茶花飘香”以及通园溪、回溪“城中幽径”等美丽河流景观提升工程,打造治水特色亮点。加大截污纳管力度,扩大污水收集范围,提高污水处理厂运行负荷率。开展农药废弃包装物品回收和集中处置、土壤污染防治专项行动,推进畜牧业转型升级,创建美丽生态牧场6家,全面打造“整洁田园、美丽农业”。严格落实“一河两长”“一河两员”“一口双哨”等制度,长效巩固治水成果。全面实施“气尘合治”,扎实开展扬尘治理、治气减排等行动,加强车辆密闭运输管理,推进建材、化工等重点行业清洁排放技术改造。启动省级生态文明建设示范区创建,安地镇争创国家级生态文明示范镇。巩固提升“三改一拆”成果,全面打响治危拆违攻坚战,争创“无违建先进区”。继续抓好“两路两侧”环境整治,完成杭金衢高速公路两侧景观提升工程,综合治理金安路、宾虹西路、虹戴公路路域环境,打造“美丽公路”样板。

(二)加快发展三大区域

夯实婺城新城区主平台。深入谋划新城区发展规划和土地利用规划,推动区域特色块状经济向现代产业集群发展。全力打造工业主平台,整合提升乾西工贸区、临江分区,加快开发龙蟠、洞溪分区,重点发展栅川分区,完善蒋堂界首区块基础配套。新建续建工业项目19个,竣工投产9个,工业总产值同比增长8%。以道路建设、公交运营、产业融合为重点,推动与市区主城无缝对接。加快建设马海路大桥,开工建设龙乾大桥,完成公安应急指挥中心、消防站、新华书店等公建项目建设。加快打造环中轴景观商业核心圈,启动伟达·雷迪森广场酒店二期建设,推进婺州城市广场二期招商,瑞唐国际力争投入试营业。

深入推进精品城市建设。强化城市主人翁的意识和姿态,依托城市配套和历史文脉,探索发展婺城特色街区经济,打造老城区发展新引擎。全面推进二七区块涉铁房屋征迁、基础设施配套、安置区块建设、招商引资等工作,努力打造滨水核心区和旧城改造示范区。深入梳理、整合高铁站广场周边用地,加快规划设计和基础设施建设。加强古子城历史街区保护、利用,提升改造酒坊巷。扎实推进“五改”工作,改造城中村10个、老旧小区31个、背街小巷10条,改善市政设施10个村,实施沿街立面整治8条,大力推进园中村、校中村改造。以“智慧城市”建设和综合行政执法改革为抓手,着力提升精细化管理水平。认真抓好重点区域环境整治,推进城市生活垃圾分类。

打造镇村建设美丽样本。全面推进小城镇环境综合整治行动,咬定目标、集中发力,打造安地、白龙桥、雅畈镇整治行动示范点、精品点,完成琅琊、箬阳、塔石、莘畈、沙畈等5个乡镇的整治任务。深入挖掘“安地十景”、雅畈老街、上阳古村以及银坑、大茗革命老区等历史文化资源,打造一批镇容整洁有序又不失文化风情的“特色小镇”。启动山区生态经济示范区建设。加快仙源湖度假区开发建设。完成扩容总规编制和报批,水上运动中心、桂花山庄建成营业。实施十里桂花长廊提档改造,争创3A级景区。开展美丽乡村提质行动,积极创建“美丽乡村示范县(区)”,启动建设九峰古韵风景线,提升建设桂花飘香、秀美南山风景线,创建美丽乡村精品村5个、秀美村10个。深入推进“四治两化”行动,进一步改善农村环境。

(三)转型提升三次产业

做稳做强工业。新建续建工业项目70个,完成限额以上工业投资25亿元,实现工业总产值320亿元、规模以上工业产值156亿元。强力实施工业政策引导、重大项目攻坚、产业集群发展、骨干企业培育、服务平台建设五大工程,夯实工业基础,加快发展速度,实现提质增效。继续开展“双千”“九个一”等活动,强化“店小二”式的全程、真情、精准服务,提高帮扶解困实效。加大“四换三名三加”力度,立足现有产业基础和优势,推动汽摩配、五金工量具等传统特色产业改造提升。大力整治“四无”生产经营单位和“低小散”企业,倒逼经济转型升级。稳步推进上市工作,新增“新三板”挂牌企业3家。深入实施品牌战略,新创市级以上名牌3只、著名商标7只。

做精做特农业。大力推进“一区一镇”建设,新建粮食生产功能区17个626.67公顷,实现粮食播种面积10000公顷;积极发展特色农业精品园,加快培育琅琊有机蔬菜产业带、蒋堂富硒稻米集聚区。立足生态优势,大力发展绿色种植、绿色养殖等高效生态循环农业。加大“互联网+”农业、设施农业培育力度,助推农业跨越发展。

做优做实第三产业。抓住金华列入信息经济建设试点城市的契机,推进金华信息经济产业集聚区招商引资,重点培育信息软件、互联网泛娱乐、虚拟现实、安防等新兴产业。加快房地产去库存、优结构步伐,促进房地产业和建筑业平稳健康发展。实施江北商圈提档改造工程,整合提升核心商业街区。加快休闲农业、乡村旅游等新业态发展,着力打造塔石岭边高山梯田、梅溪流域滨水景观等生态旅游集聚区,力争年度游客接待量和旅游收入增长20%以上。

(四)全面深化改革开放

围绕政府职能转变推进改革。以“四张清单一张网”为抓手,进一步加大“放管服”改革力度,加快实现“最多跑一次”。深化行政审批制度综合配套改革,拓展审批“绿色通道”,实行在线审批一条龙服务。全力推行“互联网+政务”模式,打造高效运行的信息化政务超市。整合提升“微政务”应用服务,打造全天候指挥、督查、反馈、沟通和展示平台。推进商事登记制度改革,全面推动“全程电子化”登记,力争注册登记零见面。深化医药卫生体制改革,建立健全全科医生签约服务制度和分级诊疗制度,力促城乡医疗均衡发展。推进机关事业单位养老保险制度改革。建立健全乡镇(街道)社会综治、市场监管、综合执法、便民服务等四大平台,切实加强社会管理和服务。

围绕经济转型发展推进改革。扎实推进“三去一降一补”,加快培育发展新动能。深化资源要素市场化配置改革,以“四破”攻坚为抓手,不断完善以企业亩产效益为核心的综合评价体系。推进投融资体制改革,积极推广PPP、政府购买服务模式,有效激活民间资本。继续抓好 “个转企”“下升上”“小升规”扶持,培育壮大各层次市场主体。深入推进农业供给侧结构性改革,着力优化农业产业体系、生产体系、经营体系。完成农村土地承包经营权确权登记颁证工作。实施林地股份制改革,全面完成林权勘界。

围绕开放合作交流推进改革。抓牢金华“一点一区、两大通道”建设机遇,切实找准坐标、借好机遇、描好蓝图、建好平台、抓好项目,全面拓展“一带一路”沿线国家、拉美和非洲等新兴市场,提升企业国际竞争力。加大对出口信用保险的支持力度。深入实施精准招商,完善浙婺商创业创新信息库、项目库,突出产业招商、基地招商、以商招商、以情招商,力争引进内资11.3亿元、浙(婺)商回归7.6亿元。加大人才引育力度,贯彻落实中央和省、市委人才发展体制机制改革意见,结合实际出台人才新政,引进培养一批急需紧缺高端人才。

(五)全力抓好民生实事

优化发展社会事业。积极开展教育现代化区创建,深入推进学校布局调整,大力扶持民办教育,推动义务教育高水平均衡发展。加快二七区块金师附小教育集团小学、实验幼儿园建设,启动金华十六中改建,实施教育信息化建设和教师素质提升工程,扩大优质教育资源覆盖面。发挥文化资源优势,大力发展文化事业和“文化+”产业,抢占文化发展制高点。做强“民俗文化节”等特色品牌,开展文化走亲6场、送戏下乡108场、送电影下乡3300场。加快乡镇(街道)综合文化站建设,改善文化基础设施。推进全民健身运动,实施10个小康体育村提升工程。开展“健康婺城”创建,提升卫计综合服务水平。区人民医院建成交付。

持续提升社会保障。规范居家养老服务照料中心运行,加快构建多元化养老服务体系。持续做好社会保险扩面征缴工作，实现职工和城乡居民全面参保。加快新老农保制度衔接并轨，妥善处置历史遗留问题。提高城乡低保、农村五保救助标准，保障特殊困难群众基本生活。加大精准扶贫开发力度，继续实施低收入农户收入倍增计划，完成农村劳动力素质培训3200人。启动地质灾害综合治理三年清零行动。

不断加强社会治理。抓好新一轮平安创建工作，全力以赴捧回“平安金鼎”。深入构筑立体化社会治安防控体系，严打严防各类违法犯罪活动。深化社会稳定“三色”预警机制，强化突发事件应对处置。扎实推进“七五”普法工作。积极预防和化解社会矛盾，依法规范和加强信访工作。加大“去不良”工作力度，深入打击逃废债行为，积极防范和化解“两链”风险。做好党的十九大等安保工作。提高基层自治水平，平稳做好村级换届选举工作。加强区域联动治超治堵，优化道路通行环境。严格落实安全生产责任制，加强重点领域专项整治，坚决遏制重特大安全事故发生。全面推广“阳光厨房”等餐饮管理模式，提升食品药品监管水平。

四、全面加强政府自身建设

新理念、新形势、新目标对政府工作提出了新的更高要求。我们将主动适应形势发展需要，以崭新的面貌、全新的作风、创新的举措，全面加强自身建设，努力打造干事创业的坚强铁军，切实担负起富民强区的重任。

扛起使命，以翻篇归零的姿态再出发。建设都市核心、决胜全面小康，是新一届政府肩负的历史使命。我们将把报告确定的重点任务当作“军令状”“作战图”和“动员令”，严格按照目标节点要求，边干边学，边学边干，以学促干，把任务分解到每个部门、每个岗位和每个人，全区上下立足新起点，一起奋发作为、奋力奔跑。

鼓励干事，以只争朝夕的干劲促发展。建立健全目标落实的责任机制、奖勤罚懒的激励机制和常态化的督查问责机制，激发干事创业活力。要切实关爱干部，既表扬先进，也容试容错，大胆实践，鼓励干部安心基层、用心干事。大力精简会议和文件，严格控制各类庆典和活动，把更多的精力和时间放在抓发展上。尤其要把主要精力集中到经济建设上来，全力以赴把项目建设搞上去，把产业发展搞上去，把综合实力搞上去，在发展大局中倾注心力。

攻坚克难，以舍我其谁的担当抓落实。始终坚持“立说立行”，真正做到勤于履责、勇于担责、敢于负责。坚决消除“不作为”的作风顽疾，把心思集中到“想干事”上，力破“慵懒散”“推拖慢”“中梗阻”。坚决补齐“不能为”的能力短板，把本领体现在“能干事”上，在实践中增长才干。坚决克服“不敢为”的畏难情绪，把目标锁定在“干成事”上，努力干出实效、干出水平、干出特色。

保持廉洁，以法治廉政的标准守规矩。深入抓好省委巡视组反馈意见整改，不断健全依法决策机制，增强决策的科学性和可行性。重视行政复议和行政应诉，规范行政执法流程和执法行为。坚持把从严治党与强化政府自身建设有机结合，严格落实中央“八项规定”、省委“六个严禁”等廉政制度，深入贯彻《关于新形势下党内政治生活的若干准则》和《中国共产党党内监督条例》，持之以恒纠正“四风”。健全廉政风险防控体系，加强工程建设、政府采购、公开招投标等重点领域环节管理，严厉查处各类违法违纪案件，以反腐倡廉的实际成效取信于民。

各位代表，区政府将认真执行区人大及其常委会的决议决定，自觉接受人大监督和政协民主监督，及时办理人大代表建议意见和政协委员提案，广泛听取各民主党派、工商联、无党派人士、各人民团体和社会各界的建议意见，全力支持金华经济技术开发区、金华山旅游经济区工作。我们要争当“大脚掌”，与基层、与群众一块苦、一块干、一块过，坚持政府过“紧日子”、让群众和企业过“好日子”，努力使政府工作赢得人民群众的信任和支持。

各位代表，上下同欲者胜，风雨共舟者兴。让我们更加紧密团结在以习近平同志为核心的党中央周围，在市委、市政府和区委的坚强领导下，坚定打好组合拳，撸起袖子加油干，自加压力拼命干，干出婺城进度，拼出婺城希望，炼出婺城铁军，为建设都市核心、决胜全面小康，铸就婺城更加美好的明天而努力奋斗！

专　辑

2016 年婺城区重点建设项目

2016 年婺城区省重点建设项目

表 1　　单位：万元

序号	项目名称	建设规模及主要内容	总投资
	婺城区(7 项)	—	415819
1	金华市婺城区第二人民医院迁建工程	按二级甲等医院规模要求建设，项目用地面积 4.67 公顷，其中一期用地 2.67 公顷，总建筑面积 39364.5 平方米	24300
2	荣光国际学校	用地约 6.2 公顷，一期建设 8 幢教学楼、宿舍楼等；二期建设教师公寓	17500
3	金华市水上运动中心	总用地 8.87 公顷，建设水上运动综合场馆等	51792
4	金华市婺城区金华江治理一期工程	加固二十年一遇防洪标准堤防长度 11.16 千米及排水涵管改建	21803
5	330 国道金东岭下朱至兰溪沈村段改建工程(婺城段)	该项目婺城区段长 22.28 千米，采用一级公路标准建设，设计速度 100 千米/小时，双向六车道，路基宽度 33.5 米	77051
6	S313(45 省道)婺城至兰溪段改建工程(婺城段)	该项目婺城区段长约 9 千米，同步建设婺城连接线长约 3.7 千米，该项目主线及连接线均按一级公路技术标准设计，设计速度 80 千米/小时，路基宽 32 米	103000
7	钱塘江中上游衢江(金华段)航运开发工程游埠枢纽及船闸工程	建设游埠枢纽 1 座(由泄洪闸、电站、船闸组成)，界河上游 5.8 千米的航道疏浚，建设洋港服务区 1 处、洋埠锚地 1 处及 5.8 千米航道相对应的助航与安全管理等配套设施等	120373

2016 年婺城区市重点建设项目

表 2　　单位：万元

序号	项目名称	建设规模及主要内容	总投资
	婺城区(13 项)	—	1918637
1	金华市婺城区第二人民医院迁建工程	按二级甲等医院规模要求建设，项目用地面积 4.67 公顷，其中一期用地 2.67 公顷，总建筑面积 39364.5 平方米	24300
2	尚格花园(康桥别院)	项目总占地 3.40 公顷，总建筑面积 71100 平方米（其中地下面积 9600 平方米）	25729

续表 2

序号	项目名称	建设规模及主要内容	总投资
3	宾虹星城	项目总建筑面积 761670 平方米，用地面积 40.33 公顷	268500
4	荣光国际学校	用地约 6.2 公顷，一期建设八幢教学楼、宿舍楼等；二期教师公寓	17500
5	年产 30 万平方米除尘脱硝（脱硫）环保设备大型生产基地项目	年产 30 万平方米除尘脱硝（脱硫）环保设备大型生产基地项目，用地 3.07 公顷	15000
6	年产 5000 蒸吨/年燃水煤浆有机热载体锅炉项目	年产 5000 蒸吨/年燃水煤浆有机热载体锅炉项目，用地 4.67 公顷	21000
7	华阳金御花园项目	项目总建筑面积 9.3 万平方米，集高层住宅、排屋和商业于一体	30000
8	金华市水上运动中心	总用地 8.87 公顷，建设水上运动综合场馆等	51792
9	金华市婺城区二七新村棚户区改造工程	项目总用地 112.9 公顷，规划公共服务设施用地 5.41 公顷，公共绿地 12.16 公顷，道路用地 32.81 公顷，保留用地 9.05 公顷，建设用地 53.47 公顷，总建筑面积 156 平方米	1142589
10	金华市婺城区金华江治理一期工程	加固二十年一遇防洪标准堤防长度 11.16 千米及排水涵管改建	21803
11	330 国道金东岭下朱至兰溪沈村段改建工程（婺城段）	本项目婺城区段 22.28 千米，采用一级公路标准建设，设计速度 100 千米/小时，双向六车道，路基宽度 33.5 米	77051
12	S313（45 省道）婺城至兰溪段改建工程（婺城段）	本项目婺城区段长约 9 千米，同步建设婺城连接线长约 3.7 千米，该项目主线及连接线均按一级公路技术标准设计，设计速度 80 千米/小时，路基宽 32 米	103000
13	钱塘江中上游衢江（金华段）航运开发工程游埠枢纽及船闸工程	建设游埠枢纽 1 座（由泄洪闸、电站、船闸组成）、界河上游 5.8 千米的航道疏浚、洋港服务区 1 处、洋埠锚地 1 处及 5.8 千米航道相对应的助航与安全管理等配套设施等	120373

2016 年婺城区重点建设项目

表 3　　单位：万元

序号	项目名称	建设规模及主要内容	项目单位	总投资
	婺城区(22 项)			**547346**
1	时通电气环保节能型电力设备生产基地	主要生产电动汽车充电设备和 12 千伏~40.5 千伏气体绝缘设备，项目用地约 5.4 公顷	浙江时通电气制造有限公司	12800
2	年产 40 万吨节能环保型沥青搅拌站建设项目	项目用地 3.33 公顷	浙江正方机械设备有限公司	12800
3	年产 1 万辆野营挂车项目	项目用地面积 3.28 公顷，新建厂房，总面积 40745 平方米	金华市永强车辆有限公司	15730
4	转型升级年生产 800 万件功能性无缝内衣及配套染整生产线建设项目	生产 800 万件功能性无缝内衣及配套染整生产线建设项目	浙江三和印染有限公司	10500

续表 3

序号	项目名称	建设规模及主要内容	项目单位	总投资
5	金华农产品仓储物流加工配送中心项目	项目建成投入使用后预计周转货物50万吨	金华农产品展示销售有限公司	15000
6	年产5000吨吹塑薄膜及2500吨彩印复合膜生产线	年产5000吨吹塑薄膜及2501吨彩印复合膜生产线	金华市恒宇包装有限公司	10016
7	尚格假日大酒店	建设一座总面积3万平方米的准四星级宾馆及2.4万平方米的高级住宅区	浙江尚格置业有限公司	52100
8	蓝湾·上林院	总建设面积15.6万平方米	浙江正方置业有限公司	110000
9	新校区建设项目	用地8.4公顷,建设教学楼、实验楼、办公综合楼、图书馆、体育馆、宿舍楼、多功能厅、运动场等能满足72个教学班级约3000名师生教育教学及生活所需的项目设施	浙江师范大学婺州外国语学校	15000
10	瑞唐国际项目(二期)	项目总用地1.15公顷,拟建设商业、创业型办公区及花园式办公区,总建筑面积为44060平方米,其中地下面积(不计容积率)9460平方米	金华海润置业有限公司	22000
11	巨龙紫金玉澜房产项目	用地57338平方米	金华巨龙置业有限公司	48000
12	年产400万平方米挤塑式保温板新建项目	用地1.07公顷	金华市婺城区浩明挤塑板厂	4800
13	新建厂房项目	用地1公顷	金华明月楼食品有限公司	4500
14	年产10000套试验检测设备智能控制系统项目	项目用地1.67公顷	金华市正达试验检测有限公司	7800
15	年产45万平方米复合材料组合建筑模板生产项目	项目用地0.72公顷	浙江坦普莱建材有限公司	5000
16	年产20万头生猪定点屠宰及500吨肉类深加工生产线新建(搬迁)项目	用地2公顷	金华市白龙桥镇定点屠宰场	9000
17	金华银行婺城综合业务用房	总建筑面积16900平方米	金华银行股份有限公司	5800
18	金磐西城映象项目	总建筑面积38049.87平方米	金华临江置业有限公司	6000
19	婺城区仙源湖旅游度假区基础设施建设	规划面积9.8平方千米,一期开发建设2平方千米	仙源湖建设投资有限公司	160000
20	金师附小教育集团小学	项目用地2.8公顷	区教育局	8000
21	解放西路改造工程	改造路段长1000米	二七指挥部	6000
22	婺城莘畈至武义白姆公路(白门线至湖大线段)建设工程	项目起点位于周辽、下坑等村庄,终点为箬阳乡石井坑村,与湖大线相交,建设里程约15.0千米,其中新建段约3.6千米,本项目全线采用双向二车道四级公路标准,设计速度20千米/小时,路基宽6.5米,路面宽6米	婺城区交通运输局	6500

2016 年婺城区十大惠民实事

1.社会保障方面。新建居家养老服务照料中心16家，机构床位达3.3个/千人，新建养老床位数200张，市区“8890”虚拟养老院建设全覆盖。城乡居民基本医疗保险参保率达96%以上，统筹区域政策范围内住院补偿率达75%以上。

2.就业方面。开展千万农民素质提升培训工程，完成农村劳动力素质培训3200人。城镇新增就业人数4200人，失业人员再就业1800人，困难人员再就业150人，城镇登记失业率≤4%。培训农村电子商务人才4000人。

3.环境整治方面。全面推进农村生活垃圾分类减量化处理，实施农村生活污水治理攻坚行动，完成79个村生活污水治理，新增受益农户1.22万户。实施金华江北岸污水干管东延工程3.4千米、竹马污水干网工程5.8千米、长湖截污干管系统工程16.8千米；改造背街小巷雨污分流系统5条路共计2.9千米。

4.教育方面。婺州外国语学校新校区，东市街小学、虹路小学、乾西小学改扩建工程完工并投入使用；普惠性幼儿园覆盖面达80%，学前教育专任教师持证率达85%。

5.医疗卫生方面。完成5家乡镇卫生院（街道社区卫生服务中心）维修工程，开展城乡居民健康体检7.5万人次，建立健全规范化健康档案32万份；培训红十字救护员1000人，普及培训4000人。

6.文化体验方面。新建农村文化礼堂10家；开展文化走亲6场，送戏下乡108场，送电影下乡3300场；完成小康体育村提升工程10个。

7.扶贫方面。蒋堂移民新村完成首期安置房项目，启动移民安置；乾西移民新村四期安置房项目主体结顶，完成6万平方米建设。

8.生态建设方面。投资2300万元新建金华江排涝站1座。全面淘汰黄标车。淘汰高污染燃料锅炉80台。

9.基础设施方面。完成城乡精品社区创建6个。打造智慧交通体系，建立超限运输非现场执法系统一套；启动330国道上跨宾虹西路立交桥工程；婺武大南山公路箬沙段开工建设；完成农村公路大中修45千米、等级提升30千米、联网公路15千米、港湾停靠站50个，续建汤溪至莘畈公路。完成15个村饮用水安全提升工程，解决5700人饮水安全。

10.公共安全方面。在大型餐饮单位、学校和养老机构建设食堂阳光厨房200家，创建放心农贸市场1家。建设重点治安复杂区域社会面视频监控系统，安装治安探头1000个。完成全区小微企业安全托管100家。

大事记

1月

4日 全省举行扩大有效投资重大项目集中开工仪式,全区有5个项目同时开工。

同日 副省长朱从玖到婺城区供销社农信担保有限公司调研政策性担保服务工作。省政府副秘书长陆健强,市委副书记、市长暨军民,副市长张伟亚,区委副书记、区长申屠福华、副区长张璞陪同调研。

7日 辽宁省朝阳市北票市委书记谢卫东率市党政代表团到婺城考察基层党建、旧村改造、"五水共治"、居家养老、垃圾分类、农村电商等工作开展情况。区委书记王健,区委常委、区委组织部部长吕贤,副区长张璞陪同考察。

8日 婺城区召开2015年度乡镇(街道)党(工)委书记、机关部门党委(党组)书记抓党建工作述职会。

12日 由台湾环境永续发展基金会董事长陈龙吉率领的台湾赴婺访问团一行15人到婺城区考察、交流绿色产业发展的经验做法,共谋乾西环保小镇建设。区领导王健、申屠福华、蒋献忠、邱开祥、邢水成参加活动。

14日 黑龙江省哈尔滨市双城区委副书记、区长毛臣率区党政代表团到婺城考察信息网络经济发展情况。区委书记王健,区委副书记、区长申屠福华,区委常委、副区长陶澄滨陪同考察。

15日 婺城区委召开六届十次全体(扩大)会议暨区政府八届八次全体会议。

22—28日 区委书记王健赴杭州参加浙江省十二届人大四次会议。

29日 区领导班子2015年度总结和述职述德述廉述法会议召开。区委书记王健代表婺城区委作年度总结报告和干部选拔任用报告,并作个人述职述德述廉述法报告。会议还对区级领导班子和领导干部进行了民主评议和测评。

2月

1日 区领导王健、张菲菲、施素珍、朱利群等分组走访慰问武警部队、消防部队、驻金部队、部分困难群众,在猴年新春佳节来临之际,向他们致以节日的问候和新春的祝福,表达党委、政府的关怀。

3日 副市长祝伦根带领市建设、行政执法、交警、城建公司等相关单位部门负责人到下沿区块一线指导征迁工作。区委常委、常务副区长、下沿区块征迁指挥部指挥长李小庆陪同。

4日 市委书记赵光君到婺城区检查指导春运、安全和卫生等工作。市领导金中梁、聂展云、陈晓、吴国成,区领导王健、丰炳春陪同。

5日 市委书记赵光君,市委常委、秘书长陈晓到婺城区浙中信息产业园浙江云安阁科技有限公司、合丰信息科技(金华)有限公司调研、了解企业发展情况。区领导王健、申屠福华、蒋献忠陪同。

15日 金华日报报业传媒集团与婺城区政府正式签订合作协议,共同打造以农村电商和青年创业为主体的"三分田"综合性电商园区。区委副书记、区长申屠福华和金报集团党委书记、社长、总编辑陈东分别代表合作双方在协议上签字。

16日 婺城区召开三级干部大会。

17日 中国人民政治协商会议第三届金华市婺城区委员会第五次会议开幕。

同日 婺城区召开2015年纳税千万元以上企业家座谈会，通报表彰43家纳税千万以上企业。

18日 金华市婺城区第八届人民代表大会第五次会议开幕。

22日 婺城区第六届纪律检查委员会第六次全体会议召开。

同日 婺城区召开全区组织、宣传、统战工作会议。

23日 婺城区召开全区公安工作会议。

24日 二七区块召开“句号工程”清零行动誓师大会，成立“句号工程”专项攻坚组，明确清零行动任务，明确清零行动时间节点，全线吹响清零行动冲锋号。

3月

1日 市委副书记、市长暨军民带领市国土、建设、规划、城改办、多湖中央商务区管委会等主要负责人，到婺城区调研电大街改造和下沿区块征迁工作。副市长祝伦根，金华职业技术学院党委书记胡正明，区领导王健、申屠福华、李小庆、陶澄滨陪同调研。

同日 市委副书记、市长暨军民带领市农办、市农业局等有关部门负责人到婺城区调研“三农”工作。副市长张伟亚，区领导王健、申屠福华、蒋献忠、张璞、陈旭日参加调研。

3日 市委书记赵光君到婺城区调研指导工作。重点了解美丽乡村建设、基层党建、企业生产经营、畜牧业转型升级等情况。区领导王健、申屠福华、蒋献忠、吕贤、张璞参加调研。

同日 婺城区法院召开2015年度表彰会暨新任中层干部授职宪法宣誓典礼。

3日 婺城区召开全区安全生产暨消防工作会议。

10日 区四套班子领导带队赴乾西乡栅川区块开展植树活动。

同日 婺城区“山花烂漫·美丽婺城”系列活动暨第七届茶花节在竹马乡启幕。市领导丁国玉、张伟亚、吴国成，区领导王健、张菲菲、施素珍、贾献成、方鹰、张璞等出席开幕式。

14日 省委常委、省委宣传部部长葛慧君带领省有关部门负责人到婺城区调研指导工作。市委书记赵光君，市委常委、市委宣传部部长何杏仁，市委常委、市委秘书长、统战部部长陈晓，区领导王健、方鹰、蒋献忠参加调研。

16日 省政协副主席、侨联主席吴晶，省侨联秘书长周松一到婺城区浙中信息产业园调研、指导中华本土文化外宣工作。市委常委、市委秘书长、统战部部长陈晓，统战部副部长、侨联主席蓝跃军，区委书记王健，区政协主席施素珍陪同调研。

17日 婺城区召开工业和信息经济暨扩大有效投资工作大会。

18日 婺城区召开“五水共治”大会。

22日 省民政厅厅长尚清、副厅长江宇，金华市副市长张伟亚到婺城区众邦养老院调研医养结合工作，区委书记王健陪同调研。

24日 中国侨联副主席、省政协副主席、省侨联主席吴晶带领全省各市侨联主席，到婺城区浙中信息产业园参观考察合丰信息科技(金华)有限公司。市政协副主席刘净非，市委统战部副部长、侨联主席蓝跃军，区领导王健、施素珍、蒋献忠陪同考察。

25日 婺城区召开平安建设暨政法工作会议。

同日 婺城区举行“走在前列、共建金华”解放思想大讨论动员会。

30日 婺城区召开食品安全暨G20峰会食品安全保障工作会议。

同日 婺城区召开2016年审计工作会议。

31日 全省创建“平安浙江”会议暨G20杭州峰会维稳安保动员大会在杭州召开，婺城区连续第11年被评为省级“平安区”，受到省委、省政府的表彰。

4月

8日 区委副书记、区长申屠福华带领区府办、国卫办、城管办、市场监管局、行政执法分局、新狮街道主要负责人先后到新狮街道骆家塘社区、高村，对国卫复审重点区域工作安排进行实地检查，并针对即将迎来的浙江师范大学六十周年校庆相关准备工作进行现场研究和部署。副区长方锦瑞陪同调研。

11 日 市委副书记、市长暨军民带领市教育局、财政局、规划局等部门负责人到婺城调研教育民生实事工作。副市长林丹军，区委副书记、区长申屠福华，副区长方锦瑞参加调研。

13 日 中国计量大学校长林建忠一行到学校结对帮扶乡——婺城区箬阳乡，开展慰问和调研。区领导王健、楼存根、徐洪彬陪同。

同日 婺城区举行政银企对接座谈会。

14 日 婺城区召开农业和农村工作会议。

20 日 省委书记、省人大常委会主任夏宝龙到浙中信息产业园天下谱局金华文化公司调研，省委常委、秘书长陈金彪参加调研，市委书记赵光君、区委书记王健陪同调研。

22 日 井冈山市党政考察团一行到婺城区调研考察，走访采云间等企业，区领导王健、蒋献忠陪同调研。

25—27 日 区委书记王健、区长申屠福华赴杭州参加省委十三届九次全体(扩大)会议。

28 日 婺城区举行第五届劳模表彰大会，隆重表彰来自 28 位全区各行各业、各条战线涌现出来的劳动模范和 4 家模范集体。

同日 婺城区召开区委全委会(扩大)会议，部署开展换届纪律专题谈话

同日 召开婺城区委全面深化改革领导小组第六次会议召开。

5 月

3 日 婺城区人民政府与中国电信金华分公司战略合作协议签约仪式在区行政中心举行。区委副书记、区长申屠福华，副区长王建良，中国电信金华分公司总经理樊振华，副总经理虞望圣参加签约仪式。

4 日 召开婺城区第八次团代会。

6 日 婺城区召开全区“两学一做”专题党课暨学习教育部署会。

10 日 金华市委副书记、市长暨军民到到婺城区“两路两侧”专项整治行动指挥部看望一线工作人员，详细了解工作进展情况。市政府秘书长周剑敏，区委副书记、区长申屠福华，副区长李唯陪同。

17 日 金华市委副书记、市长暨军民带领市有关部门，对市区金安(金华至安地)公路优化改造工作进行调研，并就推进梅溪流域综合治理工作作部署。副市长张伟亚，市政府秘书长周剑敏，区委副书记、区长申屠福华，副区长张璞参加调研。

19 日 婺城区举行第六届精神文明建设“草根奖”颁奖典礼。

24 日 婺城区召开全区领导干部会议。

26 日 婺城区召开区委六届十一次全体(扩大)会议暨区政府八届九次全体会议。全会审议通过《中共金华市婺城区委关于补齐短板走在前列加快建设金华中心城市核心区的决定》。

6 月

6 日 婺城区召开与香港亚洲汇发实业发展投资有限公司座谈会。区委书记王健，区委常委、副区长蒋献忠，副区长方锦瑞参加座谈会。

14 日 省委副书记、省委政法委书记王辉忠到我区调研 G20 杭州峰会维稳安保工作，市领导赵光君、何杏仁、金中梁、聂展云，区领导王健、朱利群陪同调研。

16 日 婺城区召开仙源湖旅游度假区体制调整大会。

28 日 区委书记王健，区委副书记、副区长、浙中信息产业园管委会主任蒋献忠赴杭州参加海外中餐厅项目媒体发布会。

29 日 市委副书记、市长暨军民带领市有关部门负责人到婺城区指导防汛抗灾工作。副市长祝伦根，区领导王健、李小庆、张璞陪同。

29 日 市委副书记何杏仁带领市有关部门负责人到长山乡指导防汛抗灾工作。区领导王健、朱利群、张璞陪同。

7月

5日 省检察院检察长汪瀚一行，在市检察院检察长毛建岳、区委书记王健等领导的陪同下到婺城区检察院，专题调研贯彻落实省检察院服务非公经济“二十一条意见”、保障律师会见权和文明办案“两个专项”整改活动推进情况。

6日 浙江师范大学党委副书记杨玲带队来婺城考察交流，区领导申屠福华、蒋献忠、陶澄滨、方锦瑞及区有关部门负责人参加座谈。

6—8日 由人民日报社《人民论坛》杂志主办，婺城区委、区政府承办的金华二七区块改造与新型城市化建设研讨会在婺城区举行。

8日 婺城区召开平安护航G20、平安创建和信访积案化解推进会。

12日 金华市委副书记、市长暨军民携市相关部门负责人，到婺城区调研农村生活污水治理设施长效运维管理工作。副市长张伟亚、祝伦根，区委副书记、区长申屠福华，副区长张璞陪同调研。

12日 省委宣传部副部长、省文明办主任黄明辉，省文明办未成年人处（公德处）处长叶彤到婺城区调研文明城市创建工作。市委宣传部副部长、市文明办主任楼冰，区领导王健、方鹰、方锦瑞陪同调研。

14日 省交通运输厅党组成员、省公路管理局党委书记、局长洪秀敏带领省交通运输厅督查组到婺城区督查市交通重点工程建设情况。市交通运输局局长邱建中，区领导王健、申屠福华、李唯等陪同督查。

15日 市委副书记、市长暨军民就330国道（婺城至兰溪段）建设和“两路两侧”“整治环境，靓化金华”工作进行了调研。市委常委、常务副市长金中梁，区领导王健、申屠福华、李小庆、李唯参加调研。

21日 婺城区召开半年工作汇报会。

22日 省、市相继举行扩大有效投资重大项目集中开工活动，我区S313（45省道）婺城至兰溪段改建工程（婺城段）等3个项目集中开工建设。

同日 由浙报集团金华分社、金华电台、金华网、金华广播电视报、各县市区电台等14家媒体组成的“走在前列、共建金华”大型新闻活动采访团走进婺城，围绕“做优老城区、做强新城区、做美大郊区”三大主题深入采访，并与区委书记王健现场对话，畅谈婺城发展的美好未来。

29日 金华市智慧城市建设成果发布会暨签约仪式在北京举行。浙江云安阁科技有限公司、北京东方嘉禾文化发展股份有限公司、云南勘远大展水泥有限责任公司等三家企业与婺城成功签约。区委副书记、区长申屠福华参加了签约仪式。区委常委、副区长陶澄滨代表婺城区与相关企业签约。

8月

1日 婺城区召开全区领导干部会议。

10日 省委政法委副书记、省综治委副主任、综治办主任刘树枝带队到婺城调研基层社会治理工作。市委副书记、市委政法委书记何杏仁，区领导王健、朱利群陪同调研。

23日 婺城区召开铁路金华站房周边区域整治规划初步方案汇报会。

30日 市委副书记、市长暨军民带领市相关部门负责人，深入婺城部分学校、社区及公安机关实地检查安保维稳及相关应急处置措施落实情况。区领导王健、申屠福华、丰炳春、蒋献忠、李小庆、方锦瑞参加检查。

9月

9日 婺城区举行庆祝第三十二个教师节表彰大会。

14日 婺城区召开全区乡镇换届工作动员部署会。

20日 婺城区召开“五水共治”暨“美丽乡村”建设工作现场推进会。

21日 婺城区召开“百日攻坚、百日招商、百日服务”工作部署会。

23日 婺城区举行G20杭州峰会服务保障工作总结大会。同日，婺城区召开全区宗教工作会议。

29日 副市长张伟亚,区委副书记、区长申屠福华,副区长张璞带领有关人员冒雨赶赴部分山区乡镇,看望因台风“鲶鱼”转移的群众和现场抢险救灾干部,并在现场指导抗台工作。

30日 区委书记王健主持召开区委常委(扩大)会议。

同日 婺城区在金华革命烈士碑前举行烈士纪念日公祭。区领导王健、申屠福华、张菲菲、朱利群、方鹰、何海彬、蒋献忠、李小庆、叶青松、陶澄滨等参加公祭活动。

10月

9日 副省长孙景淼带领省政府办公厅、省农业厅、省畜牧兽医局等部门负责人到婺城区调研畜牧业转型升级情况。省农业厅厅长林健东,市领导暨军民、张伟亚,区领导王健、申屠福华、张璞参加调研活动。

18日 区委先后组织召开常委会议和六届十二次全委会。常委会议审议通过《婺城区第七次代表大会有关工作安排建议》、全委会议审议通过《关于召开中国共产党婺城区第七次代表大会的决议》。

11月

3日 市委副书记、市长暨军民带领市经信委、财政、科技、统计、招商等部门负责人到婺城调研“三百”竞赛和工业(技改)投资情况。副市长傅利常,区领导王健、申屠福华、蒋献忠参加活动。

4日 婺城区召开德育工作会议暨中小学育人工作培训会。

7日 婺城区召开“两代表一委员”推选工作动员会。

9日 省委第四巡视组对婺城区开展巡视“回头看”工作并召开动员会。省委第四巡视组组长龚吟怡作动员讲话,省委巡视工作领导小组办公室副主任邱志明就配合做好巡视工作提出要求,市委常委、市纪委书记夏建成出席会议并讲话,婺城区委书记王健主持会议并作表态发言。

16日 婺城区召开全区领导干部会议,宣布省委、市委关于婺城区政府主要领导人事调整的决定:郭慧强任中共婺城区委副书记,提名为婺城区区长候选人;申屠福华不再担任婺城区委副书记、区长职务。市委常委、市委组织部部长余杰参加会议并讲话。

23日 婺城区举行十八届六中全会精神宣讲报告会。

27日 市委副书记、市长暨军民带领市国土、规划、建设、整治办等部门负责人赴安地镇调研小城镇环境综合整治工作。副市长祝伦根,区领导郭慧强、李小庆、李唯参加调研。

12月

2日 婺城区召开领导班子换届人事宣布会。

9日 省委常委、省公安厅长徐加爱以省级领导干部人大代表身份到代表联络站,围绕城市老城区综合治理、小城镇环境综合整治、基层公安队伍建设等主题,听取人大代表和基层群众的意见建议。市领导赵光君、黄锦朝、陈晓、林一心,区领导王健、张菲菲、丰炳春、盛奇兵参加座谈会。

11日 婺城区召开2017年工作务虚会。

13日 区委召开六届十三次全会。会议审议通过了《婺城区出席市第七次党代会代表候选人预备人选圈选办法(草案)》;听取了出席金华市第七次党代会代表候选人预备人选建议名单的构成及其产生经过的说明;确定了出席金华市第七次党代会代表候选人预备人选。

同日 全区小城镇环境综合整治行动推进会在安地召开了。

14日 市委书记赵光君带领市发改、建设、国土、规划等部门负责人到婺城调研二七区块改造工作。市领导金中梁、陈晓、祝伦根,区领导王健、郭慧强、贾献成等陪同调研。

同日 市委副书记、市长暨军民到婺城调研水利工作情况。副市长张伟亚,区领导郭慧强、赵艳华、陈旭日参加调研。

15日 浙江万里扬股份有限公司在上海与德国

吉孚动力技术(中国)有限公司举行签约仪式。市委副书记、市长暨军民出席签约仪式并致辞,副市长傅利常,区委书记王健,区委副书记、代区长郭慧强参加签约仪式。

20日 中共金华市婺城区第六届委员会第十四次全体会议召开。

26日 235国道金武快速路（婺城段）、S313(45省道)婺城至兰溪段改建工程(婺城段)分别在雅畈镇和安村、竹马乡二环西路交叉口处举行项目开工仪式。市委常委、常务副市长金中梁出席仪式并宣布项目开工。市人大常委会副主任钱世茂,市政协副主席张跃进,区领导王健、郭慧强、张菲菲、施素珍、李小庆参加开工仪式。

28—31日 中国共产党金华市婺城区第七次代表大会召开。

婺城概览

区情概要

【位置、面积】 婺城区地处浙江省中部，金华市中西部。东连金东区，南接武义县，西南与丽水市遂昌县接壤，西与衢州市龙游县毗邻，北与兰溪市交界。介于北纬 28°44′~29°15′、东经 119°18′~ 119°46′之间。东西长 45 千米，南北宽 55 千米。距省会杭州市 135 千米(径距)。土地面积 1391.24 平方千米，约占浙江省总面积的 1.36%。婺城区是金华市辖区，金华市人民政府驻地，浙中城市群中心城市的核心区块。区人民政府驻宾虹西路 2666 号。

【地形地貌】 婺城区地处金衢盆地中段，地势西南与东北高，中部低。婺城区地跨浙西大复向斜与浙南变质地体两个Ⅱ级构造单元。由于两个构造单元地质历史演化截然不同，因而地层、岩性也不尽相同，大致以江山—绍兴深断裂为界，以北为江南地层区，以南为华南地层区。

江南地层区 属于扬子准地台的一部分，也称浙西台皱带，在地质历史时期经过一系列凹陷与隆起而形成目前的格局。一般地说，江南地层区，在整个古生界，地壳下沉，接受沉积，有页岩、灰岩、砂岩等浅海相沉积建造，主要分布于金华山。进入中生界后，该区地壳褶皱上升，仅在局部凹陷带有陆相沉积建造，主要分布于金华山及金衢盆地北缘。中生代侏罗系后期，地壳运动加剧，形成大片火山岩覆盖和大量侵入岩。白垩系及其后期，地壳岩石经历了强烈剥蚀，在盆地北缘与南缘有红色砂岩沉积。新生界，又经燕山运动、喜马拉雅运动的影响，形成多峡谷小盆地、地面起伏较大的现代河谷地貌以及喀斯特地貌发育的特色。

华南地层区 属于华南地槽褶皱带一部分，也称浙东华夏褶皱带，在元古界有古老变质岩系和灰岩零星分布，主要出露于塔石乡一带。在中生界，该区属于稳定上升地区，整个地表都被火山岩系覆盖。侏罗系后期，地壳运动进一步加剧，有大量的岩浆活动，形成大片火山岩系覆盖和大量侵入岩，后经强烈剥蚀。这些火山碎屑岩和熔岩，主要分布于金华南山和盆地盆底南侧斜坡地带。新生界期，华南地层区在喜马拉雅运动影响下，局部地区有玄武岩喷发和覆盖，从而导致该区多浅小盆地的现代河谷地貌和火山造岩地貌的特色。

以金华江为中轴，向两侧呈阶梯式分布。地形根据绝对和相对高度、坡度可分为山脉、丘陵、平原三种不同类型。

山脉 高低起伏，坡度较缓，绝对高度在 500 米以下，相对高度一般在 200 米以下的为丘陵。绝对高度 500 ~1000 米的为低山。绝对高度 1000 ~ 3500 米的为中山。3500 米以上为高山。其中，丘陵面积约 364.46 平方千米，占全区总面积的 26.20%；低山面积 162.89 平方千米，占全区总面积的 11.71%；中山面积 33.98 平方千米，占全区总面积的 2.44%。

金华山 又称长山，俗称北山。主要绵延于区境东北部罗店、竹马两个乡镇的东北和北部。

金华山北连龙门山脉，由于墩头盆地的陷落和向东侵蚀，浦江盆地的不断向西侵蚀，遂形成龙门山脉两头隔离、中间相连的格局。

金华山南坡，自兰溪市至金东区伸展着一条长25千米、宽约1千米的石灰岩带，有大小溶洞50多个，有效面积大于10000平方米。这些溶洞洞景绮丽多姿，区境内可供旅游的有双龙、冰壶、朝真、桃源、仙瀑、二仙、讲堂等多个溶洞，其中双龙、冰壶、朝真三洞为国家级重点风景名胜区。

金华山西起兰溪市城区兰江东岸，东走经王大尖、白露尖、扁担岗，至兰溪市与婺城区界上的西坑岗。自此沿婺城区、兰溪市界东走6.5千米，经九龙山（海拔1245.2米），至金华城北东4°，距城15千米（方位、距离均以通济桥北堍为基点，下同）、海拔1312米的大盘山。复东北走11.5千米，经武平山（亦名玉壶山）、双尖（城北东15°，距城16千米，海拔1017米）、螺蛳尖出区境入金东区与兰溪市界上，续东走至兰溪、义乌、浦江三市县界上，北与龙门山北支相连，续东走沿浦江、义乌边界，至义乌市大陈江西岸，隔江与会稽山相望。以上为金华山干脉。

南山 区境内西南及南部诸山的统称，绵亘于塔石、沙畈、箬阳、莘畈、岭上、安地诸乡镇，呈西南—东北走向。由于新构造运动上升强烈，在流水侵蚀下，西南诸山，谷深坡陡，多千米以上山峰（50余座）。是白沙溪、厚大溪诸溪与瓯江水系的松阳溪、宣平溪的分水岭。向东北延伸，山势渐趋平缓，多呈块状丘陵。

南山属仙霞岭余脉，经遂昌县华表坑，至棋盘石北入区界，分支沿婺城区、遂昌县界西北延伸为鹅卵石大岗，至金鸡头隔梨树源与塔石乡东长坪（海拔1165米）相望。干脉沿婺城区、遂昌县界东北走3千米，过金竹湾，至区境内最高峰小金竹尖（海拔1336米），复北走1千米，有龙坑尖（海拔1328米），折东转东南走4千米，经白岩（海拔1250米）至小龙葱尖（海拔1324米）。复前走4.5千米，经风门山（海拔1233米），出区界至遂昌县狮子岩。折东北至婺城区、武义县界上的龙潭背。自此沿婺城区、武义县界东北走，经大阳山（海拔1320米）、大坞尖（海拔1180米）、茶园头（海拔1203米）和横岗岭（海拔1048米），于林坑尖（海拔1151米）入武义县。经龙门亭，至婺城区与武义县界上的八县尖（海拔964.2米）、鲤鱼尖、宣家岭和高塘顶，隔武义江与武义县焦岩相望。

丘陵 海拔70~500米，坡度15~25°的丘陵地364.46平方千米，占全区总面积的26.20%。主要分布在：

一、西起婺城区与龙游县界上，东至白沙溪左岸，南自莘畈乡、琅琊镇一线，北至浙赣铁路南北，包括汤溪镇中南部、琅琊镇北部、蒋堂镇大部、白龙桥镇西北部。地势呈南北走向，丘岗与溪谷相间。土壤以网纹红土发育而成的黄筋泥为主，面积约180平方千米，为全区最大的丘岗区。

二、西以白沙溪，北起山嘴头，东至雅畈镇西大路的三角地带，包括琅琊镇东北部、长山乡中北部、安地镇北部、雅畈镇中北部和苏孟乡及秋滨街道的中南部。多呈馒头状浑圆低丘地貌。大黄山一带为冰碛阶地，土壤以红紫色砂页岩发育而成的紫色土为主，面积约150平方千米。

三、自城北街道的洪源、杨梅山向西北，沿金兰北线，至竹马乡姜衙一线东北，包括城北街道北部、新狮街道和罗店镇南部、竹马乡东北部。多为自北而南的低岗与溪谷相间地形，其中杨梅山和洪源一带为冰碛阶地，冲沟由山顶向四周网状延伸。土壤以红沙土为主，面积约40平方千米。

平原 海拔70米以下，横向坡度一般小于10米，主要由江河冲积而成。面积约315平方千米，占全区面积22.64%。主要分布于以下三片：

一、三江冲积平原。东起东关大桥以下义乌江两岸，南自武义江左岸的雅畈镇，西至环城西路。包括城东、城中、江南、三江诸街道全部，城西、西关两街道东部，城北街道南部，雅畈、苏孟两乡镇的东北部。地势略有起伏，海拔多在45米左右，面积约90平方千米。

二、城西冲积平原。环城西路以西的金华江两岸。包括右岸的城西街道西部，乾西乡全部，竹马乡西南部。境内有乾溪、盘溪自东北向西南蜿蜒曲折流贯其间，并有西湖、下湖、长湖等金华江故道残迹湖。地势低平，海拔多在40米以下。左岸东起环城西路，西至西溪，北止于婺城区与兰溪市界。包括白龙桥镇全部,长山乡北部。地势低平,其中白龙桥镇雅苏,海拔31米,为全区最低点。漪溪、桐溪、白沙溪、西溪自南而北流贯其间,沿溪有大小不同的溪谷平原与平畈。面积约120平方千米。

三、衢江冲积平原。西起婺城区与龙游县界上,东北止于婺城区与兰溪市界上,东南大致沿浙赣线和黄路溪。包括洋埠、罗埠两镇全部,汤溪和蒋堂镇北部。有莘畈溪、厚大溪、黄路溪自南而北流贯其间。海拔多在40米左右。面积约105平方千米。

【降水】全年降水量1866.5毫米 ,与多年平均降水量(1621毫米)相比偏多15.14%,与2015年年降水量(2031.5毫米)相比偏少8.12%。汛期平均降雨量1292.7毫米,比2015年同期1286毫米偏多0.5%。降雨量主要集中在4月、5月、6月、9月。其中,汛前(1月1日—4月14日)平均降水量377.1毫米,主汛期(5—9月)平均降雨量1107.5毫米,6月11日入梅,7月1日出梅,梅雨期21天。梅雨期平均降水量308毫米,比2015年梅雨期平均降雨量少0.8%。全区2016年4月以来持续降雨,入梅以来发生“6·27”箬阳乡局地强降雨、“6·29”流域性洪水。6月29日21时45分,金华江金华站出现洪峰,洪峰水位36.06米,超警戒0.56米,实测洪峰流量3790立方米/秒。辖区内山塘、水库数次蓄满,金兰、沙畈、莘畈、安地、九峰5座中型水库开闸泄洪。2016年汛期全区5座中型水库蓄水总量略有增加,入汛初蓄水总量为2.8亿立方米,汛期末蓄水总量为2.86亿立方米,蓄水量增加0.06亿立方米。9月14日,受台风“莫兰蒂”外围影响,我区旱情得到缓解。9月27日8时至30日20时,受台风“鲇鱼”影响,全区普降大雨,南部山区暴雨,据水雨情监测系统显示,全区面雨量134.2毫米,14个站点降雨超200毫米,其中箬阳乡罗坪测站315.5毫米、箬阳乡南坑测站280.5毫米、箬阳乡瀛头测站276.5毫米、沙畈乡沙畈水库测站257毫米。箬阳、塔石、沙畈受灾严重。

【水文】结合省统一部署的山洪灾害县级非工程措施建设项目和中小河流水文项目建设,加强全区水雨情监测预警工作。全区共有5个水位自动遥测站、26个雨量自动遥测站、31个水位雨量自动遥测站、11个视频监控。平均22.9平方千米就有1个站点,达到山洪灾害防治县级非工程措施建设标准。在监测信息采集及预报分析决策基础上,通过确定山洪灾害预警指标、预警程序和方式(自动监测、群测群防),将预警信息及时、准 确地传送到山洪灾害可能威胁区域,使接收预警区域人员根据山洪灾害防御预案,及时采取防范措施,最大限度减少人员伤亡。由于没有水文站和气象台,婺城区与金华市水文站签订金华江、武义江的汛期报汛协议和洪水预报;同时与区气象局签订气象服务协议,及时提供气象和灾害性天气预报。通过水雨情遥测站监测和水文、气象信息传递,区防洪抗旱指辉部及时掌握全区水雨情,为防汛抗旱抢险工作提供决策依据。

【行政区划】婺城区辖9个街道、9个乡、9个镇,98个居民委员会(社区居委会),571个村民委员会。区域内有国家级金华市经济技术开发区、省级婺城新城区、双龙风景区、仙源湖旅游度假区。其中,金华市经济技术开发区辖1个乡、4个街道、3个镇、49个居民委员会,195个村民委员会。全区土地总面积 1391.24平方千米。

2016年年末金华市婺城区行政区划及土地总面积表

表4

乡镇名称	村民委员会(个)	社区居委会(个)	土地总面积(平方千米)
全区合计	**571**	**98**	**1391.24**
城东街道	0	5	2.99
城中街道	0	3	6.21
城西街道	0	5	1.66
城北街道	0	8	4.4
新狮街道	6	13	23.76
罗店镇	38	1	66.58
雅畈镇	37	0	74.33
安地镇	37	0	136.47
琅琊镇	30	0	93.07
蒋堂镇	35	0	54.29

续表 4

乡镇名称	村民委员会（个）	社区居委会（个）	土地总面积（平方千米）
竹马乡	16	0	19.58
长山乡	21	0	60.35
箬阳乡	14	0	60.38
沙畈乡	30	0	184.94
塔石乡	39	0	99.63
岭上乡	2	0	60.66
莘畈乡	11	0	73.04
婺城新城区小计	**60**	**14**	**117.26**
白龙桥镇	49	8	92.91
乾西乡	11	6	24.35
金西开发区小计	**157**	**1**	**168.8**
汤溪镇	72	1	106.36
罗埠镇	61	0	44.33
洋埠镇	24	0	18.11
金华市开发区小计	**38**	**48**	**82.85**
江南街道	0	7	3.03
三江街道	0	17	7.65
西关街道	0	7	4.57
秋滨街道	4	17	29.62
苏孟乡	34	0	37.98

【人口】据公安人口年报统计，全区户籍管理人口 38.49 万人。其中，男性 19.28 万人，占总人口的 50.09%；女性 19.21 万人，占总人口的 49.91%。金华市开发区有 95283 户、255160 人。婺城新城区有 33398 户、86841 人。2016 年，出生 4445 人，人口出生率为 12.16‰；死亡人口 2448 人，死亡率为 7.8‰；人口自然增长率 4.36‰。2016 年，全区有 60 周岁以上老年人 84913 人，占全区总人口的 22.00%。至年底，有百岁以上老人 13 人，年龄最大 103 岁。

【水资源】婺城区江河属钱塘水系，有钱塘江一级支流衢江、二级支流金华江及其上游义乌江和支流武义江。流入以上四江的溪河，10 千米以上的 18 条。诸溪下游和四江沿岸，水网交织，水利称便，唯受地形和气候影响，溪河之水暴涨暴落，山丘易旱，水土流失比较严重，河床淤积，沙洲迭见。

金华江　义乌江与武义江于燕尾洲汇合后称金华江，亦称婺江、婺港。通济桥以上亦称双溪。唐严维诗“明月双溪水，清风八咏楼”，宋李清照《武陵春》“闻说双溪春尚好，也拟泛轻舟”均指此。

双溪西流，穿通济桥，过金虹桥、双龙大桥、河盘大桥，越橡皮坝至婺江大桥，转向西北流，经筱溪、石柱头，至雅苏北出境入兰溪市，至马公滩与衢江汇合后称兰江。

双溪西南别出为龙渎，穿过城南大桥，沿五百滩南缘西流，至河盘桥复入金华江。

金华江自燕尾洲至雅苏出区境，长 15 千米。河床宽 140~300 米，水深 1.7~4 米，比降 0.43‰。沿岸地势低平，水网交织，是全区水稻主要产区。有 10 千米以上溪流 6 条汇入：

玉泉溪　发源于苏孟乡西南部石人坑，北流经朱店过清江塘入湖海塘，出湖海塘至金华职业技术学院院区和茶花公园园区的金大塘和馒塘，复北流过湖海塘电站，沿磐安街北流于西关汇入金华江。全长 14.5 千米。

漪溪　发源于长山乡猴岭，北流经上溪、石门，过白龙桥镇黄碧塘，于邵家埠头西北汇入金华江。长 16 千米。

桐溪　发源于长山、安地、沙畈三乡镇界上的太平尖，曲折北流，经桐溪、长山、邵村，过白龙桥镇龙蟠、怡村、塌水桥，于下潘家入金华江。长 22 千米。

乾溪　发源于罗店镇西湖，南流过鹿田水库，至前庄头，经后园、溪塍至乾西乡黄桥头，转西流经竹马乡谢村，转西南流，于坛里郑南入金华江。长 20 千米。

白沙溪　曾名白龙溪，发源于武义、遂昌两县界上的狮子岩。南流过门阵入沙畈乡小洋坑，续北流经芝肚坑至柿树岭入沙畈水库(中型)，出沙畈水库，北流经岭脚、周村、山脚，于皂里入金兰水库，出水库经琅琊徐、高田塍，北流经新昌桥、白龙桥、临江，于后杜叉东入金华江。全长 65 千米，区境内长 55 千米。汇入白沙溪的支流有 2 条：银坑溪发源于沙畈乡与遂昌县界上的小龙葱尖，北转东流，经银坑，于黄坛井西入白沙溪，长 10 千米；左别溪发源于沙畈乡大坞头南与遂昌县界上，北转西流，经水碓基、黄家田，于半溪西入白沙溪。长 14 千米。

盘溪 发源于罗店镇九龙山，西南流过洞前，至西旺入双龙水库，出水库经罗店，至罗大门西南入竹马乡竹马馆，转西流入乾西乡，经栅川入兰溪市，于烟溪西入金华江。全长 17.5 千米，区境内约 15 千米。

义乌江 为金华江之上游，亦称东港、义乌港，古称乌伤溪。源出磐安县龙鸟尖，经东阳、义乌、金东三区市，过东关大桥入区境，沿清风公园西流，过宏济桥，复西流于八咏公园、婺州公园与燕尾洲之间，至通济桥东与武义江汇合。义乌江自东关大桥入境，至通济桥长 2.22 千米，河床宽约 350 米，水深 1~6 米，比降 0.3‰，两岸公园和民居相间。区境内汇入义乌江溪流有通元溪。

通元溪 发源于罗店镇盘前，南流经弹子下，过里宅入新狮街道山下吴水库(小型)，出水库至山下曹，折东流至唐村南复南流，经沙溪、车头、道院塘，入城东街道，穿越浙赣铁路、人民东路，于清风龙头东汇入义乌江。长约 17 千米。

武义江 为金华江最大之支流，亦称永康江、永康溪、武义港。源出武义千丈岩，经缙云、永康复入武义县，于金东区焦岩东 2 千米处入区境，曲折西流，至寿溪转东北流，过国湖电站转北流，至竹园东转西流，接纳梅溪后沿苏孟乡北流，过豪乐、洪坞、李渔、金婺诸大桥，至燕尾洲与义乌江汇合。

武义江自焦岩入境至燕尾洲，长 25 千米，河床宽 100~300 米，水深 2~3 米，国湖以下比降 0.65‰，金东区横店以下河道几分几合，沿岸平原渐见，梅溪口以下平原连片，进入三江平原。汇入 10 千米以上溪流(不计右岸金东区汇入溪流)有：

寿溪 发源于雅畈镇与武义县壶山街道界上的鲤鱼尖，北流经大山、罗芳埠，于寿溪北入武义江。长 28.5 千米。

梓溪 发源于雅畈镇东坞南与安地镇界上，北流经下新屋、宜山，于雅畈北入武义江。长 14.5 千米。

梅溪 发源于箬阳、沙畈两乡与武义界上的平顶坑，东北流经瀛头至武义县龙潭，复东北流入箬阳乡，经琴坛至安地镇山道、黄泥岗转北流，经郑宅，于小同北入安地水库(中型)。出水库经安地至苏孟，沿苏孟和雅畈两个乡镇边界流至金桑园东南入武义江。长 54 千米。安地水库以上比降 10‰，安地水库以下比降3.3‰。汇入梅溪的支流有 3 条：外畈溪发源于箬阳乡上罗坪，至安地镇外畈汇入安地水库，长约 14 千米。上干溪发源于安地镇与沙畈乡界上的横路山，东北流经文明、项村、上干口，于安地西南入梅溪，长 12 千米。雅干溪发源于安地镇与武义县界上的彭公尖东南麓，北流经和村、雅干、郭村，至下傅西北汇入梅溪，长 15 千米。

衢江 又称信安江，古称穀水。源出安徽省休宁县青芝埭尖。经开化、常山、衢州、龙游等县市，于洋埠西入境。沿洋埠、罗埠两镇和兰溪市游埠镇边界流，至罗埠镇后张北出区界入兰溪市，区界上长 11 千米，宽 250~450 米，水深 3~6 米，比降 0.3‰，为婺城区与兰溪市之界河。沿江和汇入衢江的莘畈、厚大两溪下游有广阔的冲积平原，是全区主要水稻、棉花、甘蔗和淡水鱼产地。

莘畈溪 又名西源，亦称兰源。源出塔石乡青莲山，向北穿流于高山峡谷之中，经井上至莘畈乡井下，过学岭头注入莘畈水库(中型)，出水库经姓李，至祝村北入汤溪镇，复北流，经曹界、寺平，至中祝北穿越浙赣铁路入洋埠镇，北转东流于罗埠镇黄稍与厚大溪汇合。

莘畈溪原在洋埠镇下徐，穿万年桥后分两支，一支名鹅头颈，北流 1 千米入衢江，今已堵塞。莘畈溪长 43 千米，上游水流湍急，出莘畈水库至洋埠镇盛村比降 3.3‰，盛村至黄稍比降 1.5‰。汇入莘畈溪的牛桥溪发源于汤溪镇里金坞东南，经戴家、牛桥，至萧家北入洋埠，于盛村北汇入莘畈溪。长 12 千米。

厚大溪 一名南源，又名塔石溪，源出塔石乡与遂昌县界上的白岩。曲折北流，经里大茗、山坑、塔石，于东店北入岭上乡。复北流，经岭上、黄岩孔、蒋畈，至汤溪镇陶寺，过厚大、蒋村、派溪李北入洋埠镇，于罗埠镇黄稍与莘畈溪汇合后转北流，至董家北注入衢江。全长 57 千米。自源头至厚大，水流湍急，两岸石岩嵯峨，比降 10‰，厚大以下比降 3.3‰。

根据金华市水文及水文地质条件，婺城区地下水类型属于一般山丘区，河床切割较深，河床基流量已汇集了地下水排泄量的绝大部分。因此山丘河川基流量即作为地下水资源量。2015 年，婺城区地下水资源量2.715亿立方米，比常年值2.4139亿立方米偏多12.5%。

【矿产资源】 婺城区主要金属矿产有锡、多金属、辉钼矿、铅锌矿和金等。非金属矿产有石灰岩、建筑石料、建筑沙砾、沸石、珍珠岩、萤石、砖瓦用页岩和花岗岩。

金属矿

锡 分布于南部的安地镇和村的仁坑垄、沙畈乡黄炫、箬阳乡岭后，有4个矿点，均属锡石—石英脉型高温热液矿床。20世纪60年代中期、80年代早期地质部门做过踏勘调查，规模偏小。

多金属 有安地镇和村、金岭庵，沙畈乡黄石玄、芝肚坑和塔石乡苏坑等5个矿(化)点。矿床成因属高中温热液及矽卡岩型，矿体呈脉状或透镜状，充填于花岗岩体节理中，个别产于岩体外接触带，规模小，品位低，无工业价值。

辉钼矿 位于沙畈乡银坑村，产于花岗斑岩中，呈细脉状充填于裂隙内，钼矿平均含钼0.04%，品位低，未开采过。

铅锌矿 分布于沙畈乡银坑、塔石乡高田、南坑等地，有4处矿产地，矿床成因属高中温热液型，银坑为小型矿床，其余均为矿点或矿化点。银坑铅锌矿为一小型富铅锌矿，伴生铜钼及银可综合利用，矿脉之主要地段已为前人采空。

金 仅有汤溪镇曹界一处，系地质部门于20世纪80年代初发现，规模小，品位低，无工业价值。

非金属矿

石灰岩 金华山南坡自兰溪市洞源至区境九龙长9千米，预测储量2亿吨。九龙、玲珑岩等处探明储量近5000万吨。

建筑石材 分布广，开采点多，重点分布在雅畈镇。采石层位主要为上侏罗纪西山头组熔结凝灰岩，石材质量以雅畈镇南干、铜山一带为最佳，常用于路基、房基或铁路道砟制作碎石等工程建筑。

建筑沙砾 分布甚广，主要分布在洋埠、琅琊、安地、汤溪、白龙桥镇等地的衢江、金华江、武义江、厚大溪、梅溪和白沙溪之低河漫滩或河床浅滩上，经大量开采之后，日益枯竭。

沸石、珍珠岩 分布在岭上乡黄岩孔一带，矿区范围达30平方千米，含丝光沸石和斜发沸石，矿化有5个层位，以第二层较佳(西山头组顶部)。矿层厚度10~50米，一般20~30米，吸钾量5.95~15.5毫克/克，吸铵值54~186.2毫摩尔/100克，折合丝光沸石48%。沸石常伴珍珠岩，但膨胀系数较低。沸石与珍珠岩矿在小规模开发利用。

萤石 主要分布在安地镇喻斯、凤凰山，琅琊镇大岩和汤溪镇里金坞一带。汤溪镇里金坞萤石矿探明储量103万吨，深部控制长度700米，平均厚度4.37米，平均品位60.38%。70年代开始，陆续开采至2004年2月发生塌陷事故后，即予封井，结束采掘。琅琊镇大岩、安地镇凤凰山、于山垅、竹坞、荣坑、麻车、白峰、岩石背、枇杷弯、横栏下等10处小型矿山，除大岩硐矿、凤凰山硐矿超过10万吨外，其余矿点储量一般在3万~5万吨之间，安地镇所有萤石矿点于2006年结束采掘。雅畈下店、团盘岭，安地郑宅发现有萤石矿点。经多年开采，萤石资源已所剩无几。

砖瓦用页岩 分布在白龙桥、蒋堂、汤溪镇一带，储量丰富。

花岗岩 分布于南部沙畈乡、塔石乡一带，沙畈乡芝肚坑花岗岩矿于20世纪80年代做过勘查，当地曾作小规模开采。

【土地资源】 婺城区山地丘陵地质构造复杂，地层岩性多样，岩石种类繁多。主要成土母质有白垩纪方岩组的暗紫砂页岩、紫红砂页岩、砾岩、砂岩、石灰岩、第四纪的红色黏土、侏罗纪的凝灰岩、流纹岩及燕山运动晚期的花岗岩、花岗斑岩等。山地土壤分成红壤、黄壤、石灰岩土、紫色土4个土类、9个亚类、18个土属、43个土种。四大土壤种类中红壤占63%，黄壤占20%，紫色土占15%，石灰岩土占2%。红壤黄壤具有黏、酸、瘦等主要肥力特征，旱季保水性差，不适于作物高产，主要适于种植茶、竹、果等经济特产及玉米、甘薯等旱粮作物。

全区土地面积1391.24平方千米，耕地面积29948.19公顷，园地7120.07公顷，林地74365.72公顷，草地561.37公顷，城镇村及工矿用地14688.80公顷，交通运输用地3459.07公顷，水域及水利设施用地7349.84公顷，其他土地1630.86公顷。

其中，全区国家所有土地17848.03公顷，集体所有土地121275.89公顷,与年初面积相比,国家所有土地增加97.92公顷,集体所有土地减少97.92公顷。

【生物资源】 婺城区生物资源丰富,气候温暖,适宜各种动植物生存。

植物资源 婺城区境属亚热带常绿阔叶林植被地带,按海拔可划分四类:海拔400米以下以马尾松和常绿阔叶林为主,主要由松、杉、茶、果等人工栽培树种和次生灌丛组成;海拔400~800米,以常绿阔叶林和杉木林、竹林为主,主要树种有松、杉、青岗、木荷、白砾、苦槠、石砾、枫香、浙江楠、大叶榆、牛筋树等;海拔800~1000米,以常绿落叶混交林和落叶阔叶林为主,主要树种有黄山松、柳杉、白砾、茅栗、化香、冬青、石楠、三尖杉、红花油茶等;海拔1000米以上以灌丛、草丛为主。

全区植被类型分阔叶林、针叶林、灌丛、草丛4个植被型组,常绿阔叶林、竹林、暖性针叶林、温性针叶林、常绿混交林、落叶混交林、落叶阔叶林、灌木林、草丛9个植被型和18个群系。植物种类有161科1500多种,其中森林树种83科439种,毛竹8属34种2个变种2个变型,草本植物约70科300余种,农作物品种资源800余种。

全区植物资源丰富,不计常年栽培的粮、棉、油、茶、果和野生的藻、菌、蕨、苔藓、地衣等种类在内的主要植物有148科761种。其中裸子植物门9科44种;被子植物门139科927种,双子叶植物纲113科761种,单子叶植物纲26科166种。有常见野生蔬菜39科68种。列为国家和省级重点保护植物的,有南方红豆杉、银杏、金钱松、竹柏、福建柏、鹅掌楸、香果树、浙江楠、半枫落、榉树树敌、花榈木、半枫荷、天竺桂、杜仲、凹叶厚朴、青檀、珙桐、短穗竹等近20种。东方红林场被列为浙江省“油桐育种程序系列研究”项目试验基地。

动物资源 区境内动物资源92科340种。其中,无脊椎动物5科35种;脊椎动物中,鱼类11科42种,两栖类6科18种,爬行类8科27种,鸟类40科137种,兽类22科81种。国家一级野生保护动物有云豹、豹、黑麂、白颈长尾雉(鸟类)4种。国家二级野生保护动物有猕猴、穿山甲、豺、水獭、、小灵猫、原猫、鬣羚、鸳鸯、鸢、赤腹鹰、雀鹰、松雀鹰、红隼、领鸺鹠、斑头鸺鹠、草鸮、短耳鸮、白鹇、虎纹蛙等20种。列为国家三级保护动物的有虎纹蛙、鸢、苍鹰、赤腹鹰、松雀鹰、普通 、毛脚 、勺鸡、灰鹤、草鸮(猴面鹰)、周乌鸮(猫头鹰)、黑熊、大灵猫、狸猫等。省级重点保护动物有狐、狼、貉、豹猫、鼬、獾、食蟹蟹、豪猪、毛冠鹿、中白鹭、白鹭、夜鹭、四声杜鹃、大杜鹃、小杜鹃、姬啄木鸟、黑枕绿啄木鸟、斑啄木鸟、星头啄木鸟、三宝鸟、虎纹伯劳、牛头伯劳、红尾伯劳、棕背伯劳、红嘴蓝鹊、喜鹊、松鹊、黑枕黄鹂、眼镜蛇、五步蛇、滑鼠蛇、黑眉锦蛇、平胸龟等33种。省级一般保护动物在区境内普遍分布,其中兽类有32种包括刺猬、花面狸、黄鼬、黄腹鼬、狗獾、猪獾、华南兔、野猪、小鹿及翼手目所有种(23种)。鸟类国家及省重点保护以外的所有鸟类均作为一般保护动物。爬行类有14种包括王锦蛇、乌梢蛇、劲棱蛇、紫灰锦蛇、灰鼠蛇、水赤链游蛇、赤链蛇、玉斑锦蛇、银环蛇、蝮蛇、烙铁头、乌龟、黄睽水龟、缘闭壳龟。两栖类有2种棘胸蛙和大蟾蜍。

列为国家二类保护动物的有大鲵(娃娃鱼)、鸳鸯、白鹇、猕猴、穿山甲、棕熊、水獭、金猫、毛冠鹿(乌獐)。畜牧业历史悠久,主要畜禽种类有猪、牛、羊、兔、鸡、鸭、鹅及蜂等。金华两头乌为地方优质品种。主要经济鱼类有青鱼、草鱼、鲢鱼、鳙鱼、鲤鱼、鲫鱼、鲴鱼、鳜鱼、鳇鱼、长春鳊、三角鲂、团头鲂、泥鳅、黄鳝和鲶鱼等30多种。

【旅游资源】 全区拥有国家AAAA级旅游景区1个、AAA级旅游景区1个、AA级旅游景区1个、国家级重点风景名胜区1个、省级旅游度假区1个、市级风景名胜区1个、省特色旅游村7个、省旅游特色经营点1个。区属旅行社6家,星级宾馆4家。

全区有全国重点文物保护单位有:太平天国侍王府、天宁寺、法隆寺经幢和铁店窑遗址群;省级重点文物保护单位有:八咏楼、汤溪城隍庙、金华府城隍庙、鹿田书院、七家厅、陈村桥、滕氏宗祠、汉灶窑址、白沙堰、石楠塘徐氏宗祠、寺平村乡土建筑、永康考寓、金华通济桥、宏济桥码头、方梅生故居、北山摩崖题记、邵飘萍旧居、台湾义勇队旧址等;县(市)级文物保护单位48处;市级文物保护点112处,登录点719处。

组织机构及负责人名单

中国共产党金华市婺城区委员会

书　记　王　健

副书记　申屠福华（ —2016 年 11 月）
郭慧强（2016 年 11 月— ）
朱利群（女）（ —2016 年 12 月）
杨寿根（2016 年 12 月— ）

常　委　贾献成（ —2016 年 12 月）
方　鹰　何海彬（ —2016 年 12 月）
丰炳春　蒋献忠（ —2016 年 12 月）
吕　贤（ —2016 年 12 月）
李小庆
唐学兵（挂职）（ —2016 年 7 月）
徐妙芳（女）（2016 年 11 月— ）
杜建明　叶青松　陶澄滨（挂职）
潘国东（2016 年 12 月— ）
陈旭辉（2016 年 12 月— ）

委　员（按姓氏笔画排序）
王志勇（2016.12— ）
朱利群（女）（2016.12— ）
刘志明（2016.12— ）
李　刚（2016.12— ）
李爱红（女）（2016.12— ）
吴见孙（ —2016.12）　吴国建
沈剑锋（2016.12— ）
张　璞（2016.12— ）　张永伟
张茹先（女）（2016.12— ）
张菲菲（女）（ —2016.12）
陈小华（2016.12— ）
陈旭日（ —2016.12）
陈凯进（ —2016.12）
陈维良（2016.12— ）
范跃成（2016.12— ）
范锋鑫（2016.12— ）　郑松有
赵建洪（2016.12— ）
赵燕华（女）（2016.12— ）
柯建洲（2016.12— ）
钟春宏（畲）（ —2016.12）
施礼干（2016.12— ）
施素珍（女）（ —2016.12）　倪玉奎
倪红卫（2016.12— ）
徐建陆（2016.12— ）　徐洪彬
曹　斌（ —2016.12）
唐剑刚（2016.12— ）
盛奇兵（ —2016.12）
章旭升（2016.12— ）
蒋震中（2016.12— ）
舒理成（ —2016.12）
傅水林（ —2016.12）　傅得樟

候补委员　刘寿松（2016.12— ）
杜金龙（ —2016.12）
汤云飞（女）（ —2016.12）
张健（2016.12— ）
金建成（2016.12— ）
胡霞亮（2016.12— ）
姜雍禄（ — 2016.12）
洪健康（2016.12— ）
倪永洪（2016.12— ）
傅水林（2016.12— ）

区委工作部门

办公室
主　任　陈旭辉

组织部
部　长　徐妙芳

宣传部
部　长　方　鹰

文明办
主　任　徐建陆

统战部
部　长　曹　斌

侨　办
主　任　汪爱春(女)

民宗局
局　长　胡　云

政法委
书　记　朱利群

政法委办
主　任　何　玮

综治委办
主　任　朱菊香

维稳办
主　任　张警祥

老干局
局　长　姜德进

关工委
主　任　黄海根

区委、区政府信访局
局　长　龚卫东

农业和农村工作办公室
主　任　倪玉奎

台湾工作办公室
主　任　戴红茹(女)

区委两新工委
书　记　姜德进

《今日婺城》报
总　编　李　英

党史研究室
主　任　包纯正

中国共产党金华市婺城区纪律检查委员会

书　记　何海彬(　—2016年12月)
潘国栋(2016年12月—　)
副书记　范跃成　金跃园（女)
常　委　楼国伟(　—2016年1月)
俞玉园(女)　宋永党(　—2016.12)
章丹东　徐君振(2016.12—　)
周航(2016.12—　)
委　员　王伟文　　王会星(–2016.12)
方顺彩(　—2016.12)
石柏校(　—2016.12)
刘翰泽(2016.12—　)
苏景阳(2016.12—　)
李　刚(　—2016.12)
李轶玮(2016.12—　)
郑云汐(2016.12—　)
胡剑利(2016.12—　)
钱益新(2016.12—　)
徐建陆(　—2016.12)
徐寒雁(　—2016.12)
郭云鹤(　—2016.12)　黄东泳
曹云霞(　—2016.12)
龚卫东(2016.12—　)
傅国强(2016.12—　)
章旭升(　—2016.12)

监察局
局　长　范跃成

金华市婺城区人民代表大会常务委员会

主　任　张菲菲(女)
副主任　许光明　诸晓东　王国平(女)
邱开祥　王喜军　盛奇兵

常　委(按姓氏笔画排序)

王少华　吕炳祥　李庆跃
吴建林　周卫中　郑以声
胡金泽　钟春宏　俞文伟
洪健康　夏美丝(女)　唐　瑾
葛炳灶　傅学群　潘　刚
潘启桂

办公室
主　任　王少华

法工委
主　任　吕炳祥

财经工委
主　任　唐　瑾

农经工委
主　任　郑以声

教科文卫民侨工委
主　任　俞文伟

代表工委
主　任　傅学群

婺城区人民法院
院　长　张永伟

婺城区人民检察院
检察长　徐洪彬

人武部部长　杜世云
人武部政委　叶青松

金华市婺城区人民政府

区　长　申屠福华(　—2016 年 11 月)
郭慧强(2016 年 11 月—　)
副区长　李小庆　蒋献忠(　—2016 年 12 月)
方锦瑞(非党)
王建良(　—2016 年 12 月)　张　璞
唐学兵(挂职)(　—2016 年 7 月)
李　唯(女)(　—2016 年 12 月)
李景兴(挂职)(　—2016 年 7 月)
陶澄滨(挂职)
叶　林(挂职)(2016 年 7 月—　)
施礼干(2016 年 12 月—　)
赵燕华(2016 年 12 月—　)

区政府工作部门

办公室
主　任　唐剑刚

区外事办
主　任　缪明余

区应急办
主　任　徐　彪

区流管办
主　任　金卫忠

区机关事务管理局(办)
局长(主任)　周文虎

区行政服务中心
主　任　姜雍禄

区发展和改革局
局　长　郑松有

区经济商务局
局　长　施群毅

区教育局
局　长　李　刚

区文体新局
局　长　郭梓军

区卫计局
局　长　　钱学华

区科技局
局　长　　陈丽萍

区民政局
局　长　　邵福龙

区财政局
局　长　　傅得樟

区司法局
局　长　　盛桂华

区人劳社保局
局　长　　章旭升

区城建局
局　长　　何　宪

区交通局
局　长　　陈凯进

区农林局
局　长　　陈维良

区水务局
局　长　　吴国建

区审计局
局　长　　傅水林

区安全生产监督管理局
局　长　　石柏校

区市场监督管理局
局　长　　张　健

区供销社
主　任　　韩　卫

婺城公安分局
局　长　　丰炳春
政　委　　陈劲松

垂直管理部门

市国土资源局婺城分局
局　长　　金钦帅

市规划局婺城分局
局　长　　周黎华

市环境保护局婺城分局
局　长　　马小忠

市质量技术监督局婺城分局
局　长　　王会星

市国家税务局婺城分局
局　长　　胡红平

市地方税务局
局　长　　程晓明

市城市管理行政执法局婺城分局
局　长　　蒋震中

市住房公积金管理中心婺城管理部
主　任　　张希玲(女)

中国人民政治协商会议
金华市婺城区委员会

主　席　　施素珍(女)
副主席　　邢水成　曹　斌
周春然　吴月华(女)
张琳鑫　楼存根
秘书长　　王金宝
常　委(按姓氏笔画排序)
丁晓伟　万秀兰(女)　丰献平

王文明　王和源　王春燕(女)
孔爱华(女)　　叶　倩(女)
刘　央(女)　严亮奇　严振江
苏兵红　吴　晓　应堂亮
张　晟　张太木　陈　波
陈趋源　周国忠　郑池爱(女)
郑荣光　郑艳球(女)　宗红艳(女)
徐建忠　唐金花(女)　盛基伟
缪雪荣　蔡祖华　戴美英(女)

办公室
主　任　丁美国

提案与委员工委会
主　任　苏兵红

社会法治与港澳台侨委员会
主　任　方顺彩

资源环境经济科技农工委
主　任　郑艳球(女)

教育文化卫生体育与文史资料委员会
主　任　王剑青

民主党派和工商联

中国国民党革命委员会金华市委员会婺城区总支
主　委　缪雪荣

中国民主同盟金华市委员会婺城区总支
主　委　郑艳球(女)

中国民主建国会金华市委员会婺城区总支
主　委　雷永金

中国民主促进会金华市委员会婺城区总支
主　委　张琳鑫

中国农工民主党金华市委员会婺城区总支
主　委　郑池爱(女)

九三学社金华市婺城区基层委员会
主　委　应堂亮

金华市婺城区工商联
主　席　吴月华(女)

群众团体

区总工会
主　席　周春然

团区委
书　记　方　轶

区妇联
主　席　郭凌燕(女)

区文联
主　席　沈根新

区残联
理事长　洪健康

区红十字会
会　长　楼国伟

园　区

婺城新城区管委会
主　任　蒋献忠

浙江金华经济开发区党工委、管委会
书　记　傅利常
主　任　余秋荣

金华仙源湖旅游度假区党工委、管委会
书　记　刘寿松
主　任　刘寿松

浙中信息产业园管委会
主　任　蒋献忠

乡镇　街道

乾西乡
书　记　王志勇
乡　长　赵建新

竹马乡
书　记　陈小华
乡　长　陈　波

雅畈镇
书　记　赵锡生
镇　长　陈友谊

安地镇
书　记　刘寿松
镇　长　陈成伟

白龙桥镇
书　记　范锋鑫
镇　长　洪一政

琅琊镇
书　记　倪永洪
镇　长　吴向阳

蒋堂镇
书　记　江少华
镇　长　张秋富

汤溪镇
书　记　周晓东
镇　长　贡慧平

罗埠镇
书　记　邵天加
镇　长　吴雨澄

洋埠镇
书　记　周晓玲
镇　长　胡雪洋

长山乡
书　记　吴　靓
乡　长　孔令剑

沙畈乡
书　记　章利军
乡　长　张建华

塔石乡
书　记　沈剑锋
乡　长　沈春燕

岭上乡
书　记　廖天桂
乡　长　金瑞军

莘畈乡
书　记　吴祝芳
乡　长　张昆仑(挂职)

箬阳乡
书　记　方建东
乡　长　钱红伟

城东街道
书　记　金敏华
主　任　江　雷

城西街道
书　记　金建成
主　任　金光明

城中街道
书　记　赵建洪
主　任　张时达

城北街道
书　记　　方向正
主　任　　方渭根

新狮街道
书　记　　倪红卫
主　任　　姜建军

江南街道
书　记　　马福彬
主　任　　沈　南

三江街道
书　记　　朱华锋
主　任　　朱　明

西关街道
书　记　　唐　军
主　任　　陆庆丰

秋滨街道
书　记　　黄彩虹
主　任　　范亚平

苏孟乡
书　记　　葛光庆
乡　长　　叶志忠

金融　保险

中国银行金华市婺城支行
行　长　　陈　果

中国工商银行金华市婺城支行
行　长　　楼雪君(女)

中国农业银行金华市婺城支行
行　长　　斯晶虹

中国建设银行金华市婺城支行
行　长　　王国强

金华银行婺城支行
行　长　　方建平

浙江金华成泰农村合作银行婺城支行
行　长　　张明富

中国人保金华市婺城支公司
经　理　　倪　鸣

中国人寿金华分公司团体业务部
经　理　　麻军辉

万通小额贷款有限公司
总经理　　朱小昌

丰银小额贷款有限公司
总经理　　陈振岩

供电　电信　移动通信

婺城供电局客服中心
主　任　　范晓东

中国电信金华分公司婺城分局
局　长　　陈　灏

中国移动婺城分公司
总经理　　吕　中

中国共产党金华市婺城区委员会

综　述

【概况】 2016年是六届区委各项工作的收官之年,也是“十三五”规划开局之年。区委深入开展“两学一做”学习教育,认真贯彻党的十八大和十八届三中、四中全会精神,组合出拳,精准施策,顶住压力,战胜挑战,顺利完成了年初确立的各项目标任务。全年实现地区生产总值256亿元,增长6.1%;固定资产投资101.8亿元,增长3.5%;财政总收入42.5亿元,增长14.21%;社会消费品零售总额311.3亿元,增长8.8%;农村、城镇人均可支配收入分别达到19357元和44503元,分别增长8.0%和7.2%。

【转型升级】 将“拆治归”作为转型升级的治本之策,持之以恒打好组合拳。“五水共治”成效明显,流域水质大幅提升,全区乡镇交接断面中Ⅲ类以上水质断面提升到86.7%,劣Ⅴ类水质断面下降到1.7%。出境断面水质一年间从Ⅴ类提升到了Ⅲ类。“三改一拆”持续发力,拆除违法建筑273万平方米,完成旧厂区改造30.6万平方米、城中村改造182.5万平方米、旧住宅改造93.7万平方米,为争创无违建先进区奠定了坚实基础。“四破攻坚”不断深入。盘活工业用地63.45公顷,消化批而未供土地41.35公顷。招大引强有新突破。成功签约马偕妇产儿童医院外资项目和一批优质内资及浙(婺)商回归项目。改革创新激发活力,国家级企业技术中心、省科学技术奖实现了零的突破,吹响了打造百亿级大企业的号角,四张清单一张网等改革激发了民间投资活力。

【城乡发展】 “五改”工作扎实推进。大力实施勤俭一期等城中村改造项目,改善市政设施8个社区,改造老旧小区93万平方米、背街小巷24条,整治危旧房屋33幢。二七区块开发建设全面推进,巨龙安置房一期主体结顶,解放西路改造主体完工,金师附小教育集团小学项目进入土石方开挖,中天房产项目加快建设。完成下沿区块征迁改造,创造金华征迁新速度。“五水共治”取得新成效。金华江北岸等6条30千米污水干管全面建成,消灭长湖、回溪、洪源溪、通园溪四条劣Ⅴ类支流,完成琅琊、蒋堂污水处理厂一级A提标改造,河湖库塘清淤132万立方米。浙江美保龙种猪育种有限公司成为全省畜牧业转型升级现场会观摩点。举办“共护碧水、畅游梦想”游泳活动,兑现治水“三年可游泳”的庄严承诺。实施农村环境“四治两化”,285个村完成环境综合治理。农村生活污水设施实现第三方运维。330国道改建、二环西路跨沪昆公铁立交桥、汤溪至莘畈公路改建工程建成通车,衢江航运开发、S313(45省道)改建、沙畈至箬阳公路、235国道金武快速路等重点工程加速推进。整治“两路两侧”问题点831处,实施杭金衢高速公路景观提升、宾虹西路优化改造、虹戴公路绿化提档工程,路域环境持续改善。

【民生事业】 社会事业全面发展。启动新一轮学校布局调整，深入推进名师名校长工程和教师梯队培养工程，加强农村学校建设，教育发展后劲不断增强。实施公共文化服务标准化两年提升计划，组织文化培训1.6万余人次。被评为省级足球试点区。完成5家乡镇卫生院改造提升，成功创建省级慢性病综合防控示范区。保障水平不断提升。山区扶贫力度加大，到位帮扶资金835万元。蒋堂移民新村首期安置房全面建成，乾西移民新村四期安置房开工建设，塔石高田、鱼潭村地质灾害点异地搬迁基本完成。社会治理切实加强。全面落实平安创建、综治维稳各项措施，圆满完成护航G20、第三届世界互联网大会等安保任务。完成区、乡两级社会治理综合指挥平台建设，基层社会治理能力进一步增强。农产品安全快速检测机构实现区、乡全覆盖，创建省放心农贸市场2家。

【党的建设】大力开展“两学一做”系列教育实践活动，全面落实从严治党各项规定，深入实施“红色接力棒”“党群连心桥”“人才新干线” 三大工程，2016年，婺城党员干部在重点工程一线践行“四讲四有”登上中央电视台《新闻联播》；婺城铁军在“二七区块”改造、小城镇综合整治中专啃“硬骨头”等典型事例，得到省委书记夏宝龙的批示肯定；婺城“六个一”标准建设“红色阵地”得到市委书记赵光君批示肯定；中央电视台《新闻联播》《人民日报》《人民论坛》等深度报道二七区块改造工作。坚持在攻坚克难一线锤炼干部，推动换届之年成为大干之年，干部队伍展现出良好的精神风貌，为打造婺城铁军奠定了基础。厉行勤俭节约，完成公务用车改革，“三公”经费支出同比减少14%。

【第七次党代会】12月28—31日，中国共产党金华市婺城区第七次代表大会隆重召开，会议听取王健代表中国共产党金华市婺城区第六届委员会向大会作题为《建设都市核心 决胜全面小康 努力开创快速崛起快步赶超新局面》的工作报告。会议指出，今后五年的指导思想是：高举中国特色社会主义伟大旗帜，以马克思列宁主义、毛泽东思想、邓小平理论、“三个代表”重要思想和科学发展观为指导，深入贯彻党的十八大和十八届三中、四中、五中、六中全会以及习近平总书记系列重要讲话精神，以“五大发展理念”为引领，统筹推进“五位一体”总体布局和协调推进“四个全面”战略布局，坚持以八八战略为总纲，紧扣“全面小康、浙中崛起”总体目标和“走在前列、共建金华”工作要求，深入实施“工业强区、科创兴区、生态立区、城乡统筹”发展战略，以“做强新城区、做优老城区、做美大郊区”为抓手，全面加强经济、政治、文化、社会、生态文明建设和党的建设，快速崛起、快步赶超，为建设现代化都市核心区，与全省同步高水平全面建成小康社会而努力奋斗。今后五年的主要工作目标是：一是经济实力再上新台阶。二是发展能级取得新提升。三是生态建设迈出新步伐。四是百姓生活实现新进步。五是党的领导得到新加强。会议选举产生了中共金华市婺城区第七届委员会委员、候补委员、中共金华市婺城区第七届纪律检查委员会委员和婺城区出席中共金华市第七次代表大会代表。王健、郭慧强、杨寿根、方鹰、丰炳春、徐妙芳、杜建明、李小庆、潘国东、陈旭辉当选为中共金华市婺城区第七届委员会常务委员会委员。王健当选为书记，郭慧强、杨寿根当选为副书记。会议还通过《中国共产党金华市婺城区委员会工作规则》和《关于从严加强干部队伍建设全力打造婺城铁军的决定》，研究提出党的十九大代表候选人初步名单、省第十四次党代会代表候选人初步人选推荐名单。

【区委常委会议】2016年共召开区委常委会28次(含扩大会议)。每次讨论若干议题，其中传达、学习中央、市委有关会议或文件精神16次(1次即1个议题，下同)，研究讨论区委常委会工作、区委全会工作2次，区第七次党代会筹备工作6次，区人大、政府、政协工作6次，换届工作10次，“三严三实”“两学一做”教育实践活动专题3次，党建工作3次，纪检监察工作2次，巡视工作2次，组织人事工作14次，政法工作3次，宣传、文化、教育工作3次，统战工作2次，社会管理工作4次，安全生产工作3次，财经工作5次，评选推优秀工作7次，“五水共治”和环境整治工作5次，考核工作3次，重点项目推进工作1次，体制改革工作1次，其他事项2次。其主要内容有：讨论通过《金华市婺城区安全生产“党政同责、一岗双责、失职追责”暂行规定》《婺城区开展“走在前列,共建金华”解放思想大讨论活动实施方案》《关于进一步加快发展红十字事业的实施意见》《婺城区村级集体经济组织耕地保护奖补机制实施细则》《婺城区推动化解突出社会风险隐患及群众信访反映突出问题责任清单》《关于加强和改进乡镇街道人大工作的意见》《全面推进司法体制改革实施方案》《关于金华市婺城区人民检察院司法体制改革实施方案》《婺城区 2016 年度岗位目标责任制考核办法》《中共金华市婺城区委巡察工作实施办法》《党风廉政建设党委(党组)主体责任和纪委(纪检组)监督责任清单》等文件;研究区人大、政协“两会”有关工作报告;部署学习“三严三实”“两学一做” 学习教育实践活动有关工作;研究和部署区第七次党代会筹备工作,区人大、政协以及乡镇换届工作;研究全区纪检、组织、宣传、统战、政法工作;研究区委落实省委巡视组反馈意见整改方案; 研究讨论婺城经济社会发展重大事项;讨论决定各项工作考核办法和各类先进评比;讨论决定人事任免;研究有关案件等。

区委办公室工作

【概况】2016 年,区委办公室紧紧围绕区委中心工作,扎实开展“两学一做”学习教育,创新工作载体,组织协调工作开展到位;狠抓督察落实,推动区委各项决策全面落地;提升服务水平,区委日常工作运转高效有序;注重信息调研,参谋作用得到有效发挥;提高管理效能,机关运转更加顺畅;加强队伍自身建设,切实转变工作作风,努力开创办公室工作新局面。

【文字综合工作】积极提升文稿质量。在文稿起草“优”字上做文章,努力在认真分析大形势、大背景的基础上把握区情,力求在综合材料起草上思路清、高度够、表达准,力度强,充分体现领导意图。一年来,先后整理领导讲话稿 100 多篇,起草总结、汇报、方案、理论文章等其他材料 220 余篇,承担了全区干部大会、区委全会、区党代会等一系列重要会议的报告起草工作。在前期充分调查研究、中期认真删改修正、后期广泛征求意见的基础上起草区第七次党代会报告,得到全体党代表的强烈认同与一致拥护。 (朱德勤)

【秘书工作】发扬敬业为重、无私奉献的精神,围绕区委中心工作,强化服务责任意识,发挥参谋助手作用。系统地做好会务工作,坚持细致、严密、高效、得体的工作态度,按照领导的安排部署,做好每次会务工作。下发通知做到高效、及时,确保把通知发放到每位参会人员,要求各单位及时上报参会人员名单,把参会情况及时汇报领导。全年办理各种大小会务 260 余场, 下发各类通知 300 余次。做好接访工作,秘书科是窗口科室,对所有来宾和来访人员做到礼貌热情,根据具体情况与相关领导和单位联系。对突发的上访事件,坚持顾全大局,耐心细致地劝解上访人员, 并及时向领导反映情况,有效防止矛盾的激化。做好传真的上传下达工作,本着高效、准确的工作态度,及时把传真交予领导阅办,按照领导批示要求办理,做好文件的分类和保存,及时填写文件办理情况登记表,以便领导查阅。及时办理机要文件。全年收办各级各类文件 1600 余件,做到高效快地上传下达,未出任何差错。

严格遵守财务制度,尽量节约经费开支,提高办公经费的使用率, 大件物品走政府采购渠道,严格控制其他费用的开支,管理并使用好行政经费和办公室固定资产登记, 在做好各项财务工作的同时,积极为办公室进、出人员办理调进出的工资、人事关系。 (叶琳琳)

【值班工作】区委、区政府总值班室紧紧围绕区委中心工作,认真细致地做好值班室工作。牢固树立“值班室工作无小事”的思想观念,按照值班制度工作要求, 努力做到值班工作人员 24 小时在岗在位,认真填写好值班记录,及时做好各种信息的上传下达,确保信息往来畅通无阻。特别是针对婺城区发生的重大或突发事件,值班人员及时掌握事件发生的时间、地点、事由、经过、事件发生的伤亡情况或损害程度、目前的状况等信息,并严格按照值班工作程序做好紧急事件的上报、传达等各项工作。协助领导处置紧急、突发事件,尤其是非工作时间的紧急情况和信息的处理。做好区委重要会议的通知等有关会务工作，充分发挥值班室上传下达的窗口作用，严格执行重大突发性事件报告制度。值班人员恪尽职守，及时做好信息的报送和有关事件的处理。（洪志生）

【信息工作】按照“准、深、实、精”的要求，加大对涉及优势产业、组宣工作、畜牧业整治、新农村建设、社会治理等重点工作的进展情况、成功经验等信息的编发，广泛了解和全面反映广大群众反映的热点问题。2016年编发各类《婺城信息》41份，其中《婺城信息·专报》21篇，获得区委主要领导批示近20余次。全年上报各类信息812条，被市委办公室采用各类信息逾50条。（叶巨擘）

【调研工作】围绕区委中心工作，紧扣“全面小康、浙中崛起”的历史机遇，以“走在前列、共建金华”的工作要求，围绕经济、政治、文化、社会、生态文明建设和党的建设等事关全区发展的战略性课题，主动对接、谋划发展，起草一批有分量、有力度的调研报告，提出具有指导性、可行性的对策思路，为领导科学决策发挥参谋助手作用。全年各单位（部门）上报调研文章186篇，多篇文章得到区委、区政府主要领导批示，其中市级《金华通讯》刊登6篇，《金华日报》理论版刊登9篇，区《调查与研究》刊发68篇。坚持以短板为突破口，突出问题导向，全力推动重点领域和关键环节改革落地见效，全区改革工作进展有序、成效显著。深入学习研究上级有关改革的新部署、新动向，研究制定2016年全面深化改革《工作计划》《工作要点》和《任务分解方案》《区领导联系重点突破改革项目工作方案》《区重大改革项目督察工作计划》。全年先后召开3次领导小组会议，审议通过8份改革文件，听取11次改革工作汇报，有效推动全区各项改革项目的顺利实施。（周江海）

【督察工作】围绕区委中心工作，紧扣区委、区政府的重大决策和重要工作部署，不断创新工作方法，加大督办检查力度，有效促进区委重大决策及重点工作部署的贯彻落实。采取书面督查、现场督查、跟踪督查、突击督查、明察暗访等方式提高督查的针对性和实效性，2016年发出督查通知单18期，编发每月工作要点12期，刊发督查通报42期，报送《督查专报》及各类反馈材料30次，树立督查工作的权威和地位，起到良好的督查效果。对区委重要会议做出的决策或决议、年度主要工作任务、月度重点工作安排、重要政策性文件精神等，认真分解工作目标任务，适时开展决策督查。对决策落实中带有普遍性、倾向性、政策性的问题及时反馈，为区委决策提供服务。对年度重点惠民实事、重点建设项目和技改项目、经济运行目标管理、克难攻坚项目、新农村建设等，及时开展专项督查，客观反映进展情况，提出督查建议和意见，促进目标任务的达成。坚持按照“批必查，查必果，果必报”的原则，办理领导批示10件次，做到件件有着落，事事有回音。对其他经常性、随机性督查活动，发现问题及时向区委领导反馈报告，主动协调，狠抓落实，确保区委重要决策落实到位，取得实效。并牵头研究制定全区机关部门、乡镇街道工作目标责任制考核办法，并组织实施。按照区委主要领导要求，对新闻媒体曝光问题进行督办，下发督查通知单5期，报送反馈材料8次，其中涉及《正风问效》5期，《今日聚焦》2期，《浙江日报》1期。

婺城区8890便民服务平台运行以来，以“响应灵、服务灵、办事灵”为目标，进一步健全工作机制，并安排2名工作人员专门负责日常运行与管理。一年以来，婺城区共接到平台交办群众诉求件11486件，在56家承办单位的重视和努力下，11486件受理事项中已办结11354件，其余132件正在办理中，办结率98.9%；在11354件已办结的受理事项中，经市平台工作人员回访，诉求人表示满意的有11354件，满意率为100%。（徐　胜）

【机要保密工作】抓好《密码工作条例》和《中华人民共和国保守国家秘密法》的学习和贯彻落实，确保机要密码绝对安全，确保机要工作绝对畅通，确保保密工作开展得稳步、扎实、有效。牢固树立责任意识，增强密码管理观念。严格贯彻执行党中央、国务院有关保密工作的方针、政策，落实本区有关保密工作的决定、指示，组织和监督检查《保密法》和其他保密法规、制度的实施。增强保密责任意识，畅通机要收发工作。大力加强保密教育，做到时时强调保密，事事注意保密，把保密工作及保密教育作为日常工作常抓不懈；认真学习密码管理规定，及时掌握密码管理技术，增强做好密码保密工作的责任感，真正发挥机要工作生命线、指挥线、保障线的作用。提高机要业务水平，规范保密管理工作。牢固树立精品意识，坚持质量第一，确保每一份电报的优质、高效、安全；优质、高效、安全地保障每一次高清涉密视频会议；始终把保密工作列入重要议事日程，突出抓好领导干部的保密教育。建立健全保密工作制度，做到事事有章可循、有据可依。认真做好保密设备和密码传输设备的管理，加强对传真、复印机、打印机等办公设施的规范使用管理，由专人操作，专人管理，从源头上堵住办公设施失泄密事件的发生。办好每一份电报，做到特事特办，急事急办，确保密码工作畅通无误，确保党委、政府信息的绝对安全。（张纯陆）

【党史研究】坚持以马列主义、毛泽东思想、邓小平理论、“三个代表”重要思想等为指导，以科学发展观为统领，深入学习贯彻习近平总书记系列重要讲话精神，紧紧围绕婺城区的发展战略，主动配合有关部门，充分发挥党史“资政、育人、存史”的功能。

开展“两学一做”活动。婺城区委党史研究室根据区委的统一部署和要求，学习党章党规、学习系列讲话、学党内条例、学换届纪律、学先进典型、学家规家训，做合格党员、自觉按照党员标准规范言行、不断强化理想信念、锤炼党性修养、牢固宗旨意识，认真查摆思想上、工作上、作风上、纪律上存在的问题，边学边查边改。

党史宣传教育。联合宣传部等有关部门纪念建党95周年，在全区青少年中开展“学党史、知国情、圆梦想”主题宣传教育实践活动，赠送《中共婺城党史（第一卷）》《金华党史要览》《毛泽东在浙江图片集》等党史书籍共300余本，并以此次活动为契机，持续开展党史“六进”活动，不断扩大党史宣传的影响，进一步做好党史宣传教育工作。

以区委办文件下发通知，组织全区开展学习《中国共产党的九十年》。购买200余套《中国共产党的九十年》发给理论中心组成员和各乡镇、街道领导学习。要求与深入学习贯彻党章党规、深入学习贯彻习近平总书记系列重要讲话精神等结合起来，加深对以习近平为核心的党中央治国理政新理念新思想新战略的认识和理解，加深对中国特色社会主义的认识和理解，进一步增强道路自信、理论自信、制度自信、文化自信，把学习的成果转化为婺城践行“走在前列、共建金华”的强大动力和实际行动。

创新党史宣传工作的方式方法，充分利用新技术、新手段，进一步增强党史宣传的吸引力、说服力和感染力，婺城区委党史研究室与婺城区委宣传部外宣办合作，分期分批在《婺城发布》上推出“微党史”，扩大党史宣传的影响。

纪念红军长征胜利80周年，随浙江日报社记者一行到沙畈乡采访和在《浙江日报》上刊载纪念文章。

党史研究和资料征编。加紧完成婺城党史二卷的编研工作；征集《建设“两富”“两美”打造标杆省份》一书婺城区部分照片378幅。

党史资政。参加“第三届全国党史文化论坛”征文，寄送论文《婺城区革命遗址开发与党史宣传教育》1篇。

革命遗址普查和保护利用。7月，由金华市委党史研究室和金华广播电视总台联合推出的——寻访“红色记忆”“红色地图”系列报道摄制组一行，到婺城开展纪实拍摄采访活动。在婺城区委党史研究室的协助下，摄制组先后到沙畈乡银坑村中国工农红军挺进师纪念室、粟裕将军纪念室、红军练兵场取景拍摄。开展第三批“浙江省党史教育基地”评选工作，上报安地革命烈士陵园、沙畈乡银坑村“粟裕将军纪念室”、汤溪镇陈双田纪念馆等3处党史教育基地。（蒋　涛）

【档案工作】婺城档案办做好区机关各部门(单位)、各乡镇(街道)2015年度文件材料归档、档案数字化、档案登记备份、“五水共治”档案业务指导以及2016年档案年检工作。全年组织区档案工作会议1次，参加市档案局组织的各项工作协调及培训会议11次。全区68家进馆单位全部完成2015年度文书档案的实体整理工作和档案登记备份工作，完成率100%；68家单位完成2015年度文书档案的数字化工作，完成率100%(公安、检察院因各自线上的要求没有进行档案数字化)。2016年底,会同市档案局组成检查小组, 对16个进馆单位档案工作进行了抽查,对不符合档案安全监管要求的单位下发了整改通知书,并对整改完成的单位进行了复查。根据年检结果评选出档案工作先进单位13家、先进个人13人。指导2家单位开展规范化数字档案室创建工作, 新增创建规范化数字档案室1家, 全区66家完成单位创建规范化数字档案室创建,创建率达97.1%,遥遥领先兄弟县(市、区)。全年档案查阅利用达89人次。积极参与"千村档案"建设工作,确立两个试点,指导试点完成"千村档案"建设。以蒋堂镇为试点,指导测绘单位对35个行政村,农户6万余户,做好农村土地承包经营权确权登记颁证档案管理的业务指导。完成档案移交进馆工作准备。

8月份,婺城区编委会下发了《关于调整区档案管理机构设置的通知》。通知明确,根据市编委《关于中共金华市婺城区委党史研究室增挂金华市婺城区档案局牌子的批复》精神,同意在中共金华市婺城区委党史研究室增挂金华市婺城区档案局牌子,核增参公事业编制2名。同时决定撤销原区委区政府直属的全额拨款公益一类事业单位区档案管理办公室。 (邱飞飞)

组织工作

【概况】 截至2016年年底,全区有党组织1038个,其中党委56个,党总支21个,党支部961个,有党员23033人。其中,女党员6220人,占党员总数的27.00%;35岁以下4511人, 占19.58%;36~45岁3964人,占17.21%;46~60岁7008人,占30.43%;61岁以上7550人,占32.78%;大学本科以上学历3896人,占16.91%;大专学历3536人,占15.35%;高中、中专学历5646人,占24.51%;初中及以下学历9955人,占43.22%。

全区行政机关干部1066人。其中,女干部312人,占29.27%;党员干部938人,占87.99%;35岁以下271人,占25.42%;36~45岁277人,占25.98%;大专以上学历1063人,占99.72%。

【补短板谋发展】 2016年,区委组织部坚持打基础、补短板、谋长远,突出打好"两学一做"、集中换届、"双整"工作三场硬仗,全面打造"红色接力棒""党群连心桥""人才新干线"三大工程,夯实"红色阵地""红色教育""红色队伍"三大基础,重点推行"共建大金华,党员当先锋""护航G20,党员当先锋""环境大整治,党员当先锋"三大行动,组织工作呈现出不少新气象、新变化。其中,以志愿服务为主题的"党群连心桥"工程成为婺城区基层党建的第一品牌,《人民论坛》杂志等国内主流媒体先后刊登经验做法;"红色示范带" 成为整区提升的最大引擎,8个月内完成328个村(社区)的"红色阵地"建设,跻身全市推进力度最大、效果最明显的县(市、区)之一,得到赵光君书记的批示肯定;浙中信息产业园的网络经济党建成为全区两新党建的一张金名片,接待省委书记夏宝龙等省内外各级领导和考察团36次。择优选派干部会战下沿征迁(二七区块清零)等重难点工程、集中开展乡镇党代表资格联审,把招才引智推介月活动直接办到高铁站一线等多项工作得到中央和省、市的广泛报道。

【"两学一做"学习教育】 2016年,抓三项承诺考评,推动村干部优进劣退。开展村干部"治庸提能"行动,用好标杆,鞭打慢牛。运用竞职、创业、辞职等"三项承诺"制度,抓实村干部季度考评,先后对12名打不开工作局面、工作没起色的村主职干部启动辞职程序,起到"撤换一个人,影响一大片"的效应。抓"回炉教育整转",推动后进走向后劲。坚持在"两学一做"中立好合格党员标尺,动作真碰硬推进不合格党员"回炉教育整转"工作。2016年,先后对142名不合格党员进行"回炉整转",对12名打不开局面、工作没起色的村书记启动辞职程序,党风民风为之一振。抓"三大先锋"行动,打造"党群连心桥"升级版。以"三大先锋"活动为统领,通过推动不同领域党员领办共建清单、组建护航G20志愿团、深化"微系列"组合服务等,让有困难找党员的理念深入人心。尤其在2016年的数次抗洪抢险中,一大批基层党员干部舍小家顾大家,勇挑急难险重任务,在解民忧、帮民困、稳民心等方面发挥主心骨作用,省委组织部先后两次进行报道。

5月30日,区委组织部开展红色阵地建设

(组织部供稿)

【干部队伍建设】2016年,坚持以好的作风选好的人,把组织意图落到实处,全区13个乡镇全面完成乡镇党委换届工作,整个换届实现"零投诉、零上访、零违纪"。围绕战斗力选优配强班子。深化"狮子型"干部队伍培育,把急难险重一线作为干部选拔的主阵地,把"看干部有没有夙兴夜寐地干"作为考验干部的重要标尺,通过"赛场选马、一线擢才",形成"人往一线走"的良好局面。现乡镇党委班子中,从"二七"拆迁、"五水共治"、"三改一拆"等攻坚克难一线选拔出的干部有51名,占比达56%。同时,注重基层导向,专门拿出10个名额择优比选,让敢抓、敢管、敢担当的优秀事业干部、村党组织书记、大学生村官脱颖而出。从严把好代表人选质量关。在全市率先出台"两代表一委员"资格条件联审办法,组织22家职能部门现场办公、集中联审,对代表候选人进行全方位扫描体检,坚决防止代表"带病当选";同步开展"选举单位初审、考察组延审、资格审查小组复审"三级联审联查工作,做到联审资料一人一档。此次换届,经区、乡两级联审,237人被取消候选人资格,引起基层群众的强烈反响。持续打好干部"上下管育爱"组合拳。坚持严字当头,从严干部监督管理,开展干部"庸懒散"专项整治,对存在"小错无为"等情形干部及时谈话函询;对工作不力、效率低下、群众不满意的领导干部,采取免职、调离等措施,换届以来共调整不适宜担任现职领导干部6名。实施干部"暖心、解忧、鼓励"三项关爱工程,做好公务员职务与职级并行、乡镇干部值班住夜补贴制度等,实行干部"三必访、四必谈"关怀慰问机制,切实关心关爱和支持基层一线干部。以严明的纪律净化政治生态。坚持把规矩和纪律挺在前面,年初就对各乡镇进行换届纪律谈话,并通印发宣传资料、组织观看"一片一书"等,让"九严禁"纪律要求深入人心。抓住领导干部这一"关键少数",通过建立换届工作负面清单、人事调整党性教育集体谈话等,进一步标明纪律红线、严明警示黄线、拓宽监督视线。同时,对经济发展、项目建设、生态建设、平安创建等重点工作月督查、月通报,晒出成绩单,实绩评优劣,促使各地思想不散、创先不忘、争优不断,不让工作随换届一起"换届"。

【基层组织】2016年,抓"基层党建责任审计",压实主责主业,针对年初审核的基层党建"短板清单",坚持每月对标督导,每季度开展整乡分析研判,每半年至少进行一次逐村拉网式检查,现场审计打分;5月,集中开展乡镇班子和成员抓党建实效专项考察,在干部人事调整时,突出结果运用,倡树鲜明的工作导向。抓"红色阵地"建设,把盆景连成风景。在全区统一开展深化红色阵地建设专项行动,按照"六个一"的提升要求,分乡镇倒排改造提升计划,持续开展机关部门"双结对双联系双服务"活动,每个社区、每个新农村建设村都有机关部门进行结对,53个扶贫重点村、软弱落后村各有1名第一书记驻村帮扶;村主职干部基本报酬发放、"四项经费"等基层基础保障落实到位。

【人才工作】2016年,立足产业需求,加快集聚高端人才。拓宽引才渠道,引进知名人才中介机构千人智库,合作共建人才工作站,重点在北京、上海、武汉、宁波和美国开展招才引智工作。"五一"期间,延伸招才引智触角,首次把招才引智政策推介宣传月活动办到高铁金华站一线,提升招才引智工作的精准性和实效性。围绕"五大千亿"产业需求,谋划部署"千人计划""双龙计划"推荐申报工作。入围国家答辩人选2名,省"千人计划"答辩人选2

名，入选“双龙计划”项目3个。组织3家企业赴美国、加拿大等地开展海外人才项目对接活动，签约人才项目2个，全部入选“双龙计划”创业项目。全面战略合作，推进人才平台建设。依托浙师大人才和科技资源，推进全面战略合作，共建大学科技园，加快人才集聚、项目孵化等功能发挥。推进“青年创业谷”建设，举办“创聚婺城、创享未来”青创大赛，入选市“青年创客工场”2家。助推合丰服务外包产业园、云安阁网络安全产业园等平台建设，拓展人才发展空间。万里扬被评为国家级企业技术中心，中科正方被评为省级博士后科研工作站。整合各方力量，落实党管人才职责。抓实区委人才工作领导小组成员单位“重点任务清单”“基础任务清单”“创新突破任务清单”，健全招才引智责任体系。推进信息网络经济人才管理改革试验区建设，制定改革目标清单、重点突破清单、制度创新清单。面向企事业单位引进人才，推出45套首批人才租赁公寓。会同区侨办，在美国建立婺城区首家海外引才工作站(侨务工作联络站)。开展“百博入企”“五水共治”专家服务团”等活动，服务婺城实体经济和中心工作，得到企业和基层的高度好评。

【机关自身建设】2016年，对牢“走在前列”的新坐标、新方向，面对“全面过硬”的新要求、新任务，以“两学一做”学习教育、“‘走在前列、共建金华’，组织系统怎么干部”等为抓手，带头武装头脑、带头对标检视、带头从严管理。抓牢干部教育不放松，坚持“周一夜学”雷打不动，常态化开展红色教育、专题讨论、政策理论知识学习等，切实提升组工干部思想政治素质和综合业务能力。坚持服务基层转作风，开展组工干部联系服务基层“七个一”活动，即每位组工干部分别联系1个乡镇(街道)、1个重点攻坚项目、1个软弱落后村、1条基层党建示范点、1人拔尖人才、1人六年期满大学生村官、1人困难党员群众，组工干部组团深入村居一线，在联系服务中传递关怀、改进作风、掌握情况、提升能力。坚持围绕中心服务大局，积极选派部机关年轻干部到市区劣五类河流通园溪开展“五水共治”工作，到山区软弱落后党支部塔石乡岭边村担任“第一书记”，使组工干部在攻坚一线锤炼品格、磨炼意志、积累经验、增长才干。

(汪　路)

宣传工作

【概况】2016年，全区宣传思想文化践行学习贯彻党的十八届四中、五中全会精神，学习习近平总书记系列重要讲话精神，围绕“创新、协调、绿色、开放、共享”五大理念，推进社会主义核心价观建设和落实“四张清单”工作为抓手，巩固党在意识形态领域的领导权、管理权、话语权，强化理论武装、提高舆论引导能力，深化文化文明建设，巩固作风建设成果。先后获得2016年度全区年度考核先进单位；2016年度全市宣传思想文化工作综合排名第一名、2016年度全市宣传信息工作第一名、2016年度全市宣传思想文化工作创新奖；2016年度全省农村文化礼堂工作先进县(市、区)；2016年度全省宣传信息工作第七名。

【意识形态工作】2016年，出台《婺城区党委(党组)意识形态工作责任制实施方案》，以区委名义多次开展党委(党组)意识形态工作责任制落实情况综合检查，推动责任制落地落实。加强和改进学校德育工作，深入开展中小学德育工作现状调研，形成《婺城区中小学德育工作情况调研报告》，区委常委会专题听取汇报，并制定出台《婺城区中小学德育工作指导意见》，召开婺城区中小学育人工作会议，区委王健书记出席会议并作讲话。

【理论武装工作】2016年，组织理论中心组成员集中学习10余次。深入开展“走在前列、共建金华”思想解放大讨论活动，征集一把手调研文章45篇并形成文集，征集发展金点子407条。以“三大宣讲”进基层为载体，开展宣讲500余场，乡音宣讲工作经验在全省基层宣讲工作现场会上得到省级领导肯定。全年编发《理论信息参考》12期，《婺城宣讲名师课稿》2辑，通过报告会、领导干部赴基层宣讲等，促使中共十八届六中全会精神深入基层，入脑入心。

【舆情管控工作】健全完善宣传、引导、管理有机统一的网上舆论引导统筹协调机制。强化公众监督和舆论监督,形成全社会齐抓共管、共建共享的良好工作态势。推进全区政务网站的自我管理和行业自律。加强网上巡查监管,集中力量清理网上政治类有害信息,深化对网上淫秽色情和低俗信息的打击整治力度,开展网上其他违法有害信息的专项治理工作。

【文化礼堂建设】 2016年,在省、市10家任务数的基础上,自我加压建成农村文化礼堂15家,被省委宣传部和省文礼办授予"2016年度全省农村文化礼堂建设工作先进县(市、区)"光荣称号。积极探索在乡镇召开全区农村文化礼堂建设工作推进会和现场会、深挖资源村域特色、整合社会力量协办文化礼堂等办法,其中"民办公助"社会力量协办文化礼堂的蒋堂文化大院改建文化礼堂模式,受到国家、省、市各级肯定,全面推进农村文虎礼堂工作高位发展。

5月19日,第六届草根奖颁奖典礼

(区宣传部供稿)

【文化产业发展】 2016年,依托浙中信息产业园,打造以网络文化经济为主导,集生产、生活、娱乐等多功能为一体的多功能网络社区,实现产业与文化的良性融合和共赢发展。推荐参选省级成长型文化企业1家,市级成长型项目2个,初创型项目5个,市区重点培育园区2个,市区重点文化企业5家。出台《婺城区文化产业发展扶持资金管理办法》,组织评选区级重点文化产业项目8个。力争2017年全区文化影视时尚规上企业达到75家,规模以上企业的产值达到60亿元。重点支持CRC文化创意园,八咏文创基地等园区建设,打造婺窑小镇,白沙文化小镇。

【文明创建工作】 2016年,做好创建全国文明城市基础工作,连续获得二、三季度市区文明指数测评街道排名第一;全年开展督导活动4次,推进会3次,通过"文明创建工作微信群",实现创建问题即时发现即时整改;率先在全市开展"礼让斑马线、文明过马路"活动;租用大型公益广告阵地19块,制作安装小广告牌1700块,完成墙绘近600平方米,有效扩大创建公益广告宣传。8万群众参与"草根奖"选树活动;全区入选浙江好人3名,金华好人8名;全年征集社会主义核心价值观主题作品130余幅,会同区纪委开展"婺城好家规家训、家族好故事"征集活动,其中盘溪何氏好家风在中纪委网站刊登。

【舆论引导工作】 2016年,中央电视台《新闻联播》《人民日报》对二七改造中婺城铁军风采进行全面深入报道;人民日报社《民生周刊》用8个版面报道"二七区块"和谐征收工作及调研全区精准扶贫创新模式;《人民论坛》杂志深度解读"二七区块"改造工作;中央电视台第7频道两次走进婺城,报道生态经济和特色农产品;《中国经济时报》整版报道婺城"互联网+"产业发展;《中国消费日报》完整深入解读白沙文化;省级媒体方面,《浙江日报》以《货币化安置的金华实践》为题,深度报道二七区块的经验做法,3个整版报道婺城"三做"工作;《浙江新闻联播》多次报道婺城各项亮点工作。 (鲁杭燕)

新闻传媒工作

【概况】 婺城区新闻传媒中心贯彻习近平总书记系列重要讲话精神,围绕中心、服务大局,精心组织、突出策划,宣传全区的各项重大决策部署,为推动全区经济社会发展营造了浓厚舆论氛围。

【主题宣传】 以报纸《今日婺城》为核心、电视《婺城新闻》、婺城新闻网、婺城新闻移动客户端为三足,《婺城新闻》官方微博微信、《婺城发布》官方微博微信平台为两翼,全方位、多层次、立体化开展了“两路两侧”环境治理、“四治两化”“四边三化”“两学一做”“二七区块”改造“三改一拆”“五水共治”、畜禽养殖污染整治、全国文明城区创建、三百攻坚、美丽乡村、文化礼堂展示、党代会等重大主题宣传。《今日婺城》报开设《婺城治水在行动》《走在前列 共建金华》《走在前列 干在实处》《一把手访谈》《环境整治 扮靓婺城》《两学一做看婺城》、“三改一拆”进行时、来自下沿区块征迁一线的报道等专栏。电视《婺城新闻》开设“走在前列 共建金华”解放思想大讨论、“婺城治水”“推进“三改一拆”建设美丽婺城、文明城市创建来自二七(下沿)区块改造工程等系列栏目。

【专题报道】做好两会、全区干部大会精神的贯彻落实宣传,完成“2016婺城两会”专题。完成《婺城好家风》《著名建筑师和著名作家的第三次握手》等专题等专题的制作。与浙江在线一起制作“五水共治”诗歌朗诵会专题。在《婺城周末》板块上继续做好行进婺城·精彩故事—《青年创业风采》系列报道、婺城文化地理栏目、婺城区文化产业巡礼、人物专访、婺城美味小吃、金华山专版、热点报道、服务性报道、人物述评等栏目。与14家机关单位、部门实现新闻合作,实现全区18个乡镇(街道)新闻合作全覆盖。2016年,婺城新闻网发布微博1546条,微信1050条。客户端派出编辑对婺城区文化礼堂建设现场会、仙源湖桂花节、畅游白沙溪、“五水共治”暨美丽乡村现场会、二七征迁表彰会、草根奖颁奖等活动进行直播。

【对外宣传】2016年,婺城区在钱江晚报刊发3个专版宣传婺城区新闻。中央电视台《新闻联播》、浙江卫视《浙江新闻联播》先后关注婺城区二七区块改造工程。在浙江新闻客户端发布婺城信息300余条,在金华新闻客户端发布信息240余条,在金华日报、金华晚报、浙中新报刊发新闻300余篇,其中,在各版头条位置发布61篇,在金华人民广播电台播发新闻260余篇。

【媒体融合】通过融合改革,取消原先的新闻部、周末部、电视部、网络部、办公室,设置了新闻采编中心、专题策划中心、电视采编中心、事业发展中心、新媒体发布中心、办公室,并在全省各家县市区级媒体中,率先组建8个全媒体工作室。打破报纸记者、电视记者、网络记者的局限,全部转型为全媒体记者,新闻中心采、编、发布三大运行体系初步建成。2016年,婺城新闻网微博用户超过7千,微信公众号用户超过3万,婺城新闻客户端的用户超过8万。三端总用户超过10万人,成为婺城区覆盖最广的媒体矩阵,舆论引导力、品牌知名度、社会影响力持续提升。

11月9日,宣传部全媒体工作室授牌

(新闻中心供稿)

【队伍建设】中心支部多次召开专题组织生活会,结合“三严三实”“两学一做”开展学习教育。规范新媒体采编发布的流程,全面落实三审发稿制度,不断强化采写、编辑、录排、校对、审签、发行、奖惩等各项工作程序。加强党风廉政建设。严格执行《中国共产党廉洁自律准则》《中国共产党纪律处分条例》,中心制定下发《2016年度婺城区新闻传媒中心党风廉政建设责任制分工的通知》《婺城区新闻传媒中心党风廉政建设和反腐败工作任务》《婺城区新闻传媒中心廉政风险点查找及防控管理措施》等文件。对落实党委主体责任、贯彻“八项规定”精神、加强党的纪律建设、抓好教育引导作出全面部署。强化业务培训,提升编辑、记者的素质能力。集中对采编人员进行岗位练兵、技能竞赛等活动,定期举办业务培训,不断提高新闻队伍的素质。

(戴建东)

统战工作

【概况】2016年,婺城区委统战部紧紧围绕区委、区政府中心工作,牢牢把握“大团结、大联合”的主题,以时不我待的状态,认真扎实有效的做好统战工作。召开全区宗教工作会议,区委书记王健专门作报告。成立区委统战工作领导小组,区委一把手任组长。区委岗位目标责任制对统战工作考核从1分增加到2分,宗教工作倒扣分2分。成立婺城区民族宗教事务服务中心,核定事业编制2名。加强宗教团体建设,召开区基督教第三次代表大会,选举产生新一届领导班子,为全区基督教事业健康发展,构建婺城和谐稳定奠定基础。

【多党合作水平提升】协助党派加强自身建设。协助民盟婺城总支、民建婺城总支、民进婺城总支3个党派换届,对拟进班子人选开展综合评价,民建婺城总支、民进婺城总支更名为基层委员会,新的班子凝聚力和战斗力进一步增强。择优选送8名各民主党派、知联会成员赴中央社院、重庆南岸区社院参加培训,2名党外干部赴金华市党外中青年干部培训班参加培训。党派、知联会成员的参政议政能力也得到了进一步提升。

不断搭建平台,拓宽参政议政渠道。经统计,各民主党派、知联会成员2016年累计提交提案议案50多件;区委重要会议召开、重大决策落实邀请或向各民主党派、工商联和无党派代表人士征求意见和建议;区知联会开展“我为婺城发展献一策(计)”活动,收集意见建议10多条。在“走在前列、共建金华”解放思想大讨论活动中,民革主委缪雪荣撰写的“谋划经济发展新引擎,把二七区块打造成高端科技园”点子,被选入“金点子”,得到了区委的表彰。

【护航G20】在G20期间,坚持依法管理宗教事务,开展佛道教领域专项整治工作,维护好正常宗教秩序,整顿宗教领域乱象,特别是坚决制止商业资本进入宗教活动场所。开展宗教活动场所安全大检查。2016年共组织检查30余次,针对检查中发现的问题,及时督促场所做好整改。开展宗教界护航G20行动。积极引导宗教界正信正言正行,树立良好的教风。进一步落实宗教工作长效管理机制,建立健全宗教工作三级管理网络,落实工作责任。不断加强宗教活动场所规章制度建设,切实提高场所管理水平。组织基督教代表人士参加市局组织的“红色之旅”,接受革命传统教育。

【“三改一拆”】在巩固前些年宗教场所违法建筑处置工作的基础,2016年9月,对雅畈镇铜山寺未经审批,擅自建设的违法建筑予以强制拆除。共拆除违法建筑占地面积1800余平方米,拆除总建筑面积3500余平方米。整个拆除工作区委、区政府主要领导高度重视,区政府分管领导亲自到现场指挥,各有关部门各负其责,认真细致地做好寺院僧侣及信教群众的思想工作,加强教育引导,确定拆除工作平稳有序推进。同时,加强整治后民间信仰场所日常监督检查,没有发现反弹回潮现象。

【民族地区经济社会发展】加强民族扶持项目调研工作。年初,在调查研究的基础上,申报民族村经济社会发展扶持项目2个,争取到扶持资金40万元。推进畲族特色村寨建设。在前些年完成水竹蓬村、鸽坞塔村畲族特色村寨建设的基础,2016年启动大坑村畲族特色村寨建设项目,力争通过2—3年的努力,取得实效。在省项目扶持下,安地镇杨垅畲族村通往青龙头自然村长1.5千米的公路顺利开通,方便群众生产与生活,实现村民多年的愿望。认真做好扶持项目的督促检查,确保施工进度与质量,确保按期完工。强化项目扶持资金的管理,做到专款专用。根据省、市的统一部署,区民宗局专门制定下发《开展民族团结进步进机关、乡镇、社区、学校、企业、宗教场所》“六进”活动工作方案,明确创建目标,创建内容、创建任务,召开会议进行部署,并申报民族团结进步创建示范点2个,积累经验,面上推广,努力形成创建工作的良好氛围。

【服务经济发展】推动全区与“一带一路”沿线国家开展经贸合作,促成侨商回归项目。已帮助印尼华侨在婺城投资注册公司,总投资100万元,为全区与东南亚国家的经贸合作打下基础。在美国成立一家引才工作联络站。建立“金华海外微信群”。配合省侨联“海外万家中餐馆·同讲中国好故事”项目,并推荐落实相关国家负责人及联络员,对接印尼方11家中餐馆参加联盟。继续开展“千名干部进企业,千方百计解难题”活动。帮助中小企业解决融资难问题。主动牵线搭桥,解决小额融资、还贷周转金等30多亿元。帮助企业对接资本市场,聘请法律顾问,为企业降低法律风险。（袁倩蕾）

民族宗教工作

【概况】 2016年,全区有宗教活动场所22个,其中,佛教场所10个,道教场所2个,基督教场所10个。宗教团体3个,分别是婺城区佛教协会、婺城区天主教爱国会和婺城区基督教两会(基督教协会和基督教三自爱国运动会)。宗教界担任区政协委员5人。

全区少数民族行政村有琅琊镇水竹蓬村、安地镇杨垅村、塔石乡高塘村、塔石乡大坑村,少数民族自然村有安地镇横塘村、琅琊镇铁店村、雅畈镇大山下村、雅畈镇莲荷塘村。全区少数民族常住人口3502人,流动人口16748人,少数民族类型32个,流入来源主要为贵州、湖南、云南等省。其中,少数民族流动人口较多的乡镇(街道)有白龙桥镇(包括长山乡,共6428人)、新狮街道(3347人)、乾西乡(包括竹马乡,共2077人)、城北街道(1240人)、蒋堂镇(1160人)。少数民族人士担任市、区党代表3人,担任省人大代表1人,市、区人大代表2人,担任区政协委员3人。

【宗教工作队伍建设】 全国、省、市宗教工作会议召开以后,区民宗局分三次向区委常委会作专题汇报,认真学习传达习近平总书记在全国宗教工作会议上的重要讲话精神。9月,专题召开全区宗教工作会议,区委书记王健作讲话,传达习近平总书记在全国宗教工作会议上的重要讲话精神,结合婺城实际,从六个方面抓好会议精神的贯彻落实:做好爱国爱教文章,激发广大信教群众爱国热情;做好稳定文章,建和睦宗教,促社会和谐;做好服务社会文章,发挥宗教正能量作用;做好依法管理文章,实现宗教事务法制化管理;做好宗教团体自身建设文章,发挥好桥梁纽带作用;做好基层基础建设文章,夯实宗教工作基础。针对区民宗部门提出的一些困难和要求,区委常委会高度重视,采纳区民宗局建议意见。经区机构编制委员会批准,设立区民族宗教事务服务中心,为全额拨款事业单位,核定事业编制2人,设立宗教工作专项经费,列入年度财政预算,为宗教工作正常开展提供保障。

【护航G20】 婺城区在G20期间坚持依法管理宗教事务,开展佛道教领域专项整治工作,维护好正常宗教秩序,整顿宗教领域乱象,特别是坚决制止商业资本进入宗教活动场所。开展宗教活动场所安全大检查。全年组织检查30余次,针对检查中发现的问题,督促场所做好整改。开展宗教界护航G20行动。引导宗教界正信正言正行,树立良好的教风。深入开展宗教工作基层基础建设年活动,夯实基础。落实宗教工作长效管理机制,形成宗教工作由党委负主体责任,乡镇(街道)尽职尽责,民宗部门及其他部门切实发挥作用的工作体制机制。建立健全宗教工作三级管理网络,落实工作责任。加强宗教活动场所规章制度建设,提高场所管理水平,同时,认真开展“五进”宗教场所活动,提高宗教工作的管理水平。在宗教界开展社会主义核心价值观教育活动,强化全区广大信教群众爱国意识、法律意识、公民意识、诚信意识,为中华民族伟大复兴作贡献。组织基督教代表人士参加市局组织的“红色之旅”,接受革命传统教育。

【宗教团体自身建设】 婺城区基督教两会因种种原因,十多年未换届。对区基督教两会换届工作,市民宗局领导多次到区开展调查研究,物色人选,为顺利推进换届工作打下坚实基础。2016年10月21日,婺城区召开区基督教第三次代表大会,按照“政治上靠得住,宗教上有造诣,品德上能服气,关键时刻起作用”的要求,选举产生新一届领导班子。同时,加强区天主教三自爱国运动委员会、区佛教协会自身建设,加强管理与服务,发动宗教界为“五水共治”捐款捐物,与生活困难户开展结对帮扶,奉献爱心,履行社会责任。

【“三改一拆”】在巩固前些年宗教场所违法建筑处置工作的基础,2016 年 9 月,对雅畈镇铜山寺未经审批,擅自建设的违法建筑予以强制拆除。同时,加强整治后民间信仰场所日常监督检查,没有发现反弹回潮现象。

【民族地区经济社会发展】加强民族扶持项目调研工作。年初,在调查研究的基础上,申报民族村经济社会发展扶持项目 2 个,争取到扶持资金 40 万元。推进畲族特色村寨建设。在前些年完成水竹蓬村、鸽坞塔村畲族特色村寨建设的基础,2016 年启动大坑村畲族特色村寨建设项目,力争通过 2—3 年的努力,取得实效。在省项目扶持下,安地镇杨垅畲族村通往青龙头自然村长 1.5 千米的公路开通。认真做好扶持项目的督促检查,确保施工进度与质量,确保按期完工。强化项目扶持资金的管理,做到专款专用。根据省、市的统一部署,区民宗局专门制定下发《开展民族团结进步进机关、乡镇、社区、学校、企业、宗教场所》“六进”活动工作方案,明确创建目标,创建内容、创建任务,召开会议进行部署,并申报民族团结进步创建示范点 2 个,积累经验,面上推广,努力形成创建工作的良好氛围。

(李　琛)

信访工作

【概况】2016 年,全区群众信访总量共 1023 件,群众来访 697 批 5096 人次(集体访 149 批 4303 人次);群众来信及上级转办件 326 件(网上信访 118 件),其中初次信访 178 件,重复信访 148 件。2016 年,全区没有发生因信访而引发的群体性事件和恶性上访事件。

【专题研究部署】区委、区政府高度重视信访工作。2016 年,区委、区政府先后就进京非访依法处理工作、积案化解工作、重点信访问题、省委督导组及省委巡视组转办件办理等工作,召集各乡镇(街道)、区机关有关部门(单位)“一把手”进行专题研究和部署,确保各项工作措施的落实。全区各乡镇(街道)圆满完成全国两会、G20 杭州峰会、党的十八届六中全会、第三届世界互联网大会等的维稳工作。

【领导下访约访】2016 年,进一步完善各级领导坐班接访、带案下访、重点约访、包案处访等工作机制。通过领导定期牵头接访、带案督办、包案化解,按照“在法律里面找政策、在政策里面想办法、在办法里面讲感情、在感情里面解难题”的方法,重点调处化解一批复杂疑难信访事项。区委书记约访白龙桥镇老访户倪某某,了解思想动态和最新诉求,牵头协调城西街道杜金财信访事项;区委副书记召集相关部门召开罗店镇九龙村矿山关停处置工作督办会,等等。通过区领导身先士卒、率先垂范,带头面对群众化解难题,推动工作,提升正能量,营造良好工作氛围。

【源头治理】2016 年 11 月底,全区排查调处矛盾纠纷 1093 件,调处成功 1070 件,成功率 97.93%。同时,以群教活动为载体,高度重视、认真办理群众初信初访反映的信访事项,对初信初访做到登记、受理、交办、快速处理,全区初信初访办结率 100%。2016 年,规范信访业务办理,来信、来访按期报结率均为 100%,差错率和不规范率为零。

【积案专项整治】全区各级领导干部在包案化解信访积案工作中靠前指挥。2016 年,省市区交办调处化解类信访积案 51 件,已化解积案 48 件,成功率 94.11%;省市区交办依法处置类信访积案 3 件,已依法处置 3 件;省市区交办疏导教育类信访积案 61 件,已疏导教育 61 件。

【规范信访秩序】2016 年 7—8 月,婺城区开展“依法信访”主题宣传月活动,共展览宣传展板 20 块,设立宣传点 6 个,广播 27 次,悬挂横幅 67 条,张贴标语 275 条,发放四折页宣传资料 6000 份,印发劝导书 10000 份,通过电子显示滚动屏播放宣传口号 240 条。2016 年,因非法维权、闹访、非访等违法行为,刑事拘留 1 人次,行政拘留 11 人次。

(林晨宇)

对台工作

【概况】2016年,区台办按照上级的统一部署,围绕区委、区政府中心工作,开展"走在前列,共建金华"大讨论活动,开展"两学一做"教育,注重涉台宣传教育,努力营造对台工作的良好氛围;加强台情调研,努力服务"三台"工作;加强基层交流交往,不断深化两地友谊;加强自身建设,开创对台工作的新局面。

【涉台宣传教育】各乡镇(街道)利用自身优势,春节、中秋节召开座谈会、茶话会、形势报告会等形式开展党的对台工作方针政策宣传教育,构建对台工作学习宣传平台。2016年5月26日,全区台联会与金华市电视台公共频道共同主办的"乐走公益"健康便民行活动走进岭上乡桃源村,帮助村民看病,宣传保健知识,走村串户看望台属、残疾人。春节、中秋节前夕,区台办、台联会开展生活困难台胞台属慰问,送去党和政府的关心关怀和温暖。

【服务工作】组织开展对台企实地走访调研,对情况进行分析汇总,建立台资企业信息资料库。帮助协调处理台企与企业所在村之间的矛盾纠纷。对在台就读大陆学生情况进行调研,面对面了解情况,宣传对台方针政策,关心其在台学习生活情况。建立大陆学生家长电话联系平台,帮助解决大陆学生档案存放问题等。接待来访人员80余人次,利用微信平台开展帮助寻亲活动;帮助2个家庭台属解决经济和房屋纠纷;帮助企业出具赴台商务考察证明。

【基层交流交往】2016年3月6日,安地镇喻斯村与南投县名间乡蜀水村结对,金华五中与南投中学联谊结对。台湾环境永续发展基金会一行11人来婺考察环保小镇建设。7月,组团赴台考察环保产业发展建设情况。10月上旬,组团赴台交流残疾人联合会情况。接待台湾中天电视公司和晚报记者拍摄制作宣传片,到莘畈乡大立元村实地拍摄。2016年,接待台湾到婺城考察团队5批,100余人次,在推进两岸基层交流方面取得新的成效。

【自身建设】深入开展"两学一做"教育活动,严格执行中央"八项规定"和省委"28条办法""六项禁令",强化正风肃纪,坚决反对"四风",牢固树立"四个意识",坚定"四个自信",为推进祖国统一,实现中华民族伟大复兴的中国梦贡献力量。按照区委、区政府的统一部署,区台办工作人员积极参与区委、区政府重点中心工作,推进"五水共治""三改一拆"、环境整治、文明城市创建、基层党建等工作的落实。不断加强区台联会自身建设,健全学习、例会、片区联系、联户等制度,开展形式多样的活动,丰富台联会成员的精神文化生活,增强区台联会的凝聚力、号召力、战斗力,发挥好桥梁纽带作用。

(杨金凤)

农村工作

【概况】婺城区农村工作认真贯彻落实中共十八大、和省、市农村工作会议精神,围绕"两美"婺城建设,以农业强、农村美、农民富为总目标,以深化农村改革为动力,以"五水共治""四治两化""三改一拆""两路两侧"为载体,力促"强农""惠农""富农"政策落地生效,实现农民普遍持续稳定增收。

【农村发展】2016年,全区粮食播种面积9966.67公顷,总产量6.2万吨。新建粮食生产功能区28个,面积953.33公顷。开展省级农产品质量安全放心县创建工作。建立农业生产主体信息库187家,可实施主体追溯生产主体60家;全面启动"一区一镇"建设,启动特色农业强镇创建1个(竹马乡)。各类农产品检测合格率100%。农村劳动力素质培训实现常态化,完成农村实用人才培训3250人。建成新狮街道玫瑰园社区、长山乡三村、塔石乡上塔石村等3个气象防灾减灾标准化乡村,完成迹地更新350.73公顷,平原绿化181.67公顷,平原绿化提升13.33公顷,四边绿化15公顷。其中,完成红豆杉、榉树等珍贵树种造林20公顷、15.2万株,香榧造林40公顷,森林抚育533.33公顷,平原林木覆盖率达

19.8%。完成农村饮用水提质增效新增受益人口5700人,新增高效节水面积66.67公顷,完成高标准农田建设面积1526.67公顷, 完成农村建设用地综合整治6.93公顷。充分利用美丽乡村建设成果,把经营乡村、发展乡村旅游作为培育美丽经济的重要抓手。全区已创建省级农家乐特色村2个、市级农家乐特色村2个、省级农家乐特色点2个、市级农家乐特色点12个、三星级农家乐经营户32家。2016年新增莘畈乡大立元村、罗店镇盘前村等2个省级农家客栈集聚村、2个市级农家乐特色点、3家三星级农家乐经营户。全年接待游客321.8万人次,同比增长20%, 实现直接营业收入1.5亿元, 同比增长23%。推进电子商务进万村工程,已完成农村电商服务站150个,提升标准化农村电商服务站10个,完成5个电子商务专业村申报。农村电商平台建设成效明显,区政府与金华日报集团合作建设的金华三分田农村电子商务创业于7月开园, 引进企业12家。

【农村改革】推进农村土地承包经营权确权登记颁证,全区332个需确权村社,完成摸底调查290个, 完成指界246个, 完成测绘234个, 实测面积7633.33公顷,测绘完成率70.48%。蒋堂镇试点已全面完成。实施婺城区小型水利工程建设与管理体制改革、婺城区水利工程标准化管理等5项农村区域性改革,起到先行先试的示范效果,有力地推动婺城区农村改革工作。

【美丽乡村建设】2016年,建成精品村6个、秀美村10个,琅琊镇被命名省级美丽乡村示范乡镇。“桂花飘香” 美丽乡村风景线沿线已基本建成;“秀美南山”美丽乡村风景线白门线白龙桥十二局段公路沿线绿化、景观点、外墙粉刷等已基本完成。第三批省历史文化村落保护利用重点村上阳村启动建设。全区已累计完成13个散落历史建筑保护点修复。2016年,全区完成79个村生活污水治理任务,新增受益农户17450户。全区336个村,除规划异地搬迁村外,所有的行政村和自然村全部完成农村生活污水治理任务,实现五年任务三年完成的治理目标。加强农民建设用地保障,完成无房户危房户录入1400户,完成上级下达任务数的100.6%。完成村民建房审查备案62宗,面积5660平方米,其中,新增建设用地面积1290平方米。全区336个行政村应实施垃圾分类331个(5个下山移民村除外),有330个村达到垃圾分类合格村,占99.7%。全区全面启动农村环境“四治两化”,应开展农村环境治乱美化村348个村(居),已完成303个村的农村“四治两化”,占87.1%。

【民生工作】根据市委、市政府统一部署,市区城乡居民医疗保险参保人员,在市区基层医疗机构就医的普通门诊报销比例由35%调整为50%。城乡居民基本养老保险月人均养老待遇由2015年的154.4元提高到2016年的164.7元,增加10.3元,同比增长6.7%。2016年,提升美丽公路99.348千米,农村公路等级提升30千米, 联网公路15千米,农村公路大中修22条。计61.55千米。公交车通车率93%以上。投资8000多万元进行“两路两侧”整治。加强农村文化设施建设,丰富群众文化生活,新创建农村文化礼堂15家。箬阳乡琴坛村成功创建省级民主法治村。2016年,农村居民人均可支配收入19357元,同比增长8.0%;根据低收入农户致富统计监测,预计全年增收16%以上,增幅高于农民人均纯收入6.5个百分点。全区城乡居民收入比2.28:1,比2015年有所缩小。全区美丽乡村建设、山区群众异地搬迁、“五水共治”等工作多次在省、市召开的会议上进行经验介绍或书面发言。全区把美丽乡村建设、扶贫开发、农村生活垃圾分类等考核纳入区党委、政府岗位目标制考核,在全区各乡镇、街道,区机关各部门之间开展美丽乡村竞赛活动,推进美丽乡村建设。

(陈志强)

农村扶贫

【概况】2016年,全区扶贫工作围绕区委、区政府年度工作目标, 认真按照省市扶贫工作要求,继续实施“低收入农户倍增计划”,以产业扶贫、下山移民、金融扶贫、来料加工、结对帮扶为抓手,推行“4600”元以下低收入农户动态管理工作,扎实推进低收入农户增收致富，推动山区经济社会各项事业的发展。

在2015年《关于基本消除农村家庭人均纯收入“4600”元以下贫困现象的工作细则》的基础上，出台《关于做好“4600”元以下贫困现象消除后巩固提升工作的实施方案》，从农村困难家庭危房改造、卫生保洁、子女接受教育、产业帮扶、政府兜底等方面扶持家庭人均纯收入4600元以下农户的基本生活和发展生产。

【产业扶贫】发展特色产业。通过近几年的发展，欠发达乡逐步形成了具有山区特色的产业，促进扶贫重点村和农户的发展，带动周边的低收入农户加入，就地解决就业，增加农户的收入。重点扶持猕猴桃、蓝莓、鲜花等绿色农业；扶持塔石余仓、莘畈大立元、箬阳琴坛等农家乐特色乡村休闲旅游业。2016年申报中央、省级、市级扶贫开发项目30个，总投资1500余万元。项目涉及村组道路建设、堰坝河堤建设、饮用水改造、乡村休闲旅游业等项目。重点发展来料加工。全区扶贫重点村来料加工业发展势头良好，特别是下山搬迁安置小区来料加工业发展迅速，重点培育扶持来料加工经纪人，来料加工业迅猛发展，经纪人队伍不断壮大，加工费发放和从业人员逐年增多，大大提高下山移民的收入。2016年，来料加工从业人员16505人，发放加工费13030.09万元。2015年，山区经济发展实施项目确定了“桂花飘香”旅游风景线等13个项目，总投资8635万元，安排列年结转和2016年省补资金5080万元。

【金融扶贫】全区创新金融扶贫方式，以小额扶贫贷款和扶贫重点村资金互助社两项金融扶贫为抓手，解决山区发展资金短缺的问题。继续开展小额扶贫贷款工作。以全区低收入农户和带动低收入农户发展的经济组织（个人）为主要对象提供扶贫小额贴息贷款服务，发放贷款36户760万元。继续开展资金互助社试点工作。自2008年，全区先后确定20个低收入农户集中村为互助资金试点村，借款资金总额达400余万元。2016年，新增2个试点村争取补助资金40万元。

【异地搬迁】促进山区转型发展，加快山区群众收入持续普遍较快增长。从2016年，启动“十三五”山区群众异地搬迁工作。编制“十三五”规划。经前期摸底调查，村民自愿申报，“十三五”规划搬迁7乡镇11个行政村、25个自然村2084户、5181人，山区农民散户异地搬迁430户、1000人。加快安置房建设。蒋堂移民新村占地6.8公顷首期10万平方米安置房已完成房屋工程建设，附属工程正在施工，完成投资约1.5亿元。乾西四期移民安置房项目占地2.53公顷，规划建设16幢房屋建筑面积6万平方米。房屋主体工程完成，附属工程正在设计当中，完成投资约0.7亿元。启动安置工作。安置地质灾害村塔石乡高田鱼潭村77户、205人。（陈志强）

老干部工作

【概况】婺城区委老干部局在区委、区政府的领导和上级老干部工作部门的关心指导下，学习贯彻党的十八大和十八届三中、四中、五中全会和习近平总书记系列重要讲话精神，围绕中办发《关于进一步加强和改进离退休干部工作的意见》精神，以全省老干部“四大行动”工作部署和省、市老干部工作会议为指导，把握为党和人民事业增添正能量的总方向，适应老干部工作转型需要，结合实际，积极探索，推动老干部工作科学发展。

【政治待遇落实】区委向老干部通报区经济社会发展情况。婺城区委、区政府主要领导坚持每年春节前召开老干部座谈会，向老干部通报区本年度经济社会发展建设情况。2016年春节前，43名曾经担任县处实职的退休老领导和享受副处以上待遇的离休干部参加情况通报会，并和区四套班子领导共祝新春。四套班子领导带头在重大节日慰问老干部。区委、区政府领导在春节前，走访慰问抗日战争时期入伍的离休干部，送上新春问候。老人节期间，区委、区政府为全区所有离休干部祝寿，送去祝寿礼品及慰问信，传承尊老敬老的传统。改变方式方法举办离休干部读书会。由于离休干部普遍进入“高龄、高发病”期，区委在关心关爱离休干部身体健康的前提下，考虑离休干部行动不便等因素，继续实行改集中学习为分散学习和自学的方法，坚持举办离休干部“暑期读书会”。由区委老干部局为离休干部订购《习近平总书记系列重要讲话读本》(2016版)、《老人防病、治病、保健智慧》等书籍共计150册，开展送学上门，代表区委、区政府开展暑期“送清凉”慰问。区委老干部局全体工作人员冒着酷暑挨家挨户送学、送清凉，始终坚持周四局长接待日制度。通过每周四局长接待日，主动架起离休干部与区委、区政府的沟通桥梁，通过接待采访了解老干部思想，倾听老干部呼声。2016年，接待来访老干部380多人次，按照事事有回音、件件有着落的原则，基本让老干部高兴而来，满意而归。

【生活待遇落实】保障好离休干部“三项机制”运转。2016年年末，结合“两项待遇”专项检查，检查各单位三项保障机制是否落实，基本保证全区“三项机制”运转正常。计发离休干部生活补贴。年初老干部局主动联系人社、财政部门，以离休干部本人2015年12月基本离休费为基数，落实当年增发1—2个月生活补贴。帮扶特困离休干部及家属、遗属。关心关爱有特殊困难离休干部及家属、遗属，由区财政每年拨款专项帮扶资金。2016年，走访慰问生活特殊困难的离休干部和离休干部遗属46人次，发放慰问金17200元。落实离休干部提高医疗报销补助政策。通过细致排摸核对，上报符合提高医疗报销待遇条件的离休干部名单，积极执行相关政策待遇。组织离休干部开展年度体检。9月，联系医院专家，组织全区离休干部开展一年一度的离休干部体检45人次，并邀请医院专家到区老干部活动中心，集中开展老干部健康咨询活动30多人次。建立与医院和子女的沟通机制。针对离休干部年老体弱，生病住院频繁，联系沟通不便等问题，老干局积极与市区广福医院、文荣医院等老干部常住医院，以及离休干部子女建立沟通机制，组建老干部微信群，要求医院和老干部子女及时告知老干部生病住院等情况，关心关爱离休干部生理和心理“双健康”，全年到医院看望住院离休干部50余人次。

【老干部“两项建设”】通过组织“两学一做”抓老干部学习教育。“两学一做”学习教育开展以来，采取离退休干部党员纳入本部门单位学习教育为主、老干部局面上指导为辅的形式，增强老干部党员参加“两学一做”的实效性。老干部局统一为老干部征订《中国老年》《浙江老年报》《共产党员》等报刊杂志，确保老干部思想常新，紧跟时代步伐。8月，组织老干部参加市局组织的“两学一做”学习教育推进会，全区18个离退休党支部，46名离休干部党员积极参与“两学一做”学习教育，参与率100%。各部门单位对行动不便的党员老干部开展送学上门，组织全体老干部党员深入学习《中国共产党章程》《中国共产党廉洁自律准则》《中国共产党纪律处分条例》等党纪条规和习近平总书记系列讲话。老干部党员按照各支部统一配发的学习资料和学习笔记开展个人自学。95岁高龄的参加过抗战的离休干部王风还在支部集体学习中手抄《中国共产党党章》，参加单位组织的党员知识测试，有效带动全体老干部党员开展学习的自觉性和积极性。以“两学一做”为抓手加强离退休干部思想政治建设。通过把“两学一做”学习教育与纪念中国共产党建党95周年和红军长征胜利80周年等活动相结合。组织全体离休干部收看中央庆祝建党95周年大会实况并开展座谈讨论；联合区教育局退教协会、区老年体协等单位举办纪念红军长征胜利80周年合唱比赛，提振老干部的精气神；组织系统离退休干部党员学习小组还在老年节期间集体到沙畈乡银坑村的红色革命工农红军纪念馆、粟裕将军纪念馆等地参观，了解基层党建工作成果；组织离退休干部党员参加“传承好家风、家训”活动，婺城区城北街道离休干部党员吕思进、教育系统离休干部党员余荣安在《八婺好家风》刊载党员家风好故事2篇，‘我看从严治党新气象’精彩感言4篇。全区共有11名离退休干部党员在微信专栏中展现老干部党员的时代风采，成为全区离退休干部思想政治建设工作中浓墨重彩的一笔。以“两学一做”积极推动离退休干部党支部建设。婺城区现有离退休党支部18个。自开展“两学一做”学习教育以来，集体学习、三会一课、组织生活制度等得到进一步的规范与落实。各离退休干部党支部在本单位部门党委党组的领导下，积极参加“两学一做”学习教育，比学赶超的劲头明显，先进事迹层出不穷。如交通局离退休干部党员参加局组织的公益活动奉献社会，在围绕“立足岗位争先锋”活动中，与在职干部党员比毫不逊色；农林局离退休干部党支部组织党员开展科技下乡服务，发改局离退休干部党支部积极推荐老干部党员和离退休干部家属参加了全市“最美”系列的评选，展示老干部的风采风貌；教育系统离退休干部党支部积极探索建设临时学习党支部；组织系统离退休干部党员探索实践党建学习小组模式，全力优化学习活动室建设。坚持面上指导+督促相结合抓活动正常化。结合“两学一做”学习教育和基层红色阵地建设，积极会同组织部、“两学一做”学习教育协调小组到各基层党支部督查指导，对全区离退休干部党支部建设情况进行全面摸底，对老干部在“两学一做”学习教育中是否有参加动员会、专题讨论、集中学习会，是否有参加应知应会内容测试，是否发放学习资料等情况进行检查，并随机走访部分老干部，了解老干部对学什么、做什么，什么是“四讲四有”等内容的熟知情况，检查各支部“三会一课”制度落实情况，检查因身体原因不能参加支部活动的老干部补课情况，检查结果用于年终考核打分，促使各部门单位紧抓老干部“两项建设”。

【“四大行动”工作】 开展“红色典藏”行动。为纪念中国共产党建党 95 周年，积极弘扬红色文化、坚定理想信念，全局发动各离退休干部党支部，面向离休干部及民间，广泛征集红色故事，提炼红色精神。组织人员走访全区 3 位参加过解放战争的离休干部，深入挖掘他们的红色经历，采集 2 篇回忆录，整理上报 1 篇，利用各类媒体，宣传老干部抗战事迹，弘扬老干部的优良传统和作风。开展“走基层、看变化、促发展”活动。围绕区委、区政府的重点中心工作，组织离退休干部开展“走基层、看变化、促发展”活动，近百名老干部赴基层、工程一线参观考察“五水共治”“三改一拆”“两路两侧”、畜禽养殖整治等重点中心工作，为全区的经济社会发展积极建言献策，为助推“两美”婺城建设作出贡献。开展“银色人才志愿”行动。倡导广大离退休干部“人人做公益”，带头服务大局、服务社会、服务人民，根据社会所需及老干部所能，按就近就便原则，通过各部门单位的统筹，发挥各自的优势，分类组建了网吧监督组、文明创建劝导组、基层事务督导团等银色人才志愿服务团队，组织引导老干部在促进社会和谐、社区建设、帮困扶贫、环境保护和关心下一代工作等方面发挥作用。杭州召开 G20 峰会期间，发动组织 600 多人次参与宣传及义务巡防、文明劝导活动。开展“三美”推荐评选活动。发挥老干部优势，在全社会弘扬家庭和睦、孝老敬老的传统美德，不断为建设“两富”“两美”现代化婺城增添正能量，4 月，联合各单位开展市级“最美老干部、最美老伴、最美子女”推荐，得到热烈响应。成功推荐原区水务局工程师倪庚耀为最美老干部，区发改局离休干部李英顺配偶吕秋蓉为最美老伴，区教育局离休干部陈迪南儿子陈秋生为最美子女，参加全市的表彰。乡镇老年大学事业得以发展。婺城区行政区划调整后，乡镇老年大学分校有白龙桥、琅琊、雅畈三所。2016 年 11 月，新成立蒋堂镇乡镇老年大学。加大对乡镇老年大学工作调研。年初，交通局离休干部向区委提交了一篇《关于加强乡镇老年大学建设的建议》，区委书记王健批示，请区委老干部局提出相关意见。收到批示后，区委老干部局组织人员专门开展工作调研，向区委办提交专门的调研书面报告，提出工作建议。

【部门自身建设】 区老干局以“两学一做”学习教育为契机，严抓老干部工作队伍的教育管理，强化老干部工作者的争做合格党员意识，增强在新形势下做好老干部工作的政治责任感和历史使命感，努力提升老干部工作水平。组织全区老干部工作者认真学习《关于进一步加强和改进离退休干部工作的意见》精神，深刻领会做好老干部工作的重要意义。认真开展老干部座谈会，征集意见建议，提出整改计划和具体措施，提升老干部工作部门的服务水平。传达贯彻省、市老干部工作会议精神，结合全区实际，认真研究制定《2016 年婺城区老干部工作要点》，加强信息报送工作，完成《新时期加强和创新老干部党组织建设的调查与思考》和《对婺城区乡镇老年大学现状与发展的思考》两篇调研文章。增强服务意识，坚持以敬爱致恭的感情服务老干部，自觉用老干部作风做好老干部工作，保持务实清廉

好形象,用细心到位的服务不断提升对老干部工作部门的满意度。（申洪广）

关心下一代工作

【青少年教育】 2016 年,区关工委积极开展“学党史、知国情、圆梦想”活动,以建党 95 周年有利时机,联合宣传部、区党史办、团区委等单位开展“学党史、知国情、圆梦想”活动。为全区 40 个“春泥计划”实施重点村,赠送 40 套《光辉历程——中国共产党党史》宣传挂图和 500 本《中共婺城党史》。乡镇街道集中在暑期开展青少年“党史、国史”教育活动。琅琊镇关工委组织一场红色革命历史教学,教孩子们制作党旗、讲述红色故事。城北街道凤凰山社区组织“爷爷赠我一句话,我送爷爷一束花。红色基因代代传,茁壮成长报国家”活动。竹马乡党委、关工委的组织上海财经大学浙江学院工商管理系暑期大学生志愿者们来到金店村和村里的老少共同开展了“学习党,跟党走”的活动。

【普法教育】 2016 年,组织发动全区各中小学校参加全国第三届“关爱明天 普法先行”青少年普法活动,发动 42 所中小学校参与此届普法活动,24 所中小学申报创建全国零犯罪学校。同时,发动乡镇街道关工委借助活动平台,配合学校开展青少年普法活动,将青少年普法工作延伸到基层。乾西乡幸福村关工委、白龙桥镇叶店村关工委被列为“关爱明天” 普法教育活动试点村;沙畈乡关工委在 5 月率先布置普法工作,主动协助学校邀请律师进学校给师生们讲法律知识课;箬阳乡关工委积极联系雅畈派出所联系箬阳乡的警长(法制副校长)为学校学生上课。

【传统文化教育】 区关工委号召各级关工委立足婺城特色,继续深化品牌活动,发挥各地“国学讲堂”“雷锋讲堂”“乡音讲堂”等阵地作用,深入学校、企业、农村开展各类主题宣讲弘扬传统文化、家乡文化。城北街道以雷锋纪念馆为宣传阵地,在“学雷锋纪念日”“世界地球日”等重要时段组织开展相关主题纪念活动；蒋堂镇关工委以世界读书日为契机,发动下尹村、开化村等利用文化礼堂阅览室、农家书屋等场所组织青少年开展“走进名著、诵读经典”系列活动;白龙桥镇关工委指导叶店村坚持多年为本地入学儿童举办“开蒙启智”传统教育活动,并特邀柳湖小学校长倪军健为该村的特聘传统文化讲师,为“五老”和青少年专门开辟国学课堂。

【关爱助学】 开展 “福彩牵手、助学圆梦” “关心桥爱心助学”等系列资助活动,向 42 名家境贫困的大中小学生提供助学金 10 万元。开展“爱心圆梦 视力健康”——毛源昌“百校万人”公益行动,联系企业无偿资助 2 所学校的 200 名学生配镜。联系市关工委、区婺剧艺术研究院等单位和莘畈小学结对,赠送价值 6.5 万元的民族乐器,有专业教师 20 人每周到莘畈小学授课指导,受到山区学校师生和家长的欢迎。

【教育实践基地建设】 为引导青少年走出校园,有知识可学、有地方可走、有东西可看、有劳动可参加,在学习和实践中不断加强“三爱”教育。在区农办等单位的大力支持下,区关工委联合区文明办、区教育局、团区委等部门遴选了一批适合青少年开展学习实践的活动基地,命名为婺城区青少年“第二课堂”校外学习实践基地,城北街道雷锋文化馆、竹马乡下张家村茶花物种园、沙畈乡银坑村、莘畈乡小坞头村、白龙桥镇金华农耕文化园、雅畈镇向阳农场等六家单位成为婺城区第一批青少年“第二课堂”校外学习实践基地。持续推进“老少 E 家”电脑活动室建设,为引导青少年进行绿色、安全的接触和学习网络,本着“成熟一个,建设一个”的原则,区关工委积极向市级部门单位争取资助,连续开辟了乾西乡幸福村、城中街道西区区、箬阳乡小学等三家“老少 E 家”青少年绿色上网活动室之后,又在白龙桥叶店村投入 6 万元资金建设了第四个“老少 E 家”公益电脑活动室,努力实践“互联网+”青少年网络教育新模式在婺城的发展。

【深入开展“两学一做”教育活动】 各级关工委按照党委的统一部署,开展学党章党规、学系列讲话精神、做合格党员学习教育活动。各级关工委将学习教育与落实建设学习型、服务型、创新型关工委结合起来，打好“学”的基础，抓住“做”关键。围绕中心工作发挥关工委和“五老”优势，各级关工委组织，围绕党委政府的中心工作，广泛开展“小手带大手，美化新环境”“不放烟花爆竹，共护蓝天白云”等倡议活动，组织广大“五老”志愿者和青少年共同参与文明城区创建、国卫复审卫生整治、“五水共治”、垃圾分类、“护航 G20”等工作，体现出各级关工委良好的组织能力和高度的协助配合精神。城东街道联合浙江广播电视大学志愿者大队在八咏楼社区开展垃圾分类进社区宣传活动；新狮街道“五水共治”中通园溪、后溪和洪源溪的环境卫生保洁，街道关工委发动沿线的“五老”人员协助街道保护“三溪”卫生；城北街道关工委组织所属 8 个社区的“五老”志愿者、热心区民 400 余人，在辖区开展“护航 G20 毅行活动”。

【“全国青少年普法教育示范区”创建】 在区委的领导下，区关工委联合各成员单位，借助“关爱明天 普法先行”青少年普法教育活动平台，开展创建“全国青少年普法教育示范区”工作。通过教育局大力发动组织全区各中小学校参加第三届“关爱明天 普法先行”青少年普法教育活动，鼓励各学校创建全国“零犯罪学校”以增强普法教育的实效性。在全区范围内采取 “成员单位+学校”、“成员单位+社区(行政村)”的工作结对机制，为成员单位各部门下基层、进学校搭建了桥梁，激活基层法治教育的动力和活力。区司法局专门拿出 2 万元普法经费购买普法读本送给全区的学校，经常到结对的长山小学送书和关心法治教育工作开展情况；区委政法委综治办的领导到结对的蒋堂小学调研该校学生交通平安教育情况，鼓励学校努力创新教育模式；婺城法院和金华四中结对， 法院关工委经常主动到学校，和校领导一起商讨校园法治教育工作；区妇联到塔石小学，指导学校普法教育工作和关爱留守儿童工作相结合，努力创建“零犯罪”学校，等等；敢于实践创新，以“三化三工程”为切入点，推动青少年法治教育。注重“全域化”，推进“免疫工程”。除在学校实施大覆盖率普法教育，同时组织发动全区各乡镇、街道关工委组织，在党委政府领导下，开展青少年“学法、明理、知情”活动进村和社区，努力把青少年校外普法教育工作延伸到校外， 在乾西乡幸福村、白龙桥叶店村等设立农村关工委青少年普法教育试点。第三届“关爱明天 普法先行”活动中，婺城区获得“全国青少年普法教育示范区”称号。“党建”引领强力带动关工委建设，加强关工委自身建设是关工委科学发展的本质要求。区关工委响应中央号召，积极实践“党建”带“关建”、“关建”助“党建”的工作思路。3 月，区关工委办公室在区委组织部的统一组织下，参观了磐安、武义、浦江兄弟县区有关党建示范带、红色阵地、美丽乡村建设、党群服务阵地建设等工作示范点。在党建示范工作的引领下，乡街、村居关工委工作得到带动和发展。如白龙桥叶店村，在镇党委、关工委的直接关心指导下，着力加强“五好”关工委建设，在村级活动基地建设、组织本地和外来务工子女结对等方面重点突破，得到中关工委、省关工委领导的高度肯定；沙畈乡银坑村在乡党委的领导下，开展“党建+红色革命”基地建设，区关工委抓住有利时机加大指导，帮助沙畈乡关工委积极联系省关工委与沙畈乡银坑村建立长期结对，为“粟裕将军纪念馆”“红色工农红军纪念馆”建设争取资金扶持，为“党建+”品牌助力；塔石乡、城西街道等都利用党建微心愿活动，努力向山区留守儿童、城市困难家庭学生倾斜，帮助解决困难送去温暖传递关爱，河盘桥社区党员“微心愿”征集和认领活动已经做成了社区品牌。 (邵蓓蕾)

直属机关工作委员会

【概况】 婺城区直机关工委围绕区委部署，贯彻习近平总书记系列重要讲话精神，围绕“服务中心、建设队伍” 核心任务， 突出全面从严治党主线，以“两学一做”学习教育为载体，以高度的政治自觉、思想自觉、行动自觉，牢牢把握“走在前列、共建金华”主题，为全区“两富”现代化婺城建设提供坚强保障。

【学习教育】 狠抓“两学一做”学习教育，机关各级党组织层层召开动员会议，传达学习中央、省、市、区“两学一做”学习教育任务要求,制定实施方案,安排部署“两学一做”学习教育工作。学习教育一年来,区机关党组织和全体党员在思想政治觉悟等各方面取得全面优化。思想开关再拧紧。机关各党组(党委)将学习教育作为重大政治任务,经常召开专题研究部署会推进学习教育。党组(党委)书记普遍树立“党建是第一政绩”的理念,亲自抓,带头上党课。学习氛围再浓厚。按学习教育规定的程序、方法、步骤,及时传达部署学习内容,重视利用微信公众号等新媒体开展多维度、广角度的教育宣传。通过举办主题演讲比赛、编发应知应会手册等方式,将“两学一做”的影响力延伸至每一个角落。真学真做再严实。注重形式多样地开展学习教育,通过开展专题辅导、交流研讨、送学上门等形式,深学精学,全区机关党员 3957 人普遍上党课、听辅导、撰心得,保障学习教育的全覆盖。为让学习教育不留死角、不留盲区、不走过场,区直机关工委抽调 24 人,组成 8 个督导组对包括全区机关基层党组织在内的所有党组织进行督查“全覆盖”,开展 7 轮次督查,督导问题 126 个,对发现存在不同程度的问题作出督导并整改落实。

【强化服务】扎实推进“党群连心桥”工程,使基层服务体系得到完善。发挥基层党组织和党员干部在联系服务群众中的桥梁纽带作用,以群众满意为根本标准,深化长效服务,发挥机关职能作用,继续通过服务贴近群众、团结群众、引导群众、赢得群众。“双结对双联系双服务”活动实现再突破。各党组织和党员主动作为、力求实效,按照“结对帮扶,助推两富”要求,开展“双结对双联系双服务”活动。全区党组织为结对联系群众提供帮扶共达到 1896 人次。“微系列”服务活动实现再提升。树牢婺城机关的党建品牌意识,将“微系列”服务活动作为党群连心桥的有效抓手和机关党建的特色工作持续推动,协调各乡镇(街道)收集整理困难群众的微心愿,在区行政中心设置“微心愿认领墙”,组织党员认领,在区委主要领导的带动下,实现党员认领微心愿全覆盖,全体党员共认领 3782 个。党员志愿者服务活动实现再强化。发挥党员先锋志愿服务队作用,主动与“8890”平台相对接,常态化开展关心关爱、矛盾调和、结对帮扶、服务社区大走访等公益活动。主动服务中心工作,在“护航 G20”行动中组织机关党员 7000 余人次到联系村(社区)开展巡逻值守,为峰会保驾护航;在全国文明城市创建工作中,共派出党员志愿者 3000 余人次上街开展“礼让斑马线、文明过马路”为主要内容的文明劝导活动,“小红帽”“黄马甲”不避风雨,坚守在街头,展示全区机关党员先锋形象,为营造文明礼让的和谐交通氛围发挥积极作用。

【深化建设】保质保量完成“双推进”工作。结合新形势、新常态下机关党建工作的现实需求,着眼于进一步提高机关党建工作的规范化、科学化、信息化水平,各机关基层党组织都能结合单位实际、对标工作要求,精心部署,分头开展党建阵地的创建工作。全区机关共完成 13 个“一类阵地”、25 个“二类阵地”、160 个“三类阵地”,区直机关工委本级也打造了机关党员学习交流中心、机关离退休党员活动中心等 2 个红色阵地,区机关党员活动场所条件得到较大改善。创建红色新型阵地。推动“新型阵地”与党员生活无缝隙对接,合作开发“党员网上阅览室”手机 APP。以“微平台”为载体,充实一批习近平总书记系列重要讲话等党建读本,引导广大机关党员在业余时间努力充实自己,掌握真才实学。为充分有效利用“党员网上阅览室”,以考核为导向,将登录次数与年终机关党建考核相挂钩,要求全区各机关基层党组织所属党员经常性登录手机 APP 阅读相关资料,努力提升机关党员自身思想素质。打造婺城书香驿站。继续深化党员教育,围绕打造学习型党组织,营造机关党员干部学习、阅读的氛围,区直机关工委联合区委宣传部、团区委、区文体新局三家单位利用机关内部场地资源设立“书香驿站”,配置 6000 余册文献书籍,提供简便的借阅服务,拓展和丰富服务党员体系。

【夯实根基】夯实队伍发展之基,党组织堡垒得到进一步稳固。党内法规学习持续深化。把《中国共产党廉洁自律准则》和《中国共产党当即处分条例》纳入支部日常学习。要求各机关支部结合“周一夜学”、固定党日活动,加强对党内法规的学习。通过集中辅导、个人自学等方式,深学精学。党组织换届顺利完成。利用各直属机关党委换届之机，对参会党代表进行考察、政审，严守党代表入口关，在资格条件上毫不含糊，保证党员代表的先进性和代表性。注重充实力量，配齐配强各党委专职副书记、纪委书记、党委委员，把一大批想干事、能干事的党员充实到岗位上，8 个直属机关党委、126 个基层党支部(党总支)顺利完成换届工作。此外，严格规定程序、严把结构比例，推选出 92 人为区党代表、16 人为市党代表。专项整治行动取得实效。以机关效能检查为抓手，查处 64 人次违规离岗行为，落实从严治党的各项规定，抓早、抓小、抓日常，把党内日常教育管理做在纪律处分前面，为机关创造良好环境。注重发挥各支部的教育管理作用，将轻微违规人员交由所在支部进行教育批评，强化支部作为党组织机体细胞的“免疫”作用，取得理想成效。

(罗　强)

中国共产党金华市婺城区纪律检查委员会

综 述

【概况】 2016年,区委立场坚定、旗帜鲜明地担负起管党治党政治责任,落实全面从严治党要求,带头履行党风廉政建设主体责任。全区纪检监察组织认真贯彻党的十八届六中全会精神,紧跟上级关于党风廉政建设和反腐败工作的新思路、新要求,坚守全面从严治党职责定位,保持坚强政治定力,始终聚焦监督执纪问责,坚决维护党的纪律,层层压实"两个责任",严纠"四风",严惩腐败,推进纪律检查体制改革,打造监督执纪铁军,党风廉政建设和反腐败工作取得新的成效。

强化政治监督,坚决维护党的纪律的严肃性和权威性。始终把严明政治纪律和政治规矩摆在首位,督促全区各级党组织和党员干部深入学习贯彻党中央、省委、市委和区委的各项决策部署,强化"四个意识",在思想上政治上行动上同以习近平同志为核心的党中央保持高度一致。围绕保障"G20维稳安保""三改一拆""五水共治",小城镇环境综合整治等中心工作,加大监督执纪力度,坚决纠正上有政策、下有对策,有令不行、有禁不止等行为,确保政令畅通。同时,以高度的政治责任感和使命感,协助区委认真抓好巡视反馈意见的整改落实工作,配合省委第四巡视组的巡视"回头看"工作,对巡视组交办的66件信访件,第一时间开展调查核实,做到行动迅速、立查立改。

层层夯实"两个责任",推进形成管党治党工作合力。抓住党风廉政建设责任制这个"牛鼻子",按照党要管党、从严治党的要求将"两个责任"压紧压实。突出"一把手"担责,制定完善《2016年党风廉政建设和反腐败工作组织领导与责任分工》,督促各级党委(党组)主要领导带头履责,健全主抓直管工作机制。突出责任细化,制定落实"两个责任"清单,将履行"两个责任"的具体任务及要求细化分解,层层落实到各乡镇(街道)、机关部门,确保责任和任务同步到岗、到人。突出痕迹化管理,推行落实"两个责任"全程纪实制度,将履责内容按照党委(党组)主要负责人、班子成员及纪委(纪检组)等不同层面进行分解,确保履职有痕、倒查有据、落实有力。突出考责评责刚性作用,完善《党风廉政建设责任制考核办法》,全面深化履责报告制度,对管党治党责任落实不力的,严肃追责问责。

驰而不息狠抓作风,严格贯彻落实中央八项规定精神。以永远在路上的恒心和韧劲,高标准严要求执行中央八项规定精神,严纠"四风"。把顶风违纪行为作为执纪审查重点,紧盯重要节点和隐形"四风"问题,加大正风肃纪力度。2016年,开展明察暗访34次、检查单位657家次,发现问题96个、下发通报4期,督促7家单位落实整改,对9名领导干部进行函询。针对公务接待、津补贴发放、办公用房配备等问题,开展"回头看"工作,采取随机抽查、重点督查等方式,检查单位25家,查出问题72个,对 11 家贯彻执行中央八项规定精神不到位的单位，取消党风廉政建设责任制考核评优资格。同时，充分发挥传统家规家训在作风建设中的独特作用，挖掘婺城本土优秀家风家训家规故事，在《今日婺城》开辟专栏刊登优秀典型经验，其中盘溪何氏家训宣传片在中纪委监察部网站刊发，取得良好反响。

实践运用“四种形态”，持续保持惩治腐败高压态势。坚持纪严于法、纪在法前，认真对照监督执纪“四种形态”要求，积极运用五类问题线索处置方式，提升监督执纪精准度。对苗头性、倾向性问题，积极运用函询、提醒谈话；对轻微违纪问题，运用轻处分和组织处理；对严重违纪违法问题，强力惩腐肃贪，真正做到有违必查、有腐必惩。2016 年，开展谈话函询 98 件次，立案查处 115 件、115 人，其中，查处区管以上干部违纪违法案件 10 件、10 人。探索开展执纪审查精细化管理，修订《基层纪律审查工作手册》，细化优化执纪审查流程，为乡镇纪委提供指导依据。发挥派驻机构监督执纪“前哨站”作用，抓早抓小抓苗头，参与监督单位“三重一大”事项监督 311 次，开展约谈和廉政谈话 709 人次，党政纪轻处分 6 人，党政纪重处分 4 人，移送司法机关 1 人。

发挥巡察利剑作用，解决基层侵害群众利益问题。开展基层党风廉政建设巡察工作，推动全面从严治党在农村基层落地生根。成立以区委书记为组长的巡察工作领导小组，由区委巡察办负责具体工作，协调组织、公安、农林、财政、审计等部门，组建 11 个巡察组，对 13 个乡镇、28 个行政村、2 个基层站所及 1 个涉农部门开展“驻点式”巡察。巡察以来，开展个别谈话 400 余人次，发现问题 120 个，立案查处农村基层党员干部违纪违法案件 36 件、36 人，有效解决了一批群众反映突出的问题。如，通过巡察发现并查处乾西乡雅宅村原村主任和村“两委”干部的违纪违法问题，村主任被移送司法机关、4 名村“两委”干部被予以党纪处分。

严肃换届纪律监督，全力营造风清气正的换届环境。坚持把严肃换届纪律作为贯彻从严治党的重中之重来抓。在区委的领导下，五个责任主体齐抓共管，有效形成抓纪律、抓落实的监督合力。开展“九严禁”换届纪律宣传教育，认真组织学习观看《镜鉴》《警钟》等专题教育片及各地违反换届纪律案件通报，不断增强党员干部的换届纪律意识。积极开展换届风气专项督查，联合组建选风选纪督导组，对乡镇换届，区乡两级党代表、人大代表选举及区党代会进行全程监督。建立违反换届纪律案件快速核查机制，对违反换届纪律问题严查快办，露头就打，开展监督检查 85 次，查处和通报违反换届纪律问题 2 起，形成严查违反换届纪律问题的高压态势。同时，严格把牢资格审核关，审核党代表人选 1520 人、人大代表人选 2089 人，建议取消 44 人初步人选的代表资格。

强化队伍建设，努力打造忠诚干净担当的监督执纪铁军。积极响应市委、区委号召，从严打造监督执纪铁军。开展“两学一做”学习教育和打造“七个纪检”主题教育活动，组织纪检监察干部学习余延安、周峰先进事迹，收看学习《永远在路上》《打铁还需自身硬》等专题教育片，不断提升纪检监察干部理想信念、工作能力和综合素质。加强机关党建工作，成立区纪委监察局直属机关党委，规范组织生活，发挥各党支部战斗堡垒作用。优化队伍结构，顺利完成区、乡两级纪委换届工作，选优配强纪检监察干部队伍。同时，牢固树立执纪者更要严格守纪、监督者更要接受监督的意识，强化内部管理和监督，对反映纪检监察干部问题线索严查严办，严防“灯下黑”问题。

【六届区纪委六次全会】 2 月 22 日，中共金华市婺城区第六届纪律检查委员会第六次全体会议召开，会议听取和审议《全面从严治党 严明纪律规矩 持续深入推进党风廉政建设和反腐败斗争》的工作报告。表彰先进，研究部署今后一个时期全区纪检监察工作。

【省委巡视组反馈意见的整改落实工作】 以高度的政治责任感持续抓好省委巡视组反馈意见的整改工作。2016 年，协助区委先后 3 次召开巡视工作联络组会议，听取整改进展情况汇报，严格按照省委巡视办的要求，5 月 25—26 日，将巡视反馈意见的整改落实情况进行党内通报和社会公开。认真开展省委巡视组反馈意见整改落实情况“回头看”

工作，督促各责任单位对照整改清单进行“再梳理”“再整改”“再落实”，并采取巡回检查、随机抽查、重点督查等方式，对各责任单位整改落实情况和自查自纠情况进行抽查检查，指导各责任单位完善整改落实项目10余项。同时，协助区委做好省委第四巡视组对婺城区开展巡视“回头看”有关工作，认真完成省委巡视组交办的1件信访件的调查核实工作。

【“一清单、两手册”工作机制】坚持用制度和机制强化落实“两个责任”的刚性，制定下发《党风廉政建设主体责任和监督责任清单》，分解列明各级党委(党组)和纪检监察机关履行党风廉政建设主体责任和监督责任90项具体工作任务，确保责任和任务同步到岗、到人。制定下发《“两个责任”纪实手册》，实施“两个责任”全程纪实管理，根据“两个责任”清单内容，针对党委(党组)主要负责人、班子成员及纪委(纪检组)“三类”人员不同职责，将日常履职工作细化分解为年度重点工作、季度重点工作及日常重点工作3大类18项内容，使“两个责任”履责措施条目化、具体化，并且全程留痕、有迹可循。同时，制定《基层纪检监察机关工作手册》，把基层纪检监察工作中常用的文件依据和纪律审查工作相关程序要求梳理成册，并编入现实参考案例，为基层纪检监察组织履行监督责任提供详细指导，有效提升纪检干部业务能力和监督执纪水平。

【基层巡察】区委专门成立巡察工作领导小组负责牵头总抓，制定下发巡察工作方案，按照“三个为主、辅之多元”的总体思路，先后组建以纪检、组织、审计3个系统为主，公安、信访、农林等多部门为辅的11个巡察组，分两批对13个乡镇、20个行政村、2个基层站所及1个涉农部门开展“驻点式”巡察，实现全区乡镇巡察“全覆盖”。通过巡察，查办了一批农村基层党员干部侵害群众利益案件，化解了一批“老信访”问题，农村基层党风廉政建设得到有力推进。

【基层换届纪律监督】以“一刻都不能懈怠、一点都不能马虎、一个都不能放过”的要求从严从紧抓好换届纪律，推动“五个责任主体”落实换届工作责任，协助区委约谈乡镇党政主要负责人，把换届纪律守土有责、守土尽责要求落实到位，形成严肃换届纪律的强大合力。

【推进“三转”工作】建立健全区纪委第一至第三纪检监察室分片联点机制，制定《婺城区派驻纪检组日常工作和内部管理制度》《纪检审查业务知识汇编》及《基层纪检监察组织办案实用手册》等规范性操作手册，做到准确执纪、严格执纪、规范执纪。积极开展派驻机构履责“全面落实年”活动，通过建立廉政档案、开展党政领导班子廉政谈话、查办等工作，积极发挥监督“探头”作用。同时，积极指导乡镇街道纪委开展基层信访大清理、线索大清底、案件大清查“三项行动”，全面梳理2013年以来侵害群众利益相关的信访件、案件线索以及开展纪律审查工作情况，确保不遗漏任何案件线索，有效化解基层矛盾。

【家风家规廉政宣传教育】按照市纪委廉政文化“一县一品”的工作目标，集中力量做好婺城区典型家风家规廉政教育示范点建设。全面摸排婺城区具有历史文化底蕴、家族文化渊源的村(社区)，挖掘以“品德高尚、贤廉立身”而闻名的“北山学派”开创者何基的贤廉家风传承故事，拍摄制作《明德惟馨 贤廉传家》盘溪何氏家规家训宣传片，10月11日被中纪委监察部网站“中国传统中的家规”栏目采用发布。同时，联合区委宣传部、区新闻传媒中心，在《今日婺城》周末版开辟“婺城好家风”专栏，对全区18个典型的家风好故事进行刊载传播，努力营造风清气正的家风文化氛围。

【正风肃纪行动】持续保持正风肃纪和惩治腐败的高压态势，坚决做到有纪必执、有违必查，“不敢腐”的氛围进一步形成。制定《婺城区强化正风肃纪专项活动工作方案》，紧盯公务用车管理使用、公款吃喝、领导干部婚丧喜庆事宜等落实中央八项规定精神重点关注问题，主动开展“常、长”抓。

(叶小磊)

金华市婺城区人民代表大会常务委员会

综　述

【概况】 婺城区人大常委会在区委的领导下，在上级人大的指导下，适应新形势、新常态下对人大工作的新任务、新要求，围绕省、市、区委决策部署和全区中心工作，依法履行职权。2016 年召开常委会会议 9 次，主任会议 14 次，听取和审议区人民政府及法院、检察院专项工作报告 28 个，开展执法检查 2 次，组织代表视察 7 次，作出决议决定 21 个，依法任免国家工作人员 63 人次。

始终坚持党的领导，把握正确工作方向。常委会始终把坚持党的领导贯穿于人大工作各方面和全过程，在全局中谋划，在大局中作为，保证中央和省、市、区委重大决策部署和重要举措的贯彻落实。全面贯彻党的路线、方针、政策，发挥常委会党组在人大工作和机关工作中的领导核心作用，定期研究常委会工作，坚持召开重要会议、安排重要工作、作出重大决定、开展重要活动都及时向区委请示汇报，保证区委决策部署在人大工作中的有效贯彻落实。强化“四个意识”，围绕区委重大决策部署开展工作，把制度优势转化为职能优势，使人大工作更好地体现党的主张和人民意志，使人民当家作主的权力得到充分实现，意愿得到充分反映，权利得到充分保障。贯彻落实区委关于深化法治婺城建设的决策部署，发挥区人大及常委会在法治婺城建设中的重要作用，推进法治婺城建设。

严格依法开展监督，监督实效稳步提升。常委会坚持把监督法律实施情况和“一府两院”工作情况作为履职的重要内容，加强和改进监督工作方式，依法加大监督力度，不断增强监督实效。围绕计划财政工作加强对经济工作的监督，听取和审议上半年计划、预算执行情况和上年度财政收支审计情况的工作报告，跟踪审计问题整改落实情况。围绕全区中心工作加强对落实情况的监督，听取区政府关于“二七区块”改造工程进展情况的报告，就工业经济发展、特色小镇培育等方面开展专题视察。根据区委安排，参与下沿等城中村改造等重点项目，在依法开展监督的同时，积极发挥人大优势和代表作用，做好服务和支持工作，推动重点工程项目的顺利实施。开展“十三五”规划编制工作的调研，主任会议、常委会会议多次听取“十三五”规划编制情况报告及交通等方面的“十三五”专项规划，要求规划编制工作要准确把握婺城未来发展新形势、新机遇，突出前瞻性和地域性。围绕群众关注热点加强对民生实事的监督，坚持把人民群众关注的教育医疗、食品安全等热点难点问题摆到重要议事日程，听取区政府关于农村饮用水安全工作的报告、区政府关于地质灾害隐患点治理工作情况的报告、区政府关于教育现代化创建情况的报告。始终关注政府惠民实事实施情况，听取惠民实事实施情况报告，首次开展重点惠民实事分片联系监督工作，推动各项惠民实事按期高质完成。

注重发挥主体作用,代表工作持续深化。常委会尊重代表主体地位,加强和改进代表工作方式方法,创造条件,完善制度措施,为代表发挥作用提供更好的保障。搭建平台,提升代表素质,给代表订阅《浙江人大》等专业资料,组织区人大代表开展集中培训,规范以乡镇街道为单位的代表小组活动,实施区人大代表向选区选民述职活动,试点乡级人大代表述职,编印《代表风采》开展代表履职宣传,激发代表履职的荣誉感、积极性。开展常委会组成人员联系基层、常委会领导每月定期接访代表活动,邀请代表列席区人大常委会会议、视察、调研及区政府常务会议、听证会、论证会,进一步拓宽代表知情知政、依法履职的渠道。持续跟踪代表建议交督办,加强对各建议承办单位建议办理情况的跟踪监督和公开通报,深化年度重点建议督办制度,首次实施重点建议办理情况二次评价制度。重视对建议意见办理情况的持续监督,对处于“正在办理”的代表建议进行“回头看”活动。深化代表联络站工作,人大代表走进联络站,听取选民意见建议,解决群众反映的问题。

注重加强基层人大建设,基层基础有效夯实。常委会高度重视乡镇街道人大工作能力和实效的提升,按照上级关于基层人大规范化建设要求,严格软硬件标准,推动基层人大工作与时俱进。高度重视加强乡镇街道人大规范化建设,加强对乡镇街道人大工作的指导,努力提升基层人大工作规范化水平。常委会党组起草《关于加强和改进乡镇街道人大工作的意见》并经区委研究同意转发,就加强和改进区乡两级人大工作作出具体要求,细化乡镇人代会和街道议政会、乡镇街道人大组织队伍建设等相关内容,为夯实基层基础提供依据。继续深化与金华开发区、金华山旅游经济区的沟通衔接推动人大工作在托管区域有序有效开展,确保婺城行政区人大工作的整体平衡发展。

狠抓人大自身建设,履职能力不断增强。常委会始终把抓好常委会及机关自身建设作为重要职责,加强政治思想教育和纪律作风建设,提高履职能力和工作水平。开展政治思想教育,通过党组会、年度读书会、理论中心组学习会、机关党日活动等形式,深入学习党的政策理论、法律法规和人大业务知识,牢固树立人大工作人员的政治意识、大局意识、核心意识、看齐意识,增强群众观念、法治观念,提高人大队伍的理论水平和履职能力。完善工作制度规范,常委会机关工作的科学化、规范化和制度化水平有较大提高。开展“两学一做”专题学习教育,持续强化纪律、作风建设,机关上下呈现积极作为务实求真的新面貌,机关作风建设得到加强。

【区八届人大五次会议】 2月17—20日,区八届人大五次会议在区行政中心召开。出席会议的区人大代表278人,列席人员191人,参加区政协三届五次会议的全体委员列席会议。会议听取和审查区政府区长申屠福华所作的政府工作报告,审议金华经济技术开发区管委会工作报告,审查金华市婺城区国民经济和社会发展第十三个五年规划纲要,审查金华市婺城区2015年国民经济和社会发展计划执行情况及2016年国民经济和社会发展计划草案的报告、金华市婺城区2015年财政预算执行情况和2016年财政预算草案的报告,听取和审查区人大常委会主任张菲菲作的金华市婺城区人民代表大会常务委员会工作报告、区法院院长张永伟作的金华市婺城区人民法院工作报告、区检察院检察长徐洪彬作的金华市婺城区人民检察院工作报告。会议通过关于批准上述7个报告的相应决议。会议还表彰2015年度区人大工作先进单位和先进个人。

【区人大常委会会议】 1月26日上午,区八届人大常委会举行第三十四次会议。会议听取和审议区政府关于“十三五”规划纲要编制情况汇报、区政府关于2016年财政预算分解情况汇报,通报关于区八届人大五次会议筹备工作情况,审查通过关于代表资格审查情况的报告,审议提出区八届人大五次会议议程草案、主席团和秘书长名单草案、大会日程草案,审议通过区八届人大五次会议列席和邀请人员名单,讨论通过关于表彰2015年度人大工作先进单位和先进个人的决定,审议通过区人大常委会工作报告稿,初审区政府工作报告、市经济技术开发区管委会工作报告、计划工作报告、财政工作报告、法院工作报告、检察院工作报告。以举手表决方式通过有关暂停代表职务的决定。以无记名投票方式通过区政府、区法院的有关人事提请。

2 月 3 日上午，区八届人大常委会举行第三十五次会议。会议以无记名投票方式补选赵光君为金华市第六届人民代表大会代表，以无记名投票方式通过主任会议、区政府的有关人事提请。

3 月 17 日上午，区八届人大常委会举行第三十六次会议。会议审查批准 2016 年政府性投资重大项目安排，审议通过区八届人大五次会议代表重点建议督办意见(草案)、金华市婺城区组织宪法宣誓实施细则(草案)、区人大常委会 2016 年度工作要点(草案)。

5 月 12 日上午，区八届人大常委会举行第三十七次会议。会议审查批准区政府关于琅琊污水厂整改计划安排，听取和审议区法院关于审判监督工作报告、区检察院关于惩治职务犯罪执法规范化工作报告。听取金华市公安局婺城分局有关申请报告，以举手表决方式作出相关许可决定。以无记名投票方式通过区检察院的有关人事提请。

7 月 29 日上午，区八届人大常委会举行第三十八次会议。会议听取和审议区政府关于 2016 年上半年国民经济和社会发展计划执行情况的报告、2015 年度财政决算草案和 2016 年上半年预算执行情况的报告、2015 年财政预算执行和其他财政收支的审计工作报告，审查批准 2015 年度区财政决算。听取和审议区政府关于区八届人大五次会议代表建议、批评和意见办理情况的报告。分别以无记名投票表决方式和举手表决方式接受有关市六届人大代表、区八届人大代表辞去代表职务，以无记名投票方式接受吴建林辞去区八届人大常委会委员职务。以无记名投票方式通过主任会议、区政府、区检察院的有关人事提请，决定任命叶林为区政府副区长。

9 月 14 日上午，区八届人大常委会举行第 39 次会议。会议听取和审议区政府关于地质灾害隐患点治理工作情况的报告、区政府关于教育现代化创建工作情况的报告、区政府关于进一步加强畜牧业转型升级工作的报告。审查批准 2016 年区政府投资重大项目新增计划安排。以无记名投票方式通过主任会议的有关人事提请。

10 月 10 日上午，区八届人大常委会举行第四十次会议。会议审议换届选举联席会议成员名单、全区换届选举实施方案、全区换届选举试点工作方案，通过区选举委员会及街道办事处成员名单、乡(镇)选举委员会成员名单、区九届人大代表名额分配方案和乡(镇)十七届人大代表名额调整方案。

11 月 18 日上午，区八届人大常委会举行第四十一次会议。会议听取和审议区政府关于“七五”普法规划的报告，通过金华市婺城区人民代表大会常务委员会关于开展第七个五年法治宣传教育的决议(草案)。以无记名表决方式接受申屠福华辞去区人民政府区长职务，决定任命郭慧强为区政府副区长，并代理区长职务。听取金华市公安局江南分局有关申请报告，以举手表决方式作出相关许可决定。以无记名投票方式通过区政府、区检察院的有关人事提请。研究确定区乡人大换届选举若干事项。

12 月 9 日上午，区八届人大常委会举行第四十二次会议。会议听取和审议区政府关于 2016 年度重点惠民实事进展情况汇报。以无记名投票方式接受许光明辞去区八届人大常委会副主任职务。以无记名投票方式通过区政府的有关人事提请，决定任命施礼干、赵燕华为区政府副区长，决定免去蒋献忠、王建良、李唯的区政府副区长职务。

【视察活动】 1 月 12 日，组织部分人大代表视察区重点工作。视察组实地察看城东街道下沿区块和竹马乡铁路货场征收工作，听取区政府有关工作情况汇报。

4 月 11 日，组织部分人大代表视察金华开发区金西峙垅湖西岸“四破项目”情况。视察组实地察看汤溪工具厂、明日机械厂等工作现场，听取金华开发区管委会有关“四破项目”整治情况汇报。

4 月 13 日，组织部分人大代表视察水利工程建设情况。视察组实地察看琅琊镇庙湾水库、中小河流白沙溪治理新昌桥大圩段、金华江治理工程二标段施工现场，听取区政府及相关职能部门的工作汇报。

6 月 3 日，组织部分人大代表视察“两路两侧”环境整治工作情况。视察组实地察看白龙桥镇东俞村、乾西乡鲍杨社区、城北街道高铁金华站站口等地段,听取区政府有关整治情况汇报。

7月1日,组织部分人大代表视察区工业发展平台和特色小镇培育情况。视察组实地察看雅畈婺窑小镇、临江工业区尖峰药业中药饮片厂和智汇橙公司等地,听取区政府有关工业发展平台和特色小镇培育情况汇报。

8月25日,组织部分人大代表视察农产品质量安全情况。视察组实地察看金华市然兰蔬菜专业合作社和浙江美保龙种猪育种有限公司,听取区政府及相关职能部门的工作汇报。

8月25日,区人大代表视察农产品质量安全情况
(区人大供稿)

9月13日,组织部分人大代表视察残疾人权益保障落实情况。视察组实地察看市级残疾人扶贫基地、华电新村无障碍进家庭示范户、区残疾人综合服务大楼、城西街道社区卫生服务中心康复站,听取区政府及相关职能部门的工作汇报。

【基层人大意见】 上半年,区人大常委会党组起草《关于加强和改进乡镇街道人大工作的意见》,经区委研究同意转发全区执行。经与金华经济技术开发区党工委、金华山旅游经济区党工委衔接,意见由两个党工委同步转发托管乡镇街道。该意见根据中发〔2015〕18号文件《中共中央转发〈中共全国人大常委会党组关于加强县乡人大工作和建设的若干意见〉的通知》和浙委发〔2015〕21号文件《中共浙江省委关于认真贯彻落实中央文件精神加强县乡人大工作和建设的若干意见》相关精神,结合婺城实际,适当借鉴兄弟县市人大做法制定。意见主要对乡镇人代会、街道议政会的次数、会期、内容,以及乡镇街道人大负责人、干事配备、经费保障进行规范。

【联系监督惠民实事】 区人大常委会学习借鉴温岭人大等地先进经验做法,着眼于增强人大监督刚性,强化对民生实事监督的创新,部署开展由乡镇街道人大分片联系监督政府十项惠民实事活动。主要形式是指区人大常委会的领导下,由部分乡镇人大主席团、街道人大工委组织辖区的区人大代表对相关重点惠民实事开展持续监督活动。基于区政府惠民实事的实施范围,区人大常委会安排参加活动的基层人大为非金华开发区、金华山旅游度假区托管范围的乡镇人大主席团和街道人大工委。金华开发区、金华山旅游度假区托管范围的乡镇人大主席团和街道人大工委可参考区人大的活动方案,结合本地实施的惠民实事开展相应监督活动。

【建议办理情况二次评价】 重点建议办理情况二次评价制度,目的是加大对代表建议办理工作的监督力度,提升建议意见办理实效。主要形式是年度重点建议由相关职能部门办结后,在建议领衔代表对办理情况作出满意评价的基础上,由区人大常委会组织部分与建议相关行业和区域的人大代表,对建议办理情况再次进行集体投票测评的制度。3月初,主任会议按照前瞻性、全局性等标准,在196件区八届人大五次会议代表建议中,研究确定12件建议作为年度重点建议,以政府分管领导领办、职能部门主办,区人大常委会分管领导和联系工委督办的形式予以重点交督办。6月,12件重点建议已全部办结,已解决5件,正在解决7件。各重点建议领衔代表对建议办理情况都给予"满意"的首次评价。经过7月底进行的第二次测评,办理情况满意率均达到100%。(欧阳靖宇)

金华市婺城区人民政府

综 述

【概况】 婺城区政府在市委、市政府和区委的正确领导下,在区人大、区政协的有力监督支持下,全区上下认真贯彻落实市委、市政府和区委的决策部署,坚持稳中求进工作总基调,主动把握经济社会发展新常态,较好地完成了各项目标任务。成功创建国家森林城市、国家园林城市、全国义务教育发展基本均衡区,被授予省双拥模范城(区)、省知识产权示范区、省体育强区、省粮食生产先进县、省首批“电子商务示范县”等称号,顺利通过国家卫生城市、省级文明城区复评验收。

截至2016年年底,婺城区辖现辖9乡9镇9街道,总面积1391平方千米,现有571个行政村、98个社区,人口76万人。其中,委托金华经济技术开发区管理1乡3镇4街道(苏孟乡、汤溪镇、罗埠镇、洋埠镇、江南街道、西关街道、三江街道、秋滨街道),面积254平方千米,下辖195个行政村、47个社区,人口25万人;委托金华山旅游经济区管委会管理1个镇(罗店镇),面积68平方千米,下辖40个行政村,人口2万人。

全区实现区属地区生产总值256亿元,增长7%。其中:第一产业增加值13.09亿元,同比增长2.6%;第二产业增加值69.5亿元,同比增长6.1%;第三产业增加值149.51亿元,同比增长7.8%。在第三产业中,交通运输、仓储和邮政业增长11.9%;批发零售业增长13.5%;住宿餐饮业增长9.3%;金融业增长7.6%;房地产业下降10.4%;其他服务业增长7.9%;人均生产总值60844元,比上年增长6.9%。第一、二、三产业增加值占地区生产总值的比重由上年的5.9:30.7:63.4调整为5.1:24.8:70.1。

2016年,全区实现地区生产总值256亿元,同比增长6.1%;完成固定资产投资101.8亿元,同比增长3.5%;财政总收入42.5亿元、区级财政收入10.8亿元,同比分别增长14.2%和 12.4%;社会消费品零售总额311.3亿元,同比增长8.8%;2016年,城镇农村居民人均可支配收入分别达44503元、19357元,同比增长7.2%、8.0%。

【工业经济】 大力培育装备制造等新兴产业,积极应对宏观形势挑战,2016年,实现工业总产值295.3亿元,完成工业投入24.4亿元。加快推进企业对接多层次资本市场,新增“新三板”挂牌企业3家,完成企业股份制改造6家。万里扬年产200万台自动变速器生产项目开工建设。深入实施“四换三名”“两化融合”工程,新增市级以上“三名”企业8家、“机器换人”示范企业12家、“两化融合”示范企业3家。

项目建设持续加力,实施全省集中开工、省“411”及省、市重点项目130个,完成投资186.6亿元。开放经济平稳运行。引进亿元以上项目22个,实际到位40.2亿元;引进浙(婺)商回归项目39个,实际到位54.6亿元。实现外贸进出口总额41亿美元,对外贸易不断扩大。人才工程稳步实施,培养引进国家、省“千人计划”人才7人,入选“双龙计划”人才项目12个。

【农业“两区”建设】 2016年,实现农林牧渔业增加值13.7亿元,农业"两区"建设稳步推进,新增粮食生产功能区128个、现代农业精品园10个、现代农业示范基地57个。农业主体不断壮大,家庭农场、专业合作社、农业龙头企业分别增至190家、853家、28家。成功创建省级农产品质量安全可追溯体系示范县。农业经济稳步发展。实现粮食播种面积1万公顷,总产量6.2万吨,花卉苗木销售额9.8亿元。"珍其源"两头乌猪入选G20杭州峰会专用食材,永根杜鹃花进入太空辐射育种。

【现代服务业】实现第三产业增加值179.4亿元,浙中信息产业园形成"一区八园"发展格局,入园企业达313家,年交易额突破60亿元,被评为国家级电子商务示范园。金华信息经济产业集聚区概念性总体规划编制完成。江北核心商业区功能不断完善。旅游业快速增长,以举办"山花节"系列活动等为抓手,积极发展区域特色旅游,累计接待游客1390余万人次,实现旅游综合收入123亿元。信息经济发展获省委主要领导点赞,"三分田"创业园建成运营,合丰、云安阁等重点项目扎实推进。完成旅游业中长期规划编制,乡村旅游基础配套日趋完善。

【园区建设】婺城新城区完成新一轮控规编制,新建续建工业项目21个,完成工业投入17.3亿元,实现工业总产值194.4亿元。区人民医院、金华银行婺城支行基本完工,总投资约3亿美元的马偕国际妇女儿童医院项目前期启动。仙源湖度假区完成管理体制调整,接待游客80余万人次,实现旅游收入2.5亿元,分别增长9.4%和11%。

【改革创新】推进供给侧结构性改革,开展"四破"攻坚,处置"低小散"企业185家,盘活工业用地230.47公顷,资源要素差别化配置机制初步形成。商事登记制度改革取得突破,全面实行"先照后证""五证合一""一照一码",区市场监管局注册窗口被评为"全国工商(市场监管部门)商事制度改革创新工作成绩突出窗口"。农村三权改革稳步推进,农村经济合作社股份制改革基本完成。医药卫生体制改革深入实施,推行分级诊疗、双向转诊,协调推进"双下沉,两提升",群众就医更加便捷有效。科技创新成效显著。新增国家级高新技术企业18家、省级科技型中小企业58家,完成市级以上科技项目立项318个。大力推进"浙江制造"品牌建设,创市级以上名牌38个、著名商标35个、知名商号6个,获政府质量奖13家企业。农业农村改革不断深化,农村土地承包经营权确权登记颁证完成70.5%,"农合联"体系实现区乡全覆盖。扎实推进营改增改革。全面取消户口性质划分,完成户籍制度改革阶段性目标。科技创新能力不断增强,建立科技金融风险池基金,发放科技贷款1000余万元,新增市级以上企业技术中心15家,国家级企业技术中心实现零的突破。

【城乡建设】主城区建设提档升级。"三改一拆"强势推进,完成旧住宅改造210万平方米、旧厂区改造76万平方米、城中村改造342万平方米,拆除违法建筑630万平方米,拆后利用率达94%。"二七区块"旧城改造征迁基本完成,拆除房屋58万平方米,6000多户居民圆了安居梦,"二七经验"被中央电视台和《人民日报》报道。金罗路、东市街北延、迎宾大道景观提升等重点工程顺利完工。新城区城市品质不断提升。荣光国际学校、伟达?雷迪森广场酒店等一批公建和商服配套设施投入运行,结顶房地产100余万平方米。仙源湖旅游度假区开发力度加大。水上运动中心等一批旅游项目落地建设,金华动物园获评国家AAA级旅游景区,40.57平方千米扩容可研报告获省级批复。镇村建设成果显著。推进城镇"多规合一",城乡一体化发展新格局基本形成。全面启动小城镇环境综合整治,集镇形象持续提升。新农村建设扎实推进,建成桂花飘香、茶花争妍两条风景线,新增省级美丽宜居示范村4个、市级精品村15个、秀美村25个,安地镇喻斯村被评为国家级美丽宜居示范村。农村生活垃圾分类实现全覆盖。基础设施建设扎实推进。交通路网日渐完善,杭长高铁全线开通,二环西路、蒋罗公路等建成通车,新建农村联网公路39千米。加大城市治堵力度,打通断头路3条,新增停车位1814个。租赁自行车普及使用,4条BRT公交线路开通运营,城乡公交覆盖率达96%。电网建设稳步实施,新增10千伏线路33条。4G移动通信实现城乡全覆盖。

【"五水共治"】强力推进"五水共治",全面推行河长制,实施水质提升十大工程,26个重点治水项目完成投资20.2亿元，通过省“清三河”达标区验收。连续打赢治水攻坚战，长湖成为全省“五水共治”现场会参观点。完成截污干管建设48千米、河道清理1100千米，消灭黑臭河9条102千米、排污口1500余个，关停拆除畜禽养殖场4755家119万平方米，农村生活污水治理实现全覆盖。出境断面水质从Ⅴ类升为Ⅲ类。着力保供水。加强沙金兰、安地、莘畈、九峰等水源涵养生态功能区建设，实现畜禽全面退养，守好金华人民的“大水缸”。完成水库除险加固15座，整治山塘60座，新建、加固堤防25千米，新建雨水管网11.3千米。举办“共护碧水、畅游梦想”游泳活动，兑现治水“三年可游泳”的庄严承诺。

【民生工作】完成政府十方面重点惠民实事172件，民生事业支出占财政总支出的84%。人民生活水平持续提高，2016年城镇、农村居民人均可支配收入分别达44503元、19357元，年均增长9.4%、10.1%。教育均衡化发展迈出新步伐，投入11.2亿元改善学校硬件，东市街小学等一批学校建成投用，改造薄弱学校32所，省级标准化学校达96%。文化事业蓬勃发展，建成文化礼堂83个，送戏下乡606场，文化走亲30场。体育事业创先争优，创建省级体育强乡镇12个、小康体育村527个，连续五届蝉联市田运会金牌、总分双冠。区、乡、村三级医疗卫生服务网络基本形成，国家基本药物制度全面实施，“两孩政策”全面落地。人民武装、文物保护、民族宗教、外事、侨务、对台以及工青妇、双拥、老龄、残疾人、红十字等各项工作都取得新的成绩。

社会保障体系日益完善。实施积极的就业政策，新增就业2.1万人，城镇登记失业率控制在3%以内。全民参保工作扎实推进，新增城镇职工养老保险参保4.1万人，4.2万人纳入被征地农民生活保障体系。建成养老机构6家、居家养老服务照料中心252家。社区建设不断加强。扶贫工作成效明显，全面消除家庭人均年收入4600元以下绝对贫困现象，完成乾西、蒋堂移民新村16万平方米安置房建设，累计搬迁安置369户、861人。社会持续保持和谐稳定。

【社会事业】实施农村环境“四治两化”，285个村完成环境综合治理。农村生活污水设施实现第三方运维。330国道改建、二环西路跨沪昆公铁立交桥、汤溪至莘畈公路改建工程建成通车，衢江航运开发、S313(45省道)改建、沙畈至箬阳公路、235国道金武快速路等重点工程加速推进。整治“两路两侧”问题点831处，实施杭金衢高速公路景观提升、宾虹西路优化改造、虹戴公路绿化提档工程，路域环境持续改善。

社会事业全面发展。启动新一轮学校布局调整，深入推进名师名校长工程和教师梯队培养工程，加强农村学校建设，教育发展后劲不断增强。实施公共文化服务标准化两年提升计划，组织文化培训1.6万余人次。被评为省级足球试点区。完成5家乡镇卫生院改造提升，成功创建省级慢性病综合防控示范区。保障水平不断提升。山区扶贫力度加大，到位帮扶资金835万元。蒋堂移民新村首期安置房全面建成，乾西移民新村四期安置房开工建设，塔石高田、鱼潭村地质灾害点异地搬迁基本完成。

企业帮扶解困力度不断加大，“双千”“九个一”等活动深入开展，收集化解企业难题135件，兑现各类奖扶资金6772万元。全力应对“两链”风险，为企业办理应急周转金4.5亿元。在全省率先试点“企业注册通”，实施企业投资项目高效审批改革。法治政府建设深入推进，实现区乡村三级法律顾问全覆盖。完善重点领域巡查制度，不断健全惩治和预防腐败体系。统一的公共资源交易平台体系初步建成，公共资源交易行为进一步规范。开展“双随机、一公开”，监管效能有效提升。厉行勤俭节约，完成公务用车改革，“三公”经费支出同比减少14%。积极解决百姓诉求，“8890”便民服务满意率达100%。

【维稳工作】紧扣平安婺城建设，全面落实平安综治维稳各项措施。创新社会治理，开展社会治理信息采集“平安通”试点，平安基础进一步夯实。加强基层法治建设，建立完善基层司法机构，推动执法力量下沉。开展矛盾纠纷预防化解，有效处置各类重大突发性事件。开展信访积案化解专项行动，有效处理一批复杂疑难信访事项。严厉打击各种违法犯罪行为，市场经济秩序、社会秩序、生活环境得到显著改善。加强欠薪应急处置制度化建设，优化法律援助,一批涉稳事件得到妥善化解。开展食品安全基层责任网络建设试点和食品药品、医疗器械专项整治,农产品快检室、阳光厨房、品牌超市进校园等建设有序推进,建成生鲜农产品放心柜4个。落实安全生产党政同责责任制,加强重点行业、重点领域安全生产监管,安全形势总体稳定。

【自身建设】 深入开展党的群众路线教育实践活动、“三严三实”专题教育、“两学一做”学习教育,严格落实中央“八项规定”、省委“六个严禁”等纪律要求,持续强化行政监察和审计监督,政府公信力和执行力进一步提高。全面推进依法行政,严格规范执法行为,健全科学民主依法决策机制,顺利通过“六五”普法验收,法治政府建设迈出重要步伐。健全向人大报告和向政协通报工作的常态机制,承办人大代表建议和政协委员提案2837件,全部及时办复。扎实推进“四张清单一张网”改革,累计清理审批事项1069项,行政审批和便民服务事项办结率达100%,服务群众更加到位。

2016年,成功创建国家森林城市、国家园林城市、全国义务教育发展基本均衡区,被授予省“双拥”模范城(区)、省知识产权示范区、省体育强区、省粮食生产先进县、省首批“电子商务示范县”等称号,顺利通过国家卫生城市、省级文明城区复评验收。

(徐　意)

区政府办公室工作

【概况】 婺城区政府办公室围绕区委、区政府中心工作,努力提升“三办三服务”水平,确保政府系统的规范、有序、高效运转。

【机制完善】 开展查找发展短板活动。密切联系工作实际,深入查找制约全区发展及办公室办文、办事、办会效率的短板,主动思考化解对策,形成一批调研成果为区政府领导建言献策;完善办公室内部管理体制,健全完善加强办公室内部管理及办公流程制度体系。面向全办人员开展“汇聚力量,共同打造坚强有力团队——‘金点子’”征集活动。动员全办上下围绕如何提升办公室凝聚力,优化工作效率,更好服务中心工作,谈认识、谈思路、谈措施。对征集到的意见建议,办公室党组进行分析研究,并就相关问题制定长效机制。开展各科室负责人谈心谈话。

【组织协调】 综合协调是办公室的一大服务职能。办公室加强对政府重点工作和区重点建设项目中相关事项的协调,及时掌握各方面工作进展情况,主动向区委、区政府领导汇报,提出合理建议,研究制定切实可行的工作措施。对重大工作部署、重要会议、重大活动,办公室总是认真组织,多方协调,形成合力,抓好落实。

【常规工作】 撰写文字材料。做到精益求精、优质高效、领导满意,达到以文辅政、传达精神、指导工作、促进落实的目的。及时办理机要文件。精心组织会议。强化应急管理与信访接待工作。营造团结和谐工作氛围。健全办公室十项日常工作制度。围绕高效运转,本着“从严、从细、可行”的原则,制定完善办公室各项工作制度,做到建章立制、以制管人、按章办事。

【信息调研】 围绕区委区政府中心工作,抓住重点,关注热点,剖析难点,及时捕捉苗头性、倾向性问题,及时收集和上报信息,及时、准确、全面地为领导提供情况和决策依据。

【微政务办公】 优化公文处理流程,规范请示性公文报送和办理,重点推进政务办公OA系统建设,提高办公自动化水平。全区所有非涉密公文均可实现网上交换,网上签批,大幅度削减纸质文件印制,有效缩短文件流转时间,提高办公效率。

(吴建禄)

区机关事务管理工作

【概况】 区机关事务管理局(以下简称管理局)在区委、区政府的坚强领导下,坚持规范化管理,精细化服务,认真履职,积极作为,逐步实现管理中实施服务,服务中强化保障,机关后勤服务水平进一步提升。

【机关党建】 开展“两学一做”学习教育活动。2016年，按照区委“两学一做”学习教育部署安排，开展“两学一做”学习教育。组织党员每周一次集中学习，每月一次讨论交流，支部班子成员带头上党课，把学党章党规、学习近平总书记系列重要讲话和治国理政重要论述作为每个党员的必修课。按照“四讲四有”的标准，开展查短板、补短板，抓好整改措施的落实，把教育实践活动成果转化为履行职能、做好工作的新动力；加强支部建设工作，规范“两学一做”学习教育内容、方式和台账，提升支部整体工作水平；确定每月的第一个星期一为支部生活日，使组织生活常态化。

【公务用车改革】 围绕“安全、高效、优质”的车辆保障目标，推进“公务用车制度改革”工作。根据《浙江省公务用车制度改革总体方案》《婺城区机关公务用车制度改革工作方案》，积极配合区车改办做好公务用车改革的相应工作。制定《婺城区区级公务用车集中管理办法》《婺城区机关公务用车管理中心公开招聘驾驶员简章》等草案，取得阶段性成效。车改后纳入公务用车平台的车辆有114辆，所有车辆将全部安装GPS定位系统和ETC高速通行卡。在公务用车信息化平台建成之前，车管中心工作人员保持手机24小时畅通，确保调度工作不间断，为全区机关公务活动提供优质、便捷、安全的用车保障。

【办公用房清理】 规范办公用房合理使用，推进办公用房清理整改。通过实地走访、勘察测量、调集资料等方式，对全区行政事业单位所有和使用的房屋、土地资产进行全面摸排与清查，厘清房屋来源、价值、使用状况等；协助各主管部门及行政事业单位做好房产彻查梳理工作，核对与报送资产管理情况，为下一步国有房产权证交接工作奠定基础；继续开展办公用房集中清理和自查自纠工作，按照相关管理规定与办法，严格参照相关标准对超标使用以及不符合规定的办公用房提出整改意见。

【G20维稳安保】 2016年，G20峰会在杭州召开，管理局紧扣G20峰会维稳安保工作这一阶段性中心任务，认真查找短板，严格管理要求，加强督促检查，完善防范措施，确保万无一失，助力平安护航G20峰会。高度统一思想认识，组织相关人员学习贯彻省、市、区平安建设工作会议暨G20杭州峰会维稳安保工作动员大会精神，时刻提高警惕；保卫科深入现场一线，加强督促检查，全体保安人员明确岗位职责，责任落实到人；严格车辆、人员准入制度，加强门卫24小时值班管理，规范出入登记，守好安全保卫第一道防线；加大日常巡逻巡查力度，确保重点部位安全，圆满完成G20期间安全维稳工作。

【公共机构节能】 开展“五水共治”活动，创建区级节水示范单位，推广使用节能新技术、新产品。抓好以节水、节电为重点的节能工作，推进公共机构节水型示范单位建设，以示范带动全区节能工作的开展，确保完成节水型示范单位创建。

【会务保障】 克服人员不足、工作量增加等不利因素，高质量完成各类会务保障。认真做好会议室使用登记，会前提前做好会议室设备的检查和调试工作，安排专人保障设备的正常使用，对音频、视频等信号出现的异常情况进行及时处理。会场布置上，会前积极与相关部门进行沟通，根据会议性质、规模和要求，本着庄重、节俭、效率的原则安排会场，保证桌椅、台卡、茶具等会务用品摆放整齐，茶水有专人负责。同时，对会务人员的会议礼仪、会议注意事项进行了专业培训，更好地完成了会议接待。2016年，接待、保障会议1200余场，圆满完成区委、区政府的各类会议工作。

【公务接待】 遵守接待原则，严格执行中央“八项规定”《党政机关厉行节约反对浪费条例》，认真落实公务接待标准，精心部署、周密组织好每一次接待工作，出色地完成区外事来访工作以及各类活动的接待。

【物业管理】 区行政中心办公楼投入使用已有10年，各种设备、设施均已呈现老化苗头，维修、维护任务逐步加大。为确保设备的良好运转，除对水、电、消防、监控系统、空调、电梯、音响等设备除日常保养外，每月进行一次定期大检查。2016年，完成行政中心部分空调设备主机风冷热泵机组改造工程及部分瘫痪压缩机的维修更换工作，更新节能灯管2000余根。

在大楼内推行12小时滚动保洁，确保大楼内干净、整洁、有序，不留卫生死角。做好行政中心环境绿化养护和办公大楼绿化租摆服务工作，行政中心的环境焕然一新。

开通服务热线，实行24小时值班值勤，不间断提供服务，随时接受各机关单位对物业管理报修、求助、建议、问询、质疑、投诉等各类信息的收集和反馈，及时处理，对服务对象做到有求必应、马上就办。

【食堂管理】 为提高全区机关食堂餐饮服务质量，解决食堂排队时间长问题，管理局从改进服务入手，组织召开婺城区政府机关食堂工作座谈会，各部门干部职工围绕机关食堂的就餐环境、饭菜质量、饮食卫生、食品种类和价格等方面提出意见和建议。会后，管理局狠抓落实，采取错峰就餐、优化食堂布局、增设收银窗口、减少菜品种类、提高饭菜质量等措施，大大缩短就餐排队时间，保障机关食堂日均600人次的就餐秩序和餐饮质量。机关食堂饭菜质量、环境卫生、服务质量得到明显提高。

（陈璐莹）

行政审批与服务工作

【概况】 2016年，区行政服务中心大厅集中办事的部门18个，工作人员50人。中心以全省行政审批一张网的行政审批制度改革和公共资源交易平台整合为突破口开展各项工作。全年受理各类行政审批与服务事项329178件，办结329178件、办结率100%，其中即办件311329件、占94.58%。

【清理权力事项】 2016年，经清理全区37个部门(单位)涉及权力事项17类，清理前有4052项，清理后为2854项，减少1198项。其中行政许可181项，比清理前的246项，减少65项。

【投资项目跨部门网上协同审批】 深化网上行政权力运行系统开发，推进网上联合审批，对政府投资项目在线下中心牵头召开联审会议，提高网上行政审批效率，2016年联办9个项目，总投资107384万元。

【并联审批机制】 深化拓展建设项目并联审批制，落实建设项目联合测量、联合图审、联合验收的“三联合”工作。

【统一涉审中介平台】 配合市政府依托浙江省政务服务网将中介服务资源纳入全市统一平台管理，实行中介资源标准化、一体化、市场化配置管理，在市区范围内统一提供涉及投资项目审批中介服务的网上咨询、网上竞价和网上委托。同时，对进驻平台中介机构实施由项目业主、审批部门、行业监管部门、行政服务中心组成的“四位一体”网上考评，将考评结果在政务服务网公开并纳入企业信用服务体系，引导中介机构规范有序竞争。

【政务服务事项“淘宝式”全流程网上办理】 按照《金华市婺城区人民政府办公室关于印发浙江政务服务网婺城分厅“淘宝式”全流程网上办理工作实施方案的通知》(婺区政办〔2016〕29号)的要求，结合各部门实际工作，深化业务流程创新，继续推进政务服务事项的“全流程”网上办理。截至2016年年底，开通“淘宝式”EMS快递服务的有117项。

【政务服务网平台延伸】2016年，按照上级要求，推进浙江政务服务网向乡镇(街道)村(社区)政务服务延伸，形成省、市、区、乡、村五级行政审批服务平台一体化的服务格局。所有乡镇(街道)村(社区)均已完成审批事项和公共服务事项的梳理、报送工作。已组织两次各乡镇(街道)便民服务中心工作人员参加的政务服务系统操作培训，12月实现试运行。

【清理规范招投标相关制度】2016年，根据《关于全面深入开展招投标文件清理工作的通知》(金资交办〔2016〕9号)要求，开展招标文件清理工作。婺城区招投标文件保留3个，分别是《关于印发婺城区招标投标项目具体范围和规模标准的规定的通知》(婺区政办〔2014〕32号)、《关于进一步规范乡镇（街道）招投标工作的通知》(婺区政办〔2014〕80号)、《婺城区工程建设项目招标投标管理办法》(婺区政办〔2015〕5号)。2016年，区交易中心平台完成工程建设类交易项目243宗，总标的额为10.031亿元，中标额为8.706亿元，节约资金1.325亿元，节约率为13.27%；乡镇平台完成工程建设类交易项目

413 宗，总标的额 1.4367 亿元，中标额为 1.3267 亿元，节约率为 7.66%；完成产权交易类项目 13 宗，总标的额为 216 万元，中标额为 225.86 万元，增加资金 9.86 万元，增值率 4.56%。

【乡镇(街道)招投标工作的指导】 针对乡镇(街道) 分管领导和具体工作人员不同水平的法规意识和业务工作能力，中心组织相关的培训，制定和下发《婺城区乡镇(街道)招标投标工作考核办法》，对乡镇平台招投标项目信息进行规范管理，适时对乡镇招投标工作进行业务指导。

【建设统一的公共资源交易平台】 2016 年，根据区政府第五十二次常务会议通过的《婺城区整合建立统一的公共资源交易平台实施方案》。金华市公共资源交易中心婺城区分中心已于 7 月挂牌设立。交易平台整合工作有序推进。11 月 1 日，招投标监管职能已依法回归到各行政监督部门，交易办与有关行政监督部门已完成监管职能回归对接工作，各类交易项目有序开展。

【“两学一做”学习教育活动】 按照区委的要求和统一部署，中心按照《“两学一做”实施方案》和区“两学一做”学习教育的要求，严格按照实施方案开展各项活动，抓好各个环节的学习教育实践活动，制订完善内部机制建设，按照整改内容逐项落实整改工作，较好地完成了目标。（陈小方）

侨务和港澳台工作

【概况】 2016 年，金华市婺城区人民政府侨务办公室围绕区委、区政府中心工作，立足侨务本职，坚持“以侨为本、为侨服务”的宗旨，推进侨务工作，促成一家婺城美国引才工作站落地，促成一家侨商回归，取得一定成效。

【服务“一带一路”】 2016 年，协助雅畈镇石楠塘村印度尼西亚华侨徐祖茂，于 4 月在婺城注册一家贸易公司，注册资金 100 万元人民币，为全区与“一带一路”沿线国家经贸往来搭建平台。积极与有关国家华侨及侨商的联系对接，促成侨商与金华的经贸合作。4 月，陪同青田西班牙华侨考察欧洲商品进口城落户金华；5 月 30 日，陪同格鲁吉亚浙江同乡会一行赴婺城安地琴坛村考察民宿等。

【引才引智】 2016 年，区人才工作领导小组办公室将区侨办纳入成员单位。区侨办积极与国外华侨联络，多次与区人才办对接沟通。6 月，建立婺城美国引才工作站。聘请婺城籍美国内布拉斯加大学奥马哈分校经济系教授、中国留学经济学会会长倪金兰教授为“招才大使”，与倪教授签订引才合作协议并颁发证书。10 月，婺城区人才工作“百日攻坚、百日招才、百日服务”活动中，区侨联排摸出婺城籍海外高层次人才信息 120 人，收集上报区委人才工作领导小组。建立“金华海外微信群”，宣传引进人才新政策，先后有两位高端人才有回国服务意向。

【为侨服务】 加强与香港婺城同乡会的联络联谊，2016 年接待重点海外华侨人士 4 批次、58 人。利用区侨界服务团，帮助侨企金华密斯旺服饰有限公司解决一起工伤引起的纠纷。2016 年，华侨 5 人办理回国定居手续，为华侨子女 2 人办理就读手续，为归侨侨眷生病住院等提供服务。（袁倩蕾）

住房公积金管理

【概况】 区住房公积金管理中心围绕区委、区政府及市中心的决策部署，主动适应新常态，不断扩大公积金制度受益面，提高业务服务标准，紧跟“互联网+公积金服务”要求，支持缴存职工住房消费。在全体工作人员的共同努力，按时高效地完成各项目标和任务。5 月，被省总工会授予“工人先锋号”的光荣称号。

【住房公积金归集】 2016 年，归集住房公积金 2.048 亿元，同比增长 50.81%完成目标任务 1.5 亿元的 136.5%(主要是因为行政机关、事业单位补缴了 2015 年度的差额)。缴存比例严格按《住房公积金条例》及省、市规定执行。年度缴存基数调整最高不超过 26550 元，最低不低于职工工资 1660 元。

【住房公积金提取】 2016 年，累计提取住房公积金1.48亿元,同比增长41.09%,13517人次,占当年归集额的72.26%。其中,住房消费类提取8905.56万元,退休、终止劳动合同户口迁移等销户提取5952.36万元。

【住房公积金贷款】2016年,发放住房公积金贷款1.076亿元,发放户数273户,存贷比93.07%;放贷额同比增长-13%。住房公积金个贷逾期率为0,已连续5年保持零逾期。

【住房公积金增值收益】2016年,住房公积金业务收入1633.97万元,业务支出860.17万元,实现增值收益773.84万元。

【信息报送】加强信息报送工作并积极参与论文交流。根据本部实际工作的开展情况,将工作中的亮点,适时上报省、市中心。2016年,上报信息7次,被省建设信息港采用6次,论文采纳1篇。

【工会成立】7月12日,成立管理部工会,选举王丽敏为第一届工会主席,徐超为经审员。

8月17日,市公积金张维波副主任(右一)在区工会主席会议上讲解公积金政策

(区公积金管理中心供稿)

【制度管理】拟订《婺城管理部固定资产管理制度》,建立资产清查小组,根据区政府的统一布置,对单位固定资产作了认真清查,并将清查报告上报区政府。

【风险防范】2016年,查处骗提3起,追回套取公积金6万元,取消提取3起。按照相关规定,对骗提人员进行通报,作出3年内不予办理提取、贷款业务的决定。

【线上服务】将职工个人信息查询接入浙江政务服务网接口,完成省政府要求的"互联网+政务服务"住房公积金在线查询项目,成为婺城区政务服务网首个自建系统单位。

【学习活动】学习《中国共产党章程》和《习近平总书记系列重要讲话读本》,认真参加市公积金中心组织的《党的基本知识测试》活动。参加市中心组织的郑义门廉政基地教育,接受思想的熏陶,感受良好的家风文化。

【公车改革】2016年,管理部配合区政府工作,于9月29日将公车移交车改办,顺利与司勤人员提前终结劳务派遣关系。

【文明创建】走访慰问结对村、单位退休人员、单位职工生病住院,送去组织的关爱;完成职工住院医疗互助保障活动申报工作;管理部工会组织开展奥运会知识竞赛和定点投篮比赛,丰富职工文体活动,提高职工综合素质。9月,组织单位全体职工及退休职工开展体检。11月,单位工会组织全体人员开展一次以"农耕文化"为主题的踏青活动,增进同事友谊。经过组织发动,管理部人员积极参与市文明办主办的"迎接G20,我来答文明"文明知识微竞赛,最终获优秀组织奖。 (徐　超)

中国人民政治协商会议金华市婺城区委员会

综　述

【概况】 2016年，婺城区政协工作在区委的坚强领导下，认真学习贯彻习近平总书记有关政协工作重要讲话和省、市政协会议精神，坚持“维护核心、围绕中心、情系民心、凝聚人心”，发挥政协优势，认真履行政治协商、民主监督、参政议政职能，较好地完成区政协三届五次会议各项工作任务，为助推婺城经济社会各项事业的发展和进步作出不懈努力和积极贡献。

坚持团结民主主题夯实思想政治基础。始终把思想政治建设放在首位，组织委员和机关干部认真学习党的十八大和十八届五中、六中全会精神，深入学习习近平总书记系列重要讲话和在庆祝人民政协成立65周年大会上的讲话、在庆祝中国共产党成立95周年大会上的讲话精神，传达学习中央和省、市、区党委和政协有关重要会议、文件和领导讲话精神，团结引导政协各参加单位、广大委员和机关干部，强化政治意识、大局意识、核心意识、看齐意识，增进政治认同，保持政协工作正确政治方向。积极发挥政协团结统战功能作用和大团结大联合的组织优势，协助落实党政领导联系民主党派制度，召开各民主党派、工商联负责人和无党派人士代表座谈会，组织各党派团体参与党委政府重要工作部署的讨论协商，开展各类履职活动，发挥好在政协工作中的重要作用。多渠道多形式开展政协联谊和内外交流活动，热情接待到区视察的省内外政协同仁，组织委员和机关干部外出学习考察，深化联谊交流，推动合作互进。协助党委政府加强与在外婺城籍人士的联系，参与有关婺商回归工作，为婺城建设和发展凝聚更广泛的团结力量。

围绕改革发展大局开展专题协商议政。主动与区委、区政府沟通商议，共同制定年度协商工作计划，开展多形式、多层次协商议政活动，推进协商民主建设。在区政协全体会议上，组织委员开展《政府工作报告》、“十三五”规划纲要、金华经济技术开发区工作报告等的整体协商，并举行“构建现代产业新体系，加快婺城经济新崛起”“加快基层民主建设，共创幸福和谐婺城”专题协商。围绕经济产业发展、社会事业改革、生态文明建设、基层民主建设中的重大问题和民生热点问题，与区委、区政府领导面对面协商讨论、交流意见，共商婺城“十三五”发展大计，共谋高水平全面建成小康社会良策。以专题政治协商会议的形式，组织各民主党派、工商联、无党派人士和常委、委员代表，就区委《关于补齐短板走在前列加快建设金华中心城市核心区的决定》开展重大决策协商。与区政府开展“走在前列、共建金华——做强新城区”“做美大郊区”和“高水平全面建成小康社会——补齐农村小康短板”的专题协商。以主席会议、常委会议的形式，与区政府开展经济社会发展运行情况、年度财政预算安排等的专题协商。针对五水共治、农村垃圾分类、护航G20维稳安保、“两路两侧”和“四边三化”环境整治等重点工作开展对接和协商,提出工作建议,助推工作落实和相关问题改进。此外,还组织常委、委员和区域内的市政协委员视察市经济技术开发区、金华山旅游经济区,开展工作协商。通过协商提出的意见建议,很多都得到区委、区政府及有关部门的重视和采纳。

着眼补齐发展短板开展重点课题调研。积极参与区委“走在前列、共建金华”解放思想大讨论,通过开展蹲点调研、征求意见等活动,深入查找制约婺城发展的短板问题,累计收集上报短板问题24条。在此基础上,由党政主要领导交办,主席、副主席带队,组成专题调研组,开展“提升壮大旅游业”“山区生态经济示范区建设”两大常委会重点课题调研。调研组人员深入各山区乡镇实地走访,并召开有关部门(单位)座谈会,深入探寻发展新路,广泛听取意见建议,形成《推进全域化旅游发展》《山区生态经济示范区建设路径及发展对策》等综合调研报告和建议案,提供区委区政府作决策参考。同时就调研报告和建议案,在区政协常委会议上,结合“做美大郊区”“补齐农村小康短板”专题协商,组织常委、委员与区委、区政府开展协商建言,提出相关短板问题和意见建议50多条,多数建议得到区委区政府领导的肯定和重视。此外,各专门委员会也积极关注经济社会改革发展中的重点工作和突出问题,选择有关专题,开展“开创婺商回归新局面”“全面推进教育现代化建设”等课题调研,形成专题调研报告,提供区政府和有关部门作工作参考。

紧扣党政重点工作开展专项视察监督。根据省、市政协“三级政协联动、万名委员同行”专项民主监督的统一部署和要求,以各委组为单位,组织全体委员和机关干部,连续开展“助推五水共治长效机制建设”、“助推农村垃圾分类工作‘百千行’”、“两路两侧”问题整改整治、“护航G20杭州峰会,委员在行动”四大专项民主监督活动。各专门委员会和乡镇、街道各委组都主动履职、积极行动,组成20多个监督小组,分组多次深入各乡镇、街道,访企业、进村居,察访河溪、察看河道,检查环境问题整治点,细查垃圾分类工作,积极参与和服务G20杭州峰会各项维稳安保工作。累计开展监督活动50余次,参加委员300多人次,走访村镇、园区、企业515个,察访河溪17条747千米,向党委、政府反映各类问题182个,报送意见建议185条,有效促进了相关工作的推进和落实。同时,积极探索开展向政府职能部门委派民主监督小组的试点工作,委派区政协委员6人组成第一支民主监督小组,担任区政府(教育局)督学,先后对环城小学、金华五中两所重点学校开展教学工作督查,并帮助学校反映和协调解决有关问题。此外,还组织委员开展中小企业发展、重点交通建设、农业基础设施建设、水环境治理、病险山塘水库除险加固、药厂安全生产管理、科技服务三农服务企业、民俗文化传承和发展、城市居民居家养老事业发展、农村青年电商发展、中医药文化发展、公安执法办案、优化基层法律服务环境等专项工作视察,提出视察建议,促进各项工作改进和发展。

针对提高办理实效加强提升提案工作。区政协三届五次会议共收到以提案形式提出的意见建议257件,立案227件,经并案处理后为207件,其中集体提案4件、委员提案203件,确定重点提案10件。其余30件意见建议不予立案4件,作社情民意处理26件。在提案办理过程中,继续实行重点提案区长领办主席督办制度,完善提案预交办、协商办理、现场办案等工作机制,并着重开展提案办理(重点单位)工作协商,对市场监管、教育等10个承办单位的办理情况进行走访了解,同时区政协常委会专题听取区政府提案办理情况的通报,在《今日婺城》上公布了提案办理情况,强化各界监督,促进提高提案办理实效。此外,针对民政、卫计等7个部门单位,对跨年度的重点提案办理工作进行回访督查和协商,督促进一步做好2015年重点提案的后续解决落实。提案办复率100%,90.8%的提案所提问题已解决或在解决中,委员满意率99.6%。

坚持践行群众路线积极助力民生改善。牢固树立政协履职为民的工作理念,把关注民生、反映民情、顺达民意放在政协工作的突出位置,发挥好委员联系群众、服务群众的桥梁纽带作用,形成联系和服务群众常态化,协助党委政府推进民生问题解决,助力民生改善,提升群众获得感。落实《政协委员联系群众制度》，引导委员开展经常性联系群众活动，向群众宣传党委政府的重要方针政策，了解群众学习、工作、生活等情况，在力所能及的范围内帮助群众协调解决困难和问题。深入开展“三进三联三促”和“我为婺城发展献一计”活动，积极推进乡镇(街道)政协委员工作室建设，进一步畅通民意表达和反映渠道，为党委政府科学决策和改进工作提供民声依据，累计接待群众来信来访300多人次，收集反映社情民意122件、金点子103条，帮助群众反映和解决了180多个困难和问题。继续开展委员参与信访接待和矛盾调处活动，协助党委政府做好群众工作，并对部门依法行政、公正执法情况进行监督，促进维护好群众的合法权益。组织开展专门委员会与山区贫困乡结对帮扶和“五送五服务”活动，引导各民主党派、工商联、人民团体、无党派人士和委员发挥人才智力优势，参与公益慈善，开展社会服务，累计捐款捐物300多万元。

落实从严治党要求开展“两学一做”学习教育。根据中央部署和区委统一要求，在区政协机关深入开展以“学党章党规、学系列讲话、争做合格党员”为主要内容的“两学一做”学习教育活动，成立学习教育协作小组，采取党组理论中心组学习、机关党员干部例会、个人自学、微信送学、送学上门等灵活多样的学习方式，组织党员干部参加中央和省、市、区委各类各次学习教育会议和活动，开展各类政治理论学习和思想教育活动，并坚持以学促做、知行合一，确保学习教育抓紧抓实。集中学习党章党规、习近平总书记系列重要讲话、在庆祝中国共产党成立95周年大会上的讲话精神、从严治党18警句、“九个严禁”换届工作纪律等；组织收看《镜鉴》廉政教育纪录片，到“浦江郑义门”和“金华雷锋文化馆”参观学习；组织开展各个专题学习研讨和学习体会交流，参加“两学一做”学习教育应知应会内容测试等；主席、副主席到分管部门和联系乡镇、街道，给机关和基层党员干部上专题党课，开展“两学一做”帮辅指导。同时，区政协机关支部和每一位党员都认真查找集体和个人存在的突出问题，翔实列出问题清单，制定具体可操作的整改措施，并对照党章标准切实抓好整改落实。

围绕加强自身建设协同做好换届工作。根据区委统一部署安排，积极配合区委组织部、统战部做好区政协班子和委员换届工作。在换届过程中，认真组织委员和机关干部学习党章党规、政协章程和习近平总书记从严治党18警句、“九个必须”组织原则、“九个严禁”换届纪律要求等，学习《中共中央关于辽宁拉票贿选案查处情况及教训警示的通报》，收看《镜鉴》廉政教育纪录片，开展针对性的廉政教育，教育引导班子成员、常委、委员和机关干部坚持挺纪在前、纪严于法，自觉正风肃纪、遵纪守法，严守党章党规，严格执行中央“八项规定”“六项禁令”和省市区委有关廉洁从政规章制度，坚决贯彻《中国共产党廉洁自律准则》《中国共产党纪律处分条例》《中国共产党问责条例》，确保换届工作风清气正。同时，组织并将完成编纂《和合之力——政协金华市婺城区委员会2001—2016履职纪实》文史资料，汇集区政协成立以来的主要履职资料，集中反映政协工作历程，意在存史传今、继往开来，推动政协事业不断进步发展。

【区政协三届五次会议】 16—20日，区政协三届五次会议在婺城召开。会议听取中共金华市婺城区委书记讲话；听取和审议政协第三届金华市婺城区委员会常务委员会工作报告；听取和审议政协第三届金华市婺城区委员会常务委员会关于三届四次会议以来提案工作情况的报告；列席金华市婺城区第八届人民代表大会第五次会议，听取并讨论《政府工作报告》和其他报告；审议通过政协第二届金华市婺城区委员会提案委员会关于三届五次会议提案审查情况的报告；表彰2015年度政协工作先进集体、优秀委员和承办提案先进单位、优秀提案；审议通过政协第三届金华市婺城区委员会第五次会议决议。会议期间还举行区政协委员“三进三联三促”活动，组织开展“构建现代产业新体系，加快婺城经济新崛起”“加快基层民主建设，共创幸福和谐婺城”专题协商。

【区政协常委会议】 1月21日，区政协召开三届二十五次常委会会议。会议审议通过召开区政协三届五次会议的决定、议程(草案)、日程、秘书长、副秘书长及各次大会执行主席及主持人名单；审议通过区政协三届五次全会邀请列席人员范围原则意见、分组及召集人名单；审议通过2015年度政协工作先进集体、优秀委员、优秀提案、承办提案先进单位名单；审议通过《关于授权主席会议审议三届2二十五次常委会未尽事宜的决定》；审议通过常务委员会工作报告及报告人、提案工作报告及报告人；协商通过有关委员增辞及人事任免事项。会议决定区政协三届四次会议于2月下旬召开。

2月19日，区政协召开三届二十次常委会会议。会议听取区政协三届五次会议小组讨论情况的汇报，审议通过会议决议(草案)和提案审查情况的报告(草案)。

5月31日，区政协召开三届二十七次常委会会议。会议组织委员视察新城区开发建设情况，围绕做强新城区开展专题协商。

7月13日，区政协召开三届二十八次常委会会议。会议专题学习习近平总书记在庆祝中国共产党成立95周年大会上的讲话精神和换届工作纪律，听取区政府关于全区农村生活垃圾分类工作情况的通报，审议通过《婺城区山区生态经济示范区建设的路径及发展对策》调研报告。

9月14日，区政协召开三届二十九次常委会会议。会议传达学习省、市政协主席读书会精神，听取区政府关于婺城区2016年1—8月经济社会发展情况的通报，听取区政府关于区政协三届五次会议提案办理情况的通报，审议通过《创新机制、强化保障，合力推进婺城旅游全域化发展》调研报告。

【提案工作】区政协三届五次会议以来，区政协常委会着眼全区发展大局，关注社会热点难点问题，充分发挥政协各参加单位的组织优势和政协委员的主体作用，积极通过提案履行职能，共提出意见建议257件，经审查立案227件，作为社情民意参考30件，经并案处理后正式交办207件。这些提案紧扣中心，主题鲜明，内容丰富，针对性和可操作性较强。所有提案已办复，问题已经解决或基本解决的138件，占66.7%，正在解决的54件，占26.1%，少数因受条件限制未能采纳或暂不能解决的提案，相关承办单位也作了说明。委员反馈表示满意的193件，基本满意的11件，表示理解的3件。提案中的许多意见建议被采纳，并落实到区委、区政府相关决策或未来经济社会发展规划中，为推动全区经济社会发展发挥积极作用。

夯实工作基础，把握提案质量。常委会始终把提高提案质量作为提案工作的重点。一是强化选题引导。依托《婺城政协》、委组微信群、委员工作室等平台发布工作动态；利用视察监督、对口协商、“三进三联三促”、委员联系群众等活动开展，促进委员知情明政。全会前，拟定下发选题参考目录，引导委员尽早开展提案选题和调研，有针对性地撰写提案。二是凝聚团体智慧。注重发挥民主党派、工商联、人民团体、政协专委会的界别和专业优势，凝聚集体智慧，提交团体提案。三是严格审查立案。坚持委组把关、会前预审、会间初审、会后复审“四步走”审查机制，适当前移提交时间，邀请重点单位协助审查，对类同提案并案、不合格提案商请委员修改完善、不符合立案标准的提案作退案或转办处理，确保立案审查质量。

强化沟通协商，提升办理水平。常委会始终把强化沟通协商作为提升提案办理水平的主要途径。一是落实重点提案办理协商。完善重点提案筛选机制，通过大会初选、提案委初审、二次征求政府领导意见、主席会议审定等程序，选好选准重点提案，并报请区委、区政府主要领导批办。二是加强提案交办协商。实行预交办制度，充分听取承办单位反馈意见建议，对办理难度较大的提案，与主办、会办单位多次协商，确保正式交办时无异议。三是推动提案办理全程协商。落实办前、办中、办后协商机制，通过电话沟通、上门走访、召开面商会等方式，畅通提案办理渠道，及时发现和解决办理中遇到的实际问题，促进提、办双方良性互动，达成共识。

落实严格督办，促进成果转化。常委会以提高解决率为目标，强化督办考核，推动提案办理落实。一是分层督办。常委会专题审议区政府提案办理情况，主席会定期听取提案工作汇报，研究推进提案工作。各委办负责相关提案督办，有效促进提案的解决落实。二是重点督办。坚持分管主席领衔督办重点提案制度，督促承办单位把握进度，狠抓落实。10件重点提案目前已经解决9件，1件还在解决中，成效明显。三是联合督办。提案委联合区督查室，5 月份开始对提案办理大户开展重点走访和集中检查，对办理工作进行经常性督导，促进办理工作整体推进。四是考评督办。2016 年年底开展提案办理民主评议，邀请相关委员和新闻单位参加，促进提案办理公开化。完善提案办理工作考评细则，开展优秀提案和先进承办单位评比，推动提案成果转化。

【重点课题调研】 4—6 月，根据区委、区政府主要领导的意见和要求，区政协会同区农办、工商联、统计局、科技局、水务局、农林局等部门，组织开展了"西南山区生态经济示范区建设"专题调研，其间走访市农办、农业局、林业局等部门，多次组织召开相关机关部门、山区乡镇和农业合作社、农业企业代表座谈会，最终形成婺城区山区生态经济示范区建设的路径及发展对策》调研报告，经区政协三届 28 次常委会议审议通过后报送区委、区政府供决策参考。6—8 月，根据区委、区政府重点工作安排，区政协成立"推进婺城旅游全域化发展"课题组，赴塔石、沙畈、箬阳、莘畈等乡镇开展实地调研，并赴丽水、湖州等先进地区考察学习，与区旅游、发改、农办、交通、文体、财政等部门进行座谈分析，形成《关于推进婺城旅游全域化发展的建议案》，经区政协三届二十九次常委会审议通过后报送区委、区政府。两个调研报告中的有关建议已纳入相关决策和工作部署，为党委、政府推进工作提供有效的智力支持。

（吴耀峰）

民主党派

中国国民党革命委员会金华市婺城区基层委员会

【概况】2016 年,中国国民党革命委员会金华市婺城区基层委员会(以下简称民革婺城区基层委)有党员 57 人,发展新党员 2 人。下设 3 个支部,其中,教育支部 18 人,机关支部 18 人,企事业支部 21 人。担任市人大代表 1 人、区人大代表 3 人(常委 1 人),市政协委员 2 人(常委 1 人)、区政协委员 8 人(常委 2 人)。2016 年,基层委按照“走在前列,共建金华”的新要求,认真履行参政党职能,不断加强自身建设,积极开展社会服务。与下属 3 个支部有分有合组织了 14 次活动,其中外出活动 9 次,社会服务活动 3 次。基层委市区人大代表、政协委员共提交提案议案 14 件。有 13 位党员获得荣誉与奖励,刘国强参与的“杜鹃花优良品种杂交选育及开发应用”项目获浙江省科学技术进步奖三等奖;陈献强在 2016 年营改增和金税三期工作中成绩突出,被金华市国税局记功嘉奖;陈丽萍获婺城区“五水共治”先进个人、G20 杭州峰会维稳安保区级先进个人、民革金华市委会 2016 年度“双岗创优”先进个人;陈永桥获民革金华市委会 2016 年度祖统联谊先进个人,孔爱华获民革金华市委会 2016 年度反映社情民意信息先进个人,马钢锋、王根武获民革金华市委会 2016 年度社会服务先进个人。基层委获民革金华市委会 2016 年度四星级基层组织。

【参政议政】民革婺城区基层委围绕市区党委政府中心工作,关注市、区经济社会发展和民生民情民意,发挥自身的特色和优势,深入开展调查研究,通过各种参政议政的平台途径,反映社情民意和建言献策,为党委和政府了解民情、体察民意、集中民智、科学决策发挥了一定的作用。党员中市、区人大代表、政协委员共提交提案、议案 14 件。其中:缪雪荣提交的《借助金华高铁站点 打造二七高铁新城》提案在专题协商会上发言;孔爱华的《关于大力发展精品农业 助推农业转型升级的建议》在专题协商会上做发言,该提案受到王健书记批示,被列为区重点提案;朱国勇提交的《关于加大政府购买法律服务投入的建议》被评为区人大重点建议。在婺城区开展“走在前列、共建金华”金点子征集活动中,缪雪荣提交的《谋划经济发展新引擎,把二七区块打造成“智慧园区”》被评为优秀金点子。在民革金华市委会组织的“2016 年‘走在前列,共建金华’专题论坛”上,缪雪荣的《“走在前列,共建金华”要凝心聚力》发言被编入市民革的专题论坛论文集。

【社会服务】走访慰问“三老两困”。1 月 26 日,民革婺城区基层委党员代表一行六人在主委缪雪荣的带领下,与区政协社法委、区委统战部相关负责人到莘畈乡祝村、方家等村走访慰问“老革命”“老党员”“老模范”“贫困户”“困难户”等“三老两困”人员,送去由缪雪荣、王根武、马钢峰等民革党员共同捐赠的 1 万元慰问金。开展重阳节慰问和捐赠助学活动。9 月 26 日,基层委党员代表一行为白龙桥敬老院老人送上 36 箱奶粉等重阳节慰问礼品，为莘畈乡小学全体孩子送上慰问品。开展“献爱心送温暖”活动。9月28日17时28分许，浙江省遂昌县北界镇苏村村发生山体滑坡，基层委积极响应民革市委会号召，全体党员为遂昌灾区捐款18298元。

1月26日，民革婺城总支走访慰问困难群众

（民革婺城总支供稿）

【自身建设】民革婺城区基层委以中共中央十八届六中全会精神贯彻落实、总书记系列讲话精神、时事政策教育以及民革中央、省委会、市委会的有关会议和文件精神为重点开展学习，通过会议学习、网络学习、参观爱国主义教育基地、廉政教育基地、组织参加报告会、座谈交流等方式，基层委与各支部有分有合开展九次学习教育活动。3月19—20日，事业支部、教育支部联合赴浦江参观“江南第一家”、新光村翠湖等，传承郑义门“好家风，好家训”；4月21—24日，基层委组织部分党员赴广东中山、广州参观学习，缅怀孙中山先生的丰功伟绩；8月16—7日，教育支部组织支部党员去福建学习，参观爱国英雄林则徐纪念馆，学习爱国精神；组织党员听取台海形势宣讲等。关心关爱党员工作与生活，平时党员生病住院必访；对于在本职工作中取得成绩、获得荣誉的党员，送去组织的祝贺；尊重关爱老党员，重阳节和春节对70岁以上老党员进行专项慰问。加强制度建设，6月7日、7月12日，专门召开两次基层委扩大会议，讨论通过《民革婺城区基层委员会财务管理制度》《民革婺城区基层委员会档案管理制度》，明确基层委财务管理的原则与内容、审批权限与控制监督、相关支出标准，以及基层委档案的收集和保管要求。继续推行轮值制度，由主委、副主委、委员轮流担任执行主委，每1个季度为一个轮值期。轮值主委在轮值期内主持基层委或支部日常工作，轮值制度发挥基层委和支部领导班子的主观能动性和工作积极性，各班子成员在担任执行主委时都展示工作能力和工作水平，组织开展“内外结合、动静结合”多样化的活动，为党员营造良好的组织氛围，党派活力和凝聚力得到加强。

（孔爱华）

9月26日，民革婺城总支捐赠助学献爱心活动

（民革婺城总支供稿）

中国民主同盟金华市婺城区总支部委员会

【概况】2016年，中国民主同盟金华市婺城区总支部委员会(以下简称总支)，下辖3个支部，8月底前发展盟员6人，共盟员92人。其中市政协委员4人，区政协委员4人，区政协常委4人。8月民盟金华市在市经济开发区成立总支，盟员34人划入市开发区总支，盟员58人参加婺城区总支第三次换届，换届后至年底发展盟员4人。总支被民盟金华市委会授予2016年度反映社情民意信息工作二等奖。

【参政议政】婺城总支围绕区委区政府的中心

工作,组织动员所有盟员结合工作实际,开展工作调研,履行参政议政职能。盟员中市、区政协委员向区两会递交提案26件,反映信息、社情民意35条,多篇信息被民盟省委、民盟中央采用。盟员郑艳球、严亮奇、吴晓等参加区委、区府参加的“补齐短板、走在前列,加快建设金华中心城市核心区的决定”民主协商会和“做强新城区”专题协商会,完成《聚焦中医药健康产业共建我市中医药产业发展新格局》调研。盟员中的政协委员都参加了市、区政协组织的“五水共治”“两路两侧”“”四边三化”、农村垃圾分类处理、G20安保等工作的民主监督活动。推荐部分盟员参加民盟青年服务队。完成“走在前列,共建金华”征文活动的征稿工作,总支盟员撰写的《谋划高铁经济 打造发展新引擎》《发展光伏电站对建设生态文明促进农民增收的思考》《关于加强农村法律援助工作的几点建议》《关于规范夜市大排档管理的建议》被评为市政协优秀提案,《关于加快婺城民宿经济发展的建议》被评为政协优秀提案。

【社会服务】 在盟员中大力提倡无私奉献精神,总支组织和动员盟员在做好本职工作的基础上,采取多种形式开展面向社会、为构建和谐婺城服务的活动。总支为箬阳乡大印村捐赠扶贫帮困资金1万元,用于该村改善村内的基础设施。总支还与安地镇寺口村邵根森老人结为扶贫帮困对子,为老人送去帮困资金。1月20日,总支组织植树活动。11月30日,总支与民盟在一起,在胡锦全主委的带领下到蒋堂小学和蒋堂初中,开展烛光教育活动。

【自身建设】 围绕“做合格盟员,创活力总支”,开展学习、参观、联谊等组织活动,春节前开展老盟员走访慰问活动;5月22日,总支组织盟员赴南山古道开展登山比赛活动,20余人盟员参加,总支活动得到激发。组织盟员参加市委统战部举办的同心大讲堂活动。5月9日,盟员郑艳球、严亮奇到厦门大学参加市政协组织优秀政协委员培训学习。12月6日,总支开展学习中共十八届六中全会精神学习会,班子成员部分骨干分子参加学习会,商议2017年工作思路,举办经济形势分析讲座,由盟员陈强宣讲。

【召开第三次盟员大会】 9月25日上午,总支部第三次盟员大会在金华市文化中心召开。市政协副主席、民盟金华市委主委胡锦全,政协主席施素珍、区委副书记、区委政法委书记朱利群,政协副主席、区委统战部部长曹斌,区政协副主席张林鑫,以及区府办、交通运输局、各民主党派、工商联、知联会、民盟各兄弟总支代表等有关部门领导参加会议。会议听取了婺城区委、民盟金华市委领导讲话,听取和审议民盟婺城区总支第二届委员会工作报告,选举产生民盟婺城区总支部第三届委员会,郑艳球任主委、赵小渊、吴晓、施亚夫任副主委,罗良庆、郑小咪、金圆圆、叶银燕、陈凯瑜任委员。

(郑艳球)

中国民主建国会金华市婺城区基层委员会

【概况】 民建婺城区基层委员会(以下简称基层委)下辖7个支部,有会员112人。有省人大代表1人、市人大代表1人、区人大代表1人,其中市人大常委1人、区人大常委1人;市政协委员3人、区政协委员10人,其中区政协常委1人;民建市委会委员2人。会员周卫忠所在公司金华市捷特包装有限公司被认定为省科技中小型企业、首届“单元化物流企业国际战略联盟”常务理事,“捷特”被认定为金华市著名商标,“捷特”木质包装箱被认定为浙江名牌产品;童健英被评为金华市教育考试先进工作者;曹建平被评为2015年优秀药品认证检查员;胡凌燕获浙江省首届宾利火凤凰杯女子羽毛球双打团体赛第五名,省第二届女子体育节羽毛球赛市级青年组团体二等奖;蔡朱廉被推举为金华市中小企业服务机构联盟理事。

【参政议政】 基层委围绕区委、区政府中心工作,组织动员所有会员认真履行职责,深入基层,积极调研。主委雷永金向省人代会提交《改善农民工的生存现状》《保障专业用地指标,促进经济均衡发展》《关于加大对生物柴油生产企业政策支持的建议》《关于适当提高农村基层班干部生活补助标准的建议》《加快商品住房去存量化进程,促进社会经济均衡发展》《关于完善我省司法体制改革工作有关事项的建议》等提案被采用;向市人代会提交的《保障专业用地指标,促进社会经济均衡发展》《改善农民工的生存现状》《关于加大对生物柴油生产企业政策支持的建议》《关于适当提高农村退职基层干部生活补助标准的建议》《加快商品住房去存量化进程,促进房地产业健康发展》等提案,受到各部门的重视;周国忠撰写的提案《盘活存量土地,推进土地集约节约利用的建议》和《关于加强对高田等地质灾害村防治工作的建议》都被采用。

【自身建设】基层委多次组织各支部开展学习习近平总书记的系列重要讲话精神,学习民建中央、省民建有关会议精神等,并派出骨干会员外出学习培训。2016年8月,总支召开支部扩大会议,组织学习习近平总书记在庆祝中共成立95周年大会上重要讲话精神。11月19日,联合浙江师范大学基层委在浙江师范大学行政楼举行十八届六中全会精神报告会,浙江师范大学基层委主委张啸尘教授对全会精神进行解读,并对民建会章会史进行宣讲,民建婺城区基层委委员王瑞日作《如何加强支部建设》的发言。2016年10月23—28日,金华市委组织部、统战部在重庆南岸区社会主义学院举办金华市民主党派骨干培训班,民建婺城区基层委员会委员童健英、卢森军、郑志平参加学习培训。11月28日—12月1日,民建浙江省委会和省社会主义学院联合举办了"2016年第二期民建全省基层组织主委培训班",婺城基层委5名支部主委参加该班的学习。

【社会服务】基层委历来非常重视鼓励会员积极参与社会服务活动和各项社会公益事业,引导广大会员做好本职工作的同时,积极参与扶贫帮困、捐资助学、法律援助、支援社区文化建设等,取得较好的成效,提升基层委的社会形象。主委雷永金创设的"民建?金宇"奖学金,用于资助浙江师范大学家庭经济困难、品学兼优的研究生,每年资助研究生30人,每人3000元,受资助的研究生考取博士还可以申请5000元奖励,2016年对"民建?金宇"浙江师范大学研究生助学金8万元;对塔石乡贫困村帮扶款5万元;向革命老区捐款6万元;自费4.8万元对二七新村拆迁改造进行宣传;出资4万元致力于少数民族文化研究。四支部与北山雷达部队结为军民共建单位,至今已有五个年头,每年在部队驻地举办一台"军地共建,心手相牵"联欢晚会,共度"八一"建军节。先后为部队官兵搭建晒衣场,安装音响设备,重新装修部分营房,捐款物累计10万元。2016年7月20日,王瑞日向浙江省凤林教育基金捐款1万元。会员贾瑞君、王慧参加狮子会,服务范围遍及助残、扶贫、赈灾、助学、敬老、公共卫生、文化传播等各个领域。会员陆云英与兰溪官塘中心小学的5名特困学生结成对子,资助1万元;12月3日,送温暖进曹宅官田养老院,为孤寡老人送去大米和食用油等。并且发挥自身专业丰富的法律业务知识和经验,年内多次为中小企业服务平台、邮政储蓄银行授课"企业法律与风险"解答法律问题。

(童健英)

中国民主促进会
金华婺城区基层委员会

【概况】中国民主促进会金华婺城区基层委员会(简称民进婺城基层委)原名民进婺城区总支,2005年10月以原民进汤溪支部为基础成立,2016年9月换届并更为现名。基层委下设6个支部,有会员78人。有10名会员担任市、区两级人大代表和政协委员,其中市人大代表1人,市政协委员2人,区政协委员7人。2016年,民进婺城基层委被民进金华市委会评为2016年度市级先进基层组织。

【思想建设】民进婺城基层委把深入开展坚持和发展中国特色社会主义学习实践活动作为增进政治共识的核心内容和贯穿各项工作的主线,开展形式多样的学习实践,统一思想认识、继承优良传统,深化政治交接、巩固思想基础。班子成员通过参加中央、省、市社会主义学院各项理论培训和省、市、区各级统战系统专题研讨会、全市统一战线读书会等形式,率先垂范,增强"三个自信"、增进"三个认同"。组织会员集中学习习近平总书记系列重要讲话精神、学习中央统战工作会议精神和全国、省、市、区“两会”精神等活动,引导广大会员进一步坚定中国特色社会主义政治共识,切实承担起中国特色社会主义事业亲历者、实践者、维护者、捍卫者的政治责任。

【组织建设】民进婺城基层委切实发挥领导班子的表率和引领作用,坚持支委、支部主任例会制度和集体议事制度,围绕中心任务研究工作。重视基层组织建设,健全完善总支委员联系基层支部制度,参加基层活动,联系指导工作。基层委强化人才兴会战略意识,加强会内人才培养力度。选送多名会员参加省委会组织的全省民进骨干会员培训班和市委会组织的参政议政培训会,选派1名会员参加市委组织部组织的挂职锻炼。同时,长期以来把发展会员工作作为一项硬指标来抓,严格把关,按照“坚持标准、保证质量、改善结构、慎重发展”的要求,做好会员发展工作,不断吸纳优秀人才入会,2016年吸纳新会员2人。基层委下属各支部结合实际,创新思路,开展丰富多彩的组织活动,如下乡义诊、捐书送教、调研贫困山区发展等,这些活动的开展,增强了基层组织的凝聚力,激发会员的会务热情,广大基层组织焕发出生机和活力。

【参政议政】民进婺城基层委坚持围绕婺城区委、区政府的中心工作,服务改革发展大局,带领广大会员,深入调查研究,积极建言献策。认真履职,在民主协商舞台上发挥作用。总支积极组织会员参加区委、区政府、区政协召开的各类协商会、座谈会,就“十三五”规划、基层党组织和基层政权建设等区委、区政府重大决策事项、重点工作和重要建设项目等参与民主协商,推进区委、区政府决策的科学化、民主化献计出力。建言献策,履行参政议政职能。把握好区“两会”这个参政议政的主渠道,除在教育、文化领域外,还就经济发展、新农村建设、城乡统筹、旅游、环保、城市管理、医疗卫生、关爱外来务工人员、构建和谐社会等方面开展调研,提出不少高质量的提案。会员提出的《关于发挥八婺传统文化优势,推进文创产业特色发展的提案》《关于“深化省级电子商务示范区建设”的建议》《关于以“美丽街道建设”为抓手打造美丽婺城的提案》被评为重点提案和优秀提案。拓展阵地,反映社情民意。组织会员撰写社情民意,参与课题调研,向省、市委会和区政协报送。选派多名优秀会员担任省委会通讯员和市、区政协特邀信息员,组织会员参加市委会组织的信息员培训会,提升信息员的专业能力和水平。邵发明、吴耀峰会员被市委会评为优秀信息员。

9月24日,民进婺城区基层委员会成立大会暨第一次会员大会总　　(民进婺城总支供稿)

【社会服务】社会服务工作是我会履行参政党职能的一项重要工作。民进婺城基层委本着“发挥优势,突出重点;量力而行,尽力而为;持之以恒,务求实效”的工作思路,既注重发挥广大会员专业优势和支部活力,又讲究活动的方式内容;既注重社会服务的有效性,也注重开展社会服务活动的社会影响力,努力为当地的经济发展做出积极贡献,在社会上树立民进良好的参政党形象和社会影响,增强作为民进会员的自豪感。以“关爱弱势群体,共建和谐婺城”系列社会活动为抓手组织会员赴塔石、岭上、沙畈等偏远山区送教送医送药,在汤溪、罗埠等乡镇集镇开展免费义诊咨询服务;组织教育界别会员开展下乡支教和师生结对活动,助推农村教育事业发展。

(吴耀峰)

中国农工民主党婺城区基层委员会

【概况】农工党婺城区基层委员会下设5个支部,有党员86人。郑池爱任主任委员,李笑银、杜伟亮任副主任委员,吕建伟、吴章秋、陈卫军、陆卫红、唐金寿、龚琴丹任委员。有11人次担任金华市、婺城区人大代表、政协委员。

【思想组织建设】 组织党员深入学习习近平总书记系列重要讲话和农工民主党十四大、十五大精神,认真学习中国特色社会主义理论,多党合作、政治协商及统战工作相关意见,条例,农工党党章、党史.选派党员参加省委统战部党外特约信息员培训、市委统战部民主党派骨干培训,全面推进学习型参政党建设。组织参观金华市博物馆、惠州邓演达纪念园,走访慰问“百岁老党员” 施明德等多项活动,组织凝聚力不断增强。2016 年 9 月 9 日,农工党“走进基层、贴近党员,培育和践行社会主义核心价值观”百场主题宣讲走进金华,郑池爱以省宣讲团成员身份作《做一名合格的农工党员》的主题宣讲,深受好评。金华四中支部被评为 2016 年度市级先进基层组织。

【参政议政】 推动市、区两级人大代表、政协委员聚焦中心工作,发挥团队优势,履行参政议政职能,先后提交近 20 多个有一定质量的提案议案,内容涉及城市建设、经济转型、商贸流通、服务业发展、社会事业、养老民生等。郑池爱《关于新常态下保护传承与振兴发展我市“老字号”的建议》列为市“两会” 重点提案;《关于推动全区城乡医疗服务均衡发展的建议》被列为区重点提案,王健书记作了批示。郑池爱先后参加婺城区政协组织的“加快基层民主建设 共创幸福和谐婺城” 专题协商会、“补齐短板走在前列加快建设金华中心城市核心区”专题民主协商座谈会、“做强新城区”专题协商座谈会等, 分别作《尊重民意顺应民心 促进社会公平和谐》《加大投入 保持婺城教育走在前列》《加快新城区与白龙桥镇区镇融合发展》专题发言,并于 2 月 20 日、5 月 31 日、7 月 4 日在《今日婺城》刊出。

2016 年 5 月 23 日, 郑池爱被金华市人大常委会聘任为金华市人大常委会地方立法咨询委员,先后参加《金华市水环境保护条例(草案)》《金华市电梯安全条例》等的立法调研与修订工作。

【社情民意】 积极组织党员深入基层,多渠道收集、上报社情民意超过 15 篇, 内容涉及经济工作、社会发展、教育工作、基层民生等,引起上级高度重视。吴章秋《建议对中小学教材查漏补缺 完善领土主权教育》被全国政协采用;黄杰伟《加强政银联动合力化解“担保链”风险》调研报告(合作)获省委会参政议政成果二等奖,被省委会评为反映社情民意信息工作先进个人。

推动广大党员加强调查研究,“金华小城镇建设-以安地镇为例”(四中支部)、“金华古子城发展状况”(四中支部)、“生态城市建设”(四中支部)、“讲好金华两头乌的故事”(综合支部) 等市级调研课题得到相关部门的高度评价。吴章秋论文《略论抗日战争时期金华人民的血泪与壮举》被评为“同心·共识”全市统一战线纪念抗日战争胜利 70 周年征文活动优秀作品,并入选市委统战部论文集。

【社会服务】 持之以恒服务社会,树立奉献为民的良好形象。整合优势教育资源,发挥特色,组织到琅琊初中等开展送教下乡、结对帮扶、捐书捐书包活动。继续开展服务进社区、进敬(养)老院、进贫困家庭、慰问低保户等活动。受台风“鲇鱼”影响,9 月 28 日傍晚, 丽水市遂昌县北界镇苏村发生山体滑坡,全村 20 户房屋被埋、27 人失联,全区农工党员立即行动起来,为灾区捐款 5000 元。

【其他工作】 广大在职党员岗位创优取得新成效。吕金春被评为金华市 G20 安保工作先进个人、婺城区综合治理先进个人;王武明、窦家祥获婺城区“爱心教师”称号;陈小妹获婺城区首届事业兼顾型先进个人; 杜伟亮带领学生 8 人参加 2016 年世界教育机器人大赛获得金牌;龚琴丹的论文《中药饮片鉴定的方法研究》在《中国药学杂志》发表;尹燕飞获省第二届女子体育节第九套广播操 (乙组)比赛一等奖;郑红建《秋园》入选省首届水彩画写生作品展。

(郑池爱)

九三学社婺城区基层委员会

【概况】 九三学社婺城区基层委员会秉承九三“爱国、民主、科学”的优良传统,自觉接受中共婺城区委和九三学社金华市委员会的领导,“建真言、谋良策、出实招”,认真履行参政议政、民主监督职能,积极开展社会服务活动,为婺城经济社会发展做出了积极贡献。九三学社婺城区基层委员会现有社员人数共32人。

【参政议政】以“两会”为平台,履行政治协商、民主监督、参政议政职能。据统计向市、区“两会”提交提案100多件。应堂亮委员《建议政府加大对竹木加工企业的培育和扶持力度》《关于婺城区花卉苗木产业发展的现状及对策建议》,王和源委员《关于加强城乡环境综合整治的提案》,罗霞委员《关于在乡村一级设立法律顾问的建议》,王平委员《关于加快养老服务体系建设的建议》,季美珍委员《关于建设箬阳垄至沙畈联通道路的建议》,诸葛华委员《关于规范中小学托管市场的建议》等7件提案被区政协评为重点提案。

认真调查研究,反映社情民意。共向上级提供社情民意信息100余篇,大部分被全国政协、九三中央、省政协、省委统战部、市政协采纳,如《加强民主党派档案管理工作的建议》《将手机通信产品列入家电以旧换新目录的建议》等被九三学社中央采纳。

【社会服务】送医送教送科技,义务植树添绿色。组织金华名医带上医疗器材和药品分别到下塔石村、油麻车村、亭久村等地开展送医赠药。组织社员到红湖路小学等学校开展“用电安全知识”等讲座。深入到山区乡镇开展科技培训。组织社员开展义务植树活动,到东方红林场、白沙溪边等地开展义务植树,种植银杏、榉树等苗木5000余株。

结对帮扶,捐资扶贫。帮助结对村沙畈乡亭久村争取到帮扶资金30余万元。王和源等社员为公益事业捐款40余万元。配合九三学社省委会做好塔石乡三个村的结对帮扶工作,针对金牛山村无移动信号,通过积极联系婺城移动公司在该村投入60万元安装移动基站,彻底解决通信困难。2016年,东岭村已落实叶氏古祠堂翻修资金。

【自身建设】组织社员学习中共十八大精神,开展“依法治国”等专题学习讨论,以“爱国、民主、科学”为宗旨,倡导九三社员增强社会责任感,在各自岗位上建功立业。加强领导班子建设,提高九三学社政治把握能力、参政议政能力、组织领导能力、合作共事能力、解决自身问题能力。组织社员到庐山、贵州等地考察交流学习,并结合茶话会、爬山等活动组织学习,并交流生活、工作体会,社员之间做到互相关爱和帮助,提升社员的幸福指数,进一步提高党派凝聚力。

(季美珍)

群众团体

金华市婺城区总工会

【概况】 2016年全区乡镇、街道总工会10个、工委3个，机关工委9个（包括教育工会），机关事业单位工会197个，非公企业工会296个、联合工会15个，工会会员41229人。

【“两学一做”学习教育】 2016年，认真组织机关党员干部开展“两学一做”学习教育、“学党章、学系列讲话，做合格党员”学习教育等学习精神，深刻领会“四讲四有”内涵，始终保持政治上的清醒和坚定，增强政治意识、中心意识和全局意识，坚定不移走中国特色社会主义工会发展道路，在思想上政治上行动上始终同习近平同志为总书记的党中央保持高度一致。把学习贯彻中共十八届五中全会、中央、省委和市委党的群团工作会议精神，作为全区工会当前和今后一个时期的重要政治任务，引导广大工会干部深刻理解“十三五”时期全国、全省及市、区发展的指导思想、基本原则、目标要求、基本理念、重大举措。结合全市工会工作总体要求和婺城区实际，制定贯彻落实群团工作会议精神的具体方案。全面推动工会工作理念、工作机制、工作方式不断创新，健全完善“进万家企业，访万名职工，建工会，促维权”等联系服务职工长效机制，增进与职工群众的密切联系。

【服务工作】 婺城区工会干部交流较为频繁，造成工会干部对于工会业务不熟悉；部分联合工会因缺乏有效管理已名存实亡；全区非公企业因区域变动和全球经济不景气等因素影响已大多不复存在，基层工会组建和规范化建设已迫在眉睫。针对这一情况，2016年，区总工会领导在年初就已制定方案，召开会议进行部署。

调查实、夯基础。基础数据的实际性，牵涉工会工作量化考核，根据市总工会关于加强基层建设的有关精神，夯实非公企业工会情况，分别二次对全区非公企业单建工会情况进行调查，结合工会经费财政代征数据，经过多次反复核对，确定非公企业工会数据，为工会各项工作的开展奠定坚实的基础。

强组建，保发展。结合基础数据，总工会对各乡镇、街道的工会工作提出细化要求，根据各乡镇、街道针对各自区域内非公企业调查情况，对符合单建条件而未建的企业，尽快帮助企业建立工会，一定要做到建到底、建到边、无遗漏，做到人、户一致，对未达到单建工会要求的企业和个体工商户，要尽快吸收到联合工会中。通过一年来各乡镇、街道工会干部的努力工作，11月全区新增会员2303人。其中，单建工会30家；新增联合工会1家；琅琊镇联合工会新吸收6家企业。工会主席直选完成10家。

提质量，重规范。提高乡镇、街道工会干部的工作能力是做好基层工会工作的直接途径，直接关系到各区域内基层工会的建设，以全区换届为契机，一方面要求换届工会班子中增选优秀企业工会干部兼职工会副职，以提高工会干部的工作力量。同时深入部分乡镇、街道工会，落实工会办公和服务阵地，对符合建立总工会的乡镇、街道尽快建立总工会，增强工会组织能力和工作能力，现琅琊镇已完成镇级工会换届工作并成立总工会；另一方面，在全区非公企业工会中,全面推进“六有”建设。

【抓保障、促维权】 职工的稳定关系到企业发展和社会平安,是政府、也是区工会一项重点之一。2016年,区总工会以服务保障G20峰会为中心,主动走进企业,了解企业生产情况,走进车间,了解职工需求,从职工群众最关心的难点、热点问题着手,为职工解决困难找准服务大局的结合点和着力点,做好新形势下的职工群众工作。

认真做好来信来访工作,密切注视职工动态。2016年,为职工处理和接待来电、来访12件(起),解决12件(起),处理完结率100%、满意率100%。与区人劳局密切联系注视企业动态,重点在企业经营情况不佳,施工企业等流动作业区,确保防止因工资、劳保等问题发生群体事件,维护社会稳定。

关心职工身体健康,打造职工健康体系。2016年4月区总工会组织部分企业职工参加市总安排免费体检活动,为2000多名企业职工进行免费体检,受到职工的好评。从8月开始,根据市总工会的任务指标,开展职工医疗互助保障工作,召开专题工作会议,总结上年的工作经验,制定工作方案和任务分解表,由每个班子领导分片包干,带领工会机关的党员、干部,克服人手紧,工作任务重、企业经营不景气等重重困难,深入企业车间,做细致的宣传工作,全面完成市总工会下达的工作指标,实际完成16580人,改变过去几年落后局面,完成率比上年增长27%,为职工筑起了第二道健康防护线,解决患病职工的部分资金困难,体现出工会组织对于职工身体健康的真切关爱和资金保障。

工资集体协商规范化,维护权利显成效。年初,区总工会根据以往工作步骤,研究制定方案,部署开展2016年工资协商要约工作。同时,工资集体协商指导员下企业认真开展指导工作,协商程序严格按照8个程序实施,认真抓好示范单位,通过以点带面,以强带弱,提高企业开展工资集体协商积极性,提升续签企业工资集体协商质量和职工知晓率。在开展集体合同签订工作中,明确强化女职工“四期”劳动保护和执行有关劳动禁忌规定的企业达到100%。通过几年来的工作,企业从原来抵触到主动协商;协商过程也从原来的应付到规范协商。

关爱职工送清凉,雪中送炭暖人心。4月,区总工会就着手进行困难职工的调查摸底工作,建立困难职工档案,发放困难职工子女助学金1.96万元,困难职工帮扶资金22.04万元,为困难职工送去党和政府的关心以及工会组织的温暖。6月,区总工会班子成员,冒着烈日,为基层企业单位和坚持在一线公路工作养路工人送去消暑慰问品,为坚持在一线工作的职工送去清凉。通过多种措施和方法以,使广大职工真切体会到工会组织就是职工的“娘家人”。

【监督显公正,弘扬劳动美】 用劳模的先进思想和模范行为带动广大职工,用劳模的优秀品质引领社会新风尚,用劳模精神激发广大职工创先争优、岗位成才的积极性。体现劳模精神,区总工会采取多种措施,把劳模的精神发扬到各个基层组织。

公开公平选劳模。根据有关劳动模评选相关文件精神,工会积极组织部署劳动模范的推荐评选工作。建立劳动模范人才数据库,严格推荐评选程序、严明推荐评选纪律,组织进行联审,对重大事项实行“一票否决制”,真正做到公正、公平、公开、公信。

劳模表彰。2016年,经基层单位推选、审核、报区书记会议审核通过并公示后,全区有劳动模范28人、模范集体单位4家,于4月28日上午,由区政府组织召开表彰大会;10名区级劳动模范经推荐、联审和公示后,获市级劳动模范称号,由市政府进行表彰。

【人人参与“美丽金华”建设】 2016年,响应市总工会和区政府统一工作部署,组织企业参加“垃圾分类、美丽工厂”建设工作。根据相关文件精神及市总工会垃圾分类现场会布置的工作要求,全区积极践行“垃圾分类、美丽工厂”活动,通过金圆水泥、虎鹰水泥、六环电缆公司、威达日化、新桥五金厂、希能公司等六家企业作为垃圾分类试点企业,总结经验,确定琅琊镇在先行全部企业中全面推进,给予经费上的支持,助推“两美”金华建设。

【推进文化体育和网络工程建设】 婺城区素有书香之城的美誉,读书是我们引领职工提高文化素质的一项工作内容之一,为加强职工政治思想教育和提高职工文化素质,继2014年“书香38”读书征文的良好势头,连续开展三届女职工“书香38”读书征文活动。2016 年收到征文 300 多篇，筛选 85 篇较为优秀作品报组委会，其中 2 篇入选“优秀作品奖”；组织广大职工参加市总家风家训征文演讲比赛，报送参赛人员中，有 2 名参赛者取得较好成绩；5 月，会同婺城区人力资源和社会保障局、工商联、企业家协会在万里扬股份有限公司联合举办 2016 年婺城区企业职工乒乓球、羽毛球比赛等文体活动，通过一系列活动充实职工群众业余文化生活。

（马益君）

共青团金华市婺城区委员会

【概况】 截至 2016 年年底，婺城区有基层团委 65 个，基层团工委 12 个，团总支 32 个，团支部 1016 个，志愿者队伍 60 支。团婺城区委围绕共青团工作重点和党委政府中心工作，在联系青年、服务青年、团结青年、争取青年上下功夫，提升内功、改革创新、补齐短板。

【优化组织结构】 团组织代表的广泛性。5 月，召开的团区委第八届代表大会上选举产生的新一届 21 人委员中，来自基层一线的青年代表和团员团干达到 19 人，占总数的 90%。选聘的 2 名兼职副书记分别来自青年志愿者群体和青年创业者群体，两人在各自的领域中也都是当中的佼佼者。加强基层团干部队伍建设，2016 年组织团干部学习培训 4 次。新选拔团区委书记 1 人，团区委党组成员 1 人，新任命乡镇团委书记 2 人、乡镇(街道)团委副书记 5 人。争取全额拨款青少年宫事业编制 2 人，团区委有编制数 5 人，区级团力量大大增强。全区各级团组织中广泛开展直接联系青年“1+100”工作，努力扩大团组织的联系面。2016 年年底，全区 19 人乡镇(街道)团干联系青年 2598 人。

【发挥青年力量】 团区委发挥广大青年力量，扩大团组织的影响力。助力“五水共治”，2016 年 1 月，乾西乡召开共青团助力五水共治工作现场会，团区委与区“五水共治”办联合开展“护水哨兵”流动红旗竞赛暨“最美护水哨兵”评选活动。全区各乡镇已组建日常巡查志、水情调查、护水宣传等“护水哨兵”志愿者服务队 60 余支，2016 年，开展各类卫生巡查、河面漂浮物清理、河边路边垃圾清理、环保志愿服务活动 120 余次，参与人员累计近 5490 余人次。助力“四治两化”，响应区委区政府开展“四治两化”工作部署，发动全区团员青年发挥自身特长助力“四治两化”。同时，借力浙江师大、财大浙江学院、金华职院等高校和山山家、万里扬等企业的智力、人力优势，共同开展共青团助力“四治两化”活动，目前安地镇七间屋村、白龙桥镇王路荡村、莘畈乡方家村、长山乡乌石屏村等多个共青团助力“四治两化”试点村已完成村庄美化工作。结合需求开展各类志愿服务活动，3 月，在沙畈乡开展“同植共青林”精准扶贫公益植树活动，通过募集公益资金及志愿者活动，在沙畈乡大角坞村种植罗汉松 100 株、香榧 50 株、各类花卉 4000 余牙，打造扶贫香榧林及村内景观花园。4 月，根据“平安护航 G20”要求，在全区组建平安志愿者队伍。在“青春护航”活动中，全区各级团组织发动辖区内团员青年和返乡大学生 6300 余人次深入农村、社区各个网格，广泛开展平安宣传、社区巡防、燃气检查等志愿者活动，积极参与平安建设。9 月，组织社区、学校、两新组织志愿者 79 人(120 余人次)在主要街道路口开展“礼让斑马线，文明过马路”文明劝导活动，取得良好的社会反响。

【强化各项职能】 共青团是党联系青年群众的桥梁和纽带，扩大团组织在广大青年群众中的认可度，是共青团所有工作开展的基础，团区委从抓载体建设入手，努力强化团工作各项职能。把握“婺城青年之声”平台打造契机，建设集微信、微博、微邦为一体的网上信息收集体系，倾听青年声音、了解青年反映最多、最集中、最强烈的问题。“青年之声·婺城”平台工作流程、机制及服务队伍均已建成。通过“青年之声·婺城”服务联盟的专家咨询服务，顺利化解一名大学毕业生的择业困惑，并形成工作案例。支持青年创新创业，与区委组织部、区人力社保局共同主办“创聚婺城·创享未来”青年创新创业大赛，极大激发广大青年创业创新热情，大赛共吸引参赛项目 40 个，发现、培育一批走在“大众创业、万众创新”前列的青年创新创业人才。创立“婺城青年英才论坛”,邀请党政领导、高校教授、企业家、知识产权专家等为青年特别是青年创业者进行专题交流讲座,2016年160余人听取讲座,反响热烈。与区网络经济发展局联合在新建的“三分田”电商创业园建立“青创空间”,已有多个优秀青年创业项目入驻,先后举办3期青年创业专题培训,培训500余人次,取得良好效果。维护青少年合法权益,加强与区教育局、文体新局、关工委等部门联系,认真做好青少年权益保护工作。通过与市青少年综合服务中心及学校对接,在青春中学及实验中学举办2场“青年之声·12355助力中高考”活动;在团市委牵线下与浙中在线·浙中车友会、“牛排的家”联合举办“只因有爱·2016为金华山区小学认捐校服六一特别公益”活动,《金华日报》及金华电视台“百姓零距离”栏目报道活动情况。在金华市公安消防支队特勤大队举办多期“相约G20平安伴我行”手拉手青少年安全自护夏令营,提高少先队员消防安全意识和自防自救能力。

【扩大团的品牌度】2016年,设置诸多活动载体,扩大团组织项目的品牌度。通过“亲青筹”平台发起“关爱,从一瓶水开始”公益活动,筹集爱心捐款8427元,总计采购矿泉水8400瓶并由志愿者送至高温工作者手中。开展“暑期小候鸟班、关爱留守儿童”活动。该活动着力解决小候鸟们在暑期来与在金华打工父母团聚时,由于白天父母亲上班无法有效照顾造成的“二次留守”现象,确保小候鸟们能度过一个快乐、充实又安全的假期。在区机关大楼联合区委宣传部、区直机关工委、区文体局等部门创建“书香驿站”图书角,在书香驿站先后设立青年先锋岗、红领巾雏鹰岗等阵地,为青少年搭建一个交流展示的平台,受到机关青年干部的好评。开展“家燕归巢服务社会”活动。团区委于7月中旬启动“家燕归巢”返乡大学生系列社会实践活动,通过组建婺城区“家燕归巢”返乡大学生暑期社会实践总队,下设乡镇(街道)分队18支,采取主题活动全区联动、日常活动各地因地制宜开展的方式搭建返乡大学生投身家乡社会实践的平台,全区开展各类活动60余场次,参与人数3200余人次。 (丁　成)

金华市婺城区妇女联合会

【概况】截至2016年年底,全区有女性19.21万人,其中,中共党员6220人。有乡镇妇联13个,街道妇联5个,区、乡镇(街道)专(兼)职妇联干部23人。有村(社区)妇代会382个。区妇联被评为婺城区2016年度优秀单位。

【创业致富】2016年,区妇联召开来料加工工作总结表彰会。表彰先进集体5个、专业村5个和先进个人10名,发放奖金10.08万元。助力“互联网+”创客成长。开设义博会妇女创客展位,通过展示新产品、拜访新客户,聚信息、捕商机,与30多个客商达成初步合作意向。组织来料加工经纪人100余人次赴中国“网店第一村”——青岩刘村及建德市飞洋家纺等地学习考察。组织开展包装、饰品技能大比武,并对获奖的18名参赛选手进行表彰。全区有经纪人500余人,月加工人数1.6万人,年发放加工费2.76亿元。

3月16日,区妇联召开来料加工总结表彰会

(区妇联供稿)

【美丽示范】2016年,继续开展“垃圾分类巾帼流动红旗赛”活动。通过检查考核,共评比表彰三批53个农村生活垃圾分类“巾帼流动红旗赛”村妇代会。在《今日婺城》开设美丽家园和美丽街巷的评比专版,评选表彰“三十佳”即“十条最美街巷、十户最美家园、十个最美巾帼环保人”。组织巾帼志愿者队

伍参与“五水共治”、垃圾分类、抗击冰雪、文明劝导等美丽行动658次，计3.9万人次；组建宣传队304支，开展文艺活动194次。开展庆“三八”暨“美丽行动”表彰演出大会。深化最美家庭评选活动。评选“五好家庭”13909户，“五好家庭示范户”1371户。成立“好家风”宣讲团，开展巡回宣讲。召开传承好家风暨文明城市创建推进会。开设婺城好家风专栏10期，发放《婺城好家风》宣传册3000余册。

【关爱服务】 2016年，开展“建设法治中国 巾帼在行动”法律咨询活动，制作反家暴法展板40余块，参与人数300余人，发放宣传单1500份。举办“婺女讲堂” 法律知识讲座2期。接待来信来访56起，办结率100%；“和姐”工作室接待调解成功45起婚姻家庭邻里纠纷。走访慰问退位村（社区）妇代会主任 79人、“两癌”贫困母亲11人、创业创新女性4人，发放慰问金及慰问品15.1万元。区妇联与区教育局等联合主办庆“六一”幼儿文艺会演。继续开展春蕾助学活动，2016年有218名贫困学生得到资助，资助金为14.88万元；在仙源湖实验学校、沙畈乡中心小学新办“益盟”“清大新洋”春蕾班。

5月20日，区妇联在城东街道举办城乡“妇联结对、巾帼拉手”暨塔石乡村游推介会（区妇联供稿）

【固本强基】 开展“两学一做”学习教育，开辟“两学一做” 学习教育专栏，努力践行好 “两学一做”。深入开展“进万家门、访万家情、结万家亲”及“一下移两下沉”活动。加快网上妇联建设，完善“婺女之声”微博及微信公众平台。开展“巾帼手拉手?姐妹一家亲”城乡结对帮扶活动，五个街道和五个山区乡妇联进行城乡结对帮扶签约。开展结对帮扶活动16场次，召开“妇联结对 巾帼拉手”暨塔石乡村游推介会，在城东街道设立塔石乡村游推介中心。

（徐美珍）

金华市婺城区科学技术协会

【概况】 2016年是“十三五”《金华市全民科学素质行动计划纲要》实施的开局之年，区科协在区委、区政府的领导和市科协的支持下，围绕区委、区政府的中心工作任务，坚持科协“三服务一加强”的工作定位，开展科普宣传、科技示范及科技服务工作，取得较好的成绩。

【科普宣传】 5月19日，参加由市委宣传部、市科技局、市科协等部门联合在箬阳乡举办的2016年科技活动周科普下乡活动。活动内容有技术咨询、医疗义诊、金融安全防范、防震减灾宣传等。活动现场共发放《老年人健康顾问》《环境与生活》《五水共治》及种养殖技术、健康知识等宣传资料300余册，科普环保袋100余只，300余名群众参与本次活动，此次活动受到当地村民的一致好评。

【青少年科普教育】 9月18日，全国科普活动期间，邀请中国科学院4位老科学家分别走进婺城中学、金华四中、柳湖小学、环城二小，给2500多名师生上了一堂生动的科普教育课。

【地震应急演练活动】 5月12日，市科技局、区科技局（科协）、区教育局共同组织，在环城二小开展地震减灾应急逃生疏散演练活动。演练活动全校1400余名师生参加。通过地震应急演练增强在校师生的防震减灾意识，提高学校应对地震灾害的紧急反应能力，确保在地震来临时，学校地震应急工作能快速、高效、有序地进行，最大限度地保护全校师生的生命安全。

【科普示范建设】 全区推荐的城西街道河盘桥社区、城中街道西市街社区分别通过省、市级科普示范社区创建验收工作。全区已创建国家级科普示范单位2家,省级15家,市级27家。婺城区通过实施“基层科普行动计划”,开展各项科普活动,发挥科普示范社区的示范带动作用,提高社区居民的科学文化素质。

【市级科普教育基地】经金华动物园申请,创建“市级科普教育基地”并通过验收,这是全区第一家创建市级科普教育基地的单位。该动物园占地面积近26.67公顷,投资3000多万元,是国家AAA级旅游景区,是集野生动物观赏、表演、科普教育、休闲娱乐为一体的特色生态综合公园,同时也是浙中唯一的专业性动物园。

【完善科普基础设施建设】白龙桥镇金奥社区和城西街道河盘桥社区分别采购了全媒体科普阅览屏即科普E站,科普E站内容涉及生活的方方面面,信息即时更新,创新科普宣传方式。与此同时积极做好安全生产宣传活动,5月,会同区安监局在全区开展安全生产方面的宣传活动,取得良好的效果。2016年新增科普画廊2条,全区标准科普画廊已达104条。

【惠农服务】开展金桥工程和农村科普示范基地创建工作。发挥金桥工程和农村科普示范基地在普及推广农业新品种、新技术、新成果中的重要作用。2016年,全区科协申报4项“金桥工程”和4个“科普示范基地”,项目涉及花卉苗木、蔬菜、水果等,均已通过验收。 (宋 佳)

金华市婺城区归国华侨联合会

【概况】2016年,金华市婺城区归国华侨联合会在上级侨联的关心指导下,围绕中心工作,坚持以侨为本、为侨服务宗旨,务实创新,加强侨联基层组织建设,组织侨联干部到先进县市区学习,提升侨联工作水平,做好为侨服务工作,凝聚侨界力量。

【服务“海外中餐馆”平台搭建】2016年上半年,省、市侨联主席工作会相继在婺城召开,促成海外中餐馆与合丰(金华)信息技术有限公司的合作。根据省、市侨联主席工作会议精神,区侨联认真落实“海外中餐馆”合作计划,派婺城籍印度尼西亚华侨徐祖茂赴印尼与有关中餐馆对接,现已有11家印尼华侨华人中餐馆加入联盟。

【基层侨联建设】为落实市侨联2016年工作部署,区侨联在白龙桥镇侨联开展基层侨联示范基地创建工作,按照基层侨联“五有”标准,开展乡镇侨联示范建设工作,2016年底已完成创建工作。区侨联还在白龙桥镇郑阳村新建侨联文化长廊,新设侨界宣传橱窗,宣传归侨侨眷权益保护法、侨界文明公约和侨界风采,进一步扩大侨联影响力。在全区白龙桥镇郑阳村建立侨联干部服务基地,区侨联副主席、浙江高峰控股有限公司总裁潘刚在揭牌仪式上为村居家养老中心捐赠资金3万元。4月6日,区侨联组织部分区侨联班子成员及乡镇侨联主席到兰溪云山街道天福山、枣树两个社区学习取经,通过学习参观大家感到受益匪浅,兰溪基层侨联的规范化建设确实值得学习和借鉴。

【为侨送温暖】区侨联利用中秋、春节等传统节日,走访慰问重点侨界群众、慰问困难优秀学生、困难归侨侨眷36人,送出价值2.25万元慰问金和慰问品。 (袁倩蕾)

婺城区工商业联合会

【概况】婺城区工商联有基层(行业、异地)商会17个,会员1536人,会员中有省人大代表1人,市人大代表8人,市政协委员5人,区人大代表35人,区政协委员59人。

【理想信念教育】以“五个结合”提升理想信念教育实践活动的实效。平时学习培训相结合,争做守法诚信实践者。与“五水共治”和“千企联千村全力治污水”专项整治行动相结合,展示非公经济人士的社会责任。与党建工作“两学一做”相结合,由企业党组织承担“学党章、学讲话,做合格党员”责任,发挥党组织堡垒作用。与“三严三实”主题教育实践活动相结合,真正发挥党员的先锋模范作用。与宣传先进典型相结合,使广大非公经济人士与党同心同行，自觉践行社会主义核心价值观，争做中国特色社会主义事业的建设者，守法诚信的社会实践者。

结合教育积极开展非公经济人士综合评价工作，根据中央统战部、中央组织部、全国工商联等14家单位联合印发的《关于加强和改进非公有制经济人士综合评价工作的意见》(统发〔2016〕4号)精神，凡进必评，即非公经济人士入选人大、政协和区级以上重要岗位等职务及荣誉称号前，必须事先进行综合评价。此项工作已正常运行。

【村企联建剿灭劣Ⅴ类水】区工商联继续开展“千企联千村　合力治污水”对接工作，形成乡镇(街道)商会主动参与，各会长带头联系结对。各商会引导会员企业积极参与垃圾分类，开展企业环境卫生整治，倡议会员单位“争当环境卫生保洁员、争当环境卫生监督员、争当文明行为宣传员”。为婺城做强新城区、做优老城区、做美大都区和推动婺城非公经济社会持续健康发展出一份力。

【服务经济】全区继续开展“千名干部进企业千方百计解难题”活动，领导带队开展蹲点调研和走访活动，通过走访、座谈，听取企业对发展工业经济的建议，掌握了解当前企业发展现状，摸清企业生产经营中遇到的困难。召开部门协调会，将问题逐个解决。帮助中小企业解决融资难问题，工商联主动牵线搭桥，解决小额融资、还贷周转金等30多亿元。帮助企业对接资本市场，聘请法律顾问，为企业降低法律风险；各基层商会组织非公经济人士外出学习考察，学习先进地区商会建设经验，考察企业和项目，联络在外婺商，实现双向交流。提升工商联、基层商会的管理服务水平，将工商联会员企业全部纳入微信平台统一管理，通过微信企业号成为党委、政府与商会、民营企业、经济人士之间沟通的平台，用于及时发布党委政府最新权威政策信息，为会员提供经济法律咨询、融资、维权、科技、信息、新闻舆论、管理等信息，推行“互联网+企业”和“互联网+商会”的服务新模式，扩大会员企业的社会影响力。

【感恩回报社会】引导非公有制经济人士回报社会活动，开展“同心·送温暖”惠民活动，结合非公有制企业“双强争先”活动、“义行天下、婺商感恩”行动，引导非公经济人士履行社会责任活动，扩大送温暖活动的社会影响力和感召力，营造社会各方面积极参与，人人奉献爱心的良好氛围，体现送温暖活动是一项“暖人心工程”。开展关爱帮扶“三老、两户”走访慰问活动。2016年以来，由区工商联牵头会员企业，慰问走访“三老、两户”等80多困难户，慰问金及慰问品达10多万元；支持新农村建设，“五水共治”等捐款捐物1200多万元。

【学习交流】举办企业骨干各类培训5期，参加人员550多人，内容涉及多层次资本市场对接、企业法律风险防范、现代企业管理制度、新常态下企业的转型升级等，学习先进地区工商联、商会建设经验，考察企业和项目，联络在外婺商，实现双向交流。5月9日，在雷迪森大酒店举办婺城区创投创新创业峰会，来自上海专家传授投资创业讲座及对接交流，有400多名非公经济人士参加。6月18日，在万里扬公司举办婺城区“双爱”知识竞赛和企业职工乒乓球、羽毛球比赛，丰富企业职工文化生活，增进职工间的相互了解，营造良好的尊法、守法、学法的氛围，促进构建和谐劳动关系。　(张建红)

金华市婺城区文学艺术界联合会

【概况】2016年，婺城区文联有团体会员11个，会员1000余人。区文联贯彻习近平总书记在文艺工作座谈会上的讲话精神和《中共中央关于繁荣发展社会主义文艺的意见》，学习《中共浙江省委关于繁荣发展社会主义文艺的实施意见》，以社会主义核心价值观为引领，营造良好的氛围，加强文艺队伍建设，促进文艺创作，开展各类文艺惠民活动，发挥文联自身职能优势，助推婺城文化繁荣发展，为建设“两富”“两美”现代化婺城服务。

【组织建设】加强区文联班子建设，配备文联副主席；成立区文联工会，健全组织活动；规范协会管理；加强各协会会员档案管理，通过会员重新登记，建立会员的准入与退出的机制；婺城区诗联协会、婺城区曲艺家协会成功换届；加强文联创作基地建设；在安地镇喻斯村筹建区文联书画创作基地；在安地镇项村建立黄大仙书画创作基地。

【协会活动】服务中心工作，深入开展“深入生活，扎根人民”系列主题活动，助推婺城经济社会发展。2016年与区委宣传部、“五水共治”办公室共同举办“婺水流芳”诗歌大奖赛颁奖活动。与电视台合作，举办专题颁奖晚会暨婺城诗歌朗诵会，活动引发社会积极反响；开展“婺城文艺家结对服务农村文化礼堂”活动；举办“视觉婺城”第二季——知名画家走进莘畈活动，浙江省内数十名油画家应邀参加“视觉婺城”第二季“人文油画莘畈”写生创作活动，随后在区行政大厅举办“视觉婺城”第二季知名画家走进莘畈活动成果展；助推“白沙文化”打造活动，提升婺城文化品牌内涵，区文联组织开展“全国知名作家走读白沙”活动，著名诗人、散文家柯平，诗人曹九歌、朱强等十多位知名作家走进琅琊镇和白龙桥镇，走读白沙，体味白沙文化，并创作大量文艺作品，诸多媒体积极跟进报道，社会反响积极，婺城区戏曲家协会组织会员20余人，就“白沙文化”开展一次集中采风活动，收集汉代名将卢文台治理白沙溪，修筑三十六堰的传说，婺城戏曲界为当地创作了一批具有时代意义的作品。开展“文化惠民”活动，着力丰富群众精神文化生活。开展“知名书画家进校园、进企业、进农村”活动，书画名家走进仙源湖实验学校，现场创作近百幅书画作品赠予学校，著名书法家、希贤艺术院副院长石崇林老师和金华婺城的10余名书画名家相逢在柳湖小学，现场创作近百幅书画作品赠予学校，为婺城校园文化再添异彩，开展婺城书画名家进企业活动，书画名家到山山烘焙食品有限公司开展书画笔会活动，受到企业主和员工的一致好评；组织双溪书画院名家到蒋堂开展书画创作助推省首家民办文化礼堂建设活动；举办中共十八届五中全会精神宣讲暨“送文化、送政策、送服务”三下乡活动；开展文艺巡回宣讲进文化大礼堂活动、文艺巡回宣讲活动持续3个月，受到村民们的好评，发挥文艺宣讲在陶冶情操寓教于乐方面的积极作用；走访慰问塔石大茗村、关爱慰问困难群众，书法家写春联、送春联等活动，系列活动丰富群众精神文化生活的同时，也让困难村及群众感受到深切关怀。各协会活动丰富多彩，区楹联诗词学会举办“迎春诗会”；舞蹈协会举办2016年婺城区首届少儿舞蹈大赛；老干部摄影协会举办“夕阳红”摄影展；书法协会举办婺城书法十人展活动，配合区纪委开展廉政书法笔会，婺城区双溪书画院在金华城隍庙举办书画展活动；区美术家协会开展中秋美术雅集活动；

【文艺培训】在文化艺术界群体中开设“文化讲堂”“道德讲堂”“艺术讲堂”，引导广大艺术家加强自身道德修养，学习优秀传统文化，弘扬社会主义核心价值观；深入基层开展文艺工作调研，召开不同层面文艺工作者参加的工作座谈会；就文艺精品创作及“乡音文艺宣讲进农村文化礼堂”工作开展专题研讨；舞蹈协会充分发挥会员特长，组织文化礼堂和第九届排舞师资培训班，进行2周的培训，共培训900多人次，协会会员胡琳成为全国排舞运动推广中心的推广教师，参与全国排舞运动推广培训人员1000多人；婺城区作家协会先后在琅琊镇、长山乡开展治水主题的采风活动；在司芬克斯书店举行文学讲座活动。

【创作成果】编辑出版2期《婺江文艺》；区作协出版10多期童诗专刊，诗人南蛮玉的散文集《白鸟》由中国文联出版社出版，以李英、汪胜为代表的报告文学作家作品在《北京文学》《北京日报》《中华读书报》等报刊上发表，以李英、汪胜、叶无痕、山谷幽兰为代表的散文作家作品在《人民日报》《光明日报》《散文选刊》《浙江作家》等报刊上发表；以王槐荣、胡民主、张晓敏为代表的小说作家新作频出；印刷发行《金华古村落》《金华古村行》两套书，为婺城留下古村落珍贵历史资料。舞蹈协会培训基地连续十年被中国舞蹈家协会评为“优秀考点”“优秀舞蹈教育基地”“优秀组织单位”的称号，协会副主席毛毳成为浙江省六名金牌教师之一，其编排的舞蹈《向着梦想奔跑》与《下雪了，真滑！》在我爱祖国全国青少年文艺展演大赛浙江赛区斩获双金奖，《藏歌唱起来》获舞动中国浙江分站赛排舞原创项目第一名，《小康生活恰恰恰》获广场舞项目第四名；刘学刚的论文《现代古典舞剑舞对中国古代剑舞的传承探究》发表在2016年第5期,论文《中国古代剑舞表演风格的发展流变》发表在《艺海》2016年第6期。美协胡建文、舒早松的作品在省、市大赛中获奖;应清的美术作品由邮电部制成邮票和明信片发行;并有多幅作品在美术报上刊登。民间文艺创作活跃。会员洪增贵创作的大型古装婺剧《白沙老爷》列入2016年市级文艺精品扶持项目;民间艺术协会主席程明芝创作的反映“两学一做”的婺剧小戏《择优录取》和反映城市治堵的快板剧《交叉路口》先后被市里搬上舞台;民间协会秘书长陈纪祥,坚持30多年探索农村公共文化服务,创建全省首个民办文化礼堂,被评为“金华好人”。（邵玉婷）

【区音乐家协会】8月8日,组织本区“春之声”文化志愿者合唱团”前往仙居县横溪镇文化走亲。10月15日,承办永远跟党走“婺城区纪念红军长征胜利80周年大型演唱会”、地点中国婺剧院东广场。（孟展麟）

【区书法家协会】1月,春节期间送文化下乡10余次,50多人次赴乡镇村庄写春联、送春联活动。1月25日,在婺城区政府大厅举行“婺城区书法十人展”,此次展览得到省书法家协会、金华市书法家协会、婺城区文联的大力支持和充分肯定。3月12日,在金华市文化馆再次展出。根据场地设置,此次展览参展的作者增加了大幅作品,使展览既有精致秀逸的小字书法,也有气势磅礴的大字条幅。开展当天人满为患,展览得到参观者的大量好评。7月1日,在婺城区政府大厅参与由区纪委组织的廉政书法笔会。参加活动的10位书协会员共创作近百幅书法作品。第九届全浙书法大展雷淼余获二等奖,章国新入展,张雄华入选。郑建高等三人入展第二届浙江省书法村作品联展,其中郑建高取得浙江省书法家协会会员资格。（章国新）

【区摄影家协会】2016年,婺城区摄影家协会在上级有关部门和区文联的领导下,本着“班子团结增合力,技能提高强服务”的宗旨,围绕区委区政府的中心工作,积极创作,“出精品、出效益”,开展丰富多彩形色多样的摄影活动,为婺城区的三个文明建设,齐心协力,做出应有的贡献。

完成区委、区政府交给的各项重大政治活动和摄影宣传资料的提供,如“二七工程”照片资料,每年的党代会、区“两会”、“婺城年鉴”用图等。围绕区委、区政府中心工作开展摄影活动,加强自身发展,提高思想和艺术水平,为弘扬民族文化,振奋民族精神,为社会主义精神文明建设和构建和谐社会做出新的贡献。

摄影家协会举办多次活动。3月14日,组织摄影骨干26人到叶店、蒋堂、塘头、塔石等村的文化礼堂摄影采风。3月15-16日,组织摄影骨干20人到婺城区图书馆图书开放日摄影采风活动。4月30日,组织摄影骨干123人到雅畈镇2016“双宏杯”省非遗小镇摄影大赛开幕式铜山斗牛等摄影风采活动。5月11日,组织摄影骨干12人到徐店村、七家厅、杜鹃花王国等地摄影采风活动。举办2016婺城区“图书馆随手拍拍”摄影比赛收到参赛作品800余幅,评出一等奖1个、二等奖3个、三等奖5个、优秀奖50个。协办2016雅畈镇“双宏杯”省非遗小镇摄影艺术大赛,收到参赛摄影作品1000余幅,评出一等奖2个、二等奖5个、三等奖10个、优秀奖50个。

2016年,吸收新会员13人,为协会注入新鲜血液和活力,为新会员建一个婺城摄影学习微信群,通过各种摄影活动,增强协会的吸引力和凝聚力,达到沟通、交流、学习、提高的目的。（叶爱莲）

【区诗词楹联学会】2016年,婺城区诗词楹联学会有会员73人,其中省会员10人、市会员26人,80周岁以上的老会员有36人;一年一度的迎春诗会办得有声有色;春季到金义都市新区采风,有35人参加;秋季分小组对婺城各乡镇的14个古村参访、进行诗词创作;重阳节对80岁以上的老前辈进行座谈和慰问;坚持每月的例会制度,或作知识讲座,或作诗词鉴赏等。本年度编印《婺城古村行》《婺城诗联》等诗文集,会员还在学会的微信公众号上定期发表诗词联作品。本年度会员出版的专集有施明达的《施明达诗集》,杜时通的《歌行体古诗选》《李德祥离休生活》等。曹益良的《念奴娇?郑义门》,获金华市直属机关工作委员会组织的《郑义门》观后感征文比赛优秀奖。学会还积极参与区委区政府等有关部门组织的各相关活动。（阮　华）

【区美术家协会】6 月,中国美术家协会会员、区美协主席吴广明参加中国美协举办的深入学习“贯彻习近平总书记文艺座谈会重要讲话精神”的会员会议,中国美协党组书记、中央美院、中国美院两位院长授课指导,对今后的工作、基层协会的发展作了引导性的讲话。

认真组织做好文联及上级部门布置的各项工作,开展做好文艺进社区、进校园、进企业等多形式的交流。指导点评等活动,提升群众的学习、观赏水平,促进农村文化礼堂的健康发展,推动人民精神文化生活不断迈上新台阶。

协会专门抽人员配合区文联做好书画基地的建设工作。3 月,对安地喻斯基地地址进行考察并提出规划方案和落实各项具体工作。6 月 29 日基地成立,并由文联牵头、美协书协组织人员举行喻斯基地第一次笔会,创作一批反映群众生活,反映农村新貌的作品。

书画进校园。艺术家传递雷锋精神,3 月 4 日,婺城美协吴广明、池青、应清、诸葛栋等书画家到安地仙源湖学校进行书画创作活动,创作一批反映学校风貌和时代精神的作品,同师生进行交流并作指导。

参加企事业单位的书画交流学习指导活动,促进群众文化的发展。吴广明等参加金华市电信职工书画创作交流活动,进行现场点评和指导。吴广明参加金华医院职工摄影展活动。区美协吴广明、夏立等和市电视台开展书画交流活动。组织人员与金华市交警支队举行书画联谊笔会。

加强自身队伍建设,促进提高会员创作水平,参与各级组织的文艺活动,推进文化艺术大发展大繁荣。组织骨干会员到永康、武义、磐安及婺城周边写生创作深入生活,创作出《情趣永康公婆岩》《洞殿清幽》等作品。加强学习,促进美协班子成员、骨干相互学习交流。组织骨干人员在白龙桥举行“中秋雅集”笔会。

2016 年,胡建文、舒早松等在省市大赛中获奖。老同志应清的美术作品由邮电部门印制成邮票和明信片发行,并有多幅作品在美术报上刊登。

(池　清)

【区舞蹈家协会】2016 年,区舞蹈家协会发挥会员特长,针对舞蹈骨干和舞蹈爱好者举办拉丁舞、肚皮舞、爵士舞、广场舞、民族舞、瑜伽以及形体训练等 7 个项目的培训班,30 种课程,参加培训人数达 7050 多人次;组织文化礼堂和第九届排舞师资培训班,进行 2 周的培训,培训 900 多人次,组织协会会员和舞蹈爱好者舞蹈创编培训班一期,240 多人次参加培训。协会培训基地培训少儿 816 人,通过中国舞蹈家协会等级舞考试 500 多人。12 月,培训中心精英班的学员到浙江电视台参加中国舞蹈家协会浙江考区委员会十周年庆典暨 2016 电视颁奖典礼优秀节目的录制,舞蹈协会培训基地连续十年被中国舞蹈家协会评为“优秀考点”“优秀舞蹈教育基地”与“优秀组织单位”的称号;协会副主席毛毳成为浙江省六名金牌教师之一。拉丁舞培训 500 多人,协会会员胡琳成为全国排舞运动推广中心的推广教师,参与全国排舞运动推广培训人员 1000 多人,7—8 月,受国家体育总局体操运动管理中心和全国排舞运动推广中心委派赴西藏参加采风活动,参与创编 3 个藏族风格的民族排舞并为排舞编写了舞谱。

2016 年 1 月,举行由文化馆承办舞协协办的“缤纷舞星”区首届少儿舞蹈大赛,由舞协会员编排的 18 个舞蹈节目参加比赛,优秀节目参加市少儿舞蹈大赛获银奖 2 个铜奖 1 个。在区庆“六一”会演中,会员曹竞尹指导的少儿舞蹈《篮球火》获一等奖,徐祝絮创编的舞蹈《七个老太戏琅雅》获二等奖。会员编排的节目参加婺城区中小学文艺会演,获 2 个金奖 3 个银奖,排舞参加省级比赛获 2 个银奖、市级 4 个银奖。副会长毛毳编排的舞蹈《向着梦想奔跑》与《下雪了,真滑!》,在我爱祖国全国青少年文艺展演大赛浙江赛区获双金奖。4 月 16 日,晓萍组织学员 37 人参加 2016 第九届浙江省青少年体育舞蹈锦标赛,获 36 块金牌,12 块银牌、14 块铜牌;4 月 30 日—5 月 1 日,中心选送的学员参加第二届中国·金华体育舞蹈公开赛,在本次大赛精英组的比赛中,获 5 个第一名、4 个第二名;6 月 5 日,中心选送的选手参加舞姿飞扬 与梦同行——“果倍爽杯”2016 年浙江省体育舞蹈公开赛暨友好城市少儿拉丁舞大奖赛,获精英组 4 个第一名、5 个第二名;

8 月 7 日,中心学员参加金华市健身排舞大赛,荣获一等奖;10 月 10 日,中心学员作为金华市代表队,参加浙江省第二届女子体育节暨浙江省第五届健身排舞大赛,获团体一等奖;10 月 21—22 日,中心选手参加第四届“春晖杯”中国·宁波体育舞蹈国际公开赛,获 5 个第一名、2 个第二名;11 月 19 日,中心选手参加第八届永康市体育舞蹈锦标赛暨友好城市邀请赛,包揽本次大赛最高组别精英组 1~5 名,获得精英组 6 个第一名、6 个第二名,获小组赛 65 块金牌;11 月 26 日,中心选手参加“罕美杯”2016 年中国·义乌体育舞蹈全国公开赛暨第六届武林大会,获本次大赛最高组别精英组 8 个第一名、5 个第二名,获小组赛 45 块金牌。会员胡凌参加浙江省第二届社会体育指导员素质技能展示比赛,获健身排舞项目第一名,广播操项目第四名。胡凌创立的鱼悦舞蹈队,8 月在市“体彩杯”排舞大赛中获一等奖;9 月在舞动中国浙江分站赛中,《藏歌唱起来》获排舞原创项目第一名,《小康生活恰恰恰》获广场舞项目第四名;12 月,参加“创本杯”首届全国广场舞大赛获一等奖。

在科研方面:刘学刚为主要负责人的课题“中国古典舞剑舞的历史与现代传承研究”作为浙江省社科联研究课题一般课题立项 ;论文《现代古典舞剑舞对中国古代剑舞的传承探究》在《音乐时空》2016 年第 5 期发表;论文《中国古代剑舞表演风格的发展流变》在《艺海》2016 年第 6 期发表。

舞蹈会员参与组织送温暖、送演出下乡 22 场。舞协会员曹月娥、刘学刚、李艳丹参加区第六届精神文明草根奖颁奖典礼;舞协副秘书长刘学刚 4 月,音乐学院建院 30 周年系列活动和担任浙江师范大学建校 60 周年文艺会演舞蹈编导,编创音诗画《砥砺芳华》、歌舞《多情的土地》等作品,同时参与音乐学院 30 周年院庆活动中知名校友的联络接待以及活动安排工作的事宜,对外交流活动 10 余次;5 月,受邀参加中央电视台赴浙江嘉兴领航筑梦“心连心”艺术团庆祝建党 95 周年慰问演出;7 月,浙江师范大学庆祝建党 95 周年文艺演出等活动,各培训机构组织了培训成果展演。1 月 1 日,在金海岸举办“毛毳舞蹈艺术中心十周年汇报展演”,参与人数 805 人;6 月,毛毳舞蹈艺术中心举行第二届“炫舞飞扬”舞蹈大赛,参与人数 629 人;6 月,该中心学员余雯莉以第六名的成绩考入浙江省艺校舞蹈表演专业;7 月,该中心举行 2016 年中国舞蹈家协会考级;10 月,该中心携手金华珠宝城举办独舞专场晚会;8 月 7 日,中心的学员 16 人,参加“炫舞飞扬 融入北艺”夏令营活动;8 月 15 日,中心的付村学员参加第三届晓萍舞蹈艺术中心展演,获得家长一致好评。8 月 16 日,由晓萍舞蹈艺术中心举办的“一起舞蹈 一起嗨”荧光夜跑,在艾青公园举行,场面热闹非凡。 (郑慧娜)

【区作家协会】2016 年,婺城区作家协会现有会员 62 人,省作协会员 13 人。婺城区作家协会下设主席团、秘书处等机构。陈锦章任主席,李俏红、刘慧君、张震雷任副主席,李英昌任秘书长。

2016 年,婺城区作家协会先后在琅琊镇、长山乡开展治水主题的采风活动;在司芬克斯书店举行文学讲座活动。同时,协会加强与上级部门和兄弟县市文联、作协的联系和交流,年内接待各级文联、作协会员来婺联谊 100 多人次,扩大婺城区作家协会的影响力。

2016 年,婺城区作协会员在各级报刊发表文学作品 100 多篇;婺城诗群创作旺盛,南蛮玉、伊有喜、张乎、许中华、李英昌、朱德康为代表的诗人的诗歌发表于《诗刊》《诗选刊》《诗潮》《浙江诗人》等刊物,在省内外有比较大的影响;以王槐荣、胡民主、雅畈、张晓敏为代表的小说作家新作频出;以李英、汪胜为代表的报告文学作家作品在《北京文学》《北京日报》《中华读书报》等报刊上发表。以李英、汪胜、叶无痕、山谷幽兰为代表的散文作家作品在《人民日报》《光明日报》《散文选刊》《浙江作家》等报刊上发表。 (李英昌)

【区宾虹书画艺术研究院】2016 年,组织会员投入到农村文化礼堂建设中去,在送文化下乡的活动中,我们会员表现出极高的创作热情和奉献精神,每到一个地方,都能毫无怨言,不计个人利益无偿的为文化礼堂创作大量书画作品。2016 年上半年,先后走进蒋堂镇、柳湖小学、新狮康村、雅畈石楠塘、琴坛客家、九峰山、普明禅寺、东阳千祥镇、罗店大岭村、安地项村、山山烘焙食品公司、婺城喜键红木、兰溪市诸葛镇、东阳市公安局、东阳市水利局、金东区公安局治安大队、东阳市水力发电厂、武义县民宗局,莘畈水库、城中派出所、婺城公安分局、白龙桥派出所、江南新农家乐、金东区安监局、源东洞源水库、交通银行武义分行等26家文化礼堂和单位。

组织会员外出交流采风写生创作。先后组织会员前往兰溪荫坑陇、安地、岭下朱坡阳古街、澧浦锁园古街、象山石浦渔村、琴坛、丽水古墩文化村等。

孔江宁、汪柏寿在兰溪举办书画小品展。孔江宁、汪柏寿在台州黄岩举办书画艺术展。在江苏靖江举办书画展,由民生集团主办。会员汪小亮应邀前往塞尔维亚举办画展传播中国传统文化艺术,并举办艺术讲座。(孔江宁)

金华市婺城区残疾人联合会

【概况】婺城区残疾人联合会(简称残联),下设金华市婺城区残疾人劳动就业服务所。区残联主要承担"代表、服务、管理"的职能:承担区政府残疾人工作委员会的日常工作,负责对各类残疾人专门协会和团体进行指导、监督和管理。区残联辖19个乡镇(街道)残联,413个村(社区)残协。2016年,全区持证残疾人8271人,其中视力残疾822人,听力残疾1389人,言语残疾167人,肢体残疾3612人,智力残疾931人,精神残疾1114人,多重残疾236人。

【"两学一做"学习教育】2016年,召开"两学一做"学习教育动员部署会,明确学习目的、学习内容、学习要求。通过宣传展板、公众号、微信群、QQ群等现代化信息手段,实行"智能式"的教育,普及党的新政策、新理论、新思想。召开专题讨论和固定党日活动,党组成员带头讲党课2次,开展党员下乡服务1338人次。收集整理婺城区残疾人事业发展短板3条。党组织列出问题清单、整改清单和责任清单,党员列出个人问题整改清单,由党支部监督整改落实。

【组织建设】组织残联理事长、残疾人专职委员业务培训,完成2016年乡镇街道残疾人专职委员考核;组织召开各专门协会工作会议。

【两项补贴】根据《浙江省人民政府关于全面建立困难残疾人生活补贴和重度残疾人护理补贴制度的实施意见》及《关于印发<金华市婺城区困难残疾人生活补贴实施细则>和<金华市婺城区重度残疾人护理补贴实施细则>的通知》,2016年1月1日,全区残疾人两项补贴制度正式铺开。2016年,审核重度残疾人护理对象2901人,发放补助资金839万元;审核困难残疾人生活补贴988人,发放补助资金132.9万元。

【康复工作】组织下乡服务月,完成康复筛查1338人次,确定助听、助明、助行418例,申报残疾儿童抢救性康复项目25例,共用康复经费79.2万元;出台《关于做好精神残疾人服用基本抗精神药物费用全额保障工作的通知》,对精神残疾人门诊服用基本抗精神病药物实施全额保障,补助服药经费20万元;完成无障碍改造26户,补助资金15.6万元。

【教育就业】2016年,为372人残疾学生和贫困残疾人子女发放助学补助40.35万元。开展残疾人求职登记、职业介绍,完成新增就业再就业55名,残疾人就业创业技能培训156人次。发放各类就业创业扶持补助53.8万元;复核申报原省市级残疾人扶贫基地12家,对原省市残障人庇护中心或爱心家园进行复核,基本符合条件的4家上报市残联审核。

【扶贫救助】走访慰问贫困残疾人1600多人次,送去慰问金45万元,实物500份。开展第六轮56家机关部门与贫困残疾人结对帮扶;审核、确定2016年贫困残疾人安居户37户,发放补助资金33.54万元。

【社会保障】2016年,申报重度残疾人和严重精神障碍患者城乡居民医疗保险和大额医疗3700多人,每人600元;为个体就业和灵活就业的210人残疾人缴纳养老保险补贴61.8万元;全区8499人缴纳重大伤害意外保险。。

【文体活动】开展2016年"送戏下乡彰文化,残健融合促两美"文化活动,全年送出11场婺剧;

开展第二十六次全国助残日暨婺城区残联“助残云平台”发布会，残疾人可通过“助残云平台”直接了解各项助残惠残政策并进行相关咨询；组队参加市残联国际残疾人日趣味运动会。

【维权工作】2016 年，协助区卫计局做好 G20 峰会期间严重精神障碍患者管理，积极参加 G20 安保、文明城市创建志愿者行动；处理来信来访 4 件，全部办结。

【动态更新】根据中残联、省市残联的统一部署，以 2015 年首次残疾人基本服务状况和需求专项调查涉及的残疾人基本状况 36 项调查指标和村（社区）基本公共服务 11 项调查指标为重要基础，采用入户调查、信息采集等方法对全区 8200 多人的个人基础信息变动情况、残疾人享受基本服务落实情况、村(社区)残疾人基本公共服务改进情况、残疾人基本服务需求变化情况等进行动态收集、审核上传。（金　婷）

11 月 25 日，区残联入户调查残疾人情况（区残联供稿）

金华市婺城区红十字会

【概况】2016 年，区红十字会在自身管理体制、机关队伍建设上取得新突破，管理体制得到彻底理顺，成立党支部和工会。 区红十字会继续秉承“人道、博爱、奉献”精神，服务经济发展大局，开展红十字“三救”“三献”工作，发挥在人道领域联系群众的桥梁和纽带作用。

【管理体制】由挂靠区卫生计生局正式调整为单独设置，成立区红十字会党组，配备领导班子成员 3 人。由区红十字会起草，区委、区政府出台《关于进一步加快发展红十字事业的实施意见》。

【机关队伍建设】加强党组建设，规范议事规则，严格执行民主集中制，“三重一大”事项集体研究，制定《区红十字会日常工作和内部管理制度》并严格执行。加强党组织建设，成立区红十字会党支部和工会，建立党建二类阵地，与区直机关工委共建区直机关党员活动中心。

【救护培训】构筑救护培训基础。在区行政中心北楼 7 楼建立区红十字应急救护培训基地，设有培训专用教室、培训档案室各 1 间，应急救护的常态培训有自己的培训基地。在荣光国际学校、金华实验中学分别建立红十字应急救护培训基地 2 个，完成了后续全区教师参加红十字应急救护培训基地布局。同时，正在着手金华实验中学将红十字应急救护培训课程化。转变救护培训理念。按照“规范有序、严格发证”的要求，协调培训相关部门工作，将“要我培训”向“我要培训”引导，调动救护培训的社会需求。开展救护培训。2016 年，完成红十字救护员 1014 人，普及培训 6419 人。

【人道救助】依法独立设置红十字会捐赠账户。开展各类救助活动。开展重阳节“永和”爱心基金助老活动，发放助老金 30 余万元，受益老人 376 人；慰问沙畈乡银坑村、新狮街道方井头村等生活困难户 26 户，发放慰问金及米、油等财物计 18000 余元；开展沙畈小学助学活动，向学校 130 余名学生捐赠足球、袜子、羽绒服等学习及生活用品；针对区范围内有走失风险的老人与儿童发放“爱的红手环”109 个，实施“8890”红十字爱心桥项目，为贫困求助者和爱心人士搭建解难帮困的桥梁。

【应急救援和生命关爱】牵头开展生命安全教育基地建设。整合消防、交通、教育、安监、关工委等多家单位关于生命安全教育的八大模块知识，在荣光国际学校建立市区首家红十字生命安全体验馆，成为市红十字会、市交警支队、市消防支队和区安监局、关工委等单位的安全教育示范基地。不断健全红十字应急救援体系。建立红十字备灾救灾仓库2个计160平方米，对原有3个借用仓库的物资进行全面清理；参加全市助力G20——2016红十字救援队水上应急救援演练；组织参加北山武坪殿失踪人员搜救。认真实施红十字关爱生命行动。开展无偿献血的宣传推动和造血干细胞、人体器官(组织)捐献等工作，发放宣传折页500余份，签订《中国人体器官捐献自愿书》2人、签订遗体捐献志愿书4人。

(邱苗函)

园　区

金华经济技术开发区
（金华市高新技术产业园区）

【概况】金华经济技术开发区成立于1992年，1993年成为省级开发区，2010年晋升为国家级经济技术开发区，2013年10月与金西经济开发区成建制整合，实行"一块牌子、统一对外，一套班子、统筹管理"。现下辖一乡三镇四街道，区域面积251.65平方千米，共有195个行政村、46个社区。直接管理22所学校（中小学20所、职高1所、幼儿园1所）、11所卫生院。2016年实现地区生产总值260.8亿元，同比增长7.6%，位居全市第三；完成全社会固定资产投资187.59亿元，同比增长13.6%；工业投资完成93.78亿元，同比增长7.1%，位居全市第三；技改投资完成77.91亿元，同比增长15.3%，位居全市第四。一般预算总收入47.82亿元，同比增长13.1%，总量位居全市第四；城镇常住居民人均可支配收入47621元，同比增长7.3%，农村常住居民人均可支配收入25971元，同比增长8.9%，总量均位居全市第二；万元GDP综合能耗降低率达到市定目标。金华开发区已逐渐成为金华市区发展的主引擎、城市拓展的核心区、产业转型的新高地、干事创业的好平台。

【经济稳步发展】2016年，实现规模以上工业产值476.75亿元，同比增长3.3%；实现外贸进出口总额82.2亿元，同比增长19.77%。实施创新驱动，实施市重点技改项目42个，列入省重点技改项目5个；完成工业技改投资77.91亿元，同比增长15.3%；稳步推进国家知识产权试点园区工作，新增授权专利1075件，其中发明专利155件，新增国家、省、市级专利示范企业共8家。创建省市级"三名"企业6家。推进"品牌强区"战略，新增浙江名牌4个，金华名牌12个，3家企业参与浙江制造标准制定，2个产品通过浙江制造认证，"尖峰" 商标获批驰名商标，秋滨街道被评定为浙江省商标品牌示范乡镇（街道），金字火腿股份有限公司和浙江今飞凯达轮毂股份有限公司被评为浙江省商标品牌示范企业。8个人才创业项目入选"双龙计划"，均创历史新高。现代服务业引领增长。入选"2016年浙江省软件和信息服务业产业基地"，金华科技园认定为全市首个"省级广告产业园"。全年完成服务业投资93.62亿元，同比增长23.2%。旅游业快速增长，全年接待游客总计590.81万人次，同比增长39.75%；旅游总收入56.87亿元，同比增长45.14%。农业现代化步伐加快。投入扶农资金3.1亿元，出台《2016年度粮食生产扶持政策》，全年粮食总产突破5.21万吨，创建万亩粮食示范方 1个，千亩示范方 1个，百亩示范方2个，创建棉花千亩示范片1个；新创建省级示范性家庭农场2家，市示范性家庭农场6家。

【项目建设再掀高潮】2016年，新能源汽车小镇成为全省首批6个智能制造示范区（平台）之一，华科汽车产能进一步释放，全年实现产值21.5亿元，吉利动力电池项目一期工程全面动工并被省发改委列入省级重大产业项目龙头项目，零跑科技项目完成土地摘牌即将破土建设。乐乐小镇新引进去哪儿网、网龙VR、杭州维拉网游公司、亮点科技等重点项目，亿博、秀吧、灰狼等一批网红企业初露头角；总投资50亿元的金华信息经济产业园开工建设；制定出台《互联网娱乐创业园区建设与管理规范》。健康生物产业园建设迈出新步伐，投资15.6亿元的科兴生物、投资1.8亿元的益康源污水厂、投资1.2亿元的浩博新材料和年产1500吨特种涂料的大荣涂料项目正式开工。招商引资成效显著。实施招商引资"一号工程"，2015年实到内资61.39亿元、浙商回归产业项目资金31.3亿元人民币、资本回归资金6亿元人民币、外资7304万美元。签约引进亿元以上项目35个，计划总投资158亿元、用地233.33公顷，其中5亿元以上重大项目12个。重大项目推进走在前列。"三百竞赛"活动成效显著，已全面完成48项攻坚任务，签约项目18个，签约金额84.86亿元，实现10个项目集中开工，其间竣工5个、投产7个。省"411"重大项目、省重点项目、市重点项目、市扩大有效投资项目、市区政府投资项目、开发区政府投资项目的投资额和投资完成率均名列前茅。

【改革持续深化】 省供给侧结构性改革试点破冰前行。2016年处置"僵尸企业"9家，淘汰落后产能企业10家，淘汰整治"低小散"企业90家，收回工业土地面积73.93公顷，盘活存量用地61公顷，完成低效用地二次开发87.13公顷。成立开发区帮扶办，对24家"两链"风险企业开展帮扶，其中9家企业取得较好帮扶效果；完成企业股改8家，新增新三板、上海股交中心等挂牌上市企业5家；设立开发区重点特色产业基金，首期规模为10亿元。新增国际标准、国家标准和行业标准12项。"放管服"改革继续深化。整合行政审批职能，建立以窗口集中审批为平台的行政审批服务体系。全年换发、新发"一照一码"营业执照7420份，办理网上登记352件，培育"小升规"企业27家，完成个转企206家，企业数量同比增长20%。政府服务模式持续优化。进一步完善扶持工业转型升级政策，兑现扶优扶强奖补资金1.4亿元。引进梦想小镇运营团队—菜根创业服务有限公司；在全市先行先试联通公安"一点通"监管软件；成立浙江省首个大学生创客服务全程通站点，受到省、市领导的点赞。

【生态环境改善】 "五水共治"向纵深推进。2016年，完成"五水共治"重大项目投资6.92亿元，实施农村生活污水治理建设47个村；江南区块实现养殖场"清零"；完成河湖库塘清淤117万立方米，完成污水管网铺设61.91千米，新建雨水管网13千米，清淤管网450千米。19个主要河流交接断面水质达到Ⅲ类及以上，水电渎入江口水质达到IV类，水环境质量明显提升。"三改一拆"势如破竹。全年共拆除违法建筑4158宗、74.08万平方米，完成市下达任务的185.2%。拆后土地利用58.78万平方米，拆后土地利用率达85.03%。完成"三改"275.91万平方米，完成市下达任务的296.68%；排查危房户数1703户，完成农村困难家庭危房改造200户。城中村改造破难前行。启动5个村的城中村改造工作，开工建设公寓式安置房项目3个；武义江以西区块全面完成103.46公顷土地征收和474户农房签约工作。美丽乡村建设扎实推进。开展美丽乡村建设40个村，涌现出汤溪镇寺平古村、苏孟乡山下村、楼司村等创建典范，受到社会各界的好评。完成164个村的治乱美化，拆除整治危旧房2.7万平方米，整治赤膊房11.3万平方米，种植绿化苗木50000余株。投入资金2428.2万元，用于农村生活垃圾分类工作，建成太阳能堆肥房178座，配备垃圾清运车300余辆，垃圾桶50000余只。启动厚大溪综合治理黄沙段、蒋村段等重点节点工程建设和梅溪流域综合整治，加快推进苏孟水乡建设工程，努力打造一批最美河流。

【面貌日新月异】 打通了金磐路、17号路等断头路，启动建设25条道路，其中新330国道改造、金星街南延等11条道路已竣工交付，国际友城公园等4个项目获得"双龙杯"优质工程，新增、改造绿化面积30万平方米，城市客厅——湖海塘公园东一区已建成并向市民开放。强势推进金西三镇环境综合整治工作，开展岭垅湖区块"四破"行动，27家企业中20家实现腾空拆除，坟墓搬迁签约完成95%。投资1.05亿元连接金西客运站的BRT4号线开通，总投资1.2亿元的钱塘江治理衢江婺城段堤防加固工程顺利开工。汤溪镇入选第三批国家新型城镇化综合试点地区。加大气尘合治力度，PM2.5平均浓度为46毫克/立方米，同比下降14.8%，优良天数达到282天，AQI优良率为80.1%，同比提高

8.2%。成功通过国家卫生城市复审，西关、三江街道荣获市级五星卫生街道、天龙南国等八个社区被评为市级五星卫生社区。

【社会事业共建共享】 2016 年启动汤溪东祝小学扩建、洋埠中小学迁建等工程，新增“浙江省春蚕奖、金华市“名校长” 8 人，校长教师 55 人实现城乡交流。卫生文体事业稳步发展。“三江发展模式”被确定为市区社区卫生服务中心的发展样本，9 家基层卫生单位均与市级大医院建立纵向合作机制，“双下沉两提升” 取得实效，全面两孩政策稳步推进；新增农村文化礼堂 6 家、乡镇(街道)村(社区)电子阅览室 24 家；完成体育创强工作，体育健身设施更加完善，“体育+旅游”模式深入推进。社会保障不断完善。完成居家养老服务机构综合保险省级试点 130 个，新建成居家养老服务照料中心 38 家、避灾安置场所 30 家，创建市级精品社区 5 家。社会综合治理全面提升。开展 G20 峰会维稳安保“十大专项行动”以及信访督查“百千万”专项行动，强势打击各类违法犯罪活动，完成维稳任务，开发区被省委、省政府评为“省 G20 杭州峰会工作先进集体”。安全生产总体平稳，各类事故和死亡人数持续下降。

【干部队伍成样板】 开展“两学一做”学习教育，继续发扬“敢担当、敢突破、善攻坚”的开发区精神，狠抓干部队伍建设，在市委建党 95 周年先进事迹宣讲中，开发区干部队伍事迹被选入其中，在全市巡回宣讲。加强基层组织建设，完成“两代表一委员”和乡镇党委政府换届选举工作。始终坚持全面从严治党，建立健全惩治和预防腐败体系，抓住“两个责任”这个牛鼻子，严格监督检查，严肃执纪问责。突出践行“四种形态”，坚持抓早抓小、挺纪在前。强化正风肃纪，持之以恒落实中央八项规定精神，弛而不息纠“四风”，全区党风政风和干部作风持续好转。（何杨啸）

婺城新城区

【概况】 婺城新城区是婺城区经济社会发展的主阵地、主平台，规划面积 89 平方千米，下辖白龙桥镇、乾西乡和城北综合园区，是金华市区“一中两翼两三角”战略规划布局中的西翼。按“工业新城、商贸新城、人居生态新城”理念布局，分设中心综合区、乾西生活区、白龙桥生活区、洞溪工业区块、临江工业区块、郭蓉休闲区、清潭休闲区等七大功能区。婺城新城区经十多年建设，累计投入建设资金 20 亿元，基础设施建设进一步完善，拉开道路框架 15 平方千米，建成区 11 平方千米，绿化面积 50 万平方米。临江、洞溪、栅川三大工业分区集聚工业企业 550 余家，初步形成汽摩配、五金工量具、医药食品等主导产业。区行政办公大楼、区行政服务中心、区人才市场、婺城中学、区疾控中心、婺城小学等 21 个公建项目投入使用，区人民医院、公安应急指挥中心、汽车客运站等 15 个公建项目正在建设。环中轴景观商业核心圈已经聚集浙中信息产业园、婺州城市广场、伟达雷迪森酒店、尚格酒店等十多个商业服务业项目；中心综合区新建、续建精品楼盘 20 多家，累计结顶 120 万平方米。婺城新城区已经成为大金华中心城市的副中心。2016 年，按照“做优老城区、做强新城区、做美大郊区”发展思路，通过强化招商引资、拓展发展空间、完善基础配套，引进大项目，做强新城区，加快推进新城区建设为市区行政、商业副中心和工业发展的主平台。

1 月 9 日，婺城新城区举行第三届广场嘉年华活动（婺城新城区供稿）

【经济指标】 2016 年，实现工业总产值 194.4 亿元，同比下降 4.25%，完成年度目标的 92.43%。其中规模以上企业产值完成 98.1 亿元，同比下降 15.83%；规模以上工业新产品产值完成 48.4 亿元，同比下降 24.42%。全部工业投入 17.3 亿元，同比增长 1.97%；财政收入 9.2 亿元，同比增长 25.64%；引进内资为 6.52 亿元，浙商回归资金 2.04 亿元。

【招商引资】2016 年，引进工业项目 10 个，分别与浙江东正工具有限公司、金华群威电动工具有限公司、金华市力扬五金制造有限公司、金华市欧谱工具厂、金华市液化气有限公司、浙江玉阳春农产品有限公司、金华捷科工具有限公司、金华兴良科技有限公司等企业签订投资协议，总投资 3.733 亿元，用地面积为 9.12 公顷，达产后可新增产值 5 亿元。

【工业项目】2016 年，新建项目 11 个，其中省重点时通电器完成出让，围墙正在施工；华东环保已完成钢结构主体工程；白龙桥屠宰场一期厂房已结顶，二期厂房正在图纸设计；胜捷物流完成土地出让，正在构筑围墙；鹏友化工、东正工具、群威电动工具已投产，明月楼食品已试生产；正达检测原有厂房改造已完成并投入使用；华发新型材料政策处理未完成；三和印染由于 COD 排放量指标需求无法满足，企业无投资意愿。续建项目 10 个，临江分区永强车辆、琦琦工贸、赤诚工贸已投产；明远新能源一期全部完工；海丰实业一期厂房已投入使用，二期准备开工建设。栅川分区浩明挤塑板已经投产；坦普莱建材厂房一期建设基本完成；恒宇包装、浩然铝业、蓝宇内燃机已基本完成土建主体工程。

【有效投资】2016 年，2 个省重点项目完成投资 1.21 亿元，完成本年计划 149%；7 个市重点项目完成投资 4.57 亿元，完成本年计划 127%；25 个区重点项目本年完成投资 9.866 亿元，完成本年计划? 113%。2016 年安排实施类的 28 个政府性投资项目完成投资 2 亿元。

【“五水共治”】2016 年，婺城新城区新建续建“五水共治”项目 5 个，新建管网 10 千米，总投资近 1.5 亿元。洞溪区块污水干管、屠宰场配套工程已完成，兰溪城南污水传输工程(婺城新区段)已完工并通水；白沙溪西侧污水干管工程(一期)已进场施工。采用上游截流、下游分流相结合的方法，积极治理临江东路涝水问题。白沙春晓污水排放已完成施工图设计，正在走招标流程。

【三产发展】2016 年，婺州城市广场二期加快招商；伟达雷迪森酒店营业良好，与浙中乐园形成良好互动；尚格酒店正在装修和招商；巨龙腾达湾、凯得国际、秀水园正在销售；金华银行正在外装修。巨龙紫金玉澜、华阳金御花园、意谐宾虹新城、海润瑞唐中心、金磐西城印象、鸿基彼岸、蓝湾上林苑、白沙春晓、金城玉府等房产项目施工正常，部分项目全部结顶，累计结顶商品房面积 20 万平方米。

【公建项目】2016 年，婺城区人民医院迁建工程建安工程已基本完工；婺城区公安应急指挥中心正在附属扫尾；中心综合区垃圾中转站已经结顶。金华银行正在内外装修，12 月投入使用。婺城区消防站完成施工招标，年底前主体完工。婺城小学北扩工程已经完成综合楼建设，虹路小学改建工程两幢教学楼主体已经结顶，婺州外国语学校、蒲公英幼儿园均已完工并于 9 月投入使用。

【基础设施】2016 年新建、续建城市道路 20条。中心综合区、临江分区、栅川区块、龙蟠区块和白龙桥老镇区环镇南路等 9 条道路已完工，桑田街、马海路跨白沙溪大桥等 6 条路正在施工。西溪路、后童南路、西路等 3 条路待政策处理完成后进场施工。临江广兴路正在走招标程序。文渊路南延、北延和区政府北侧义政街已完成设计、双溪西路公铁立交桥及延伸正在设计。城北丹光东路东延、二环北路中修等工程已完成，婺州外国语学校、市特教中心、蒲公英幼儿园段人行道工程已完成。二环西路、宾虹西路、临江东路和临江分区部分绿化工程已完工，白沙溪绿化景观工程一期、临江分区街头公园、城北九真公园建设工程已进场施工。临江生态公园、中干渠绿化工程正在走招标程序。中心区块横六路、临江金沙街、临江西路、广兴路路灯改造工程已完成，330 国道路灯工程已完成 6 千米，城北生态景观公园景观灯、朝真路及九龙街路灯工程已完成。

【规划编制】2016 年，新城区临江分区、临乾分区控规已完成控规编制和修改，通过专家评审、公示、市规划局专题会审查、区政府常务会审核，已报送市规划局，等待报送市政府审批；新区中心区(高桥区）已完成控规编制，通过专家评审、公示，准备报送区政府常务会审核。白龙桥分区控规编制完成后报送市政府常务会审批但未通过，根据会议意见，对控规修改完善后再送报批；已完成环保小镇概念性规划及招商手册，正积极推进环保小镇招商工作。

【征迁工作】2016 年，总部经济区块、垃圾中转站、原云计算三条道路、后童西路东方红林场地块、兰溪污水管网、石门溪污水管网的政策处理已完成。广播电视站、白龙桥法庭、桑田街北延、白沙溪景观工程、马海路大桥、后童南路和西路、意谐房产地块、临江生态公园、雅绕地块的政策处理基本完成。

【优化服务】2016 年，完成高峰管业收回地块 3.67 公顷经营性用地拍卖。消防大队 1.33 公顷用地市政府划拨供地已批准。时通电器 3.03 公顷、倪家实业 1.14 公顷、力扬五金 2.36 公顷、欧谱工具 0.47 公顷、坦普莱二期地块 0.43 公顷、八达服饰东北侧地块 3.04 公顷工业用地已完成摘牌。完成石柱头电站 0.36 公顷、煤气公司西侧地块 0.46 公顷供地资料收集。协助红牌电器办理工业用地复核验收。完成后童南路、后童西路、华龙南街、双溪西路西延等地块土地利用总体规划落实和调整的资料收集上报。完成双溪西路、马海路、华龙南街等 17.67 公顷地块的农转用资料的收集。

【项目解困】2016 年，新城区辖区存在或出现风险隐患的商业房产项目有 7 个(城北中奥邑墅和九龙玉府、白沙春晓、聚贤庭、新宇宏腾生活广场、婺州城市广场、瑞唐中心)，涉及房产开发企业 7 家、施工单位 9 家，项目涉及用地面积约 41.67 公顷，建筑面积约 70 万平方米，涉及住宅、商铺等房源 5500 套左右，涉及购房业主 2200 多人。新城区克服人手少、项目多、情况复杂、难度大等重重困难，制定“一企一策”解困方案，积极开展解困工作。瑞唐中心、聚贤庭、白沙春晓等项目相继复工。

【企业帮扶】新城区有一批工业企业受两链风险影响相继停产。金磐机电、欧利美工贸、琦琦工贸等一批企业受到担保链影响，生产规模受到严重影响；受市场和销售影响，双源工贸、红都来工贸等企业也出现资金困难；甚至部分签约项目也要求终止投资协议，退还缴纳的投资入园保证金。新城区充分利用市区政府已经出台的政策，帮助困难企业完成银行贷款调头业务，确保企业正常生产不受到影响，已经协调帮助双源工贸、红都来工贸等多家企业利用政府转贷资金解决资金困难的实际。对采云间企业采用“债转股”的方式，进行公司重组，企业得以重生。

（付晓生）

仙源湖旅游度假区

【概况】金华仙源湖旅游度假区是于 2002 年 1 月经浙江省人民政府批准设立的第 12 个省级旅游度假区。度假区总规划面积 9.8 平方千米。2015 年 11 月《金华仙源湖省级旅游度假区扩建可行性研究报告》获省政府批复，度假区规划面积扩容到 40.57 平方千米，包括安地镇 30 个行政村和雅畈、苏孟部分地区。

【经济运行态势】2016 年，度假区累计接待游客 76.05 万人次，实现旅游经营收入 20687.37 万元。金华动物园全年接待游客?32.1 万人次，实现营业收入 11501 万元。“金华市水上运动中心”项目完成投资 9031 万元。度假区 2016 年完成年度旅游实际投入 30122 万元，新启动项目 5 个。

【度假区扩容总规编制】2016 年，开展度假区总规编制工作。2016 年，确定总规编制招投标代理公司，邀请符合资质要求的规划编制单位对扩容范围进行实地踏勘，邀请上海中船九院等多批专家对度假区发展目标和功能定位进行考察论证。经多轮竞投，于 9 月确定总规编制中标单位：浙江旅游科学研究院有限公司、金华市城市规划设计院联合体，开展总规编制工作。11 月 16 日，在区长李唯副主持下，召开度假区总规（扩容）首次方案讨论会，基本确立扩容总体框架。方案以项目区丰富的水资源为背景，以梅溪湿地、田园景观为依托，以生态体验、养生度假、水上运动为主题，打造具有世外桃源意境的湖山型生态旅游度假区。方案规划 35 个项目，总投资 50 多亿元，建设内容包括飞跃仙源湖、岩头魔法庄园、酒店边五星级酒店、黄桑园露营草坪、安雅湿地公园、四顾屏山等。该方案已通过市、区级专家领导评审,上报省政府审批。

【度假区体制调整】为理顺度假区内管委会与镇政府的管理体制,提高工作效率,形成工作合力,在区委统一领导下,2016 年上半年开展度假区体制调整工作,于 6 月 16 日召开仙源湖旅游度假区体制调整大会,宣布仙源湖管委会与安地镇政府实施“区镇合并、合署办公”。

【项目建设】水上运动中心项目总投资 5.28 亿元,总用地 8.93 公顷,配套停车场 4.33 公顷,由温泉养生、水上运动、配套休闲度假三大功能区块组成。项目一期 2014 年进场施工,2016 年投入资金 2 亿元以上,接待中心和快捷酒店 2 万余平方米土建结顶,进入装修阶段;温泉井打到 1600 米,打出 3 个出水带。经测量,井底温度 65℃,井口温度 43℃,日出水 400 立方米,达到预期目标。项目二期 4.84 公顷用地 4 月已成功出让,规划建设室内室外水上娱乐、温泉养生、康体健身综合场馆,截至 2016 年底还没有启动施工。水上运动中心区块停车场 9 月底实施平整,生态停车场已建成可以使用。由金华市玄元置业发展有限公司开发的“玄元·南山郡”项目占地面积 7 公顷,总建筑面积 11.8 万平方米,居民 606 户。项目 2013 年启动以来,已完成固定资产投资 2.9 亿多元,其中项目一期 2 幢高层、6 幢联体排屋已基本完成建设,于 2016 年 12 月 31 日前如期交付;项目二期 3# 高层已完成主体 10 层建设,合院别墅及独立别墅已有 40 幢主体结顶,剩余 11 幢独立别墅春节后开工建设。

【招商引资】6 月 3—5 日,组团参加 2016 上海旅游交易会。6 月 8—12 日,赴宁波参加浙江投资贸易洽谈会,经洽谈、会商,签约 O2O 山野文化旅游项目 1 个,意向投资 2.2 亿元,以仙源湖为基地,发展集文化创意、旅游观光、民宿等为一体的综合体项目。同时,做好南山双子湖、金华群升漫云山庄木屋度假村等项目的跟踪服务,争取用地指标,促进项目早日落地。根据省旅游局要求,2016 年 3 月和 5 月,分别赴杭州开展度假区 2015 年工作书面汇报和口头汇报,顺利完成省旅游局对度假区 2015 年度考核。

【基础设施】2016 年为解决首期区块用电问题,管委会投资 5000 余万元建设 10 千伏双回路电力工程。截至 2016 年年底项目已完工。为丰富度假区旅游配套,投资 1000 多万元的仙源山养生文化苑已完成装修;投资 1500 多万元的桂花山庄已进行装修。为完善基础配套,2016 年管委会继续推进首期区块道路桥梁建设。其中,仙源大道东侧人行道附属工程(桂花街至仙福路段)已完工;双溪桥、仙福路工程已竣工,正开展项目审计;桂花街工程已完成结算审计;香溪西路延伸(二级电站到安地水库管理处段)开展用地报批等工作。为规范管委会招投标工作,管委会组织实施管委会 2016—2017 年度造价、设计、监理、施工等 4 项内容招标代理单位招投标,签订中标协议。配合市政府完成梅溪综合治理规划编制和金安大道拓宽改造规划编制。

【综合管理】2016 年受国家宏观经济下行影响,度假区房产项目出现一定困难,管委会尽最大努力帮助他们渡过难关。通过大量工作,协调解决南山小筑、问桂居等项目农民工工资问题,这些项目基本平稳。“桂语山居”停工以来,在各级努力下,7 月 28 日上午实现项目复工,并举行复工仪式。“香溪玫瑰园”项目停工以来,开发商提出项目自救后,管委会积极做好购房业主、债权人、施工班组、材料供应商等人员的思想工作,劝导其考虑长远,支持开发商项目自救;在原施工单位不肯施工情况下,引进战略合作伙伴共同开发,在该战略合作伙伴复工没有取得实质进展情况下,在上级政府组织下,9 月启动“香溪玫瑰园”项目破产清算程序。多次开展“枫丹丽舍”泥工班组解约赔偿问题协调,现已正常运作。

浙中信息产业园

【概况】2016 年,浙中信息产业园区依托本地产业特色,在巩固现有“一园多点”发展成果的基础上,围绕产业发展,注重发挥平台优势,优化产业服务体系,探索创新发展模式,推动全区信息经济实现创新发展。2016年，浙中信息产业园区入园企业达313家，交易额超60亿元，招商引进投资1.4亿元，完成全年任务的116.7%。浙婺商回归引进资金7008万元，完成全年任务的100%。

【基地建设】市重点项目“合丰”“云安阁”已进入收尾阶段。“合丰”项目在2015年年底结顶，2016进行内部装修，已在筹备招商；“云安阁”一期项目已结顶，正在装修阶段。这两个重大项目建成后，将形成婺星基地人才培训、就业一体化的综合性基地。多个优质项目有意向开发建设婺星基地地块，管委会正在对接、洽谈中。

【招才引智】与尚格置业、上海来投吧信息技术有限公司、北京东方嘉禾文化发展股份有限公司、金华唯果科技和大数据轻轨等优质项目积极洽谈，成功引进金华唯果科技入驻创新大厦，正与大数据轻轨项目开展实质对接。与上海来投吧信息技术有限公司达成合作意向，挂牌成立“沪金联创空间”，为下步园区项目孵化和资本引进搭建平台。协助北京东方嘉禾文化发展股份有限公司董事长殷建波申报2016年度金华市“双龙计划”创业领军人才。

【产业规划】已完成金华信息经济集聚区概念性总体规划，并启动婺星基地的控规编制。金华信息经济产业集聚区是按照《金华市区网络经济空间布局与发展规划》，通过规划建设以该区域交通区位、人才集聚、产业基础、土地资源等优势，打造以信息产业、信息经济为主导，集生产、生活、娱乐等多功能为一体的多功能网络社区。经过市政府、规划、发改、财政、经信委、网络局、国土等相关部门对规划成果五轮的成果汇报后，集聚区概念性总体规划已完成，在11月启动婺星基地的控规编制。

【电商换市】2016年10月，加紧对接专业村建设，组织白龙桥、雅畈和新狮街道共5个电商专业村的申报，已完成农村电商服务站建设150个，有序开展专业市场上网工程、电子商务行业统计和电商师职业技能评定工作，超额完成区年度十大惠民实事任务农村电商人才培训(4000人次，完成4510人次)。

农村电商工作稳步推进，金华三分田农村电子商务创业园运营管理良好，共引进相关企业12家，“花木之窗”产业园项目一期已满园运营，二期项目招商预报名工作已开展。

【党建工作】“两学一做”学习教育扎实推进，园区党委先学一步，学深一层，并分片开展专题党课授讲，统一印发小册子，配发2012年版《中国共产党章程》，召开了学习大讨论，开展纪念建党95周年微型党课授讲比武，组织青年论坛和创投峰会，认真抓好中共十八届六中全会的学习，强化党风廉洁教育，全面从严教育管理党员，2016年新成立2家党支部，吸收新党员6人，园区党委被浙江省委表彰为先进基层党组织。

(胡群慧)

法治　军事

政法委及综治工作

【概况】 2016年，政法委在区委、区政府的正确领导和市委政法委的直接指导下，以全国、省、市政法工作会议精神为指导，以确保"G20"杭州峰会安全稳定和夺取平安金鼎为目标，落实平安、综治、维稳、国安各项措施，推进"平安婺城"建设。全区没有发生影响社会稳定的重大事件和群体性事件，也没有发生平安考核的重大否决事项，不稳定因素也都在可控范围之内，各项工作得到稳步推进。

【社会治理】 开展矛盾纠纷排查化解专项行动。下发《G20杭州峰会社会矛盾纠纷排查化解工作方案》，在全区范围内对重大矛盾纠纷和重大社会风险隐患开展地毯式、滚动式排查，各乡镇街道和机关各部门每月两次上报排查化解工作情况、村社区每周开展一次排查，明确责任单位、包案领导。排查出各类矛盾纠纷681起，调处656起，调处率96.3%，成功率96.9%。省级挂牌督办的中心医院项目拖欠100余人200万余元工程款案事件，经过区相关部门多次组织协调，得到摘牌。

做好重点行业场所隐患整治。健全网吧、旅馆等治安复杂场所三级联动管理机制，对全区65家网吧、294家宾馆旅店开展地毯式无死角的隐患排查，对违法违规的网吧、旅馆一律实行顶格处罚。处罚网吧64家，其中停业整顿8家；处罚违规宾馆旅店183家，其中关停27家，对1家未按规定登记关注人员身份信息的旅店，依法作出罚款10万元并停业整顿，开出罚单。

开展群防群治专项行动。下发《G20杭州峰会群防群治工作组织实施方案》，发挥综合治理的体制机制优势，动员组织全区机关干部、企事业单位职工和广大人民群众，参与"平安护航G20大会战"。在全市率先招募平安志愿者1万余人，召开平安志愿者护航G20仪式，建立老娘舅志愿者"婺城大妈""婺城大叔"志愿护航G20品牌，全区已建立各类群防群治队伍1148支、18840人。

完成区、乡两级社会治理综合指挥平台建设。以信息化为支撑，以平安建设信息系统为平台，建立健全网上网下联动工作体系，提升基层社会治理工作能力和水平。由区财政统一拨款150余万元，完成区乡两级社会治理综合指挥平台建设，建立社会治理信息处理工作制度，明确交办、承办、督办职责和时限，定期通报事件办理情况，对消极处置交办事项的单位和个人实行问责约谈，并纳入平安综治年终考核，实现信息采集流转，分流交办，分析研判，联调联治等功能。推广应用"平安浙江"APP，发动广大干部群众应用APP参与社会治理。2016年，已注册应用APP达40000个，上报各类信息20872条，涉及矛盾纠纷类1418条，治安、安全隐患类13620条，民生服务类10250条，其他类3447条。通过信息采集上报及早掌握各类社会治理信息，处理各类问题、隐患和矛盾，保证G20峰会期间全区的和谐稳定。

【"平安婺城"创建】 加强系列平安创建工作。继续推进"平安家庭""平安校园"等15项系统平安创建活动，发挥好行业主管部门的牵头作用以及配合单位的协助作用，确保平安建设工作常态化、系统化。区妇联在推进“和姐工作室”的同时，建立“家暴避难所”和家暴110热线，开展“平安家庭”示范户创建活动，深化“平安家庭”创建；区教育局紧抓“警校家”工作机制，全区56支“警校家”护卫队护航校园安全，深化“平安校园”创建；区安监局坚持把安全质量标准化活动作为平安工地创建的基础，全面落实建筑工地综合治理措施，开展“平安工地”创建活动。区卫计局加强和完善医疗信息服务公示制度，利用医院电子显示屏、公示栏等多种形式，将就医流程、医疗服务项目、服务价格等相关医疗信息公开告知患者及其家属，开展“平安医院”建设各项活动。联合市邮管局、区公安分局开展专项整治行动，开展“六个一”活动，确保邮政快递实现收寄验视、实名收寄、过机安检三个100%。加强对护路联防工作的领导，确保全区境内铁道线的安全畅通，被省评为“铁路护路先进集体”。

开展平安宣传。发挥网格化组团服务优势，以“平安综治双月宣传”“七五普法宣传”“反邪防邪进万家”“全民禁毒宣传”等活动开展为契机，与区相关部门同步开展各类宣传活动，利用农民信箱这一载体，向全区4.6万名农民信箱用户发送平安祝福短信，发送短信90万余条次；在市区人民广场开展集中宣传活动，展览宣传展板10块，设立宣传点6个，播放宣传车录音、广播27次，悬挂横幅、张贴标语342条，发放宣传画册及材料5400份，通过电子显示滚动屏播放宣传口号240条；发挥网格化管理组团服务群体性宣传作用，招募平安宣传员5万人，制作并下发帽子、袖套、纸杯、平安倡议书50余万份，发放各类宣传资料28000余份，参加服务宣传活动人员累计3500余人次，搜集社情民意1237条，群众对平安综治和谐促进工程的知晓率和支持率不断增加，阶段性取得宣传工作的成效，基本完成了辖区网格化管理服务宣传“全覆盖”，“平安三率”进一步提高，居全市前茅。

落实重点人群服务管理工作。健全高危人员分级管控。出台严重精神障碍患者“以奖代补”监护责任管理办法，设立专项资金，严格管理监督，落实全区1448人精神障碍患者日常监护、送诊救治等环节工作，确保不失控、不滋事、不肇祸。

【维护社会稳定】 2016年，圆满完成G20维稳安保工作。坚持统筹谋划，掌握维稳安保主动权。加强组织领导。召开全区G20杭州峰会维稳安保工作动员会，下发《婺城区G20杭州峰会维稳安保工作方案》《婺城区G20杭州峰会维稳安保工作督查方案》等系列文件，与乡镇街道、机关部门签订维稳安保责任书，明确工作任务、职责分工以及攻坚难题。建立工作专班。从公、检、法、司等部门抽调6人在全市率先组建峰会维稳安保工作专班，并落实专项资金，实行集中办公、实体运行。健全会商研判。会同区信访局、区公安分局、区安监局等部门出台会商机制，每月组织对公共安全行业、特殊利益群体、非法维权群体、重大风险隐患事件等动态情况进行集中分析研判，对可能影响社会稳定的突出问题进行交办，做好分类化解稳控。

坚持重点导向，筑牢维稳安保根基。坚决落实好G20峰会涉稳形势研判机制，按照“临战每半月一次，实战每周一次，决战每天一次”落实会商和零报告制度。协助召开广天九龙玉府、白沙春晓房地产项目债权人大会，开展债权人大会安保21次，推动聚贤庭、香溪玫瑰园等5个房产项目复工，开展保障性施工11次，取得良好的社会效果。做好突出信访涉稳问题化解及信访重点人员教育稳控责任落实工作。对多次非正常上访的信访人员，依法处理，维护政府公信力。行政处罚7人，对白龙桥镇的叶某某等2人予以刑事立案，有效遏制非访蔓延的势头。制定《婺城区推动化解突出社会风险隐患及群众信访反映突出问题责任清单》，成功化解省级挂牌重大社会风险隐患1起，化解率100%，成功化解市级挂牌重大社会风险隐患10起，化解率83.3%。全区省、市交办信访积案85件，化解类信访积案41件，已化解38件（省交办11件、市交办27件），化解率为92.7%，省、市挂牌交办化解类信访积案的化解率均达到考核指标，名列全市第一。

坚持考核督导，精准落实工作责任。抽调区委督考办、政法委、信访局、纪委等部门精干力量，成立区G20杭州峰会维稳安保工作督查工作组。督查组定期召开督查工作联席会议，制定督查计划，明确督查重点,按照“网格划分、专班负责”的原则,对全区各单位落实重点人员管控情况、信访积案化解情况、重点行业场所管控等维稳安保各项工作进行明察暗访。开展6轮督察暗访,对督察暗访中发现的的问题,当面交办责任单位一把手,下发整改交办单47份,落实整改问题隐患117个。全区获得省委省政府授予的“G20维稳安保优秀县市区”称号,省级先进个人15人,市级先进个人58人,市级先进集体7个。

【政法工作】 2016年,开展“两学一做”学习教育。紧密结合工作实际,制定学习教育计划,开展系列专题学习教育,设置党员阅览室。在“平安婺城”网站增设“党建栏目”,创建党支部微信群,在平台上定期发布党建情况、工作安排及学习资料,利用新传媒建设新型红色阵地。

稳妥推进司法改革。根据中央和省委的部署要求,稳步推进法官、检察官员额制改革,严格法官、检察官入额标准,首批共遴选入额法官54人,入额检察官36人,确保优秀司法资源集中司法一线。完善司法权运行机制,实现案件统一随机分案,落实案件检察官、法官负责制,强化院长、庭室长对审判流程的监督管理,案件管理和过问案件实行全程留痕。注重发改案件评查,引入第三方瑕疵案件评查机制,强化瑕疵案件审判责任。推进以审判为中心的刑事诉讼制度改革。推进庭审实质化改革,发挥庭审在查明事实、认定证据、保护诉权、公正裁判中的决定性作用,以程序公正保障实体公正。发挥律师作用,对没钱请律师、可能被判处三年以上有期徒刑的被告人聘请法律援助律师出庭辩护,辩护率达100%。落实省委关于提高司法机关工作人员加班补贴的意见,提升一线司法工作人员职业保障。

推进国家安全工作。重新调整健全基层防线组织建设,制定下发《婺城区国家安全人民防线工作考核方案》,并开展人民防线基础数据采集工作,组织专题调研5次,上报重要情报线索6条,各类涉及安全稳定的信息30多篇;在G20峰会期间,对2处省级、3处市级、16处区级反恐重点目标进行全面系统的检查指导,增强单位主体的反恐意识、防控质量和责任落实。

抓好政法干部队伍建设。对全区政法队伍“两学一做”、上下班纪律、公车使用等情况开展正风肃纪明察暗访。加强业务学习,每两个月组织政法队伍集中参加全国政法系统系列业务培训学习。开展政法队伍思想政治工作问题调研。组织开展全区“最美政法人”评比活动。筹建婺城法学会,完成205名会员的招募以及前期相关工作。

开展执法监督工作。制定下发《婺城区涉法涉诉信访改革专项执法检查专项执法检查实施方案》,在全区政法系统内进行动员部署,明确专项检查工作的目标任务、组织领导、范围重点、方法步骤和工作要求,有序地开展专项检查工作。继续开展案件评查工作和司法救助工作,探索人大代表、人民监督员、律师参与化解信访疑难案件工作方式,探索建立第三方参与化解机制,已化解疑难信访案8件。

(陈雪惟)

公 安

金华市公安局婺城分局

【概况】 金华市公安局婺城分局(以下简称分局)内设政治处、办公室等职能科室、大队16个,派出机构12个。2016年,实有民警466人(其中,女民警54人,派出所民警259人),协辅警687人。2016年,分局围绕党委政府中心工作,以“两学一做”学习教育为牵引,以重大安保维稳行动为契机,以警务机制改革为动力,坚持“走在前列、党委认可、群众满意”总目标,加强公安工作和队伍建设,较好地完成各项任务,维护社会大局稳定,顺利创建“全国公安机关执法示范单位”,获得全省社会治安综合治理先进单位、法治金华建设十周年先进集体、全省公安机关立案突出问题专项治理工作成绩突出集体 、全市公安机关2016年度信息化应用比武优胜单位等荣誉,年内,在婺城区绩效考核中,该分局位居婺城区机关部门序列第一。在市局考核评估中,该分局执法质量列全市第一。在“二七区块”改造等工作中成绩突出被区政府记集体三等功，被省厅记集体二等功。2016年，分局集体记功6次，1人记二等功，23人记个人三等功，22个部门70人次受到市级以上表彰奖励。辖区案件总警情同比下降5.8%，破刑事案件1279起，同比上升4.2%，打处犯罪嫌疑人1209名，行政处罚2419人，打处侵财犯罪嫌疑人714人，抓获2015年6月30日之前上网逃犯32人，抓获年内逃犯113人，归案率为49.56%，抓获外省逃犯47人。打击通信(网络)诈骗犯罪取得明显突破，6000元以上的案件初侦初查数达到100%，破案107起，摧毁诈骗团伙22个，抓获违法犯罪嫌疑人208名，追回赃款430万元。强力整治黄赌毒问题，查处黄赌案件483起，同比上升30%；打处违法犯罪嫌疑人1167人，其中采取刑事强制措施75人，同比上升31%；全区黄赌警情同比下降25%，开展“毒战系列”“网络扫毒”等专项行动，抓获涉毒犯罪嫌疑人68人，违法吸毒人员282人。

【护航党政中心】2016年，分局坚持“重点项目推进到哪里，警务保障就跟进到哪里”，在区委区政府的统一领导下，落实项目警长制、河道警长制，配合乡镇(街道)和相关部门，做好“二七区块”改造、下沿区块征迁以及“三改一拆”“五水共治”等现场保卫工作。排查矛盾纠纷1600起、不安定因素230起，化解率分别达91%和93%，稳妥处置香溪玫瑰园业主、婺州城市广场业主闹访、出租车罢运等群体性事件65起，教育训诫人员600余人次，查处挑头闹事重点人22人。加强经济领域违法犯罪的打击维稳力度，开展“两链”风险、金融投资领域风险隐患排查，排查稳控影子银行38家、风险企业55家，破案11起，挽回经济损失554.3万元。做好烟花爆竹禁限燃工作，发放宣传资料13万余份，查处违规燃放烟花爆竹案件5起5人，当场劝阻教育20余人次。

【维稳安保工作】2016年，围绕G20杭州峰会、世界互联网大会、各级“两会”、中共十八届六中全会、换届选举等重点时段，建立常态挑刺和攻防演练机制，严密反恐防暴措施，加强重点部位、重点群体、重点人员管控，加强对重点场所、行业、物资的依法严管措施，将民宿农家乐纳入旅馆式管理，在全市率先适用《中华人民共和国反恐怖主义法》对不按规定核查旅客身份的宾馆开除高额罚单。峰会安保中，全局上下奋战287天，全区接报有效警情同比下降3.13%，侵财类警情下降12%，刑事发案下降19.3%；发扬连续作战精神，保持严管态势，开展第三届世界互联网大会安保工作，11月1—20日，治安警情同比下降31%，刑事案件警情下降28%。2016年，全区没有发生影响社会稳定的重大刑事案件、群体性事件、赴杭进京到乌镇滋事等情况，兑现了“婺城不出事、婺城人不惹事”的承诺。

9月9日，G20杭州峰会婺城增援队

（区公安局供稿）

【快侦快破重大恶性案件】2016年，辖区发生的6起命案、8起强奸案、1起爆炸案、1起放火案全部及时告破。开展“除恶治霸”行动，排摸黑恶线索19条，打掉犯罪团伙11个，打处犯罪嫌疑人77人。年内发生的16起恶性案件及时告破，特别是侦办范氏兄弟非法拘禁案中，深挖出4起隐藏的命案，体现婺城侦查员的敏锐性和攻坚能力。深入排查黑恶线索，打掉犯罪团伙15个，打处犯罪嫌疑人68人。

【打击通信网络协作机制】2016年，国务院多次召开打击通信网络新型犯罪联席会议，分局也及时建立联席会议制度，探索建立新形势下的防范打击通信网络诈骗工作机制，成立工作专班，建立健全一整套以合成侦查为主导、整合资源为关键、“集团”作战为支撑、“侦研互动，全局联动”的新型打击通信网络诈骗案件工作机制。破案107起，摧毁诈骗团伙22个，抓获违法犯罪嫌疑人208名，追回赃款430万元。破获"婺城城东20160512银庆柳等人破坏计算机信息系统案"、上海汉海有限公司(即大众点评公司)被骗案等几个比较典型的案件。

【查补短板】 围绕"四项建设""五大导向",着眼公安工作和队伍建设长远发展,建立"不断挑刺找茬、不断补齐短板"的自查自纠工作机制。分局各单位每月梳理查找短板问题清单、责任清单以及补齐短板效果清单、难点问题请示清单,在循序渐进问题归零的同时为党委决策谋划、部门改进工作提供了参考。推行常态挑刺制度,出台工作规范,抽调骨干成立业务和队伍挑刺队,由局领导带队,每周开展问题查纠、整改倒查。2016年开展队伍挑刺30余次,编发通报18期,发现、整改问题140余项;开展业务挑刺117次,编发通报84期,开展攻防演练15批次,对工作落实不到位的科所队和内保单位发出1033张《责令限期整改通知书》,督促整改问题1321处;编发查补短板情况通报12期,查找短板1327项,补齐短板1189项,加大从严治警力度,浓厚干事创业氛围。

【反恐怖工作】 发挥区反恐办的职能作用,出台《反恐怖工作要点》《领导小组及其办公室成员单位工作职责》《反恐怖工作履职报告、问题通报、诫勉约谈、过错问责制度》,制定《反恐怖工作责任清单》《反恐怖工作督查机制》,规范64项具体反恐工作项目和要求,明确职能部门监管责任、乡镇街道属地责任、重点单位主体责任,强化"守土有责、守土尽责、失土追责"的意识。对全区反恐重点目标单位开展了8轮攻防挑刺,检查87家次,发现问题129处,发出整改通知书23份,解决汽车西站安装安检门等老大难问题。强化"1·3·5"应急防暴控制圈建设,常态落实动中备勤、驻点巡线,加强最小作战单元和群众性自卫单元培训演练,提高快速反应能力,确保重点部位绝对安全。坚持依法反恐,在全市率先适用《中华人民共和国反恐怖主义法》,对不按规定核查旅客身份的旅馆开出高额罚单。

【打击侵财犯罪】 开展打击"盗抢骗"、打击侵财犯罪"利剑"等专项行动,全警发动、所队衔接,合成作战、打防并举,整合资源、革新战法,保持发案持续下降、破案打处持续上升的良好势头。重拳打击侵财犯罪,2016年,各派出所全面发力,加强逐案研判、高频前科人员流入预警等措施,侵财案件警情同比下降21%,刑事立案2399起,同比下降25.52%,破案803起,同比上升5.24%,打处犯罪嫌疑人715人,同比上升44.7%,其中29人被判处五年以上有期徒刑,抓获2015年6月30日之前上网逃犯29人。打处电信网络新型犯罪嫌疑人203人,其中属于公安部确定的重点地区21人,起诉新型犯罪案件29730起,成功摧毁江西宜春籍跨省盗窃等犯罪团伙,形成打击伪机站犯罪等成熟战法,打击伪基站诈骗等工作走在全市前列,形成一批实战实用实效的新战法。

【社会治安防控体系】 加强巡特警大队专业化建设,组建警犬中队,完成14头防暴犬的训练配备,强化重点区域和部位的巡逻威慑。完善多元技防体系,安装"天网二号"设备513套,无线上网场所安装审计系统417家;治安视频监控增加到1850个,运维健康指数居全市第二,8—12月保持在全市第一,发动社会单位和群众自建监控1271个,超额完成区政府提出的建成1000个的惠民实事目标,总数达到1798个;完成全市公安机关视频平台建设应用试点任务。年内通过视频侦查直接破案192起,带破案件74起,抓获犯罪嫌疑人302人。拓展"互联网+警务"模式,抢占"微空间"制高点,组建特色微信群101个,其中,各派出所建立场所行业服务管理微信群14个、社区警务微信群75个,"蒋堂e警""实有人口信息APP申报系统"等派出所信息化创新手段在基层基础工作中发挥了显著作用。

【治安突出问题整治】 坚持"什么问题突出就整治什么问题",对城中兰溪门菜场、城北丰亭西路、城东上浮桥社区、站前洪源社区、新狮道院塘社区、白龙桥叶店村等治安复杂区域实行挂牌整治,取得良好效果。其中,洪源社区实现全年无恶性案件,棋牌室等场所明显减少,黄赌警情大幅下降;后城里村自建监控体系形成规模,群防群治得到加强,为治安环境整治探索有益经验。针对高铁站黄牛叫客问题反弹的情况,10月中旬起加强常态严管措施,至年底,抓获"黄牛"治安罚款84人、教育训诫并责成具结悔过6人,叫客问题得到有效遏制,区域治安秩序进一步好转。推行黄赌问题“警戒线”制度，把决不允许出现“红灯区”、决不允许出现涉黄美容美发“一条街”、决不允许赌博机盛行、决不允许长期聚赌现象，决不允许包庇纵容甚至充当保护伞和眼线作为工作底线，以“黄赌警情、公共复杂场所、高危人员”等数据为主要依据，建立常态常量分析模型，通过数据波动分析、所队打防衔接，提高对黄赌问题的感知度、公共复杂场所的监管力和重点人员的震慑力，4 月份制度运行以来，全区易涉黄、涉赌复杂场所减少 149 家，涉黄黑名单人员减少 247 人，黄赌警情同比下降 24%，查处黄赌案件 452 起，同比上升 30%，采取刑事强制措施 59 人，同比上升 29%，行政处罚 1008 人，同比上升 10%。2016 年 6 月，该机制在全市公安机关推广。

【全国公安机关执法示范单位】坚持把规范执法作为公安工作的“生命线”，强化法治思维，改进执法管理，深化“三位一体”执法机制建设，健全教育训练深入警心、执法监督精细透明、执法勤务严格规范的执法工作体系，完善信访投诉、执法问题倒查问责等刚性措施，进一步提升执法公信力，执法质量考评连续 5 年保持全市第一，继续走在全省公安机关前列，继 2016 年之后再度被公安部命名为“全国公安机关执法示范单位”。

12 月 30 日，共创平安校园活动

（区公安局供稿）

【党建带动队伍教育管理】开展“两学一做”学习教育和“无限忠诚·走在前列”主题教育实践活动，推进“金华市机关党建示范点”建设，规范党内政治生活，出台党风廉政建设层级管理制度，从严落实主体责任、开展党内监督，增强党组织的凝聚力、战斗力，强化党员的政治意识、大局意识、核心意识、看齐意识。着力打造铁一般信仰、铁一般信念、铁一般纪律、铁一般担当的公安警队，常态挑刺补短板，宣传典型树标杆，奖罚分明讲正气，从优待警增活力，队伍保持奋发进取的精神状态。开展“好支部、好支书、好党员”评比活动，城西派出所所长柴桢华入选全省“千名好支书”，12 人入选全省“千名好民警（协警）”，4 人被评为“信义金华·最美警察”，4 人被评为“信义金华·最敬业警察”，原城北派出所副所长童备入选全市先进事迹宣讲团，展示婺城公安队伍信念坚定、执法为民、敢于担当、清正廉洁的良好形象。

【户籍制度改革】推进户籍制度改革作为重要的民生工程，发挥区户籍制度改革领导小组办公室职能作用，成立工作专班，牵头制定《婺城区户籍制度改革工作实施方案》，建立每月会商工作机制，细致梳理与户口性质挂钩的各类现行政策，对与户口问题有关的利益群体和户改后因政策调整可能产生的不稳定因素进行排摸和风险评估。经过 8 个月的努力，完成全区 5 个街道、13 个乡镇共计 36 万常住人口的户口清理核对，核销户口 1376 人，落实无户口人员 188 人，纠正户别差错 11 人，于 11 月 1 日 0 时，全面完成“农业”与“非农业”二元制户口性质转换，实行城乡统一的“居民户口”登记制度。

【侦破部督跨国销售假药案】2016 年 2 月，分局城中派出所通过网上巡查发现一条利用微信平台销售假美容针剂的犯罪线索，在金华市区和义乌两地抓获祝某某等 2 名本地籍犯罪嫌疑人，进一步查明韩国国籍犯罪嫌疑人卞某某夫妇非法走私假美容针剂到中国境内，再通过网络销售给全国各地经销商的跨国黑色产业链条，被公安部列为部督案件发起全国集群战役。此后，城中派出所又在分局治安、网警等部门的大力支撑下，先后在广东东莞、江西宜春等地抓获卞某某夫妇等多名犯罪嫌疑人，捣毁假药仓库 4 个，查获美容针剂 4000 余支，并向全国 28 个省传递涉案线索 800 余条，协助外省抓获犯罪嫌疑人 23 人，行政处罚 100 余人，涉案金额

1000余万元。

【侦破非法经营成品油案】2016年8月，分局治安大队与政府相关部门开展成品油市场秩序专项整治过程中成功侦办省内首起非法经营成品油案件，摧毁姜某某等人为首的非法销售柴油团伙2个，取缔无证加油点13个，查扣非法成品油10余吨，扣押油品运输车1辆，依法移送起诉22人，涉案金额达1000余万元，该案的成功侦破，得到省委原副书记、省委政法委原书记王辉忠等领导的充分肯定，并作出"打击有力度，打出了成效，也打出市场秩序"的批示。

【侦破部督虚开增值税发票案】2016年3月，分局经侦大队会同国税稽查等部门侦破金华信义贸易公司以沥青为进项、燃料油为出项的变票形式虚开增值税专用发票案，涉及发票面额21.7亿元、税额3.6亿余元，造成国家经济损失数亿元，非法获利上千万元，被公安部列为[2016]234号督办案件，在全国范围发起集群战役。抓获犯罪嫌疑人徐明敏、陈长青、熊菁等3人，追回赃款1200万余元，为维护国家经济秩序发挥了积极作用，得到了省市主要领导的高度肯定。

【侦破部督网络贩毒案】2016年4月，分局禁毒大队通过滕某"打卡扔毒"案件入手，深入开展分析研判与线索核查，逐渐掌握黄某某等人利用手机残料提炼"牙签""眼药水""高纯度液体"等新型毒品，并采取网上贩卖、快递投送、网上支付的新型贩卖毒品案件线索，涉案金额高达2000余万元，进而发起全国集群战役(公安部目标案件2016-325)，斩断了辐射全国10余个省份的网上贩毒黑色链条，摧毁了一个40余人的贩毒团伙。其中，婺城公安分局共刑事打击黄某某等主要犯罪嫌疑人7人，查获毒品冰毒1400余克。

【侦破非法经营病死猪肉案】2016年1月，分局治安大队通过线索排摸、专案侦查，成功侦破徐某某等人非法经营病死猪肉案件，刑事打击犯罪嫌疑人15人(均已判决)，确保金华市食品市场安全，得到市、区两级领导的高度肯定。

【侦破假冒支付宝客服团伙诈骗案】2016年4月，分局刑大三中队通过本辖区支付宝诈骗案件入手，串并同类案件10余起，发现一个假冒支付宝客服通信网络诈骗团伙，成功抓获通信网络诈骗犯罪嫌疑人11人，缴获作案电脑、手机、银行卡一大批，实现从取款组、键盘手、网络推手到幕后老板的全链条打击。

【侦破"盘古信息技术公司"服务器被入侵案】5月，分局网警大队、城东所确定嫌疑人通过网上散布钓鱼网站、服务器植入木马等形式入侵盘古信息技术公司服务器，实施网络盗窃、销赃游戏币等犯罪活动，后辗转广西、河南等地抓获银庆柳、银某某等12人犯罪嫌疑人，追缴赃款300余万元，扣押汽车2辆；顺藤摸瓜侦破外省市掩饰隐瞒犯罪所得案件20余起，协助抓获犯罪嫌疑人54人。

【摧毁跨省盗窃犯罪团伙】2016年4月，婺城分局刑侦大队一中队、城西所从"城西时代花园3·31特大入户盗窃案"现场细微线索入手，成功抓获入户盗窃犯罪团伙孙某某等犯罪嫌疑人3人，追回赃物66件，缴获作案汽车1辆、假冒车牌8副，成功侦破3月31日时代花园小区价值22万元入户盗窃案，并带破浙江建德、江西赣州等地同类案件12起。该案主犯被判处有期徒刑14年。

【侦破财务室保险柜被盗案】2016年6月，公安分局刑侦大队二中队、乾西所从"乾西金祥板业公司6·4保险柜被盗案"现场视频监控入手，锁定其中1名犯罪嫌疑人身份，又通过多种侦查手段，基本锁定4名犯罪嫌疑人后辗转贵州、河北、湖北、天津等地实施抓捕，先后将涉案的冉某某、安某某、孙某某、胡某某等4名犯罪嫌疑人悉数抓获归案，成功侦破金祥板业公司财务部保险柜内20万元现金被盗案，并追回金项链等赃物3件，破获本市入户盗窃案件2起，协破天津市特大入户盗窃案2起，涉案价值60余万元。

【全链条打击一伪基站诈骗犯罪团伙】2016年2月，婺城分局刑侦大队三中队、雅畈所在市、区两级合成作战室的统一指挥下，仅用1小时就成功拦截利用伪基站发送诈骗信息的2名犯罪嫌疑人，并立即开展审讯和线索深挖，经分析研判后快速锁定一个以唐某某为首的伪基站诈骗犯罪团伙及主要落脚点，分局调集优势警力赶往省内丽水、衢州等地实施集中抓捕，在10小时内成功抓获发送诈骗信息和幕后操控诈骗犯罪团伙成员9人，缴获涉作案汽车4辆、伪基站设备2套、Ipad11部、手机11部、移动电话卡14张、账簿9本，成功斩断了一个伪基站诈骗犯罪链条。　　（佟晓云）

金华市公安局交警支队直属一大队

【概况】金华市公安局交通警察支队直属一大队下设综合室、处罚中心、事故中队、二中队、三中队、安地中队。安地中队的办公地址于2017年1月份搬至安地镇，大队部和其余部门的办公地址仍在婺城区八一南街1266号。

2016年，接报交通事故警情32222起，立案6473起。其中简易程序处理6390起，上报交通事故83起，死亡事故9起，死亡9人，受伤98人，直接经济损失39.18万元；与上年同期相比，上报事故下降1.19%，死亡人数下降18.18%，受伤人数上升2.08%，直接经济损失下降2.51%。

【民生交管】交警一大队全面深化公安改革，落实各项改革项目，响应交警支队开展的“民生交管年”系列活动。大队采取“信息化警务”，通过微信、微博等网络服务平台，拓宽民生交管服务面，多方面多角度倾听民声，广泛收集群众意见，随时为网上群众提供服务；大队通过“8890”便民服务台、金华交警微信、公安服务在线等平台，完善便民服务机制。方便市民缴纳罚款，交通违法处理中心与市政府、银行等部门协作，实现通过微信、支付宝缴纳罚款，方便了群众。

【信息交管】交警一大队利用交通设施维护微信群等即时通信工具，建立了市政、园林、环卫、行政执法、交通等多部门联动机制，针对道路交通管理过程中发现的交通设施设置不合理、不完善以及标志标牌缺失、为适应交通流量变化需要新增、更改、撤销硬件设施等各个方面，采取随时发现问题，随时通报相关部门，进行随时建设、整改的方法。通过日常的事故处理及路面巡查，将道路隐患以防控建议书的形式在网上公布，为辖区中队及道路主管部门及时作出行之有效的整改措施提供建议；二中队推出南苑小区微循环，在通行状况允许的情况下，在南苑小区内部实行道路单向通行措施；三中队强化仙源路模具城开口和二环南路长山路口的改造，消除道路安全隐患。

【重点车辆管控】落实各类重点违法行为的查处工作，做到严管常态化，辖区外围周边的残疾车、正三轮摩托车、电瓶三轮车等易发生伤亡事故的重点车辆进行严管严罚。加强和规范辖区大货车通行管理，对大货车违法规定闯禁进行常态严管，尤其是环城南路以及新开通的海棠路的大货车管理；针对电动自行车安全管理问题，大队采取宣传教育与处罚两大抓手并举的措施，一方面专门收集制作了电动自行车典型交通事故案例视频资料，深入绿源、今飞等电动自行车保有量多的企业进行安全宣传，对百度外卖、美团外卖等新出现的电动自行车高违法率群体进行集中宣传教育，另一方面同时强化路面管理，加大整治力度，对电动自行车违法产生较大震慑力，减少交通事故发生。

【G20交通安保】2016年以来，交警一大队围绕上级部门部署要求，突出重点、紧盯G20交通安保任务，全警动员，全面发力，凝心聚力做好G20安保交通管理等工作。实现大队指定高速分流点零闯入，较大事故零发生，不良稳控零出现，队伍建设以及工作业绩实现双丰收。

【推进主干道提速】交警一大队结合市区路网结构变化以及车流量变化情况，谋划推进主干道提速工作。重点在路口重新渠化调整、信号灯控优化、支路进入主路管控等方面进行调整，更好满足车辆通行需求。经多方协调，对八一南街BRT专用道路口交通标志、标线进行调整，实行路口共用，路段专用模式，提高通行效率，对一部分路段开口设置隔离设施，防止机动车随意进出影响主干道车速。大队根据支队的统一部署，开展八一南街严管整治行动。

【推进创新试点】为解决交通基础信息掌握不全，交通要素不够清楚以及基础数据缺乏深度应用等问题，交警一大队把交通基础信息采集工作作为2016年一项创新工作进行试点推进。通过整合“一点通”、交通事故处理系统、“六合一”系统等现有基础数据资源，通过警务通、违法录入系统，利用网格化分区块布警的负责人员分工协作等方式，完成对交通环境、交通设施、交通参与者、科技设施、动态数据信息、重点人、重点单位、重点车辆以及事故处理相关基础信息采集。利用构建完成的交通基础信息平台，发挥先进的技术、设备在日常交通安全管理过程中的作用，保障道路交通管理工作与经济建设和社会发展相适应，进行道路优化改造，减少交通安全隐患，增加交通肇事逃逸案件侦破手段，为信号灯等基础设施、电子警察等科技投入等基础建设提供依据，为交管部门制定先进的管理方法和各级政府部门组织实施道路交通安全管理规划提供依据。

【“四个依托”开展宣传】进入夏季以后，交警一大队以路面管控为依托，提高违法当事人的交通安全意识。把宣传活动融入日常执勤执法中，实现处罚与教育并重，利用机动巡逻与定点执勤相结合的模式开展宣传。以公共场所为依托，提高流动人群安全意识。以农民工、客运驾驶人为重点，到营运企业集中开展宣传教育活动，将交通安全宣传教育光盘、宣传挂图送进企业；在辖区车站、广场等人群密集的公共场所设立交通安全宣传点，充分利用警示教育片、事故展板等形式进行宣传，让辖区交通参与者随时受到教育。以“窗口”岗位为依托，提高办事群众的安全意识。交警一大队紧紧抓住“窗口”岗位的有利条件，在车驾管业务大厅、交通事故处理大厅，通过摆放交通安全宣传图板，发放交通安全宣传资料、LED 显示屏、播放交通安全宣传教育光盘等方式，向办理业务的群众宣传交通法律法规和交通安全常识，增强群众交通安全意识，教育引导群众自觉养成遵守交通法规的良好习惯，安全驾车，文明出行。以客货运企业为依托，提高交通安全责任意识。主动牵手辖区重点企业，组织宣传民警深入辖区客运公司等具有从事营运业务资质的企业，对企业重点驾驶人进行宣传教育，与企业安全管理负责人、车主、驾驶人进行座谈，通告近期典型交通事故案例，深入剖析事故原因。提醒客车驾驶员遵守交通法律法规，不超员、超速、出车前检查车辆，不开“带病车”等，着力提高他们对交通安全的重视程度，增强自觉遵守交通法规的意识。

12 月 22 日，市公安局交警一大队三中队指导员邵凤庆和民警滕飞受邀参加秋滨小学第五届社团嘉年华活动和少年警校成立仪式

（市交警一大队供稿）

【“优质服务”先进个人】根据金行中[2017]2 号《关于金华市政府办事大厅 2016 年第 4 季度“流动红旗”评比情况的通报》，被派往市行政服务中心的一大队民警张琦峰，被评为“优质服务”先进个人。

【最美金华人】2016 年 6 月 1 日 16 时起为小学放学时间。协警章均斌与队友在宾虹小学附近的兰溪街与和信路路口执勤。章均斌发现一个小孩从位于兰溪街的当代江南小区东门跑出，穿着短袖短裤冒雨往马路对面冲，全身淋湿并啼哭不止。章均斌上前把小男孩抱到人行道上，迅速脱下警用雨衣，单腿跪地，将雨衣披到小男孩身上，并耐心询问男孩家人在哪。小男孩止住哭声，回答说奶奶去宾虹小学接姐姐，他要去找奶奶。章均斌听后，问明其家人联系号码，用小男孩脖子上挂着的手机，通过存在手机上的亲情号码联系其家人。这一幕感动了一位路过的女士，她不忍心单膝下跪的章均斌淋在雨里，过来默默给章均斌撑起了伞。这个过程被一同执勤的协警贾晨阳拍成照片发到微信群里。后在中央、省、市及境外媒体上进行报道并在网络上热传，被称为“暖心交警”。人民日报官方微博以“有爱！一件警用雨衣，只露出一双小脚丫”为题，对助人为乐的交警点赞；公安部交通安全发布也以“儿童交通安全”为题进行点赞，称交警的警服，对孩子来说，就是哈利波特的隐身斗篷。2016年12月，金华市委宣传部、金华市文明办为章均斌颁发“发现最美金华人.金华好人榜”荣誉证书。　（邓先辉）

6月1日，金华市公安局交警一大队民警章均斌将雨衣披到了独自在雨中寻找家人的小男孩身上

（市交警一大队供稿）

金华市公安局交警支队直属三大队

【概况】 2016年，金华市公安局交警支队直属三大队接报各类事故警情7673起，立案6394起，其中，简易事故6327起，上报交通事故67起，死亡事故29起，死亡29人，受伤62人，直接经济损失8.14万元。

【事故防控】 大队以“控大”为工作重点，积极落实源头管理举措，预防和减少道路交通事故，保障群众生命财产安全，严防死守，取得良好效果。

治理道路安全隐患。源头管理是基础，也是关键。大队对辖区道路进行“地毯式”排查，排查出56处大小安全隐患，及时报告当地政府及相关职能部门。本着先重点、后一般的原则，有关部门投资近200万元，全市第一个完成了315省道与白汤下交叉路口市级事故多发点段和汤苏线余坞里高落差路段的治理。对虹戴公路、小埠口等重点路段，邀请市人大常委会主任黄锦朝、市局分管副局长马尚伟、支队长陈锋、婺城区人大常委会主任张菲菲及职能部门实地督查落实有关部门予以整改。

着力勤务机制改革。实行联勤制度，对330国道，虹戴公路、315省道等事故“大户”无缝连接巡逻检查。推行“平安道路警长制”，分片划分，包干到人，延伸工作职责，集巡逻、检查、宣传走访于一体，加强监督考核，提升实战能力。在学习先进经验的基础上，对事故处理模式进行改革，将驻汤溪中队事故处理民警划归汤溪中队管理，增加基层警力，加强中队建设。白龙桥、琅琊中队处理轻微物损及人员轻微伤事故，提高快速接处警时间，提升民警综合执法素质，以培养“全科”民警。

强化山区道路安全。结合辖区道路特点，明确“三条路三条垅”重点，大队对白门线、汤井线、汤苏线三条道路又长又窄的山区道路，积极开展宣传，及时提醒过往车辆减速慢行，做好各项防护工作。特别针对节假日，车流、人流增加，采取非常措施，加强巡逻纠违，利用琅琊木材检查站、汤溪九峰职校两个劝导站，对过往车辆发放宣传卡片，提醒平安出行等，创新建设农村道路交通安全机制，建设“二站三员”开展宣传教育，轻微物损事故处理等。

侦破交通肇事逃逸案。建立交通肇事逃逸侦破机制，快速侦破“1·15”“2·27”“3·21”三起交通肇事死亡及11起轻微车损逃逸案。侦破过程中大队领导重视，措施得力，大队领导亲自带队连夜抓捕肇事驾驶员，展现参战民警高超的业务水平和对人民群众生命财产安全的高度负责精神，并收到人民群众送来的锦旗5面。

【队伍建设】 队伍是根本，大队以“无限忠诚·走在前列”“两学一做”学习教育活动为主线，严管理重教育，最大限度激发活力，提高工作积极性和主动性。

大队结合教育整顿活动组织全体工作人员利用中午时间，邀请支队监察室冯亦军同志上纪律作风教育课。大队长郑国洪结合典型案例，教训深刻的事件，给大队全体工作人员上了一堂意义深刻的集中党课。做好规定动作之外，大队又组织全体民警到金华监狱浙中预防职务犯罪警示教育基地参观学习，通过“现身说法”教育民警珍惜现有的工作岗位，吸取教训，警钟长鸣，遵守法律，守住纪律，把纪律挺在法律的前面。用咬耳扯袖、红脸出汗的方式排查梳理，找准问题，列清单，明确整改时限和措施。提醒民警谨小慎微,从小事做起,规范自己的言行,对自己负责,对工作负责,经常用纪律作为镜子来正视自己,防微杜渐,真正做一个合格党员、称职民警。

对待学习常抓不懈。“学者非必仕,而仕者必为学”,要求每位民警、职工、协辅警要把学习当作一种追求,一种爱好,一种健康的生活方式。3 月 23 日,大队利用中午休息时间,特邀请罗店中队张陆俊中队长就注重自身形象、执勤执法礼仪、文明规范用语等方面对大队全体人员进行培训。大队长郑国洪对提升自身素质,注重学习提升,加强协辅警管理教育工作等方面进行了再强调、再教育。积极组织全体工作人员开展自学复习工作,每月组织一次执法素质能力测试。每个中队还经常性地组织事故处理、消防卫生急救、内部防范、违法处理等培训,提升综合执勤执法能力水平。并取得支队本级二次、全市执法素质测试平均分和个人第一名的好成绩。

没有规矩不成方圆。修订民警绩效考核办法,修改完善协警考核办法,用车制度、公章管理规定等,明确规矩,细化考核内容,重抓各项规定、条令、制度的落实,促进队伍有序管理。着重平时的教育提醒,重点人重点事重点管,注重“抓常抓早抓小”,做到警钟长鸣,时刻提醒、警示。对工作中和“八小时以外”的不良苗头倾向,坚持零容忍,零懈怠。实行大队领导驻队督查整改制度,发现民警的问题,及时谈话提醒,及时报告组织,协警问题该处理的处理,该辞退的坚决辞退,决不手软。一年来谈话提醒 5 人次,处理辞退协警 8 人次,出督查通报 3 期,其他通报 5 期。

提升责任强化党建。认真执行党总支负责人、支部书记为抓党建第一责任人,带头严守党纪党规,坚决落实党建工作各项制度,强化工作指导和督查,做到用制度管人、按制度办事,抓好班子、带好队伍、管好民警。积极开展“两学一做”,组织学习教育,组织加强书记学习提升,大队白龙桥中队褚金喜在市局党的理念知识测试中取得了第一名的好成绩。通过开展“无限忠诚?走在前列”学习教育演讲比赛,成立“红绿灯”党员服务小分队,举办“欢乐无限警警相拥”答谢晚会集体答谢等活动。全体人员工作热情高涨,积极主动,形成你追我赶良好氛围。

【严查纠违】大队从“禁酒驾”、查违法,明确工作重点,净化道路交通环境,形成强大阵势发挥震慑作用。

采取固定检查与流动巡逻相结合方式,强化路面管理,对重点交通违法实行“零容忍”,严查客车超员、酒后驾驶、无证驾车、农用车载客等严重交通违法行为。加强重点路段、重点时段、重点车辆管控,做到工作不放松、干劲不松懈。特别对“显见性”又极易发生恶性事故的电动三轮车违法载人、载客等实行重点管控,做到发现一起查处一起;对大货车违停采取疏管结合等。积极开展现场测速和超载整治行动,加大虹戴公路、315 省道、330 国道等重点道路巡逻检查,提高见警率和管事率。

“禁酒驾”常态管理机制。除全市统一行动之外,各路面中队还另行开展整治行动,中队领导带队全程参加整治,大队值班领导参加各中队的整治行动,中午查、晚上查、零点查,形成浩大态势,使“禁酒驾” 行动常态化。共查处酒后驾驶违法行为 589 起, 醉酒驾驶 138 起。特别是大年初一便开展“禁酒驾”行动,查处酒后驾驶违法行为 14 起,春节期间没有发生涉酒的交通事故,取得明显的工作成效。峰会安保结束当晚立即开展“禁酒驾”整治行动,得到群众的点赞。

开展各项专项整治行动。积极组织开展“百日控大”“再战 100 天”等专项整治行动,专题开展讨论工作,结合实际,制定工作方案,确定工作目标,细化工作措施,明确重点,对公交营运客车、危化物品运输车、校车、农村面包车、混凝土工程车、大货车、电动三轮车重点车辆严格管控。对超员、超速,超载、夜间违法停车等突出交通违法行为,做到发现一起查处一起,决不姑息。活动取得明显成效,事故起下降明显,上报事故四项指数全面下降,特别是死亡人员同比减少 3 人,下降 12%。

治堵塞保畅通成效明显。针对金龙路白龙桥集镇路段“大堵三六九小堵天天大有”的现状,大队年初便确定金龙路 (二环西路至十二局路口 3 千米路段)为严管路段,优化道路交通组织,完善道路交通标志标线,适时开展各行其道,车辆违停,三轮载客等专项整治，广泛交通安全宣传，增强群众交通意识，确保道路通畅，彻底改变早晚高峰交通拥堵现状。对汤溪集镇菜市场路段，对违停车辆进行实时抓拍，加强日常巡逻，路边摊位治理等。

【G20 安保】为做好峰会期间的道路交通保障工作，根据上级的工作要求及部署，直属三大队本着“G20 峰会打不赢，一切等于零”的宗旨理念，以“万无一失，一失万无”的信心和决心，思想上积极重视，加强组织领导，深入调查研究，细化管控方案，穷尽管控举措，全体工作人员全力以赴，夜以继日，连续作战，保证不让一辆不符合规定车辆流入管控区域，确保辖区道路安全、畅通、有序，圆满完成 G20 杭州峰会交通组织管控工作。

330 国道兰溪交界处根据车流情况实行动态管控。8 月 26 日夜间，大队开展应急联动指令考核演练，对所反应的问题进行查漏补缺加强，对反应不灵敏、不及时的进行教育批评，以确保警令畅通，应急联动快速到位。做好设施装备保障。应管控工作要求，大队积极准备相关设施装备，制作 20 块大小不一提示引导牌匾，限行分流路线图引导提示。购置警示桩 400 只，向相关部门借用水马围栏 200 块，用于分隔设置警戒区域。印制 10000 份宣传提示卡片等。

决战之时，大队将警力充实一线路面。全员上路攻坚克难。大队警力除增援杭州，将所有警力安排路面执勤，每天出动警 116 人次，警车 30 辆次，实行轮班倒班，24 小时连轴转。十天时间共出警 1340 人次，警车 300 余辆次，历史之最。精神饱满，工作作风优良。大队长郑国洪中暑还坚持一线，副大队长宋大庆带病坚持工作，汤溪中队副中队长李鑫凯前一天晚上上班到凌晨 2 点，第二天坚持上岗。连续作战全面履职。十天时间，不管是高速出口执勤点，还是路面巡逻机动组，每位民警、协警发挥不怕苦、不怕累连续作战优良作风。对限行分流车辆进行劝返解释，检查车辆安全情况等，对强行冲卡车辆进行教育。8 月 29 日晚，大队金华西出口执勤点查处了一辆把前号牌拆除想蒙混过关的大货车。

开展宣传引导，做好舆情应对。帮困救危，责任担当，弘扬正能量。积极开展宣传引导工作。大队组织民警到辖区企业、单位开展走访宣传工作，告知管控措施内容，要求各企业主、安全负责人学习理解，并相互转告。对 8 月 28 日 0 起至 9 月 6 日 24 时止的机动动车采取临时交通管理措施，通过微信、微博、电台广播等进行轮番发送播出。严格执行市局、支队的网评员值班制度，完成省厅网上演练指令外，网评员密切关注涉警涉外舆情，发现不正常信息第一时间报告，实行网上网下严密管控。严格宣传纪律，不得擅自对外发布信息，统一口径，涉及工作的宣传报道进行报告审批。执勤点发放宣传卡片 9600 多张，积极引导限行分流。涉及交管及交通管控的宣传稿件在媒体报道刊发 2 篇，通过微博、微信推送 13 条，阅读量 501 人，转载 8 次。帮困救危弘扬正能量。

【心系群众】8 月 4 日 10 时许，汤溪中队副中队长李鑫凯在金西大道巡逻时，遇到一神色慌张的男子站在公路上拦车。该男子的妻子羊水已破，马上就要临盆了。民警立即将该孕妇抬上警车的后排座位上，开启警灯警报器，驶往距离最近的金西分院。路上民警还与医院做好准备工作，因抢救及时母女平安。8 月 24 日 22 时许，在办理醉驾案件回中队的途中，路过虹戴公路界首村路段，发现一辆摩托车翻倒在公路的正中间，驾驶员及一名女子受伤，民警李鑫凯、梅亮简要询问事故经过，立刻将这对受伤夫妇送往金西医院救治，受损的摩托车被一位好心的皮卡车司机运往金西医院停放。9 月 1 日上午 11 时，杭金衢高速金华西执勤点，汤溪中队民警李鑫凯在高速收费口位置发现两个不懂中文的外国青年在高速出口试图拦截上高速的车子。民警李鑫凯立即制止这二人的危险行为，并用简单的英语与之沟通，通过检查两个人的护照，证实两人来自俄罗斯，徒步旅行中刚好遇到雨天，想搭顺风车去衢州。民警将两人带回执勤岗亭暂时避雨，并帮助他们找到一辆去衢州车。8 月 17 日，琅琊中队副中队黄炜巡逻中把一位行动困难的老人送回家。9 月 3 日，白龙桥中队童依诗把一名独自行走的小孩送回家等。

处罚中心设立午间便民服务岗。为了不断满足人民群众的新需求，方便老百姓办事，更好地服务群众，提升群众满意率，树立良好的窗口形象。自 2

月22日起，三大队处罚中心设立午间便民服务岗，延伸服务时间，实现上午工作时间与下午工作时间无缝对接，对把中午前来办理所有处理违法行为业务和办理车驾业务的群众请进来，随时办理各项业务。据统计设立以来共接待简易处理2459人次，办理简易案件1187起，一般程序处理168起，驾驶证换证128人次，车辆年检107人次。　（王杭亮）

金华市公安局交警支队直属四大队

【概况】2016年，金华市公安局交警支队直属四大队接报各类事故警情26204起，立案4180起，其中，简易事故4111起，上报交通事故71起，死亡事故8起，死亡8人，受伤71人，直接经济损失25.94万元。

【事故防控】2016年，围绕峰会安保，四大队开展各项工作。"百日控大"及"再战一百天"专项行动。

根据支队的工作方案要求，大队成立工作领导小组，并多次召开会议推进部署。以重点车辆专管员制度为载体，落实安全主体责任，清查重点车辆与驾驶人。在大队每月事故形势分析的基础上，对重大事故要求逐起分析、讨论并及时通报各中队路面管理中存在的问题，增强事故防控的针对性。落实勤务安排，针对事故高发时段、路段(103省道、二环西路、二环北路、环城北路、人民西路、解放西路、人民东路等)，有针对性地调整勤务安排。路面中队每日开展整治，利用机动车查缉布控系统等科技手段，每日开展智能卡口专项行动，每周开展酒后专项整治行动，并积极开展二环北路、二环西路公路联勤巡逻；大队专职督察员每天督察通报各中队工作量，并开展其他各类督察工作，如接处警、路面执勤管事情况等，每周下发警务督察通报。

【隐患排查治理】根据支队工作要求，结合辖区工作实际，大队开展道路隐患排查治理工作。

市级事故多发点治理情况。四大队辖区有市级事故多发点段4处，分别是二环西路下张家路段、九章路金华九中路段、凤山街(解放西路至人民西路段)、将军路与明月街交叉路口，上述四处市级隐患点均已按要求治理完毕。此外，对东市街开通后的事故隐患点进行了排查，并就安全设施、标线施划等方面与建设部门协调，均已根据大队的要求整改完毕。

重点车辆、驾驶人管控情况。大队对重点车辆、驾驶人的管控进行了重点部署和落实，要求不留死角。四大队辖区管控重点车辆735辆，重点驾驶员883人，外省籍车辆42辆，辖区主要客运公司有城乡公交、公交三公司、快速公交有限公司、通济运务公司；危险品运输企业有中石油、中石化、民安运输、三星化工，中宇危险品运输股份有限公司、易达危险品运输公司及宏业液化气有限公司等企业进行全方位的排查，半个月一次开展日常走访工作，主要开展交通安全宣传，检查客运企业的安全例会召开情况以及车辆GPS动态监管情况，收集更新台账资料、对于车辆和驾驶员违法行为进行抄送，督促及时处理。

【全力打造"民生交管"】大队落实"民生交管年"活动，强化网格布警，提升快速接处警。结合辖区道路交通实际、事故分布规律及1?3?5防暴控制圈处突需要，对大队辖区原12个网格化警区进一步细化为15个，确定了每个网格岗点的人数和巡逻区域，加大道路管控力度，确保突发事件快速反应、交通事故快速处警及拥堵快速疏导，减少群众现场等候时间，提升道路通行效率，确保1?3?5防爆控制圈内重点区域能按时到场，事故平均处警速度也已控制在6分钟之内，

此外，为推进事故快处效率，迅速疏通道路，推进轻微物损事故快速处理，平均每天采用微信通事故处理20起，采用微信通等方式快速处理事故起数占总事故起数由2015年的14%上升到40%左右。

强化时段勤务，提升道路管控能力。为不断提升勤务组织的针对性、规范性、实战性，拓展高峰岗点，优化灯控路口的高峰警力，在巩固原有的31个高峰岗点的基础上增加10个次干道及背街小巷高峰岗点；强化特殊时段勤务、优化警力部署，强化节假日返程、社会活动车辆聚集等时段的道路管控措施，从预警研判、组织指挥、警力部署、勤务督查四个方面细化工作措施，提升恶劣天气、节假日及突发事件等车流高峰时段路面通行状况预判及管控

能力，缓解群众出行“最后一公里”行车难题，推进民生交管建设及警务实战化建设，勤务效率得到了明显提升。

强化乱点整治，提升交通出行环境。大队根据行风热线、“8890”数字城管、“942”广播等渠道反馈情况，开展以整治残疾三轮车及马路市场为重点的交通秩序乱点治理工作。

残疾三轮车整治。以高铁站及汽车西站区域为主战场，重点打击无牌无证三轮车，大队成立专项执法小分队，始终保证4名警力定点执勤，发现一辆，查扣一辆。在执勤中注重人性化执法，对持有残疾人证、因日常出行确需驾驶残疾三轮车的当事人，以宣传教育为主，要求他们行驶过程中不非法载客、不在禁行区行驶，得到残疾人驾驶员的支持和配合。

马路市场治理。组织警力针对兰溪门凌晨马路市场开展常态化整治。每日凌晨5时，调派警力在兰溪门路段劝导、处罚违法停车，影响大的由智能勤务室联系车主驶离，或直接由停车场拖车将其拖移，该项工作一直持续开展中。畅达街整治，国家卫生城市省级复检期间，辖区骆家塘社区存在占道经营、停车秩序乱的问题。根据市领导相关要求，履行交警部门职责，布置警力在畅达街骆家塘牌楼和畅达街玉泉西路路口进行违法停车整治，积极走访新狮街道，现场对接行政执法，联系确认骆家塘整治事宜。玉泉西路违停整治，对玉泉西路与道院街路口违停进行劝导整治。对山路马路市场整治，据婺城区政府的统一部署，结合辖区实际，每日安排人员蹲守执勤，通过视频巡查与路面警力巡逻相结合的方式，不间断地强化对山路周边道路秩序的管控，形成高压严管态势，改善城区道路交通秩序，提升城市形象。

古子城周边交通管理。倾听民意，了解古子城商户及周边居民的实际需求，参加商户座谈会，听取各商户业主对于古子城周边交通环境治理的意见和建议，回应商户代表提出的交通设施完善、停车管理、交通组织等方面的问题，就具体交通管理问题积极与古子城管委会会商，结合实际，按照“能做必做，服务在先”的原则，采取有力措施，提升交管服务水平。优化设施，适时增设宏济桥北桥头移动交通信号灯并不断优化信号配时，调控路口各向交通流，避免桥头路段发生交通流冲突导致的拥堵现象，科学优化飘萍路及周边路段的交通设施，提升通行效率，缓解邻近路口通行压力，与古子城管委会及古子城文化旅游开发公司协商，增设停车场智能引导牌，引导车辆有序进入附近停车场。协调建设部门加快推进宏济桥拼宽及将军路拓宽改造工程，以期逐步弱化飘萍路的交通走廊功能，为飘萍路交通组织优化调整创造条件。强化管理，针对飘萍路古子城路段的流量变化及拥堵时段特点，在古子城设立执勤点增加路面网格警力，强化流量高峰时段的秩序管控，针对每周六、日古玩交易市场日停车难、停车乱等问题，在保障安全顺畅的前提下，引导车辆在飘萍路北侧有序停放，同时结合周边道路实际，制定突发事件及拥堵情况下的应急分流疏导预案，明确应急状况下绕行路线、交通组织、警力部署及职责，确保快速反应、快速疏通、快速恢复。常态化监控，大队智能勤务室将古子城纳入日常监控范围，对该区域实行全时段监控，确保发生交通事故及拥堵状况第一时间发现、第一时间指令处置，提升该区域日常管控水平。

强化组织部署，提升任务保障水准。圆满完成“4·20”省委书记夏宝龙到金华检查、3月国卫复审迎检交通警卫任务；完成2月市“两会”、“1·16”浙江师范大学60周年校庆(1.7万余名校友及学界人士参加，4300余辆各类车辆)、“5·1”金华二中直升班考试(4000多人参加，2000余辆车辆)、“4·23”公务员统一招考等大型活动交通保障任务；顺利开展清明节、五一、端午节等小长假期间景区及商业区的交通保障任务，2016年景区游客创历史新高，5月1日，景区共接待游客1.3万余人；妥善处置嘀嘀快车与出租车驾驶人聚集纠纷及出租车集体罢运事件。提前准备，精心组织，严密部署中、高考期间安全保卫工作，维护道路交通管理秩序，保障考试顺利进行。圆满完成2016环浙江自行车公开赛(金华站)金华山爬坡赛等相关赛事的交通保障工作。

完善便民举措，提升服务民生能力。四大队处罚中心推出午间便民岗,主动延长工作时间,每个工作日安排人员值班办理简易处罚业务,实现上午工作时间与下午工作时间无缝对接。方便老百姓办事,提升群众满意率,树立良好的窗口形象。

事故中队在接待大厅建设电子显示屏,对事故处理进展、法律法规进行公布,同时,推行事故告知业务,就事故处理流程、注意事项提前告知当事人,使当事人充分知晓自己的权利和义务。

2016 年,四大队收到市、区"两会"建议、提案 7 件,其中主办件 4 件、会办件 3 件,建议提案主要涉及交通组织、静态交通管理、电动自行车管理等方面。接到任务后,大队各级高度重视"两会"代表、委员的建议、提案答复办理工作,上门走访与代表、委员进行沟通,以代表、委员满意为工作目标,做到按时完成,确保质量,达到"面商率、满意率"均 100% 的目标,受到代表、委员的充分肯定。

【推进队伍教育整顿活动】大队开展"无限忠诚·走在前列" 主题教育实践暨队伍教育整顿活动及"两学一做"专题教育,结合实际制定工作方案,将主题教育与队伍教育整顿活动有机结合,全员参与,列清单、定时限,开展队伍建设工作。

全体民警、协警完成自我剖析,确定民、协警捆绑名单并上网公示, 开展两次以上队伍谈心谈话活动。

强化内部督查,提升队伍执行力。强化勤务在岗督查,重点针对高峰到岗、重点时段纠违、快速接处警及"5060"管事率等情况进行每日督查;强化勤务效果督查,推行每日一清(每日统计各中队整治情况在大队中层微信群通报)、每周一评(每周例会对上一周工作开展情况进行点评,大队专职督查员根据本周情况制作下发一期督查通报,对工作情况进行对比,对快速接处警超时等情况进行通报)、每月一考(对每月的工作成效按中队进行考核);强化内务督查,不定时开展内务卫生及执勤规范进行督查,根据市局、支队督查中反馈的情况,重点针对办公室、寝室内务卫生,执勤执法装备的保管,执法记录仪的使用、门岗门禁管理等方面进行重点整改和专项督查。

(王杭亮)

金华市婺城区公安消防大队

【概况】2016 年,金华市婺城区公安消防大队(以下简称大队),完成以灭火救灾和防火监督为中心的各项任务,处置各类火灾事故 439 起,出动车辆 1715 辆次,人员 7967 人,扑救火灾 112 起,抢救被困人员 97 人, 疏散人员 271 人, 抢救财产价值 2837 万元,全区未发生火灾死亡事故,

【强化班子建设】大队班子成员以争创"好班子"和争当"好主官"活动为载体,将班子团结摆在党委建设的重要位置,坚持做到"正副书记"思想上通气商量,搞好协调,工作上相互帮助,共同提高,生活上严于律己、以身作则,为广大官兵做好表率,保证党委较强的凝聚力和向心力。6 月,区政府给大队记集体三等功,为大队军政主官各记个人三等功一次。6 月 27 日,省消防总队党委召开的二届五次全体会议,大队党委第一时间通过"四项举措"组织学习贯彻,迅速将全体官兵思想行动统一到会议精神上,确保和总队党委的步调一致。在安保过程中,按照上级要求成立 2 个战时党支部, 明确职责任务,使党的堡垒更加坚固。全体党(团)员官兵,开展佩戴党(团)徽执勤执法活动,强化官兵的党(团)员身份意识,真正发挥"一个支部一个堡垒、一名党员一面旗帜"的示范引领作用。严格落实战时组织生活制度和战时两个经常性工作机制,两个战时党支部每周向支队战时党委汇报工作,规范开展"安保之星"评选。大队党委始终坚持"议大事、抓大事",统揽部队建设全局,坚决贯彻落实党委统一领导下的首长分工负责制。在遇有重大事项和工作决策时,党委一班人都能坚持先调查研究,后发言表态,先集体讨论,后表决决定的工作思路。对集体决定的事项,班子成员都能不折不扣地贯彻落实,在班子内形成顾大局, 团结一致干事业的良好氛围。2016 年,大队召开党委会 41 次,讨论重大议题 190 余个,都形成决议并按照分工严格贯彻执行。大队党委被总队评为先进党委,中队党支部被支队评为先进党支部。

【作风建设】大队党委深化落实"创满意"活动

具体要求，定期组织全体官兵和文职合同制人员认真学习《中国共产党廉洁自律准则》《中国共产党纪律处分条例》等法规禁令，加强工作作风建设和党风廉政建设。大队党委始终抓好工作检查督办，对全年重点工作、基础性工作、日常工作进行梳理，对每周工作进行分解，制定工作任务分解表，明确责任人，限时办结，确保各项工作、全年计划有序推进，努力提高工作效能。同时，大队党委始终坚持调查研究，广泛征求不同领域、不同层面人民群众和基层官兵对大队党委班子和消防工作的意见建议。2016年，对外发放征求意见表和执法回访表500余份，征集各层次意见建议26条，为大队各项工作开展提供有力决策依据。大队党委积极结合"忠诚、担当、敬业""改革强警"主题教育活动和"两学一做"学习教育活动，增强党员队伍的先进性和纯洁性。大队严格落实执法回访制，回访单位58家，使监督防控机制得以有效运作；定期开展廉政谈话，掌握干部的思想状况和社交圈、生活圈；同时与全体党员干部签订《党风廉政责任书》《家庭助廉承诺书》，每逢节假日组织学习有关廉洁自律、厉行节约和禁止奢侈浪费的各项规定，向干部及家属编发廉政提醒短信，初步形成组织、社会、家庭"三位一体"的管理机制，建立相互交叉的监督网络。大队开展"5·15"集中警示教育结合"两学一做"教育活动，开展对《权殇》《永远在路上》等教育材料的学习，深入驻地看守所进行警示教育。5月，大队做出"创人民满意消防队伍"十项承诺，自觉接受群众监督。大队向区委、区政府专题汇报工作20余次，召开警民恳谈会2次，召开廉政监督员会议1次，执法干部公开述职述廉1次，广泛接受社会各方面的评议监督。

【路线教育】大队围绕当前部队建设的新形势、新特点，再结合两学一做和"忠诚、敬业、担当"的大主题，开展思想政治教育。开展改革强警主题教育和"两学一做"学习教育、"忠诚、担当、敬业"专题教育，大队党委和两个战时党支部分别召开"看齐追随谋打赢、全力建功G20"组织生活会，强化官兵"四种意识"。在上级统一组织下，组织全体参战官兵开展大讨论活动，统一官兵思想认识。集中宣传"安保之星"风采，引导官兵向先进学习，最大限度激发官兵的工作热情。大队注重推动经常性思想工作的实时化、精细化与科技化，完善特殊敏感时期、重大安保工作和重大抢险救援任务官兵思想、心理干预机制，落实队伍动态分析研判、经常性谈心、重点人员帮扶管理等制度。在补兵退伍的关键时期开展补兵退伍和士官选取等专题思想教育工作，对老兵的思想状况进行调查摸底和综合分析，准确把握他们的思想脉搏，及时发现思想上存在的各种问题，有针对性地进行教育引导，缓解压力，疏导情绪，帮助临退老兵和其他官兵树立正确的人生观、价值观、利益观。2016年，大队党委认真落实议教制度，大中队政治干部开展备课授课，开展思想政治教育100余次，心理教育和心理拓展训练10余次。

【"温馨警营"建设】大队围绕"环境优美、秩序正规、官兵和谐"的建设目标，以思想引导为抓手，硬件建设为基础，婺城文化为支撑，三管齐下，开展"温馨警营"建设。大队成立战时官兵服务小组，专门负责帮助官兵解决急难问题。给官兵家属寄送慰问信、发送慰问短信，争取官兵家属支持。特别是中队长助理陈永山家庭困难问题、中队战士祝海鹏看病就医方面给予最大的帮助。大队以弘扬"十大消防卫士"消防精神为着力点，宣扬马飞腾、苏发能等正面典型，始终坚持正面引导，注重树立典型，开展"学习身边典型"活动，特别是在G20峰会期间大队建立每日研判制度，分析官兵思想动态和队伍形势，第一时间采取针对性措施，第一时间解决发现的问题。两个战时党支部严格执行考评制度，将官兵战时工作表现作为评优评先的主要依据，积极向上级推选先进典型。大队2人被区政府评为安保工作先进个人，3人记个人三等功，1人被评为优秀共产党员，2人获A级"安保之星"；同时推进部队、社会、家庭"三位一体"的共育模式，让官兵在部队的管理教育下也能感受到亲人的关怀。大队全面升级营区整体环境，已完成走廊文化更新、墙面文化、住宿环境改造、通讯室改建、会议室软包等工程，下阶段大队还将对篮球场进行改造、聘请设计公司继续对营区文化进行规划升级，努力营造独具吸引力的拴心留人环境。

【夯实战训基础】对重点单位、人员密集场所和中队灭火作战预案进行修(制)订,修订预案40份,作战信息卡384份(农村作战信息卡231份,小区作战信息卡31份,重点单位作战信息卡122份),重点单位六熟悉卡122份,对辖区508个消火栓开展维护保养。制定大队级力量编程,开展实战化练兵工作,强化体技能训练,激发训练热情,促进练兵成效。2016年,中队开展实战化训练329余次,重点单位演练216次,接警出动413起,出动消防车1611辆次,消防官兵7499人次,抢救被困人员97人,疏散人员261人,抢救财产价值2713万元。

【队伍建设】理念是行为的先导、行动的指南,大队以抓好部队正规化建设为重点,狠抓"安全"这一根本不动摇,规范部队"四个秩序",努力做到执勤规范化、管理精细化、警务信息化。坚持全面贯彻条令条例,把条令条例作为从严治警的基本依据,加强部队纪律作风建设,确保部队高度集中统一和安全稳定,解决执纪不严、作风不实、防范不细、形象不佳4个方面的问题,使全体官兵法规条令意识得到强化,安全意识得到加强,进而巩固部队正规化建设成果。大队以正规化建设为契机,推动部队全面建设,在规范"四个秩序"的基础上,从规范监督执法、灭火救援、部队管理和内务设置入手,将岗位任务进行细化,明确责任人和完成时限,从日常管理工作中消除安全隐患。同时,切实抓好部队的正规化管理,有效优化营区设置,规范官兵行为,强化人车管控,丰富警营文化,增强部队的凝聚力和向心力。

【实战化训练】严格按照《关于全市消防部队全面执行战时勤务机制的通知》,加强G20杭州峰会期间的熟悉演练和实战训练工作。根据"一熟悉、二演练、三宣传"总目标,安保期间大队修订预案40个,熟悉重点单位49家,一般单位演练113家,拉动微型消防站22家,指导培训微型消防站、乡镇专职队16次。在G20峰会召开期间,全天安排2车12人,在城区人员密集场所、重点区域等地巡逻执勤,确保其间火灾形势稳定。

【强化硬件建设】2016年,大队贯彻建设专职队的相关文件,定期对专职队进行业务指导,提高专职队战斗力,实现城郊接合部、乡镇消防力量全覆盖。在火灾扑救和应急处置任务方面,发挥非常明显的作用,成为公安现役消防力量的有力补充。同时为强化硬件建设,大队党委主动作为,向区政府和相关部门进行沟通协调,做好专项经费争取工作,落实好多种形式消防队伍建设的经费保障,通过不懈努力,2016年,婺城区财政局专项拨款箬阳、莘畈、沙畈、塔石乡等6个山区乡镇33万元,用于补助山区乡镇志愿消防队伍的队伍和装备建设。其中,蒋堂镇专职消防站的建设相对较完善,营房建设、装备器材的配备都齐全,该站被支队列为专职志愿消防站建设的试点示范单位。

【安全责任制】2016年,大队防火工作紧紧围绕G20杭州峰会消防安全保卫这一中心工作,始终以推进落实消防安全责任制为着力点,以预防遏制群死群伤恶性火灾为重点,内外并举,推进社会防控火灾体系建设。大队结合夏季消防检查和"护航"系列行动,突出重点、打防并举,确保火灾隐患有效管控。年初,召开消防工作会议,与部门、街道签订消防安全管理目标责任书,明确部门、街道消防工作的目标任务和工作责任,将居住出租房整治、G20杭州峰会消防安保以及农村(社区)消防等重点工作列入政府工作考评内容。G20杭州峰会安保期间,大队军政主官多次向区委、区政府有关领导做消防工作专题汇报,陪同区领导开展消防安全专项检查。安保工作开展以来,区政府主要领导组织召开各类消防安保工作会议13次,区委副书记、区委政法委书记朱利群每日组织召开G20峰会会商研判会,听取一日消防安全形势分析研判。

【隐患排查治理】围绕G20峰会、第三届世界互联网大会消防安保两大硬任务,以夏季消防检查和冬春火灾防控两大专项为抓手,以前所未有的排查力度和治理强度,力保火灾形势持续稳定。2016年,检查单位7888家,发现火灾隐患14023处,督促整改火灾隐患13979处,下发责令整改通知书6279份,依法实施行政处罚471起,罚没款75.87万元,临时查封176家,责令"三停"62家,行政拘留87人。G20安保期间,提请区政府对建卫旅馆、百城宾馆、超凡网吧等6家存在重大火灾隐患的单位予以挂牌督办,督促农行婺城支行、爱斯曼老厂区等两家历史遗留的重大火灾隐患单位完成整改。区委区政府主要领导，先后带队深入城西老化肥厂、蒋堂木材加工市场、西市街商业中心等 11 个不放心区域，425 个不放心单位开展消防安全检查 19 次；副区长李唯约谈前期工作开展不力的蒋堂镇、白龙桥镇等党政领导，推动基层消防工作有力开展。

【消防力量建设】2016 年，婺城区已建成 12 支乡镇志愿消防队，46 个社区和 93 个消防安全重点单位建有微型消防站。乡镇(街道)消防工作站、消防安全网格化管理运行基本正常。

【健全长效保障机制】通过与地方政府、相关部门主动汇报、积极协调，推动政府落实婺城区消防事业“十三五”规划第一年发展目标，多方争取财政支持及经费来源。2016 年，大队争取消防业务经费 717.7 万元，其中，正常业务经费 368 万元，合同制经费 269.7 万元，微型消防站专项经费 40 万元，G20 营房修缮专项经费 40 万元。2016 年，大队按照支队和区政府的新定位、新要求，锐意改革、大胆创新，积极做好消防事业发展“十三五”规划工作，多次向区委区政府领导做“十三五”规划专题汇报，初步确定“十三五”期间新站建设、车辆装备、器材配备、合同制经费以及正常业务经费保障等事宜。

【营房建设改造】做到新老营房建设两不误，努力营造拴心留人好环境。对大、中队进行部分改造，对中队营房翻修等，既丰富官兵课余生活，使得官兵能在日常繁重的消防工作中得到舒缓压力，同时能增加官兵之间互动交流感情的机会；对大队的干部宿舍重新进行装修、装潢，推动从优待警这一工作方针，促进官兵以更高的热情投身于消防工作中。大队推动新营房建设工作。为实时做好项目建设追踪工作，迅速跟进项目建设进度，大队主官亲自负责与区公建中心、发改、规划、白龙桥镇、新城区管委会以及施工、监理单位进行协调对接，严格把控项目进度和项目设计。婺城大队营房建设项目取得阶段性的成果，已完成建设用地规划许可证、建设工程规划许可证、土地证的办理以及测绘放样，监理、施工招标公告发布等工作。大队规范装备物资管理工作。大队每季度对固定资产进行清查并及时报废一批资产；严格把控公用物资出入库手续，落实出库审批程序；同时对大队调动人员做好移交手续，大队物资管理得到明显改善。

【消防宣传社会化】大队抓住各类专项行动有利时机，开展农村火灾防控、电动车专项整治、夏季消防检查、《浙江省消防条例》宣贯、青少年教育实践、宣传“七进”、今冬明春火灾防控及安全生产月、消防宣传月等宣传活动；同时围绕地方平安建设中心工作，联合政法委开展了婺城区乡镇平安巡回宣传，并在婺城区两会、G20 峰会、互联网大会等重大活动和春节、五一、国庆节等假日期间，发动基层力量开展隐患排查和标语、通告宣传，动员社会单位参与宣传，共开展各类宣传活动 50 余次，发放宣传资料 1.5 万余份，营造浓厚氛围，收效良好。

大队继续与广播电视台、通信运营商签订宣传工作协议，电视台、调频 94.2 兆赫每日播放消防宣传片和防火提醒；手机短信平台每天发送消防提醒短信 2000 余条；全区 KTV、影院开机播放消防公益广告，重点单位 LED 滚动播放消防标语，乡镇、农村重点时段张贴消防标语。大队微博、微信每日发布消防动态和贴近生活的消防常识，官方微信平台已完成关注用户任务数，注册率达 91%。消防站、消防安全联合教育基地面向社会开放，2016 年开放 34 余次，参观体验人数 1800 余人次。

定期组织重点单位、人员密集场所、派出所、社区(村)两委及驻村干部等对象开展消防安全大培训，动员乡镇(街道)消防工作站、派出所等力量深入农村、家庭、人员密集型场所、隐患集中区域排查火灾隐患，面向重点人群和弱势群体一对一普及自防自救常识。2016 年，开展消防培训 47 批次涉及 3290 余人。大部分社区已确立宣传大使并深入开展“四个一”活动，其中大队同时与区委志愿者紧密联系，将消防安全宣传与贫困帮扶等公益活动相结合，广泛开展消防知识普及宣传，有效提升民众消防安全意识。

【新老交替】2016 年涉及复退人员 8 人，退伍 6 人，面临老兵复退，新兵难以胜任。从岗位练兵比武情况来看，整体实力仍在支队中下游徘徊。

【救援能力】官兵扑救复杂、疑难火灾和处置特种灾害事故存在能力恐慌。大队在前期积极推进多种形式消防队伍的建设过程中，虽然以推动12个乡镇完成三级乡镇志愿队伍的成立,2016年也已争取到经费和完善人员配置,但是部分专职队伍队员身兼多职,工作职责不明确、队伍管理制度不落实,实际工作配合上流于形式,专职队队员的灭火救援能力有待进一步提高。

【宣传工作】宣传上片面追求媒 体上稿数,媒体级别越高分数越高,导致偏重提高发稿数量而轻视社会化消防宣传工作的落实。再者,由于宣传队伍人员业务水平不高，宣传范围有一定局限性,造成社会化消防宣传往往集中在大型商场市场、宾馆饭店、工厂企业、休闲娱乐场所等人员密集场所,在城中村、城郊接合部、建筑工地、出租房等区域的消防宣传还比较薄弱。 (袁 也)

检察院

【概况】2016年,婺城区人民检察院立案查办各类职务犯罪案件15件、21人,依法批准逮捕各类刑事案件983件、1432人，提起公诉1300件、1849人,开展侦查活动监督51人次,审判活动监督7件次,刑罚执行活动监督10件次。反渎局和基督教专案组被市检察院记集体三等功,3项工作被国家级媒体报道,6项工作在全省业务工作条线交流。

【服务保障中心工作】制定出台服务婺城“十三五”期间经济社会发展的“十五条意见”,明确服务保障“七项工作重点”,法治护航中心工作。重点服务保障非公经济,深化服务和保障电子商务经济“四个三”行动,有针对性地加大对互联网侵犯知识产权、制售假冒伪劣商品和涉众型金融犯罪的打击力度,维护电子商务企业合法权益。联合区工商联出台保障非公经济健康发展的实施意见,开展“诚信发展·检察伴你行”专项活动,以“微课堂”进企业的形式,为15家国家、省、市级重点监控企业开展预防行贿犯罪宣讲,优化法治化营商环境,工作成效在省、市检察机关推广。全面落实G20峰会检察环节维稳安保工作,妥善办理国内外广泛关注的全省首例基督教牧师职务侵占案、跨15省特大虚开增值税发票案等重大敏感案件,其间接待群众来访50余人次,做好释法说理和风险防控工作,维护社会稳定。探索建立起重大敏感案件办理机制,完善“六位一体”的配套制度,在全市检察机关“一院一品”评比中获得一等奖。

2月29日,检察院举办“守规矩讲纪律树形象”主题演讲比赛 (区检察院供稿)

【查办职务犯罪】严厉惩防重点领域职务犯罪,查办贪污贿赂10件、16人，渎职侵权5件、5人,大案率100%。其中,重点办理城西街道党工委书记沈某等5人在征迁领域贪污、滥用职权窝案、数额超千万元的公安协警贪污窝案,案件影响力及查处数额创历年新高。持续开展惩治和预防涉农扶贫领域职务犯罪专项工作,连续三年查办该领域职务犯罪20人次。2016年,依法查处婺城区民政局正科级调研员金某等6人虚报项目套取国家扶贫资金渎职犯罪窝串案。同时,与婺城区扶贫办联合出台专项工作方案,相关工作经验在省检察机关推广,被由最高人民检察院主办的《方圆》杂志以“反渎局长访谈录”作专题报道,惩治和预防职务犯罪综合报告获评全省优秀年度报告。

【提升司法办案质效】持续打击重点领域刑事犯罪,对危害公共安全、严重暴力、涉枪涉毒犯罪以及严重影响群众安全感的多发性侵财犯罪案件,批准逮捕171人,提起公诉185人;对严重妨害社会管理秩序、破坏金融管理秩序、金融诈骗等犯罪,批准逮捕249人,提起公诉460人;对破坏环境资源、危害食品药品安全等重大民生领域犯罪，批准逮捕 40 人，提起公诉 102 人。针对金华地区网络经济发达，网络电信诈骗犯罪高发的实际，开展专项打击，依法批准逮捕电信诈骗案件 51 件 72 人，起诉 32 件 75 人，维护公民财产安全。突出加强客观性证据审查，对审查认为证据不足的决定不批准逮捕 107 人，不起诉 30 人。加强对社会危险性审查，对涉嫌犯罪但没有逮捕必要的，不批准逮捕 213 人，同比上升 71.8%。深入开展“食品药品安全和破坏环境资源专项立案监督”活动，监督行政机关移送 2 件、4 人，监督公安机关立案 13 件、17 人，针对未成年人权益保护、校园环境安全，提出行政执法检察建议 8 件，工作成效被《检察日报》《浙江法制报》刊载。

【规范司法行为】组织开展保障律师会见权和文明办案两个专项整改，建立全面听取辩护律师意见制度，推行微信预约、电子阅卷等服务。突出司法办案公开，对可能存在争议的不捕、不诉案件，召集当事人、有关部门到场，公开审查、公开说理、公开宣告。推进办案信息公开，在互联网公开案件程序性信息 4066 条，诉讼文书 2218 件。开通官方微信，更新门户网站，通报检察工作。应对“案多人少”矛盾，与公安机关多次召开强化捕侦、诉侦衔接工作联席会议，建立规范重大敏感案件提前介入、证据不足不捕案件跟踪监督、瑕疵案件定期通报等工作机制，解决瑕疵案件在检察环节久拖不决的突出问题，工作成效被省检察院信息专刊采用。优化内部管理制度，完善“捕诉”衔接工作机制，实行重大敏感案件半月通报，案件信息共享、补证情况跟踪、疑难案件协商等制度，降低捕后不诉和捕后判轻刑风险。

【打造婺城检察“铁军”】开展党风廉洁建设，认真开展准则和条例专题学习。以首批基层检察长“打擂台”为契机，全面检视队伍纪律作风方面存在的短板问题，提出强化党风廉政建设的“一揽子”举措。实行“业务工作”+“队伍建设”每月双汇报制度；创新“自选动作”，特色性地开展每月一次的专题廉政教育活动；建立“会务、桌牌、短信、屏保”的廉政“四提醒”制度，在全院营造遵规守纪的良好氛围，工作成效被省检察院《队伍建设》专刊采用，《检察日报》以“金华市婺城区检察院抓党风廉政建设出‘生产力’”为题作专门报道。准确把握司法体制改革的重点内容，提早对队伍结构进行梳理摸底，科学制定司改实施方案和入额办法，选拔首批 36 人有资格、有能力、有责任心的干警成为员额检察官，实现检察改革的稳步推进。积极应对司法体制改革对队伍专业化发展的要求，以“走出去、请进来”的方式强化教育培训，干警 3 人被市检察院记个人三等功，13 人次在市、区业务竞赛、评比中被授予全省检察机关公文写作能手、金华市检察业务尖子、“侦查监督十佳检察官”等荣誉称号。　　（张倩文）

6 月 20 日，检察院组织干警深入辖区乡镇开展第十八个“举报宣传周”活动　　（区检察院供稿）

检察院组织干警赴浙中预防职务犯罪警示教育基地参观学习　　（区检察院供稿）

法 院

【概况】2016年,婺城区人民法院收案24881件,结案21948件,法官人均结案251件,主要办案质量、效率、效果指标和各项工作走在全国法院前列,被最高人民法院授予全国优秀法院。

【审执工作】宽严相济惩治犯罪,2016年,受理刑事案件1561件,审结1453件。严厉打击杀人、故意重伤、抢劫、绑架、强奸等严重影响群众安全感的各类犯罪。妥善审理涉民生、涉宗教等重大敏感刑事案件,审结涉侵害宗教教会财产的包某某等12人犯职务侵占罪等案件;审结销售病死猪肉的生产不符合卫生标准食品罪等系列案件,保障群众“舌尖上的安全”。依法打击网上造谣传谣、非法经营、赌博、传播淫秽物品犯罪行为,维护网络秩序。

妥善化解民事纠纷,受理民商事案件15634件,审结13969件,同期结案率89.4%,解决争议标的103.7亿元。化解涉群众切身利益矛盾纠纷,审理好婚姻家庭、劳动保障、人身伤害等纠纷,调撤率52.8%。调判结合,发挥判决教育引领、规范社会行为的作用,审结合同纠纷案件9964件,促进诚信经营。推进供给侧结构性改革,发挥破产重整作用,为兼并重组、转型升级创造条件,促使“白沙春晓”、“桂语山居”等楼盘复工。

有效推进依法行政,受理行政案件153件,审结171件。落实立案登记制,推进行政机关负责人出庭应诉制度,发挥行政审判司法监督职能,有效解决“民告官难”“告官不见官”等问题。健全协调化解机制,监督行政机关依法行使职权,保护行政相对人的合法权益。健全预防化解行政争议联席会议制度,向党委政府及有关部门发送行政审判白皮书和司法建议,开展行政执法培训,将败诉案件和原因通报给行政机关。

努力破解执行难,受理执行案件7202件,执结6031件,执行到位标的额12.2亿元,标的清偿率19.6%。落实24小时备勤制度,上网查控1541人,控制到位374人,执行完毕217起案件,执行到位1843余万元,该项工作走在全省法院前列。破解腾房难问题,对拒不履行腾退房屋义务的当事人,依法以涉嫌拒不执行判决、裁定罪移送公安机关立案侦查。持续推进公开透明的网络司法拍卖,网拍率达100%,成功拍卖363件,成交金额7.06亿元,节省佣金1100余万元。

【护航G20峰会】严格政治底线,以护航G20峰会作为首要政治任务,层层落实维稳安保责任,全面排查涉稳风险案件,开展全面拉网式多轮排查,建立“一案一查”“一案一策”“一案一档”的“三个一”工作机制,实行院庭领导包案化解工作。加强安保工作,落实重大案件安保预案制度,牢牢掌握安全工作主动权,确保庭审安全。

【保障诉权】推进以审判为中心的诉讼制度改革,强化直接言词证据,推动关键证人、鉴定人出庭作证。加强裁判说理,回应辩护意见,提升庭审调查、辩论的效率和效果。发挥律师辩护作用,为没钱请律师、可能被判处三年以上有期徒刑的被告人聘请法律援助律师出庭辩护,辩护率达100%。深化信访改革,引入第三方参与涉诉信访矛盾化解工作机制,13家律师事务所律师参与申诉案件代理,在法院设立法律援助工作站。

【司法改革】稳步推进法官员额制,严格员额比例和入额标准,完成首批54名法官遴选,确保优秀审判资源集中审判一线。强化审判权运行机制,民商事案件率先统一随机分案,落实主审法官或审判长自行签发权,加强院长、庭长对审判流程的监督管理,审判管理和过问案件实行全程留痕。注重发改案件评查,引入第三方瑕疵案件评查机制,强化瑕疵案件审判责任。

【司法公开】网上公开审判流程、庭审活动、裁判文书和执行信息,公平正义可见可信。通过“12368”服务热线和短信平台,告知立案、开庭、判决、查封等节点信息,裁判文书上网处理率100%,走在全国法院前列。庭审全程录音录像,尝试网上庭审直播。

【便民服务】建立诉讼服务中心,实现咨询、立案、交费“一站式”服务。严格落实立案登记制,做到有案必立、有诉必理，当场登记立案率超过 99%。运行网上案款缴退费系统，实现 POS 机刷卡缴费，网上银行转账交费，网上退还受理费、支付执行款。实现网上立案、档案电子化，开放远程异地就近法院查阅诉讼档案。

【队伍建设】扎实开展“两学一做”学习教育活动，落实 “三大窗口”纪律作风守则。完善审务督查、廉政监督，目标责任制，强化实名通报机制。开展升国旗、法官宣誓、上廉政教育课，院史教育等活动，强化责任意识。坚持运用轮岗、案件评查、疑案讨论、学术论文 PK 赛、裁判文书评选、以案说法等举措，提升司法实务能力。

【廉洁司法】坚决落实“七个绝不允许”要求，严明“浙江法院五条纪律”。层层签订党风廉政建设责任书、“七个严禁”承诺书，向责任主体发送廉政建设任务告知书，落实院领导和中层干部一岗双责，实行连带责任追究机制。注重业外监督，建立院长、纪检组组长约谈制度。丰富法院文化，开展美丽乡村行等活动，倡导健康文明生活方式。

【接受监督】贯彻落实区人大及其常委会司法监督审议意见。认真办理代表委员建议或提案，2 件建议或提案全部在规定期限内办结。加强联络工作制度，邀请代表委员视察法院、旁听庭审、参与执行。认真办理检察建议，支持、配合检察机关依法履行诉讼监督职责，共同维护司法公正。完善人民陪审员制度，探索适度分权陪审机制改革，提升陪审效果，普通程序案件陪审率达 100%。　　（赵　晨）

司法行政

【概况】2016 年，婺城区在管刑释解矫人员1218 人，安置率达 100%、帮教率达 100%，重点人员接回率 100%。区司法局排查一般民间纠纷案件 4293 起，成功调处 3939 起，成功率 91.75%，涉案金额达 13936.04 万元；重大疑难纠纷案件 1089 起，成功调处 1089 起，调处成功率 100%，经司法确认的案件 315 件。区法律援助中心办理各类援助案件 464 件，其中民事 172 件，刑事 292 件，接待来访、来电咨询 1715 人次。

【普法宣传】推进“全民学宪法”活动，各机关部门根据自身职能均开展形式多样的宣传活动；服务重点工作推进开展宣传，举办“护航 G20 安全社区行”系列路演，广泛宣传国家安全、网络安全、治安管理等法律法规。利用好农村文化礼堂资源，在新增 15 家农村文化礼堂中开辟以宪法为核心的“法治文化廊”，创建箬阳乡琴坛村 1 个省级民主法治村，蒋堂镇胡家村、沙畈乡银坑村和岭上乡桃源村 3 个市级民主法治村。利用好法治文化阵地，开展普法宣讲、送法下乡、文艺演出等法治宣传活动 30 余场。开展“全国青少年普法教育示范区”创建活动，区委成立创建领导小组，印发《婺城区“全国青少年普法教育示范区”创建活动实施方案》，开展第三届“关爱明天 普法先行”青少年普法教育活动。开通“婺城普法”微信公众号，推送普法文章、在线法律咨询、在线考试答题，利用新媒体的技术扩大普法覆盖率。制定全区“七五”普法规划，在村（社区）、学校和重要公共场所张贴挂图进行宣传。

【矛盾化解工作】做好社会矛盾纠纷排查调处工作，努力减少社会不和谐因素，对“G20”峰会期间排查出的 616 件、涉及 1369 人、涉案资金 692.18 万元的矛盾纠纷，实行包案责任制，使矛盾纠纷得到有效调处。加强调解委员会组织建设，成立由区委政法委、区司法局、区信访局、区法院、区检察院、区总工会等 17 个相关部门单位组成的区人民调解工作指导委员会，协调、指导、监督、规范全区人民调解工作，推进村（社区）、企业、行业等人民调解工作制度化、规范化、法制化、网络化建设。区人民调解工作指导委员会指导成立了区人民调解委员会，按照程序推选出委员 5 人，其中女性 3 人，区人民调解委员会设主任 1 人，副主任 1 人，委员 3 人，办公地点设在区司法行政法律服务中心。

【特殊人群管控帮扶】结合 G20 杭州峰会、第三届世界互联网大会以及上合组织成员国丝绸之路法律服务国际论坛三大会议安保工作，重点加强社区服刑人员管理、实施滚动排查，落实重点社区服刑人员“定人包案”责任，落实对全区 350 余名社区服刑人员直接监管和教育。制定印发《关于加强社区矫正走访工作的实施意见》，明确司法所走访主体责任，确保社区服刑人员不脱离监管视线，司法所及村(居)干部和联村干部、专业社工组织、志愿者团体对社区服刑人员全年走访、谈话教育8600余人次。与金华市悦欣社会工作发展服务中心签订政府购买服务合作协议，发挥社工组织在开展社会帮教方面的专业优势。建立“五老”扶苗志愿者人才库，在库“五老”扶苗志愿者人数50余人，针对青少年社区服刑人员开展定向帮教。社区服刑人员参与清理河道铁道垃圾、清除城市牛皮癣、“三改一拆”、“五水共治”“四边三化” 等社区服务4500余人次。对家庭生活困难的矫正和帮扶对象给予司法救助和帮扶，开展司法救助6人，按照每人2000元的标准予以救助。

【法律服务】在区劳动仲裁院和区检察院设立法律援助工作站，安排律师值班。开展“温情手牵手，法援面对面”主题活动，现场开展法律咨询。与区财政局联合下发《关于提高公共法律服务工作补贴标准的通知》，将援助案件办案补贴和律师值班补贴作相应调整，现标准与市援助中心标准基本持平。联合区委两新工委成立“党员律师宣讲团”，启动“婺城区知识产权法流动课堂”，围绕“供给侧改革与企业”开展专题宣讲。开展“助力三百竞赛、当好三个专员”主题法律服务活动，组建法律服务团，律师、法律工作者63人参加。开展企业“供给侧改革难点问题”专项走访，处理企业法律咨询事项200余件，为企业避免和挽回经济损失2000余万元。组织律师参与解决白沙春晓等房地产“烂尾楼”问题，推动司法重组。部署开展律师队伍不规范执业突出问题专项教育整治活动，完善委托代理手续，规范案件归档程序。制定印发《婺城区行政村(社区)法律顾问工作考核办法》，由区财政局落实每村每年1000元的农村法律顾问经费补助。全区政府部门和乡镇机关实现法律顾问全覆盖。

【其他工作】完善司法所管理体制，全区18个基层司法所实行区司法局和乡镇(街道)双重管理，编制、人员归属司法局管理。完成长山、蒋堂、塔石、莘畈和琅琊五个司法所三星级创建并通过验收。围绕“两学一做”学习教育开展党建工作，强化干部党性觉悟。制定印发“两学一做”学习教育方案，确定每月党员集中学习日，强化党员政治、大局、核心、看齐意识，始终紧抓党风廉政建设和反腐败工作，组织全体党员干部到浙中警示教育基地学习参观。开展“礼让斑马线，文明过马路”交通劝导、“护航G20”义务巡逻、到革命基地塔石乡大茗村接受红色教育、参观雷锋文化纪念馆、创建党建一类阵地等系列活动。

(章杨倩)

军　事

【概况】2016年，婺城区人民武装部(以下简称区人武部)在完成年度各项工作的同时，参加完成上级赋予的智慧仓库建设试点、民兵应急力量“四队”建设现场会、G20峰会安保、丽水苏村山体滑坡支援保障等大项任务，人武部建设平稳推进。2016年9月，被省军区表彰为G20峰会安保工作先进单位。

【专题教育】坚持教育与整顿并重，深入开展“两学一做”专题教育活动，注重边学边查边改，分层次组织专题授课辅导，到浦江“江南第一家”廉政教育基地现地教学；采取深化认识和纠治问题、清理与重点清查相结合的办法，分层组织学习讨论和党性剖析，紧扣严明政治纪律和政治规矩开展教育，坚决与“郭”“徐”划清界限，从精神面貌、政治生态、财经管理、作风建设等方面全面肃清流毒影响；围绕“感恩祖国，感恩部队”“怎么看使命任务，干好本职”等问题开展群众性大讨论，引导干部职工坚定信念，听党指挥；采取集体谈话和个别谈心的方法，做好一人一事的思想工作，关心帮助解决干部职工实际困难，干事创业氛围更加浓厚。

【国防教育】2016年，在辖区内中小学校设立军人“荣誉墙”，在《今日婺城》设立“八一光荣榜”，发挥区内塔石红军标语墙、沙畈粟裕纪念馆等国防教育基地和驻军单位多的优势，结合学生军训、清明节祭奠烈士等时机，落实每年不少于2天的国防教育；发挥“婺城国防教育网”喉舌作用，表彰武装工作先进单位、个人，营造爱武兴武浓厚氛围；建强网络评论员队伍，发挥正面舆论引导作用，形成全社会关心支持国防和军队建设的良好氛围；推进民兵红旗党支部创建，6 月，区人武部在金职院组织民兵红旗党支部创建推进会，在各民兵营连中起到了很好的示范引路作用。

【基干民兵整组】按照“区有应急连、乡镇(街道)有应急排、专业队伍专业对口”的原则，优化调整全区基干民兵整组方案。6 月，区人武部统一计划、分片落实、分组检查的方式，对所有乡镇(街道)民兵整组情况进行抽查检验，并根据到点率、对口率、配套率和领导重视等情况进行量化评分。

【夏秋季兵员征集】按照提前展开、适时推进，广泛动员、严格把关，公开透明、廉洁征兵的总体思路，在抓好退役士兵优抚安置、军人权益保障、现役军官家庭大走访和“八一光荣榜”，提高参军吸引力的基础上，狠抓征兵宣传发动。区人武部重点进入驻地 2 所大学、5 所高中全部宣传一遍，乡镇(街道)武装部进入所有村居、企业全部宣传一遍，对大学生征兵办法进行重点解读，广大青年参军热情高涨。2016 年，适龄青年参加兵役登记，大学生比例达到 79%，比上年增加了 21%。

【民兵军事训练】2016 年 5 月，以水上分队为重点，组织 20 天的应急行动训练，落实水情侦察、冲锋舟水上编队和快速搜索、封堵决口、橡皮艇内涝救援等重点课目训练。6—7 月，以乡镇应急排为重点，着眼组织指挥的复杂性、遂行任务的突发性、环境条件的恶劣性，任务转换的快速性等特点，有针对性地落实山林灭火、反恐维稳、快速机动、灭火器材操作使用等训练，提高应急分队快速反应和执行任务能力。组织部分民兵全程参与省军区智慧仓库现场会实兵演练，完成任务比较出色。2016 年 9 月，根据 G20 安保计划，组织民兵应急分队 100 人集中驻训备勤，出动民兵应急人员 700 余人参与治安巡逻、社会稳控等工作，被省军区表彰为“G20 峰会安保先进单位”；10 月，组织塔石乡应急分队为苏村求援保交护路，集结反应迅速、交通管制得力，受到上级首长机关和部队的一致好评。

【军地联动】注重利用地方资源提升应急力量建设水平，重点建立“三个机制”，应急联动机制，定期走访区政府应急办、气象水利等部门，建立沟通协作和联动机制，掌握地方灾社情，做到对全区 8 支应急力量心中有数；涉军信访互通机制，与信访部门联合，处置各类涉军信访事件，确保军人军属和退役军人的合法权益，2016 年以来共有效处置涉军维权事件 21 起；民兵情报信息报知机制，加大民兵情报信息员建设培训力度，2016 年，接受民兵情况信息员上报各种信息 600 余件，有价值信息 12 条。

【战备规范化建设】2016 年，投入资金为区应急连配备指挥通信、山林灭火、安保警戒等器材，完善作战值班室、文印室、保密室等场所设备。

【基层规范化建设】根据婺城区乡镇(街道)财力不均、办公条件不一的实际，按照《浙江省后备力量基层建设规范》的标准，划分为三类进行建设：罗店镇、白龙桥镇、新狮街道等 8 个单位按照一类标准“三室一库”(即办公室、资料室、活动室、装备器材库)建设；蒋堂镇、安地镇、乾西乡等 8 个单位按照二类标准“二室一库”(即办公室、资料室、装备器材库)建设；沙畈乡、莘畈乡、箬阳乡等 6 个单位按照三类标准“一室一库”(即办公室、装备器材库)建设，规范基层武装部建设，取得一定成效。每个乡镇(街道)都建立 2—3 个民兵连部规范化建设示范点。

【三项基础工程】加强单位基础建设，2016 年，区人武部里先后投入近 20 万元。投入 3.5 万元建设蹲点房，保证上级机关干部蹲点有地方休息；投入 6.6 万元维修训练基地水电，保证训练基地水电使用安全；投入 9.8 万元建设靶场，保证专武干部和民兵实弹射击安全顺利，训练基地正在建设中，4 月，完成验收。

【后勤综合保障】坚持党委管财理财，狠抓“决策源头控、审批分类控、执行全程控、监督实时控、问责末端控”五个环节。在经费保障上，对内加强财经管理，对外积极争取，做好开源节流，较好保障战备规范化建设、民兵军事训练、年度征兵任务等工作。在经费管理上，树立以部为家思想，开展资源节约活动,完善机关办公用品和消耗标准,压减行政性消耗开支,尽量减少公务开支标准。严格落实物资集中采购制度,提高公务卡使用率。在经费使用上,严格审批把关,发挥使用效益,坚持大项经费开支党委集体研究决定,坚持和落实双主官联审会签报销制度,按照“谁主管谁负责、谁审批、谁监管”的原则,严格程序办事,把好经费关。在整治规范上,成立“五个领域”整治规范领导小组,集中开展公务接待、物资采购、公车使用、福利补助、伙食管理等专项整治活动,公务接待明显减少,节假日或因私用车已被杜绝,2015年以前重点查纠的问题,拉单列项对账明确责任、标准要求和整改时限,进行边查边改,受到上级军事机关的好评。

(祝江浩)

工　业

【概况】2016年，婺城区应对挑战，在新常态下全力以赴保运行、稳增长。2016年实现工业总产值295.3亿元，其中规模以上企业实现产值150.03亿元。汽摩配等七大支柱产业保持稳定，实现规模以上上产值100.5亿元，占规模以上工业总产值的68.47%。

2016年，婺城区努力克服体制调整、要素制约、市场低迷等不利影响，全年完成限额以上工业投资20.9亿元，其中工业技术改造累计完成投资18.04亿元，占工业投资比重86.3%。在报的93个投资项目中，90%以上项目利用自动化改造进行提升转型。

2016年，婺城区推进经济结构转型升级。“四破”专项整治取得成效，完成旧厂房改造30.6万平方米，完成年度计划的510%。关停淘汰“低小散”企业33家，整治提升51家。全区自有土地万亩以上工业企业评价A1类企业86家，A2类企业150家，B类企业198家，C类企业47家。创新能力不断增强，尖峰健康等5家企业实施的项目被认定为市级“两化融合”重点项目。万里扬被认定为市“两化融合”示范企业及国家级企业技术中心，新华齿轮、精深实业、欧仑催化被认定为市级企业技术中心。“三名”工程加快推进，共培育省“三名”企业2家，市“三名”企业8家，区“三名”培育试点企业20家；培育大企业大集团12家，高成长企业11家；“小升规”申报入库11家。节能降耗成效明显，电镀、造纸、印染、化工等行业整治基本完成。

2016年，婺城区持续优化经济发展环境。深入开展“走亲连心”、“双千”、“工业竞赛”等活动，完善区级领导联系强优骨干企业和重点技改项目制度，强化对企业的综合协调服务，帮助企业破解生产经营中、项目推进中遇到的难题135件。开展有针对性的银企对接活动，建立企业转贷应急周转金制度，为企业解决转贷资金4.34亿元。严格落实税费减免、专项扶持、奖励补助等政策，扶持产业发展。深化行政审批制度改革，进一步简化环节、提高效率，有效提高服务质量和水平。

【汽摩配件】2016年，全区汽摩配件行业共有规模以上企业17家，实现产值33亿元，同比下降28%；实现利税总额4.06亿元，同比增长53%；实现利润总额2.71亿元，同比增长65.7%。

【五金工量具】2016年，婺城区五金工量具产业共有规模以上企业15家，实现产值12.5亿元，同比增长10.1%；实现利税总额0.35亿元，同比增长27.9%；实现利润总额0.12亿元，同比增长116.5%。

【纺织服装】2016年，婺城区纺织服装产业共有规模以上企业10家，实现产值7.68亿元，同比下降9.4%；实现利税总额1.63亿元，同比增长102.8%；实现利润总额0.96亿元，同比增长372.4%。

【新型建材】2016年，婺城区建材产业规模以上企业共有17家，实现产值23.87亿元，同比下降18%；实现利税总额1.15亿元，同比下降38.1%；实现利润总额0.45亿元，同比下降58.7%。

【医药化工】2016年，婺城区医药化工产业共有规模以上企业11家，实现产值9.07亿元，同比增长4.3%；实现利税总额0.2亿元，同比下降36.8%；利润总额出现亏损，亏损额为0.03亿元。

【食品加工】2016年，婺城区食品加工产业共有规模以上企业10家，实现产值10.76亿元，同比增长4.3%；实现利税总额0.07亿元，同比下降64.5%；实现利润总额0.16亿元，同比下降22.5%。

【包装彩印】2016年，婺城区包装彩印产业共有规模以上企业8家，实现产值3.64亿元，同比下降41.2%；实现利税总额0.25亿元，同比增长417.2%；实现利润总额0.15亿元，同比增长321%。　（黄慧华）

统计 发改 物价 粮食

统计数据

【概况】2016年是“十三五”发展规划的开局之年,全面贯彻落实中共十八大精神,落实市委、市政府和区委、区政府的决策部署,开展“经济发展、城乡建设、民生保障”三大提质赶超行动为载体,落实好“去产能、去库存、去杠杆、降成本、补短板”五大任务,聚精会神抓发展,全力以赴促转型,克服了各种困难,实现了经济平稳发展的态势,社会保持和谐稳定,人民生活不断改善。

【全区主要经济指标】2016年,全区实现生产总值(GDP)516.8亿元、比上年增长6.8%。其中,第一产业增加值19.4亿元,增长1.0%;第二产业增加值170.3亿元,增长3.4%;第三产业增加值327.1亿元,增长9.1%。在第三产业中,交通运输、仓储和邮政业增长9.7%,批发零售业增长5.5%,住宿餐饮业增长6.0%,金融业增长3.0%,房地产业增长6.2%,其他营利性服务业增长29.4%,非营利性服务业增长6.5%。土地总面积1391.24平方千米,年末户籍总人口64万人,人均生产总值(户籍人口)81011元,比上年增长5.9%。第一、二、三产业增加值占地区生产总值的比重由上年的3.8:348:61.4调整为3.7:33.0:63.3。

【区属主要经济指标】(不含金华市经济技术开发区)2016年,实现区属生产总值(GDP)256.0亿元,比上年增长6.1%。其中,第一产业增加值13.1亿元,增长2.2%;第二产业增加值63.6亿元,增长1.9%;第三产业增加值179.4亿元,增长7.9%。在第三产业中,交通运输、仓储和邮政业增长13.2%,批发零售业增长5.5%,住宿餐饮业增长6.5%,金融业增长2.7%,房地产业增长4.4%,其他营利性服务业增长20.5%,非营利性服务业增长6.4%。土地总面积1139.6平方千米,年末户籍总人口38.49万人,人均生产总值(户籍人口)66560元,比上年增长5.5%。第一、二、三产业增加值占地区生产总值的比重由上年的5.1:26.3:68.6调整为5.1:24.8:70.1。

【农业统计】2016年,完成农林牧渔业总产值23.2亿元,同比增长3.5%,完成农林牧渔业增加值13.7亿元,同比增长2.2%。根据粮食监测统计全年粮食作物播种面积6466.67公顷,同比下降10.4%,粮食总产量3.9万吨,同比下降13.9%。花卉苗木种植面积5200公顷,同比增长18%。全区油菜籽产量2990吨,同比增长85.3%;蔬菜产量7.3万吨,同比增长7.7%;水果产量3.5万吨,同比下降10%。全年生猪出栏33.2万头,同比下降4.2%,年末生猪存栏13.6万头,同比下降30.1%;家禽出栏91.4万只,同比下降17.6%;奶牛存栏数7414头,同比下降41.9%;牛奶产量30304吨,同比下降16.2%;水产品产量7475吨,同比增长4.4%。

全年完成造林面积7.9公顷,迹地更新面积236公顷,低产林改造面积533公顷,封山育林面积44451公顷。

【工业和建筑业】2016年,全区完成工业增加值49.2亿元,同比增长1.9%,工业增加值占GDP的比重19.2%。其中,规模以上工业企业完成总产值150.0亿元,同比下降13.1%;完成销售产值143.2亿元，同比下降 11.4%，工业品产销率为 95.4%。规模以上工业企业完成出口交货值 20.5 亿元，同比下降 6.3%，占销售产值比重为 14.3%。全年规模以上工业企业实现主营业务收入 141.8 亿元，同比下降 6.7%；实现利税总额 10 亿元，同比增长 14.8%，其中利润总额 5.5 亿元，同比增长 31.9%。

2016 年，完成建筑业总产值 123.8 亿元。全区 48 个三级及三级以上建筑施工企业全年房屋建筑施工面积 1590.5 万平方米，竣工房屋面积 593.4 万平方米。

【固定资产投资】 2016 年，完成限额以上固定资产投资 101.8 亿元，同比增长 3.5%。其中，投资项目投资 79.3 亿元，同比增长 33.9%，房地产开发投资 22.5 亿元，同比下降 42.5%。投资项目中工业投资 21.0 亿元，同比下降 1.4%。限额以上固定资产投资按产业分：第一产业完成投资 3054 万元；第二产业完成投资 21.0 亿元，同比下降 1.5%；第三产业完成投资 80.5 亿元，同比增长 4.5%。

【国内贸易和对外经济】 2016 年，完成社会消费品零售总额 311.3 亿元，同比增长 8.8%。其中，商品零售 293.0 亿元，同比增长 7.4%，餐饮收入 18.4 亿元，同比增长 37.3%。全年实现外贸进出口总额 5.7 亿美元，同比下降 1.2%，其中外贸出口额 5.4 亿美元，同比增长 0.8%；合同利用外资 1920 万美元，同比下降 43.7%；实际利用外资 41 万美元，同比下降 96.0%。

【财政】 2016 年，全区财政总收入 42.5 亿元，同比增长 14.2%，区级收入 10.8 亿元，同比增长 12.4%；全区财政总支出 20.9 亿元，同比下降 14.4%。

【科学技术】 2016 年，累计获省、市各类科技立项 53 项(省 35 项，市 18 项)，其中省重点研发计划项目 1 项、省级新产品试制计划 27 项、省科技特派员项目 7 项；市科技项目 7 项（工业 4 项、农业 3 项)、市科技特派员项目 10 项、市农业科技成果转化项目 1 项、省技术发明奖 1 项、市科学技术奖 2 项。培育创新主体能力加强。全年累计认定高新技术企业 30 家(省级 5 家、市级 25 家)、省科技型中小企业 35 家、市农业科技企业 3 家、高新技术研发中心 9 家(省级 1 家、市级 8 家)、市农业科技研发中心 2 家。全区专利申请量达 3156 件，其中发明专利申请量 776 件，比上年增长 46.1%；全区专利授权量 1802 件，其中发明专利授权 325 件，比上年增长 29%。

【教育、文化和体育】 通过“全国义务教育均衡区”国家级评估，学校办学条件得到较大提升，实现教育资源的优化配置，使教育教学质量稳步持续发展。启动第二轮“学前教育三年行动计划”，努力发展小学“特色教育”，推广初中“高效课堂”，推进职业教育精品化，创新实施“警校家”联动护校。全区小学入学率、小学毕业升初中比例均为 100%。年末，全区有职业高中 1 所，专任教师 217 人，在校学生 4206 人；普通初中 16 所，专任教师 1071 人，在校学生 13498 人；小学 32 所，专任教师 1797 人，在校学生 28112 人；幼儿园 129 所，专任教师 1193 人(其中包括幼儿园园长 147 人)，入园儿童 16400 人。

文化体育事业持续繁荣，深入实施重点文化惠民工程，推进公共文化服务体系建设，积极探索公共文化标准化、均衡化路径。全区 15 个乡镇街道完成综合文化站整改；开展 “送戏下乡”“送书下乡”“送电影下乡”活动以及“信义金华 美丽婺城”“激情婺城”系列大型文艺活动；2016 年年底，12 个乡镇被评为浙江体育强乡镇，3 个街道被评为浙江省城市体育先进街道，20 个社区被评为浙江省城市体育先进社区。

【卫生事业】 全区有政府办医疗卫生机构 22家，其中综合医院 1 家，乡镇卫生院(社区卫生服务中心)18 家，疾控中心、妇计中心、卫生监督所各 1 家，卫生技术人员 742 人，民营医疗机构 158 家，其中民营医院 7 家，门诊部 26 家，个体诊所 125 家，核定医疗床位 682 张。全区有 26 家具备运行条件的社区卫生服务站和 108 家村卫生室实施基本药物制度，实施率为 100%，达到省卫计委的实施要求。2016 年，开展参保城乡居民健康体检 97072 人次，体检成人 38262 人次(其中老年人 25966 人次)，学生儿童 58810 人次，体检结果异常 25180 人次，建立规范化电子健康档案 325491 份，户籍人口电子建档率达 89.99%。责任医生规范化签约 77900 人，规范化签约率达 21.53%，完成省定目标。

【人口、人民生活和社会保障】据公安人口年报统计，年末，全区户籍管理人口为38.49万人，其中男性19.28万人，女性19.22万人；全年出生人口4445人，人口出生率为12.16‰，死亡人口2448人，死亡率为7.8‰，人口自然增长率为4.36‰。

据抽样调查，2016年城镇居民人均可支配收入44503元，同比增长7.2%；人均消费性支出27858元，同比增长8.1%，其中食品烟酒消费支出7925元，同比增长8.6%。农村居民人均可支配收入19357元，同比增长8%；人均生活消费支出13652元，同比增长8.9%，其中食品烟酒消费支出4984元，同比增长7.1%。

2016年，城镇低保标准每人每月665元，农村低保标准每人每月600元。截至2016年年底，全区有2877户、3867人城乡低保对象、1116户、2090人低保边缘困难群众、480人重度残疾人享受相应救助，累计发放低保、低保边缘、重残、医疗等各类救助款2850余万元；发放冬春荒生活补助30万元，主要用于900余户因灾受困群众的生产自救。新增18家城乡社区居家养老服务照料中心，全区7000名老年人享受到居家养老政府购买服务政策。开展“2016年慈善温暖行动”、慈善助学系列活动，发放慈善救助金203万元；做好慈善总会筹备前期基础工作，宣传发动并开展募捐，2016年收到善款(物)50万元(其中定向捐款15万元)。按政策落实全区符合条件的孤儿(或困境儿童)基本生活费的发放，发放孤儿基本生活费93万元。

劳动部门积极做好就业服务工作。全年新增就业岗位4848个，失业人员实现再就业2070人，其中，就业困难人员再就业175人，城镇登记失业率2.87%，远低于4%的控制目标。(王云天)

发改工作

【概况】2016年，实现区属地区生产总值256亿元，同比增长6.1%，产业结构比例由2011年的6.4:36:57.6优化为2016年的5.1:24.8:70.1；区级财政收入10.79亿元，同比增长12.44%；固定资产投资109.9亿元，同比增长11.7%；社会消费品零售总额311.3亿元，同比增长8.8%；出口总额预计为36.3亿元，同比增长6.26%；城镇居民人均可支配收入44503元，同比增长7.2%；农村居民人均可支配收入19357元，同比增长8%；城镇登记失业率2.87%，万元生产总值综合能耗、主要污染物排放量预计均能全面完成上级下达的目标任务。。

【经济体制改革】开展“四破攻坚”专项整治。印发《婺城区2016年度“四破攻坚”工作要点》，处置低效企业15家、19.24公顷，取缔低小散企业40家、6.08公顷，盘活工业用地40.19公顷，消化批而未供土地32.59公顷。推进公务用车制度改革，全区取消公务用车，封存、移交工作圆满完成。开展特色小镇培育创建工作，印发《创建导则》《2016年度工作计划》《关于开展第一批区级特色小镇创建名单申报工作的通知》等文件。落实信用建设基本工作，推进现代服务业改革，印发2016年度服务业工作要点，有省级服务业重点企业2家。确定2016年重大改革项目的督查项目。推进白龙桥镇、蒋堂镇中心镇培育工作，2016年已争取到补助资金112.5万元。推进四大百亿产业发展，指导区经济商务局、旅游局、网络经济局各自编制完成四大百亿产业的3年行动专项计划。实施生猪保险与无害化处理扩面试点，承保生猪35万余头、母猪1.9万余头，动物无害化处理中心收集、处理病死猪11万余头。做好政策性农业和农房保险，制定《2016年婺城区政策性农业保险加快推进省级品种工作计划》，新开设大棚、大棚蔬菜两个险种，大棚已承保0.27公顷，保费21600元，其中省财政补贴占42%，区财政补贴占28%，农民自负30%，下发《关于做好2017年政策性农村住房保险工作的通知》。

【经济发展状态】着力推进项目建设，各类项目进展顺利。2016年，争列省“411”重大项目3个，省重点项目8个，市重点项目12个。编制2016年政府性投资项目计划，2016年政府性投资项目143个(续建项目50个，新建项目93个)，总投资为230.86亿元，2016年计划投资49.54亿元，其中区财政1.62亿元。实施类项目100个，总投资约191.21亿元，

2016年计划投资44.45亿元,其中,区级财政性资金1.13亿元;前期预备类项目43个,总投资39.65亿元,2016年计划投资5.09亿元,其中区级财政性资金0.49亿元。二七棚户区改造项目争取到2015年第一批及第三批国家专项基金各5000万元,累计1亿元。2016年第二批国家专项建设基金争取中,全区争取到1.59亿元(杭长客专新金华站配套基础设施项目一期工程南广场项目),总争取额2.59亿元,全市排名第六。"百日攻坚"有序推进。截至11月20日,5个集中开工项目均已开工;3个"411"和8个省重点项目中,衢江(金华段)航运开发项目、荣光国际学校、婺城区金华江治理一期工程等3个项目已提前完成了"百日攻坚"任务目标。

【计划发展管理】 发挥计划职能,加强经济发展分析。完成"十三五"规划编制工作。印发《金华市婺城区国民经济和社会发展第十三个五年规划》。完成计划报告的编写。《金华市婺城区2015年国民经济和社会发展计划执行情况及2016年国民经济和社会发展计划草案》在区人大八届五次会议上审议通过。《关于婺城区2016年上半年国民经济和社会发展计划执行情况的报告》通过人大常委会审议。

开展相关调研工作。印发了区发改局2016年的调研课题计划,在《调查与研究》上刊登3篇文章。开展企业运行监测。2016年初,完成2015年度监测企业统计人员的补贴发放工作。2016年全区共有在监测的企业66家,其中工业企业28家,服务业企业38家,各季度上报率均为100%。 (邓 磊)

物价工作

【概况】 婺城区物价局认真宣传贯彻国家、省、市有关物价管理的方针、政策和法律、法规,组织实施上级价格改革和价格调整方案,组织实施行政事业性收费许可证的核发、管理和定期验审;会同有关部门开展清费治乱减负工作;组织开展价格监测工作,协助上级业务主管部门做好价格监督检查等工作。

【定价机制】 核定上城锦苑住宅小区高层前期物业服务收费标准、水电第十二工程局有限公司医院普通病房床位价格。开展婺城区生猪定点屠宰服务成本调查,向市物价局上报要求核定生猪定点屠宰服务收费标准,批复婺城区定点屠宰企业生猪定点屠宰服务收费标准;开展金华市中圣学校教育成本调查、核算,核定收费标准;开展金华市婺州外国语学校成本核算。

【收费机制】 开展全区行政事业性收费公示报告制度,受理各收费单位报送收费执行情况25家,在全国收费监管系统进行网上受理。开展对部分民办幼儿园收费标准进行备案及配合市物价局监督检查分局幼儿园检查工作。

【价格监管】 强化市场价格监测,密切关注市场价格动态,认真做好主要商品和服务价格的市场监测,健全价格预警监测机制。开展农本调查,做好监测点的种植成本监测工作,提高农本调查数据的真实性、准确性、时效性,组织开展调查人员业务培训,同时,在强化日常记账工作的基础上,采用纵向、横向和逻辑等多种方法对原始数据进行审核,减少数据上报的错误率。加强重大节假日市场巡查,掌握价格变化的动态,发现苗头性、倾向性问题,力争在第一时间提供预警信息。做好粮食零售、批发、加工价格监测每月5日、15日、25日监测3次,25号监测数据及粮食零售价格季度分析需报市物价局。开展油菜籽成本调查,做好网上输入数据及调查分析报告,上报市物价局。

【收费管理】 依法做好价格管理、收费管理工作,疏导价格矛盾。审批、核定停车场、医院等场所的服务收费标准。会同市物价局开展各类价格监督检查及成本监测工作。开展金华市金西自来水有限公司供水价格调整听证会准备工作,12月初举行听证会。开展金华市金西自来水有限公司供水价格调整工作,实行阶梯价,12月上旬召开价格听证会;配合市物价局成本调查监测预警分局3个污水处理厂成本监审工作。上半年贯彻落实农林局等4家单位免征部分行政事业性收费;调整和完善医疗服务项目及价格。

【价格认证】 2016年,完成各类涉案物品价格鉴定 381 件,涉案金额 473.71 万元。协助金华市公安局婺城分局开展的"春雷""夏雨"等专项侵权行动案件的价格鉴定工作。协助金华市国土局婺城分局确定 2015 年度各类矿场资源价格的鉴定工作,对越界开采矿产资源的案件处理提供相关价格依据。协调明确市区价格认定工作权限的划分工作,婺城区价格认证中心承担本级办案机关、纪检、行政等其他国家机关提出的价格认定事项;承担其行政区划内(金华开发区除外)的价格认定事项以及金华铁路派出所的涉案财物价格认定工作。金华山旅游经济区跨行政区域,婺城区行政区划内的价格认定事项由婺城区价格认证中心承担,学习切实贯彻《价格认定规定》。 (邓　磊)

粮食工作

【粮食购销】2016 年,市收储公司委托我全区收储公司落实早籼订单粮食 20000 吨,其中由全局收储公司落实的数量为 19100 吨。从 3 月开始开展订单粮食落实工作,投入资金 20 万元添置了除杂机等机械。2016 年,夏粮收购共设立收购点 10 个,均配备休息室和防暑用品,投入夏粮入库人员 125 人(其中临时人员 84 人)。与 175 个行政村、3312 户农户签订订单面积 2865.53 公顷,订单数量 17104 吨,发放预购定金 36 户、496 万元。自 7 月 26 日开秤至 8 月底收购结束,历时 37 天,累计入库早稻谷 14332 吨,占订单落实的 83.8%,同比减少 1085 吨。

【粮储管理与中心库建设】根据中央、省、市及婺城区委、区政府的相关文件要求,制定局安全生产"党政同责、一岗双责"工作职责。在收储公司创新设立安全科,指定专职副经理负责安全生产工作。及时与下属公司签订"2016 年度安全生产综合目标管理责任书""2016 年安全消防工作责任书"。组织开展安全生产检查,发现隐患督促整改,每季度不少于一次对储备的安全管理、出租房的安全管理的检查。加强危仓老库改造维修工作,提高科学保粮水平。2016 年对长山、琅琊、后大、汤溪、莲湖等粮站进行危仓老库改造工作,共投 300 万元,完成对古方中心库 4 号、9 号仓的气密性改造工作,通过了测试,符合气密性要求,在夏粮入库前全面投入使用,已累计投入危仓老库改造 900 余万元。古方中心库通过"二星级"库的复评。抓好储备粮出库、补库工作,2016 年市局安排区收储公司储备粮轮换总计 5100 吨,分别是古方库 3100 吨,开化库 2000 吨,6 月底全部完成出库任务。代储中央储备玉米 5000 吨出库,新增省级储备粮 850 吨补库,市级储备粮 482 吨补库都已经按时完成。新增 3400 吨晚籼谷补库 12 月底前完成。 (邓　磊)

经济　贸易

对境外经贸

【概况】 2016年，婺城区实现外贸进出口总额35.2亿元，同比增长6.53%，其中出口贸易33.2亿元，同比增长8.2%。

【对境外贸易】 2016年，婺城区结合商务发展实际，调整现行外经贸政策，保证政策的稳定性、连续性。为鼓励外贸企业成长，婺城区加大对具有一定出口规模、成长性较好生产型企业支持力度，鼓励企业加大科技创新投入，加强品牌建设，增强市场竞争力。在防范贸易风险方面，婺城区运用进出口政策性信用保险机制，扩大小微企业信用保险覆盖面，凡与中国出口信用保险公司已签订保险合同的上年度出口额在300万美元以下企业以及当年新增企业所产生的信用保险费由区财政统一支付。婺城区引导企业参加各种境外国际性展会，开拓新兴市场，2016年，组织61家外贸企业参加市贸促会组织各类境外展会67个场次，展位数量116个，布展面积达1044个平方米。

【利用境外资金】 面对日益加剧的引进外资困境，婺城区拓展引资渠道，利用网络平台优势和境外客商信息优势，通过收购、兼并、资产重组等方式扩大投资规模，增加有效投入。鼓励企业通过跨境人民币投资、融资租赁、股权出资、股东境外借款等多种方式外资方式。简化外资项目的审批环节和程序，加强各审批部门之间的协作配合，做好项目落地前期的各项服务，积极稳妥地帮助企业处理各种困难，加快企业投资到位。2016年新批外资项目1个，合同外资15.28万美元。在第十八届浙洽会婺城区签约外资项目1个，意向总投资3亿元，合同外资2.1亿元，创单一项目合同外资建区以来历史之最。

【对境外经济技术合作】 婺城区支持企业设立境外营销网点，对现存外贸企业进行全面排摸，对于具备“走出去”条件的企业，进行“一对一”政策辅导，利用政策保险机制、帮助企业有效防范化解贸易风险。2016年组织企业争取2015年浙江省（中央）外经贸性发展专项资金，成功申报2015年度资金项目110个，争取专项扶持资金173.22万元。做好“中小企业信用保险全覆盖”扩容工作，为中小企业防范和化解贸易风险保驾护航。通过电话、QQ群及实地走防，宣传“出口信用保险全覆盖”的好政策，鼓励企做到应保尽保，在各方共同努力下，全区新增参保企业153家，据统计2016年底全区中小企业参保覆盖率已超过70%。（黄慧华）

经济商务

【概况】 2016年，规模以上工业增加值完成26.58亿元；规模以上工业产值完成150.03亿元；销售产值完成143.19亿元；限额以上工业投资完成20.9亿元，其中工业技改投资完成18.04亿元，同比增长13.8%；旧厂房改造目标任务6万平方米，完成30.6万平方米，完成年度计划的510%；“小升规”目标任务 10 家,申报入库 11 家,完成率 110%。

【把握发展趋势】 建立工业经济运行督查机制。年初根据调查摸底情况,结合市、区政府的目标任务,研究制定全区工业经济发展目标考核体系,对全区各园区、乡镇(街道)的指标安排作了科学的分解。密切关注工业重点行业发展趋势。通过走访调研,加强与重点企业的沟通与联系。做好运行分析。完善经济运行月报制度,加强工业经济运行监测预警机制建设,在全区范围内建立工业企业重大情况旬报制度,加强对经济环境变化特别是潜在风险因素的分析监测。

【提升产业层次】 加快机器换人。在上报的 93 个投资项目中,90%以上项目利用自动化改造进行提升转型。推进两化融合。尖峰健康等 5 家企业实施的项目被认定为市级"两化融合"重点项目。万里扬被认定为市"两化融合"示范企业。加大科技创新。万里扬被认定为国家级企业技术中心,新华齿轮、精深实业、欧仑催化被认定为市级企业技术中心。四是淘汰落后产能。关停淘汰"低小散"企业 33 家,整治提升 51 家,已超额完成年初市下达的目标任务数 80 家。五是推进亩产效益综合评价。全区自有土地万亩以上工业企业评价结果为:婺城区 A1 类企业 86 家,A2 类企业 150 家,B 类企业 198 家,C 类企业 47 家。

【增大投资强度】 抓项目申报。组织申报实施市级以上重点技改项目 17 项。抓项目服务。全区列入统计的 93 个限额以上工业项目建成 64 个,未建成 29 个,完成投资 20.9 亿元。抓政策落地。组织 38 家"小升规"重点培育库企业共计 70 余人,参加市"小升规"企业培训会,共申报、兑现各级补助资金 2049.37 万元。

【优化服务质量】 破解企业难题。深入做好企业难题收集,全力协助企业攻克难题。收集到企业难题 135 件、办结 107 件。化解企业"两链"风险。在协调企业银行关系,着力防范和化解"两链"风险的同时,为 50 多家企业办理 107 笔周转金,约 4.34 亿元。开展"小升规"培育。已申报入库 11 家。加快培育"三名"企业。培育省"三名"企业 2 家,市"三名"企业 8 家,区"三名"培育试点企业 20 家;培育大企业大集团 12 家,高成长企业 11 家。 (黄慧华)

招商引资

【概况】 2016 年,全区上报浙(婺)商回归项目 11 个,实际到位资金 2.74 亿元,完成市下达考核指标任务(11 亿元)的 24.9%。

2016 年,全区引进内资项目 21 个,实际到位资金 11.91 亿元, 完成市下达考核指标任务 (19.5 亿元)的 61.1%。

【重大招商活动】 在区委、区政府领导的高度重视下,区经合办(招商局)精心准备,组织开展一系列重大招商活动。6 月,组团赴宁波参加浙洽会,签约项目 3 个,总投资 34.2 亿元。7 月,组团赴北京参加 2016 北京智博会, 签约项目 2 个, 总投资 5.5 亿元。

【经济技术协作】 加强交流对接,力促经济合作交流工作。根据省、市"山海协作工程"发达地区与欠发达地区的对口协作安排,义乌市对口协作婺城区,每年安排专项资金用于扶持欠发达地区发展公益事业。区相关部门与义乌市积极开展项目对接活动,加快婺城区欠发达区域发展;帮助山区欠发达地区挖掘包装项目,促进当地经济发展。

【优化招商考核机制】 区招商局抓住全区开展党的群众路线教育实践活动这一契机,加强单位内部管理,编制区经合办(招商局)制度汇编,包括工作例会制度、请销假制度、财务管理制度、项目推进制度、联系乡镇(村)走访制度等。 (林 可)

供销社

【概况】 金华市婺城区供销合作社联合社(以下简称供销社)2016 年,全系统实现商品销售额 8.8 亿元,同比增长 25%。供销社获 2016 年度浙江省供销社系统综合业绩考核优秀奖。

【“三位一体”农合联服务体系建设】 2016年11月1日，婺城区构建“三位一体”农民合作经济组织体系动员会暨培训会召开后，供销社领导亲自带头深入基层，对全区12个乡镇分片包干，逐一指导农合联组建工作。截至11月8日，12个乡镇农合联组建工作全部完成。11月14日，婺城区农民合作经济组织联合会(以下简称“农合联”)成立大会暨第一届第一次会员代表大会胜利召开，会议通过“农合联”章程，召开会员代表大会，选举产生第一届理事会、监事会，聘任首届农合联执行委员会领导班子。年末吸纳会员545个，其中单位会员418个，个人会员127人。选举理事会理事139人，其中乡镇农合联理事会理事106人，区农合联理事会理事33人；监事会监事49人，其中乡镇农合联监事会监事40人，区农合联监事会监事9人；农合联会员代表101人，其中区级农合联会员代表93人，市级农合联代表8人。农合联会员占辖区内的农民专业合作社、新型农业经营主体、涉农企业总数的46%。

【农信担保业务】 坚持务实、创新、规范、发展的经营理念，严控资金风险，对涉农行业及有较好发展前景的中小微企业进行资金担保倾斜，竭力为涉农群体提供优质、高效的贷款担保服务。2016年，提供贷款担保总计110笔、担保总额10630万元，其中涉农组织、农民专业合作社、农民种养殖大户计76笔、担保额7640万元，中小微企业等其他行业计34笔、担保额2990万元。风险稳控率控制在2%以内。

【农资供应服务体系建设】 组织货源，确保农资供应，开展“春耕双夏支农送服务”活动，提高农资市场占有率，市场占有率始终保持70%左右，满足春耕备耕及“双夏”生产需求。农资销售额达6000余万元。构建“智慧农资”服务平台，开展庄稼医院、农资示范店创建，提升农资服务质量与水平。全年建设庄稼医院1家，累计2家，建设农资示范店2家，累计6家，培养中级“庄稼医生”1人。

【专业合作社等建设】 挑选实力强、前景好的农民专业合作社，充实系统合作社队伍。全系统全年创办农民专业合作社58家，累计达101家，创办专业合作社联合社1家，累计3家，创建村级服务社23家，累计91家。推动农民专业合作社的规范提升。指导农民合作组织调整产业结构，发展高效农业，开展无公害产品产地认证与商标注册，推动合作组织向市场化、规范化、品牌化迈进。婺城区供销社参办的金华市绿田粮食专业合作社获得“2016年度供销合作社系统全国农民合作社示范社”荣誉称号。加强农产品电商主体培育。牢牢把握发展机遇，挖掘有潜力、有前途的合作社进行电商主体培育，积极争取政策、资金支持发展各类农产品电商业务。系统参办浩富蔬果专业合作社利用微信平台，创立“暖田”有机农产品品牌，开展有机蔬果、米油、畜禽肉等有机农产品宅配O2O配送业务，年配送额达400万元。

11月8日，白龙桥镇农民合作经济组织联合会成立

（区供销社供稿）

【扶贫帮困】 做好联系“两富”指导员新农村建设和扶贫帮困工作，深入联系村，帮助研究制定村级经济生产发展计划，增强村级经济带动功能，共商脱贫致富大计，2016年，提供资金2万元，利用供销社农信担保公司平台，在发展生产中给予资金担保上的支持，同时开展社区党员“微心愿”认领等活动累计达1000余元。开展农产品经纪人和农业实用技术培训，全年培训110人次，新增专业人才5人。

【社有企业】 抓好社有资产的经营管理。按时完成社有资产租赁费征缴工作；开展社有资产登记清理,逐宗造册归档,健全完善社有资产管理制度;逐步优化社有资产结构。抓好社有资产的改建工作。对百信大楼商场布局和用电设施进行改造,提升商业档次,加强安全防范,投入改电资金 17 万余元。抓好社有资产安全维护和维权工作。协调理顺与资产所在地村关系,加固维修集镇老旧房产,投入修缮资金 13 万余元。

【信访工作】安全生产工作取得实效,在信访工作方面,2016 年依法接访 25 批次、271 人次,处理信访件 2 件,办结“8890”诉求 44 件,排查化解矛盾 10 起。

【慰问工作】做好春节、重阳节期间企业军转干及离退休、困难职工的慰问工作,慰问 574 人次,发放节日慰问品 7.13 万元,发放涉军人员补助资金 23.67 万元,兑现基层社改制遗留职工住房补贴 2 万余元。

【安全生产】安全生产工作方面,继续贯彻落实“安全第一、预防为主、综合治理”的基本方针,加强日常安全检查,突出重点,抓好出租房及社有企业安全隐患的排查和整改,抓好烟花爆竹仓库、集镇老旧房产的消防安全工作。发现隐患及时限期整改。2016 年,联社安全生产(消防)小组组织检查 45 次,其中常规检查 23 次,专项检查 14 次,危旧房专项安全检查 8 次,检查出安全隐患 39 处,下发整改通知书 24 份,投入整改资金 13 万余元。完善防汛防台紧急预案,根据气象情况及时下发防汛抗台通知 3 份,组织联社人员和带班领导实行 24 小时值班,同时要求下属企业人员在岗在位,保持通信联络畅通,密切关注相关房产情况,全年更换补充麻袋 5 万只,保质保量做好代省防汛麻袋的储备任务。

【党建工作】2016 年 3 月 30 日,组织机关党员干部赴浦江县郑义门廉政文化教育基地进行廉政教育,接受廉政文化的洗礼。5 月 12 日,召开全系统“两学一做”学习教育部署动员会,由联社党委书记上专题党课,全面动员部署。6 月 13 日,邀请区人民检察院副检察长高理华到联社为全系统机关干部开展“守住法律底线,远离职务犯罪”警示教育讲座。严格落实“三会一课”制度和集中党日活动,以学习党章、党规、中共十八大精神、习近平系列重要讲话、典型案例通报等为主要内容,提高广大党员干部的思想政治素养和理论水平;组织党员开展“三大先锋”活动,增强系统党员先锋模范作用。定期开展党员“党性体检、民主评议”工作,强化民主评议的针对性和实效性,提高专题组织生活会质量。加强党组织关系的集中排查,对下属各支部进行集中摸排,核查党员身份信息,理顺党员组织关系,健全完善党员档案,针对排查出的“口袋”党员、流动党员、失联党员等进行规范清理。注重对年轻人的培养,11 月,预备党员 1 人转正,按时完成支部换届,增强党组织活力。

(方少云)

教育　文化　体育

教　育

【概况】婺城教育深入实施素质教育，加强教师队伍建设，促进教育事业的跨越发展，是“省级课程改革实验区”“浙江省教育强区”“省中小学生课外文体活动工程示范区”，顺利通过全国义务教育发展均衡区省级评估验收。

2016学年初（2016年9月），婺城区有中小学49所，其中初中16所(九年一贯制3所)、小学32所、职高1所，在校学生共42658人，教职工3363人。幼儿园129所(另有17所教学点)，其中公办幼儿园14所、在园幼儿16400人，教职工2156人，其中，专任教师1059人。

为贯彻落实素质教育，婺城区全面实施“新课程改革行动计划”，在初中推进“高效课堂”，在小学打造“特色教育”，形成了轻负高质的良好态势。实施教师梯队培养，设置区杰出教师、区名师、区教学能手、区教坛新秀、区教坛新苗5个梯队，分层培养。顺利完成职称过渡工作，有高级教师429人，一级教师1597人，二级教师1453人，三级教师58人。全区拥有省特级教师14人，省教坛新秀7人，市名师名校长11人，名师名校长培养人选93人。优质的师资资源，形成极具优势的人才高地。打造人文校园，努力培育“一校一品”“一校一特”的校园文化，全区现有省市级体育、艺术特色学校34所，在教育文化建设领域形成独有的特色。

婺城职业教育全省闻名，金华实验中学教育集团自2008年起，连续8年4届获金华市中职学校师生技能比武冠军，为浙江省首批现代学徒制试点学校，领衔金华职教发展。学前教育深入推进，拥有省等级幼儿园119所，等级幼儿园招生覆盖面达97%，省三级以上标准的乡镇中心幼儿园建园率达100%。成人教育成绩喜人，近年来扫除婺城区文盲19717人，2014年成功创建“浙江省社区教育实验区”，成功创建“浙江省成教品牌”项目1个。

教育人事管理

【概况】婺城区有公办中小学校幼儿园45所，其中职业高中1所，九年一贯制学校1所，初级中学13所，小学29所，幼儿园1所。婺城区机关幼儿园2016年从机关事务管理局划转入教育系统管理，箬阳小学布局调整合并入安地中小学，十八中布局调整后师生分流至金华九中和青春中学，胜利小学布局调整师生合并入东市街小学。全区共有事业人员3011人，退休教师1345人。

【实施梯队培养方案，保障队伍可持续发展】2016年，实施的中小学骨干教师梯队培养方案，是建设高层次、高素质教师群体的重要举措。为提高全区中小学骨干教师队伍的素质和能力，通过选拔具有良好的思想业务素质，有一定教育教学研究能力，教学实绩突出的教师进行针对性的培养培训，促进他们专业发展快速成长。根据《婺城区中小学教师梯队培养方案(试行)》，按计划逐级开展师资培养，对梯队对象进行统一管理与考核，促进教师专业可持续发展。根据中小学教师成长的阶段性特点,梯队培养方案设置以下不同层次的培养目标:婺城区特级教师、婺城区名师、婺城区教学能手、婺城区教坛新秀、婺城区教坛新苗。

【落实职称过渡工作,严格评聘结合措施】2016年,区教育局根据省市主管部门的要求,稳步进行中小学教师职称过渡工作。建立统一的中小学教师职务制度,将原中学教师职务系列和小学教师职务系列统一并入新设置的中小学教师职务系列。统一职务等级和名称,初级设员级和助理级;高级设副高级和正高级。员级、助理级、中级、副高级和正高级职务名称依次为三级教师、二级教师、一级教师、高级教师和正高级教师。全区共有3537人(含幼儿园及民办教育)完成过渡工作,其中高级教师429人,一级教师1597人,二级教师1453人,三级教师58人。

对首次开展的义务教育段正高级教师职称评比推荐,做到认真、规范、公平开展相关推荐与评比,推荐三名特级教师参评,最终金华五中张震雷通过评比成为全区中小学教师队伍中首个具备正高级职称的教师。对初中级职称评审过程,倡导评聘结合,严格把握各校参评指标,依据《婺城区教育局关于教师专业技术职务评审量化考核实施办法》进行量化考核,客观、公平、公开操作流程,增加职评工作的可信度和透明度。

【做好人才储备,关注师资动态需求】在招聘中严把入口关,提前储备优秀教育人才。根据用人单位反馈,逐步提高素质优秀的提前批应届优秀毕业生招录用比例。2016年12月通过现场招聘,录用2017届应届优秀毕业生55人,应聘人员都具有院校级以上优秀毕业生荣誉,其中211院校、985院校对象占比例达到35%,2017年3—6月面向社会招聘新教师32人,招聘应届优秀毕业生比例首次超过面向社会招聘比例。根据近几年义务教育段学科设置情况变化,适当调整招聘及选调人才数量,适当增加小学科学、小学体育等课时增加的学科教师数量,相应减少小学英语等课时减少学科教师数量。根据二胎政策的落实情况,密切关注育龄妇女比例高的重点学校教师队伍情况并做适当的调整。

(胡崇禄)

义务教育

【概况】义务教育阶段学生42658人,其中小学28697人、初中13961人,班级1077个,其中小学745个、初中332个。学龄人口入学率100%,巩固率100%。

【学校德育工作迅速启动】11月4日下发《婺城区关于全面加强中小学德育工作的实施意见》,从指导思想、工作目标、基本原则、主要内容、实施途径与方法、组织与保障等明确具体内容。系列活动推进德育改革。3月22日,召开婺城区2016年中小学德育工作会议。3月14日,省委常委、省委宣传部部长葛慧君调研全区育人工作。10月9日,婺城区委常委、婺城宣传部部长方鹰调研全区中小学德育工作。11月4日,婺城区政府召开全区德育工作会议暨中小学育人工作培训会,区委书记王健、区委宣传部部长方鹰讲话。区委书记王健在会上强调,中小学德育是培育未来、创造未来的工作,要把立德树人的理念放在首位,解放思想、开拓进取、狠抓落实,抓牢德育工作的基本环节,推进德育教育改革创新,不断开创育人工作新局面,努力办好人民满意教育。

【推进深化课程改革加大措施】12月21日,在婺城中学召开全区深化义务教育课程改革推进会。区教育局局长李刚、副局长卢莉、区教研室中层以上领导,全区各中小学校长、分管副校长和教务主任等150余人参加会议。推进会上,与会人员认真听取婺城中学校长徐贵龙、青春小学校长吴志华关于各自学校深化课程改革工作的情况汇报,听取东阳市教育局教育科长沈兵的关于课程方案顶层设计及实施的讲座。观摩婺城中学拓展性校本课程的走班教学活动。加大检查评比力度,组织开展义务教育段学校课程改革顶层设计方案的评比活动,促进学校推进速度。

【浙江省教育质量综合评价监测】10月26日,全区有金师附小、环城小学等12所小学和金华四中、金华五中等8所初中共20所中小学,学生840人、校长20人、近300人学科教师和840人家长参加本次测试和问卷调查。由于安排细致，各位责任明确，本次测试工作无纰漏完成。

【省中小学校学生艺术素养监测】10月31日，召开中小学校学生艺术素养监测工作布置会，认真学习文件和监测方案，明确要求和内容。11月22日，金华五中、金华九中、婺城中学、站前小学、婺城小学、雅畈小学六所学校完成监测。通过监测，切实加强和改进今后艺术教学工作。

【推进校园足球活动有声有色】11月9日，婺城小学承办浙江省校园足球推进活动，活动得到省校办领导的充分肯定。另外，婺城小学春秋两季承办市校园足球联赛，比赛规模和激烈程度均超越以往年度；市首次引进的主客场小学生联赛在站前小学举行开幕仪式；北苑小学盛天、原箬阳小学钱家年两位同学入选浙江绿城俱乐部梯队，在上海代表金华队的比赛中获得2017年8月中超未来之星海外集训资格。完成申报2016年国家、省级足球特色学校工作，其中国家级：婺城中学、婺城小学；省级：金华九中、北苑小学、东市街小学。2016年市区校园足球春季联赛全区取得的成绩为：初中男子组第一名：金华市第五中学，初中女子组第四名：金华市第五中学；小学男子甲组第四名、第七名：婺城小学、站前小学；小学女子甲组第三名：婺城小学；小学男子乙组第六名：婺城小学。

【区第十六届中小学生“舞动婺城·逐梦路上”艺术展演】12月27日，在金华市职业技术学院实验剧场隆重舞蹈专场；2017年1月6日又在金师附小举行艺术展演校园歌舞剧专场。舞蹈专场有39所中小学1100多中小学生参加，歌舞剧专场有10所学校参加。两个专场比赛分别评出一等奖9个、2个，二等奖16个、3个，三等奖24个、5个，并评选出优秀指导老师奖和优秀组织奖。本次活动还采用现场直播的方式，举行节目展演微信图文设计大赛，分栏目创新类、内容创意类、界面设计类分别评选出一等奖2个、二等奖3个、三等奖5个。

12月27日，北苑小学展演校园歌舞剧《又见映山红》
（区教育局供稿）

【区第十六届中小学生田径运动会】10月18—21日，来自全区42所中小学校，526名运动员参加本届运动会。经过三天的角逐，4人次打破3项婺城区纪录。初中组团体总分一至八名为：金华四中、金华五中、金华九中、婺城中学、金华十中、青春中学、婺州外国语学校、新世纪学校。城区小学组团体总分一至八名为：站前小学、环城小学、金师附小、北苑小学、环城二小、新世纪学校、上浮桥小学、青春小学。乡镇小学组团体总分一至八名为：乾西小学、婺城小学、华电小学、白龙桥小学、蒋堂小学、竹马小学、雅畈小学、琅琊小学。金华四中夺得初中组金牌总数第一。站前小学夺得小学组金牌总数第一。金华四中获得初中输送组团体总分第一。金师附小获得小学输送组团体总分第一。

【区中小学生美术作品比赛】4—5月举行全区中小学生美术作品比赛参加市书法现场赛的选拔赛。共收到各学校送评的书法篆刻、绘画、平面设计、立体造型、动漫、摄影等作品520件。经过专家评委认真评审，最后评选出各类项目一、二、三等奖的作品267件。送市里参赛有160件作品，获奖69件作品。

【区第31届青少年科技创新大赛】根据金市科协[2016]23号《关于举办第31届金华市青少年科技创新大赛的通知》精神，于10—11月组织婺城区青少年科技创新大赛，收到23所学校送评的科学小论文、科学小发明、科技实践活动、少儿科幻画和科技辅导员科技创新成果共248件作品，经专家评委严格评选，特别小发明评比实行评委与选手现场演示答辩。评选出区一等奖44件，二等奖68件，三等奖133件。送评市里参赛38件作品，有28件作品获奖。另外有11所学校参加2016年金华市青少年科技节,172 名学生参加 15 个项目,107 人获奖。

特殊教育

【保障“三残”儿童受教育权利】 2016 年,全区义务教育段共有残疾儿童 153 人,其中上门帮教 18 人,随班就读 63 人,特教学校就读 44 人,其他 28 人。2016 年,增加环城小学一个资源教室,资源教室总数达到 3 个。 (张根有)

民办教育

【概况】 全区共有各级各类民办教育机构 167 个,其中民办中小学 4 所,九年一贯制学校 1 所,初中 1 所,小学 2 所,新增学校为传统文化特色学校——金华市中圣学校;民办幼儿园 115 所,其中省一级幼儿园 1 所,省二级幼儿园 16 所,省三级幼儿园 87 所;民办培训机构 33 所。民办学校在校学生人数 16240 人,其中民办幼儿园在园幼儿 13088 人,占全区在园幼儿的 80%;民办义务教育阶段在校学生 3152 人,占全区义务教育阶段在校学生的 7.6%。

幼儿教育

【概况】 2016 年,全区有各级各类幼儿园 129 所(另有 17 所教学点),其中公办幼儿园 14 所。在园幼儿 16400 人,学前三年幼儿入园率为 99%。省等级幼儿园共有 119 所,等级幼儿园占比为 92%,等级幼儿园招生覆盖面为 97%。全区有专任教师 1059 人,大专以上毕业专任教师比例 90%,教师持证上岗率 86%。省三级以上标准的乡镇中心幼儿园建园率 100%。

【扩容工程】 2016 年,新建绿城御园幼儿园、蒲公英音乐艺术幼儿园、新杰思幼儿园、尚学堂幼儿园、德尚快乐家族幼儿园等 5 所幼儿园,完成浙江师范大学附属幼儿园等 4 所幼儿园的改扩建任务。

中等职业教育

【概况】 婺城区现有中等职业学校 1 所,金华实验中学是国家级重点职校,开设学前教育、服装设计与工艺、保安、工艺美术、中餐烹饪、酒店服务与管理、商务英语、电子商务、会计、药剂、计算机应用、计算机网络技术、计算机动漫与游戏制作、计算机平面设计、汽车美容与装潢、空乘、电气运行与控制、电子电器应用与维修、模具制造技术、数控技术应用、机械加工技术等 21 个专业,在校生 4206 人,教职工 221 人,其中专任教师 217 人。毕业生 1938 人,就业率达 100%。

【校企合作】 5 月,金华实验中学被确定为浙江省首批现代学徒制试点学校。该校与多家知名企业建成稳固的校企合作关系。烹饪专业、酒店服务与管理专业跟永康宾馆、金华国贸、伟大雷迪森等进行密切合作;学前教育专业跟金华蒲公英幼儿园、金华润禾幼教、东阳华彩教育集团等幼儿园进行深度合作,实现学岗结合,园校融合的人才培养模式。

【心理健康教育】 4 月,金华实验中学心理辅导中心改造完毕,投入使用。设有暖心阁、阅心室、清心轩、舒心吧、知心屋五个房间,配备团体活动桌椅、温馨的沙发,专业的音乐放松椅和沙盘心理治疗设备。

成人教育

【概况】 婺城区建有社区学院 1 所,乡镇成技校 13 所,街道社区学校 5 所。2016 年,,完成成人双证制教育培训 673 人,完成扫盲脱盲任务 1685 人。白龙桥镇成技校被评为浙江省现代化成技校,琅琊镇成技校“电子商务”项目被评为浙江省成教品牌。 (邢均林)

教育科研

【概况】 2016 年,以《国家中长期教育改革与发展规划》《浙江省教育厅关于深化义务教育课程改革的指导意见》为指导，以深化区域课程改革和优化课题研究管理为重点，完善教科研工作机制，培育教科研骨干队伍，发挥教科研在教育教学工作中的先导作用。荣光国际学校徐锦生等的“活动+跨学科：‘项目学习’的新探索”获2016年浙江省基础教育教学成果奖(省政府奖)一等奖，7个课题在金华市2016年度教育科研优秀成果评比中获一等奖(一等奖共32个，占比近1/4)，一等奖获奖数量位居全市第一，另外10个课题获得市二等奖(全市88个)，13个课题获得市三等奖（全市131个）；5个课题在2016年金华市第十届教研课题成果评比中获一等奖(一等奖共15个，占比1/3)，位居全市第一，另外5个课题获得市二等奖(全市30个)，7个课题获得市三等奖(全市42个)。另外，环城二小的课题成果获浙江省教育科研优秀成果二等奖，红湖路小学的课题成果获浙江省教育科研优秀成果评比三等奖。在2016年金华市基础教育成果评比中，婺城区获市政府基础教育成果奖、一等奖3项(全市19项)、二等奖6项(全市29项)；市政府职业教育成果奖1项(全市10项)、二等奖1项(全市15项)。丰硕的教科研成果，为教育行政决策、为学校顶层设计及特色办学发展、为教师专业发展提供服务。

【课题申报】2016年，申报立项教科规划课题省重点课题1项，省规划课题4项，省体艺卫专项课题2项，市重点7项，市规划40项，区级140项。教学研究课题省教研课题4项，市级39项，区级71项。市教育科研精品培育工程4项。

【心理健康教育工作】2016年，组织586人参加C级资格培训和面试，组织64人参加B级资格培训及面试。组织参加浙江省德育拓展性课程(心理健康、安全教育)培训、浙江省中小学亲子辅导推进会及中小学亲子辅导咨询技能专题培训、浙江省中小学心理危机识别与干预专题培训、金华市学校心理健康教育优秀项目评比，共有15项成果获市一等奖，17项成果获市二等奖，43项成果三等奖。组织参加金华市高中组心理健康教育优质课评比，实验中学程英老师获职高组一等奖。在全区范围内组织开展对危机学生的筛查、评估和上报工作，并组织开展区心理危机学生的识别与干预专题研讨会。组织仙源湖实验学校、婺城中学、琅琊初中、蒋堂初中参加“浙江省资助偏远地区建设100个标准化中学心理辅导站”项目建设，在验收中得到省、市领导的好评。继续开展心理辅导室等级评估，2016年新增3所二级心理辅导室。（叶一平）

学校简介

【白龙桥小学】学校中心校一所，完小5所，分别是白龙桥镇实验小学、白龙桥第二小学、虹路小学、古方小学、天姆山小学和临江小学。全校共有190名教师，学校总占地面积59652平方米，全校各班配足配齐现代化教学设施。

中心校建于1998年，位于白沙溪畔，玉山脚麓，学校占地面积24508平方米，建有育英楼、培贤楼、行政楼和综合楼。设有服务于教学的音乐、美术、书法、电脑、多媒体、图书、阅览、舞蹈、实验等专用教室以及250米标准环行塑胶跑道等田径场，各班配足配齐现代化教学设施。

白龙桥镇实验小学共有38个教学班，学生1634人，100名专任教师，其中中学高级教师3人、小学高级教师50人、市级教坛新秀1人、区级教坛新秀8人、市名师名校长培养对象3人、区级名校长培养对象3人、市“521工程”骨干教师2人、市学科带头人1人、各级各类优秀教师50余人。全校教师在各级各类比赛中获奖率不仅逐年提高，还善夺大奖，学生获奖每年六百多人次。

【环城小学】金华市环城小学又名金华市第一实验小学，创办于1954年，现有41个教学班，学生1767人，是金华市政府首批“对外开放学校”。学校为中央教科所实验学校，被教育部等授予“全国课程改革联盟发起学校”等27项省级以上荣誉称号。2016年，学校开辟雷锋纪念馆，开发雷锋主题学习手册，成功托管明月园，新增校园面积近5000平方米。

学校现有教师114人，特级教师1人，高校兼职导师2人。自办学以来，学校共计培养特级教师8人，全国优秀教师、省劳模等36人，省市区名师名校长培养对象15人，省市区教坛新秀50余人。教师出版教育专著18部,3个课题获全国一等奖,2个课题获省政府一等奖。

学校坚持德育为先,开展“金色童年系列活动”“爱心义卖”“经典诵读”“新三好评改”“儿童主题式学习”“拓展性课程改革”“温暖中国年”“校园篮球节”等实践活动,寓教于乐,为学生成长搭建宽阔的舞台,使他们成长为全面发展的阳光少年。

在“走美”“华杯赛”“信息奥赛”中,学校获奖人数与等次均居金华市前列;音乐节目获区第一名,舞蹈节目曾获市区一等奖;学校田径队、游泳队在市区比赛稳居前茅,其中游泳比赛冠军有30余人次;男篮获得省赛第二,取得了环小篮球体育运动历史的新辉煌。区英语素质大赛,一等奖人数占总数的80%以上;毕业生被各级优质初中录取的人数也是一直居于全市前茅……

2016年,全校教师在特级教师王伟文的引领下,致力于建设温暖校园的建设:开展温暖学子、温暖教师、温暖团队的评选活动,让温暖交流互动;首创暖爸论坛活动,焕发家校联盟新天地;分别对机器人、3D打印、动漫工作室教室进行设计装修,开设相应的拓展性课程,打响创客教育环小品牌;举办科技、戏剧文化节,提升学生综合素养,营造校园文化。学校形成了现代与人文互相渗透,环境与活动有机融合的管理特色。

【柳湖小学】柳湖小学是金华市本级一所公办少儿文化艺术学校。学校北靠浙师大,西靠金华二中,紧邻迎宾大道。校园占地15000平方米,建筑面积8428平方米,有22个教学班,学生899人,专任教师数61人。学校多功能厅、电脑房、会议室、科学室、钢琴房、美术教室等20多个专用教室实现标准配置。

“为学生的终身发展奠基,让孩子有一个幸福的人生”是2016年柳湖小学的教育培养目标,在浙江省数学特级教师倪军健的带领下,学校坚持植树人精神,遵循教育的五字真言:育、教、化、学、习,开展传统文化教育,注重教育本质的回归,立志培养知行合一的社会人,并通过不断地实践和探索,形成独具特色的博雅文化品牌。

2016年,学校开设知识类、健康类、体艺类、礼仪类、科创类、综合实践类六类相应的拓展性课程,让孩子们在原有体艺类拓展学习的基础上有了新的突破和发展。

【金华师范学校附属小学】金华师范学校附属小学创办于1916年,又名艾青小学,系金华市实验小学,公办全日制小学。在百年的办学中,金师附小获得百余项国家级、省、市、区级荣誉,其中省级以上荣誉有中国名校,全国文明单位,全国少年儿童先进单位,少先队全国红旗大队,全国语言文字工作先进单位,全国教育科学“十一五”规划课题单位,省级体育传统项目学校,省少先队红领巾示范学校,省德育先进学校,省文明单位,省级治安安全单位,省中小学少先队信息化工作先进集体,省教育科研先进集体,省小学思想品德课教学研究分会研究基地,省绿色学校,省华文教育基地,省健康促进学校金奖,省首批艺术教育特色学校,省现代教育技术实验学校等。

学校曾先后培养出20位特级教师,数十位校长。学校现有教职员工120人,大专以上学历占100%,其中省特级教师3人、省教坛新秀3人,省、市、区教坛新秀和省、市、区名师及培养对象70多人。获省级以上荣誉的有80多人次,优质课评比获全国、省、市级以上奖励的有200多人次,各种教学基本功比武获省市级奖的有200多项。金师附小现有47个班级,2000余名学生。

【浙江师范大学婺州外国语学校】浙江师范大学婺州外国语学校是创办于2012年,是浙江师范大学与金华市婺城区委、区政府教育战略合作重点项目之一,由浙江师大资产经营有限责任公司(49%)和金华市婺城区教育投资公司(51%)联合投资创办。学校坐落在城北公园北侧冰壶路766号,占地面积5.73公顷,教学用房面积48000平方米,是金华市区面积最大、设施最完整、设备最先进、校园最美丽的花园式初中学校。随着新校园建成,2016年秋季招生10个班(扩招4个班),现有教学班22个,其中七年级10个班,八、九年级各6个班。学校实行董事会领导下的校长负责制,全国教育系统劳动模范、浙江省初中校长、省中学数学特级教师、省第十一届人大代表、婺城区第五至第八届人大代表、婺城区十大风云人物、原金华五中校长、金华四中教育集团总校长吴根土为首任校长。

学校拥有一支结构合理、师德高尚、教学业务精湛、经验丰富、具有开拓创新精神的教师队伍。现有教职工 83 人，美籍外教 2 人，其中有中学特级教师 2 名，全国初中英语优质课一等奖并被授予“全国英语教师园丁奖”1 人，全国历史社会优质课特等奖 1 人，浙派名师 2 人，浙江省教坛新秀 1 人，金华市名师 1 人，金华市教坛新秀 5 人，全国、省、市、区(县)优质课获奖或获各级教坛新秀 61 人次。

学校教师申报省、市、区(县)级课题立项 21 项，部分课题已结题并获奖，教师撰写教育教学论文 163 篇，并在《中国数学教育》、《中学外语教与学》等国家级核心期刊发表或全国、省、市、区论文大赛中屡屡获奖。

【金华市第十中学】2016 年，金华市第十中学在新班子领导下，办学条件、办学水平等各方面取得了长足的发展。学校占地面积 4 公顷，现有班级 18 个，在校师生 700 余人。

2016 年，在区委、区政府和区教育局的支持下，学校投入 500 余万元完成校舍更新、塑胶操场建设和校门口改造，特别是校门口水泥路和绿化工程完成美化周边环境。同时婺城区教育局投入专项资金 120 余万元完善教育教学设施，各教室安装多媒体、校园广播系统，建成多功能录播教室等，教学设施完备。

经过全体师生的共同努力，教学质量一年上一个台阶，2016 年中考上金华一中分数线 6 人，上省一级重点中学分数线 29 人，上普高分数线 71 人，名列婺城区农村初中前茅。同时，学校注重校园文化建设，优美的校园环境、和谐的人文氛围为提升教学质量提供保证。全校教师共有百余篇论文获市级以上奖项或发表；多名教师在市、区级评优中获得优秀教师、优秀班主任、优秀德育工作者、师德标兵、爱心教师等荣誉。学生在各级各类比赛中有 300 余人次获奖。学校曾被评为全国中小学德育先进实验学校、浙江省首批批义务教育标准化学校、金华市绿色学校、婺城区文明单位、婺城区治安安全单位、婺城区 AAAAA 级校园安全单位、婺城区教育信息宣传工作先进集体等。

【金华市第九中学】金华市第九中学创建于 1994 年，坐落在金华市婺城区城北和城西区域。学校占地面积 3.33 公顷，教学楼、实验楼、办公楼、体育馆、A 级食堂、300 米标准塑胶运动场等硬件设施一应俱全。学校获“十二五”全国重点课题实验学校、全国青少年文明礼仪教育示范基地、浙江省足球特色学校、浙江省标准化学校、浙江省创新教育示范学校、金华市文明单位、连续十年获得“婺城区教育教学质量优胜单位” 等多项荣誉。学校具有一支师德高尚、教学水平高超、工作态度积极、人文关系和谐的教师队伍，现有教职工 116 人，中、高级职称教师占 74%，金华市名师、名校长培养人选 4 人。现有 33 个教学班，学生 1400 余人。

2016 年，学校学生共获得国家级奖励 82 人次，省级奖励 65 人次，市级奖励 110 人次，区级奖励 199 人次。校健美操队获浙江省青少年健美操锦标赛冠军，校运动队获婺城区初中组团体总分冠军，校舞蹈队荣获婺城区第十三届中小学艺术展演一等奖，金华市中小学生艺术节合唱比赛一等奖，金华市春季足球联赛第一名等。

2016 年中考上一中分数线 40 余人，5 名特长生被一中录取，省一级重点上线率 24.3%，全科合格率达 86.7%，普高线上线率近 80%，居市区学校名列前茅，体育中考更是居婺城区前茅。

【金华市第五中学】1898 年，美籍女士李福丽在市区江北芝麻山头，创办了基督教会小学，称“作新小学堂”，开浙中新学之先河。1901 年，分设男、女两校。男校取名“作新学堂”，寓意“今日新，明日新，日日新，作新民”；女校取名“成美女学堂”，寓意“成人之美”，移址江北天长巷。成美女学堂开学校专收女生的先例，其时影响甚远。1917 年“作新学堂”更名为“金华县私立作新中学”。1926 年“成美女学堂”改称“金华县成美女子初级中学”。解放后，两校合并易名为“新成初级中学”。1953 年改为公立学校——金华县初级中学。1954 年改称“金华第一初级中学”。后几度更名，至 1981 年定为现名。

2003 年秋，学校由江北天长巷南迁至原金华一中校址，从此校史翻开了崭新的一页。校园现占地 5.33 公顷，布局科学，环境优美。教学楼、实验楼、办公楼、师生餐厅、标准田径场、体育馆等,一应俱全。现代化教学设备市内领先,为浙江省Ⅰ类标准化学校。

【金华市第四中学】金华四中由经济学家千家驹、革命烈士钱兆鹏等在1925年10月创办,坐落于市中心—景观公园的西侧，占地面积3.36公顷,教学用房面积20000余平方米。学校现有教学班42个,学生2306人,教职员工165人。金华四中已培育出特级教师8人,在职高级教师59人,省市区级教坛新秀60多人，省市区级优质课一等奖90多人。省、市级名师(含培养人选)8人,硕士研究生7人。

2016年,金华四中包揽中考前六名,其中徐夏妍、徐子钰分别取得裸分第一和总分第一。

【金华市青春中学】青春中学现有24个教学班级,2014年,“让课堂灵动起来,让学生主动起来,让教育生动起来”的课堂教学模式全面铺开,实现高效课堂教学向高效学习转化;2016年，实施具有学校特色的“智·行”校本课程,以校训“博学·文雅”为核心,分为“启智课程、博思课程、维新课程、惟善课程”四类课程。

青春中学由教育教学质量的稳定发展向可持续发展提升，学生中考成绩保持在婺城区城区前列,并做到稳中有升,2016年中考均超额完成指令性指标,获婺城区教育教学优胜单位。2016年我校中考再创辉煌,全面超额完成省一级重点指标,省一级重点上线人数169人,全面超越市区同类学校。

青春中学有一支高素质教师队伍,学校在原有的名师群体基础上,不断引进、培养市级教坛新秀和优质课一等奖获得者,青春中学拥有一支师德高尚、业务精良的名师群体,现有的93人教师中,金华市名校长培养对象1人,浙江省“春蚕奖”获得者1人,婺城区名师2人,金华市名师培养对象5人,高级教师29人。2016上半年,区局教师梯队培养考核中获得区级名师3人,区教学能手7人,人数占全区1/4。名师群体广泛开展紧扣课堂教学实际的课题研究,注重一个“实”字,提高课堂教学的实效性，2016年12月，施亚夫校长的课题获金华市教育科研优秀成果一等奖,李玮老师的课题获市二等奖。2016年积极申报省、市、区教科规划课题,其中陈向阳老师的“级层作文训练策略的研究”获省级重点课题立项,李曙静“基于案例的班主任有效影响力研究”获市级规划课题立项。

金华市青春中学是市区唯一一所具备住校条件的初中，拥有可容纳640人入住的学生公寓,每间面积25平方米,有宽阔的阳台,8个床位,配有卫生间、衣橱及日常生活用品,学生公寓实施纪律、安全、生活全方位24小时全天候管理。开放阅览室、开展创意活动。

青春中学是婺城区外国语实验学校，2016年中考，英语成绩名列金华市第三;2016年初三英语现场书面表达竞赛中一举获得3个一等奖,8个二等奖总成绩位列婺城区第一。

学校在各级各类学科竞赛中频创佳绩,共有近千人次在各类竞赛中获奖。2016年获市级三等奖及以上25 人,区级一等奖52人、二等奖81人、三等奖109人;其中胡金圣同学在区十六届中小学生田径运动会 男子铁饼比赛中获区第一名;钱嘉雯同学在区十六届中小学生田径运动会 女子标枪比赛中获区第一名;王诗妍和徐佩同学在区十六届中小学生田径运动会 女子1500米比赛中获区第一名;杨画同学在区2016年韦博杯英语口语大赛中获一等奖;许雨晴同学在2016年区中小学生“筑梦路上”演讲比赛中获一等奖;章明晟同学在区第三届“荣光杯”中小学生经典阅读大赛中获一等奖;郦艺艺、张译支、徐欣悦同学在初三学生英语现场书面表达竞赛中获一等奖;姜雨希同学在区第七届“温暖的旅程” 未成年人亲子读书活动中获一等奖;徐欣悦、吕梅群、许常乐、方璐琰同学在2016年区初中生法制小论文竞赛中获一等奖;刘萍、刘子语、施文雅、董雨恬、陈晨曦、何宇彤、戴畅同学在2016年区第二十二届“小作家杯”决赛中获一等奖;2016年婺城区第十一届中小学篮球赛中青春中学女子篮球队获得季军,《秀色》获婺城区第十六届艺术表演第三名(婺城区选送“和美艾中”2017嘉年华文艺表演两个节目之一)。

2016年3月23日《金华晚报》第3版头条以《把温暖送近五千千米外的新疆，青春中学师生自发捐赠冬衣》为题刊发该校师生为新疆温宿县佳木镇第二中学的孩子捐赠冬衣的事迹。

文 化

【概况】2016年,区文体新局根据《婺城区加快构建现代公共文化服务体系实施方案》,区文化馆和图书馆实现全部免费开放,17个乡镇(街道)正在按照集书报阅读、电子阅览、宣传教育、文艺演出、科普教育、体育健身于一体的综合文化站进行整改,完成14个村级公共电子阅览室建设。新建文化礼堂15家。创建图书流通站6个。

【文化生活】丰富婺城区群众精神文化生活。配合区委中心工作自编节目每年组织送戏下乡,通过送文化下乡、才艺大赛等形式,开展各类巡回演出30场,开展送戏下乡132场,送电影下乡3300场,文化走亲7场等。围绕区中心工作举办各类大型文艺活动和比赛19场。2016年结合"两美婺城"" 五水共治""两学一做"等主题活动,举办了"五水共治"诗歌朗诵会、"永远跟党走"纪念长征胜利80周年演唱会等大型活动;举办"两美婺城 百姓舞台"、视觉婺城、百姓舞台大PK、"缤纷舞星"少儿舞蹈展演等系列比赛,发掘了一批优秀基层文艺人才。在完成基础设施建设的基础上,举办各类培训37期,共1318人次。送展览38场,送讲座59场,参观人次达15000人。区图书馆打造全民阅读工程。送书下乡8762册,努力打造"信义金华.书香婺城"品牌。举办婺城区全民阅读大型系列活动。完成2016年婺城区农家书屋的报刊订阅工作,和图书配送更新,在全区范围推出"您看书我买单"暑期图书赠阅励读活动。

【文物保护】提升文化遗产保护水平。制定《婺城区文物保护单位(文保点)防灾减灾防盗方案》,完成6个乡镇的不可移动文物安全检查工作。完成婺城区第一次全国可移动文物普查工作。推荐叶店叶氏宗祠及古方洞山塔2处为省级文物保护单位。2016年底完成了全部20处县(市)级文保单位的两划工作,开展开化周氏宗祠、栅川于氏宗祠等文保单位的白蚁防治工作。开展6个文保单位、文保点的修缮工作。

【"非遗"保护】做好"非遗"项目传承人的培养和传承基地的建设工作。认定公布婺城区级第三批传承人12人,有4人成功申报为市级传承人。金华剪纸项目申报省级代表性名录成功。2016年,在金奥花园创建婺州窑培训基地、在蒋堂文化大院创建婺城"非遗"培训传承基地、在开化村创建婺城剪纸展馆,雅畈古镇和汉灶村成功申报市级 "非遗"景区,雅畈镇成功申报为省级"非遗"景区。加强"非遗"保护的宣传工作。组织婺州窑、天下潜局、金华酒、金华剪纸、漆画、金华传统糕点等六个项目参加义乌文博会获得好评,金华剪纸获得工艺美术类银奖;通过美丽"非遗"百村文化礼堂行、非遗进社区、非遗进校园等活动,开展《中华人民共和国非物质文化遗产法》宣传活动、婺城非物质文化遗产保护图片展、非物质文化遗产代表性项目展示展演活动。

【执法规范】做好迎G20峰会的文化市场安全保障工作,开展"春节期间消防安全大检查""演出市场专项检查""2016年今冬明春消防安全隐患大排查""扫黄打非"等专项整治行动,重点对歌舞娱乐、网吧等人员密集经营场所和文保单位进行安全隐患排查,并做好整改。共出动执法检查824人次,检查文化经营单位1084家次,受理群众举报12起,取缔违规游戏机8台,取缔无证地下网吧7家,收缴盗版DVD光盘152张,立案查处违规经营单位13家,办理一般程序案件11起,简易程序案件2起,执行罚没款31000元,市场良好率达97%。积极开展文化市场法制宣传活动,在"3·15消费者权益保护日""世界知识产权日"联合工商等部门深入社区、企业宣讲法律法规与方针政策,受到群众的欢迎。

群众文化工作

【概况】婺城区文化馆属公益事业单位,馆址位于金华市婺城新城区临江东路8号,馆舍建筑面积2511平方米,为国家二级馆,下设11处文化场所,有视觉艺术培育中心、表演艺术活动中心和社会活动策划中心,有音乐、舞蹈、书法、美术、戏剧、曲艺等11个门类,满足社会文化活动需求。

区文化馆核定编制11人,在编10人。本科学历占职工人数的80%,有专业技术职称人员占业务人员总数100%。区文化馆年内克服专业人员短缺等问题,精心筹划,组建文艺团队349个,调动社会一切可以调动的力量,积极组织、承办多次市级、区级大型特色鲜明的文化活动,围绕"文化强区建设"中心任务开展工作,通过研究协商将计划做细做实,明确活动项目、日程安排及要求,做到专人负责,分工明确,同时主动作为,开展免费开放服务培训,开拓公共文化服务工作新思路,文化工作呈现出喜人的发展态势,受到领导和社会各界的一致好评,使文化工作又上一个新的台阶。

【进农村文化礼堂文艺巡演】 2016年1月,由金华市婺城区委宣传部、区文化体育新闻出版局、区文化馆、区文明办、区文联、区卫生局等部门,联合开展党的十八届五中全会精神宣讲暨"送政策、送文化、送服务"进农村文化礼堂活动,一周时间走进蒋堂镇泽口村、雅畈镇汉灶村、白龙桥镇叶店村、琅琊镇滕村及塔石乡塘头村文化礼堂。此活动以"党的十八届五中全会精神宣讲"为主题,婺城区文化馆编排三句半、快板、小品等以文艺表演的形式,向村民们宣讲党的十八届五中全会精神,把党的十八届五中全会精神送到千家万户。

【首届"缤纷舞星"少儿群舞展演】 1月20日,由婺城区文化体育新闻出版局主办,区文化馆、区舞蹈家协会承办,浙江省国凯药业有限公司协办的婺城区2016年首届"缤纷舞星"少儿群舞展演活动在婺城区文化馆演艺厅隆重举行。此活动旨在以舞蹈展演来提升少儿舞蹈的表现力、创造力、鉴赏力和审美能力,同时亦加强各培训机构之间交流,提升婺城区整体少儿舞蹈水平。

【"我们的村晚"暨绍兴—金华文化走亲文艺演出】 1月25日下午,由绍兴市委宣传部、金华市委宣传部主办;绍兴市柯桥区文化馆和区文化馆联合执行承办"我们的村晚"暨绍兴—金华文化走亲文艺演出在绍兴市柯桥区棠棣村的兰谷广场倾情上演。来自绍兴和金华两地的文艺工作者为观众献上越剧、婺剧、舞蹈、歌曲等十几个形式多样、内容丰富的精彩节目。

【"春意暖人心 文化大拜年"进山区文化礼堂活动】 2016年2月,本次活动以"春意暖人心 文化大拜年"为主题,以送文艺演出、送画展为主要活动内容。送文艺演出以文化馆表演艺术干部自导自演的歌曲、舞蹈、器乐、魔术、婺剧等十几个精彩纷呈、"接地气"的文艺节目为主;送画展作品均来自文化馆视觉艺术干部郑红建培育的优秀团队"田园油画公社"本土农民社员之手,30余幅油画作品别具匠心,乡土气息浓厚。通过送文化进山区活动,文化馆全体干部把敢担当想干事、能担当办成事、善担当增和谐落到实处,形成敢担当能担当善担当的良好氛围,积极宣传党和政府的方针政策,丰富群众精神文化生活,在欢乐祥和的氛围中,给山区群众猴年春节注入文化暖流,为广大群众打造专属于本土的视听文化盛宴。

10月14日,婺城区百姓才艺大赛决赛

(区文化馆供稿)

5月19日,婺城区第六届精神文明建设"草根奖"颁奖典礼

(区文化馆供稿)

【"婺韵流芳　巾帼风采"暨区赴磐安文化走亲婺剧专场演出】3月6日，由区文化体育新闻出版局、磐安县文化广电新闻出版局主办，区文化馆、磐安县文化馆承办，金华市春晖婺剧演唱团的"婺韵流芳　巾帼风采"暨婺城区赴磐安文化走亲婺剧专场演出在磐安县新渥镇百央村上演。

【区第七届茶花节】3月10日，由婺城区委、区政府主办，竹马乡政府承办，金华电视台公共频道、教育科技频道、区文化馆等单位协办的区"山花烂漫·美丽婺城"系列活动暨第七届茶花节在竹马乡下张家村隆重启幕。与会领导为本届茶花节"十大种植大户"和"十大销售大户"进行颁奖，随后欣赏由婺城区文化馆编排的文艺演出。

【仙居县非物质文化遗产保护图片展走进婺城】3月15日，由区文化体育新闻出版局、仙居县文化广电新闻出版局主办；区文化馆、仙居县文物办承办的"仙居县非物质文化遗产保护图片展"在区文化馆大厅展出。现场展出的30幅仙居非物质文化遗产保护图片展品种类繁多，精彩纷呈。

【青山绿水箬阳活动】3月22—26日，2016年文化走亲活动"山海情"—婺城区、象山县画家摄影家两地写生创作交流活动之"青山绿水箬阳"在婺城区箬阳乡成功举办。由城区文化体育新闻出版局、宁波象山县文化广电新闻出版局主办；金华市婺城区文化馆、宁波象山县文化馆承办。本次活动是象山、婺城两地画家和摄影家十余人参加的为期5天，以婺城区箬阳乡琴坛村为主，还有瀛头村、茶园村的写生创作活动，此活动是继2015年11月的"信义金华·美丽婺城"为主题的金华市婺城书画文化走亲进象山活动之后的一个互动与呼应。

【首届杜鹃花节开幕】3月30日，婺城区雅畈镇首届"杜鹃花节暨农家乐烹饪技艺比赛"在婺城区雅畈镇上岭殿村开幕。区委副书记朱利群，区委宣传部部长方鹰等领导以及区有关部门、相关乡镇的领导共同出席观看本次活动开幕式暨文艺演出。此活动由婺城区雅畈镇党委、雅畈镇人民政府主办，区农办、区文体新局、区新闻中心、区旅游局、区文化馆协办。

【"三月三"民俗文化艺术节】4月1日上午，"山花烂漫　美丽婺城"系列活动暨塔石第十一届"三月三"民俗文化艺术节在上塔石休闲广场正式启动。本届塔石"三月三"民俗文化艺术节由中共金华市婺城区委、婺城区人民政府主办，婺城区塔石乡人民政府、区文化体育新闻出版局承办，区妇女联合会、区文化馆协办。是围绕"山花烂漫　美丽婺城"主题开展一系列精彩纷呈的民俗文化活动，如大美塔石文艺演出、风情塔石民俗踩街、童真塔石木偶戏表演等，花海春色引来宾客爆棚，观油菜花美景，赏文艺会演，品塔石小吃，感受春天的气息。

【写生采风创作活动】4月18—24日，由婺城区委宣传部、区文联、区文体新局主办；莘畈乡和区文化馆承办的"视觉婺城"第二季—知名艺术家走进古村落写生采风活动之"人文自然莘畈"为期一周的写生采风创作活动已圆满结束。受邀的16位艺术家分别来自杭州、台州、丽水等地，写生活动以莘畈乡小坞头村、下社坞村、学岭头村为写生主线。画家们创作了百余幅油画作品。

【文化走亲文艺演出】4月27日晚，由中共婺城区委宣传部、金华经济技术开发区管委会社会发展局、区文化体育新闻出版局主办，区文化馆、汤溪镇党委、政府承办的"走在前列　文化助行"婺城区、开发区文化走亲文艺演出在金华技术经济开发区汤溪镇东祝村小学举行。

【浦江书法、摄影作品展】4月28日，由浦江县文化广电新闻出版局、区文化体育新闻出版局主办，浦江县文化馆、浦江县书画院、区文化馆承办"雅韵丰安"文化走亲婺城之旅浦江书法、摄影作品展在婺城区政府大厅举行开幕式。此展共展出浦江书法、摄影作品80幅。

【区村级文化骨干培训班】5月4日上午，为贯彻中共十八大及十八届三中全会和省委提出的"物质富裕、精神富有"的精神，加快推行婺城区公共文化服务体系建设，提高村级文化管理员的服务能力，区文化馆举办的"婺城区村级文艺骨干、文化礼堂（文化设施）管理员培训班"，在区文化馆演艺厅正式开班。本次培训班由婺城区文化体育新闻出版局主办，婺城区文化馆承办。全区来自各乡镇（街道）共290人报名参加。培训班为期两天，由区文化馆聘请资深专家授课,主要培训“信息写作”“摄影技巧”“档案管理”和“农家书屋”四项内容。

【“草根奖”颁奖典礼】 5 月 19 日下午,由区委宣传部主办,区文明办、浙报集团金华分社、金华电视台新闻综合频道承办,区新闻传媒中心、区文化馆协办的“区第七届精神文明建设‘草根奖’颁奖典礼”在区文化馆演艺厅举行,区精神文明建设“草根奖”设立于 2007 年,属于婺城区的民间奖项,至 2016 年已连续举办 6 届,得到省、市领导的高度赞扬,对区精神文明建设起到积极推动作用。9 年来先后设立“重信守义奖”“孝老爱亲奖”“敬业奉献奖”“治水先锋奖”“热心公益奖”等 25 个奖项,共评选出 192 名草根明星。

【油画写生作品展】 5 月 25 日下午,由区委宣传部、区文化体育新闻出版局、区文联、区新闻中心、金华广播电视总台金华网主办,婺城区莘畈乡党委、莘畈乡人民政府、区文化馆承办“视觉婺城”第二季—知名艺术家走进古村落写生采风活动之“人文自然莘畈”油画写生作品展在区政府大厅举行。本次展览共展出 10 余油画家近 60 件画作。作品反映的题材以人文自然莘畈的村庄村貌、乡野溪流、山林花草等为主。

【庆“六一”幼儿文艺会演】 5 月 28 日上午,由区教育局、区文化体育新闻出版局、共青团区委员会、区妇女联合会主办,区文化馆、FM104.4 金华之声、婺城假日活动中心承办,荣光国际学校、新世纪学校、中圣学校协办的“学在婺城 群文风华”2016 年婺城区庆“六一”幼儿文艺会演举行,全区 19 所幼儿园 300 多名小演员和家长、老师近 700 人齐聚婺城区文化馆演艺厅,同台演出。

【区第三期“文化礼堂”排舞培训班】 6 月 3 日下午,由区文化体育新闻出版局主办、区文化馆承办的区第三期“文化礼堂”排舞培训班在婺城区文化馆演艺厅圆满结束。来自各乡镇(街道)文化礼堂业余文艺骨干和排舞爱好者共 80 余人参加了为期三天的培训,收获颇丰。

【区排舞师资培训班】 6 月 15 日上午,由区文化体育新闻出版局主办、区文化馆承办的“2016 年婺城区排舞师资培训班”在区文化馆演艺厅开班。本次区排舞师资培训班为期 3 天,来自全区各乡、镇(街道)文艺骨干共 57 人报名参加培训。

【百姓才艺秀选拔赛】 6 月 16 日下午,由区委宣传部、金华广播电视总台、区文化体育新闻出版局主办,区城中街道党工委、办事处、婺城区文化馆承办“走在前列 共建金华”婺城百姓才艺大赛城中街道赛区在金华江北银泰天地购物广场拉开帷幕。本次才艺大赛的参赛选手都是来自城中街道各个社区的居民共 75 人,节目 14 个。比赛项目有舞蹈、口技、魔术、萨克斯等。

【写生采风作品联展】 6 月 28 日下午,“山海情”婺城·象山文化走亲画家、摄影家写生采风作品联展在婺城区政府大厅开幕。展览由区文化体育新闻出版局、宁波象山县文化广电新闻出版局主办;区文化馆、宁波象山县文化馆承办。本次文化走亲采风写生作品联展共展出两地艺术家油画、水彩、国画以及摄影作品 80 余幅,作品内容浓缩了“青山绿水箬阳美景”和“象山石浦镇东门岛浓浓渔乡风情”实地风貌的艺术再现,风格多样,面貌出新。愿此展的作品,会带给大家更多的美的享受和精神启迪。

【公共文化创新案例交流会】 7 月 14 日上午,由金华市文化广电新闻出版局主办;区文化体育新闻出版局、金华市文化馆承办,婺城区文化馆执行承办“金华市第六届公共文化创新论坛暨基层公共文化服务创新案例交流活动”在金华市嘉恒澜庭大酒店举行。论坛以“公共文化创新暨基层公共文化服务创新”为主题,为期两天。邀请省、市公共文化领域的专家、各文化单位负责人以及全市 25 人参与公共文化服务创新的文化干部共同探讨参与公共文化创新的新思路和新路径,旨在为公共文化服务创新发展提供理论支撑和对策建议。

【廉政书法作品展】 8 月 1 日上午,由区纪委监察局主办,区文学艺术界联合会、区文化馆承办的“廉政书法作品展”在区府大厅举行。此次作品展以廉政书法为载体,旨在以喜闻乐见的形式,传播廉政文化,弘扬清风正气。此展作品均以纪念建党 95 周年婺城区廉政书法笔会活动中遴选出 40 余幅书法作品予以展出,作品以勤政廉政为主题,以箴言警句为主要内容,其中蕴含着丰富的从政哲理与智慧。

【绘画、摄影作品展】 8 月 12 日上午，“山海情”婺城·象山文化走亲绘画、摄影作品展在象山县文化艺术中心隆重开幕。展览由宁波象山县文化广电新闻出版局、区文化体育新闻出版局主办，宁波象山县文化馆、区文化馆承办。此次文化走亲作品展共展出两地艺术家油画、水彩、国画以及摄影作品 80 余幅，作品内容浓缩了“青山绿水箬阳美景”和“象山石浦东门岛浓浓渔乡风情”实地风貌的艺术再现。

【举办舞蹈鉴赏和创编培训班】 8 月 17 日，由区文化体育新闻出版局、区教育局主办，区文化馆、区舞蹈家协会承办婺城区 2016 年首期“轻舞飞扬·快乐健康”舞蹈鉴赏和创编培训班在区文化馆演艺厅开班。此舞蹈鉴赏和创编培训为期三天，在区尚属首次，来自全区舞蹈家协会会员、中小学音乐舞蹈老师、幼儿园舞蹈骨干以及各乡镇(街道)舞蹈骨干学员近 200 人参加，此培训邀请浙江师大音乐学院社会服务部副主任兼团委书记、金华市文化馆理事、北京舞蹈学院硕士刘学刚老师授课。授课主要内容有编创设计与经典作品赏析、编创身体体验与实践。

【民族文化演唱会巡演】 11 月 5 日下午，由区委组织部、区委宣传部、区委政法委、区文化体育新闻出版局主办，区文化馆、金华市歌友会、金华市流行音乐协会、金华市爱国拥军促进会承办的“永远跟党走”婺城区传承长征精神 发扬民族文化演唱会巡演在沙畈乡银坑村文化礼堂内隆重开演。

【文化走亲联谊演出】 11 月 6 日晚，区乾西乡幸福村文化礼堂座无虚席，歌声飞扬。由区文化体育新闻出版局、开化县文旅委主办、区文化馆、开化县文化馆承办的 2016 婺城·开化文化走亲联谊演出在区乾西乡幸福村文化礼堂上演。婺城区、开化村“携带”13 个精彩节目，为婺城人民献上一台汇聚文化特色的精彩演出。

【送讲座】 自 12 月 6 日开始，采取区文化馆通过提供讲座内容菜单，各乡镇街道文化站根据辖区群众文化需求点单，再由区文化馆组织送讲座的方式进行。区文化馆先后走进岭上乡、塔石乡、琅琊镇、安地镇、城西街道和城东街道文化站，送去关于摄影、美术、书法、舞蹈、写作等项目 6 个讲座，并安排文化馆专职文化干部及社会优秀文化人才担任主讲人，把基本内容与掌握方法传递给大家，获得听众们的热烈欢迎，使大家感觉受益匪浅。

（孙傲雪）

2016 年婺城区文化馆业务人员辅导的作者、演员获奖一览表

表 5

序号	辅导老师	时间	内容	何处获奖	奖级
1	郑红建	4 月	水彩作品《秋园》	入选浙江省首届水彩画写生作品展	省级
2	章晓华	2 月 1 日	微电影《奶奶的眼睛》	获浙江省第二届群文微电影展演优秀作品奖，优秀编剧奖，优秀演员奖	省级
3	章晓华	4 月	金华道情《田鸡飞上天》	获浙江省群星奖	省级
4	章晓华	5 月	作品古韵道情《图书馆里有故事》	第十二届浙江省未成年人读书节暨“戏曲阅读经典”大赛决赛(小学组)中获得二等奖	省级
5	孙傲雪	10 月	书法作品《古道新朋联》	浙江省特色小镇建设群星楹联书法大展	省级
6	郑慧娜、金雪芳	9 月 20 日	《我们想跳舞》	金华市第八届排舞大赛银奖	市级
7	郑慧娜、盛红英	9 月 20 日	《甜蜜冲刺》	金华市第八届排舞大赛银奖	市级

续表5

序号	辅导老师	时间	内容	何处获奖	奖级
8	郑慧娜、盛红英	9月19日	《沙克斯》	金华市第三届“文化礼堂”杯排舞大赛银奖	市级
9	郑慧娜、邵柳敏	9月19日	《喇叭裤》	金华市第八届排舞大赛银奖	市级
10	郑慧娜	9月6日	《错时服务激活了免费开放这盘棋》创新案例	金华市公共文化服务优秀创新案例评选活动或二等奖	市级
11	孟展麟	9月6日	《戏曲传承对文化礼堂效能的杠杆作用》创新案例	金华市公共文化服务优秀创新案例评选活动或三等奖	市级
12	章晓华	11月25日	《逐梦临江》	获金华市村歌大赛创作表演金奖	市级

文化市场管理工作

【概况】 2016年共出动执法检查824人次,检查文化经营单位1084家次,受理群众举报12起,取缔违规游戏机8台,取缔无证地下网吧7家,收缴盗版VCD光盘152张, 立案查处违规经营单位13家,办理一般程序案件11起,简易程序案件2起,执行罚没款31000元,市场良好率达97%。撰写上报文化市场信息77篇,利用微信平台制作、传播宣传短篇40篇,其中省文化厅网站刊用1篇,省文物局网站刊用1篇,与区文物办在金华日报头版共同刊用1篇,省文化市场OA系统刊用47篇,包括理论研讨文章4篇,有效拓宽信息宣传渠道,信息质量名列全市执法队伍前茅。

【校园周边环境整治】 元旦、春节或“两会”“两考”期间及秋季开学后,大队针对校园周边的文化市场开展专项整治, 主要是对学校附近的网吧、出版物市场和歌舞娱乐场所进行突击检查。在中考、高考“两考”期间,大队在检查时向经营单位提出护考要求,要求网吧和娱乐场所禁止未成年学生进入,要求歌舞娱乐场所和KTV厅降低声音分贝,为“两考” 学生提供一个安静良好的考试环境。秋季开学后,大队召开校园周边环境整治部署会,制定校园周边环境整治方案, 明确校园周边环境整治内容及目标。“12318”举报电话24小时开通。6—9月,大队对全区学校周边的网吧、书店、音像制品店进行地毯式的检查。为全区中小学生创造良好的学习环境。

【网吧管理】 为规范我区网吧市场秩序,确保暑期未成年人健康成长和人民群众生命财产安全,切实保驾护航G20峰会顺利召开,7月26日联合市公安局婺城分局召开网吧、娱乐场所暑期安全工作会议。针对暑期开展专项检查,对6家违规网吧进行了警告和罚款处理。

为贯彻落实《国务院关于促进市场公平竞争维护市场正常秩序的若干意见》(国发〔2014〕20号)、《国务院关于印发社会信用体系建设规划纲要(2014—2020年)的通知》(国发〔2014〕21号)等有关规定,加强文化市场内容监管,加大对严重违法经营主体的惩戒力度,保护未成年人合法权益,促进行业诚心自律,净化市场环境,参照文化部《文化市场黑名单管理办法(试行)》及我国文化市场有关法规规章,制定《婺城区互联网上网营业服务场所黑名单管理办法》。并出台美丽网吧的评选方案。16年根据《金华市网吧星级化管理办法》,婺城区有2家被评选为五星级网吧,7家被评选为四星级网吧。

【消防安全】 大队在日常检查中始终贯穿把安全防事故排在首要位置,时刻关注安全生产,时刻重视消防安全。在平时检查中,执法人员不厌其烦地给业主讲安全生产道理,使其始终绷紧安全这根弦,对发现的问题或安全隐患坚决当场责令整改和限期整改,过后复查过关。2016年大队召开3次安全生产专题会议, 举办2次消防安全教育授课,参会人员184人。8月1日联合金华市文广新局、婺城区消防大队组成消防安全联合检查小组共对位于市区的3家影院进行1次消防安全专项检查。

【护航G20】 全年大队全部工作以保驾护航G20为中心，上半年区文化体育新闻出版局出台了《G20峰会期间婺城区文化市场专项整治行动方案》，对全年文化市场巡查工作做出具体安排，大队与公安、消防等部门密切配合，取得阶段性的成绩，在7—9月峰会安保的关键阶段，执法大队坚决落实《行动方案》具体要求，坚持管理从严，巡查到位，有效维护G20峰会前后文化市场的安定平和。主要采取以下三项措施：一方面是克服执法人员短缺、农村文化经营场所点与点之间距离过远、印刷企业数量大而执法力度不足、农村演艺市场治理难度较大等长期存在的症结，加大巡查力度；另一方面，要加强与其他职能部门的配合协作，扩展巡查深度，排除安全隐患，向婺城人民群众交上一份满意的答卷；第三方面，将校园周边、集镇周边作为排查安全隐患的重要地点，配合"平安浙江"建设，构建突击检查、定期抽查、全面排查三条检查线，以点线面相结合的方式，构建起文化市场安全防范网络，做到检查全覆盖、安全无死角。

【"扫黄打非"工作】 2016年，执法大队认真落实市、区"扫黄打非"领导小组部署的各项任务，在"扫黄打非·秋风""清源""护苗"等专项行动中积极谋划。4月21日，区文体新局分管领导与大队负责人共同参加金华市"扫黄打非"领导小组办公室组织的侵权盗版出版物集中销毁行动，现场处理大队在历次活动中收缴的7台老虎机、82张盗版侵权光碟，大队还专程邀请区出版物印刷企业负责人观摩活动，整治效果显著。大队还顺利迎接市"扫黄打非"领导小组办公室的专项考评，派员参加全省"扫黄打非"进基层现场会。

【固边行动】 扎实推进"固边"行动，出动专项检查193人次，检查印刷企业92家次，出版物经营单位56家次，打字复印企业13家次，对辖区内出版物经营单位(书店)的进货凭证和单据进行认真核对，同事对销售的出版物进行严格检查，结合法律法规和非法出版物鉴别常识的宣传教育等方式，提高经营业主从行动上自觉做到守法经营和规范管理意识。对印刷企业检查中，着重检查五项制度落实情况。

【专项活动创出特色】 大队抓住几个关键时间节点，开展文化市场法制宣传活动，在"3·15消费者权益保护日""世界知识产权日"联合工商等部门深入社区、企业宣讲法律法规与方针政策，受到群众的欢迎。开展重点阶段整治是对日常巡查工作的重要补充和有力加强。大队上半年着重围绕"护航G20"展开工作，将日常巡查与专项重点整治充分结合，先后在元旦、春节、"两会"、"两考"等几个关键时间节点开展专项活动，加强执法力量，重点检查校园、集镇、农村文化经营场所，有效落实监管。5月27日，局领导班子全体成员分别带队专程检查全区网吧、歌舞娱乐场所安全生产状况，"平安婺城"创建期间，局领导连续亲自带队赴各乡镇检查市场安全，全局机关干部义务执勤，轮流参与到市场治理中来，确保婺城文化市场节日安全祥和，大型会议和考试平稳有序进行。下半年，大队配合区文明办、区公安分局等单位积极参加文化市场专项整治、参与文明城市创建，同样成效显著。

【文物监管】 大队按照《中华人民共和国文物保护法》制定的"保护为主、抢救第一、合理利用、加强管理"的文物保护方针，切实履行文物保护监察职能。开展文物消防安全检查、文物保护单位危房检查、举办文物保护法规宣讲，做好文物安全保护与宣教工作。2016年，大队出动执法检查人次40人次，检查文物保护点38家次，巡查频率超过往年同期。本着"安全第一、预防为主"的原则，大队与区文物办密切配合，共同制定巡查方案，多次对全区文物保护单位和文物保护点开展联合检查，着重对"婺州窑窑址群""交椅山红军标语"进行专项巡查，分时段对各乡镇文物保护单位和文物保护点进行检查。为落实暨军民市长在婺城考察期间提出的红色文物保护要求，大队还配合区文物办3次深入塔石山区，共商"交椅山红军标语"保护事宜，得到上级领导肯定。

【对接帮扶异地交流】 按照省厅文件精神，5月29日—6月3日、6月21日—7月1日，大队与陕西安康市文化执法支队、旬阳县文化市场行政执法大队开展对接交流学习。9月23日,大队派员参加省文化厅暗访组赴陕西开展交流合作 两地兄弟单位就案卷评查、日常执法检查工作和办公管理平台操作等方面业务相互借鉴,各取所长。

【队伍建设】大队每周定期召开例会,组织执法人员进行法律法规学习、案卷讨论和案件评审,积极探索文化市场执法方法。每周都利用例会时间组织学习法律法规和文化部、省厅的文件精神。执法大队积极参加区文体新局“站在前列,共建金华—解放思想大讨论”,认真开展自查,结合区委、局党组“两学一做”工作具体要求,解放思想,从日常工作中查找风险点和工作短板,提高执法队员的思想认识和工作责任感。大队还先后派员28人次参加文化部“网络文化”以案施训培训、浙陕两省交流执法培训、省文物局文物执法监察培训、省“扫黄打非”执法工作培训、省“软件正版化”等专题执法工作培训,扎实提升执法人员专业技能。(盛华君)

婺城区婺剧促进会

【央视戏曲栏目走进婺城】1月13日,中央电视台戏曲频道《快乐戏园》综艺演唱会总策划兼艺术总监张辉到蒋堂镇泽口村,寻访当地的婺剧文化园。金华市文联副主席、金华市婺剧促进会副会长王亦平陪同。

同日,张辉到东市街小学调研婺剧进校园工作。此前,东市街小学已经五次与中央电视台结缘。金华市婺剧促进会会长杨守春、区人大常委会副主任许光明,以及市婺剧促进会相关负责人参加调研活动。

张辉一行首先观看学校操场上的婺剧华服、学校“婺剧进校园”活动展板、“阿婺”剧社孩子们展示基本功和婺剧操表演。

【举办婺剧研讨会】8月1—5日,区婺剧促进会举行《中国婺剧传统唱腔精选》编辑研讨会,金华市婺剧促进会会长杨守春,区人大常委会副主任、婺剧促进会会长许光明,浙江婺剧团、市婺剧促进会的专家、老师,区婺剧促进会骨干会员和婺剧爱好者参加研讨会。

研讨会上,与会会员就婺城区婺剧促进会2016年拟办的编辑《中国婺剧传统唱腔精选》、筹建婺剧博物馆、筹办第四届农村婺剧大赛三件大事展开讨论。

【第四届农村婺剧大赛】10月24日上午,2016年区第四届农村婺剧展演暨婺剧票友演唱大赛在乾西乡湖头村文化礼堂举行。本次婺剧展演由区婺剧促进会、区文化体育新闻出版局主办、区文化馆、区戏曲家协会承办。金华市文联副主席、市婺剧促进会副会长王亦平,区人大常委会副主任、区婺剧促进会会长许光明,以及市、区婺剧促进会相关领导和广大婺剧爱好者到场观看演出。

为筹办本次婺剧赛事,区婺剧促进会在9月底就着手筹划,并在相关媒体和网络发布赛事通知,以吸引广大婺剧爱好者的参与。本次婺剧赛事得到婺城区城乡广大婺剧爱好者的广泛支持,许多专业剧团也纷纷派员参赛,农村婺剧爱好者主动参与,积极应对。从赛事通知发出后,有60名婺剧爱好者报名参赛。10月20日,大赛组委会还组织进行预赛,选出20名选手参与总决赛。最终吴艳秀、王颖倩、庄美娟获得金奖,此外还评出银奖7名、铜奖10名、优秀奖10名。

【蒋堂镇泽口村婺剧特色村】2016年,蒋堂镇泽口村婺剧文化园完工,成为金华市乃至浙江省首个农村婺剧文化园。整座文化园包含婺剧知识普及廊、婺剧传承陈列室、婺剧坐唱班活动室、婺剧剧本创作室、婺剧节目排练场、婺剧演唱小广场,以及当地婺剧人才榜、婺剧典故栏等,院内外的围墙上画有婺剧人物形象、口耳相传的婺剧历史典故、脍炙人口的婺剧经典片段等,吸引各地百姓前去参观学习。

省委常委、省委宣传部部长葛慧君等省市领导专程到泽口村婺剧文化园参观考察,市婺剧促进会也组织负责人到泽口村召开现场会,推进泽口村婺剧文化园建设。(戴建东)

图书事业

【概况】区图书馆免费开放成人借阅、少儿借阅、电子阅览室、地方文献、自习室、培训室等场所，每周开放56小时，节假日不休息。全年共借出图书10多万册，续借376册，服务近30万人次，与市馆、少儿馆流转图书约40次1万余册书。办理借书证3000余张。收集读者信息378人次。接待读者89186人次。完成浙江省文化信息资源共享工程地方特色资源“金华农耕文化数据库”建设项目，并通过省里验收。

【农家书屋建设】为345家农家书屋配送1.42万册书籍，每家农家书屋10种报刊，共征订3450份。5月5日开展农家书屋管理人员培训，来自全区的村级农家书屋管理员近300人参加培训。11月25日承办金华市公共电子阅览室基础业务骨干培训班。推进农家书屋数字化升级改造，安装联创电子阅览室管理软件系统，与区图书馆实现虚拟连接。

【阅读推广】全年进行阅读推广活动52场，参加活动人数达5万人次以上。组织婺图特色活动15场，参与人次1万人左右。新开设的特色活动栏目“益智工坊”“头脑瑜伽”“木桩上的名画”等不同的活动主题带给孩子们不同的乐趣；开展首次小小志愿者活动。举办面向不同人群的主题讲座和展览，开展讲座14场，展览13场，2万余人次参与。

4月22日，举办“信义金华 书香婺城”全民阅读月活动，多单位多部门都组织参与活动，对推广书香婺城阅读品牌和宣传图书馆阅读平台有着重要意义。

举办开展万本好书“进机关、进社区、进农村、进校园、进企业、进军营、进家庭”等“七进”活动，推广婺城区掌上图书馆，和区机关党委联合在婺城区掌上图书馆APP上推出“党员阅览室”栏目，在机关开设书香驿站，将全民阅读活动延伸到基层。组织婺城区“图书馆随手拍”摄影大赛；婺城区阅读推广人推荐等等活动。

【互联网+阅读】线上，婺城区掌上图书馆、区图书馆网站、微信公众号同步上线；线下，区图书馆各服务窗口可容纳两百多人同时阅读。此外，在机关、学校、企业、部队、社区等设立图书流通站，每隔两个月更换一次图书。（*沈伊娜*）

非物质文化遗产保护工作

【概况】2016年，区文体新局把“非遗”保护工作列入重点工作，逐步完善了婺城“非遗”保护和传承体系，做好“非遗”项目传承人的培训和传承基地的建设工作，加强“非遗”保护的宣传，非物质文化遗产保护工作取得显著成效。

【完善“非遗”保护和传承体系】以“非遗”普查数据为基础，以项目、传承基地、传承人三位一体保护为重点，以“非遗”展演、展示活动为载体，“非遗”保护工作取得了一定的成效。婺城有国家级代表性名录1个、省级代表性名录2个、市级代表性名录18个、区级代表性名录71个；全区共有市级代表性传承人12人、区级代表性传承人26人；省级教学传承基地1个、市级教学传承基地2个；市级“非遗”传统节日传承基地1个、区级传承基地15个。

【做“非遗”项目培训和传承基地的建设】认定公布婺城区级第三批传承人12人，有4人成功申报为市级传承人。金华剪纸项目省报省级代表性名录成功。有阵地是做好“非遗”保护重要保障。2016年在金奥花园创建婺州窑培训基地、在蒋堂文化大院创建婺城“非遗”培训传承基地、在开化村创建婺城剪纸展馆，雅畈古镇和汉灶村成功申报市级“非遗”景区，雅畈镇成功申报为省级“非遗”景区，积极筹建婺窑“非遗”小镇，创建婺城“非遗”馆。

【加强“非遗”保护的宣传】组织婺州窑、天下潽局、金华酒、金华剪纸、漆画、金华传统糕点等六个项目参加义乌文博会获得好评，金华剪纸获得工艺美术类银奖；通过美丽“非遗”百村文化礼堂行、“非遗”进社区、“非遗”进校园等活动，开展《中华人民共和国非物质文化遗产法》宣传活动、婺城非物质文化遗产保护图片展、非物质文化遗产代表性项目展示展演活动。

文物保护工作

【概况】根据市区文物保护管理权限的规定及金西三镇划归金华经济技术开发区、罗店镇及新狮

7个行政村划归金华山旅游经济区管理，婺城区2016年辖有市(县)级文物保护单位17处、市文物保护点63处。婺城区文物办认真贯彻落实“保护为主、抢救第一、合理利用、加强管理”的文物工作方针，稳步推进各项文物工作。

加强文物保护基础工作。完成婺城区第一次全国可移动文物普查工作；调整业余文保员队伍，并与每个文保员重新签订了文物安全责任书；开展第七批省保申报工作，推荐叶店叶氏宗祠等2处为省级文物保护单位；开展县(市)级文保单位的两划工作；开展开化周氏宗祠等文保单位的白蚁防治工作；开展祝村宣德堂等文保单位、文保点的修缮工作。

配合基本建设，做好考古调查工作。配合二七拆迁完成民国墓碑清理移交工作；调查雅畈汉灶村傅家老宅、芳田村古建筑及沙畈乡周村周大门、白龙桥镇俞村浮应庙、长山三村造桥碑记及古庙、卢家石像生等多处群众反映的疑似不可移动文物。

与区文物监察大队配合，做好文物执法及文物安全工作。配合公安部门联合处置石楠塘古建筑牛腿被盗案件；联合组织所辖乡镇的不可移动文物安全检查工作；节假日、夏冬等干旱季节开展消防安全专项检查工作，特别是对古建筑的消防安全设施进行仔细检查。

制定《婺城区文物保护单位(文保点)防灾减灾防盗方案》发放到各个乡镇，加强灾害天气下文物保护工作。

【区第一次全国可移动文物普查】2016年，第一次全国可移动文物普查第三阶段，婺城区普查办先后派员参加浙江省普查办举办的浙江省第一次全国可移动文物普查数据审核与普查总结报告编制培训班及文物鉴定基础知识培训班，完成普查数据的审核整改工作及普查资料的整理、汇总工作，编制了婺城区第一次全国可移动文物普查工作报告。历时5年，由国务院部署的第一次全国可移动文物普查工作顺利完成。

【祝村宣德堂完成修缮】祝村宣德堂是金华市文物保护点，清代建筑，占地面积约490平方米，前后三进，木构件雕刻精美，四柱三间牌楼式砖雕门面雕刻精致，天井内青条石围砌鱼池造型别致，具有较高的历史、艺术价值。2015年9月，祝村村委会结合新农村建设开展修缮工作，2016年1月完工，投资47万余元。

【修缮上阳存义堂工程】上阳存义堂为金华市文物保护点，清代建筑，坐北朝南，前后三进，占地面积480平方米，因年久失修，存在一定的安全隐患。上阳村村委会委托杭州华文规划建筑设计有限公司编制完成了存义堂修缮工程设计方案。2016年7月20日，婺城区文体新局组织召开上阳存义堂修缮工程设计方案评审会。9月，上阳存义堂开始进场施工，到12月底工程已完成80%，整个修缮工程预计投资80余万元。

【罗芳桥胡氏宗祠修缮工程设计方案】罗芳桥胡氏宗祠为金华市文物保护点，清代建筑，建筑坐西朝东，占地面积400多平方米，前后三进，左右设厢房，一、二进间置戏台。因年久失修，屋面漏雨，地基沉降、木构架倾斜存在极大的安全隐患，急需修缮。雅畈镇政府、罗芳桥村委会委托杭州大唐造园艺术设计有限公司编制完成《金华市级文物保护点胡氏宗祠修缮工程设计方案》。9月18日，婺城区文体新局组织召开了雅畈镇罗芳桥胡氏宗祠修缮工程设计方案评审会。

【琅琊徐全院修缮工程设计方案】琅琊徐全院为金华市文物保护点，清代建筑，坐东北朝西南，前后三进，占地面积400多平方米。因年久失修，存在一定的安全隐患。琅琊徐村委会委托永嘉县乾嘉古建筑设计院编制完成了全院维修设计方案。12月27日，婺城区文体新局组织召开琅琊徐全院修缮工程设计方案评审会。

【文物保护单位防灾减灾防盗方案】8月8日，婺城区文体新局为提高婺城区文物保护单位(文保点)防范自然灾害、防盗能力，依据相关法律法规，制定《婺城区文物保护单位(文保点)防灾减灾防盗方案》。本方案适用于各乡镇(街道)各级文保单位、文保点的保护、巡查和日常管理。各乡镇(街道)成立文物保护领导小组，负责本行政区域内不可移动文物的管理、巡查和上报工作。

【公安部门处理牛腿被盗案件】4月15日，婺城公安分局雅畈派出所转接一起文物盗窃案件后，婺城区文物监察大队会同区文物办、市文物局专家在第一时间赴现场，对案件经过进行了解，对涉案物品价值进行评估，配合公安机关对案件完成定性，取得较好处理结果。 （郎亚红）

体育工作

【概况】2016 年，婺城区文体新局在区委、区政府的正确领导下，在市体育局的精心指导下，认真贯彻落实中共十八大及十八届和五中、六中全会精神，全面落实科学发展观，“走在前列 共建金华”，紧紧把握建设体育强区的主题，着眼于强基层，打基础，认真完成各项工作任务，推动全区体育事业发展。攻坚克难，体育强区开创新局面。根据浙江省创建体育强区的标准要求，全区周密部署，有序推进创强各项工作任务，顺利通过验收。完善组织机构，强化体育工作网络。成立区全民健身工作领导小组，建立区国民体质监测与社会体育指导中心，制定并实施年度社会体育指导员培训工作计划，全区活跃在基层的各类社会体育指导员和体育骨干达 1296 人。2016 年，全区已成立各类单项体育协会 15 个，建立省级社区(村)级体育俱乐部 27 个，体育晨晚练点 447 个。全区所有乡镇(街道)都建立文化体育指导站，配齐相关人员，基本形成体制顺畅、责任落实、上下联动、齐抓共管的区、乡镇(街道)、村(社区)三级的群众体育服务网络。加快设施建设，优化健身环境。2014—2016 年，全区投入各级资金近 600 万元，以省小康体育村建设为载体，新建一大批群众健身苑(点)、篮球场、门球场、室内活动室。城区各住宅区、城市公共绿地、公园、广场均已配备相应的体育健身设施，全区所有乡镇(街道)均建有灯光篮球场和室内活动室，部分乡镇建有气排球场、羽毛球场或门球场。全区 351 个行政村(社区)中有 306 个村(社区)建成“体育小康村”，体育场地器材设施覆盖率近 90%，人均体育场地面积达到 1.75 平方米。全区各中小学校均按国家标准建设体育场地和配备体育器材，各机关部门、事业单位和百人以上企业都配备各类室内外活动场地。同时，根据省政府要求，落实学校体育设施面向社会开放，实现资源共享。普及全民健身，发展群众体育。挖掘区“山水资源”优势，相继筹建和开发莘畈青少年户外营地、琴坛健身登山步道、仙源湖南山越野跑线路、琅琊水上马拉松皮划艇比赛训练基地、农耕文化园省级运动休闲旅游优秀项目示范基地等，致力打造集旅游、休闲、娱乐于一体的系列体育休闲活动品牌。经过多年的实践和探索，婺城逐步形成了自己特色的传统品牌赛事，每年定期举办 20 多项区级体育赛事，充分打造婺城体育新“名片”。注重人才培养，不断提升竞技水平。依托中小学校和体育俱乐部，采用联合办学的形式，不断加大“体教结合”的力度，创建体育人才培养基地，夯基础、引人才、强队伍，全面提升竞技体育水平。以省级体育特色学校、浙江省阳光体育后备人才基地、国家级和省级青少年体育俱乐部等体育后备人才基地为依托，建立完善的业训网络体系，全区 35%以上的学校为区级以上重点项目布局学校，开设训练项目完整齐全。规范体育市场，加快繁荣体育产业。婺城区坚持多元化发展体育产业，体育产业企业 129 家，体育健身培训、体育用品业、体育制造业、体育彩票业、休闲体育等发展喜人，多门类体育产业市场初步显现。同时，注重发挥山区乡镇多的优势，因地制宜，打造山区体育产业，一乡一特色，带动绿色经济发展，开发环湖型、乡村型、森林型等不同类型的体育休闲营地。加快建设户外休闲体育运动项目，使休闲旅游、运动健身有效的融合。

群众体育

【省级体育强区创建验收工作】12 月 26—27日，省体育局检查组由省体育局副巡视员扬平原带队，一行 8 人到婺城区检查验收体育强区创建工作，市体育局副局长施爱德陪同检查。婺城区委副书记杨寿根、区人大常委会副主任王国平、副区长方锦瑞、区文体新局局长郭梓军参加检查并出席汇报会。在台账、实地检查和听取汇报后，省创强验收组充分肯定婺城创建省级体育强区工作，组长扬平原副巡视员做重要讲话。体育创强工作是党委、政府推进体育事业科学发展的有力抓手,也是推进民生工程建设的重要载体。下一步,婺城区将进一步总结经验、再接再厉、狠抓落实,按照省体育现代化县(区)标准,不断巩固和完善各项工作机制,努力实现体育事业全面、协调、可持续发展。

【区第四届全民运动会】婺城区第四届全民运动会以"科学健身 幸福生活"为主题,设置乡镇街道部、机关系统部、企业行业部、青少年部、老年部等5个部,共有12个群众基础好、受器材制约小、趣味性和健身性强的大项目,参赛对象兼顾老、中、青等不同年龄段的群众。此届运动会从2016年4月7日开始,一直持续到11月,有5000余人参赛。

【群众体育活动】1月1—2日,组织婺城区首届围棋定级升段赛,参赛人数达580多人,规模大,反响强烈,参赛选手以及家长反映很好。

2月19日,举办2016年婺城区"希望杯"青少年足球邀请赛,赛事由婺城区文化体育新闻出版局、婺城区体育总会主办,金华有家文化体育发展有限公司承办,来自婺城区、金东区、开发区以及兰溪、武义的共八支球队参加比赛,最终江滨小学足球队获得此次邀请赛冠军,婺城小学足球队、孝顺小学足球队分别获亚、季军称号。其中,兰溪U12足球队7号队员戴豪伟获得最佳球员称号。

5月1日,举办第二届婺城区围棋定级升段赛,此次比赛不仅包括了本地各个棋院的棋手,还吸引了外省的小棋手参加。

由浙江省体育总会、区文体新局主办,区体育舞蹈协会协办的"果倍爽杯"2016年浙江省体育舞蹈公开赛暨友好城市少儿拉丁舞大奖赛于6月4日在金华第一中学体育馆隆重举行,比赛共吸引了来自省内外、各县市区、大中专院校及各大培训机构的30多支代表队,1200多人参加,无论是参赛人数和参赛规模以及竞赛水平都是历届之最。?

6月4日,试行围棋幼儿吃子比赛在少年宫举行,来自金华各个幼儿园近200多人聚在一起扭十字比吃子,体验围棋的乐趣。

6月9日,举行婺城区首届象棋、国际象棋级位赛。6月25—26日"谁是棋王"象棋、围棋争霸赛,集结金华所有象棋、围棋的高手。

8月13—14日,由区文化体育新闻出版局、区棋类协会主办,聂卫平围棋教室承办的2016年第三届金华市婺城区围棋级位、段位赛在锦华园度假村举行。此次比赛设有个人段位组(定段组、1段组、2段组)和个人级位组。此次比赛有500余人围棋选手参赛,最终级位组近400人升级,段位组30余人升段。

10月22—23日,由区文化体育新闻出版局主办,区武术协会承办的婺城区"东成杯"第四届传统武术比赛在金华市老体育馆举行,来自杭州、衢州、金华各县(市、区)武协、各武术馆校、俱乐部、培训中心、中小学校、幼儿园的25支队伍,有380余人武术运动员参加本届比赛。经过2天的激烈比赛,最终25家单位获得发展武术贡献奖,爱迪、方格外国语学校等10家学校幼儿园获得最佳校园奖,东成武馆、育德武馆、弘扬武道馆、义乌一禅武馆等15支运动队获得最佳运动队奖。东成武馆获得总团体第一名,育德武馆、杭州中泰武校并列总团体第二名,弘扬武道馆总团体第三名。

10月29日,2016全国象棋男子甲级联赛在婺城开赛,来自全国各地的象棋高手齐聚一堂,进行棋艺的切磋对决。浙江民泰银行象棋队对阵京冀联队,赛事全程向全国现场直播,让婺城人民在家门口即观赏到一场高水平的象棋盛宴。此次赛事由中国象棋协会主办,婺城区文化体育新闻出版局承办,区棋类协会和金华市站前小学协办。

【武术进校园】2016年,武术协会在区爱迪幼儿园、蓝天幼儿园开展国术拳教学,在乾西小学开展武术操教学,并携手琅琊初中成立了婺城区武术、散打后备人才"训练基地"。2016年5月,训练基地学员代表婺城区参加金华市青少年散打锦标赛,获得一金、三银、八铜及团体第四名的优异成绩。

【"武术六进"公益培训】为贯彻落实国家体育总局关于"武术六进"要求,推进全民健身,弘扬中华民族传统文化,婺城区武术协会11月15日开始为期1个月的陈式太极、健身气功、武当太极、吴式太极等公益培训惠民活动。通过举办武术知识讲座、武术现场培训和观摩交流等各类活动,为不同职业、不同年龄的群众搭建学习和交流的平台，唱响婺城尚武文化，大力推进全民健身。

【组队参加省市级赛事】 参加“体彩杯”2016年全民健身日金华市健身排舞大赛，获得一等奖第一名。代表金华市参加浙江省第二届体育社团健身排舞比赛，婺城区代表队获甲组(中老年组)规定项目特等奖，自选动作一等奖；代表金华市参加浙江省第二届体育社团大会秧歌舞比赛，婺城区代表队获得中老年组二等奖、总分第三名；代表金华市参加省第二届体育社团大会花样团体操比赛，婺城区代表队获得中老年组自选动作特等奖、规定动作一等奖的辉煌战绩；代表金华市参加浙江省第二届女子体育节健身排舞总决赛，喜获团体一等奖，乙组自选动作二等奖、规定动作二等奖。　（徐　斌）

老年体育

【概况】 2016年，区老年体协加强与区文体新局协作，充分发挥各个项目组(分会)作用；坚持以服务老年人、提升老年人健身人口为宗旨，开展了“我运动，我健康，我快乐”和“开展全民健身，我与奥运同行”系列活动，不断拓展老年人健身项目，丰富健身内容，组织老年人开展旅游活动，为老年朋友健身活动营造良好氛围。

【区第四届全民运动会暨区老年人运动会】 4月17日，区第四届全民运动会暨区第四届老年人运动会健身球操比赛在白龙桥镇文化中心举行。来自全区各个乡镇、街道、区直机关、区退教协会等老年体协17支代表队，共200余人参加比赛，经过一天比赛，竹马乡、雅畈镇、白龙桥镇、长山乡、沙畈乡、城西街道代表队荣获优胜奖

5月6日，区第四届全民运动会暨区第四届老年人运动会柔力球操比赛在白龙桥镇文化中心举行。来自全区各个乡镇、街道、区直机关、区退教协会等老年体协的14支代表队，共190余人参加了比赛，经过激烈角逐，最终白龙桥镇、长山乡、城东街道、莘畈乡、城北街道、雅畈镇老年体协代表队获得优胜奖。

6月7日，区第四届全民运动会暨区第四届老年人运动会乒乓球比赛在金华市社区服务中心举行，来自全区各乡镇、街道、区直机关、区退教协会等老年体协15支代表队，共130余人参加比赛。经过一天激烈角逐，城东街道代表队获第一名，城中代表队和雅畈镇代表队分别获第二名、第三名。

9月23日，区第四届全民运动会暨区第四届老年人运动会门球比赛在金华市老年体育活动中心门球场举行，来自全区9个乡镇、街道、退教协会老年体协选派的9支代表队100余名运动员参加比赛。经过激烈角逐，最终城北街道代表队获得第一名，城中街道代表队获得第二名，白龙桥镇代表队获得第三名，乾西乡代表队获得第四名。

9月29日，区第四届全民运动会暨区第四届老年人运动会气排球比赛在金华市老年体协活动中心气排球场举行，来自全区12个乡镇、街道、退教协会老年体协选派了20支男女代表队190余名运动员、裁判员参加比赛。此次比赛经过激烈角逐，最终获得女子前六名的是：城西街道代表队，城中街道代表队，退教协会代表队，雅畈镇代表队，乾西乡代表队，白龙桥镇代表队。获得男子前六名的是：白龙桥镇代表队，退教协会代表队，城中街道代表队，乾西乡代表队，琅琊镇代表队，城西街道代表队。

【健身辅导培训】 3月13—14日，在金华四中体育馆举办了广场舞骨干培训班，来自全区各个乡镇、街道、区直机关、区退教协会老年体协选派的80余人健身辅导站文体骨干参加培训。培训结束，各个老年体协组织老年朋友专门进行广场舞训练，为组织千余人参加区第四届全民运动会开幕式的大型表演作了充分准备。

【大型文体展示】 10月13日，区老年体协文体展示在市老年体育中心综合馆举行，来自全区19个乡镇、街道、机关退教协会老年体协选派19支代表队，290余人参加文体展示活动。此次的才艺展示，节目形式多样，既有广场舞、排舞、又有健身球操、柔力球操、太极拳，还有空竹表演。

【开展送体育下乡】 加强基层辅导站(点)建设，推广老年人体育健身项目。一是选派优秀教练员深入到基层，帮助乡村和健身辅导站(点)进行教学培训，推广科学健身项目，带动基层乡村老年人进行

健身活动。2016年,区老年体协先后派出优秀教练员到区直机关、退教协会、长山乡、安地镇、莘畈乡帮助基层进行柔力球操、健身球操等项目培训。二是由区老年体协组织骨干健身队伍送体育下乡,与山区乡村联谊互动开展文体展示活动,活跃山区乡村文体健身活动,带动山区老年人开展体育健身。9月7—8日,区老年体协组织一批文体骨干,到塔石乡开展送文体下乡活动。

【"我运动、我健康、我快乐"健身活动】为做好纪念红军长征胜利80周年活动和开展第八个全民健身日,8月8日,区老年体协向全区各个基层老年体协提出开展"我运动、我健康、我快乐""开展全民健身,我与奥运同行"和"纪念红军长征胜利80周年"系列活动。各基层老年体协因地制宜、就地就近组织老年人开展丰富多彩文体活动。据不完全统计,全区参加各项文体健身活动人数近4700人。其中参加全民健身走、爬山活动人数达3400余人。如城西街道、城中街道、乾西乡、琅琊镇、箬阳乡、白龙桥镇、雅畈镇、区直机关、区退教协会等单位老年体协,组织本辖区老年人开展健步走、爬山、柔力球操、太极拳、广场舞表演、排球比赛和红歌文艺会演等活动。丰富"开展全民健身,我与奥运同行"和"纪念红军长征胜利80周年"系列活动内容,深受广大老年朋友喜爱和好评。

白龙桥镇老年体协组织华核社区、玉龙社区、金奥社区近千人举行健步走活动。

乾西乡老年体协组织各村老年人"举行百姓才艺大赛"活动,各村、社区选派了十四支队伍,近百人参加演出比赛,有排舞、婺剧、道情、武术、太极拳等节目。同时,又组织男女气排球到白龙桥二六九、十二局队进行气排球友谊赛;8月7日,组织雅宅村、上陈社区共150余人开展健身走活动,迎接第八个全民健身日。

雅畈镇老年体协组织60余老年人以镇政府列队出发至三村到古街,行程约5千米的健步走活动;组织汉灶、集镇、石楠塘、汪家等6个行政村近百名文体爱好者参加文体表演活动,有柔力球、健身球操、广场舞、太极拳、婺剧、花头台、腰鼓等节目。

城西街道老年体协组织本辖区70余人老年朋友"开展全民健身,我与奥运同行"健步走活动,途径环城西路,跨越河盘大桥,直至江南西关返回目的地,行程5千米,健步走后又举行了文体展示活动。

琅琊镇老年体协以全民健身日为契机,进行全镇大动员,首先组织5个行政村30多人老年朋友参加的排球友谊赛和门球对抗赛;同时又组织8个行政村开展广场舞、健身球、太极剑等项目的文体展示活动。

城东街道老年体协组织本辖区60余名老年人聚集在八咏公园开展广场舞、太极拳等全民健身文体活动。

区直机关、区退教协会老年体协组织老年朋友开展"北山健身行"活动,通过登尖峰山,健身行走双龙洞等一系列活动,欢度第八个全民健身日。同时,退教协会老年体协组织32个学校870余人退休教师,开展健步走活动。

城北街道红湖路社区、凤凰山社区组织百余名老年人,开展健步走活动。

箬阳乡老年体协在瀛头村开展全民健步走活动;组织老年人骨干开展广场舞培训,带领村级老年人开展广场舞活动。

区直属机关,教育局老年体协在站前小学报告厅举办大型庆祝红军长征胜利80周年演唱会,来自全区中、小学和区直机关35个单位,800余名机关退休干部和退休教师满怀豪情放生歌唱,以《四渡赤水出奇兵》《长征》《没有共产党就没有新中国》《十送红军》《社会主义好》《红军战士想念毛泽东》等红歌纪念红军长征胜利80周年。

区老年体协组织全区各乡镇、街道、区直机关、区退教协会老年体协专管干部、秘书长、各分会(项目组)副会长(副组长),赴婺城区沙畈乡红色家园——党建示范点银坑村参观学习,纪念红军长征胜利80周年。各单位老年体协(分会)在芝肚坑村文化礼堂进行老体工作交流。

区直机关老年体协在婺州公园组织区机关退休老干部250余人,开展纪念红军长征80周年健步走活动,并表演《四渡赤水出奇兵》和《太极拳》等节目。

【参加金华市老年体协组织的比赛活动】2016

年组织 8 个项目，共 92 人参加市老年体协组织的健身项目展示和比赛活动。

3 月 29—30 日，婺城区组队参加金华市老年体协在市区举办的老年人象棋比赛。

4 月 26—28 日，婺城区组队参加金华市老年体协在兰溪市举办的太极拳比赛，获太极拳集体项目第三名、个人项目第二名。

5 月 9 日—10 日，婺城区组织 19 人参加金华市老年体协在武义县举办的健身球操比赛和培训，获优秀奖。

9 月12—13 日，金华市老年体协在市老年体育活动中心举行全市老年人乒乓球比赛，全市共有 12 个代表队参加比赛，婺城区代表队取得团体第四名。

9 月 20—23 日，浙江省美丽乡村奥运会老年人气排球比赛在丽水市举行，全省共有 16 支代表队参加比赛。婺城区老年人气排球女子代表队 9 人代表金华市参加全省比赛，获得了第八名。

9 月 26—27 日，婺城区老年体协选派 14 人参加金华市老年体协举办柔力球表演赛，经过 2 天的比赛，婺城区代表队获得双人表演第三名。

10 月 17—18 日，婺城区老年体协选派 9 人参加金华市老年体协举办门球比赛，全市共有 16 支代表队参加比赛，经过 2 天的激烈角逐，最终婺城区代表队取得第二名。

10 月 24—26 日，婺城区老年体协选派男、女两支代表队 17 人参加气排球比赛，全市共有 28 支男、女代表队参加比赛，经过三天的激烈争夺，区女子代表队获得第一名，男子代表队取得第九名。

【老年人体育工作交流】7 月 7—9 日，婺城区与武义县老年体协在武义县江下村联合举办老年体协工作交流暨业务培训会。

9 月 7—8 日，金华市老年体协，金东区老年体协，永康市老年体协等领导到区指导，参观塔石乡现有场地和设施，提出因地制宜开设老年气排球场、门球场，并表示给予支持。

【基层老年体协工作】着力普及老年健身项目，提升老年体育人口。2016 年，举办婺城区第四届全民运动会暨区第四届老年人体育运动会，各个基层老年体协做大量的组织准备工作，同时各个基层老年体协举办邀请赛和本单位之间互邀活动。2016 年琅琊镇、退教协会、雅畈镇、白龙桥镇、城西街道、乾西乡、竹马乡举行气排球邀请赛；区直机关、区退教协会、白龙桥镇老年体协自行举办乒乓球比赛；区直机关、退教协会、长山乡、安地镇、莘畈乡老年体协组织柔力球操培训；白龙桥镇、琅琊镇、新狮街道老年体协自行组织广场舞培训；新狮街道、退教协会老年体协举办趣味运动会；区直机关、区退教协会自行组织第八套广场体操表演和纪念红军长征胜利 80 周年大型演唱会。

【信息工作】为反映全区老年体协开展工作情况，做到互通信息，加强经验交流，区老年体协每季度至少刊出一期简报。2016 年投稿三篇以上的单位有：雅畈镇、乾西乡、新狮街道、退教协会、琅琊镇、城西街道、长山乡、白龙桥镇。

【老年人旅游工作】老年人旅游工作是老年体育工作一个重要组成部分，是丰富老年人的精神生活和加强老年人体育健身的重要内涵，也是提高老年人幸福感的重要环节。

2 月 24 日，区老年体协在嘉恒宾馆三楼会议室召开全区老年人旅游工作会议。会议总结 2015 年全区老年旅游工作，表彰旅游工作先进单位。同时部署 2016 年全区老年人旅游工作。

11 月 25—26 日，区老年体协召开全区老年旅游工作交流会。乾西乡、竹马乡、白龙桥镇、长山乡、琅琊镇、沙畈乡、雅畈镇、箬阳乡、岭上乡、城西街道、城中街道、城北街道、区直机关、退教协会等 14 个老年体协组织老年人外出旅游共计 7927 人次。

（覃亚萍）

竞技体育

【概况】牢固树立以人为本的理念和科学发展观，认真贯彻可持续发展战略，以提高婺城竞技体育水平为目标，坚持求真务实，开拓创新，顺应形势的新变化、人民群众的新期待、体育事业发展的新格局，紧密联系经济社会发展新时期，体育工作出现的新特色，着力解放转变不适应不符合科学发展要求的思想观念。着力破解影响制约体育事业科学发展的体制机制;进一步解放思想、更新观念、完善机制、改进作风,促进体育事业的又好又快发展。

【竞技体育成绩】田径队是婺城区的金牌队伍。每一届的金华市运动会都获得金牌和总分两项桂冠。婺城区田径队参加省赛也都保持全省领先。参加2016年金华市青少年田径锦标赛，以总分817.5分,金牌总数40枚的优异成绩蝉联双冠军。参加浙江省第十三届少年儿童田径冠军赛暨浙江省第十三届少年儿童田径运动会,共获二金、三银、五铜;以团体124分获浙江省第十三届少年儿童田径运动会甲级队第七名。名列金华市参赛的6个县、市、区第一名。

参加2016年全国少年儿童游泳锦标赛。取得两枚银牌,一枚铜牌,第六名和第七名各一人。参加浙江省游泳冠军赛,14人获得一枚金牌,一枚银牌,一枚铜牌。参加浙江省中学生游泳比赛,9人参赛,获得两枚金牌,两枚银牌,六枚铜牌,在两个项目中超一级运动员标准。参加浙江省游泳锦标赛系列分站赛(6站)8人次达标。参加金华市“浙中体育杯”迎春游泳比赛,婺城队获得第二名。参加金华市青少年游泳比赛。取得团体第二名,金牌总数第二名。参加浙江省青少年男子足球(甲组)锦标赛,获得第五名。参加浙江省青少年男子足球(乙组)锦标赛,获得第七名。参加浙江省青少年男子足球(丙组)锦标赛,获得第七名。

参加2016年金华市青少年柔道比赛获得三枚金牌,三枚银牌,三枚铜牌。参加2016年金华市青少年举重比赛获得七枚金牌。参加2016年金华市青少年摔跤比赛获得九枚金牌,十枚银牌,一枚铜牌。

【运动员输送】2016年全国田径大奖赛首站比赛中,婺城体校输送到浙江省田径队的5名运动员代表浙江队出战,成绩斐然。郑小倩获得女子1500米冠军、800米第四名。金敏获得女子4×400米亚军。龚璐颖获得女子4×100米第四名。赵一帆获得男子4×100米第六名。2016年全国田径锦标赛上,婺城体校输送到省田径队运动员郑小倩以4分24秒28的成绩获得女子1500米冠军;以2分07秒75的成绩获得女子800米冠军,成为本届赛事的双冠王。郑小倩还获得2016年全国室内田径锦标赛女子1500米冠军、800米亚军;2016年全国田径大奖赛女子1500米冠军、800米第四名;2016年全国田径冠军赛暨大奖赛总决赛女子1500米冠军、800米第三名;2016年全国田径锦标赛暨全运会测试赛女子1500米冠军、800米冠军。郑小倩由于成绩突出获得婺城区人民政府嘉奖。

学校体育

【联合区教育局举办五项区赛】在积极参加省市级比赛的同时,认真组织区赛。按照竞赛计划联合区教育局举办婺城区第八届中小学生乒乓球联赛、婺城区第六届中小学生游泳比赛、婺城区第十六届中小学生田径运动会、婺城区第十一届中小学生篮球联赛、婺城区第六届中小学生足球联赛。以赛促练,通过举办比赛,让优秀的体育苗子凸显出来,既能更好的发掘体育人才,又检验了各中、小学校的日常训练成果。 (范志俊)

科学技术

【概况】2016 年，婺城区的科技创新奖励资金兑付额逐年提高，2016 年兑付 220.02 万元，比上年增长 18.3%。推进技术创新工程，申报并认定市级以上创新主体、创新机构 83 家，比上年增长 80.4%。2016 年新列入市级以上科技项目 53 项，其中省级 35 项、市级 18 项。获省技术发明奖三等奖 1 项，市科学技术奖三等奖 1 项，莱恩获市科学技术奖二等奖。

科技合作取得实效。全年收集技术难题 50 项，建立技术难题库，对技术难题分行业进行分类，做好企业与高校院所科技合作的对接工作。做好市第 15 届工科会的前期对接工作，由局领导带队，组织企业赴有关高校院所进行科技对接，促成科技合作项目和风投对接项目。筹备生物与医药技术专场对接会，此次对接会邀请省内外院校 19 所，相关领域专家 41 人，发布的技术成果 428 项。本届工科会婺城区共有 6 家企业与院校所签订科技合作协议，合同金额 360 万元。

知识产权工作取得新进展。2016 年新增市级以上专利示范企业 3 家(其中国家知识产权优势企业 1 家)。获省级专利优秀奖 1 项，获市级专利实施奖 4 家、区级 4 家。1 家企业认定为省专利保护重点联系单位。专利质押融资贷款有突破，婺城区首笔 500 万元的专利质押贷款 2016 年获省级 21 万元补助。2016 年，区专利申请量 3156 件，其中发明专利申请量 776 件，比上年增长 46.13%；区专利授权量 1802 件，其中发明专利授权量 325 件(列全市第一)，比上年增长 28.97%。

科技计划

【科研项目】新列省级项目 35 项、市级 18 项、区级 19 项。项目包括先进装备制造业、电子信息、新能源、新材料、新能源汽车、生物医药、节能环保七大新兴产业以及农业、食品加工等传统产业。通过项目的组织实施，加快科技成果的转化和产业化。以项目带动企业自主创新能力的提高。

2016 年省级立项科技计划项目情况表

表 6

项目名称	申报单位	计划类别
高效耐用汽车差速器	金华市新华齿轮有限公司	新产品试制计划
高安全性液压堆高机	浙江海蜜机械有限公司	新产品试制计划
高档不锈钢复合底铝锅	金华乐嘉厨具有限公司	新产品试制计划
地下管道用预制装配式窨井	浙江巨龙管业股份有限公司	新产品试制计划

续表 6

项目名称	申报单位	计划类别
集中式车身控制系统	浙江中科正方电子技术有限公司	新产品试制计划
PFY 型反击式碎料机	金华大冶矿山机械有限公司	新产品试制计划
一种新型密封结构的微压力锅	金华乐嘉厨具有限公司	新产品试制计划
防膨胀导磁体复合底铝锅	金华乐嘉厨具有限公司	新产品试制计划
内燃机铝活塞铸造专用单模单腔浇注机	金华市宝琳工贸有限公司	新产品试制计划
全自动浇注机	金华市宝琳工贸有限公司	新产品试制计划
MH36T 旋耕机、手推汽油割草机	金华市禾为园林机械股份有限公司	新产品试制计划
LT200CC 带平衡轴发动机	金华市隆泰动力有限公司	新产品试制计划
制砂机、高能颚式破碎机	金华市星球机械铸钢有限公司	新产品试制计划
0399D53114 单向器	浙江康灵电器有限公司	新产品试制计划
YJLV 交联聚乙烯绝缘聚氯乙烯护套电力电缆、1kV 铝芯交联聚乙烯绝缘架空电缆	浙江六环电线电缆有限公司	新产品试制计划
环保型 MPP 电力管	金华市华宇管业有限公司	新产品试制计划
防变形静音木门、家用防辐射隔音防潮木门	金华市金福鑫工贸有限公司	新产品试制计划
可降解垃圾袋、太阳能垃圾桶	金华市金阳光工贸有限公司	新产品试制计划
抗菌型坐浴盆、抗菌型沙滩玩具桶组合	浙江家大夫健康产业股份有限公司	新产品试制计划
五层不锈钢/铝复合健康不粘炒锅、超薄型三层钛/铝/不锈钢复合高硬度不粘炒锅	浙江赤诚工贸有限公司	新产品试制计划
商用车变速器轻量化、模块化技术的研究及产品开发	浙江万里扬股份有限公司	省重点研发计划项目

2016 年省科技特派员项目情况表

表 7

项目名称	负责人	派出单位
设施栽培葡萄病虫害规范化防控技术示范(续)	程建徽	浙江省农业科学院
功能新资源蔬菜——辣木的引种与示范	徐志豪	浙江省农业科学院
金华婺城区肉牛养殖零排放技术应用	周　圻	浙江农林大学
香榧种植基地建设及栽培技术推广	杨　华	浙江省林科院
幼年林香榧丰产技术示范	楼肖成	浙江省农业科学院
无花果的田间种植技术与推广示范	蒋海瑛	浙江省医学科学院
山茶花现代栽培技术应用示范	林长春	中国林科院亚林所

2016年市级立项科技计划项目情况表

表8

项目名称	承担单位	计划类别
燃料电池客车整车控制系统开发及产业化	浙江中科正方电子技术有限公司	重点
符合国V排放标准的汽车排气系统总成研发	金华欧仑催化科技有限公司	重点
高效大喂入量全喂入谷物联合收割机研发	莱恩农业装备有限公司	重点
基于节能型脉冲电源强化烟气细颗粒物电袋捕集关键技术研究与应用	金华华东环保设备有限公司	重点
蓝莓种质资源收集评价及新品种选育研究	金华先实大农业科技有限公司	重点
大型猪场污水全年自动化高效处理工艺集成与示范	浙江美保龙种猪育种有限公司	重点
彩叶杜鹃花新品种选育研究	金华市永根杜鹃花培育有限公司	重点

2016年市农业科技成果转化项目情况表

表9

项目名称	承担单位
设施西瓜“佳蜜”等新品种优质高效栽培技术示范与推广	金华禾园种业科技开发有限公司

科技创新

【创新主体培育】2016年，新增国家级高新技术企业9家：浙江采云间茶业有限公司、金华星球机械铸钢有限公司、金华益迪医疗设备有限公司、浙江六环电线电缆有限公司、金华精工工具有限公司、浙江时通电气制造有限公司、浙江中科正方电子技术有限公司、浙江一火科技有限公司、浙江金开电子科技有限公司；新增国家知识产权优势企业1家：浙江万里扬股份有限公司；新增省级科技型中小企业35家；新增市级高新技术企业25家；新增市创新型企业2家；新增市农业科技企业3家；新增市专利示范企业2家。

【研发机构】组建省级高新技术企业研究开发中心1家：金开电子物联网智能电动(汽)车电控系统省级高新技术企业研究开发中心；市级高新技术研究开发中心8家：金华市红牌电器智能制造高新技术研究开发中心、金华市新华车用传动配件高新技术研究开发中心、金华市星球矿山机械高新技术研究开发中心、金华市天下谱局谱志高新技术研究开发中心、金华市安盛机械高新技术研发开发中心、金华市海蜜机械高新技术研究开发中心、金华市乐嘉厨具高新技术研究开发中心、金华市威达日化包装用品高新技术研究开发中心；市级农业科技研发中心2家：浙江尖峰健康科技研发中心、金华市永根杜鹃花研发中心。

【科技平台建设培育】“金华电子商务创业园创客空间”获省级众创空间称号，认定市级孵化器1家(金华雅帅科技园)，省级孵化器1家(浙江浙中信息产业园)，国家级孵化器1家(浙江电商信息科技有限公司)，正在科技部认定当中。积极推进与浙江师范大学校地战略合作，在科技、教育、人才等方面共同协作，计划联合建立浙师大(婺城)大学科技园。

科技合作

【工科会】2016年,做好市第15届工科会的前期对接工作,组织企业赴有关高校院所进行科技对接,促成科技合作项目和风投对接项目。筹备15届工科会生物与医药技术专场对接会,此次对接会共邀请省内外院校19所,相关领域专家41人,发布的技术成果428项,其中成都大学四川抗菌素工业研究所首席科学家曹胜华教授以及美国心脏学院院士、美国纳米医学研究院首席科学家魏启明先生更是亲自带队到金华对接。前期共收集到企业技术难题27项,参会企业达46家。对接会上有11位专家进行现场成果发布,有3家企业进行技术难题发布,会议现场互动热烈。通过此次对接会,有5个项目有初步合作意向。此届工科会我区有6家企业与院校所签订科技合作协议,合同金额360万元。

【科技人才引进与校企合作】配合市、区招才局做好2016年"国千""省千"人才的申报调研工作,区级拔尖人才的选推工作。完成第二批百博入企工作考核工作,第三批百博入企征集及对接工作顺利完成,此次共有11位博士与婺城企业签约,博士都已入驻企业提供服务。2016年有3个项目获选金华市双龙计划,其中殷建波的"跨境数字互联网传播中国文化项目"获得A类资助。

知识产权工作

【持续做好知识产权示范区工作】近年来,婺城区的知识产权工作取得长足的发展,2015年被认定为省级知识产权示范区。区域专利申请和授权量逐年成倍增长。2016年,全区专利申请量3156件,其中发明专利申请量776件,比上年增长46.13%;全区专利授权量1802件,其中发明专利授权量325件(列全市第一),比上年增长28.97%。

【培育知识产权优势企业】2016年,新增市级以上专利示范企业3家(其中国家知识产权优势企业1家),累计38家。获省级专利优秀奖1项(浙江万里扬股份有限公司的汽车变速器顶盖总成发明专利),获市级专利实施奖4家、区级4家。1家企业认定为省专利保护重点联系单位。专利质押融资贷款有突破,婺城区首笔500万元的专利质押贷款2016年获省级21万元补助。

科技帮扶企业

【创新券推广应用】利用中介机构优势,提高创新券的知晓率,鼓励区属企业利用创新载体的科技资源,开展企业购买与非关联单位合作或自主开展研发等活动,结合实际扩大创新券使用范围,让企业真正得到实惠。2016年4月完成2015年度创新券兑付工作,兑付50.16万元;同时开展推进2016年度创新券申请和发放工作,2016年累计发放创新券80万元,使用率达到100%,全区有58家科技企业受益,与全省38家创新平台开展科技创新合作。

【科技金融工作】为有效拓宽科技型中小微企业融资渠道,降低融资成本,进而鼓励企业创新创业,促进企业健康快速发展,由区政府出台《婺城区科技型中小微企业风险池资金管理办法(试行)》。通过加大与金融、保险等部门合作,推动和引导金融资本加大对企业技术创新的支持力度,降低科技企业融资成本和门槛,促使更多的资金流入技术创新领域。科技金融风险池运行后,召开3次领导小组会议,推荐给银行及保险公司相关的科技型中小企业总计113家。已获得贷款的企业9家,累计贷款金额1410万元。

(宋　佳)

民 政

【概况】 2016年，区民政工作围绕区委、区政府中心工作和区重点惠民实事，深入“两学一做”学习教育，坚持“以民为本、为民解困、为民服务”宗旨，对照目标任务，夯实工作基础，注重措施落实，社会福利事业蓬勃发展，城乡社会救助体系进一步完善，救灾救助工作成效明显，落实优待抚恤政策，基层政权建设成效明显，社会事务管理规范有序，各项民政事业稳步推进。

【养老服务体系建设】 2016年，居家养老服务照料中心规范化、标准化建设，全区建成居家养老照料中心252家，新建居家养老照料中心18家，基本实现居家养老服务全覆盖；开展2016年照料中心星级评定工作，提升各照料中心消防、食品、卫生安全能力，促进居家养老服务规范化发展；鼓励发展民办养老机构，成立区福利中心“公建民营”领导小组，制定“公建民营”工作计划和招投标初步方案，力争2017年实现福利中心公建民营试运行。落实政府购买服务政策，养老服务补贴对象34人，政府购买服务补贴对象164人，全年发放两项资金57.87万余元。

2016年，岭上乡桃源村老人在居家养老服务照料中心就餐 （民政局供稿）

【社会救助】 2016年，婺城区在册低保对象2692户3596人(其中城市499户、638人，农村2193户、2958人)，新增258户、353人，核销682户、1148人，全年共发放低保救助金1941.12万元，价格补贴66.13万元；加快推进申请救助家庭居民经济状况核对工作，对5688人次申请社会救助对象开展家庭经济状况核对；加大医疗救助力度，全区按人均15元筹集落实医疗救助资金，2016年救助23245人次，发放医疗救助金628万元；全区纳入重度残疾人基本生活补助金救助528人（城镇46人、农村482人），发放救助资金292万元；发放临时救助金118.6万元；出台残疾人两项补贴实施细则，保障我区困难残疾人的基本生活和重度残疾人长期照护困难，有3052人享受两项补贴，其中困难残疾人生活补贴840人，重度残疾人护理补贴2212人。

【救灾救济】 做好汛期的抗灾救灾工作，全区2016年因台风、洪涝等自然灾害造成86992人受灾，农作物受灾面积 4202公顷，倒塌房屋56间，直接经济损失 10387 万元。启动自然灾害救助应急响应，实行24小时值班和灾情零报告制度，准确做好灾情统计和灾后救助工作。加强避灾安置场所建设工作，全区有区级避灾安置场所1家；乡镇(街道)级避灾安置场所18家，覆盖率达100%；村(社区)级避灾安置场所228家，覆盖率达53%；各级避灾安置场所标识牌、指示牌设置率均达到100%。

【发放孤儿、困境儿童补助】 调整孤儿养育费发放标准,2016年,市区福利机构养育的孤儿基本生活费达到1505元/月,比上年增加122元/月,社会散居孤儿基本生活费905元/月,比上年增加70元/月,全年发放78名孤儿和困境儿童基本生活费80余万元。

【慈善活动】开展“2016年慈善温暖行动”,发放救助金48.9万元,开展春节走访慰问活动,临时救助(含慰问品和慰问金)总计5.56万元;全年发放慈善助学金27.6万元。

【优抚抚恤】做好重点优抚对象定补款发放及物价补贴发放工作,2016年发放定期补助款3200人次计1424.4万元,发放第一、第二季度物价补贴1816人次计19.96万元;下拨2015年度义务兵优待金616.08万元;2016年春节“三难”救助款55.1万元;下拨市区重点优抚对象和农村年满60周岁退伍军人2676人、慰问金80.12万元;做好2016年度一至六级残疾军人医疗保险参保及缴费工作,17人参保,缴费57.12万元;下拨“三难”补助款64.2万元;对市区重点优抚对象和农村年满60周岁退伍军人下拨慰问金2676人次金额80.28万元;通过政府购买服务,引导社会力量参与优抚服务,推广宣传城中街道西市街社区“爱心献功臣”公益创投项目,提升优抚对象荣誉感和幸福感,形成长效服务机制。

区民政局召开优抚服务社会化推进会暨业务培训会 (民政局供稿)

【双拥共建】开展春节、“八一”建军节慰问活动,区领导牵头慰问驻婺10家部队,发放慰问金60.5万元;下拨春节座谈会经费2.85万元,密切军地关系,增进军民鱼水情。同时,做好烈士公祭日活动,走访慰问8户烈士遗属,发放慰问金1.6万元。

【退伍安置】做好退役士兵接收安置工作,做好四类人员推介就业工作后续管理工作。

【城市农村社区建设】因地制宜,分批次组织城市社区、农村社区开展城乡社区对口见学活动,基本实现城乡社区全覆盖;开展城乡精品社区创建,完成乾西乡湖头村等8个精品社区创建;开展社区书记、主任培训,面向社会公开招聘20人社区专职工作者,加强社区队伍建设;不断巩固社区“三多”事项清理成果,减轻社区负担。

【村(居)民自治和民主管理】村(居)民自治和民主管理工作不断深化,积极开展“村规民约(社区公约)、家规家训”大讨论及征集评选活动,修订完善《婺城区村(居)务公开目录》。

【地名区划管理】2016年,开展地名区划管理工作,参与配合市地名办做好第二次全国地名补查工作;规范街、路命名和门牌设置工作;开展平安边界创建工作。

【殡葬管理】加强殡葬管理,深化殡葬改革,完成公墓“青山白化”整治市级任务3处,坟墓“青山白化”现象基本得到整治,改善全区生态环境;探索出台《金华市婺城区节地生态安葬奖补实施办法》。

【社会组织管理】实施社会组织统一社会信用代码制度改革,逐步开展“三证合一”换证工作;加强社会组织服务中心、社会组织培育孵化基地建设;推进婺城区党群服务中心建设;2016年,办理社会团体成立登记5家,变更登记3家,注销2家;民办非企业单位成立登记19家,变更登记11家,注销登记2家;共完成对92家社会团体、282家民办非企业单位的年检;做好社会组织党建工作。

【婚姻登记】2016年,办理结婚登记4655对,离婚登记2088对,补领结婚证1023对,补领离婚证170本,出具无婚姻登记记录证明7份。

【收养登记】严格做好收养登记工作,建立依法收养、登记的长效机制,杜绝违规和不合法的收养要求,保护收养人和被收养人的合法权益,2016

年办理收养登记26件。

【福利企业管理】全区现有福利企业12家，2016年注销1家，新增1家，安置残疾职工350余人；做好福利企业的资格认定及日常督查工作。

【老龄工作】2016年，全区60周岁以上老年人84913人，占全区总人口的22%，至年底，百岁以上老人13人；全年做证9370张，其中绿卡6137张、红卡3233张，历年来累计做证167149张，老人节慰问发放慰问款10万余元。

【水库移民后期扶持】做好移民后期扶持工作。完成大中型水库移民直补资金发放工作，全年发放直补资金1019万元，较好地稳定全区移民群体；出台《金华市婺城区水库移民专项资金扶持项目实施管理规定》，制定《金华市婺城区水库移民后期扶持"十三五"规划》，完善移民后期扶持工作机制。

（蒋晓怡）

2016年婺城区百岁寿星表

表10

序号	姓名	街道乡镇	行政区划	性别	民族	出生日期	年龄（周岁）
1	洪阿全	城东街道	八咏楼社区居委会	女	汉	1913年10月28日	103
2	黄岳友	城西街道	二七花园社区居委会	男	汉	1913年10月31日	103
3	周爱贞	城北街道	祝丰亭社区	女	汉	1915年2月21日	101
4	乐爱雪	城北街道	站前社区	女	汉	1915年3月15日	101
5	罗珠香	竹马乡	东宅村	女	汉	1915年4月18日	101
6	王秀英	新狮街道	柳湖花园社区	女	汉	1915年6月30日	101
7	李杭仙	城东街道	石榴巷106号	女	汉	1916年2月25日	100
8	于奶奶	城东街道	游园街8幢3单元101	女	汉	1916年5月30日	100
9	俞作铭	城中街道	八一北街397弄4-302	女	汉	1916年9月4日	100
10	刘汝惠	城东街道	胜利北街529-2-202	女	汉	1916年9月24日	100
11	虞奶奶	塔石乡	东店村	女	汉	1916年9月14日	100
12	杨介福	雅畈镇	雅处村	男	汉	1916年12月3日	100
13	许树良	新狮街道	高村高节街	男	汉	1916年12月18日	100

财政 税务

财 政

【概况】2016 年,婺城区实现生产总值 256.00 亿元,同比增长 6.1%。其中,第一产业增加值 13.05 亿元,增长 2.2 %;第二产业增加值 63.57 亿元,增长 1.9%;第三产业增加值 179.38 亿元,增长 7.9%。三次产业结构比为 5.1:24.8:70.1。全区人均生产总值 66560 元,增长 5.5%。城镇居民人均可支配收入 44503 元,增长 7.2%;农村居民人均可支配收入 19357 元,增长 8.0%。全区财政总收入 42.51 亿元,增长 14.2%,区级一般公共预算收入 10.79 亿元,增长 12.4%。一般公共预算支出 20.91 亿元,下降 14.4%,其中区级一般公共预算支出 11.73 亿元,增长 9.4%。当年财政收支平衡。

【组织财政收入】优化收入结构。一般公共预算收入占财政总收入比重为 25.4 %,一般公共预算收入中税收收入 8.74 亿元,占比 81.0%。强化经济税源调研。联合国、地税部门分析研判经济走势,把握税源变化趋势,分析各项利弊因素。加强收入动态管理。制定年度收入目标,细化组织收入预案,按月做好财税收入情况统计分析,关注收入变化趋势。掌握重点税源动态。加强对重点行业、重点企业、重点项目税源的监控分析,关注区域内出租房税收和建设工程类流动税源税收入库情况,杜绝税源流失。加强非税收入管理。开展行政事业性收费和基金收费项目清理,落实国有资源有偿使用制度,强化国有资产收益收缴。2016 年组织非税收入 2.05 亿元,增长 17.7%。

【保障民生支出】2016 年,民生支出 16.98 亿元,占一般公共预算支出比重为 81.2%。完善公共服务体系。投入教育经费 5.25 亿元,加大教育基础设施设备投入,提高特殊教育学校、寄宿制学校、职业教育学校生均公用经费标准。安排基层医疗卫生机构专项经费 2300 万元,推行分级诊疗、双向转诊,协调推进“双下沉,两提升”。安排城乡居民医疗保险、养老保险 5880 万元,民政事业费 3206 万元,残疾人保险专项经费 551 万元,居家养老服务专项经费 900 万元,健全社会保障体系。加大山区扶贫力度,到位帮扶资金 835 万元。统筹城乡发展。全年安排农林水支出 6.54 亿元,确定一事一议助推美丽乡村试点项目 12 个,投资总额 4154 万元,申报一事一议财政奖补项目 79 个,投资总额 5522 万元,改变乡村风貌。

【支持经济发展】落实财政扶持政策。健全财政激励奖补机制,2016 年,兑现各类奖补资金 6772 万元。贯彻落实减税降本政策,减轻企业负担 1.11 亿元。实施应急周转金制度,办理应急周转金 107 笔,周转金额 4.35 亿元,惠及企业 54 家。建立科技金融风险池基金。2016 年度获得贷款企业 6 家,累计贷款金额 960 万元,推出科技创新券,发放创新券 80 万元,使用率 100%。加大强农惠农力度。累计审核拨付各类农口资金 11.91 亿元。申报 2017 年度扶持村级集体经济发展项目 11 个,争取省级资金 2000 万元。

【推进财政改革】加强预算管理。加强预算指标管理，推进预算项目库建设。出台《婺城区部门结余结转资金管理办法》，收回两年以上单位结余资金2286万元。扩大预算绩效评价项目覆盖面，强化评价结果与预算编审结合，累计上报绩效目标项目505个，涉及金额17.72亿元。推进政府债务置换。2016年共置换政府债券20.56亿元，降低利息成本4962万元。深化统一公共支付平台应用。在银联、支付宝缴款基础上，新增手机政务网APP，实现“互联网+政务”服务新模式。通过政务网公共支付平台累计收取伙食费、义务教育阶段住宿费等2719万元。加快政府购买服务改革。2016年完成16个政府购买服务试点项目，实际购买金额1923万元，实现全部政府购买服务项目列入部门预算编制范围。

【加强财政监督】加强行政支出管控。全区财政“三公”经费支出合计1610万元，同比下降47.0%。推进预决算信息公开。规范预决算公开工作，明确预决算信息公开工作的范围、内容、公开形式等内容，部门公开比例达100%。强化监督检查。开展津贴补贴发放、财政资金使用、预决算公开、财政资金安全管理、差旅费标准执行情况等检查，严肃财经纪律。对全区195家行政事业单位开展资产清查。完成公务用车涉改车辆集中处置。规范和完善政府采购。全年采购预算金额1.44亿元，实际采购金额1.21亿元，节约资金2287万元，节约率为15.9%。加强政府投资项目预算审核。累计完成各类财政投资评审项目219个，净核减资金1.69亿元，核减率11.7%。

【加强队伍建设】开展“两学一做”学习教育，制定机关干部政治业务学习计划，举办各类培训班7个。加强党风廉政建设，落实“一岗双责”机制，定期开展廉政教育，强化考核奖惩机制和作风建设。强化财政内控管理，重点梳理政策制定、预算编制、预算执行，机关运转等财政改革风险点，通过流程再造，建立事前防范、事中控制、事后监督和纠正的机制。婺城区财政局连续五年获得区级岗位目标责任制考核先进单位。

（杨秀清）

税 务

国 税

【概况】2016年，婺城国税组织入库税收收入33.14亿元，同比增长40.65%。其中，增值税收入17.65亿元，增长48.83%，消费税入库9.8亿元，增长31.71%；企业所得税入库5.69亿元，增长33.54%。

2016年区国税局获得市国税局直属单位绩效考核优胜单位。

【税制改革】为打赢“营改增”最后一役，全局上下攻坚克难，抓早、抓细、抓实，不断细化工作机制，明确任务时间节点，确保“营改增”各项工作的稳步推进，完成试点纳税人信息移交4500余户。精心谋划，确保税制平稳过渡。成立“营改增”扩围工作领导小组，初步拟定试点推行方案，由法规科牵头，加强区局各科室职能整合，主动做好与地税部门的数据接收、整理，做好“营改增”企业的调研和分析测算工作，制定扎实有效的应急措施，确保改革稳步推进，落地有声。同时建立每日一会制度，解决日常工作中遇到的问题，时时掌握工作进度，保证营改增工作高效运转。保障人员，确保纳税人办税畅通。在婺城国地税联合办税厅设立6个业务受理窗口，由区国税局5位年轻干部组成小组轮流负责一线窗口的发票发放、发票开具、综合业务受理等具体业务。增设营改增专业咨询岗，建立“营改增”临时办税服务厅局长、科长两级每日值班制度，要求值班领导监督“营改增”日常工作，专职负责导税与“营改增”疑难解答等事项，提高纳税服务质效，有效处理突发事件。精准辅导，确保纳税人“懂政策、会开票、能申报”。为帮助企业掌握好增值税原理和营改增政策，让企业做好税收筹划，国地税联合对营改增纳税人进行了税收政策的培训辅导。对部分企业在实际操作中遇到的困难实行“一对一”“面对面”的政策辅导，当好纳税人的“帮手”，指导纳税人降低涉税风险，确保营改增试点纳税人会开票、能申报。严明纪律,确保责任落实到位。将“营改增”改革试点工作全程纳入组织绩效和个人绩效考核,对工作中加班加点、辛苦奋战在一线的税务干部予以相应鼓励,对工作落实不力、相互推诿导致改革工作落实不到位的,要严格追究问责;做到全员参与,强化示范带动,密切关注纳税人动态,努力实现税企良性互动,税制平稳顺利转换。

【税收管理】按照“精心落实税政,精准执行税政,精细管理税政”的思路,开展税收管理工作。深入推进依法行政。制定完善税务干部涉税服务和进户执法制度,对进户执法的范围、内容、程序等作了明确规定,从制度上保障规范进户执法工作的顺利实施。开展税收执法检查和执法督察,对督察中发现的 4 大类 12 项问题, 核实过错后责令相关过错责任人限时整改,予以一定的经济惩戒,强化对税收执法权的监督制约。不断夯实征管基础。圆满完成企业所得税核定征收工作, 严格按照规定的范围、标准确定企业所得税的征收方式,坚持审批“一把尺”。积极引导纳税人建账建制,改善经营管理、逐步向查账征收方式过渡,取得良好效果,完成 670 户,核定比率达 13.7%。开展非居民税收统计分析和反避税监控管理。按省、市局要求开展 2016 年非居民收入预测分析, 同时采取加强税收政策宣传,加大关联申报辅导,加强关联申报和同期资料数据审核,夯实基础数据,推进反避税监控管理。继续开展专项核查, 对砖瓦企业 2014 年度以电控税增值税结算,纳税人补缴增值税税款 20.3 万元,加收滞纳金 2.2 万元。做好税收资料调查工作,根据省局、市局的统一部署和要求开展税收资料调查数据的收集、录入、审核等工作,按时、按质、按量地完成 300 余户次纳税人的税收资料调查。持续深化风险管理。加强新办纳税人的信息核查,区局积极采取措施应对新办企业虚开增值税发票的风险,一方面提高警惕,注重交叉重复数据加工,着重加强一址多证,多证共用财务、相同联系电话等新办纳税人的核查和监控,另一方面细化发票风险管理,对纳税人尤其是商贸企业纳税人提出的发票领购申请详细了解情况,按需提供。同时,加强对涉税中介的提醒与辅导,发挥社会监督力量。全年发现疑点企业 49 户,办理发票监控,移送稽查 1 户。

【国地税合作】依托《国地税合作规范 2.0 版》《全国税收征管规范》,区国税局积极推进征管改革顺利实施,重点抓好“五个联合”。

联合制定规范。对现有的征管规章制度进行整合,共同制定《婺城区国、地税合作制度规范(试行)》,对国、地税合作事项进行了明确。此外,在区政府的支持下,成立了婺城区深化国税、地税征管体制改革领导小组,由财政、发改、市场监督管理等多部门共同参与协同推进。

联合加强国、地税数据核查。上半年,区国税局在日常管理中发现部分企业 2015 年国、地税申报的收入数据差额较大,存在少缴税款的现象。为防范风险, 区国税局筛选出 170 多户纳税人开展国、地税申报数据的比对与核查,发现不一致的疑点企业超过 10%,并及时要求问题企业立即整改纠正。同时,在“二七”区块拆迁工作上,国、地税共同开展协调拆迁户征收管理和纳税人所得税政策辅导工作。

建立联合办税大厅。5 月 1 日,国税窗口入驻地税正式成立婺城国地税联合办税服务厅,开展“进一家门,办两家事”的服务模式,互派业务骨干轮岗深入大厅,为纳税人提供业务咨询与辅导。年底,联合办税服务厅共有国税窗口 6 个,国税干部 8 人。

联合开展纳税信用等级评定。国、地税对 7975 户纳税人进行了认真细致的比对评价,评选出 A 级纳税人 545 户,B 级纳税人 2077 户,并对 A、B 级纳税人实行取消增值税专用发票认证,改用网上抵扣的方式, 极大地减轻了纳税人发票认证工作量,实现用“信用”谋“福利”。

联合开展纳税人培训宣传。借助“营改增”税制转换、“万民党员进万企”以及纳税人满意度调查等工作开展,婺城国、地税加强合作,共同举办纳税人培训 7 场,参训纳税人近 3000 人次;共同走访纳税人 1500 户,送政策送服务。

【纳税服务】全局始终将提高纳税人满意度、提升纳税服务水平作为工作目标,不断创新纳税服务工作举措,抓好“四个注重”。

注重优惠政策的落实。一方面,严格落实税收政策。对 16 户福利企业和 7 户资源综合利用企业开展减免税核查,确保享受优惠政策真实性和合法性。高效办理出口退税,获纳税人“想纳税人所想,急纳税人所急”锦旗点赞,全年审批退税3.6亿元。为纳税人办理出口延期申报和进料加工核销,办理5167户次。另一方面,不折不扣落实税收优惠。在增值税优惠政策方面,全年办理资源综合利用即征即退10户、794万元,办理福利企业退税23户、1738万元,办理软件企业优惠6户、91.5万元。所得税优惠政策方面,认定高新技术企业7户优惠税款2117万元,享受加计扣除企业19户优惠933.6万元,享受小微企业所得税优惠1035户,减免税额577万元,软件企业2户享受优惠12.1元。支持企业发展,让纳税人享受到了税收优惠的“真金白银”。

注重服务的针对性。加强与婺城地税的沟通合作,相互取长补短,有针对性的优化服务,提升纳税人满意度。制定详细的纳税人满意度实施方案,以获得纳税人认同感为出发点,将满意度管理贯穿于日常各项税收工作,切实增强全体干部职工的责任感。结合纳税人培训辅导、税收调查分析等持续展开满意度管理,发挥业务科室牵头作用。按照时间进度有序实施纳税人沟通计划,采取电话、实地走访、培训、座谈会等多种方式倾听纳税人服务诉求、收集工作意见建议,建立日常沟通与专项沟通常态化机制。掌握纳税人实际生产经营基本信息,认真做好相关人员联系方式的信息核对。落实专人专岗统一登记走访沟通相关工作台账,认真分析纳税人提出的需求和意见,研究解决办法和改进措施。宣传满意度调查工作目的与意义,争取纳税人的理解和支持。

注重服务的创新性。建立营改增金融保险业、生活服务业、房地产业和建筑安装业微信群,向试点纳税人宣传营改增相关政策,解答实际操作中的疑难和问题。此外,在营改增微信群的基础上按片区按类别增设微信群7个,11个微信群累计拥有“税粉”近千人。答疑解惑快速便捷,微信群日均累计在线回复答疑20多个,有效减少了纳税人电话咨询、上门咨询次数。同时,税企微信群也成为了纳税人相互沟通交流,相互咨询答疑的平台。区局还研究制定微信群管理维护制度,每个群由各税源科科长主要负责,安排一名年轻干部时时跟踪管理,做好微信群的日常维护。

注重服务的广泛性。在第25个税法宣传月,紧扣“聚焦营改增试点 助力供给侧改革”主题,将税法宣传活动延伸进乡镇。全局在蒋堂镇设立专门的营改增宣传阵地,制作税法宣传展板,将营改增的一些日常知识、办税指南等通过生动有趣的方式告知纳税人,让广大群众近距离接触营改增这一历史性的税收改革大业。通过发放宣传资料、走访企业、召开纳税人培训会等多种形式,扩大政策宣传面,让广大纳税人应知尽知,优惠政策应享尽享。

【队伍建设】按照“认领责任、勇于担当、清正廉洁”的干部队伍建设思路,重点抓了“三大建设”。

党组织建设。加强基层党建。每月组织1次党组中心组学习活动,准备学习材料,做好学习活动记录。每月开展1次支部学习活动,围绕中心组学习内容,促进党员干部互动,推动全员性学习。自8月29日起每周一组织党员“夜学”活动,利用8小时之外的时间,重温传统,学习知识,充实内心,提升自我。继续组织党员参加金华市创卫活动,开展党员上街执勤,劝导群众安全出行,维护正常交通秩序。加强党建阵地建设。为推进党建示范点建设,全局重新设计布置党建阵地,内容设置做到“十上墙”。同时,全局在党员活动室购置书架报夹,增添《平易近人》《党建》等书籍,供党员借阅。加强“两学一做”学习教育。“四个突出”做细做实做好“两学一做”学习教育活动。突出领导带头。带头学、带头做、带头讲党课、带头改进作风,带头学习讨论,做学习教育的推动者。全局党组中心组已组织学习12次。在营改增、金三上线工作中,无论是加班加点还是艰苦工作,领导和党员干部都干在一线。在执法督查工作中,领导也带头表态,发挥共产党员的先锋模范作用。突出常态推进。各支部配发了学习资料和党章党纪,并规定篇目周周学,通过婺城国税党建群每周发布“两学一做”有关内容,党员坚持个人自学与集中学习相结合,逐字逐句学原文。开展党员手抄党章100天,鼓励党员用心学用心悟。突出学做结合。以全面落实营改增检验“两学一做”学习教育成效,在营改增推进过程中,发挥党员干部的先锋模范作用，加班加点做好每项营改增工作。突出典型示范。树立典型形象，通过宣传营改增等重大工作先进典型，让党员干部学有榜样，赶有目标，做有动力，以点带面，促进学习教育均衡开展、整体推进。

队伍活力建设。规范制度建设。2016 年，全局先后修订完善《“8890”阅办单工作制度》《公益性活动值班制度》《工作纪律和请销假管理办法》《保密工作制度》《进户办理涉税事项管理办法》等近 10 个内部管理制度规范，实现全方位立体式按制度办事、靠制度管人的机制。加大纪律检查力度。严格按照区国税局《工作纪律和请销假管理办法》要求，不定期由监察科室人员对区局全体干部职工的工作纪律开展抽查，对违反工作纪律和请销假管理办法的科室和干部进行警告提醒，将有关情况计入区局组织绩效和个人绩效管理。

党风廉政建设。严格落实“两个责任”。继续主动适应从严治党新常态，围绕监督、执纪、问责，深化转职能、转方式、转作风，切实落实“两个责任”，加强党风廉政建设。继续落实党组的主体责任、纪检监察部门的监督责任，认真履行“一岗双责”。层层签订廉洁自律责任书，避免“一张药方治百病”，使党风廉政建设责任制全面落实。

【绩效管理】按照“服务领导、服务机关、服务基层、服务中心工作”的思路，主要从两方面着手开展工作。

绩效管理深入推进。坚持两个绩效并重，将组织绩效和个人绩效结合起来一起抓，做到相互融合、相互促进。立规矩，健全绩效制度。年初，全局组织召开了 2 次绩效讨论会，研究制定区局绩效管理 4.0 版的实施细则、考评规则，全局个人绩效考评细则等制度，2 月，按时下发制度文件。提质效，优化绩效指标。将年度确定的重点工作任务纳入绩效指标，以重点工作落实带动全局工作推进。5 月，区国税局调整营改增绩效相关指标，细化原有项目并提高相应分值。在半年度绩效讲评中，绩效办在收集、整理各科室负责人的意见建议后，对区局绩效考评细则进行了修订完善。严管理，强化绩效考评。4 月，全局开展全员绩效培训。10 月，由分管局领导讲解了绩效考评细则，推动全局的绩效文化建设，提升全体干部对绩效工作的认识。通过绩效管理系统，全局实行痕迹化管理，按月、按季开展日常考评。每季度结束后及时召开绩效讲评会议，分析讲评当期绩效管理和日常工作推进情况，为提升组织绩效打下坚实基础。

政务运行高效有序。统筹安排大厅值班、信访接待、节假日值班、办文办会等。开展各类培训。2016 年上半年开展干部职工教育培训两次，有针对性地提升干部职工业务能力。财务管理严格规范。2016 年，财务管理下放至区局，结合实际工作，区局制定了相应的财务管理办法，建章立制，建立健全内部管理制度，实现财务管理全覆盖。开展“严肃财经纪律年”活动，加强财经纪律的学习教育，增强依法理财的意识。规范预算管理，认真编制全年财务预算，做到无预算不列支，杜绝乱花钱、突击开支等行为。加强“三公”经费和会议费管理。完成区国税局各类账务的自查工作，对自查发现的问题制定有针对性的整改措施，经党组会讨论通过，落实整改。建立健全人事管理系统。加强区国税局的人事管理工作，及时开展各类人事数据的收集、校核、补录工作，不断完善人事系统相关数据。 （王佳杰）

地　税

【概况】2016 年，婺城税务分局累计组织各项税费收入 32.55 亿元，同比增长 13.3%。其中，税收收入 14.90 亿元，同比增长 7.7%；社保基金入库 15.56 亿元，同比增长 19.8%。

【创新“地税小微”服务品牌建设】2016 年，婺城税务分局深入推进“掌上互联网+便民办税”服务改革，打造便民办税新品牌，创建全省首个微税务矩阵平台：地税小微，建立 22 个微信群，覆盖企业近 4000 户，实现让纳税人多走“网路”、少走“马路”的改革初衷。由 10 名年轻税务干部和 20 名志愿者组成的“地税小微”发布咨询 4000 多条，回答问题 12000 多个。2016 年 12 月，金华市地税局调查的活跃度排名前 10 微信群中,“地税小微”群占据 7 席。2016 年 8 月 2 日,《中国税务报》对“地税小微”在全国范围内进行宣传和推广。“地税小微”已经成为税务亲商行动、宣传税收政策、在线回答问题、解决办税难题的重要交流平台,被人民网、新华社等国内多家重要媒体进行转载。在降成本、营改增、纳税人满意度调查、“金税三期”推广应用等工作中发挥了较大作用。

【“无欠税片区”争创活动成效显著】“无欠税片区”争创活动是婺城税务分局抓好欠税清理、防范执法风险、调动税务干部工作积极性的一项重要举措,是分局长期化、制度化的一项重要工作,是提升工作效率和形象的重要手段。婺城税务分局制定并完善《分局“无欠税片区”争创活动考评办法》,将日常欠税清理工作与考评奖惩相结合,形成相互学习、良性竞争、自我提升的良好氛围。开展“无欠税片区”争创活动以来,2016 年清缴欠税 9300 余万元,单户最大清缴达 4300 余万元。

【“营改增”专项工作攻坚克难】为做好“营改增”试点的全面推广工作,婺城税务分局全体干部投入“营改增”攻坚战。涉及 5702 户“营改增”纳税人,其中建筑业 718 户,房地产业 329 户,金融业 113 户,生活服务业 4145 户,其他行业 397 户,预计减税 2.72 亿元。分局与国税相配合,创新合作形式、拓展合作领域,开启合作办税新起点,分局 19 个办税窗口中,国税窗口 6 个,纳税人大部分业务只要在大厅就能办结,真正实现“进一家门,办两家事”。

【为“金税三期”上线保驾护航】婺城税务分局制定《“金税三期优化版”推广上线工作任务分解表》,专门成立数据清理中心,专人专岗,负责方案的制定、上下联动协调、任务接收分解、数据汇总上报及日常进度监督等工作。与国税部门联合办公集中清理,国、地税完成 10 余批数据清理,清理数据记录 18 余万条,为“金三”上线夯实数据基础。成立“金三”应急服务小组,对代征点进行安装新申报软件培训,对企业特供“一对一、心贴心”优质上门服务,尽最大努力将因新旧系统转换给纳税人造成的不便降到最低。2016 年,分局在“金三系统”办理各类业务 15550 笔。

【满意度调查取得佳绩】婺城税务分局仔细对照省地税局纳服报告,进行自我检查,寻找短板,汇总原因。针对问题,制定以“真心诚意优服务、互帮互助解难题”为主题的活动方案,成立 19 个组、40 人参与满意度调查工作。先后召开 5 次班子会议,7 次全局动员会,研究部署满意度调查工作,排出共 26 大项 43 小项的工作,将责任落实到科室和个人。分局先后 5 批开展大走访活动,累计走访企业 2500 余户次,电话回访 1 万户次。（王圣昕）

劳动人事和社会保障

【概况】 2016年,面对错综复杂的宏观环境和艰巨繁重的民生发展任务,区人力社保工作按照“保障民生、促进发展”要求,着力强人才、保民生、促和谐,凝心聚力抓落实,较好完成全年任务,为“走在前列、共建金华”提供了有力的人才支撑和民生保障。

【人事招聘】 2016年,招录公务员54人(含选调生村干部3人),事业单位公开招聘236人,事业单位招考首次实现网上报名。

【人事制度改革】 2016年,191家事业单位实现岗位设置管理。落实卫生高级专业技术职务评聘制度改革,成立卫生中级专业技术资格评审委员会,遴选出40名优秀的高级卫计专业技术人才,组成评审推荐委员会成员专家库。深入推进中小学教师职称制度改革,完成全区中小学教师3536人职称制度改革人员过渡工作。结合全区实际,建立与事业单位岗位聘用制度相衔接中小学教师职称评审制度。

【“三龄两历”档案审核】 2016年,开展全区248名参公管理人员档案审核工作。根据干部档案专项审核工作的政策规定,已审并进行全部归档完毕44人,剩余人员还在收集欠缺材料过程中。

【权力清单和责任清单工作】 将两张清单工作列入年度考核,实现权力清单、责任清单向乡镇(街道)的延伸。组织开展没有法律法规依据权力事项的交叉清理工作。及时督促13家部门(单位)对清理后发现的没有法律法规依据权力事项予以调整、完善或取消。

【招才引智】 2016年,入选国家“千人计划”2人,省“千人计划”5人,市“双龙计划”人才3人。组织万里扬博士后工作站博士进站开题评审,成功设立中科正方企业博士后工作站。建立人才工作服务企业长效机制,实现专家联系服务企业精准对接,全区已有3家企业与省级专家成功对接。组织企业赴外省参加招聘对接活动十余次,提供就业岗位3600多个,达成就业意向4500人。贯彻落实人才住房保障、家属安置等政策,全方位做好人才服务,已完成住房保障申请45人。

【促进就业】 2016年,城镇新增就业人数4201人,失业人员实现再就业人数1807人,其中就业困难人员再就业153人,失业登记率2.87%,远低于4%控制红线。开展就业帮扶工作,提前完成每户帮扶对象至少1人实现就业的基本目标,成功帮扶低收入农户就业61人。深入开展农村公益性岗位开发,完成就业困难人员实行本地就业托底安置194人。

【电商培训】 做好农村电商培训,邀请省就业局组织部分专家学者到婺城区实地考察交流,举办农村电商讲座,推广发展本土化农村电商经营模式。扶持青创工场建设。婺城区已建成包含金华电子商务创业园、浙中信息产业园新华园区、金华市三分田农村电商创业园以及金华CRC文化创意园在内的四家青创工场,可提供免费创业工位335个。

【劳动监察执法】 创新用工监管模式,探索推行劳动者实名制工资支付银行卡,落实银行代发工资制度,将工资直接发放给劳动者本人,从源头上解决拖欠或者克扣劳动者工资问题。2016年受理接待举报投诉各类案件451起,涉及职工2844人,涉案金额达6375.5万余元。参与处理突发事件16起,参与110联动处理案件36起。行政执法能力显著提升,行政执法人员持证率达 89%。

【劳动争议调处】 2016 年,制定并公开劳动仲裁“七项制度”,实现“四大公开”,缩短办案程序,提高办案效率。2016 年,受理劳动仲裁案件 453 件,涉及人数 581 人, 结案率 96.2%。联调中心受理案件 782 件,涉及人数 911 人,调解率 85%。成立法律援助工作站,实现咨询、代理、调解、仲裁“四位一体”的无缝对接。开展基层调解员培训,基层调解组织实现乡镇(街道)全覆盖,规模以上已建工会企业劳动争议调解组织组建率达 100%。

【城乡居民基本养老保险】 2016 年,累计发放居保养老金 39.5 万人次,各类金额 6387.96 万元。其中基础养老金 4751.4 万元, 高龄补贴 193.89 万元, 丧葬费 1178 人次,金额 281.06 万元。办理缴费档次变更审核 870 人,到龄人员一次性补缴 2368 人。

【城乡居民基本医疗保险】 2016 年,城乡居民医保参保人数为 15.61 万人(不含学生),参保率为 97.2%。大额医保购买人数 3.47 万人,购买率 21.7%,购买份数 3.97 万份, 大额医保收缴基金 397 万元。学生参保人数 45122 人,参保率 100%。住院基本补偿率达到 55.56%,统筹区域内政策范围内住院补偿率达到 75% 。

【被征地农民基本生活保障】 2016 年,被征地农民养老待遇由 353 元/月提高到 399 元/月, 发放被征地保障金 11592 人次。做好被征地农民即征即保,稳妥处理被征地农民历史遗留问题,落实被征地农民历史遗留参保指标 8815 人。

(罗齐梅)

城乡建设

建筑业

【概况】婺城区有各类建筑业企业101家,其中一级企业11家,二、三级资质企业60家,园林绿化企业30家。完善建设工程质量安全监督检查制度,开展建设工程质量治理两年行动、"区级标化工地、优质工程"创建活动,2016年受监项目145个,报建工程项目质量、安全受监率100%,没有发生质量、安全事故。每季度开展建筑工地质量安全综合大检查,同时加强日常巡查,进行质量监督交底52次、安全监督交底52次,发出质量监督意见书295份、安全监督意见书439份,办理塔吊、人货电梯、物料提升机、高处作业吊篮使用登记86台次。加强建筑工地扬尘治理,确保按要求达到7个100%。完成市级施工安全文明标准化工地7个,主城区内争创县级以上施工安全文明标准化工地占全部在建工地的比例80%(其中房屋建筑工程100%),非主城区占比例50%;完成市级绿色施工工地2个。

区政建设

【概况】婺城区新城区规划总面积22.7平方千米,包括临江工业分区和行政服务中心区块,其中行政服务中心区块是婺城区新的政治、经济、商业中心,临江工业区以工业为主。

【区政设施】2016年,完成四眼井、马路里、警民巷、朝官巷、常乐巷、花锦巷、天柱巷、文昌巷、花塘巷、道南街、府上街(人民东路以北段)、府上街、石榴巷、春苗巷、青松巷、绿竹巷、太阳城无名巷17条背街小巷改造,总长度4724米。

围绕通园溪和回溪的治理,开展撤村建居改善社区市政设施,实施新狮街的道康村、车头、道院塘、十里牌楼、方井头、后垅、五一、高村(新增)、勤俭(新增)共9个社区。康村、车头、十里牌楼、方井头、五一、后垅、道院塘的改造工作已基本完成;高村和勤俭社区因启动较晚,勤俭社区已完成前期招标工作,准备进场施工。

公用事业

【供水与节水】完成屋顶集雨系统110处,完成"一户一表"改造447户,完成节水型器具改造1350套。

【污水处理】推进城西片截污纳管工程,截污纳管全面提速。黄湖路污水干管、金华江北岸污水干管、金华江北岸东延污水干管、竹马截污干管工程、长湖截污干管工程都已完工,铺设管网达27千米。蒋堂、琅琊镇污水处理厂一级A提标改造项目主体工程基本完工。新成立区污水治理设施运行维护管理站,印发《婺城区农村生活污水治理设施运行维护管理工作绩效考核办法》和《婺城区农村生活污水治理设施运维移交复查办法》,落实2017年运维资金预算安排。完成第三方运维管理单位公开招投标,与农办、乡镇、村和第三方运维单位一起,完成部分污水设施的前期移交工作,协调做好移交项目问题整改,落实问题整改清单、移交清单。完善区、乡镇、第三方运维单位各项运维管理制度建设,促进运维工作规范化管理。

【燃气管理】婺城区范围(不含市开发区)现有瓶装液化石油气经营网点18家,其中一级站1家、二级站4家、三级站12家、公司直属站1家。严格落实瓶装液化气销售实名制登记,实行“统一持证上岗、统一着装、统一运输车辆标识”。完善《燃气安全事故应急救援预案》,组织学习培训3次,加强燃气安全使用宣传力度,开展燃气安全网格化排查,配合市建设局及乡镇街道开展网格化入户排查,发放燃气安全宣教材料3万份。每季度进行一次全面的安全大检查,发现问题立即整改,对违规经营的站点坚决进行查处或取缔,确保瓶装液化气经营网点规范运行。

【环境卫生工作】2016年,婺城区城区生活垃圾分类覆盖面达到65%(含)以上,其中各类中小学校、幼儿园、民办培训机构要达到85%(含)以上,住宅小区要达到60%(含)以上,机关事业单位国有企业要达到85%(含)以上。2016年有75所幼儿园、14家机关事业单位和国有企业、49个住宅小区,以及2个智能化垃圾分类小区列入垃圾分类实施计划。采购主入口宣传栏143块,绿地等小宣传牌413块,印发垃圾分类手册20387册,张贴楼道宣传画3219张,采购室外分类垃圾桶1057只,中型分类垃圾桶14只,户用分类垃圾桶17914只,户用垃圾袋213万只,智能化分类小区2个,合计采购资金442.44万元。各集镇分别采取委托清运、分片清运等形式处置农村生活垃圾,集中清运垃圾约6万吨,实现农村生活垃圾集中清运覆盖率100%,无害化处理率96%。

【小城镇建设】2016年,启动5个城中村改造项目,包括东郊二期、上浮桥社区、洪源社区、五星后地、乾西乡湖头村,2016年全部完成基础资料调查和规划方案制定工作,完成勤俭一期、西郊一期、上浮桥下沿3个续建项目的各项工作。完成5项棚户区改造安置项目,分别是湖头一期(西湖区块),户数356户、920人;上浮桥一期(奶牛场区块),289户、632人;东郊二期,222户、574人;西郊一期,306户、598人;勤俭一期,215户、587人。

园林绿化

【概况】2016年,完成临江西路紫薇花和灌木的修剪及紫金南街和宾虹路上红檵木的修剪工作。以科学管养为原则,对新城区范围内道路绿化以及中轴景观公园进行春季修剪除草,防虫治虫施肥。对中轴景观公园进行绿化改造以及公园设施的修缮工作,改良雷迪森旁空地的土质,并种植红花檵木、金针女森等植物;修缮公园厕所、地下通道、公园过道等设施,制作多块公园导向牌,对公园内的损坏的灯具进行更换,对公园内裸露地表进行补种麦冬草,补种面积约1万平方米。

莘畈完成绿道6千米,琅琊完成绿道建设约2千米。全区上报绿化资质9家,办理变更、注销、新增人员27次。

(李　敬)

旅 游

【概况】2016年,婺城区接待游客305.47万人次,同比增长42%,实现旅游收入28亿元,同比增长45%。

婺城区有省级旅游度假区1个,AAA级旅游景区1个,市级风景名胜区1个;区属旅行社6家,其中四星级1家(浙江金华大唐国际旅行社有限公司),3星级1家(金华美好假期旅行社有限公司);星级饭店3家,市旅游推荐饭店1家(金华市伟达·雷迪森广场酒店);省级特色旅游村(点)6家。

6月,婺城区旅游局结合旅游经济发展现状,对《中共金华市婺城区委、金华市婺城区人民政府关于加快旅游业发展的若干意见》(婺区委〔2013〕4号)文件进行细化,联合区财政局制定下发《婺城区旅游发展专项资金管理办法》(金婺旅〔2016〕17号)。《办法》分4个部分、12条,明确提出旅游专项资金适用范围和补助标准、资金管理制度、监督检查制度等,以加强和规范婺城区旅游发展专项资金管理,促进休闲旅游业发展。

【体制调整】2016年6月16日,召开仙源湖旅游度假区体制调整大会,仙源湖管委会与安地镇政府实施"区镇合并、合署办公"。根据体制调整等文件精神,合并以后,确定5位安地镇党委委员兼任仙源湖党工委委员,管委会"一办两局"也进行人员充实。张璞副区长任中共金华仙源湖旅游度假区工作委员会委员、书记。

【入境旅游】2016年,接待入境游客2.27万人次,同比增长610%,旅游收入553.46万美元,同比下降59.85%。

【国内旅游】2016年,接待国内游客303.2万人次,同比增长41%;旅游收入27.77亿元,同比增长44%。

【假日旅游】2016年,婺城区假日旅游呈现较好发展态势。元旦接待游客4.16万人次,实现旅游收入146.1万元。春节黄金周接待游客6.4万人次,实现旅游收入5858万元,同比增长105%。"五一"节假日接待游客12.48万人次,同比增长21.3%;实现旅游收入1.14亿元,同比增长21%。"十一"黄金周接待游客20.5万人次,同比增长44.5%;实现旅游收入1.88亿元,同比增长44.5%。

【旅游规划】2016年8月10日,组织召开《婺城区旅游业发展总体规划》和《婺城区旅游业发展"十三五"规划》方案评审会,两个规划通过评审。参与塔石乡沿线风景线规划、莘畈乡规划、仙源湖旅游度假区扩容(总规)方案等规划评审会。

【景区建设】仙源湖旅游度假区建成双溪桥、仙源山养生文化园、桂花山庄等旅游配套设施。完成9个村9.02公顷土地的征用丈量评估工作,规划岩头村和黄桑园温州铺自然村精品民宿试点项目;金安大道提档改造涉及拆迁房屋顺利完成评估。

金华市水上运动中心项目一期投入资金2亿元以上,2016年1–12月完成投资9181万元,接待中心和快捷酒店2万余平方米土建结顶,进入装修阶段;温泉井打到1600米,打出3个出水带;9月底实施停车场平整。项目二期4.844公顷用地于4月出让,已完成前期开工建设准备。

浙中乐园通过种植夏秋两季百亩花海,推出为期一个月的花海灯光节,增加土灶自烧、骑马、室外婚礼等项目,以错位竞争提高市场竞争力,全年接待游客23.5万人次,同比增长103%。

金华农耕文化园完成一期投资2805万元,建成农耕体验区、田园采摘、儿童游乐区、户外露营区等区块。5月初开园至年底,接待游客6万多人次。水上高尔夫荣获省级运动休闲旅游优秀项目,成为市区多个学校的农耕文化体验教育基地。

白鹭园生态文化园建成紫薇园、兰花园、佛手园、火龙果、铁皮石斛等66.66公顷精品园基地。

向阳农场二期项目实际投资500余万元。建成青少年课外体验教育园、垂钓、餐饮、户外拓展、蔬果采摘、水上娱乐等区块,完成入口门楼和景观提升改造。

神农生态旅游休闲养老中心实际投资4000余万元,建成休闲服务中心、餐饮区、小木屋等。

雅畈婺窑小镇投入近2000万元对历史文化街区进行保护和修缮,建设汉灶村金华婺州窑产品基地、展示馆和陶艺体验馆。

梦幻白沙琅琊镇建设白沙溪两廊滨水风光带,建成秀美南山风景线;举办“知名作家走读白沙”“美在白沙溪”等系列活动,梦幻白沙风情小镇初具规模。

【基础设施】 2016年完善景区软硬件建设,推动景区提档升级。6月2日,区旅游局召开旅游厕所建设反馈会。对金华动物园、向阳农场、杜鹃王国等16处旅游厕所进行验收。AAA级旅游景区金华动物园建设完成2处旅游厕所、5个休息亭和景区绿化景观提升工程;琅琊镇建成琅峰山风景区环山游步道;浙中绿道(婺城新城区段)完成招投标。建成塔石乡旅游标识系统,完善雅畈镇旅游交通标识牌;塔石乡余仓村、莘畈乡大立元村、安地镇喻斯村等5处免费WiFi建成并投入使用。

【乡村旅游】 2016年,婺城乡村旅游全年接待游客56.68万人次,同比增长65.85%;实现旅游收入2328.34万元,同比增长41%。

乡村民宿游、农耕体验游等业态起步扎实。指导已创建的小同村等6个省特色旅游村(旅游特色经营点)规范经营,完善旅游基础接待设施,推动乡村旅游提升旅游接待能力。因地制宜,积极培育塔石乡、安地镇、莘畈乡、箬阳乡、雅畈镇等乡镇发展乡村旅游,培育以塔石垅、安地垅为重点的乡村旅游集群。其中,塔石乡依托高山梯田资源在余仓、塘头、塔石、小埠口等村开发乡村旅游,全乡发展农家乐和民宿21家,床位252张,餐位近2000个,基本形成“小埠口休闲—塘头孝道—塔石集镇—余仓飞瀑—岭边梯田”旅游主轴带;安地镇小同村发展民宿12家,床位248张,项村、喻斯等村乡村旅游发展势头良好;莘畈乡发展民宿5家,床位205张;箬阳乡琴坛村发展民宿19家,床位165张,全年接待游客10万人次,其中住宿游客1.5万人次。

8月16日,安地镇上千口村和箬阳乡琴坛村2家民宿经营户参加全市首届名小吃比赛,上和口村桂花糕获大赛铜奖,区旅游局获团体三等奖

(区旅游局供稿)

通过组织乡村旅游管理者和经营者外出学习,开展专题培训和“送教下乡”活动,组织参加各项技能比赛,提升乡村旅游经营理念和服务水平。8月,在金华市首届名小吃大奖赛中,区旅游局获得团体三等奖,上千口桂花糕获大赛铜奖。

【宣传促销】 2016年通过举办形式多样的惠民活动、组团参加各级旅游展会、加大旅游网站和微信平台建设力度、加强媒体推广等方式,扩大婺城旅游市场,婺城旅游的知名度和美誉度进一步提升。

3月21—23日,组织大唐、君悦旅行社赴舟山、宁波等地参加2016年金华旅游(休养)产品浙江推广周活动,参加杭州西湖银泰城“金华旅游嘉年华”推介专场活动;6月2—5日,组织塔石乡、莘畈乡、箬阳乡琴坛村、大唐旅行社参加浙江(上海)旅游交易会;8月23—25日,组织大婺乡商贸有限公司赴广州参加“一味相承”2016金华旅游推介会;10月18—21日,组织伟达·雷迪森广场酒店赴苏、锡、常三地参加“惠行高铁时代,畅游魅力金华”推介会;11月10—13日,组织伟达·雷迪森广场酒店、六合大酒店参加中国国际旅游交易会(上海)。发放大量的宣传资料及免费、优惠门票,拓展江、浙、沪、粤旅游市场。

6—11月,区旅游局先后策划开展4期旅游惠民活动,通过抽奖、定向发放等方式向游客发放价值10万元的婺城旅游惠民券,为安地、莘畈、塔石、箬阳等6个乡镇的4个景区(点)、4个乡村民宿集中村和11家农家乐带去客源,助推浙中乐园花海灯光节,惠民富民成效明显,有效拉动婺城旅游的人气。

区旅游局加强全媒体宣传,打造旅游品牌。依托节庆,加强传统媒体宣传力度。先后在《金华日报》推出婺城区“过大年”、春季、夏季、秋季、冬季旅游线路;在《今日婺城》做了“来婺城过大年”等4个整版宣传。创建婺城旅游官方微信平台。1月,婺城旅游官方微信平台开通,先后策划推出婺城十大最美春景评选等系列活动,婺城旅游官方微信订阅用户达2万余人。利用省、市级平台诗音画结合专题推广。2月,婺城区组织参加金华市旅游微创作大赛的3件作品包揽H5类前3名,由区旅游局创作的《塔石:有人住在画里》获第二名,阅读量达22万次;6月,区旅游局提供11篇量身定做的诗文,通过浙江新闻客户端“晚安金华”诗歌朗诵节目对婺城乡村旅游开展集中宣传,平台阅读量累计达15.7万次。

【行业管理】2016年,区属旅行社6家(浙江金华大唐国际旅行社有限公司、金华美好假期旅行社有限公司、金华市欢乐假期旅行社有限责任公司、金华市仙源湖旅行社有限公司、金华君悦旅行社有限公司、金华市山海印象旅行社有限公司)。浙江金华大唐国际旅行社取得经营出境旅游业务的合法资质。

10月18日,组织嘉恒宾馆、伟达·雷迪森广场酒店到东阳市横店影视城明清宫苑景区参加金华市首届十大饭店招牌菜大赛,区旅游局获团体三等奖。

11月9日,嘉恒宾馆举办消防安全知识培训,提高员工的消防安全意识。

【旅游安全】2016年初,区旅游局与各旅游企业签订《旅游行业安全生产管理目标责任书》《消防安全监管工作责任书》和《社会管理综合治理和维护社会稳定目标管理责任书》。

区旅游局等部门每季度组织开展安全隐患及矛盾纠纷排查活动,在重要节假日、G20杭州峰会等特殊时间节点加强安全监管工作力度。区旅游局全年联合消防、质监等部门对金华动物园等景区(点)、星级宾馆、旅行社开展了12次安全隐患排查,重点检查消防器材、警示标识、特种设备及安全生产台账,对各旅游企业的安全生产管理情况和市场经营情况进行检查监督。

通过组织各旅游企业参加全区旅游行业安全工作会议、职工培训、安全应急演练等做好安全生产及相关宣传工作,保障旅游接待安全有序。

依法规范、及时处理旅游投诉6件。

【节会活动】婺城区委、区政府依托丰富的茶花、杜鹃、桂花等花卉产业资源,以“山花烂漫·美丽婺城”为活动主题,分头在各乡镇开展贯穿婺城“山花节”,推动竹马山茶花、雅畈杜鹃花、安地桂花产业与旅游业的融合发展。3月10日,“山花烂漫·美丽婺城”系列活动暨婺城区第七届茶花节在竹马乡下张家村开幕,大批茶花爱好者及苗木商从全国各地纷至沓来,共赴茶花盛宴;4月1日,第十一届三月三民俗文化节在塔石乡上塔石村休闲小广场隆重举行,正式开启2016年塔石旅游大幕;9月29日,第八届金华仙源湖桂花节在安地镇水上运动中心开幕,主题为“仙源湖畔桂花香”。

(罗昕雯)

交通 运输

【概况】 2016年，婺城区交通运输局认真谋划大项目建设，推进工程建设，规范运输行业管理，加强交通队伍建设，以铁军要求筑拱全区社会经济的增长。330国道婺城段改建工程完成，汤莘公路全线通车，330国道平改立项目开工建设，衢江婺城段航运开发项目进入建设高潮，同时，“两路两侧”专项环境整治强势推进，“五水共治”、“ 三改一拆”、应急抢险坚守一线，保持交通运输事业稳中有进、稳中向好的良好发展局面。2016年，区交通运输局蝉联市交通运输局优秀单位，婺城区委、区政府先进集体。

【中心工作】 “整治环境、靓化金华”行动开展以来，区委、区政府把整治任务交由交通运输局牵头，交通运输局迅速行动、全面落实，取得阶段性成效，全区各乡镇（街道）已完成整治826处，投入1022.889万元，其中省、市交办的第一阶段109个整治任务已全部完成；区交办的377处问题也已全部整治完成，第二阶段已完成省市交办两高整治任务22处。竹马乡和新狮街道被评为全市“两路两侧”十佳乡镇。

2016年承办人大建议26件，政协提案15件。交办会召开后，区交通运输局立即启动办理工作，组建工作班子，对41件建议、提案的内容逐件进行认真分析，确定牵头领导和主任单位，进行分工办理，面商率、答复率和满意率均为100%。

【重点工程】 省重点330国道婺城段改建工程全长22.28千米，按一级公路标准建设，总投资7.7亿元，其中白龙桥段（兰溪沈村—二环西路交叉口8.6千米，投资3.8亿元）已经全幅通车；增加330国道平改立项目设计变更：7月，进入全面施工阶段，施工范围内涉及的自来水管道、弱电和军用光缆完成迁改，左侧施工便道以及拌和场地等配套内容均已完成，工程进度完成27.8%。

衢江航运（婺城段）开发项目属省重点项目，2016年，电站与泄洪闸工程已完成74.5%、船闸工程完成70%，完成投资额4.65亿元。汤莘公路建设工程是省重点工程，全长18.223千米（主线13.1千米，支线5.12千米），总投资5.6亿元（其中婺城段800米，投资2000万元），路基基本完成，路面完成72%；开工以来完成投资约4.8亿元，年底已完成约2.5亿元。

S313（45省道）金兰线婺城段改建工程是省重点项目，主线起点位于金华市人民西路与环城西路交叉口，终点位于婺城与兰溪交界栅川附近，全长13.59千米。主线长8.72千米，同步建设婺城连接线4.87千米，起点在栅川附近与主线相交，终点位于龙乾南街与330国道交叉口，二环以内按市政道路标准，建设路基宽度55米，二环以外主线及婺城连接线按一级公路标准，建设路基宽度32米。项目总投资约13.49亿元，初步设计完成审查，待图纸完善报批；PPP实施方案经评审小组审核，并经政府常务通过，中标结果于2016年11月17日公示完成，进入合同谈判阶段，征地放样已完成，政策处理已进入签约阶段，土建工程已局部开工。

金武快速路（婺城段）项目前期，环评、水保、规划选址、土地预审四个专项和工可已批复。初步设计通过评审完成。

婺城莘畈至武义白姆公路（沙畈至箬阳）建设工程全长14.430千米。起点位于县道白门线与乡道山脚—狮岩坞交叉口，途径山脚、店边、梧桐、潭背、东山、周辽等村，终点位于箬阳乡石井村，前期工作已经基本完成，已开展路基清表、土石方开挖、挡墙砌筑,政策处理等工作,完成投资额0.272亿元。2016年完成S313(45省道)金兰线张家至牛丝岭段公路养护大中修工程8.4千米,投资130万元;完成S313金兰线牛丝岭桥应急抢修工程,总投资167万元;完成农村公路大中修工程16条,总里程为51.908千米,总投资5000万元;实施农村公路病旧桥梁加固改造工程3座桥梁,项目投资810万元,年底已全部完工。实施农村联网公路16条计9.9千米,总投资1257.6万元,农村等级提升改造工程11条计24.243千米,总投资2316.09万元,年底均已全部完工。

【管养新貌】完成S313(45省道)金兰线张家至牛丝岭段公路养护大中修工程8.4千米,投资130万元;完成S313金兰线牛丝岭桥应急抢修工程,总投资167万元;完成农村公路大中修工程16条,总里程为51.908千米,总投资5000万元;实施农村公路病旧桥梁加固改造工程3座桥梁,项目投资810万元,年底已全部完工。安保实施线路25条,投自发光项目实施线路7条,实施里程89千米。实施安保(包含自发光项目)实施线路43条。完成农村公路等级提升30千米、农村公路联网公路15千米。

虹戴公路进行改造和绿化提档投资300万元;金安公路(婺城段)景观廊道提升改造投资近1.8亿元;宾虹西路(330国道—二环西路)改造工程投资9500万元,改造内容主要为:中央绿化带范围新增2个机动车道,由双向六车道改造为双向八车道;同时对中央绿化带和两侧20米范围进行绿化景观改造提升。项目施工招标公告已发布,于2016年12月12日开标。建成后这3条道路将成为婺城区标杆性景观道路。

【路政执法】积极开展"护航G20·严查超限超载"百日专项行动,在日常治超工作基础上,加强重点路段、重要桥梁巡查力度,在夜间超限车辆较多的重点时段开展集中突击检测,重点查处车货总重55吨以上和超限100%以上的车辆,保障G20峰会前后道路安全畅通。

路政大队共出动10277人次,查处违章案件数1627件,拆除违法建筑415平方米,清理堆积物1.55万吨,拆除非公路标牌1202块,整治马路市37个,缴纳赔(补)偿款135.95万元,办结行政处理案件179件、完成行政审批45项。查处违法超限运输车辆1557辆,卸载1557辆(计40477.43吨),收取罚款408.06万元。

【运政执法】按照省委省政府关于G20杭州峰会保障工作部署,贯彻"全国保浙江、全省保杭州、杭州保核心"的总体要求严厉打击各类违法、违规道路运输经营行为,净化道路运输市场秩序,为杭州峰会提供安全、文明、畅通、和谐的道路运输环境,根据上级有关文件精神以及辖区道路运输实际,以"严防死守、盯死看牢"为主线,开展道路运输专项整治、道路货运整治、危险品运输车辆夜间停放突击检查、打击取缔非法加油点(流动加油车)整治等一系列专项行动。

开通金西内环线K651路公交车、雅畈至雅处K508支2路公交车、洋埠至五都钱507支线2;优化了K628路(汤溪至九峰山)延伸至寺平村,方便百姓出行。投入1000多万元,新增20辆环保低碳型公交车,对13辆山区公交车辆进行更换,提高山区出行的安全性和舒适性;BRT3号、4号线正式投入使用。

【思想政治教育】认真组织开展"两学一做",学习《中国共产党章程》《中国共产党党和国家机关基层组织工作条例》《关于新形势下党内政治生活的若干准则》《中国共产党党内监督条例》等党内条规,用党的章程和条例规范机关党建工作,提升机关党建工作水平。

组织全体干部职观看《郑义门》和实地考察,写学习体会。通过学习郑氏廉政文化,每位党员都深受教育和启发,增强党性修养,提升精神境界。7月,举行全系统"两学一做"争先锋、立足岗位讲奉献暨建党95周年演讲比赛,使得每一位党员以"铁一般的信仰"和"铁一般的信念"勇挑重担拼命干,将满腔热情化作交通运输建设的不竭动力。

严格落实党风廉政各项制度。2016年,全局明确下属各单位的党风廉政分管领导,健全党风廉政管理网络,邀请市检察院领导作《如何预防交通领域职务犯罪》的专题讲座;与每位中层干部进行廉政谈话,落实局党组每季度进行一次的廉情分析制度;每位干部职工及家属签订杜绝酒驾及赌博的承诺书。通过一系列的举措,强化干部职工的党风廉政意识,提高拒腐防变能力,建成风清气正的政治生态。

(李竞然)

农林　水利

农村　农业

【农村集体经济】农村集体资产拥有量增势平稳。全区农村集体拥有资产总额18.84亿元，增加0.42亿元，同比增长2.23%；村均拥有资产473.28万元，同比增加10.55万元。资产拥有量主要集中在少数经济较发达的乡镇（街道）。全区有398个村(社)，总收入在1万元以下的村(社)11个，占总村(社)数的2.76%；年总收入在1~10万元的村(社)96个，占总村(社)数的24.12%；年总收入在11~50万元的村(社有134个，占总村(社)数的33.67%；年总收入在51~500万元的村(社)151个，占总村(社)数的37.94%；年总收入在500万元以上的村(社)6个，占总村(社)数的1.51%。集体经济收入主要集中在少数经济较发达的乡镇(街道)，全区村集体经济发展不平衡。（杨朝洋）

婺城区面对浙江省承办G20峰会这一契机，通过粮油稳控、畜禽转型、安全保障等一系列措施积极应对，成功扛起峰会主人翁使命，全区农业经济继续保持了持续稳定发展态势。

深入开展两区建设。建设粮食生产功能区28个、963.33公顷，启动竹马乡市级特色农业强镇建设工作；创建市级农旅结合示范点4个。蒋堂镇种粮大户陈建军获2016年“金牛奖”。

不断深化农村改革。开展农村土地承包经营权确权颁证工作，全区332个需确权村社，完成摸底调查290个，指界246个，完成测绘234个，实测面积7633公顷，测绘完成率70.48%，蒋堂镇试点已全面完成；基本完成了农村股份制改革。

加快生态循环建设。2016年，创建生态循环示范主体4个；开展畜禽养殖污染综合整治，关停畜禽养殖场1966家(包括1月攻坚关停的804家和畜牧业违章建筑整治活动中已签协议的977家)，拆除场舍34.6万平方米，处置生猪12.8万头，家禽24.38万羽。

强化农业安全生产。新增追溯主体37家，获得省级农产品质量安全可追溯体系县称号；新增绿色食品6个，无公害产地10个，无公害农产品27个。（童未名）

【薄弱村经济扶持】全区107个村为省定经济薄弱村。沙畈乡东山村、黄家田2个省定集体经济薄弱村的2个项目列入扶持项目，涉及沙畈乡东山村新建综合楼、沙畈乡黄家田村投资建设半溪口二级电站工程。（吴天昊）

【家庭农场】2016年年底，全区经工商部门注册的家庭农场有374家，与上年同比增加108家。其中种植业64家，畜牧业4家，渔业6家，种养结合23家，其他行业11家。家庭农场经营土地面积为2086公顷，劳动力数量1438个。通过培训、项目申报、建立观测点等多种形式，引导家庭农场向规范化方向发展。婺城区5家家庭农场被评为市级示范性家庭农场，16家家庭农场被认定为规范化家庭农场，共获得奖励资金10万元。年销售农产品总值12312.2万元，其中10万元以下148家，10万~50万元151家，51万~100万元50家，100万元以上25

家。拥有注册商标的家庭农场有18家,通过农产品质量认证的有13家。规范我区家庭农场,使全区规范化家庭农场朝着经营规模化、成员知识化、产品安全化、农业设施化、产业生态化、销售品牌化的“六化”方向发展。 (李思锋)

【农民负担监管】农民负担监督管理长效机制有效运行,惠农补贴政策落实及时到位,无重大农民负担案件发生。一事一议奖补政策加强规范化运作,落实有序。全区一事一议奖补项目66个,涉及人口38974人,承担筹资人口22890人,承担筹劳16084人,总投入6492万元,其中村筹资432万元,村集体投入2581万元,社会捐助309万元。确定全区2016年度村民一事一议筹资筹劳以资代劳工价标准每工100元。

【土地承包及流转管理】2016年,全区耕地总面积为11776.8公顷,家庭承包经营的耕地面积11035.2公顷,家庭承包经营的农户数66240户,家庭承包合同份数67192份,颁发土地承包经营权证份数65041份。家庭承包耕地流转面积4130.47公顷,占家庭承包经营耕地面积的37.43%,占耕地面积的35.07%。通过各级土地流转服务组织流转面积789.07公顷。流转后用于种植粮食作物土地面积1338.8公顷,农业“两区”内土地流转面积611.87公顷,签订耕地流转合同份数14913份。 (杨朝洋)

【粮食生产】全区粮食播种面积6495公顷,总产39093吨。粮食播种面积同比减少750公顷,减幅10.35%;总产减6329吨,减幅13.93%。全区水稻播种面积4452公顷,同比减少19.71%。总产30506吨,同比减少19.82%。受天气条件等因素影响,水稻单产水平有所下降,为6853千克/公顷,同比减少0.10%。其中,早稻播种面积1222公顷,单产6180千克/公顷,总产7549吨,面积、总产同比分别下降10.21%、9.82%,单产增长0.49%。单季晚稻播种面积1864公顷,单产7545千克/公顷,总产14062吨,面积同比下降22.88%、总产减少22.75%,单产增长0.20%。连作晚稻播种面积1366公顷,单产6510千克/公顷,总产8895吨,面积、总产同比减少22.65%、22.46%,单产增长同比0.23%。

【油料生产】全区油料播种面积1950公顷,单产1742千克/公顷,总产3398吨,面积、总产同比增加71.05%、67.80%,单产下降1.91%。其中油菜播种面积1796公顷,单产1665千克/公顷,总产2990吨,面积、单产、总产同比增加83.64%、0.91%、85.25%。2016年,油菜播种面积、总产分别占全区油料播种面积、总产的92.10%和87.99%。 (祁 雪)

【农业“两区”建设】农业“两区”建设持续推进。全区全年整合各类资金4181亿元用于农业“两区”建设,成效明显。2016年全区投入现代农业园区建设资金1643.5万元,新(修)建道路0.53千米、钢架大棚1.33公顷、玻璃温室3046平方米,喷滴灌35.33公顷,蓄水池1.6万立方米、畜禽舍4087.5平方米,新增养殖设备1744台/套,地力提升22公顷。 (戴爱红)

【第一良种场】婺城区第一良种场位于长山乡境内,土地面积102公顷,可耕种面积86.67公顷(农田60公顷、山地26.67公顷),其中农业试验6.67公顷、淡水养殖33.33公顷、蔬果20公顷、茶叶13.33公顷、竹园6.67公顷、苗木6.67公顷。现有干部职工180人,其中退休144人、在职36人。农场以培育水稻、小麦良种为主,属国家南方小麦区域试验,水稻省、市区域试验定点场。主要职能是稻麦棉油良种生产、农业试验和技术推广。2016年完成省种管站下达的69个品种农业试验任务,其中早稻区域试验12个,生产试验2个,筛选19个;晚稻区域试验12个,生产试验5个,筛选19个。

(宗顺荣)

【农业植物检疫】2016年,梨树疫病发生面积1.07公顷,柑橘溃疡病发生面积9.07公顷,豚草发生面积5.67公顷,加拿大一枝黄花发生面积54.33公顷。11月采集白龙桥镇、蒋堂镇及琅琊镇的柑橘叶片样本18份,经浙江省柑橘研究所检测结果:其中15份为阴性,3份为阳性。1月,采集长山乡甘薯病害样本,经浙江大学生物技术研究所鉴定,确认是甘薯茎腐病,发生面积0.13公顷。据群众电话反映,12月,采集罗店镇蚂蚁样本,经中国科学院动物研究所鉴定,首次确认红火蚁入侵浙江省,区启动应急预案,立即部署开展防控根除工作。扶桑绵粉蚧、水稻细菌性条斑病、稻水象甲、玉米致死性坏死病、瓜类果斑病、黄瓜绿斑驳花叶病毒病和葡萄根瘤蚜等在辖区未发生。开展加拿大一枝黄花和豚草春、秋季防控，开展梨树疫病、柑橘溃疡病、甘薯茎腐病等防控，防控面积226.53公顷次。

开展产地检疫，受理金华三才种业公司和浙江绿巨人生物技术有限公司的种子产地检疫申报，繁育基地面积40公顷，检疫合格水稻种子 240吨，签发“全国农业植物产地检疫合格证”5份。开展调运检疫，签发“植物检疫证书”184份，调运农作物种子314吨；开具《全国农业植物检疫要求书》37份，同意调入农作物种子419.1吨，种苗50000株。开展检疫宣传培训，6月8日，召开全区“甘薯茎腐病等检疫性有害生物防控工作” 会议。9月1—30日开展“全国农业植物检疫宣传月活动”，通过农民信箱发送宣传短信3.93万人次，发放资料1620份，张贴标语20条，巡回宣传1次，培训19人次，现场咨询9人次，执法检查种子经营单位19家，联系3家企业，主动上门提供植物检疫服务，推进植物检疫执法监管和疫情阻截防控等重点工作顺利开展。据2016年5月浙植指农〔2016〕1号文件，婺城区2016年度重大农业植物疫情防控工作综合考核为优秀单位。 （刘国强 黄净轩）

【畜牧生产】全区奶牛养殖户112户，存栏奶牛10054头，占金华市奶牛存栏58.8%左右，占全省的1/4，为浙江省最大的奶牛养殖区。奶站7家，全年牛奶产量35681吨。生猪养殖户564户，生猪年末存栏9.77万头，其中能繁母猪存栏1.46万头，年出栏生猪39.81万头，全年饲养量为49.58万头。家禽存栏62.31万羽，出栏90.33万羽，全年家禽饲养量152.64万羽。全区2016年肉类总产量32858.8吨，同比增长5.14%，其中猪肉产量30223.75吨，同比增长7.04%；牛肉产量908.18吨，同比下降24.24%；羊肉产量65.15吨，同比增长3.86%；禽肉产量1646.45吨，同比下降5.29%；禽蛋产量8470吨，同比下降5.09%。全区畜牧生产总体形势良好，畜牧总产值达8.58亿元，占农业总产值的37%。全年争取畜牧业项目经费583万元。畜牧业项目立项39个。通过系列项目建设，完善，养殖场的基础设施，推动生猪、奶牛养殖的标准化、生态化发展，促进农业增效、农民增收。

【畜禽养殖污染防治】2016年1月，开展养殖场污染整治攻坚专项行动。区政府下发《婺城区畜禽污染整治工作方案》，全区关停拆除养殖场804家，处置畜禽14.59万头，发放转产补助资金0.23亿元。开展整治畜牧业违法建筑、优化养殖布局专项行动。区委、区政府下发《婺城区整治畜牧业违法建筑、优化养殖场布局专项行动工作方案》，整个专项行动期间，全区共关停拆除畜牧养殖场1269家，拆除面积70万平方米，处置生猪13万头，奶牛3000多头，家禽46万羽。

【美丽生态牧场创建】按照“创特色、促融合、出精品”的发展理念，在全省率先开展美丽生态牧场创建。划出硬杠条件，鼓励养殖场结合自身实际特点开展创建。浙江美保龙种猪育种公司成功入选浙江省首批20家美丽生态牧场，并被遴选为浙江省畜牧业转型升级表彰会现场参观点，受到省级领导的充分肯定和高度评价。养殖场“农业+工业”的污水处理模式走在全国前列，农业部畜牧总站联合中央农广校专程到婺城区拍摄《畜禽养殖粪便处理与综合利用技术模式》专题片，作为先进典型进行总结推广。自全省美丽牧场启动仪式现场会召开以来，各级政府和机关部门络绎不绝前去参观学习，更有法国、南非等国际友人慕名前往。2016年共接待参观人员1500余人次，很好地宣传婺城区畜牧业转型升级工作，区畜牧兽医局也因此被省政府授予“浙江省畜牧业转型升级先进集体”。

【后备母牛调查】全区开展奶牛调查工作，2016年年底，全区存栏11头以上(含11头)，成母牛5头(含)以上的奶牛养殖场(户)53个，存栏奶牛5447头，其中后备母牛2449头。

【生鲜乳专项整治】全面完成生鲜乳收购许可证换证工作。全区原有奶站10家，7家通过审查并核发生鲜乳收购许可证。配合农业部、省农业厅及市农业局开展生鲜乳抽样检测共635批次，检测合格率100%。加强奶站日常巡查，奶站巡查216人次，发放普法宣传资料1305份，开展相关培训班3场，培训人次达166人，确保生鲜乳质量安全工作。

（倪俭余）

【重大动物疫病防控】2016年,免疫注射生猪口蹄疫85.62万头、牛2.88万头、羊0.39万只;猪瘟83.65万头,猪蓝耳病34.54万头,高致病性禽流感158.29万羽,羊小反刍兽疫0.56万只,做到应免尽免。开展实验室监测,全年监测家禽高致病性禽流感1040羽次,合格率为86.5%;牲畜口蹄疫抗体监测1045头次,合格率为86.4%;猪瘟抗体监测375头次,合格率为89.1%;鸡新城疫抗体监测270羽次,合格率为76.7%,各项监测抽查结果均达省、市规定的要求。普查奶牛布病和结核病1.1461万头,对查出的阳性牛进行扑杀深埋无害化处理。开展H7N9禽流感疫情排查、监测,采样、送检标本460份,全部为阴性。全区全年实施产地检疫生猪39.8761万头、家禽10.4150万羽,牲畜交易市场检疫牛8.7806万头,实施生猪屠宰检疫22.6559万头,检出病猪53头,全部进行无害化处理。加大对生猪"瘦肉精"监测力度,2016年,累计开展生猪"瘦肉精"监测1.5464万头次,未发现阳性生猪,牛"瘦肉精"监测2816头次,发现盐酸克伦特罗阳性牛2头,进行无害化处理。组织760人次开展漂浮死猪巡查、打捞、收集和无害化处理,发放告知书4000余份。全面实施生猪保险全覆盖与无害化处理联动工作,按照"政府主导、企业运作、财政扶持、保险联动"的原则,实行"统一收集、集中处理"的模式。各乡镇对养殖场(户)和死亡动物收集点进行监管;农林、环保等部门对无害化处置中心处理死亡动物情况进行监管。2016年1月10日,区死亡动物无害化处理中心开始正式统一收集、集中处理死亡生猪,2016年共收集处理死亡生猪14.0593万头,达到全区区域大小生猪保险和无害化处理全覆盖的目标。

(王　鲁)

【农民信箱】2016年,全区用户注册数42516户,启用数41908户,启用率99%。通过农民信箱发布农产品买卖信息264条,"每日一助"信息93条,群发短信100余万条,成交额超过400万元。开展全区农民信箱和万村联网培训,培训镇、村信息员150余人。

(李安可)

林　业

【概述】2016年,区林业工作着眼生态文明建设总要求,围绕城乡绿化扎实推进森林婺城建设,加强森林资源管理不断提高森林经营质量,加快现代林业项目建设努力促进产业转型升级,林业各项工作取得了积极的进展和明显的成效。(童未名)

【林业产业】2016年,林业产业方面,完成国家级杜鹃花种质资源库建设。金华市婺城区永根杜鹃花培育有限公司投资80万元(财政补助35万元),新建连栋温室1600平方米,完成了80千伏安输变电线路、研发中心用房等基础设施。

金华市婺城区永根杜鹃花精品园(区农林局供稿)

木本油料(油茶)示范基地建设。婺城区盛伟斌家庭农场投资57万元(财政补贴43万元),新建油茶示范基地18.67公顷,建设林区道路3千米。

完成林区道路建设任务。指导箬阳、雅畈、安地、长山等乡镇建设林区道路共计20.5千米,发放财政补助资金102.5万元。

盛伟斌家庭农场油茶示范基地(区农林局供稿)

生态公益林建设(区农林局供稿)

此外,指导浙江榧龙生态农业开发有限公司箬阳香榧基地建设和扩建工作。

【生态公益林建设】 2016年,婺城区公益林建设完成护林员聘用和考勤系统建设。全区招聘生态公益林专职护林员105人,并统一配备了护林考勤设施设备。

婺城区公益林护林员巡查考勤系统

(区农林供稿)

完成公益林补助资金发放工作。已下拨2016年生态公益林第一期补助资金1535.3万元。累计完成重点公益林优质林分面积3.49万公顷,年增2362公顷,完成率100.05%,超额完成年度优质林分面积考核任务。

婺城农林网上开辟了公益林阳光工程专栏

(区农林局供稿)

完成生态公益林阳光工程建设。按照政府工作要求,积极开展生态公益林阳光工程建设。在婺城农林网上开辟公益林阳光工程专拦,在该专栏对公益林政策、补助等进行公开。

【绿化造林】 积极开展绿化造林行动。2016年年初,组织区领导、部门负责人、绿化委成员、婺城新城区、区农林局、乾西乡政府干部150人在乾西乡栅川工业园区开展义务植树活动,栽植珍贵树钟榉树、浙江楠等640株。开展各种形式的义务植树活动。3月初,乾西乡政府送长湖周边村银杏和樱花大苗1500株,开展"村民植树护绿"活动;3月12日,区团委号召广大青年在沙畈乡大角坞村开展"保护水源地、同植青年林"活动等。累计7.1万名干部群众参加义务植树活动,共栽植各类树苗24.1万株。

干部群众开展义务植树造林(区农林局供稿)

开展平原绿化、造林抚育更新工作。2016 年完成迹地更新 350.73 公顷，平原绿化 181.67 公顷，平原绿化提升 13.33 公顷，“四边”绿化 15 公顷，其中完成红豆杉、榉树等珍贵树种造林 20 公顷，完成珍贵树种造林 15.2 万株，完成香榧造林 40 公顷，完成森林抚育 533.33 公顷。市林业局交办的两路两侧绿化缺失点 G60318k+950 已完成绿化。

完成省、市级森林村庄创建任务。创建省级森林城镇 1 个(安地镇)，创建市级森林村庄 7 个，省级森林村庄 2 个。

【苗木花卉】重点培育五个省级以上种质资源库。加强杜鹃花产业，2016 年金华市永根杜鹃花培育有限公司培育新品种 4 个。10 月 17 日上午 2 万棵杜鹃花种子搭上“神舟 11 号飞船”升入太空，开启“太空育种”之旅，完成杜鹃花新品种种植 46.67 公顷。占地 8 公顷，种植 700 多个品种，20 多万株的杜鹃王国在 3 月 31 日已作为旅游景点正式对外开放，取得了预期效果。金华市婺城永根杜鹃花培育有限公司 (省级杜鹃花种质资源圃)2016 年 11 月被中国花协确认为首批国家杜鹃花种质资源库。2016 年 10 月，安地省级桂花种质资源圃有 3 个桂花新品种(早馨、华安天香、胭脂红)通过了国家林业局组织的专家实质审查。

做好“二证”核发与管理工作。办理林木种子生产和经营许可证的发放前现场核审工作。共发放林木种子生产许可证 115 份，林木种子经营许可证 109 份。 (朱光夏)

【林业有害生物】林业有害生物发生面积194.53 公顷，松材线虫病在原有乡镇(蒋堂镇、白龙桥镇、东方红林场白龙桥林区) 发生，发生面积 35.27 公顷，发生范围往外扩张；柳杉毛虫在箬阳乡、安地镇发生，发生面积 15.33 公顷，部分受害致死；竹卵圆蝽在安地镇、沙畈乡、塔石乡、莘畈乡发生，发生面积 86.67 公顷；松茸毒蛾在莘畈乡、琅琊镇发生，发生面积 42.67 公顷。绣色棕榈象在宾虹西路、二环西路绿化带内发生。 (郑艳宏)

【森林消防工作】2016 年，全区没有发生重特大森林火灾案件，全区发生森林火灾 2 起，受害面积 2.46 公顷。G20 峰会期间全区没有发生一起火情火警，区森林消防指挥部因工作突出被省人民政府森林消防指挥部和省林业厅评为先进集体通报表彰。

【森林公安工作】2016 年，查处涉林案件 22 起。其中刑事案件 9 起：滥伐林木重大案件 4 起、一般滥伐林木刑案 3 起、撤案 1 起，失火刑事案件 1 起；行政案件 13 起。局接待群众来信来访 7 起，件件都有专人查处落实，没有发生刑事申诉、行政复议和因处理不公要求进行听证，2016 年全区未发生大面积种植罂粟的情况。4 月，婺城民警铲除婺城区塔石乡某村吴某非法种植的罂粟 46 株。并由地方公安以对吴某处以罚款 200 元的处罚。铲除新狮街道车头村配电房边上小路边罂粟植 18 株。全局与野生动物保护站一起，多次进行野生动物保护和宣传，平时民警下乡有时带一些宣传资料，进行法律法规的宣传，取得较好的效果。在强大的宣传攻势下，塔石乡、岭上乡、莘畈乡等村民主动上交了捕猎野生动物的“电猫”等捕猎工具 10 余套(件)。 (周济果)

【木材运输巡查执法】2016 年，检查木材运输车辆 1138 辆，检查木材 20503 立方米，查处违法运输车 13 辆，没收违法运输木材 113.7 立方米，在整个执法过程中做到“依法、公正、文明、合理”。

【木材加工厂管理】加强木材经营加工执法检查和法律法规的宣传，完善木材进出厂台账登记制度，检查木材加工厂 429 家，关停无证经营木材加工厂 5 家，审查新办木材加工厂 22 家。 (徐国君)

水 利

【概况】婺城区有中小型水库 86 座。其中，中型水库有沙畈水库、金兰水库、安地水库、九峰水库、莘畈水库。小(1)型水库 15 座，小(2)型水库 63 座，总库容 3.9 亿立方米。辖区内部分水库除由市水利局和市经济开发区管理外，属婺城区管辖的水库有 66 座，其中中型 1 座(莘畈水库)、小(1)型 10 座，小(2)型 48 座。另有山塘 202 座、引水堰坝 634 条、泵站 403 座，总装机容量 5932.8 千瓦，新建汤溪水厂1座。

区境内河流属钱塘江水系，河道总长度425千米，其中主要河道衢江、金华江以及武义江，区境内长度35.4千米；集雨面积50平方千米以上的小流域有7条；分别是梅溪、白沙溪、莘畈溪、厚大溪、盘溪 、桐溪、横路溪，总长度190.6千米。

2016年，区水务局被评为全省水政监察队伍考核优秀单位、2016度金华市“五水共治”工作先进集体。

【水利工程建设】 2016年，“五水共治”完成水利项目投资2.5亿元。完成重点县建设、水库除险加固、山塘整治、农村饮水安全提升、河道整治、开展河湖库塘清淤等重点工作目标任务。主要工程建设有完成婺城区第六批重点县2015年度项目建设内容，完成婺城区第六批重点县2016年度项目形象进度完成91%。完成长山乡朱山水库、琅琊镇庙湾水库除险加固项目；完成跃进水库、成功塘水库除险加固安全鉴定初设方案及招标代理招投标，准备施工标招投标工作。婺城区金华江（马海畈）应急加固工程马海畈堤3.1千米，总投资5290万元，虹路堤2.52千米，总投资4000万元，完成主体工程。金华江施工二标段2千米，总投资5000万元。金华江施工三标段1.96千米，总投资3500万元，施工单位于12月底进场施工。婺城区白沙溪中小河流治理工程，白龙桥集镇段堤防加固2.5千米，投资2652万元，新昌桥大圩段2.86千米，投资1881万元，已完成主体工程。白沙溪琅琊集镇段至幽兰里段治理河长1.523千米，投资444.7万元，正在施工。完成2016年河湖库塘清污（淤）110座水库、山塘、池塘等，完成清污（淤）130万立方米，河道、沟渠清淤163.8千米。完成莘畈农业综合开发项目一期工程总投资2788.78万元，完成工程进度86%，完成投资2400万元。2016年农村饮用水提升工程列入区委、区政府十大惠民实事，项目15个村，工程投资745万元，解决人口5700人。15个村都已完成。

【水政水资源管理】 区多年平均水资源总量13.111亿立方米，2016年水资源总量18.8665亿立方米。人均用水量341.37立方米，是金华市水资源量较丰富的区域。全区总供水量为2.6631亿立方米，全区总耗水量1.6580亿立方米。婺城区水政监察大队承担全区水政水资源、河道、水土保持监督、渔业生产监察执法管理职能。

2016年，开展河道采砂巡查189次，计387人次，现场处理涉嫌非法行为81起。水土流失综合治理115公顷，进行水保检查50次。2016年，收取水资源费93万余元。开展婺城区莘畈乡大立元小流域水土流失治理，排水沟0.2千米，蓄水池1座，拦沙堰2座，溪沟护岸0.34千米，封育治理13公顷。加强渔业行政法规宣传，2016年出动渔业行政执法巡查检查次387人次（夜间巡查21次）。

【水电建设和管理】 2016年，发电量6893.9万千瓦时。加强水电行业安全生产监督管理，开展20多次安全生产常规检查、专项检查。参加水利安全生产网络知识竞赛26人次，举办水电站安全运行管理培训23人次，开展消防讲座和演练66人次，开展水利生产经营单位主要负责人、安全管理人员安全知识培训28人次。

【水产生产】 2016年，全区年水产品总量10371吨。其中，主要产品产量鳖2974吨，比2015年增加0.54%，占比水产产量的28.68%，淡水养殖产量10218吨，同比增长1.028%。渔业总产值20986万元，同比减少0.057%。渔业增加值6340万元。完成6个省级渔业项目的申报工作，2016年，开展的渔业资源增殖放流活动2次，投入资金17万元，在长湖、白沙溪、水库，以及部分乡镇支流内投放各类鱼苗种463万余尾。

【防汛抗旱】 2016年，降水量1866.5毫米，与多年平均降水量（1621毫米）相比偏多15.14%，与2015年年降水量（2031.5毫米）相比偏少8.12%。汛期平均降雨量1292.7毫米，比2015年同期1286毫米偏多0.5%。降雨量主要集中在4月、5月、6月、9月。其中，汛前（1月1日—4月14日）平均降水量377.1毫米，主汛期（5月—9月）平均降雨量1107.5毫米，6月11日入梅 ，7月1日出梅，梅雨期21天。梅雨期平均降水量308毫米，比2015年梅雨期平均降雨量少0.8%。全区2016年4月以来持续降雨，入梅以来发生“6·27”箬阳乡局地强降雨、“6?29”流域性洪水。6月29日21时45分，金华江金华站出现洪峰,洪峰水位 36.06 米,超警戒 0.56 米,实测洪峰流量 3790 立方米/秒。辖区内山塘、水库数次蓄满,金兰、沙畈、莘畈、安地、九峰为 5 座中型水库开闸泄洪。婺城区防指办秉着“少伤亡,零死亡”的目标,坚持科学部署、科学调度、有序应对,将灾害损失降到最低限度。

(王　静)

卫生与人口和计划生育

【概况】2016年，婺城区卫生计生整合后，全面深化改革、加快发展。深入推进医药卫生体制改革，做好基本公共卫生服务均等化和重大疾病防控；推进"三项政策"奖励扶助，加强流动人口管理，加强依法行政。统筹做好各项卫生计生工作，推进全区卫生计生事业协调发展。

【特色亮点】创建省级慢性病综合防治示范区。由卫计局多部门协同配合，婺城区开展浙江省慢性非传染性疾病综合防控示范区创建工作，建立慢性病综合防控工作机制和体制，全方位开展健康教育与促进，倡导建立健康生活方式，规范慢性病患者管理，在医疗卫生专业机构指导下开展高血压、糖尿病患者自我管理工作。10月底，经考核评审，省级专家组一致认为全区达到省级慢性病综合防控示范区要求。

启动全生命周期的健康呵护。卫计整合后，利用卫生的技术力量，计生的行政管理能力，从婚前孕前免费检查、优生优育幼教服务（各级三优示范中心达到全覆盖，11月24日，乾西乡省级"三优"指导中心通过省级考评验收）、青春期健康教育、医养结合（十二局院区医养结合模式），启动全生命周期的呵护。真正使卫计整合达到"1+1>2"的效果。

实施国家级"计生特殊家庭"帮扶项目，多举措推动计划生育特殊家庭的关怀与关爱。在经济扶助、养老保障、医疗服务、改善居住条件、开展社会关怀等方面积极进展。开展为失独家庭开设"绿色通道"，责任医生做好签约服务工作，"爱心一拨灵"援助呼叫服务，通过政府招标为其购买家政服务，妥善解决他们的生活照料、养老保障、大病治疗和精神慰藉等实际困难问题。10月，为计划生育特殊家庭497人购买了300元/人的保险，建立一对一帮扶制度，使这一特殊群体感受到政府的关怀，也维护了社会稳定，G20峰会期间无一例上访。

【医改工作】公立医院改革纵深推进。2016年，人事制度实行合同聘用制、同岗同酬制，人事实行备案制，新增备案编制100名。深化薪酬制度改革。加快发展，做大做强公立医院。落实"双下沉、两提升"工作，筹备建立紧密型帮扶关系，已初步达成合作意向。注重公立医院改革效果评估。门诊次均诊疗费用和人均住院费用增长率得到有效控制，医务人员对改革的认同度和群众对医改和就诊体验的满意度均得到提升。婺城区人民医院倒排时间表做好入驻前的各项筹备工作。

提升基层服务能力。从推进绩效考核与绩效分配、构建市区医联体建设等方面加快人才培养，提升服务能力。市中心医院与全区8家卫生院、市中医院与全区4家卫生院、市人民医院与4家卫生院已签订医联体协议，实现大医院对口扶持全覆盖。2016年，全区18家基层医疗单位总门急诊人次53.6万，业务总收入4484万元，同比增长6.9%左右。

全面推开责任医生规范签约服务。通过加强宣传，提高群众知晓率，促进居民签约积极性；加强保障，将责任医生规范签约率纳入年度公共卫生工作考核内容，提高签约医生服务积极性。全区责任医生规范签约77900人，签约率为21.26%。

【计生工作】实施全面两孩政策。改革完善计划生育服务管理，建立规范生育登记服务程序，妥善处理育龄群众在生育登记服务中出现的各种新问题和新情况。三季度发放生育服务证 3066 人,其中一孩 1367 人、二孩 1699 人。计划生育率达 98.58%(考核指标 95%以上)、男女人口性别比 108.9,多孩违法生育率 0.37%,计划外生育社会抚养费征收率 64.51%,较好地完成市考核指标。

做好“三优”指导中心建设。做好计生服务职能转变,根据省、市要求,计划生育工作由管理为主向更加注重服务家庭转变,从注重生育关怀、健康关怀和成长关怀出发,发挥指导中心阵地在优生优育优教工作中的组织、管理、服务、宣教和协调作用。区卫计局配置“三优”指导的师资力量,根据各乡镇(街道)卫生院实际工作条件,在 2015 年基础上,2016 年在乾西乡、雅畈镇、蒋堂镇 3 个乡镇再建设省、市级“三优”指导中心,其余乡镇(街道)建设区级“三优”指导中心,全区实现“三优”指导全覆盖,服务质量全提升。2016 年 11 月 24 日,乾西乡省级“三优”指导中心通过省级考评验收。

【基础设施建设】加快推进基础设施建设,提升基层服务能力。新狮街道社区卫生服务中心一期 1500 平方米已竣工,二期 1000 平方米已结项,修缮 880 平方米已于 6 月底完工,三项工程总投资达 890 万元。蒋堂、长山、沙畈等修缮项目均已完工,通过改造提升,基层医疗卫生机构的面貌焕然一新。启动街道社区卫生服务中心标准化建设。

【爱国卫生】强化城乡爱国卫生工作。落实城市卫生的长效管理机制,制定《婺城区卫生计生系统 2016 年国家卫生城市复审工作实施方案》,加强领导,明确职责,落实任务,巩固和发展卫生城市的创建成果。已通过国家卫生城市复审。

【精神文明建设】落实党建责任制和党风廉政责任制。完善院务监督委员会,严格贯彻执行“九不准”,加强对医院领导班子和其他重要岗位权力运行的监督制约;在卫计系统全面开展“两学一做”学习教育活动,全面落实主体责任,做到知行合一,知党章党规,敢亮党员身份,明白党员该干什么、什么不能干,将学习教育贯穿到日常工作中,将党建与业务工作、岗位职责有机结合起来,统筹兼顾。

与时俱进做好信息宣传工作。利用《今日婺城》报、婺城区政府网络平台、微信公众号等广泛开展卫生计生宣传工作;通过建立 QQ 群、微信群、微信工作平台等自媒体工作平台,宣传全区卫生计生工作动态,回应社会舆情,提高舆情管控能力,营造有利于做好卫生计生工作的良好舆论环境。

(余　莉)

审　计

【概况】 2016 年，婺城区审计局完成审计单位 24 个，审计查出主要问题金额 4.79 亿元，其中违规金额 49 万元，管理不规范金额 4.79 亿元。审计决定处理处罚资金 97 万元，其中应上缴财政 49 万元，应归还原渠道资金 48 万元。移送处理 2 起案件，移送处理人员 2 人，移送金额 83 万元。全年完成政府投资项目 118 项，送审投资 3.34 亿元，审定投资 2.99 亿元，净核减造价 3483 万元。提出审计建议 44 条，被采纳审计建议 44 条；编印《审计专报》《审计内参》18 份、获领导批示 9 件；报送审计信息 43 篇，被采用 24 篇。实施的 2 个审计项目获评市优秀项目，1 个项目获评省表彰项目，在 2016 年全市审计机关年终考核中被评为优秀单位。

【财政审计】 同级审以推进政策措施落实和问题整改为关键，针对审计提出的沉淀资金数额大问题，促进出台《婺城区结余结转资金管理办法》；针对国库集中支付改革不到位问题，促进 9 家单位纳入国库集中支付系统。持续关注“三公”经费支出的规范性，审计抽查 61 家预算单位的公务支出公款消费情况，实现三年轮审全覆盖，针对审计发现的主要问题，督促有关单位整改，规范“三公”经费的管理和使用。

【经济责任审计】 2016 年，组织实施经济责任审计项目 9 个，涉及领导干部 12 人，查出违规和管理不规范资金 8145 万元，提出审计建议被采纳 26 条。注重日常监管，建立完善领导干部经济责任任前告知、年度报告、离任交接全程监管制度，2016 年审计协同组织监察部门对 18 人新上任领导干部开展任前经济责任告知，对 69 人区管干部上报的经济责任年度报告书进行核实和梳理，有效促进领导干部履职尽责。

【投资审计】 2016 年，完成政府投资项目 118 项，送审投资 3.34 亿元，审定投资 2.99 亿元，净核减造价 3483 万元。审计中通过把好送审申报材料审核关、审计中介机构人员管理关、项目现场踏看核实关、补充材料检查关、争议问题讨论协调关、审计报告复核审理关等重点环节，抓好项目质量控制，提高政府建设资金使用效益。

【民生审计】 围绕民生政策是否落实到位，群众是否真正受益等问题，开展住房公积金、学前教育、农村垃圾分类、医疗废弃物处置等专项审计调查，力求推动民生政策落到实处。对水资源保护政策落实情况审计中，通过审计 3 家监管部门和 15 家医疗机构，提出医疗废弃物在存放、处置、检测、监管等方面存在的问题和整改建议，促进医疗废物的安全处置和规范管理。

【政策执行审计】 围绕浙江省审计厅、金华市审计局统筹安排，配合做好各级政策执行同步项目。2016 年外派审计干部 11 人次参与全国保障性安居工程审计、浙江省支持浙商创业创新政策执行和回归项目落地情况专项审计调查、金华市医疗保险资金使用情况审计、金华市水资源保护政策落实情况审计和金华市农村垃圾分类情况审计。

【审计管理】 创新实行审计项目公开竞标承诺制度。制定出台《婺城区审计项目组竞标承诺制实施办法（试行）》，采取由审计干部组成项目组竞标、项目组公开承诺、评审组评议表决的形式落实审计项目，实行以来推动全局审计项目实施效率平均提高40%以上。建立审计约谈制度。制定《婺城区审计局审计约谈制度》,根据实际需要,由局主要领导对审计对象和审计单位负责人进行约谈,帮助解决存在问题,推进项目顺利实施;对被审计单位存在的轻微违规问题, 在审计实施时限内可以整改的事项,通过组织约谈促进边审边改。建立审计整改挂销号机制。对照审计结果文书,按所列的问题、建议和移送事项等内容分别进行登记挂号,建立审计整改“问题清单”;严格执行审计整改销号控制,对整改落实到位的予以销号,对未整改到位的进行跟踪督查,从督查反馈看,90%以上单位能及时采纳审计意见建议。编印审计法规制度书册。对国家、省、市、区各个层级出台的审计规范性文件进行全面系统的梳理,编印成《审计常用法律法规选编(上下册)》和《经济责任审计相关法规选编》, 收录与审计工作相关的法律、行政法规、部门规章、及文件规定共69篇。

【干部队伍建设】 加强学习教育。深入开展“学党章党规、学系列讲话,做合格党员”专题学习教育活动,利用好审计署厅视频党课、市局“夜学课堂”、党员固定活动日等载体,将理论政治学习和业务学习相结合,做到学深、学透,以学促干。鼓励干部积极参与调研活动和书画竞赛,报送的书法作品在浙江省审计干部书法比赛中获得一等奖,局主要领导撰写的调研文章《从BT、BOT实践中前瞻PPP模式的应用》被《浙江审计》采用。深化党建工作。加强党建宣传阵地建设,开展支部活动,落实党风廉政建设责任制, 层层签订廉政承诺书。按省厅要求,2016年经批准成立了党总支,下设机关支部和退休支部, 明确了分管纪律检查的委员。局机关支部2016年被评为先进基层党组织。强化基层服务。做好社区“微服务”、“两富”指导员、“第一书记”等帮扶结对工作,帮助联系村(居)切实解决困难、促进发展。参与“护航G20”、创建卫生城市等工作,全局党员为婺城区城中街道明月楼社区困难居民15人实现愿望。

(赵一帆)

3月10日,审计局召开项目竞标承诺会议

(区审计局供稿)

市场监督管理

【概况】 2016年，婺城区市场监督管理局有12个职能科室、4个直属机构、6个派出机构。在编人员126人，行政编制100人、事业编制26人，在编人员平均年龄为42.5周岁，其中局领导6人、中层正职20人、中层副职19人。在区委、区政府的关心下，建立编制为30人的食品安全专职协管员队伍，编外人员人数53人。出台促进经济稳健发展十大举措，举措涵盖市场监管全部职能，获婺城区委王健书记批示表扬。“十大举措”实施后，区市场监管局利用数据平台优势、分析监测各行业发展情况，形成调研专报，为地方政府决策部署提供数据支撑，获得区长申屠福华的批示肯定。2016年，区市场监管局商事制度改革工作得到国家工商总局通报表扬。

2016年，全区新设立企业1645户、同比增加25%，新增注册资金62.1亿元，同比增加43.4%；新设立个体工商户4126户、同比增加69.4%；新办“食品经营许可证”2596份、同比增加38.4%。全区有各类企业9931家，其中公司8216家，同比增长23.49%。全区共有农民专业合作社832家，同比增长4.26%；全区共有个体工商户17952户，同比增长29.16%。

【民营经济】 开展“小微企业三年成长计划”工作，培育七大产业和重点行业小微企业发展。“个转企”保量提质。提高“个转企”公司制企业占比，引导已转型市场主体“二次转型”。2016年完成个转企76家，其中，转公司制58家。引导企业运用现代管理新思路提升竞争力，召开培训会18场，培训人员1120余人。和建设银行金华分行签署合作协议，为小微企业制定专享资金结算服务方案，减轻小微企业费用负担。

【商标品牌建设】 创建示范品牌指导站，推进商标质押融资，突出“农字头”商标特色。2016年，完成6个省著名商标延续审核、10个市著名商标新申报预审、2家市级商标品牌示范企业申报工作，办理动产抵押登记21份，企业融资2.14亿元。

【食品安全监管】 食品生产流通环节方面，加强监管。2016年全区有食品生产企业126家、豆制品小作坊36家，豆制品小作坊提升改造率、持证率达100%。经过周密筹备、多轮次行政指导，2016年全区棒冰生产企业开口式包装生产线实现100%停产，停产后部分企业或开展技术改造，或以入股他人企业的形式继续参与经营。开展食品安全大抽检、大排查、大整治、严打击即“三大一严”专项整治行动。严格把控原材料生产、销售等环节质量安全，对食品安全监管工作做到全方位、高强度。2016年，检查

3月15日，市场监管局开展食品监管

（区市场监管局供稿）

重点品种生产经营单位8564家次，开展定性检测6775批次，定量抽检196批次，地产食品抽检覆盖率达100%，其中不合格报告2批，已处置完毕；企业风险等级评价率达到100%以上，责任自查报告率达90%以上。规范经营行为5635户次；取缔14户，立案查处60起。开展流通领域食品监管任务及分类整理工作。落实索证索票制度及农贸市场双体系建设工作，双体系即质量追溯体系和快速检测体系，是2016年金华市政府十大民生实事之一。二环线内双体系建设完成率已达到75%以上。开展保健食品等三类食品“非法添加非法声称”专项整治，完成国家及省、市级抽检26批次。

餐饮服务环节方面，结合省市区三级政府民生实事工程，积极开展“阳光厨房”建设，顺利完成全区中小学食堂范围内80%的“阳光厨房”建成率。率先在市区范围内推广餐饮“整理到位、责任到位、培训到位、执行到位”的4D现场安全管理模式，2016年，全区中小学校食堂均已开展4D管理建设工作，部分大型餐饮单位也已将4D管理建设落实到位。保障婺城区“两会”及市人大会议、浙江省“婺剧进校园”大型演出活动、浙师大60周年校庆、金华二中浙江师大直升班学考、新世纪学校20周年校庆等重大活动饮食安全，未发生一起保障事故。加强日常监督管理工作，开展各类餐饮服务食品安全专项检查。2016年，检查餐饮服务单位(含学校食堂)2922户次，出动执法人员3079人次，发放责令改正297户次，整改完成297户次。开展食品抽检239批次，快速检测200余批次。

【药品安全监管】药品生产流通方面，完善监测、预警智慧化监管网络。2016年，全区1家药品生产企业、33家药品经营企业被列入视频监管范围。结合实际情况及专项整治行动部署，对辖区药品生产、经营和使用单位开展药品质量安全隐患大排查，药品生产、经营企业检查覆盖率达100%，医疗机构检查覆盖率达85%，对存在违法违规行为的8家药店和医疗机构进行立案查处，罚没款1.7万余元。

医疗器械、化妆品生产流通方面，以高风险产品和社会关注度高的环节为重点，加强监督检查，督促存在问题整改。检查医疗器械生产企业6家次，完成率86%；检查三类经营企业56家次；检查使用单位95家次，责令改正11家，移交立案查处2起。开展为期4个月的化妆品专项整治，检查大型商场超市26家次，经营企业、个体工商户420余家次，查处化妆品无证生产企业1家，扣押化妆品2个品种38箱，涉案金额2.5万元。

【食品药品安全宣传】2016年“3·15”消费者权益日，围绕宣传主题，组织药学专家进社区、进农村开展药品安全宣传咨询活动，以悬挂横幅、设立展板、现场咨询、印发宣传材料、实物比较等形式进行宣传。发放用药安全知识宣传资料350余份，现场接受群众咨询120多人次，解答问题20条次。开展“安全用药用械校园行”浙师大主题科普安全知识宣传活动，布置宣传横幅1幅、展板8面，发放《药品安全小知识》《药品不良反应知识100问》《医疗器械不良事件监测问答》宣传折页等宣传材料1000余份。通过“食品安全宣传月活动”、“你点我检”进家庭等宣传活动，开展食品安全法律法规及食品安全知识宣传活动，接受咨询1150余人次，发放宣传资料800余份，餐饮单位电子显示屏播放宣传标语50余家。

3月15日，市场监管局开展消费维权活动

(区市场监管局供稿)

【广告市场监管】开展互联网金融违法广告整治工作为契机，牵头开展全区互联网金融违法广告整治工作。2016年，监测检查各类广告1100条次，查处各类广告案件3件，罚没款合计5万元人民币，比上年基本持平。

【专项整治】“红盾网剑”“金剑秋风”为载体，

重点部署开展有毒有害食品药品、商业贿赂、传销、虚假广告、霸王格式条款、“四品一械”稽查工作等专项整治执法行动，与公安部门配合协同，深入开展“无传销区”创建活动。围绕民生关注热点，以问题为导向，结合“三大一严”及“护航G20”工作要求做好肉制品整治工作暨打击销售病死猪肉等违法行为，有案必查、一查到底，从快、从严查处购进、销售、使用无合法来源、无“两证两章”和腐败变质猪肉、病死猪肉、兽药残留超标等违法行为。做好食品药品案件的行刑对接，努力营造规范有序的市场环境。2016年，查处各类案件73起，罚没款165.92万元。

【消费维权】2016年3月15日，婺城市场监督管理局、婺城区消保委联合主办以“新消费 我做主”为主题的“3·15”国际消费者权益日大型广场纪念活动。开设“消费教育大讲堂”、“一对一”消保业务培训、商超企业消联站业务培训，组织全区多家企业消联站到义乌学习投诉处理经验。完善“12315”信息化系统，落实“12315”、专项行动值班和局领导带班督查制度，优化业务流程，加快“12315”举报投诉流转处理速度。2016年，处理消费者申诉举报2359起，其中申诉1568起，举报791起，解决率98%，为消费者挽回经济损失145万元。办理“8890”便民服务平台、正风问效等平台交办事项，“8890”便民服务平台接受办件99件，办结率100%，回访满意率100%。开展消费维权培训12次，培训1350人次，开展消费调查6次，发布消费警示8次，发放维权宣传资料18000份。开展流通领域商品抽检219批次，对抽检结果不合格的7批次产品予以立案处理。

【合同监管】2016年，新认定国家级“守合同重信用”企业1家；新认定“AAA”级守合同重信用企业3家，延续确认2家；新认定“AA”级守重企业7家，延续确认5家；新认定“A”级守重企业5家，延续确认5家。

【农贸市场】落实索证索票制度及农贸市场双体系建设工作。2016年，二环线内双体系建设完成率已达到75%以上。完成提升改造市场6家，有省放心农贸市场4家、列入市场改造提升项目市场1家、列为省放心市场创建单位2家、申报“美丽乡村”农贸市场4家。根据上级部署，牵头对主城区8家室内无证农贸市场分类指导开展整治规范，取缔关停2家，开展基础设施提升6家。

【无照经营整治】围绕“五水共治”“三改一拆”等政府中心工作，2016年，牵头开展无证无照整治，加强高危行业、重点行业监管力度。组织开展5项无照经营专项整治行动，共检查无照经营户3160户，补办营业执照2921户，立案查处7起，罚没款6.6万余元。无证抄告15次，有照无证抄告6次。

国家著名商标一览表

表 11

序号	名称	序号	名称
1	浙江万里扬集团有限公司	2	浙江高峰控股集团有限公司

省级著名商标一览表

表 12

序号	名称	序号	名称
1	浙江尖峰集团股份有限公司	5	金华市方可园林景观有限公司
2	浙江采云间茶业有限公司	6	金华市蜂御医养蜂专业合作社
3	金华一枝秀米业有限公司	7	金华市清风寨农业发展有限公司
4	浙江高峰控股集团有限公司	8	金华市美然食品有限公司

续表 12

序号	名称	序号	名称
9	浙江广宇商标事务所有限公司	16	浙江晟丰包装有限公司
10	浙江玉阳春农产品有限公司	17	金华市仙源山铁皮石斛种植基地有限公司
11	金华美和食品有限公司	18	浙江天丰生物科学有限公司
12	浙江新辰食品股份有限公司	19	金华满篮春食品有限公司
13	金华火腿实业有限公司	20	金华大山茶蔬专业合作社
14	浙江山山家食品有限公司	21	浙江海螺万家调味品有限公司
15	金华明月楼食品有限公司	22	金华市婺城区华峰食品厂

表 13

市级著名商标一览表

序号	名称	序号	名称
1	金华兴华皮件有限公司	20	金华市婺城区兰香雨家庭农场
2	浙江金华豪森制衣有限公司	21	金华大山茶蔬专业合作社
3	浙江金华高峰建材实业有限公司	22	浙江海螺万家调味品有限公司
4	金华市清风寨农业发展有限公司	23	金华市金阳光工贸有限公司
5	金华市大发产业有限公司	24	金华市绿春苗木专业合作社
6	金华市美然食品有限公司	25	金华市婺城区华峰食品厂
7	金华雅帅纺织有限公司	26	浙江金开电子科技有限公司
8	浙江金华三清国际旅游股份有限公司	27	浙江豪瓦特节能科技有限公司
9	金华市新华齿轮有限公司	28	金华市然兰蔬菜专业合作社
10	金华昆仑润滑油有限公司	29	金华市精工工具制造有限公司
11	金华市星球机械铸钢有限公司	30	金华市鼎鑫大鲵驯养繁殖场
12	浙江晟丰包装有限公司	31	浙江海蜜机械有限公司
13	浙江六环电线电缆有限公司	32	浙江超浪新材料有限公司
14	金华光华印务制衣有限公司	33	浙江金祥板业有限公司
15	金华市捷特包装有限公司	34	浙江师大人家餐饮管理有限公司(方志刚)
16	浙江山山家食品有限公司	35	金华满篮春食品有限公司
17	金华市元盛粮油有限公司	36	浙江鼋生农业发展有限公司
18	浙江巨龙管业股份有限公司	37	浙江金盾保安服务有限公司
19	金华市炭花香酥饼有限公司	38	浙江双溪印业有限公司

表 14

商标品牌示范单位

序号	名称	序号	名称
1	浙江尖峰集团股份有限公司	2	浙江天丰生物科学有限公司

(方瑞敏)

国土资源

【概况】国土婺城分局属金华市国土资源局派出机构，下设10个科室、18个乡镇（街道）国土所。2016年，婺城区土地总面积139123.92公顷，耕地面积29863.4公顷，占土地总面积21.47%；园地面积6869.98公顷，占土地总面积4.94%；林地面积74224.77公顷，占土地总面积53.35%；草地面积490.13公顷，占土地总面积0.35%；城镇村及工矿用地面积15163.95公顷，占土地总面积10.90%；交通运输用地面积3551.31公顷，占土地总面积2.55%；水域及水利设施用地面积7315.51公顷，占土地总面积5.26%；其他土地面积1644.87公顷，占土地总面积1.18%。

【各地类变化情况】2016年，全区耕地减少39.53公顷，园地减少31.54公顷，林地减少27.37公顷，草地减少16.17公顷，城镇村及工矿用地增加101.85公顷，交通运输用地增加27.15公顷，水域及水利设施用地减少9.21公顷，其他土地减少5.18公顷。

2016年，全区国家所有土地18088.29公顷，集体所有土地121035.63公顷，与年初面积相比，国家所有土地增加68.06公顷，集体所有土地减少68.06公顷。

2016年，全区耕地面积29863.4公顷，其中坡度小于2°的面积为20479.57公顷，坡度在2°~6°的面积为5933.11公顷，坡度在6°~15°的面积为2039公顷，坡度在15°~25°的面积为1296.01公顷，坡度大于25°的面积为115.71公顷。与年初面积相比，耕地面积减少39.53公顷，变化情况分别为减少18.2公顷，减少21.49公顷，增加0.72公顷，减少0.49公顷，减少0.07公顷。

2016年，全区可调整地类面积1038.26公顷，其中可调整果园485.27公顷，可调整茶园371.8公顷，可调整其他园地79.54公顷，可调整有林地6.12公顷，可调整其他林地81.63公顷，可调整坑塘水面13.9公顷。与年初面积相比，可调整地类面积减少12.19公顷，其中可调整果园减少7.16公顷，可调整茶园减少4.73公顷，可调整其他园地减少0.25公顷，可调整有林地减少0.04公顷，可调整其他林地0.02公顷。

2016年，全区设施农用地414公顷，与年初面积相比，增加1.72公顷。农村道路1679.9公顷，与年初面积相比，增加4.38公顷。

【耕地保护】2016年，累计完成项目立项27个、规划新增耕地184.33公顷（其中水田89.73公顷）；已验收项目2个、16公顷（水田7公顷），已开工项目10个、59.4公顷；已通过财政审价进入招标程序12个、86.27公顷。2016年市政府下达高标准基本农田建设任务1525.33公顷，已落实认定项目30个、1078.66公顷，提升项目14个、1206.67公顷已进入施工设计。2016年已立项农村土地综合整治和废弃工矿用地复垦项目5个、7.53公顷，计划可新增耕地约7.2公顷（水田6.87公顷），可验收14.07公顷。已立项省级“旱改水”示范项目可提升水田17.33公顷，新立项项目5个总面积56.87公顷，预计可提升水田52.4公顷，累计可提升水田69.73公顷。

【节约集约用地】2016年，上级下达婺城区消化批而未供土地任务66.67公顷，盘活存量建设用地任务43.33公顷，完成低效用地再开发40公顷，土地闲置率≤1%。2016年全区消化批而未供土地面积 66.67 公顷,完成年度任务的 100%;盘活存量建设用地面积 46.2 公顷,完成年度任务的 107%;完成城镇低效用地再开发面积 50.07 公顷,完成年度任务的 135%;土地闲置率≤1%,基本达到市考核要求。

为优化土地规划布局空间,保障各行各业用地需求,2016 年开展年度局部调整工作。2016 年上报批准 15 个规划局部调整方案,涉及 9 个乡镇 274 个地块,调整面积 233.33 公顷,有效保障农民建房、城镇基础设施和重点建设项目的用地空间。

按照国土资源部、农业部《关于进一步做好永久基本农田划定工作的通知》精神和上级有关要求,2016 年全区开展永久基本农田划定工作,12 月,数据库通过省国土资源厅审查。

【土地出让】 2016 年,严格执行上级的新增计划指标使用政策,重点保障了金华市区梅溪流域综合治理、雅畈固废中心、蒋堂异地搬迁安置项目、蒋堂工业功能区道路、安地小城镇环境综合整治改造(一期)、婺城新城区瑞德妇儿医院、双溪西路、华龙南街、多湖中央商务区科技文化中心、三江水街一、二期项目以及村民建房等一批基础设施、"五水共治"项目和民生项目用地。全年完成上报城市分批次项目 18 个、共 240 个地块,总面积 99.7 公顷,其中农用地 61.53 公顷 (耕地 48.53 公顷), 未利用地 5.87 公顷、建设用地 32.13 公顷。其中,安排农房批次 6 个、面积 13.93 公顷,农用地 11.67 公顷(耕地 6.73 公顷),未利用地 2.16 公顷,建设用地 0.12 公顷。

利用农村土地综合整治周转指标挂钩地块 2 个,面积 1.65 公顷,其中农用地 1.65 公顷(耕地 1.51 公顷)。

抓好建设项目供地、出让工作。2016 年,全区总供地 135 宗,面积 72.53 公顷,其中工业用地 9 宗,面积 8.47 公顷;住宅用地 6 宗,面积 9.53 公顷;商服用地 2 宗,面积 5.33 公顷;公共管理与公共服务用地 9 宗, 面积 9.6 公顷; 公共设施用地 2 宗, 面积 0.47 公顷;交通运输用地 8 宗,面积 22.2 公顷;特殊用地 1 宗,面积 1.67 公顷;宗教用地 1 宗,面积 1.13 公顷;村民建房用地 90 宗,面积 13.93 公顷;村公用设施公益事业用地 7 宗,面积 0.2 公顷。

【矿产资源开发利用】 婺城区矿产资源种类有水泥用灰岩、建筑石料用凝灰岩、砖瓦用(泥)页岩、萤石等,开发利用的主要矿产仅有 2 种,建筑石料用凝灰岩、砖瓦用(泥)页岩。建筑石料用凝灰岩矿山保有资源储量 619.048 万立方米、砖瓦用(泥)页岩矿山保有资源储量 152.38 万吨。

2016 年,全区有持证矿山 16 家,水泥用灰岩、建筑石料用凝灰岩、砖瓦用(泥)页岩等是全区的优势矿产。能源矿产十分贫乏,金属矿产零星分布,查明资源储量非常有限。

凝灰岩主要分布在雅畈镇竹园、铜山小窑村一带,2016 年,开采建筑石料矿山企业有 7 家,年开采矿石量 383.22 万立方米,产值 5627.62 万元。

砖瓦用(泥),主要分布于盆地内,为白垩系地层的"黄土丘陵",经风化、半风化的岩层和软土层,厚度由几米到几十米不等,2016 年,砖瓦用(泥)页岩矿山企业有 9 家,年开采矿石量 32.17 万吨,产值 4897.18 万元。

【矿产资源管理】 2016 年,完成 15 家矿山企业矿产资源开发利用年审年检和实地核查工作,开展 2015 年度和 2016 年上半年矿山企业矿产资源补偿费的征收工作,完成征收 159.06 万元;2016 年,征收采矿权拍卖所得 1440.81 万元, 其中工程性建筑用砂矿采矿权拍卖所得 183.72 万元。完成 7 家建筑用石料矿储量动态监测和储量年报审查工作。

【依法行政】 2016 年,做好 G20 峰会信访维稳工作。全局第一时间成立了 G20 峰会信访维稳工作领导小组,根据"护航 G20 峰会"不同阶段对信访维稳工作的不同要求,制定下发工作方案和应急预案,涵盖涉土涉矿信访维稳、重大项目征地拆迁矛盾化解、地质灾害风险防控等各方面内容,形成了工作合力。先后开展三轮涉土涉矿稳定隐患排查,通过梳理排摸,排摸出涉及重点工程、集体土地征用、违法使用土地、房屋拆迁、宅基地规划审批安置等方面问题清单 76 项, 涉及重点信访人员 24 人。对排查出来的各类涉土涉矿问题, 并根据实际情况采取分类处置措施。 进入决战阶段后, 分局实行 24 小时值班制度,严格执行维稳工作信息"零报告"制度,举全局之力保障了峰会的顺利举行。

2016 年,全局办理来信来访 150 件、其中来信

97件，来访53批、99人次，报结149件(1件未到期正在办理中)，办结率99.33%；办理省厅交办的信访积案2件，办结率为100%；接听“12336”电话举报72件，保质保量完成工作任务。

做好2014年土地卫片执法整改工作。抓好2015年度卫星遥感监测图斑违法用地拆除整改复耕工作。全区违法用地占用耕地面积初始比例为3.14%。

大力打击非法采矿行为。2016年，移送公安立案非法采矿案2件，扣留作案机械6台。6月，婺城公安分局对国土资源分局移送的非法采矿案的犯罪嫌疑人采取刑事强制措施，有效震慑非法采挖行为。开展“亮剑”行动摸底调查。上报临时用地1宗，村干部和村集体违法用地54宗，面积15.91公顷。

【基础建设】2016年，推进不动产统一登记。6月28日，婺城不动产分中心正式运行，并向不动产权利人颁发首本证书。截至年底，共发放不动产权证书115宗。其中转移登记65宗，变更登记33宗，遗失补证登记13宗，更正登记1宗，初始登记3宗。

2016年会同人劳局、各乡镇对1999—2015年实施土地征收而未落实被征地农民基本生活保障的失地农民进行全面的调查摸底，先后上报历史遗留10个乡镇，102村 9079人补办失地农民参保手续，其中2035人已纳入保障，领取基本生活费。

完成无房户、危房户录入为945户(其中无房户474户、危房户471户)。完成村民建房审查备案62宗，面积5660平方米，其中新增建设用地面积1290平方米。

【地质灾害防治】编制《2016年婺城区地质灾害防治方案》，与有地质灾害隐患分布的11个乡镇签订《地质灾害防治工作责任书》，明确工作任务，落实防治责任。开展汛期地质灾害隐患点巡查，加强24小时值班制度，做好值班记录，全年发布地质灾害预警短信8次、953条，开展重点地质灾害隐患点巡查284组、818人次，撤离转移受威胁群众118处、261人；处置新发生的6处地质灾害灾(险)情。2016年虽有险情但未造成人员伤亡。结合“4·22”地球日在市人民广场进行地质灾害防治知识宣讲和资料发放，邀请市地环站陈华民站长到分局共建单位城北街道站前社区为该社区干部与居民举办一次关于地质灾害防治与地球保护的讲座，不断提高广大群众的防灾减灾意识与避险自救能力。2016年避让工作中安地镇和村方落坞自然村10户、33人已全部完成避让搬迁，塔石乡高田村与鱼潭村2个整村避让搬迁项目，已完成避让搬迁242户、593人。根据省、市提出关于即将开展地质灾害隐患点三年清零行动的指示精神，作为全市避让搬迁示范点的婺城区，将32个隐患点的威胁范围（包括户数、人数、房屋的现状等）、对于隐患点采取的防治措施(搬迁或治理)，以及实施时间等，进行一次次的梳理汇总，初步拟定《婺城区地质灾害综合治理“3年清零行动”实施方案》。（沈　丹）

城乡规划

【概况】婺城分局(简称分局)是金华市规划局派驻婺城区的正科级城乡规划管理机构。2016年,城乡规划体系进一步完善。乡镇控制性详细规划编制取得突破性进展,莘畈乡规划已通过专家评审;乾西片区控规、琅琊镇控规、雅畈镇控规已完成规划方案,通过区政府常务会议审议。竹马乡控规和蒋堂镇控规、临江分区控规、临乾分区控规已上报市政府待批。村庄规划编制继续深化。全年完成村庄规划编制(含修编)27个。2016年,出台优化规划管理服务工业企业六大举措,全年完成建设项目审批116件,其中建设项目选址8件,用地面积122.38万平方米;建设用地14件,用地面积12.18万平方米;建设工程71件,建筑面积23.45万平方米;竣工验收23件,建筑面积33.75万平方米;完成农房审批90户,批准建设用地7042平方米,建筑面积2.22万平方米。

【规划管理】2016年,深化行政审批制度改革。所有行政许可事项均对接网上政务大厅,入网13个事项由原先的"三星级标准"提升为"五星级标准",并进行网上审批。加快市区规划管理系统建设,完成与市规划局的规划管理系统及政务网对接改造,基本实现内外网共同服务。启动规划审批全程痕迹化管理,疑难问题、重大问题全部提交专题会集体研究,集体决策,并通过视频、照片的形式留存,真正把权力关进笼子。

优化规划服务水平。开展"千名干部进企业,千方百计解难题"活动,深入企业、深入基层一线开展调研。针对婺城区房地产严峻形势,专题研究房地产解困措施,帮助桂语山居、缤虹新城等房产项目解决一大批规划上的困难和问题,走出发展困境。结合市区"三百竞赛"活动的要求,深入开展由分局局长亲自带队的"主动上门解难题"系列活动,专程到金华意谐房地产有限公司、浙江金磐机电有限公司、金华巨龙置业有限公司等重点企业进行现场办公,帮助企业解决问题,得到企业好评。

加强市区重点工程项目规划管理服务工作。完成高铁站西北侧景观改造工程设计方案、白龙桥镇白门线华电路两侧建筑立面整治改造方案、芙峰街(二环北路—市委党校段)道路两侧景观提档改造设计方案、五星公园环城北路南侧景观提档设计方案、勤俭饭店周边与金华高速收费口上下匝道景观绿化提档改造设计方案等一系列重点项目的规划设计,推动项目建设。参与田里、后地、西郊、上浮桥、洪源(人民西路延伸工程)等区块的城中村改造工作,出具相应的征迁范围建议线。做好杭金衢高速公路两侧景观改造工程相关规划工作,完成大转盘、沙溪口袋公园、勤俭三角公园和建筑立面改造工程的施工方案。主动牵头完成仙源湖旅游度假区总体规划扩容编制工作。敢于担当,牵头开展婺城区12个乡镇的小城镇环境综合整治专项规划编制工作。

深化阳光规划。分局审批项目全部在市规划局网站和项目现场进行公示,同时邀请规划监督员进行全程监督,把权力置于阳光之下运行。开展规划法律法规进乡镇活动,利用周一学习夜的时间,制作了规划知识宣传片(PPT)到各乡镇进行巡回演讲,让社会各界特别是乡镇领导干部进一步尊重规划、了解规划、执行规划。

【队伍建设】 按照市直机关工委关于机关党建阵地“双推进”的要求，对党建阵地进行全新布置。对党员权利和义务、入党誓词、党旗及“三会一课”等内容制作宣传牌在党员活动室上墙公开，设置党务公开栏，定期更新支部党建活动，在分局办公场所醒目位置对廉洁自律准则、中央八项规定以及省委六项禁令等内容进行展示，时刻提醒全体干部职工筑牢廉政思想防线。5 月，组织全体干部职工赴浦江县“江南第一家”廉政教育基地开展廉政学习教育，增强党员干部廉政意识。8 月，完成支部换届选举工作，夯实基层党组织建设基础。9 月，组织全体乡镇规划员参加市区乡镇规划员队伍党风廉政建设教育及业务培训。同时，制定学习教育活动实施方案，开展主要负责人上党课、学习身边典型事例、规划课堂入基层、“亮身份做表率走前列”、组织党员参与铁路安保志愿服务、“护航 G20”大巡防等系列活动。

（高　俊）

环境保护

【概况】2016年,全区已命名市级生态村277个,占全区行政村的81.5%。已正式命名市级以上生态乡镇15个,其中省级12个、国家级3个。婺城区安地镇完成《国家生态文明建设示范乡镇建设试点工作实施方案》省级评审并经区政府同意后印发实施。

【环境整治】严格总量控制,推进污染减排。根据省市下达区的2016年减排目标任务,区环保局层层落实减排任务,强化目标责任考核,加大工程减排、结构减排、管理减排、农业减排工作力度。2016年婺城区四项主要污染物排放总量在2015年基础上削减化学需氧量3.52%、氨氮5.51%、二氧化硫13.98%、氮氧化物9.28%,均超额完成年度减排目标任务。

印发《婺城区2016年度大气污染防治工作实施计划》(婺区政办〔2016〕45号),推进控煤减煤、降尘抑尘、工业废气、管车控烟、农村废气、城市扩绿、亮剑斩污、G20保障等8大行动22项重点工作。完成大气污染源清单调查。召开婺城区大气污染源排放清单建设工作部署培训会,完成10个乡镇街道、86家涉气企业的基础数据调查工作。完成G20环境质量保障工作。根据省市G20峰会环境质量保障工作统一部署,制定印发《G20峰会婺城区环境质量保障工作方案》,按照"核心区"要求做好"严控区"的各项环境质量保障工作,落实重点污染排放企业停限产、机动车限行、施工工地停工等管控措施,实现峰会期间全区环境质量优良,环境安全无事故。完成重点污染源废气治理任务。完成重点领域工业废气提标改造,完成3家企业的有机废气(VOCs)治理,完成率100%;完成年度黄标车淘汰任务(402辆)。

【环境监测】2016年,全区监测点站PM2.5均值浓度为47微克/立方米,比上年同期(57微克/立方米)下降17.5%;AQI优良率为81.7%,比上年同期(71.5%)提高10.2个百分点。2016年,全区列入省市考核的交接断面沈村断面、婺城大桥断面水质均值为Ⅲ类,满足水环境功能区要求,考核总体评价结果为优秀。全区60个地表水乡镇交接断面,Ⅰ~Ⅲ类水质断面53个,占88.33%;Ⅳ类水质断面5个,占8.33%;Ⅴ类水质断面1个,占1.67%;劣Ⅴ类水质断面1个,占1.67%。

【项目审批】严格实行建设项目环境准入制度。2016年审批项目34个,初审项目3个,坚决制止高能耗、高污染项目进入区境,从源头控制污染物排放。加强项目全过程监管,杜绝建设项目出现未批先建、批小建大、批建不一现象。加强项目竣工环保验收管理与试生产审核,全区"三同时"验收项目合格率100%。

【执法检查】2016年,在全区范围内开展环境安全隐患大排查大整治及"亮剑1号""春雷斩污""夏霆斩污"等系列专项行动,对污水处理厂、畜禽养殖场、工业园区以及长期存在的区域性污染问题,开展"拉网式"排查整治,从严从快从重打击环境违法。出动执法人员1800余人次,检查企业880家次,责令限期整改16家,依法取缔"低小散"企业13家,立案查处违法行为64起,其中移交公安部门案件6件(涉嫌行政拘留案件5件,行政拘留5人;刑事拘留1件,刑事拘留3人)。

【宣传教育】组织开展"6·5"世界环境日宣传

活动:围绕2016年世界环境日活动主题“改善环境质量 推动绿色发展”,结合全区“五水共治”和大气污染防治工作,开展环境保护活动,营造保护水环境、人人有责、人人参与、从我做起。对环境保护相关法律法规等内容进行宣传,共发放宣传资料3万余份。

【信访与建议】 2016年,办理人大、政协议案、提案3件,代表和委员的满意率均为100%。受理环境污染举报投诉590件,其中水污染90件、气污染380件、声污染89件、其他31件,调查处理率100%,满意率98%以上,确保全区社会稳定;开展环境矛盾纠纷排查4次,解决各类矛盾纠纷4件,妥善处理群众反映较集中的热点、难点环保问题。

(张树云　吴 梦)

质量技术与安全生产监督

质量技术监督

【概况】 婺城区质量技术监督局在区委、区政府的领导下，围绕中心，坚持稳中求进，坚定不移抓质量、保安全、促发展，为建设质量强区，推进婺城区创新驱动发展做出新贡献。2016年，荣获区政府质量奖企业1家；获省名牌2家，市名牌5家；已上报“浙江制造”标准2个，为培养婺城有竞争力的品牌企业奠定了扎实基础。

【品牌建设】 围绕辖区内主导产业、支柱产业、优势产业，对拥有知识产权、核心技术、竞争力较强、名牌知名度较高、在市场上占一定份额的优势名牌产品，实施重点培育。推进“浙江制造”标准体系建设，鼓励辖区内产品标准水平国内一流、国际先进的企业申报“浙江制造”标准认证。开展区政府质量奖培育工作，通过质量梯队建设，引导和激励婺城区发展潜力大、管理先进的企业不断创新，提升企业价值，增强婺城区经济的综合竞争力。

【标准化战略】 2016年，实施标准化建设，争夺行业话语权。坚持深入推进标准化工作，不断强化标准意识，通过政策引导、鼓励工业企业采标、主持和参与国家行业标准制修订，发挥技术标准在推进产业升级、增强自主创新、保障质量安全、转变经济发展方式等支撑作用。通过国家级标准化项目企业1家；主导制定行标1个，参与制定国标1个，参与修定行标2个，规模以上工业企业采用国际标准或国外先进标准比率达62.87%。

【特种设备安全监察】 “保安全”是质监工作的底线，面对依然严峻的特种设备安全形势，全局始终把保障特种设备安全放在的首位，把重要领域安全防范作为工作重点，采取扎实有效措施，为全区经济社会发展创造良好的安全环境。2016年，全区共有注册登记特种设备5780台，在用特种设备4849台，停用设备931台。共出动检查226人次，检查单位100家，停用隐患设备145台，下达安全监察指令书29份，发现严重隐患20处，整改20处，实现重大隐患全闭环。全区共有在用自动扶梯244台，查出存在的一般隐患35台，隐患已整改35台。今年煤锅炉淘汰任务指标为215台，截至12月底，注销拆除锅炉215台，完成任务数的100%，其中带压力高污染锅炉注销拆除112台。全区18个乡镇、街道中14个有特种设备并分别进行普查整治。走访企业1200余家次，排查设备5213台。对隐患设备进行的专项整治行动，停用隐患设备162台，清理超期未检设备480余台，注销(报废)老旧设备241台，淘汰带压力高污染锅炉67台，办理使用登记设备92台，培训发放特种设备作业人员证1214本。全区在用设备使用登记率达到了95.4%，在用设备定检率达到了91.2%，持证上岗率较上年有大幅提高。全年特种设备安全整体情况良好，未发生特种设备安全事故。

【工业产品区域监管】 2016年，全区有工业产品39家，相关产品7家，共受理年审企业30家；按照分类监管的巡查要求，巡查企业86家次；受理换证5家，名称变更1家，增项1家。完成省级监督抽查85批，不合格批次数5批，计划完成率100%，检验合格率达94%，监督抽查后处理完成率100%；对辖区内获证的工业产品生产企业开展10%的实地抽查；发放警示宣传手册200余份，宣传人次达600余人。

【行政执法】 为保障广大人民群众身体健康和生命安全，以节日消费集中的展会、市场、商场中销售的金银饰品、贵重药材、高档农(水)产品及餐饮计量作为检查对象，严厉打击特种设备安全 “三非”“两超”“一无一违”等违法违规行为，分别开展“蓝剑1号”“蓝剑2号”等专项行动。2016年，出动执法人员624人次，检查企业(包括电商)156家次。立案查处30起，已结案29起，罚没款人民币约19.4万元。追缴存在安全隐患的“无证”锅炉6台并已拆除销毁，拆除非法安装的简易式升降机1台，督促整改无证叉车一台。配合公安局前往6处问题成品油窝点进行抽样。成功调解产品质量纠纷17起。报送信息12篇。接受行政复议申请2起，没有行政复议撤销和没有行政诉讼败诉案件。

【民生服务】 2016年，全区环境监测计量器具摸底调查，辖区共有检测机构1家，设备13台，排污单位8家46台，随机抽查排污单位3家。共安排能源计量审查“回头看”企业3家，与质检院专家进行现场检查，总体情况良好。开展强制检定计量器具专项检查，出动执法人员54人次，检查各类企业18家，检查电子计价秤等贸易结算计量器具100余台，商品条码80余个，发现未经检验的电子计价秤1台，作弊电子计价秤1台。学习“四建三查”模式，加强资质认定检验检测机构监管，完成全区15家检验机构年度统计工作及自查工作。开展机动车安检机构检查，农产品认证检查等多次专项检查，组织企业参加省局组织的能力比对，针对比对结果不满意的情况，责令婺城区建筑材料试验所暂停相应检测资质，并立案处理。

【“两学一做”学习教育】 开展“两学一做”学习教育活动。全局党组把开展“两学一做”学习教育作为一项重大政治任务来抓，建立党员学习阵地、党风廉政阵地、法律法规宣传阵地，成立“两学一做”学习教育协调小组，负责组织学习教育工作。要求机关支部切实履行主体责任，负责本单位的学习教育，从严从实抓好学习教育。?明确学习任务抓好自学。明确学习进程抓好教育。明确学习内容抓好质量。加强机关效能和自身建设。狠抓干部队伍作风，严格落实党风廉政建设要求，不断规范内部管理，加强通过抓班子、带队伍、促和谐、强服务，干部作风明显转变，机关效能明显提升，全局上下形成风正气顺的良好工作氛围和团结和谐的工作局面。组织全体干部观看廉洁动漫片《郑义门》15集；与各科、室、基层质监站签订党风廉政责任书4份；排查党组成员廉政风险点18条、排查单位廉政风险点22条。

(张倩云)

安全生产监督

【概况】 2016年，全区发生各类生产安全事故36起、死亡23人。其中，道路交通发生事故31起、死亡18人；工矿商贸生产安全事故5起、死亡5人。2016年，区安全生产监督管理局(以下简称区安监局）获2015年度工作目标责任制考核工业竞赛活动二等奖、项目竞赛活动服务项目组优胜单位、社会管理创新竞赛活动优胜奖，2011—2015年全区法制宣传教育先进集体，2015年度全市安监系统政务信息工作先进单位，G20杭州峰会维稳安保工作区级先进集体，2016年“横店杯”金华市第二届危险化学品企业员工应急处置技能比武竞赛组织奖。

【安全责任体系建设】 2016年，贯彻落实“党政同责、一岗双责、失职追责，齐抓共管”暂行规定，树立红线意识，依据“管行业必须管安全、管业务必须管安全、管生产经营必须管安全”要求，加强统筹安排，以推进安全生产责任落实。

召开6个会议，推动乡镇(街道)属地监管、行业主管部门直接监管及企业主体自我监管落实。召开全区安全生产暨消防工作会议，传达学习各级安全生产工作会议精神，部署2016年全区安全生产工作任务，与18个乡镇(街道)、33个部门签订安全生产工作责任书；召开一季度安全生产分析会暨

G20 峰会安全生产监管工作部署会，拉开护航 G20 安全生产整治行动序幕；召开全区危化、烟花爆竹、矿山企业、“三场所两企业”主要负责人、安管员警示教育培训会，强化生产经营单位安全生产主体责任；召开全区特种设备普查和安全管理工作会议，摸清特种设备底数，开展针对性专项治理；召开全区安全生产半年工作形势分析暨护航 G20 峰会安全生产综合整治大会战推进会，部署实战、决战阶段安全生产各项工作；召开三季度安全生产工作例会暨 G20 峰会决战阶段消防安保再推进工作会，坚决筑牢峰会期间安全生产各条防线。

下发 6 个文件，即《全区 2016 年安全生产监督管理工作要点》《2016 年全区安全生产监察执法工作要点》《全区平安护航 G20 杭州峰会安全生产综合整治大会战实施意见》《全区小微企业安全生产委托管理工作实施方案》《2016 全区工贸企业安全生产标准化创建和复评工作方案》《新修订〈浙江省安全条例〉宣贯方案》。明确安全监管工作思路、目标和任务。

开展 6 次督查，推动安全生产专项工作任务全面落实。开展第一季度安全生产工作落实情况督查；开展“党政同责、一岗双责、失职追责”暂行规定落实情况督查；开展危化、矿山、烟花爆竹、“三场所两企业”重点监管行业安全生产主体责任落实情况督查；开展市、区重点安全隐患挂牌整改工作落实情况督查；区委平安护航 G20 峰会维稳安保指挥部开展安全生产综合整治实战阶段工作落实情况督查；区政府组织 9 个督查组开展决战阶段安全生产督查。

【隐患排查体系建设】 2016 年贯彻落实“安全第一，预防为主，综合治理”的安全生产方针，建立安全生产事故隐患排查治理长效机制，加强安全生产主体责任，促进对各类安全生产事故隐患的排查和整治，彻底消除事故隐患，防止和减少各类事故发生，保障人民群众生命财产安全。

建立重点隐患单位挂牌督办制度。各乡镇(街道)和行业主管部门建立严格的事故隐患排查治理制度，对整改难度较大及安全管理混乱、事故隐患排查治理不力的生产经营单位，列入乡镇(街道)、行业主管部门安全生产重点隐患单位，实行挂牌整治。2 家市级工矿企业和 3 家道路交通挂牌整治单位通过复查。

行业主管部门推进专项整治。加大危险化学品和烟花爆竹监管执法：安监部门会同乡镇(街道)安监站检查危化生产经营企业(带仓储)、无仓储危化经营单位共计 141 家次，检查加油站 61 家次，下达责令限期整改指令书 50 份、整改复查意见书 45 份。会同政法委、公安、市场监管、行政执法及乡镇(街道)联合执法检查 8 轮，检查烟花爆竹零售点 318 家次，下达责令整改指令书 14 份、整改复查意见书 14 份。加大非煤矿山检查监管力度：结合婺城区矿山实际，会同乡镇(街道)安监站以每 2 个月检查一次的频率组织检查 47 次，检查企业 7 家，检查人员 188 人次，排查隐患 194 处。加大职业卫生监管力度：排查出职业病危害风险等级严重的用人单位有 30 家，较重的 46 家。完成 8 个乡镇(街道)13 家企业职业卫生管理示范点建设。对 57 家企业职业病危害因素开展定期检测、现状评价、专项治理。加大特种设备普查整治力度：开展蓝剑 2 号专项整治行动，出动执法人员 220 人次，检查特种设备使用单位 97 家、特种设备 362 台，排查安全隐患 82 处，下达《安全监察指令书》29 份。加大火灾防控和隐患整治力度：开展冬春火灾防控、重大火灾隐患挂牌整治、居住出租房消防安全综合整治等工作。检查单位 1132 家，发现火灾隐患 757 处，督促整改火灾隐患 721 处，下发责令改正通知书 591 份，对 52 家单位予以行政处罚，对 15 家单位实施临时查封，责令“三停”单位 16 家，罚款 25.48 万元，行政拘留 5 人。加大道路运输安全隐患排查和治理力度：开展稽查“1 号”行动、道路货运行业实名制专项整治行动、旅游包车整治的“2 号”行动、在建工程道路施工现场、临水临崖危险路段、事故隐患点专项整治行动及交通领域安全生产隐患大排查，查处违章案件 1593 起、处理行政案件 87 件、整治超限车辆 1347 辆。加大建筑施工领域和液化气经营网点安全管理专项整治：制定瓶装燃气实名制销售信息化管控专项工作方案，实名登记燃气瓶 11.7320 万只；开展建筑行业安全隐患排查治理，推进主体责任的落实。加大校园安全专项整治力度:开展学期初安全大检查、校园防溺水专项行动、校园反恐防暴专项检查、校园周边综合治理、校车安全专项检查等一系列安全措施。加大打非治违专项整治力度:会同乡镇（街道)、安委会成员单位监察生产经营单位1242家次,查处工贸企业一般事故隐患1918个,实施行政处罚46起,罚款94.4万元;实施责令停产停业处罚单位10家,对10家违反《中华人民共和国安全生产法》情节较为重要的生产经营单位在“今日婺城”予以曝光。公安部门牵头开展成品油专项整治,取缔13家非法储存点,15名责任人被采取刑事强制措施,处罚金9000元。

高效处理投诉举报件。接到举报17起,其中举报烟花爆竹无证非法经营的6起，查实取缔6起;举报无证非法经营危险化学品3起，查实2家,行政处罚2家;举报安全生产隐患8起。未接到相关生产安全事故举报。市局转办及“8890”便民服务平台交办信访举报件6起,全部办结。

【防控能力建设】 解决当前安全生产领域存在的薄弱环节和突出问题,强化安全风险管控,从推行智慧式用电信息系统、推进安全生产社会化服务、推行企业安管员月例会制度、提升应急救援演练能力等几个方面全面提升安全生产预防控制能力。

推行智慧式用电信息系统。面向危险化学品场所、电气集中场所、劳动密集区域、易燃品制造企业等大力推广智慧式用电安全管理信息系统。有60余家企业安装165台智慧式电气火灾安全隐患排查监管信息系统,提升预防电气火灾的能力。

推进安全生产社会化服务。一方面,开展小微企业安全生产托管。为补齐小微企业“无人管、不会管、管不好”和乡镇(街道)安管站人员不足的短板,下发《关于推行小微企业安全生产委托管理工作的实施意见》，区政府将100家小微企业生产安全委托中介监管,列入十大惠民实事,对已托管的企业给予3000元奖励。在各乡镇(街道)的努力下,2016年有105家小微企业实施安全托管。另一方面,实行技术专家巡查会诊制度。全年安全技术专家和乡镇(街道)安监站分批次分时段组织对“三场所两企业”进行安全生产会诊,查处隐患320余条,责令限期改正单位32家,对14家企业实施行政处罚。

推行企业安管员月例会制度。探索竹马乡企业安全生产例会制度,要求乡镇(街道)在辖区内选取二三十家有代表性的企业作为例会会员，开展互查、互学、互促活动。竹马乡例会制度不断深化,雅畈镇镇、村、企业三级网格化管理责任清晰,乾西、白龙桥、雅畈、新狮、城西等乡镇(街道)例会制度形式多样、内容丰富,成效明显。

提升应急救援演练能力。乡镇(街道)督促65家危险化学品、矿山、“三场所两企业”等从业单位开展应急演练。区安委会在浙江鹏友化工有限公司举行婺城区危险化学品事故应急救援演练,23家应急联动部门(单位)、近300人参加此次演练。

【党风廉政建设】 强化落实主体责任方面。统筹到位:2016年，安监局成立以石柏校局长为组长的党风廉政建设领导小组,组织召开全局党风廉政建设工作会议，安排部署2016年党风廉政建设工作任务,制定《金华市婺城区安监局党风廉政制度》《安监局2016年党风廉政建设工作计划》和《婺城区安监局主要领导五个不直接分管制度》。责任到位:党组书记对党风廉政工作负总责,对党风廉政重要工作亲自部署,重大问题亲自过问,重点环节亲自协调、重要案件亲自督办。党组班子成员履行“一岗双责”职责,做到管人与管事相结合,管业务与管党风廉政建设相结合,认真抓好分管范围内的党风廉政工作,落实好各项工作任务。逐级签订安监局2016年党风廉政建设责任书，明确各科室和岗位工作人员的廉政责任,层层抓好落实。意识到位:全局中层以上干部如实填写个人有关事项报告表并结合自已工作岗位实际,认真查找岗位廉政风险点,践行防控承诺积极配合第四纪检派驻组廉政谈话。全体党员积极参与“两学一做”学习教育,认真学习党章党规、习近平总书记系列讲话精神,每个党员制定岗位行为规范、家规家训,通过学习教育,全体党员的纪律意识、党员意识得到明显提高。

强化作风效能监督方面。开展“正风肃纪”行动:将落实中央八项规定和机关效能建设作为推进各项工作的重要抓手,加强效能建设和工作纪律的监督检查;实行定期和不定期督查,局纪检小组开展专项行动10次,出动人员20人次,检查科室50次。加强廉政文化宣传:利用局机关公共场所开展廉政文化宣传活动,廉政宣传牌上墙上桌,同时在重要节假日、行政许可审批、安全教育培训、事故调查处理等敏感时段和重点岗位开展有针对性的廉政警示提醒,教育提醒局机关工作人员守住底线、筑牢防线、不越红线。开展公务支出公款消费专项审计:配合区审计局对安监局进行三公经费审计工作,规范安监系统的公务支出公款消费行为,坚决纠正"四风"问题,把中央"八项规定"、浙江省委"六项禁令"落到实处,营造勤俭节约、反对浪费氛围。加强作风建设,局党组在理论知识学习、日常安全监管和党风廉政方面,坚持做到以身作则做好表率,以自己的行动影响干部,带好队伍,努力营造全局上下"聚精会神抓监管、一心一意谋安全"的好风气。

强化廉政警示教育方面。为强化教育的警示作用,全局干部实地参观浦江"江南第一家"、浙中预防职务犯罪警示教育基地;同时以"两学一做"学习教育为契机,开展以党纪政纪为主要内容的党风廉政专题教育。通过观看《郑义门》《镜鉴》,学习中央纪委六次全会精神、习近平总书记系列重要讲话精神、《中国共产党问责条例》等,深化示范教育、警示教育和岗位廉政风险教育,促使全局干部不断增强廉洁从政意识,营造"风清气正、勤政廉洁"的浓厚氛围,引导全局机关工作人员牢固树立廉洁价值理念。

【宣传教育活动】2016年,开辟《今日婺城》安全生产工作每月专版、156个科普之窗安全生产宣教阵地;开展危化企业安全文化创建活动;全区18个乡镇街道和35个安委会成员单位、35家危化生产经营(带储存)企业、7家矿山、22家"三场所两企业"、33个烟花爆竹经营单位、2家批发公司及乡镇街道所辖工矿企业全部开通安全微信群;组织11期安全生产培训班,培训企业负责人和安管员1015人;面向各乡镇街道、区安委会成员单位分管领导、安监站站长(安全联络员)、安监员开展"婺城区安全生产监督管理专题业务培训",全区92人参加培训学习;邀请"六进"培训机构开展安全常识教育培训,人数达6539人;在蒋堂小学尝试小学安全教育的基础上,2016年在荣光国际学校创办了集交通、消防、地震、危化、烟花爆竹等八个模块的小学生安全教育基地,全面普及安全常识。 (华俊尧)

城市管理

【概况】2016年，金华市城市管理行政执法局婺城分局重设内设机构，划分为办公室、人事宣教科、法制科、信访督查科和指挥中心5个科室，并细分职能、明确考核机制，规范办公秩序，统一制度上墙，构筑权责清晰、务实高效的运行体系。优化队伍结构，严把队员入口关。制定《合同制队员招聘实施办法》，按照考试、面试、党组研究、军训、法规培训、试岗和综合评定等程序，38人新聘队员受到好评，其中有6人队员已担任骨干。

各基层大队专设法制员，健全法制队伍，并推行执法案卷退卷制度，退卷表明退卷理由、依据及改正措施等，案件办理质量得到有序提升。2016年，分局办理行政处罚案件600多起，行政许可案件1600多起。大案、要案的查处力度持续加大，2016年的餐饮单位餐厨垃圾收贮、处置案和水环境污染处罚案，开出分局历史上最大的罚单。在全市行政执法系统案件评查中，第251号违法建设案件被市局评为优质案件。分局组织12期法制培训，编印11期《法制月报》作为培训载体和学习读本，提升法制意识和依法办事能力。以创建全市法治政府建设示范单位为牵引，创建全区网络办案公开系统首家试点单位，率先实现网络办案公开系统试运行。按照行政管理“扁平化”的改革要求，分局正式成立审批窗口，探索审批服务“互联网+”新模式，主推“淘宝式”审批服务，提高一站式网上办理便捷程度，分局行政审批事项全部达到3星级及以上，犬类办理更达到5星级评价；此外，分局还提供弱势群体上门办证服务，已上门送证10余次，得到群众高度评价。

【重点工作】以国家卫生城市复审百日攻坚行动、小城镇综合治理行动、护航G20安全维稳等重点工作为载体，提升城市品质，落实长效机制。分局围绕国卫复审工作，制定百日攻坚行动方案，以马路市场和夜市专项整治为重点，多措并举，点面开花。分局坚持高压推进与文明执法、出击与疏堵结合、联合执法与定点突破相结合，狠抓长效机制，落实常态管理。2016年，发出温馨告知书7800余份，派出队员6500余人次，取缔流动摊贩和劝导占道经营达1000余起，取得成效明显，通过开展每周两次的夜间巡查，落实错峰执勤制度。有效形成管控机制，江北区域的马路市场、夜市的卫生环境和经营秩序实现根本性好转。探索联合管控机制，形成“社会共治”的联管局面。分局以“六乱”整治为重点，对飘萍路、将军路、酒坊巷、老六中等重点路段和区域，多次开展集中整治行动，清运垃圾10余车，查处占道经营53处，整改牛皮癣67处，拆除乱搭乱建10余处，劝导门前三包40余处，成效明显，赢得周边群众的肯定与认可。对接古子城管委会，落实管理细则，明确责任人员，确保监管常态化。同时重拳出击小城镇综合治理，集中火力在安地镇、白龙桥镇等小城镇开展房前屋后大整治、绿化带违规种菜整治、沿街立面整改、占道经营整治等系列整治工作，全方位提升整容镇貌。

为护航G20工作平稳落地，分局成立巡查小组，联合社区工作人员，每日开展安全巡查工作，挨家挨户开展以煤气钢瓶为重点的安全隐患排查，维护社区安全稳定。推出系列安全防爆举措，包括安全预警系统、邀请武警支队教官集中开展防爆教学、定期对基层大队和机关科室开展防爆突击检查等等,提高分局防爆等级,提升队员警惕意识和危机应变能力。

【市容环境整治】户外广告整治成效明显,分局加大人力物力投入,多次开展户外广告整治,突出楼顶违法户外广告的摸排统计、立案查处、督促整改,为市民营造安全的户外环境。楼顶违法户外广告95%以上得到了整改,店招、横幅、灯箱、LED等类型广告也进入整治阶段。分局高度重视做好餐饮油烟污染、门前三包、污水乱排、餐厨垃圾回收等问题的整改工作。分片区、分区域实行纵深推进。三季度,分局以白龙桥镇和安地镇为重点,开展两路两侧整治行动。清除房前屋后乱搭乱建和“蓝色屋面”等彩钢房(棚)建(构)筑物等20余处,拆除违章广告牌238块。为达到沿街立面整齐划一的良好成果,分局挨家挨户做通沿街商铺住户工作,粉刷立体墙面,更换统一店招,粉刷墙面4万余平方米,更换店招350余家。补种绿化带。分局定期开展巡查,清除道路绿化带杂草,并联合园林部门补种绿植,提升两路两侧的环境面貌。

【拆违保障】2016年,分局派出队员2000余人次,参加雅畈镇、安地镇、金西小区等地拆违保障工作。分局按照“情况掌握在一线、工作开展在一线、问题解决在一线”的作战思路,顺利完成金西小区6号、8号钉子楼拆除、八咏路360号违章停车场及附属物拆除、方井头6幢房屋征迁腾空、雅叶村违建拆除、乾西高铁桥下违建拆除,小同村违建拆除、新狮口袋公园违建拆除、艾斯曼老厂区违建拆除、雅畈镇铜山寺违建拆违、城西西郊村以及新狮街道高村违建拆除等,开展大小拆违行动300余次,拆除面积6万平方米,清运建筑垃圾、生活垃圾1200车。

(崔梦琪)

供电　通信

供　电

【概况】2016年，国网金华供电公司婺城供电局完成电网投资2.36亿元；售电量为32.09亿千瓦时，同比增长10.09%；回收电费24.07亿元，同比增长15.41%；线损率3.35%；城网综合电压合格率为100%，农网综合电压合格率为99.37%，城网供电可靠率为99.99%，农网供电可靠率为99.89%；客户回访满意率为99.29%。年度绩效考核在全市供电单位中名列前三，获评金华公司精神文明建设先进单位。

【安全生产】安全生产形势总体平稳，累计安全日达1626天。强化安全责任落实。认真履行安全第一责任人履职报告制度，坚持一岗双责，提升本质安全水平。拟定年度安全工作意见和目标，明确安全生产工作体系、责任体系和监督体系责任。强化现场作业管控。加强两票管理，规范两票的填写和执行；严格执行到岗到位制度，领导干部和管理人员深入作业现场监督检查现场安全，2016年到岗到位343人次；执行安全监督员轮值制度，稽查作业现场556次，查纠违章133起，记51分。强化安全教育培训。开展“安全第一课”和“安全日”活动；完成高处作业取证培训和电工证复审；开展“安规考试人人过关”等活动，持续提升全员安全素质。开展专项安全活动，组织开展安全生产月、春秋两季安全大检查活动，针对发现问题，认真制定整改措施，限人限期落实整改。强化安全风险管控。加强对电网六、七级风险的分析和评估，下发运行方式风险预警通知书42份，编制临时事故预案45份，完成《金华市本级电网110千伏变电所事故处置调控操作卡》滚动修订，每月开展电网运行反事故演习，定期进行配网接线图核图，确保实时正确。实施配网停电计划“五个零时差”管理，合格率达到90.59%。正式接收市本级10千伏监控业务。强化电力设施保护。整改市重点整治项目2项，结合省委省政府“小城镇环境综合整治”，开展三线搭挂整治活动。通过“进社区、进乡村、进校园”活动，发放电力设施保护宣传资料800余份，巡回放映《电力设施安全警示录》60场，对各类线路对地距离不足、跨塘距离不足的情况进行排查，定制安全警示牌350块。强化应急能力建设。规范应急组织体系，完成人身、交通、消防等现场处置方案和班组应急操作卡的修编。组织开展消防应急演练，配合开展“金丽衢”应急综合演练。全面开展设备基础资料核查整治，对命名、电缆搭接点、线路分断设备状态进行确认，建立一线一档，做到图实对应。加强线路设备运维管理，依托巡线系统，常态化开展设备线路巡视；开展线路通道清障工作，在雨雪天气来临前，加强线路特巡，完成山区三条线路的通道处理；在台风、暴雨等恶劣天气前，完成低洼配电站所防渗漏整治，投入费用700余万元，整治开闭所36座、配电房116座、箱变48座、老旧电缆井305座。深化配网状态检测应用。常态化开展红外测温和开关柜局放检测，首次对3条山区线路开展无人机巡线。完成154条线路的红外测温，共计测温4601点次，完成开关柜局放检测2995面，电缆局放560条次。配调体系持续优化,优化变电所半停、全停供电方案,2016年完成10座变电所全停负荷转供,平稳有序,供电安全可靠;稳妥完成市本级10千伏监控业务接收;强化五个零时差管控,停电作业现场严格按预告停、送电时间工作和恢复送电,有效降低此类客户投诉。加强配网接线图管理及应用,强化设备移动管理,提高配网基础资料的时效性、规范性。合理安排电网运行方式,确保电网安全可靠运行。

【电网建设】2016年,完成电网建设资金投入2.36亿元。前期规划工作得到加强。与婺城区、市建设局、金华山管委会签订战略合作协议。完成2016—2018年配网建设"一图一表"三年行动计划编制,推进项目可研管理,可研批复项目76个,批复资金20542万元。加强目标网架梳理,绘制婺城区城网目标网架图,梳理五一、吕塘、罗埠、项宅等变电所投运后的网架联络。电网建设任务全面完成。全年新增10千伏线路10条,开闭所22座,户外环网站42座。完善网架结构,加强双环网建设,提高变电所全停情况下配网的转供能力。投运海棠、花园线,完善湖海塘区块网架,解决该区块供电问题。完成罗埠变和吕塘变的10千伏外部出线建设及朱基头环网改造。优化安地线、沙畈线、山坑线合理分段及互联倒供改造,提高山区线路恶劣气候下供电可靠性。推进迎峰度夏工程建设,完成配变增容补点项目101个,完成华府Ⅰ、Ⅱ期,悦府、蓝郡开关站网架完善等线路新建工程。加快重载线路分流,做好线路负荷测算和梳理,完成姜家、摩北、和信、假日I期、乾湖线等线路的分流改造工程。全力配合市政配套工程,主动对接政府部门,协调解决工程建设中存在困难和问题,完成金罗公路、八一北街、中山路、胜利北街、330国道、李渔路等10项市政道路建设电力线路迁改工程。积极推进大网政策处理,完成汤溪输电线路、汤溪—罗埠输电线路、吕塘输变电工程、燕尾输变电线路、五一输变电工程等配套工程的政策处理工作,完成了110千伏项宅和九峰变的前期准备。

【优质服务】开展增供扩销,推进业扩快响,执行"一岗制"作业,形成主动联系用户、主动指导用户、主动服务用户的"三主动"机制,在金西供电所试点完成低压业扩快响作业模式切换后,全面开启现场"低压客户经理+外协单位人员"一体化运作模式。累计完成1523户低压业扩预约,完成送电1259户,内部环节平均时限3.93个工作日。全过程完善服务体系,圆满完成春节、"两会"、中高考、G20峰会等保供电任务,积极应对"厄尔尼诺"现象,第一时间恢复"尼伯特"台风、"6·29"暴雨受灾用户的供电,年初抗寒防冻电力抢险获上级通报表彰。强化应急抢修力量配备,分流重载线路10条,保障迎峰度夏供电安全可靠。加强低压开关与总保的频繁跳闸治理,持续开展TN-C台区改造、分支保安装,推广业扩用户绝缘摇测,试点应用带漏电保护表箱。提升优质服务质量,加强抢修规范管理,常态化开展抢修值班检查,开展抢修规范培训,编制《婺城供电局抢修规范口袋书》。全周期整治不规范行为,开展线损治理,认真梳理台区用户对应关系,做好业扩报装管理、营销稽查、营业普查工作,及时发现处理违约用电行为,开展异常台区线损监控和分析治理,共治理126个台区。开展配电房变压器户变关系核查与整治,为全面提升同期线损打好基础。重拳出击,开展无表用电专项整治,2016年完成各类无表用电整改1798户。全覆盖推进"互联网+"服务。完成高压暂停、暂停恢复、改类、基本电价计费方式变更、需量调整、低压更名、高低压增容等6项营销业务系统优化改造和上线,实现掌上电力APP线上办理,完成线上受理高压用户63户,低压用户2054户,变更用电33户,线上渗透率85.79%。完成电费通知方式转变,取消纸质账单,推广微信公众号、电E宝、掌上电力等电子服务平台。开设电能替代展示区,积极推广节能环保意识。开展窗口服务人员礼仪比赛、优质服务讲座、业务竞赛,以赛促学调动窗口服务人员工作积极性,全面提升人员服务技能和业务能力。

【经营管理】优化"三集五大"体系,实现配电营销合署办公,成立城区供电所,推进营配末端融合,深化跨专业业务协同。强化提升管理水平,开展年度"三大任务",强化技能培训,培养作风优良技术过硬的干部职工队伍;完善制度建设,构建完善严格的管理考核体系,完成绩效考核管理办法及相关实施细则的修订;依托监控平台,加强同业对标指标的过程管控,强化主体责任奖惩考核。活化星级供电所创建,下属金西供电所通过省公司五星级供电所创建验收,白龙桥、雅畈、罗店三个农村供电所通过四星级供电所创建,城区新成立的两个供电所按照星级供电所的要求完成标准化建设。

【三个建设】 牢基固本,加强党的建设。深入学习习近平总书记系列重要讲话精神,认真开展"两学一做"学习教育各项环节,通过网上学习、手抄党章、交叉党课、制作学习展板深化党内系统教育。抓责任践行,全年开展"立足岗位做贡献,不忘初心敢争先""传承家风"等系列活动,不断在"做合格"党员上下真功。加强农电党员管理,稳步推进农电工组织关系转入工作。营造新风,全面加强作风建设。推进婺城供电局惩防体系建设,编制下发《婺城供电局廉洁从业行风建设效能督查管理实施细则》,执行履职约谈制度,定期对党员干部进行工作约谈、警示约谈和诫勉约谈。加强行风教育,开展"规范服务行为,创优服务环境"活动,规范对施工队队伍管理。因材施教,全面加强员工队伍建设。针对刚入职还不具备实际业务操作能力的青年员工,建立三级培养方案,并开展师带徒活动。加快培养青年骨干,按岗位专业组建7个学习小组,每周开展夜间学习活动,培养青年员工独当一面的能力。开展无专业壁垒的"月培月考"活动,每月轮流开设培训课程,每月一考,全面提升全业务素质。通过建立多层次、差异化业务培养方案,进一步整合专业人才资源优势,以点带面,引领员工队伍全面进步。（胡卫军）

通　信

移　动

【概况】 2016年,婺城移动实现运营收入6.05亿元,通话客户79.2万户,4G活跃客户57.5万户,有线宽带用户11.9万户。

【企业文化活动】 婺城分公司在贯彻浙江公司"善知善行 惟和惟新"工作文化中心思想的基础上,以"责任文化"为引领,践行工作文化于生产经营中。2016年开展各类企业文化活动4次,2016年8月开展"责任比能力更重要"工作文化演讲比赛。为加强企业文化建设,助力公司"发展创优、转型创先",经公司申报、努力创建和交叉评审,婺城分公司被评为"2016年度省公司级企业文化示范单位"。

【扶贫、公益活动】 婺城移动高度重视企业作为社会一员的公益责任。秉持善行精神,弘扬中华敬老爱幼的传统美德,婺城分公司持续开展"温暖1+1"扶贫帮困活动,广大党团员为社会贡献自己的力量和爱心。2016年开展6次扶贫帮困活动,共216人次党团员参加先锋公益活动、信义金华、文明劝导等活动。

【党群纪检活动开展情况】 婺城分公司贯彻落实上级公司决策部署、统筹谋划并推进分公司党风廉政建设主体责任和监督责任。围绕思想建设、组织建设、阵地建设、精神文明建设、企业文化建设、EAP人文关怀和思想政治工作七方面,将党建工作与生产经营紧密结合,推动2016年党支部目标管理工作有效开展,婺城分公司连续两年被评为"四强四优"党建评价优秀单位。2016年,婺城分公司开展廉洁教育6次,参与员工457人次,未收到群众关于党风廉政建设的相关举报,无司法案件发生。

【网络建设】 2016年年初极寒天气来袭,山区电力设备及线路受损严重,通信设备频繁告警,为保障山区人民群众通信畅通,特别在发生严重灾害时与外界实时保持通话顺畅,婺城移动顺利完成"196"各站点的发电,抢修等抢险工作,本次抗寒通信保障总共出动油机102台,总发电208次,参与车辆45辆,参与人员198人次,保障安地、沙畈、塔石、长山、莘畈等多个乡镇的通信网络畅通。（张　乐）

电　信

【概况】 2016年,电信金华分公司固话、移动和宽带业务均超百万,iTV用户超40万户。其中,移动及宽带用户满意度居同行业第一。4G移动网络乡镇以上有效面积覆盖率提升到97%,光网覆盖率99.96%,IP城域网出口能力从720G提升到1200G,总宽带用户承载能力由110万户提升到120万户。全省第二核心金华节点出口带宽从3000G提升到48000G。

【工作会议】 2月1日,公司召开2016年度工作会议暨四届三次职工(工会会员)代表大会,宣传贯彻集团、省公司年度工作会议精神,总结2015年度主要工作,重点部署2016年度工作目标与任务。会上,党委书记、总经理樊振华作《践行三严三实,推进三双三同,努力实现规模发展与企业转型新突破》的工作报告;党委委员、副总经理、工会主席虞望圣作《围绕企业发展,做实员工关爱》的工会工作报告。

【网络合作】 3月3日,中国电信金华分公司与中国联通金华市分公司签署"网络建设深度合作"及"网络运行维护深度合作"协议。双方将在移动无线网、传输网共建共享、应急保障(抢修)互助、基础资源共享、移动优化合作等方面开展互惠互利合作。

【"两富""两美"建设】 4月12日,中国电信浙江公司与金华市人民政府就"十三五"信息化建设战略合作举行签署仪式。金华市市长暨军民、中国电信浙江公司总经理卢耀辉、市政府秘书长周剑敏等参加签约仪式。双方将在智慧金华各项应用的规划设计、建设实施、运维管理等环节展开合作,在市民卡、智慧交通、智慧医疗、智慧政务、智慧电商和智慧教育等方面展开深入合作,共同促进互联网与社会经济各领域的深度融合,加快建设"两富""两美"现代化金华。

5月3日,中国电信金华分公司与婺城区政府"十三五"信息化建设战略合作框架协议签约仪式在婺城区政府举行。金华分公司党委书记、总经理樊振华、副总经理虞望圣和婺城区政府申屠福华区长、王建良副区长等主要领导分别代表双方出席本次签约仪式。双方在婺城区云业务的建设、4个平台建设、婺城区智慧城市等项目中进行了深层次的合作。

【"两学一做"】 5月12日,公司党委召开"两学一做"学习教育专题部署电视电话会议,市公司、各县市(区局)、浙通服金华分公司的党委书记、委员,纪委书记、委员,各党(总)支部书记、委员参加会议。党委书记樊振华作在"两学中明规范,在"一做"中谋新篇,全面促进年度预算目标实现"专题党课,要求各单位、各部门要认真学习领会,切实把思想和行动统一到中央、省委、市委和集团、省公司党组部署和要求上来,抓好"两学一做"学习教育。

【项目建设】 7月4日,金华市委副书记、市长暨军民,副市长邵国强,市政府秘书长周剑敏等一行到中国电信浙江公司云计算中心项目基地,实地调研云计算中心项目进展情况。暨军民强调,云计算中心项目是发展信息经济的基础,电信要在一期建成投产的基础上加快二期建设进度,借助当前良好的内外部环境支撑,推动以云计算为代表的"互联网+"与实体经济的深度融合,为"走在前列、共建金华"注入新动力。

【理论学习】 8月4日,公司召开党委中心组学习(扩大)会议,深入学习习近平总书记在庆祝建党95周年大会上的讲话精神。与会人员共同学习习近平总书记在庆祝中国共产党成立95周年大会上的讲话内容及专项治理工作相关禁止性规定、《中国共产党纪律党纪处分条例》中碰不得的红线相关内容。

9月20日,省电信公司韩臻聪总经理携省公司市场部、人力资源部、办公室负责人到金华分公司调研指导,了解业务发展情况并与公司经营班子及相关部门负责人进行座谈交流。

【专项治理】 11月4日,电信金华公司党委召开中心组学习扩大会议。会议传达、学习中共十八届六中全会精神和依法治企有关内容,并结合全省四个专项治理"回头看"及审计整改工作会议精神,对公司下步四个专项治理"回头看"整改工作进行布置。

12月8日,省公司党组成员、纪检组组长庄忠东携纪检监察部、采购部、销售及渠道拓展部相关人员到金华分公司就党风廉政建设"两个责任"落实情况、四个专项治理"回头看"工作进行调研指导。

【班子调整】 12月23日,金华分公司召开干部大会,会议宣布省公司党组对金华分公司领导班子调整的决定:祝海云任中国电信金华分公司党委书记、总经理。樊振华不再担任中国电信金华分公司党委书记、总经理,省公司另有任用。

【信息化建设】 12月28日,公司与金华监狱在长期友好合作的基础上签订信息化建设战略合作协议。此次信息化建设战略合作协议的签订扩大了双方智能化转型发展空间,为今后业务的进一步拓展和深度合作奠定了良好基础。 (王 伟)

金　融

工商银行婺城支行

【概况】2016年，工行婺城支行本外币各项存款余额(不含同业)43.62亿元，本外币各项贷款余额49.4亿元。新增个人有效客户23686户，新增对公有效户352户。全年风险管控良好，内部管理基础得到夯实，实现零案件，无重大差错和责任事故。获得市分行系统内“2016年度党建工作先进单位”“2015—2016年度市级先进支行”“2016年度经营绩效先进支行”以及“2016年度内控案防工作先进支行”多项荣誉。

【经营效益】2016年，二手房贷业务初具口碑。支行持续发挥二手房贷优势业务，通过专业部门和个贷中心对成交量排名靠前的房产中介的重点维护，持续跟踪，已与40多家中介发生业务合作，二手房贷呈现快速上扬态势，发放笔数及累放额均位居工行系统内全市第一。分期业务贡献突出。2016年信用卡个人有效客户净增2万多户，专项分期业务交易额同比增长131%，工行系统内占全市交易总量的三成。支行在全省率先推出的“光伏贷”业务，全年新拓光伏分期合作机构20余家，已经让2000多户的农户享受到了光伏新能源带来的节能环保。服务实体经济。支持棚户区改造项目、“五水共治”(长湖综合治理)项目、二七项目等重大政府项目；加强银企交流合作，为企业融资、经营转型，小微企业成长发展提供帮助。对信用良好的优质大客户，建立省、市、支行三级联动的服务模式，提高服务效率，通过产品的创新，满足优质大户的融资需求。对于经营困难的企业，想方设法为其降低融资成本，坚持以时间换空间，帮助企业恢复“造血功能”。支行全年公司贷款余额增量、增幅均位列全市工行系统第二名。

【网点建设】支行持续推进网点零售业务两化改革，部分网点的特色化转型已初见曙光。如新农贸支行通过人员调配、流程优化实现个贷业务专业化；婺州街支行进一步压缩柜口，配置智能机具，提升厅堂服务引导，打造轻型便利化；营业部响应客户需求，开展特色厅堂微沙龙，客户口碑进一步提升。同时，支行通过机构设置、人员调整，整合网点资源，建立并完善“两大中心”，即分期付款业务中心和个贷业务中心，通过“南和北”两个中心的设立，解决了以往地理上、效率上、人员上、专业上的诸多问题，提升客户体验与市场占比。

【安全经营】支行重视内控合规、安全保卫以及信贷风险的精细管理，以安全合规的经营，保障客户财产安全。2016年，支行以合规管理为目标，强化过程控制。高度关注和积极应对经济环境变化对内控防案及资产质量带来的新情况和新压力，强化内部控制全过程管理，做好事前防范、事中控制、事后检查工作，做到合规风险“实时发现、准确识别、及时报告、有效制止”，完善自查自纠，消除安全隐患、堵塞管理漏洞，把控好实质性风险。强化案防监督管理，保持对各类风险事件的高压态势，夯实全员思想防线和制度防线，加强警示教育与员工行为动态管理，确保安全经营。年末被市分行评选为内控案防工作先进支行,全年廉政案防、内控合规、安全保卫、风险管理工作取得实效性进展。

【党建和队伍建设】 支行重视党组织建设在全局工作的统领作用,抓好队伍思想教育,持之以恒推进党风建设,强化凸显党员模范先锋性。2016年开展“三严三实”民主生活会、四风问题整治“回头看”“两学一做”系列集中学习讨论会、专题党课,以及党员身边故事会、手抄党章书法比赛、浦江江南第一家廉政学习等教育活动。同时,将党建工作与“真、新、傲、洁”的茶花品质有机结合,探索出支行独有的“怀真抱素、开拓创新、傲霜斗雪、才高行洁”的茶花文化,并引导员工将茶花文化的品质内化于心、外化于形,齐力构建同心同乐、至精至诚的团队。成立各类兴趣小组,邀约客户共同参与;举办员工新春晚会、新员工满月典礼;组织员工参与演讲比赛、技术比武;开展生日祝福、节日问候、退休党员及困难员工的走访慰问等一系列活动,引导员工身心全面发展。

9月1日,工商银行婺城支行召开“两学一做”专题党课学习　(工商银行婺城支行供稿)

支行响应政府号召,主动担当社会责任。配合二七区块改造工作,加快新办公大楼的装修搬迁进度,发挥支行为拆迁区块内唯一一家一级支行的便利条件,协同政府向拆迁户宣传拆迁政策,提供金融服务,为政府拆迁工作的顺利实施加油助力。发挥省级文明单位的标杆表率作用,G20峰会期间组织员工参与高铁站、城市公交的志愿者行动;开展反假币、反诈骗金融知识宣传普及活动;雷锋月组织团员“学雷锋、讲环保”公益践行等。发挥工行社会影响力,通过海报、宣传栏、跑马灯等媒介宣扬社会主义核心价值观、文明城市创建、法治社会与公民道德养成。

(周文斌)

5月25日,工商银行婺城支行开展党员身边故事会,学习身边先进典范(工商银行婺城支行供稿)

7月30日,工商银行婺城支行全体党员参加江南第一家廉政基地学习　(工商银行供稿)

农业银行婺城支行

【概况】 2016年,婺城支行本外币各项存款余额78.62亿元,比年初增加6.56亿元;年末贷款余额71.48亿元(含卡透支),不含卡透比年初新增2.74亿元,各项贷款余额在四行市场份额为10.57%,比年初增加1.29个百分点。年末不良贷款余额0.91

亿元，比年初下降 2.7 亿元；含卡透支不良率为 1.28%,比年初下降 4.53 个百分点,实现不良资产余额和不良率大幅“双降”。全行中间业务收入账面实绩 8591 万元,通过账面还原、管理会计系统下划最终实现 9193 万元，完成全年计划。内控管理持续加强,年度内无责任案件发生。支行获得 2016 年度省分行先进支行、省行党团工会条线先进集体、市分行运营管理先进集体、市分行安全保卫工作先进集体等称号，支行的二级支行江北支行还荣获金华市 2016 首届“百姓好口碑 行业金名片”活动“金口碑”称号。

【党建引领】坚持将党建工作与业务经营相结合,与员工行为管理相结合,与开展正风肃纪相结合,与构建“新婺城文化”、提升人文关怀相结合,以党建引领全面激发队伍活力。2016 年,全行员工凝心聚力、不畏时艰,连续三个季度核心业务指标排名全市第一。成立党建工作领导小组,研究制定年度计划及考核方案,明确“一岗双责”,实行党建工作专项考评与机构绩效考核并行,确保党建工作与业务经营同谋划、同部署。支行党委理论学习中心组全年共开展集中学习 16 次。党委书记亲自上党课,并邀请党校专家对中共十八届六中全会精神及准则条例的新要求新举措进行全面解读。组织开展“两学一做”主题征文、手抄党章 100 天、重温入党誓词等活动,引导党员干部牢记党章、遵守党章、践行党章。机关支部与乡镇网点支部、网点与网点支部、网点与自治村支部、党员与普通员工实施结对互动,通过对子间的帮扶互助,打造了一个个凝心聚力的党支部，培养出一支支能征善战的党员队伍。全行设立党员示范岗 39 个,党员责任区 15 个。评选出支行先进基层党组织 2 家、优秀共产党员 8 人、优秀党务工作者 3 人,同时被推荐省分行优秀党支部书记 2 人,省分行党员岗位标兵 1 人。

【服务经济】服务“三农”,通过多种方式开展外拓活动，农村网点开展一系列走村入户宣传活动,进行反假币防诈骗宣传教育,组建青年员工突击队,进行乡镇干部挂职,深入乡镇一线,全力支持村镇建设,2016 年累计开展各类普惠金融活动 260 余次,2016 年年末实现农户贷款余额 1.66 亿元,较年初增长 9370 万元。

【扶助企业】为支持金华市当地企业发展,支行多次召开银企恳谈会,积极对接企业需求,大力推广互联网平台服务，为企业搭建互联网营销平台，助力企业发展。2016 年,江北支行成功被金华市科技局授牌“科技支行”,致力为金华地区科技型中小企业、高新技术企业、科技园孵化器内的企业提供信贷、结算、顾问、理财等一系列金融服务。

【网点提速】加强资源整合。2016 年对白龙桥支行、农产品支行进行全面装修改造,农产品支行完成升格。上半年撤销浙中建材和银泰离行式自助银行,新增白龙桥离行式自助银行,成立城区自助网点集中加配钞队伍，为网点节省了大量的时间与人员成本。实现集中代班制，为浙师大教职工工资卡代发、婺江东路公积金贷款移植工作提供大力支持。

【风险管控】落实总行打好“两个宣战”要求，从严从实把控风险,提升效益。完善《婺城支行风险防控工作台账》,逐户分析制定落实风险化解方案，全年共上报列入化解名单法人客户 18 户，其中 12 户已落实化解方案,涉及信用余额 3.19 亿元。延伸排查重点防控企业自身、关联企业及企业经营者个人资产情况,通过压降贷款、追加担保等方式,增强债权保障。“从早、从细、从实”开展不良贷款预防工作,抓好贷款质量劣变的链条环节管理。制定出台《婺城支行不良资产管控考核办法》及一户一策的处置方案,抓“大”不放“小”,加快不良资产的去化进程,成功完成了 4 户行司合作转让、1 户市场化转让、1 户不良资产证券化及 6 户核销处置相关重点工作。

【员工关怀】从生理和心理上关心、关爱员工，在全行倡导“快乐工作、快乐生活”理念。继续丰富“职工之家”的设施配备,为员工生活提供更多便利。增加工会文体活动花样,帮助员工缓解工作压力。

(姚清正)

中国银行婺城支行

【概况】2016 年,中国银行金华市婺城支行(以下简称支行)各项业务稳步发展,本外币存款余额

35.33亿元,比年初新增6.17亿元;本外币贷款余额40.26亿元,比年初新增10.15亿元;综合不良率0.68%,比年初下降了0.66个百分点;实现拨备前利润8986万元。被市分行评为2016年度绩效考核优胜单位。

【党建工作】坚持全面从严治党,抓好党建引领发展,新成立营业部和宾虹支行两个支部,全面开展"建家、亮徽、亮牌、举旗"的活动,在固定场所摆放党旗,在营业窗口设置"共产党员示范岗"的牌子,所有共产党员中佩戴党徽;组织学习讨论"两学一做"的相关内容,在全体党员之间开展"手抄党章"活动,与各部门网点签订党风廉政建设责任书,组织"客户基础拓展突击队",促进党建工作和中心工作的有机融合。

【行政事业存款】行政事业单位客户涵盖财政、社保、公积金、烟草、教育、基层单位、社团组织及其他,是支行重点工作,其维护和营销贯穿全年。2016年,支行从社团组织及其他基层单位为业务突破口,重点跟进民间社团、科研协会、业主委员会、破产管理人等行政事业单位客户的组建和开户,对民政、社区、法院等相关单位进行紧密联系和对口服务,全年行政事业单位客户数实现较大的净增长,新增14户。至年末,行政事业单位存款日均余额17.33亿元,比年初新增3.05亿元。

【不良清收】面对恶劣的经营环境和资产质量管控压力,支行坚持抓早、抓快、抓实,打好不良清收攻坚战。通过逐户分析,对产品低端、内部管理散乱、合作回报差、黏性弱的小微型客户,以及投融资过度、涉及担保链、民间借贷风险的企业和过剩行业、高污染行业企业,坚决予以压缩和清退。同时加强与律师、司法部门、市分行清收办的联系,通过司法诉讼、批量打包、核销、现金清收等方式,多措并举,取得不错成绩,2016年不良资产清收近2亿元,为后续发展打好基础。

【业务创新】在大数据应用背景下,支行牵头与金华房网联合开发"中银滴滴贷"移动互联网O2O云贷平台在12月成功上线。该平台运用滴滴打车原理,由房产中介提交房屋贷款申请,城区客户经理实时抢单,该系统的运作属国内独家。其省时、省心、省力,贷款一键申请,且贷款利率力争做到行内最低、最好,如此便民的贷款服务平台,颇受不少房产中介认可,近200家中介加入该平台。"中银滴滴贷"平台承诺限时办结制度,在为房产中介和购房客户提供最快捷、最优质的二手房按揭贷款服务同时,最大限度地优化了零贷客户经理的人力资源和工作效率。

【内控管理】强化员工的合规文化教育和执行力建设,明确部门负责人、业务经理等的管理职责,对新业务规章、差错易发环节及时进行提醒与培训,优化各项内部控制措施,坚持检查与整改并重,建立主题教育、网点代职、联网监控等常态化机制,展开案件风险排查等活动,特别对档案移交、征信查询、国际收支申报、贷后管理、反洗线等薄弱环节进行重点检查,对检查的问题及时通报,严肃处理,并常态化抓好员工行为排查,使全行内控合规和风险防范意识得到强化,2016年实现零发案。

12月28日,市政协领导莅临视察

(中国银行婺城支行供稿)

【企业文化】2016年,支行的业务量增长快速,员工工作压力增大,注重对员工的人文关怀是一项重要的工作,在全行开展系列健康有益的文体活动,还实行员工家访制,生日微信祝福,在职工之家配备运动单车、跑机、乒乓球桌等运动器材,组建瑜伽兴趣班,控望生病员工(或家属)等,把关爱员工、凝聚人心工作落到实处。同时狠抓文明优质服务工作,提升文优服务的标准化和规范化,树立卓越专注的服务品牌,窗口形象有了明显提升,涌现出一批创先争优的先进集体和个人,2016年度获省市级以上集体荣誉 3 个,个人荣誉达 14 人次。

(吕爱姣)

建设银行婺城支行

【概况】2016 年,支行各项贷款余额为 155674 万元,比年初下降 77886 万元。一般性存款日均余额为 166052 万元,比年初上升 114354 万元,公司日均存款新增 11524 万元,实现均衡有序可控发展,没有大起大落,新增占比高于余额占比。中间业务收入 1926.24 万元。不良压降取得较好的成绩:全年打包处置公司类不良贷款 6 户、金额 28542 万元,其中晟元集团有限公司现金回收 1200 万元、平移 1040 万元。个人不良贷款回收 6 户、金额 628.5 万元。为全行资产质量的提高起到了有力地推动作用,不良贷款余额 6207 万元(其中公司 5 户、5650 万元),控制在分行下达的计划之内。

【安全运营】制定合规文化活动方案,营造全员、全面、全过程落实内控合规要求的文化氛围,强化内控合规意识,杜绝违规行为,防范案件,促进各项业务持续稳健发展。组织开展员工合规从业底线教育,宣讲案例等形式,让员工遵纪守法,遵循职业操守、廉洁从业、严格执行禁止性规定、懂得案件防控知识。平时多次在员工大会上针对近几年发生的合规和违规经营案例进行剖析,撰写剖析材料、合规理念词和合规故事,增强员工"规则牢不可破"的底线意识、红线意识,将合规理念融入员工行为规范,融入具体业务操作,让"合规"形成一种态度、一种习惯、一种职业精神、一种文化。打好违规经营行为歼灭战,开展违规操作谋求私利专项整治活动。我行多次利用晨会、员工大会等时机,对员工开展底线红线宣传教育;开展员工行为集中排查,针对员工参与民间高息借贷、非法集资、以客户名义套取信贷资金、私售产品、违规代客、受贿或谋取不正当利益、与关系人进行利益输送、与贷款客户等发生经济往来等违规违纪现象,深入开展排查。员工排查面达 100%。开展"反非法集资洗钱宣传月"活动。开展符合实际的"反非法集资"宣传,在营业场所醒目位置张贴警示标识;利用网点晨会等时间讲解反非法集资知识,提升员工反非法集资意识和技能。严格要求员工不得参与"飞单"业务,私售理财产品,结合"加强渠道与营运人员管理,防范案件风险"专项整治行动,对柜面人员违法操作谋求私利的行为进行彻底排查,揭示柜面案件风险隐患,遏制柜面操作违法案件提高柜面人员合法及合规意识。对分行下发的每个案例及时传达到每位员工,避免类似问题的再次发生,有效防控道德风险和案件风险。

【网点管理】通过宣传贯彻支行的发展目标和发展战略,让员工对支行的前途有一个明确和良好的预期,以振奋精神,凝聚人心。与此同时,支行党支部坚持教育与管理相结合,不断建立和完善自律与他律、激励与约束相结合的充满活力的管理机制,不仅做到人尽其才,而且做到绩效优先凭贡献决定分配,以激励先进,鞭策落后,努力形成奋发向上的氛围。在物理渠道上高柜充分利用智慧柜员机,安排 1 人弹性值班,使原来 4 个窗口缩减至 2.5 个窗口,全行 2016 年智慧柜员机新增 4 台,大堂现有自助设备九台,ATM 设备 8 台。人员结构实现了优化,为下一步物理转型业务发展创造了有利条件。

基础党组织根据上级部门要求,做好本年度的支部委员改选工作,成立党建工作领导小组,做好党支部活动阵地建设,发挥党支部的战斗堡垒作用。组织"两学一做"党建主题活动,要求全行党员和八级以上客户经理参加专题党课教育。积极参与到"树合规意识、促转型发展、做合规党员"道德讲堂活动中去。

【其他工作】深入实施员工综合关爱计划,9月,由总行工会、团委牵头的员工关爱服务项目落地我行,专业导师通过对员工进行"一对一""面对面"访谈辅导,从"心"视角的角度将心理学的理论知识与基层网点员工工作实际相结合。帮助基层员工通过职业规划、提升营销、团队沟通,从而实现个人能力提升、岗位增值以及快乐工作、快乐生活的目标。推进全员健身计划系列活动积极参与全行健步走活动。以全员健身运动活跃员工文体生活,增强团队凝聚力和向心力。配合分行积极组建完善文体俱乐部。根据员工的兴趣和爱好,建立完善的文体活动体系,最大限度地把员工吸引到健身组织中来。建立女员工特殊关爱机制。加强女员工权益保护工作,为生育女员工送慰问,为哺乳期女员工创建“爱心妈咪屋”等特殊关爱举措,加强女员工特殊劳动保护,维护女员工特殊权益。组织家访活动及时了解员工家庭情况和本人行为，减轻了员工的工作压力的同时,促进了集体荣誉感和团队协作能力的提升。

(*方翠荷*)

金华银行婺城支行

【概况】2016年,金华银行婺城支行各项存款余额达559277万元,各项贷款余额252162万元。婺城支行加大小微企业营销拓展力度,提高市场占有率,其中,小微企业贷款余额136281万元,占贷款余额的54%。截至12月底,支行本息逾期90天以上不良贷款余额为3998万元，完成总行年末控制额(5000万元)的127.32%；收回债权转让款5760万元,完成总行年末任务的230.41%;表外应收利息受不良客户结构情况影响,如企业基本破产或停业无还款来源，收回历年已核销贷款本息230万元,完成率23.9%,与目标甚远,具体的主客观原因已经上报领导审阅。已诉讼贷款清收额8396万元,完成率700%;逾期贷款率变动-1.1%;收回已核销贷款本息4万元。总体上取得较好的业绩。小微企业拓展户数比年初上升13户,金额投放1272万元。

【负债业务】2016年,婺城支行以开展专项活动为载体,提升全行综合营销能力。围绕总行下达的各项目标任务,将各项经营任务及时分解到各经营单位。同时,通过开展各类业务竞赛活动增强全员主动营销意识,营造“以业绩论英雄”的良好氛围,扩大我行的业务影响力,提升我行竞争力。以2016年“开门红”业务营销活动走访为契机,将金融知识普及宣传活动相结合,将优质服务与柜台内外营销有机结合,采取多种方式做好理财产品的营销。

【零售业务】利用网点地域辐射优势,开展金融知识普及宣传活动,将优质服务与柜台内外营销有机结合,多次组织干部员工进社区、进院校、进企业、进乡镇进行业务宣传与推广活动,如走进中心医院、金华市电视台、公安婺城分局等单位,开展丰富多样的新产品营销推广活动。通过各类活动的开展,在新百灵卡、个人网银、手机银行等零售产品的营销方面取得可喜的成效。

【内控管理】加强人才队伍建设,细化岗位流程、合理配备干部队伍,发挥各级干部员工主观能动性。2016年,通过综合考核、考察等程序,提拔科级干部2人;跨网点、科室调整岗位人员65人;为试聘期满的科级干部续聘1人。健全制度建设,严防操作风险。2016年,支行根据整合后的实际涉及综合、存贷款、安全、财务四大类共40多个制度修订成制度汇编。同时根据支行经营状况。同时开展各类风险排查活动。2016年,支行开展了银行员工涉非法融资“八个不得”行为排查活动,对在排查发现现问题上报总行相关部门,规范全行经营管理行为,增强风险合规意识,消除风险隐患。开展全行性学习培训,提高员工综合业务素质。2016年支行以部门、科室、一级支行为单位每周开展一次学习培训,2016年开展各类培训90余次,参加3064人,内容涉及信贷、新产品业务操作规程、防电信诈骗、反洗钱业务、会计结算、账户管理、支行近期检查情况通报、文明服务实施细则、消防及安全等培训,同时营业科、二级支行利用班前、班后开展业务技能操练,提高全行员工综合业务素质。

【文明服务】开展形式多样的主题宣传活动,将优质服务与柜台内外营销有机结合,如在春节来临前适时开展新春送“福”活动,邀请农民艺术家现场为村民写春联、赠福字,展现支行贴心服务的同时增进与客户的感情；开展送金融服务进社区活动,2016年支行共开展金融服务进社区专项活动18次,密切与街道、乡镇、社区关系,为支行稳存、增存工作打下伏笔;2016年为“心防工程”活动年,根据“心防工程”实施方案要求,支行成立“心防工程”领导小组,深入社区、乡镇、市场、学校、车站等开展宣传活动。

积极投稿，加大宣传力度。2016年各科室、二级支行结合自身部门、区域特色，开展各项宣传活动，并多次在媒体上进行宣传报道，2016年支行向总行、区级、市级刊物投稿40篇，被采用刊登10篇，其中市级报刊6篇。 （许美丹）

金华成泰农村商业银行

【概况】 2016年，金华成泰农商银行9家支行实现各项资产总额84.30亿元，比年初增加12.36亿元，增幅17.18%；各项存款82.50亿元，比年初增加12.22亿元，增幅17.39%；各项贷款50.27亿元，比年初增加0.58亿元，增幅1.17%。

【普惠金融】 开展“双抢双增”专项活动，推出小额贷款预授卡，力推“村村贷”，推广光伏贷、安心贷、美丽家园、一二手房按揭等批发式贷款。普惠建档33.94万户，个人贷款户数29221户。启动客户网格管理，运用CRM系统，划分城乡网点责任网格，认领对接辖内街道、社区、小区。打造微金融生态圈，推广“丰收购”“丰收家”网络电商平台，对接“金华购”“三分田电商园区”“丰收家”平台。与婺城区、金东区网络经济局合作电子商务进万村，推广丰收驿站农村电商功能为客户代订餐、民宿、电影等O2O体验服务。“丰收购”“丰收家”新增商户65家，入驻商户总计174家。推动“银行+”跨界发展，全面走访市区主要行政事业单位，重点拓展财政局资金存放、金报集团全面合作、电力和烟款归集等业务合作。积极与市、两区财政完成非税系统业务对接，成为全省农信首家开通非税业务线下缴费功能行社。全面参与两区及各乡镇三位一体组建，成为各级农合联的副理事单位。

【转型创新】 制定“十三五”转型升级发展规划，提出打造“精品普惠银行”愿景，建立社区银行转型联合推进机制，设立转型专项办公室。推出“五个四”联动转型体系，创新12项产品服务，15项跨界合作，转型经验列入省联社模板，被评为中央金融团工委“银团合作优秀派出机构”。强化业务产品创新，推出光伏贷、科技贷、小额保证保险贷款、普惠小贷等新产品，办理17356笔、金额21.17亿元。推进资金业务创新，与证券、大型银行等开展合作，推出投顾、委托资产管理、定向资产管理计划等委外业务。通过发行大额存单、同业存单、债券回购等融资工具，加强主动负债管理能力。资金业务各项资产交易余额56.56亿元，资产规模同比增加23亿元，资金业务收入2.1亿元。再造业务流程，修订《普惠快车管理办法》，缩短办贷时间。新推出网银、手机银行、大堂自助终端、村级助农终端等机具小额贷款的放贷还款新渠道，提高客户便捷度。加强技术力量支撑，自主研发丰收驿站管理考核系统，主动开发诉讼档案管理、赔偿金管理系统，建设完善全员营销管理系统、客户经理及柜员薪酬管理系统。

【风险管控】 抓不良防控，推行大额贷款专营管理，实行大额不良贷款班子领办。落实“慎三禁五”，明确压缩范围、退出计划，锁定对象。开展不良专项清收活动，建立多级对接模式，实施贷款剖析机制，推进专项清收评比。加强内控合规排查，开展“两加强两遏制”回头看自查活动，提升全员的合规经营意识。加强安全防范，开展“平安护航G20”创建活动，加大安全设施费用投入，加强安防设施建设。完善审计监督，建立“蒲公英”课堂。开展机房基础设施、网络、系统、设备的排查，组织计算机信息系统应急演练。

【文化建设】 宣传推广文化品牌，首次系统性总结全行60多年特别是近3年的普惠金融成果，出版《金华成泰农商银行普惠金融探索与实践》一书，副市长傅利常作序，得到社会各界的充分肯定；组织开展普惠金融绿色骑游活动，吸引200人骑游爱好者参与，全面展示农信文化基因。持续开展“两学一做”，召开专题动员会，分层次组织对准则、条例、党章及习近平系列讲话的学习，组织参观郑义门廉政教育基地、手抄党章等系列活动。规范员工行为，开展“比学赶超”活动，树立标杆，找准差距，补齐短板。提振队伍精神风貌，落实一岗双责，荣获代表金华办事处参加全省农信系统文艺会演三等奖、市银行业支持“双创”金融服务团队优选大赛一等奖，全市系统舆情演练比赛一等奖，营业部获评

省农信联社“品牌示范单位”称号等。（成龙）

金华市婺城区万通小额贷款有限公司

【概况】金华市婺城区万通小额贷款有限公司于2009年成立，是由上市公司万里扬集团联合其他10余家企业和自然人发起，注册资本人民币3亿元。是浙江省小额贷款公司行业协会理事单位，金华市小额贷款公司行业协会副会长单位，是市本级首家小额贷款公司。至2016年底，累计发放贷款23440万元，合计398笔。年末贷款余额35740万元，营收1749万元，上缴税收361.34万元。

【管理创新】完善考核激励机制。大力推进绩效考核机制改革 ，使得指标导向更加明确，明显提升各部门考核指标的刚性和均衡性，以效益和有效资源配置为中心，坚持资源向一线倾斜，提高资源使用效率。让一线员工得到实惠。

组织开展合规自查，包括业务、风控、资产管理、财务、综合等各个部门，跟踪落实问题进行分析及整改。为加强管理、防惩并举，严格依法合规经营，杜绝操作风险，开展全公司全领域的滚动检查项目8项，认真进行自查，及时发现问题，及时整改，并主动向上交主管部门报告。

【信贷管理】认真执行信贷政策，突出信贷支持重点。一如既往地支持“三农”经济，携手中小微企业。在小贷发展陷入瓶颈期间，围绕婺城区着力打造的“四大百亿”产业，信息网络经济产业，先进装备制造产业，生物医药健康产业，商贸文化旅游产业。调整着力点，优化信贷结构，突破重围，探寻新的增长点。

实行授信客户分类管理。按照“四个一批”对授信客户全面实行分类管理，即分为发展类、巩固类、调整类、淘汰类，制定和实施差异化的授信和风险管控要求，加大信贷业务结构调整的力度。

【不良处置】受经济基本面下行及“担保链”风险拖累，公司资产质量急剧下滑，公司的经营利润严重受损。为此，公司多措并举、多管齐下，尽最大可能加快处置进度、力度，优化资产质量。完善公司不良资产处置的组织体系。公司在4月中旬正式成立资产管理部，在编人员增至6人，同时将不良贷款实施内部剥离，集中到资产管理部统一管理、统一处置。按月制定月重点处置对象，由易及难，逐个击破。针对部分借款企业倒闭的现实，做通担保人企业的工作，实现债权的平移，使之正常化，在保证利息正常的情况下，逐步收回本金。通过各种关系了解客户是否还有其他资产，并与之充分沟通，陈清利弊，以实现债权置换。对部分还款意愿不强的客户采取法律诉讼手段，公司通过诉讼、拍卖或是有效处置客户资产，以最大限度的保障公司的利益。

【企业文化】公司强化责任理念，倡导敬业精神。在工作上倡导二线服务一线，一线服务客户，领导服务员工的理念，有所作为，敢于担当。公司引导员工树立终身学习的理念，每周组织集体学习，既有案例分析，通过正反两面不同的案例，预防操作风险，提升专业水平；又有《成功的法则》《道德经》等书籍的学习讨论，提高员工自身修养。强化员工培训，打造过硬团队。坚持“实践中锻炼人才”的培育思路，鼓励人才在“实战”中不断成长。公司培训，既有内训，也有外送的委培，交叉选送，不断提升员工业务水平和综合素质。以党员活动为抓手，增强员工凝聚力。围绕建党95周年开展多项主题活动，其中有辽宁大连的红色之旅，员工健康体检等，真正做到关心员工，关爱员工。（单霄鹏）

金华市婺城区丰银小额贷款有限公司

【概况】金华市婺城区丰银小额贷款有限公司面对复杂的宏观经济形势和严峻的同业竞争态势，以防风险为主线，稳中求进为发展思路，控制和化解金融风险。落实科学发展观，抓业务经营，因势而变，支持中小企业和“三农”的发展。公司全年发放贷款11236万元，收回贷款13372万元，贷款余额9577万元。

公司在促进自身可持续健康发展的经营过程中，把企业文化建设和承担区域经济发展和社会和谐进步的责任结合起来，以优惠的贷款利率累计发放助学贷款50笔。以倡导诚信合作、实现互惠共赢的办事宗旨，针对市本级不同类型的中小企业及个人客户，围绕其实际需求，推出信用、担保、抵押等多样的贷款类型，发挥“方便、快捷、灵活”的特点，解决企业贷款没有抵押等难题，对贷款最高利率实行严格控制。

公司还修订完善员工业务考核责任制，强化考核机制，完善公司内部管理，夯实经营和管理基础，提高经营效益。加强员工对全面风险管理、合规经营理念的培养，与每位员工签订廉洁自律责任书。全面展开风险排查，严格执行贷款三查制度，即贷前双人调查，贷时根据贷款流程进行审查，贷后风控人员对贷款进行检查以及客户经理对客户进行贷后管理。日常工作中积极配合市、区两级金融办组织的检查考核，以及其他监管部门组织的常规性和临时性检查，全年无举报。

公司按照全省小贷协会会议要求，全面接入省小额贷款公司信息系统平台。业务开展严格执行省金融办、上市办等文件的有关规定，有效规范公司业务活动和财务活动行为。及时主动按要求向区财政局、金融办等报送数据。在2016年度监管评级等级为良好。　　（周　蔷）

中国人民财产保险股份有限公司金华市婺城支公司

【概况】 2016年，中国人民财产保险股份有限公司金华市婺城支公司以市场为标杆，坚持科学发展，实现保费收入10240万元，同比增长25%，主要险种为车险、农险、责任险、意外险、财产险。累计支付直接赔款6075万元，同比增长36 %，发挥社会保障和经济补偿功能。

【夯实基础，提升服务】 坚持改善服务不动摇，夯实基础服务。公司在重要节假日设立便民服务咨询台，为广大市民提供保险服务受到好评。3月8日，在市区兰溪街为市民介绍女性特定疾病保险。3月15日，在公司门口设咨询台为上门客户答疑解难，维护保险消费者权益。7月8日，全国保险公众宣传日，为婺城区白龙桥镇市民提供保险咨询服务，普及保险知识、提升保险意识。“十一”黄金周期间在金华站高速出入口设服务台，为出行客户提供保险事故快速处理、事故救援、旅游提示、酒店预订等暖心服务。不断优化客户体验，建立服务新优势。利用“浙江人保财险”微信公众号吸粉活动、“金华人保之友”俱乐部积分兑换等差异化服务，不断升级在线客服、在线理赔等增值服务功能。加强综合大厅建设，推进综合柜员制，提升服务窗口整体形象。高度重视客户投诉工作，落实好领导干部接听日、接待日制度，严格执行保险消费投诉重大上访及群体性事件应急机制。通过加大农村网点建设，不断延伸农险服务触角。加大婺城区各乡镇网点设施投入；充实服务人员配置，包括保险业务员、农险理赔查勘人员、村协保员，为提升保险服务打下基础；走进乡镇开展政策性农险产品说明会，面对面向农户讲解产品保障和承保流程，将保险服务送到农户身边。

3月7日，中国人民财产保险婺城支公司提供便民服务迎“三八”妇女节

（中国人民财产保险婺城支公司供稿）

【加强风险管控，提升管理水平】 提升合规能力，营造“合规文化，人人有责”的氛围，防范合规经营风险；对照保险机构“两个加强、两个遏制”专项

检查“回头看”工作,各部门认真种好自己的“责任田”,领导班子管好自己、管好队伍,推动公司管理升级和管控方针的落地执行。推进作风建设,巩固“三严三实”专题教育成果,抓好各项整改任务落实,完善作风建设常态化机制,认真落实《中国共产党纪律处分条例》和《中国共产党廉洁自律准则》,抓好中央八项规定和“三重一大”等制度的执行,远离违规违纪红线。

【坚持分担共享,抓好队伍建设】公司倡导“分担与共享”的企业文化,关爱员工,落实各项关爱举措,建设幸福企业。提升职工之家建设水平,更新健身器材及文体活动设施,努力营造良好的工作环境;以员工的需求为导向,开展读书会、瑜伽运动、羽毛球比赛、踏青烧烤、端午节包粽子、职工运动会等一系列文体娱乐活动;组织员工体检,组织爱心捐款帮扶困难职工,节日慰问退休职工等,持续提升员工幸福感和凝聚力。同时,坚持“以人为本”,抓好队伍建设,注重员工专业技能。引进专业人才,加大优秀年轻干部的选拔任用力度,激发员工的潜力与干劲;优化基层管理人员队伍结构,提升“80后”干部占比;抓学习型组织建设,依托教育培训持续提升队伍素质能力,以学习能力推动团队的创新力,增强整个公司综合能力。

【从服务到产品,创新发展】在“互联网+”时代,学习互联网思维,员工通过内部手机APP系统进行保费试算、投单,提升服务效率;新增服务渠道,推广手机销售移动互联新工具,客户通过扫描二维码、在第三方移动互联平台链接等方式即可参与投保;客户还可通过“浙江人保财险”微信公众号接收图文并茂的消息,包括行业热点、行车知识、车辆保养等,并可体验保险服务、理赔服务,方便快捷。同时,公司以市场需求为导向,积极开发新险种,不断拓宽服务领域:实现辖区内农业机械综合保险、温室大棚保险破冰,为地方农业发展保驾护航;推动开发区小微企业出口信用保险政府联保工作,提升政府保单承保覆盖面,为小微企业发展保驾护航。

(卢珊珊)

中国人寿保险股份有限公司金华分公司

【概况】中国人寿保险股份有限公司金华分公司2016年完成总保费27.95亿元,同比增长22%。其中,首年期交保费7.58亿元,同比增长64.78%;短险保费2.09亿元,同比增长12.97%;续期保费15.64亿元,同比增长26.13%。2016年,公司各项经营管理工作夯实,整体实力提升,荣获系统内外多项荣誉称号,被中国商业联合会评为“全国诚信兴商双优示范单位”、被中国人寿集团公司评为“个险业务发展奖”,被总公司评为百舸争流优胜奖,被评为“金华市诚信经营示范单位”“金华市纳税信用A级企业”“市区税费超千万元大户”,1996年以来一直保持“金华市文明单位”称号。

【经营管理】公司加强各项内部管理工作,开展内控标准知识的普及和推广,组织内控标准知识培训和考试,内控管理制度不断强化;开展“两个加强、两个遏制”及关键岗位的检查工作,强化内控标准执行,规范机构网点管理,全市系统风险防范意识进一步提升;做好销售误导自查自纠、非法集资排查、风险预警排查等工作,将风险防范教育深入到每位员工和营销员;开展“诚信我为先”活动,开展诚信教育,组织诚信宣传进职场,营造诚信合规的展业氛围;通过“反洗钱月”开展全面的宣传教育,建好风险防线。

【客户服务】公司以“造福社会大众,振兴民族寿险”为企业使命,践行“以客户为中心”的发展理念,各项服务工作更加到位,服务水平显著提升。为了响应“信义金华”的建设,公司主动开展“寻找保单主人”行动,做好千万元满期保险金的给付工作,保障客户权益。开展柜面服务升级达标活动,加强柜面工作改革,推行综合柜员服务模式,强化考核管理;开展客户增值服务,提高公司品牌价值,组织高端客户生日祝福、健康体检、户外采摘及客户联谊活动,落实“牵手国寿、孝善为先”少儿绘画活动,动员客户报名参加。主动开展"服务效益"提升工作,加强信息技术创新。公司推出"国寿 e 家"电子投保系统,可以让客户通过互联网平台实现电子渠道投保,在销售人员的辅助下短时间内完成保险的设计、试算、交费以及出单等流程,直接在家就能享受到保险公司便捷高效的保险服务。成功推出并有效保障 "积分换保险""安心保系列短险""户外运动保险""E 门店乘客保险""旅游保险"等新型业务平台。

【其他工作】坚持开展慈善捐款活动,2016 年,响应金华市慈善总会号召,组织本级员工开展"慈善一日捐"爱心捐款活动。为了保障临床用血需要,响应市政府、献血办的号召组织员工开展无偿献血活动。坚持参与创建卫生城市,积极响应爱国卫生运动委员会打造文明卫生城市的号召,组织青年团员到结对共建的东莱社区,对露天垃圾、卫生死角和花坛杂草进行了清理和打扫。响应市政府垃圾分类活动,向员工和市民发起垃圾分类倡议,推进垃圾分类回收,减少资源浪费、避免二次污染。参与社会公益事业,为构建和谐社会、保卫绿水青山主动贡献力量。此外,还组织一些捐赠衣物、图书的活动,组织员工为西南、西北贫困地区捐赠过冬棉衣,捐赠御寒衣物 1000 余件,通过义工协会运往西南、西北贫困地区。 (滕春生)

乡镇 街道

城东街道

【概况】城东街道辖区面积约2.99平方千米,2016年常驻人口9788户,23174人。有5个社区和2个经济合作社。

【工业经济】2016年,城东街道工业总产值完成28037万元,完成年计划的100.9%,其中,规模以上工业企业总产值24040万元,完成年计划的112.9%。出租房税收征管工作:上缴税收234户,上缴税金44.93万元,比去年同期增长75.71%。

【党建工作】街道党工委以"两学一做"学习教育为契机,逐步推动党内教育从关键少数向广大党员拓展、从集中性教育向经常性教育拓展,从严要求,全面加强党员队伍的教育管理。按照整乡推进,整区提升的工作要求和"六个一"的工作标准,抓好社区红色阵地建设,结合精品街区和金华古城建设,在八咏楼社区建成"八咏古韵""八咏风云""八咏今朝"三大板块红色文化长廊,在酒坊巷,通过二维码扫描,就能展现八咏楼的红色故事。同时,抓好两新组织党建工作,在山山家食品公司将企业"和合共进"文化与青春元素相结合,打造山山家党建"红色长廊";把成功学校的学风校风和党员"闪耀之星"相结合,将党建细胞融入到学校的各个角落,创建一个素质教育和红色教育相融相合的爱国主义教育基地。街道党工委自觉担负起换届选举的主体责任,严肃换届纪律,严格换届程序,稳妥地完成区"两代表一委员"换届选举工作。

【重点工程】在省、市重点工程建设中,街道党工委倾尽街道之力进行精心组织、任务分解,发挥街道全体干部的积极性、主动性。从服务民生入手,夙兴夜寐,勇挑重担、真情服务,分阶段,较好的完成市区交办的各项重点项目工程。仅用短短两个多月时间,完成下沿区块征迁工作,完成入户评估、签约、房屋腾空拆除工作,第一批现房302套房源全部安置到位;基本完成将军路拓宽改造工程,涉及37户征迁户,现已基本完成签约和拆除。推进电大街征迁工作,50户国有土地房屋计7877平方米,100%完成签约、腾空和拆除,8家企业单位计2297平方米完成签约。稳妥推进上浮桥沿江50米征迁工作,顺利完成12家企业和94户农户的评估。此外,街道党工委还启动丰亭东路、市农批市场迁建工作。

【社会治安】2016年,综治工作以协同平安护航"G20"争创平安金鼎为目标,开展平安、综治、禁毒、普法宣传等专项活动,始终把筑牢维稳第一防线为己任,确保辖区社会稳定。开展"G20"杭州峰会维稳安保工作。"G20"维稳是今年工作重点,协调组织市级机关干部1007人次、副处以上69人次;组织区级机关干部544人次、带队领导41人次在辖区开展平安巡查等工作。细致排查燃气检查、重点单位和九小场所、重点企业及危化品经营户的安全风险隐患,新设75个高清视频监控探头,完善街道视频监控探头布局,加强平安监管,圆满完成"护航G20"巡查行动各项工作任务,被评为婺城区委"G20"杭州峰会维稳安保工作先进集体。创新网格化管理模式。通过综治信息系统手机终端，形成街道、社区、网格三级排查调解组织网络。街道以旌孝街社区为试点，大胆创新“社会组织自治服务为先，开放式社区治理”的新路子，培育清风和工作室、暖心法律服务站、民情工作室、国学教育传播室等民间自治组织。社区依托“网格化管理”，基本实现“为民服务零距离、纠纷化解零搁置、信息采集零空挡”的局面。今年以来，街道集中调处矛盾纠纷51起，调处率和成功率均达100%。8月10日，省政法委副书记刘树枝、市委副书记何杏仁、区委书记王健等领导到旌孝街社区指导调研“网格化管理、组团式服务”工作，得到省市区领导的充分肯定。抓好安全生产和消防工作，预防安全隐患。开展“安全生产月”活动，对辖区240家企事业单位和场所，进行每月消防检查和“百日攻坚”专项整治，组织督查78人次，责令改正、限期整改8起。2016年来辖区没有发生安全事故和消防事故。

【民生事业】2016年，不断完善养老、医疗、工伤、生育等政策和社会救助机制，织密织牢民生保障网，综合民生环境稳步提升。新增就业岗位356个，完成年度任务101.7%；失业人员实现再就业233人，完成年度任务97%；其中，就业困难人员26人，完成年度任务104%。办理居保续保276人，完成率95%；为555人发放4050社保补贴173.85万余元，自主创业场租补贴7760元，发放下岗失业困难、特困企退、重病人员等慰问金18.34万元，238人次。完成医保续保3375名，完成率99.2%，位居全区第二，其中，大额医保参保率位居全区第一。民政残联工作，通过开展“人情保”“错保”等专项整治活动，做到“应保尽保”“应补尽补”“应退尽退”的动态管理。2016年，取消低保39户、72人，其中因户籍迁出5户、7人。2016年发放低保金84.1835万元、低保对象各类补贴5.1537万元。受理金华市公共租赁住房申请82户，审核通过61户，录入经济状况核对53户；申报低保5户。在受理救助中，街道残联为辖区的185人残疾申请重度残疾人护理补贴50.912万元；64人申请生活补贴7.68万元。

【人口计生】2016年，是全面二孩的第一年，计生工作以转变服务理念，提供主动服务为主。宣传全面二孩政策。街道组织社区做好宣传，全面更新社区计生宣传栏及宣传标语，使辖区内青少年、广大育龄群众解计生新政策。计生工作主要工作指标完成情况：1—10月，街道出生178人，其中计划内出生177人。计生率为99.44%；出生男婴95人，女婴83人，出生婴儿性别比为100∶114；已婚育龄妇女3791人，采取各种节育措施2671人；综合避孕率为70.46%。开展协会活动。2016年“5·29”是中国计生协成立36周年纪念日，5月18日街道计生协组织“实施全面两孩政策 促进人口均衡发展”为主题的宣传咨询活动，组织计划生育干部参加区计生协举办的“计生业务知识竞赛”活动，获得二等奖。

【文化宣传】街道的文体宣传活动，立足上水平、上层次，以省二级文化站和省示范文明城区创建为目标，在软件和硬件两大块上下功夫，弘扬先进文化，彰显城东深厚文化底蕴，为辖区干部群众奉献出一道道精美的精神食粮。抓好阵地建设。根据文化宣传需要，对街道文化体育站提档升级，创建省二级文化站。增加灯光球场、健身房等，下步还将设置婺城剪纸城东展馆、电子阅览室、舞蹈房等等活动场所，场所建成后将向市民开放，服务效能显著提升，得到省市区领导的充分肯定。积极组织文体活动。2016年街道举办百姓才艺大赛、社区好声音等文化活动，丰富居民文化生活。街道积极组织文体队伍创作精品节目，参加省市区组织的各类比赛15次，有11次在比赛中获奖，其中省级奖项5次，市级奖项4次，城东街道被评为优秀组织奖。对外宣传工作上新台阶。加大宣传力度，开展信息报送工作。在各级各类新闻媒体的报道据统计《金华日报》26篇，《金华晚报》67篇，《今日婺城》112篇，电视台报道8次，黑板报刊出156期。

【城市管理】2016年，街道城市管理工作以“国卫复审”“星级卫生街道”“精品社区”为目标，创建主要抓好三项工作：智慧城管工作长抓不懈，按照市智慧城管中心的工作要求，严防案卷超时及重新派遣。2016年，处理督办案卷3101条，结案率达100%。“8890”便民服务平台管理，通过市民、市场、政府的良性互动，架起连心桥，为市民提供更多便利和实惠。2016年，接收414件、办结242件、退办

172件。抓整治,抓好创建工作。2016年,为迎接国卫复审和省级文明城市示范城区建设,改善辖区居民生活环境,街道联合相关部门关停拆除上浮桥无证菜场,对拆迁小区东上小区进行多次的集中整治,为改善辖区居民的生活环境做出最大的努力,通过整治目前辖区5个社区有4个社区进行星级评定。

“拆治归”组合:街道以“拆治归”作为转型升级的治本之策,持之以恒打好组合拳。“五水共治”成效明显,通过全面落实河长制,实行通园溪管理常态化机制,流域水质大幅提升,2016年,平均水质达Ⅳ类,8月,水质达到Ⅲ类,一举摘掉“黑臭河”的帽子。“三改一拆”持续发力,拆除违建面积13.11万平方米,完成区任务数的115%;积极配合市政府重点工程,对辖区内的老小区,老厂房,老建筑进行征迁改造工作,改造面积9.93万方米,完成区任务数的99.27%,完成全街道5个社区的无违建村创建工作。“四破攻坚”不断深入,消化批而未供土地近1公顷,有效激发了发展新动力。 (朱剑花)

城西街道

【概况】城西街道面积1.66平方千米,下辖5个社区,户籍人口6061户、14386人。辖区内有私营企业、个体工商户及新经济组织近千家。

【工业经济】2016年,全街道实现工业总产值10.3亿元,其中:规模以上工业总产值9.3亿元,完成率108%;工业投资和技术改造投资2600万元,完成率100%;引进内资2.37亿,完成率395%;来料加工费发放725万元。出租营业房征税工作共征收1488户,缴税336.3万元。多项经济指标都排在全区街道前列。

【重点项目】2016年,辖区范围解放西路改造工程(投资4.3亿)、五一变电站(投资近1亿)、巨龙安置房(投资近3.5亿),金师附小教育集团小学(投资近2亿)等重点项目都已开工建设,为扩大有效投资提供坚强保障。

【重点建设】2016年,街道保障“二七区块”开发建设。做好工程建设施工,确保解放西路、金师附小集团小学、中天房产小区、五一变电站以及巨龙安置房等重点项目无障碍施工。做好“二七区块”司法强拆户信访维稳工作,目前涉及司法强拆的7个重点信访户,都采取班子包干、责任到人,总体较为平稳,为“二七区块”的开发建设创造了和谐有序的投资环境。

【城中村改造】攻坚克难加快西郊城中村改造步伐。坚持“目标任务化、任务责任化、责任考核化”,积极引导、乘势而上,选准目标、一鼓作气,通过6天持续奋战,完成西郊闻家自然村59户拆迁,为推动西郊城中村改造撕开缺口、打实基础。

【“三改一拆”】敢于碰硬、直面问题,集中攻坚西郊遗留多年违建难题。以“三拆三建一整顿”为突破口,在执法、公安等部门坚强保障下,仅用5天时间就彻底拆除西郊村历史积怨10年、涉及近6万平方米的违法建筑,其中最大一宗涉及2公顷、12家企业、2.2万平方米,彻底根除了西郊村党员干部违建多、房前屋后乱搭乱建多、一户多宅多的历史顽疾。2016年,拆除违章建筑17万多平方米,超额完成区里下达任务数的122.73%。

【“五水共治”】2016年,认真落实街道河长每周巡查一次、社区河长每周巡查两次的规定,及时发现凉冒山铁路货场原煤场地面大量黑水流入长湖等问题,搬移舒雅洗涤等10余家影响水环境的企业。市区唯一劣五类河流回溪,已完成回溪公园内污水提升泵站工程建设,长湖周边涉及西郊的解放西路延伸段截污纳管工程已完工,老浙赣线铁路沿线的两路两侧城乡环境得到有效整治。

【城市管理】2016年,通过抓实街道、社区、执法中队三级工作载体,形成了三位一体联动,数字城管工作成效显著,八月第1名,其他月份都排在前3名,数字城管工作名列全市前茅,5个社区全被评为星级卫生社区。积极推进解放西路西延、潘里新区基础设施配套、长湖公园周边环境综合整治以及“二七区块”文明城市创建宣传文化长廊等民生工程建设,改善人居环境。

【民生工作】推进企业退休人员社会化管理服务,积极做好城镇居民医疗保险。2016年,失业人员实现就业156人,发放社保补贴95万元,慰问困难群众235户,发放各类慰问补助金64万元,医疗救助金37万元,发放低保金75万元。抓好避孕药具管理、随访等工作,正确宣传二孩生育政策,2016年计生率、生育全过程管理率都是100%。

【平安综治】紧紧围绕构建和谐社会的目标任务,坚持"打防结合、预防为主"的方针,深入开展社会治安综合治理各项工作,切实做好G20峰会、互联网大会等重大会议期间信访维稳工作,无一人赴杭、赴京上访。在"城中村改造""二七拆迁"等工作中出现的新问题,掌握动态、化解矛盾、减少纠纷。严格落实企业、经营单位安全生产主体责任,加强全员、全过程、全方位的安全管理,确保责任到人、措施到位。街道、社区严格按照"属地管理""部门监管"和"一岗双责"原则,狠抓隐患排查,狠抓专项整治,坚决防止重特大事故发生,实现安全与效益的"双赢"。2016年督促整改安全隐患问题30余个。开展安全生产培训4次,张贴安全生产标语牌100多处。

【党建工作】在从严管理党员干部上动真格。完善干部管理规章制度,强化作风建设。先后制定出台街道、社区岗位目标责任考核制度、月考核制度及上下班指纹签到等效能监督机制,让每名干部都在思想上严起来、行动上快起来、工作上实起来。整治农村党员干部"两违"。很多党员带头拆除违建,一举扭转工作拆违被动局面。推进干部约谈问责常态化。重点约谈问责违纪违法党员干部,坚决做到发现一起、问责一起、打击一起。2016年,党员除名4人,开除党员2人,留党察看1人,诫勉谈话10余人次,有效打击了歪风邪气。在交流调整干部能上能下上动真格。挪掉太平官,用起拼命郎,全力打造"狮子型"干部队伍。把作风最硬、工作最实、能力最强的干部充实到西郊联点,并配套相应的政治、经济待遇等激励机制。培养使用年轻干部,提拔任用素质高、冲劲足、潜力好的年青干部到中层岗位。调整交流四个纯社区主要领导,进一步激发干事创业热情。年初,通过公开比选、竞争上岗等创新提拔任用机制任用一批社区年轻干部。在形成换届选举高压态势上动真格。认真贯彻换届"九严禁"纪律要求,严格执行"十条"红线、"十字禁令",努力打造山清水秀的政治生态和风清气正的生态环境,真正把会干事、能干事、干成事、不出事的干部选到工作岗位上。

9月22日,城西街道第一届议政会第四次会议

(城西街道供稿)

城中街道

【概况】城中街道地处金华江北中心地段,面积6.21平方千米,下辖3个社区居委会,人口9046户、24207人,流动人口15000余人。辖区内有大小商户5000余家,是江北经济、文化中心。

【工业经济】城中街道有企业11家,其中,规模以上企业2家。2016年完成工业产值1.3亿元,规模以上工业产值0.99亿元,完成任务数114.25%。实现营业收入1.5亿元,完成招商引资婺商回归任务1200万元,完成率100%,引进内资4950万元,实现资本回归500万元。完成出租房税收征收660户,税款244万元。来料加工经纪人17人,月加工人员661人,完成加工费收入480万元,完成年度任务的100%。

【重点工程】完成明月街、青春路两侧老旧小区改造工程任务,完成人民东路、新华街、明月街沿街立面改造项目,实现辖区面貌从"刺眼"到"养眼"再到"亮眼"的阶梯整治效果,提升了城中内涵和颜值。全年确保了无新增违建。完成“三改一拆”1.61万平方米，完成任务数的100.63%。积极做好新华街、朝官巷、府上街等9条街巷雨污分流工作,确保无障碍施工。对辖区13条街巷的地下污水管网进行改造、疏通,解决污水横流问题,做好城中村改造前期准备工作,深入环城村,一线走访摸排城中村现有实际情况,对照下发的城中村改造计划,提出修改意见和可行性方案。

【基层党建】开展“两学一做”学习教育。严格规范“党日活动十项规定”,组织全体党员学习党章党规、习近平总书记系列重要讲话和传统优秀家风家训;深入开展四次专题讨论;开展“学传统文化、立时代新风”活动,街道党员982人制定亮晒家规家训。认真组织民主生活会、组织生活会和五星评定、民主评议工作。认真落实党建责任制。投入30余万元全面完成深化“红色阵地”建设任务;实施党群连心桥工程,深化“微系列”服务组合,认领兑现232个“微心愿”;探索组建社区大党委,推进区域化党建融合,拓展党建新格局;打造“党建+文化”“党建+商圈”“党建+服务”组合,形成街道党建特色品牌。组织开展换届选举各项纪律学习宣传,严把代表入口关,营造风清气正的政治生态。开展党费收缴专项整治、两新党组织按期换届、党代表和党员违法违纪排查、不合格党员回炉教育整转等行动,处理不合格党员2人。围绕区委“环境大整治、党员当先锋;护航G20、党员当先锋;环境大整治、党员当先锋”等三大党员先锋行动,把发挥党员先锋模范作用与各项重点工作相结合,组织120余次、8400余人次党员志愿者参与其中。

【宣传文化】城中街道依托市民大讲堂、市民学校,改善人际关系、增进邻里团结、崇尚文明新风为目的,组织开设党建、科普科技、法制计生、健康、环保等知识讲座学习26次。围绕中心工作，开展“携手垃圾分类、共建美好家园”等主题的数十场宣传活动。使广大社区居民的思想素质不断增强,法律意识进一步提高,营造良好的舆论氛围。开展“解放思想大讨论”活动:制定实施方案,层层发动,涌现出一批调研文章和金华建设发展的“金点子”,其中,1个金点子被区委宣传部评为优秀金点子。查找出4个城中建设发展的短板(街道、社区党建步伐缓慢、城市环境整治任务繁重、干部队伍建设存在宽、松现象、平安建设工作压力大),根据短板制定相应的整改措施,目前已全部整改到位。配合开展“好邻居”毅行活动,依托金华日报、今日婺城、金华电视台等宣传媒体,不断加大宣传力度。在《金华日报》上刊登100余篇,在《金华晚报》上刊登150余篇,黑板报180余期,金华新闻联播正面报道1次,电视台正面报道30余次。营造浓厚的宣传氛围。

【民生事业】加大扶贫帮困走访慰问力度,注重对弱势群体、企退人员的关心关爱。2016年发放各类补助金99.08万元。完成困难群众年审和公共租赁住房保障申请工作,完成三个社区优抚服务社会化工作示范创建。开展残疾人就业调查,为残疾人办理生活、护理补贴96人;完成城乡居民医疗保险2569人和企退人员认证3457人,办理社保补贴295人,金额97.2万元。全面落实计生二孩政策,全年出生286人,计划生育率100%。

【文明创建】2016年,开展全国文明城市和省级文明示范城区创建工作,在全市第二、三季度文明指数测评中获第1名。对辖区幼儿园情况进行摸底调查,开展“护航G20,文明平安迎暑假”活动。组织共建单位领导、党员志愿者、街居干部进行大规模的整治活动13000余人次,消除“牛皮癣”,清理绿化带内杂草、垃圾,进行绿化提档、破损路面修补。

【平安综治】护航G20和第三届互联网大会。成立护航G20峰会和互联网大会工作领导小组,实行社区主联领导和网格联点干部分包社区综治、维稳工作制度,发挥网格员“千里眼”“顺风耳”作用,把主要精力向峰会聚焦、主要力量向峰会聚合,确保了辖区不出事、不惹事。注重平安综治宣传教育。开展“法律进企业、进学校、进社区”捐赠法律书籍活动,为基层提供法律服务。全面开展社会治理信息“以奖代补”和平安浙江APP下载安装工作,举办以“阻击合成毒品,拥抱健永生活”和“崇尚科学,反对邪教,护航G20”为主题的禁毒、反邪教宣传教育,逐步形成了人人关心、支持、参与平安综治工作的良好局面。做好各类隐患的排查化解。主动介入、协调解决金茂大厦、兰溪门菜场租金纠纷问题。开展矛盾纠纷排查化解，调处成功208起。调处成功率100%。未发生50人以上的群体性事件。加强17人矫正对象的动态管理，坚持每月报到、劳动制度，社区矫正帮教工作取得新进展。

【安全生产】以社区为单位，签订安全生产、消防安全等责任书，明确安全维稳工作责任，教育引导群众严格落实安全防范措施，提高安全意识。健全安全生产管理各项制度，抓好安全生产隐患排查治理。坚持安全大排查和集中清查相结合，联合执法局等职能部门，在重点节日和特殊时段加强对校园周边等重点部门和场所的排查。加强人员密集场所的消防安全和燃气安全检查，开展出租房消防整治专项行动。2016年，联合公安、消防等部门开展联合检查61次，发现并整改安全隐患276余处。

（舒　畅）

城北街道

【概况】城北街道下辖8个社区，其中城市社区6个，村改居社区2个。辖区面积4.4平方千米，2016年末户籍人口15878户，39658人。6个社区党委，67个党支部。

【经济工作】2016年，完成工业总产值27914万元，完成年度目标任务的110%。个人出租房税收304.07万元，同比增长13.6%。处置低效企业2家(金华市经纬色织集团有限公司、金华市华一真空电子有限公司)，盘活工业用地2.27公顷，超额完成2016年四破攻坚全年任务。

【“三改一拆”】深入攻坚，进一步推进“无违建”创建工作，围绕重点、科学筹划、精心设计，组织红湖路社区、凤凰山社区、郑岗山社区争创“无违建示范社区”。坚决清理存量违法建筑，杜绝新增违法建筑。2016年拆除违法建筑15.53万平方米，完成全年任务数103.5%。

【城市管理】城北街道被市爱卫会命名为金华市五星级卫生街道；红湖路、郑岗山社区被命名为金华市五星级卫生社区，凤凰山、站前、祝丰亭、军民等四个社区被命名为金华市四星级卫生社区。对辖区环境卫生进行区块化管理、网格式整治。借助智慧城管、8890服务平台两大信息平台，及时有效地统筹处理城区内各起案件，大大提高了城市管理水平。2016年，办理智慧城管案件4416件，结案4410件8890服务平台受理投诉279件、结案279件、退办投诉123件。开展马路市场专项整治，彻底取缔了存在近20年之久的对山路马路市场，还路于民，每天安排执法人员巡逻执法，防止马路市场“死灰复燃”。

【综治维稳】G20杭州峰会、互联网大会、全国两会期间，发挥综治机制优势，开展深化社会治理、G20平安大巡防活动。组建专职平安志愿者队伍，组织开展红袖章巡逻，全面摸排安全隐患，化解矛盾纠纷，未发现人员到会场周边进行非访、闹访、群体访等严重失控现象。建立矛盾排查调处报告制度、领导接待日制度、信访矛盾纠纷调处包案制度、信访矛盾及社会治安形势分析制度等工作制度，开展矛盾纠纷排查化解工作。排查化解矛盾纠纷22起，其中，重大矛盾纠纷2起，群体上访1起，未发生一起民转刑事件。其中，G20安保工作开展以来，街道化解积案5起，化解率达100%。投入80万元，相继在五星后城里村、洪源两个城中村安装高清探头85只，其中，后城里村33只，洪源村52只。

【社会救助】对登记在册的8948名企业退休人员进行走访以及领取待遇资格认证工作。对死亡、特困、重病住院企业退休人员慰问共计28万元；2016年，城乡居民医疗保险保费催缴工作，共4271人完成参保缴费，基本医疗保费缴费率达96.3%，大额保险缴费率达31.05%。2016年发放民政、残联经费347.76万元。办理住房补助59户。核实申报残疾人居民医疗保险98人，办理享受政府购买服务补贴对象84人，办理新申请残疾人证39人，残疾人助学27人，助学金3.2万元。

【人口计生】夯实计生工作基础台帐，加强流动人口管理，发挥计生协会功能，实现居民自治，促使人口与计划生育工作稳步发展。2016年，共办理一孩、二孩生育登记340对。出生人口数316人，出生婴儿性别比为100:109.27。二孩子生育全过程管理率100%。对社区开展各项奖励优惠户的摸底调查、审核汇总工作,新增9人,其中,伤残独生子女家庭6人,死亡独生子女家庭3人。

【基层党建】 组织1670人在册党员一人一表填写《党员基本情况登记表》,减少登记过程中产生的错误信息资料,对口袋党员、失联党员等重点和难点问题一查到底,确保数据的准确性。2016年,发展党员4人,其中35岁以下的占50%,大专及以上学历100%。结合"两学一做"学习教育,完善党员教育管理制度,完善周一夜学、"三会一课"、领导干部带头讲党课、谈心谈话、五星评定等多项制度。先后完成城北街道党员"红色驿站"建设和辖区8个社区的红色阵地建设。在建立站前社区大党委试点的基础上,推进条件成熟的红湖路、祝丰亭、郑岗山、凤凰山等4个社区建立社区大党委。开展小区、楼道党员"亮身份做贡献"工作,提升社区党建水平。

(张国军)

新狮街道

【概况】 新狮街道现有17个村(居),其中,4个纯社区,9个村改居社区,4个行政村。辖区总面积约23.76平方千米,11964户,32201人,外来人口2.4万。

【党建和党风廉政建设】 全面发动。召开街道"两学一做"学习教育动员会,组织全体机关党员、各基层党组织书记、组织委员到黄宅和郑家坞镇学习农村基层党建先进经验和做法,在全街道形成"两学一做"的浓厚氛围。强化学习。街道印制了《中国共产党廉洁自律准则》《中国共产党纪律处分条列》小册子发放到每位党员手中。七一前夕,组织近400多名党员干部开展庆祝建党95周年活动。红色阵地整乡推进。全街道16个村(社区)按照"六个一"的要求全面改造提升红色阵地建设。深入开展廉洁从政教育。每周组织街道干部夜学,把组织学习《条例》、《准则》和《习总书记系列重要讲话内容》列入党工委中心理论组和党员干部学习的主要内容。邀请区检察院高理华副检察长来讲廉政课。加大问责和查办案件力度。在作风巡查中,约谈提醒19人,诫免谈话2人,要求5人写出书面检查,查处违纪党员5人,开除党员2人(1人为村主任),留党察看处分2人,警告处分1人。

【经济工作】 街道挖掘潜力,狠抓企业技改服务,开展"三百"活动,工业经济得到平稳发展。2016年,全街道完成工业总产值17.95亿,完成年计划102%,同比增长4.12%;完成规模以上企业产值8.57亿元;完成出口产品交货值2.57亿元;工业新增投入2814万元,婺商回归9000万元,引进内资2500万元。开展"四破攻坚"活动,处置低效企业2家,收回土地3.98公顷。全街道完成财政税收收入3.087亿元,同比增长14.41%。其中国税收入12282万元,增长61.97%;地税收入18588万元,同比下降4.18%。完成区级财政收入8842.67万元,完成全年任务数的91.28%。

【重点工作】 "五水共治"工作。全面建立机制。建立河长机制、河道长效保洁机制和人大代表政协委员监督机制。明确河长及其职责,建立巡查监管制度,巡查台账制度。落实"河长制"责任牌18块,河长做好保洁的督促落实,每周至少巡查2次。全面开展清障清淤。街道投入270多万元对通园溪、回溪、接力塘,以及勤俭、康村、浙师大等7口池塘(湖)的清淤工程,清理淤泥3.7万立方米。全面排查错接管网。对城北园区所有的35家企业的管网情况进行普查,对8家企业(及房地产公司)污水管错接,现场发放整改通知书要求立即整改。对回溪流域所有企事业单位污水管网也进行的普查,发现情况立即整改。全面开展截污纳管。投入3200多万元对沿线9个村进行生活污水治理,已基本完成。全面开展"六小"行业整治。通过采取关停、处罚、改造等措施,有226家餐饮、洗车等"六小"行业得到整治。通过一年的努力,3条溪的水体有所改善,各项污水指标不断下降,水质基本稳定在Ⅴ类以下,初步达到了治理目标。

"三改一拆"工作。坚持党员干部带头拆、配合重点项目拆、来信来访强势拆、重点区域先行拆的原则,先后拆除了车头、十里牌楼、方井头、后垅等社区党员干部违建18处1250平方米。对骆家塘社区畅达街和高村占道经营、房前屋后乱搭乱建进行整治，截止7月底拆除骆家塘社区违章建筑121处1.4万平方米；11月，拆除高村违章建筑230处47600平方米，门前4米店面房和房前屋后全面拆除；方井头社区已拆除29处，面积1.57万平方米；沙溪村结合美丽乡村建设，已完成违建房屋的全面拆除，面积3838平方米。全街道已拆除违章建筑698处，20.2万平方米，完成全年任务的101%。

“四治两化”工作。结合“三改一拆”“环境整治”“垃圾分类”及美丽乡村建设，大力推进三个纯农村的垃圾分类及各村居“四治两化”工作。要求在去年垃圾分类的基础上加大宣传和指导，每户的垃圾按要求分类到位。按照“四治两化”的要求，街道成立领导小组，制定实施方案，要求各村(居)全面治理乱堆、乱放、乱搭、乱建，实施村庄美化和绿化工程，各村(居)组织两委、党员志愿者等全面开展“四治两化”行动。同时，街道采用以点带面的形式，先把沙溪村和勤俭社区作为典型，然后在全街道进行借鉴学习，使“四治两化”工作在面上深入开展。

城市管理工作。借国卫复审、文明城市创建和美丽乡村建设的东风，对丹光东路、道院街、芙峰街、畅达街等街路占道经营进行多次整治；加大对城北园区保洁力度，对清扫保洁人员勤督查、勤考核，实行奖惩机制；街道每周不定期的进行环境卫生巡查，将每月巡查情况进行公布，拿出专项资金对各村(居)进行考核，辖区市容市貌和环境有了较大的提升。烟花爆竹禁限燃行动取得较好的效果，得到市政府的表彰。配合区治堵办联合执法，做好黄标车、大货车乱停放和“僵尸车”专项整治，235辆黄标车基本消除，劝离大货车100多辆，拖离“僵尸车”30多辆。

【重点工程】迎宾大道景观提升工程。该项目涉及五一社区0.84公顷和后垅社区0.65公顷土地征用，两处土地地段优越，历史遗留问题较多，而市政府征用价格偏低，征地工作十分困难。街道组织精干力量分组深入到两个社区做工作，由于工作深入过细，在2个地块按时完成交地、进场施工中，没有受阻，此项工作得到了市、区两级领导的肯定。

方井头社区芙峰街段房屋拆除。该工程是市委党校周边环境综合整治的重要组成部分。自5月13日暨军民市长主持召开会议明确在芙峰街道路两侧进行改造以后，街道迅速成立工作组，由街道班子成员带队展开调查摸底入房动员。在区攻坚组的全力配合下，利用10天时间，一家企业及10幢房屋6870平方米全部拆除，此项工作得到了上级领导的肯定，现正在进行屋基安置和道路施工建设等相关工作。

【平安建设】集中化解矛盾纠纷。坚持每季开展一次矛盾纠纷集中排查化解，各个重要活动进行重点排查。2016年，全街道排查化解矛盾纠纷535起，调处成功534件，调处成功率达99.8%；其他信访答复517件。化解疑难矛盾纠纷和信访积案6件。不断强化基层基础。强化网格员和平安志愿者队伍建设，选拔网格员197人，招募平安志愿者分队24支，1310人，全区平安志愿者启动仪式在我街道胜利召开；街道投入了10万多元建设了LED大屏幕，并接入视联网，成为一屏多用的社会治理综合指挥平台。全面整治安全隐患。对辖区所有塘、库、溪的安全隐患、禁示标志进行检查，对山下吴水库游泳进行劝导；8月，在全街道开展燃气钢瓶宣教检查和以出租房为重点的消防安全检查。为吸取江西宜春市丰城发电厂重大安全事故教训，11月，在全街道范围内再次开展以出租房为重点的消防安全检查，发现隐患及时督促整改。维护峰会和互联网大会稳定。建立重点信访人员稳控责任机制，广天、江南中学债权人及历年老上访户等重点稳控对象24人，全部落实责任领导和责任人。由于各项措施到位，责任到人，在G20峰会和互联网大会期间，街道无一人进杭进京上访。反传销、禁毒、矫正归正人员安置帮教等工作有序开展并取得新成果。

【基础设施建设】沙溪村开展创建省级美丽宜居示范村建设取得较大成效，拆除违法建筑、危旧房3800平方米，开展垃圾分类、房前屋后整治，完成村口公园、路灯安装、绿化提挡、通园溪砌坎等工作。杨家相、十里牌楼、方井头、勤俭等村(居)道路硬化、绿化提升，基础设施等进一步完善。东市北街、丹光东路延伸、丰亭东路改造、芙峰街改造等一批市政工程顺利建设完成，辖区交通环境得到提升。

【民生和社会保障】居民医疗和社会养老保险工作深入开展,企退人员社会化管理服务登记更加完善。做好最低生活保障和低保边缘困难群众求助、救灾、救济工作有序开展。人口和计划生育工作实现由管理到服务的转型。坚持人口和计划生育工作以“村居为主”的工作机制,加强计生人员队伍建设,开展人口计生宣传活动,在“5·29”活动中,进行优生“两免”知识和放开二胎的政策培训和宣传。

【文教卫体】街道群众性文体活动蓬勃开展。4个纯社区、街道文化站和老年体协组织多场文艺活动。街道办事处积极争创城市先进体育街道。政府加大对教育的投入,中小学办学条件大为改善。柳湖小学成为全国第一所中华希贤教学示范基地;环城二小的体验式教育、北山路小学体艺等特色教育蒸蒸日上,受到社会各界的好评;十六中学以美术国学为特色,创办城北精品校园,取得了新成绩;婺州外国语学校按时搬迁完毕。新狮街道作为城北的教育中心更加突显。群众看病难、看病贵问题基本得到解决。

【群团工作】街道应征入伍6人,工青妇等群团工作协调发展,各尽其责,各显其能,街道中心工作发挥了重要的作用。区“两代表一委员”换届选举完成。

(楼祖跃)

江南街道

【概况】江南街道总面积3.03平方千米。下辖7个社区(含6个城中村)。户数11180户,户籍人口29357人,常住人口49897人,流动人口20540人。

【工业经济】2016年,江南街道工业经济稳中有升,实现规模以上工业总产值154.72亿元,同比增长4.5%;固定资产投资17.68亿元,同比增长2.25%,其中,工业投资额12.96亿元;限上零售业销售额8.43亿元,同比增长6.62%;服务业投资4.72亿元。

【平安综治】根据全省G20峰会安保维稳工作会议精神,街道按照“面上抓排查、点上抓稳控”的工作思路,组织对辖区内不稳定因素进行梳理排查,开展上门入户大走访活动,共走访居民14412户,摸清辖区居民情况。坚持开门接访,街道主要领导、分管领导和信访工作人员热情接待上访群众75批、590余人次,主动到居民户家中上门做工作70余次,G20杭州峰会、世界互联网大会、中共十八届六中全会期间辖区安全稳定。江南街道被评为金华市G20杭州峰会维稳安保工作先进集体。

【城市管理】对照《国家卫生城市创建标准》,开展“十乱”整治行动,对乱搭乱建、卫生死角、流动摊贩、横幅广告、牛皮癣、沿街晾晒等开展整治,取缔占道经营、马路市场、流动摊点等违章行为,实现“十无”目标。2016年发放《国卫复检温馨告知书》3200余份,受理办结“8890”投诉78件,办结数字城管交办697件,教育劝导、取缔占道经营和流动摊贩779余处,通知店家规范经营603户,清理横幅广告等421处。结合“整治环境、靓化金华”专项行动,联合行政执法、市场监管、环保等部门,集中整治明伦街夜市、高畈街夜市和下官桥马路市场,拆除明伦街小木屋12间,规范下官桥菜市场、明伦街夜市、高畈街夜市经营秩序。

【文明创建】开展“我礼让·你先行”文明劝导活动,每月安排社区工作人员和志愿者们参加全市早高峰和晚高峰的文明劝导活动。发动社区参与“迎接G20、人人讲文明”金华好邻居毅行节活动,组织各社区成立50人毅行团队,开展社区徒步毅行接力,推进全国文明城市创建。运用现有宣传阵地和传播媒体开展核心主义社会价值观和讲文明树新风宣传活动,制作展板7块、明信片500张,新增文明创建宣传墙绘2块,安装文明创建、社会主义核心价值观和讲文明树新风宣传牌105块,发放创建全国文明城市宣传册2150本。

【“五水共治”】排查辖区内主要雨污管网,摸清底数,利用老旧小区改造契机,完成下官桥2号区块及南苑地块的宁苑街以北、国贸街以东、南苑路以南、苗苑街以西截污纳管工程。做好武义江蓝藻大面积爆发处置工作,调用人力物力,灭杀捕捞江面蓝藻,确保不影响整体水质。

【“三改一拆”】围绕房前屋后乱搭乱建集中整

治工作目标，开展辖区内“拆存、控新、防抢、打违”等工作，2016年，拆除违章搭建52宗9797平方米，拆后土地利用8534平方米，面积拆后土地利用100%。拆后清理各种垃圾800立方米，完成3个“无违建”示范社区和2个基本无违建社区创建目标。

【民生事业】做好优抚金发放工作，2016年发放低保金225.12万元、重度残疾人家庭困难补助7.98万元，发放秋季救灾救济困难户114户、13.3万元，发放残疾人助学金4.25万元，发放抚恤金101.11万元。规范居家养老服务照料中心、居家养老服务站建设运行。对企退人员住院慰问118人、5.9万元；死亡慰问63人、6.91万元；日常帮困慰问117人、5.85万元。坚持党政领导一把手亲自抓、总负责的计划生育目标管理责任制，与各社区、属地单位签订计划生育目标管理责任书25份。开展计生宣传活动，制作张贴宣传标语1000条，发放宣传册、宣传折页4000余份，免费发放避孕药具2000余份。

（李　春）

三江街道

【概况】三江街道地域面积7.65平方千米。下辖15个社区，托管定业新村社区，常住户26086户，户籍人口69246人，暂住人口4.373万人，流动人口6.8368万人。街道被市委市政府表彰为先进单位，街道党工委书记朱华锋被省委、省政府表彰为先进个人。

【重点项目】2016年，征迁任务，细化任务，责任到人。完成金磐路三路口段最后两户房屋拆迁工作，历经10多年的金磐路断头路打通工作扫清了障碍，6月，实现金磐路全线贯通；完成武义江以西洪坞段、姜家段59户房屋拆迁，1.33公顷苗木、蔬菜及青苗处理，使武义江沿江绿化带和市污水干网建设两项市政工程顺利进场施工。

【“三改一拆”】围绕“以拆促拆、以拆促改、以拆促管”的总体思路，统一思想，迎难而上，持续打好“三改一拆”攻坚战。2016年累计除违章建筑7.63万平方米，计852户、1297处，完成全年任务的190.64%。特别是在寺前皇、何宅、项宅、王下滩拆违中，由街道主要领导亲自挂帅，抽调街道、社区精干人员，和行政执法大队一道组成两个拆违工作组，进驻社区，逐户、逐处、逐路进行拆违。先拆党员干部，后拆普通群众；先自拆后助拆，依法依规，有序推进。街道每天在街道大厅和三江之家微信群中上传拆违组拆违照片、公布拆违进度，使街道和社区随时关注拆违进度和拆违经验。用时15天，完成寺前皇108户、187处，违章面积1.23万平方米的拆除任务，比预定完成时间提早一个月；历时攻坚一个月，完成了何宅125户、203处，违章面积7600平方米的拆除任务；用时2个月，拆除项宅2.88万平方米违章建筑；用时20天，完成了王下滩125户、203处，违章面积7600平方米的拆除。

【“五水共治”】三江街道东临武义江，沿江有新园、万达、王下滩、洪坞和姜家5个社区，南有湖海塘江干渠，经项宅、三路口和姜家社区向东流入武义江。结合“3·8”妇女节，开展“五水共治、巾帼先行”活动，组织百余名女同胞对武义江沿岸垃圾进行清理；对“六小”行业开展查漏补缺。完成了“六小”行业排查1357家，对不符合排污要求的店面限期进行了整治，对308家符合条件的店面发放了排水证书；建立了“六小”行业一户一档；联合上级业务机关，对150余家“六小”行业的市政管网、油烟净化装置进行专项整治。加快推进截污纳管工程。2016年实施老旧小区截污纳管工程8个，其中，续建2个，新增6个。截止12月底，完成红旗、联建2个小区的截污纳管改造；南滨花园、江滨小区、信华花园3个小区正在施工中，预计年底完工；寺前皇、何宅2个城中村老旧小区改造预计明年4月完工。

【精品城区建设】结合重大节日、卫生城市复评、文明城区创建以及重大活动等时机，先后7次集中组织社区干部、党员代表、楼道长和社区志愿者8000余人次参与卫生清理整治，清理垃圾5000余吨，清除卫生死角3000多处。落实日常巡查考核制度、保洁奖励费与保洁考核制度，辖区保洁质量明显提升。

为顺利完成烟花爆竹禁限燃工作，街道借鉴去年好的经验做法,早筹划、早部署、早宣传。按照网格划分,每幢房子、每个商户都包干到人,明确责任,确保禁限燃工作无死角、无盲区。活动期间制作宣传横幅520条、发放倡议书和《致市民的一封信》7万余份,《致经营户的一封信》2万余份,发放红袖套2000只,每天出动2辆流动宣传车在辖区主要干道、商场和人流密集区不间断流动宣传,购买录制230只广播小喇叭深入居民社区、小巷、小区楼道进行循环宣传,利用辖区120个单位、商家电子显示屏进行滚动播放宣传。加强巡逻检查,发现问题及时整改,先后4次召开任务部署和问题整改会,确保辖区禁限燃任务圆满完成。

在国卫复审中,坚持工作高标准、严要求,举全街道之力、聚全街道之智做好国卫复审迎检工作,街道先后四次召开迎检工作部署会,对目标任务进行再分解,再落实。街道干部全员上阵,深入一线抓整治,做到一级抓一级、一级对一级负责。凝心聚力,加班加点,连续20天无休地奋战在迎检工作的第一线,从无怨言。体现三江人务实肯干,拼搏奋进的团队精神,确保了辖区各项迎检项目达到预期要求。

【社会综合治理】围绕“护航G20”这根主线,狠抓工作落实、加强隐患排查、严格责任追究,确保辖区安全稳定。针对辖区信访维稳重点人员多的实际,在加强教育引导、完善管控措施同时,做到“四个一”:一人一档案、一人一策略、一人一包案、一天两见面,落实好“谁主管、谁负责”的领导包案制度。杭州G20峰会期间,对已经掌握的重点信访人员,不少于4次以上的入门做思想化解工作,对一般信访人员,在落实责任的同时不少于1次入门做工作。由于工作到位、措施得力,杭州G20峰会期间,重点信访对象都成功稳控在了当地,圆满实现“三江街道不出事,三江人不惹事”的稳控目标,为峰会期间的安全稳定作出应有的贡献。街道被市委市政府表彰为先进单位,街道党工委书记朱华锋被省委、省政府表彰为先进个人。

【安全生产】开展安全生产(消防)“百日整治”,辖区15个社区全面实行了网格化管理。2016年,累计签订各类责任书6573份,签订率达到100%。开展护航G20专项安全整治,对存在安全隐患较大同济医院、四通家电挂牌整改;开展燃气安全生产专项检查,发现消除200多处燃气瓶安全隐患;开展特种设备使用安全检查,对存在电梯隐患的悦华大酒店、百合嘉苑4号楼、和信花园、金厦花园电梯进行及时整改;加强出租房安全整治;组织消防安全知识和技能培训及实地演练22次,培训人员800余人次,确保辖区无重大安全责任事故发生。

【民生保障】民政救济工作进一步健全,结对帮扶和慰问送温暖活动深入人心,关心孤寡老人、残疾人、优扶对象、特困家庭等社会弱势群众生活制度得到全面落实。2016年,对250户困难家庭进行了实物慰问及物资经济救助,合计经费37.16万元;为特困残疾55人发放了大米、油、被子等春节慰问品;对残疾283人发放各类补贴72.95万元。组织辖区20人开展盲人节和开发区残疾人运动会。拨入资金59万元新建居家养老照料中心3家、建设居家养老照料中心示范点3家。

做好劳动就业工作,发放自主创业场租费补贴2人,兑现金额0.4万元。为22位失业困难人员发放春节慰问金2.2万元;办理失业金认领确认3768人;协助区劳动监察大队处理十起讨薪相关人员稳控工作。

做好企退人员服务管理工作。完成8358人企退人员身份认证,对48人异地居住退休人员领取养老金资格进行了确认;对558人住院、困难退休人员进行了慰问,慰问金额27.5万元;组织企退人员开展活动68次,参加人员27600余人次,活动经费48.2万元。

(金一婷)

西关街道

【概况】西关街道下辖7个社区和4个经济合作社,辖区面积4.57平方千米,户数9170户、人口22994人。流动人口占比超过70%。

【党建工作】街道党工委结合党的群众路线教育实践活动,认真开展“两学一做”学习教育活动,利用“三会一课”“集中党日”、专项宣传等载体,落实服务联系群众制度,做好各类民生保障,讲纪律、上党课、抓工作,加强基层党组织战斗力,将“两学一做”学习成效体现在日常工作中。集中排查党员组织关系,成立工作小组,按照要求逐个核实党员信息,查清摸实党员底数,规范组织关系转接,积极查找失联党员,逐个健全完善党员档案。全街道党员 1047 人信息采集已全部完成。登记流动党员 8 人,生活困难党员 9 人,摸排出的 6 人失联党员中,4 人失联党员已经取得了联系, 其余 2 人失联党员将按规定程序进行除名。开展农村(社区)基层干部损害群众利益问题专项行动和农村基层作风巡查工作,对各社区开展了基层作风巡查,约谈党员干部 56 人,增强基层党员干部防腐倡廉意识。

【工业经济】2016 年,街道全年完成固定资产投资额 32.7 亿元,同比增长 162.15%、位居开发区各乡街第一; 完成服务业投资 29.03 亿元, 同比增长 282.21%、位居开发区各乡街第一;实现工业总产值 3.74 亿元, 同比增长 49.6%; 完成出租房税收征款 533.82 万元。西关街道始终围绕“乐乐小镇”建设,落实全员参与、分组跟踪机制,加大对辖区企业的走访服务力度,为企业发展提供后勤保障,特别是对税收贡献大、发展前景优的重点企业,及时沟通,解决难题。

【重点工程】“三改一拆”取得突破。街道坚持把“三改一拆”及无违建街道创建工作作为提升民生福祉的基础工程来抓。全面完成所辖社区第一轮违建整治,拆除各类违章建筑 3.78 万平方米,完成全年任务的 189.27%。全面完成董宅村旧村改造旧房拆除,拆除旧房 1300 平方米,为下步旧村改造推进奠定了基础。“五水共治”扎实有效。街道紧盯“提水质”目标,在全面完成水电渎生态修复土建工程、指定专人全天候巡查的基础上,围绕“截污水、清淤泥、引活水”三大重点,先后完成寺后皇北区块、董宅社区截污纳管工程,西关社区水电渎东侧和山嘴头合作社截污纳管工程有序推进,同步推进水电渎清淤和河床硬化,恢复上游湖海塘河道畅通,推进“六小”行业整治,完善水电渎长效治理方案。

【社会治安综合治理】做好矛盾纠纷和初信初访工作, 突出重点集中力量开展信访老户化解工作。做好矛盾纠纷排查化解工作,2016 年,排查各类矛盾纠纷 940 起,调处 940 起,调处成功 937 起,调处率和调处成功率均为 99.7%。同步开展禁毒、反邪“流动课堂” 宣传教育活动、无传销街道创建和“法轮功”等邪教排查摸底工作。

【消防食品安全整治】开展消防安全安全检查,开展各消防安全专项检查行动 9 次,开展特种设备安全专项整治 1 次,同时会同行政执法等部门对辖区各餐饮店进行了为期二周的专项整治,共抽检各类食品 39 个批次,督导规范餐饮店 70 余家,确保辖区和谐稳定。

【劳动和社会保障】细致做好民政救济工作。2016 年,发放低保金和物价补贴 21.2 万元,困难重度残疾人基本生活保障补助金 5.1 万元。全年新增低保边缘困难群众 10 户。完成医疗救助 46 人,救助金额达 15 万元。发放优抚金 14.8 万元。发放城镇义务兵优待金 16.4 万元。做好劳动保障工作。辖区登记企业退休人员 3865 人, 完成在册登记企业退休人员领取养老金资格核查认证工作, 为 3865 人退管人员发放企退认证纪念品并开展形式多样的文娱活动。街道城乡居民医保参保率达到 96.65%。发放年收入低于“4050”补贴资金 167.12 万元。

【人口与计划生育】2016 年,出生 247 人,其中计划内 246 人,计划生育率 99.6%;加强计生阵地建设、规范计生工作管理、优化对育龄妇女和外来人口的计生服务。5 月 20 日,联合金华职业技术学院医学院举办以宣传母婴健康生活为主题的健康知识讲座。为庆祝中国计生协会成立 36 周年,5 月 25 日,举办以“实施全面两孩政策　促进人口均衡发展”为主题的“5·29”计生文艺汇演。7 月 8 日,街道携手世纪联华超市开展了以“关心女性幸福,关爱妇幼健康”为主题的计生宣传活动。为贯彻落实开发区开展“生育关怀”系列活动的文件精神,西关街道计生办在 10—11 月开展了一系列的“生育关怀”服务活动。2016 年,应征社会抚养费 466.37 万元,已征社会抚养费 5.12 万元。

【环境整治】以创文明城区为契机,把工作任务进行细化量化,围绕迎接“国卫复审”,先后对重点路段沿街摊贩、临时摊点、各类马路市场、城中村等进行集中整治,发动人员1386人次,5台挖掘机、32辆车辆,增添保洁员72人,清理牛皮藓2.7万余张,清运房前屋后堆积物及建筑垃圾1450余车2250余吨,清理绿化带杂草、树枝、生活垃圾280余车,更换垃圾桶750只,党员、志愿者开展文明劝导1800余次,发放倡议书8000余张。推进垃圾分类。辖区内已经实施垃圾分类小区38家、学校6所、事业单位15家,发放垃圾桶1.66万只。欧景名城小区被确定为市智能化垃圾分类试点小区。除"四害"不留死角。定期向居民发放蟑螂药4000包、老鼠药1.2万包,灭"四害"宣传手册900份,"四害"防治科普知识宣传单1800份。 (虞志倩)

秋滨街道

【概况】2016年,秋滨街道辖区29.62平方千米,下辖17个社区、4个行政村,常住人口6312户、16507人,外来人口6万人,是金华市四个重点工业乡镇(街道)之一。街道工业用地面积896.89公顷,其中,规模以上工业占地面积609.86公顷,工业企业数800多家,其中,亿元企业40家,规模以上工业企业142家。

【工业经济】2016年,受宏观经济形势的影响,经济下行压力显著加大,特别是秋滨区块以实体经济、工业经济为主,影响更为显著。2016年,秋滨街道实现工业总产值254.95亿元,固定资产投资额56.4亿元,其中,工业投资49.1亿元,街道税收收入14.68亿元,同比增长7.98%。

【开发建设】新能源汽车产业园加快建设。完成征地43公顷,青苗处理1200公顷,土方平整53.33公顷。完成吉利地块13.33公顷平整工作,如期交付使用,顺利举行奠基仪式。吉利项目施工进展顺利。仅用20天完成零跑科技项目17.67公顷地块政策处理工作,其中,全面完成130户青苗协议签订及政策处理,完成15个鱼塘3.33公顷的政策处理,拆除三个养殖场4017平方米。在"三百竞赛"中真正跑出了时间,赛出了速度,得到上级领导的肯定。基本完成纬一路、纬三路、金星南街南延工程纬三路至纬四路段政策处理,道路施工有序进行中。完成经三街2公顷土地征用协议签订,青苗评估已签约。基本完成7.13公顷绿化带青苗处理工作。完成新增25.71公顷土地土地征收,进行青苗政策处理签约完成已清表。新能源智慧应用示范小区蟠龙村新区工程于6月14日正式开工,桩基施工进度为80%。蟠龙老村农房征迁遗留的19户完成15户协议签订。吕献塘拆迁遗留问题处理进展顺利,完成17号路断头路打通工程。已签订39户房屋征迁协议,完成率达89%,完成70户青苗政策处理,为工程建设扫清障碍,工程施工进展顺利。完成110千伏吕塘输变电工程租地和政策处理。完成市环卫处八达路综合基地新建工程清表。

【"三改一拆"】2016年,秋滨街道坚决贯彻开发区部署要求,上下联动,强力保障,将"三改一拆"与创建"无违建社区"相结合,打响"三改一拆"攻坚战。通过对邵姜、社路、王五元、朱基头、姜山头、陆村等社区的整治,将王五元社区作为"自拆模式"的示范点,使秋滨街道"三改一拆"面貌呈现出一派新气象。拆除违法建筑面积达12.64万平方米,完成了年度目标任务的140%。"三改一拆",这场规模空前的"美家园、拓空间"行动,正深刻改变着发展旧现状、重构发展新格局,加速美丽秋滨的"破茧蝶变"。

11月1日,秋滨街道"三改一拆"现场

(秋滨街道供稿)

【"五水共治"】抓好"清三河"整治工作。2016年,黑臭河治理已累计1.75千米,封堵排污口6个,清淤方量1.5万立方米,清理垃圾800余吨。抓好养殖场专项整治工作。街道专门成立养殖场整治工作组，引导农户自觉配合好禁养区养殖场整治工作，对7家养殖场进行拆除，拆除面积1.03万平方米，提前1个月完成全域禁养目标。抓好农村生活污水治理、做好截污纳管工作。秋高、朱基头、陆村、邵姜、王五元、社路、唐宅、吕塘下蒋畈新区等8个社区已完成截污纳管工作,冠山顶、蒋马山背等2个社区已经已完成招投标工作,其余村(居)已纳入计划。强力推进辖区"六小行业"专项整治,村(居)生活垃圾分类有序铺开。

【城市管理】推进文明城市创建和国卫复审工作。街道城管综合办城管员队伍规范化建设,网格化管理,每月开展例会,布置工作及讨论重难点,提出解决方案。开展"流动红旗"循环赛,激励优秀村(居)。设置基础补助经费。街道城管综合办还成立专项巡查小组,每天都对各村(居)巡查、督办。特别是每季度都开展专项整治行动，为创国卫不懈努力。整治环境、靓化秋滨。街道、社区干部发挥主观能动性,风雨无阻现场排查"四边三化、两路两侧"问题整治点。同时将问题细化为责任清单,将整治重点落实到村、落实到人,推进"两路两侧"洁化绿化美化工作,为实现"走在前列,共建金华"不断努力。开展禁限燃行动。利用各种宣传方式在冬至、立春、春节等重要时节进行禁限燃宣传,包干到人,明确责任,确保禁限燃工作无盲区。

【平安综治】街道一直将维护稳定工作摆在街道事务的重点位置。做好"G20"峰会安保工作。结合辖区情况,建立信访绿色通道工作机制,包含工作例会、领导包案、带案下访、直通车等制度,信访工作成效显著。开展大排查行动。梳理出重点信访人员(事项)45人(件),按重点信访人员一人一档一策的要求,落实由街道班子成员、信访干部、联点干部、村主要领导领导组成的领导包案制度。对街道10个信访老户落实稳控责任清单。完成4户重点老户化解。2016年,化解矛盾纠纷409件。探索和谐创建新方法、新路子。针对姜山头社区外来人口多、环境复杂的现状,努力探索新举措、新方法,成立和谐共建会，组建1支平安巡查队,2支志愿者服务队，走出综合治理的新路子。　（郑紫钰）

雅畈镇

【概况】雅畈镇镇域面积74.33平方千米,下辖集镇、雅畈、华南3个管理处,37个村民委员会,112个自然村,下设209个村民小组,户籍人口8754户、22954人。2016年,雅畈镇获得区平安创建先进集体、外经贸工作先进单位;市G20维稳安保先进单位。

【农业生产】2016年,雅畈镇花卉苗木保持平稳发展,全镇种植面积666.66公顷,在周边地区承包土地面积近万亩。瓜果蔬菜种植保持良好势头，单产效益不断提高，蔬菜种植面积近466.67公顷，水果种植面积近266.67公顷。投资12万元完成芳田畈粮食功能区的1000米水渠和道路改造，汪家村杉树坞15.33公顷和竹园村桐籽山4.67公顷土地复垦项目顺利通过验收。投资76万元开展省示范性农业公共服务中心建设。加大政策扶持力度,大力培育主导产品和产业,强化"一村一品"行动,基本形成蓝莓、李子、冬枣、山地火龙果、葡萄、玫瑰花等基地，收到了良好的经济效益。其中石楠塘的6.67公顷蓝莓基地与浙江师范大学化学与生命科学学院合作,筛选的蓝莓品种产量高、品质优良、口感鲜美,初步形成了品牌效应。

【农村建设】垃圾分类按计划推进,太阳能垃圾房以单建和联建形式进行建设、拟建，已建19座,可腐烂垃圾入房率已达到100%。打造桂花飘香风景线，完成1个精品村和秀美村建设、30个洁美村改造。开展集镇总体规划调整,加大集镇建设和管理力度,车辆乱停、摊位乱摆、设施乱搭、垃圾乱丢等现象初步得到好转。对七家厅、将军殿、陪嫁井、点将台、四面厅、八字前、中药房等保护建筑和古民居进行重点修缮,对上街古街立面进行改造及装修。开展村庄环境卫生保洁工作,重点做好房前屋后的环境整治。在抓好村庄整治与污水处理扫尾工作的基础上,认真开展村庄美化、农房改造和美丽乡村建设,向着科学规划布局美、村容整洁环境美、创业增收生活美、乡风文明身心美的工作目标全面展开。“三改一拆”取得初步成效，特别是对严重影响市、区和集镇发展的东阳街、二环路两侧的违法建筑的强制拆除，推进小城镇环境综合整治，集镇面貌得到初步改观。

【民生事业】雅畈镇注重民生民计，保障惠民实事的落实，加强“信义金华”的宣传，营造团结和谐的政治氛围，不断丰富群众业余文化活动。镇文化中心工程通过验收，文化中心附属工程全部完成，农村文化大舞台完成建设，举行各类文艺汇演和汇报演出、城乡文化走亲等活动，成为群众性文体活动的一个重要基地。3月底成功举办了第一届杜鹃花节，吸引数万人到杜鹃王国采风游玩。组织门球、乒乓球和气排球邀请赛，成立陈氏太极拳研究会雅畈辅导站，完成徐氏宗祠修缮工程建设，七家厅列入国家级文保单位。完成18个村居家安养服务照料中心建设，建成3个村级避灾安置场所。按要求完成数字电视整转工作，整转率达95%以上。不仅完善了农民最低生活保障制度，做好低保和低保边缘户申报、核销工作及城乡居民医疗保险缴费工作；并及时准确发放各类救灾款和优抚金款项。全镇实现村村通广播、电话、通讯网络。推进平安综治和维稳目标管理责任制的落实，按照“网格化管理、组团式服务”要求，发挥人大代表、政协委员、党代表、村民代表、知名人士和亲友等“六个代表”的作用，推进信访工作开展，解决疑难矛盾纠纷。

【基层建设】建立健全镇干部驻村联户制度、绩效考核制度和年度综合考核制度。加强村级组织建设，完善村两委议事规则，实施村干部创业承诺制、辞职承诺制和岗位目标责任制考核，营造干部你追我赶的干事氛围。结合党的群众路线教育实践活动，抓好党的基层组织建设，强化镇党委班子自身建设，抓学习、反“四风”、转作风、搞整改，高质量召开专题民主生活会，真正做到“红脸出汗、如坐针毡”；注重加强干部队伍建设，汇编党委、政府和机关干部日常例行制度，对干部的纪律执行、工作作风、工作绩效进行定期不定期检查考核；加强农村党组织建设，班子成员全部联系村并连带3—5个村，对二星以下村加大帮扶力度。把党员放在“五水共治”“三改一拆”等重点工作一线教育锻炼，发挥好“两新”党组织推动企业发展的内在作用，带动群团组织投身社会事业，有效促进全镇各项工作任务的落实。

【重点工作】开展“五水共治”工作，建立河段长效保洁机制，制定雅畈镇水系图和“五水共治”责任图，专门设立保洁人员队伍，制定《雅畈镇河道保洁考核办法》和《雅畈镇河道保洁工作考核评分标准》。对梓溪、寿溪等主要河道制定一河一策，先后组织出工2000余人，清理河道约70千米，清理垃圾和淤泥5000余吨，在区级河道验收考核中全部达到阶段性目标。巩固“五水共治”成果，强化“绿水青山就是金山银山”的理念，加强镇属溪流的长效管理，辖区内各主要河流的整治成果在省、市、区多次明查暗访中得到肯定。抓河道保洁工作，全面改善雅畈水质，梓溪水质从原本的Ⅴ类水质变为Ⅳ类水质，寿溪和梅溪保持Ⅱ类水质。保持“三改一拆”高压态势，保质保量完成“三改一拆”任务数，有效制止新增违建。在依法依规处置和做深做透群众思想工作的基础上，全力疏解情绪、化解矛盾、协调关系。构建长效防控机制，结合旧村改造、一户一宅等工作，解决群众住房难问题，从源头上杜绝违法建筑的产生，走出“违建-拆除-再违建-再拆除”的恶性循环。

【平安建设】推进社会治理创新工作，成立雅畈商会参与社会矛盾调处工作室，成功调处4起历史积案。对各类矛盾纠纷的排查调处工作，2016年，调解各类矛盾纠纷100余件，保持94%以上的调处成功率。加强社会治安防控工作，对专职巡防队25人、护村队员229人统一进行集训，全镇新装社会治安及社会面监控71个。开展“平安通”以奖代补工作，采集上报各类社会治理信息1500多条。坚持以领导包案和公开接待为主要抓手，突出对土地、房屋等信访问题的调处和化解。开展平安综治双月宣传、信访宣传月、反邪教”宣传月和禁毒宣传月等活动。对37个行政村的办公场所、居家养老室、三合一企业、出租房和加油站等重点部位开展消防大检查，消除安全隐患。

（陈　健）

安地镇

【概况】安地镇区域面积136.47平方千米，辖37个建制村，69个自然村，有人口6342户、16625人。安地镇位于金华南山核心区，水资源丰富，境内主要有梅溪、龙潭溪、外畈溪、上干溪、雅干溪等溪流，建有总库容6621万立方米的安地水库（即仙源湖）。2002年在境内设立全省第12个省级旅游度假区—“仙源湖旅游度假区”，是省内唯一个城郊湖山型旅游度假休闲区。经过10余年开发，建有金华动物园、十里桂花长廊游步道等多个游乐设施；开发建设“仙源欧境”“双溪源”“香溪玫瑰园”等3个高档住宅区。因自然风光得天独厚，2013年获批国家级生态乡镇。2016年11月启动安地小城镇环境综合整治项目，力争3年内使安地真正成为“最美休闲旅游特色小镇”。

【综合整治】2016年，安地镇抓住全省小城镇环境综合整治的有利时机，结合金安公路优化、梅溪综合治理等工程率先启动了安地小城镇环境综合整治行动，打造金华市的标杆。按照一加强三整治的要求，委托编制了安地小城镇环境综合整治规划，成立小城镇整治领导小组，承袭安地“白+黑”“5+2”的工作传统，由镇干部到村干部再到党员到群众层层传递，层层落实，全面开展环境卫生、城镇秩序、乡容镇貌整治，部署省级卫生乡镇创建工作；重点整改“道乱占”“车乱开”“摊乱摆”“房乱建”等突出问题；有序推进牌楼及周边绿化提档改造、卫生院建筑立面改造、金安公路两侧景观提升等工作；积极推进一期工程先行落地，整治一期工程涉及土地2.78公顷，建筑面积2.3万平方米，时间紧、任务重，仅用三天，完成64户预签约，签约率达97.1%，调查评估同步完成；快速推进梅溪治理征地工作，镇干部全部下到田间地头，入户向村民讲解政策，一周内完成9个村、9.03公顷土地、333个户的丈量评估，全面完成土地征收工作；雅金塘畈苗木清理全部完成，将依照设计效果图进行施工；完成了三联区块桂语山居项目红线范围内的政策处理；完成了水上运动中心及配套的4.4公顷停车场政策处理和土地苗木平整，保障一期项目无障碍施工；完成了喻斯石岭头造地改田项目；完成了岩头百家垅33.33公顷造地改田项目设计，已通过论证立项。

【“五水共治”】严格落实“河长制”工作要求，建立长效保洁机制，开展河湖库塘、房前屋后沟渠清淤工作，镇相关部门不定期组织各级人大代表、村民代表等对各村山塘、水库、河道进行监督，发现问题及时形成督办清单交各村整改加强。2016年已完成清淤7.3万立方米，全镇九个水质监测点水质长期保持在Ⅱ类水以上；继续抓污水治理提升工作，全镇37个村除马畈坑下山移民外，已开展36个村污水提升改造工程，已完成34个村，全镇污水管网覆盖率达91.89%。

【“四治两化”】通过培育17个“四治两化”典型示范村，以点带面，在37个村全面推开，利用大学生志愿者团队因地制宜的开展营造景观工作，通过立面美化、绿化景观打造、门前屋后整治等等行动基本完成20个村的整治任务，落实村民代表监督管理制度形成常态化管理机制。

【“三改一拆”】用时半个月，拆除库区范围内农家乐18家，总面积4.17万平方米。开展两路两侧，蓝色钢棚等整治工作，拆除户外大型广告牌20余处。开展危旧房整治工作，完成寺口空心村11户危旧房拆除。到2016年底完成21.76万平方米的拆违工作，达到总任务数的136%，超额完成2016年拆违任务。拆旧的同时严控新增违建，实行定期巡查，开通监督举报平台，发现一处，严惩一处，对违章采取零容忍。

【新农村建设】以创建精品村、秀美村为抓手，以打造南郭、寺口、雅干、喻斯为主的桂花飘香风景线为重点，全力推进13个村的美丽乡村建设。喻斯村建设已全部完成，并通过审计。寺口村基本完成在建项目，后续建设正在开展当中。雅干村在建工程完成90%左右。秀美村建设中小同、郑一、郑二、山道村、王大坑、南郭、方麻车已完成在建项目，东周村已进场施工。岩头村、新垅村初步完成设计。西周、喻斯省级宜居示范村创建工作在有序推进当中。

【平安建设】为G20峰会在杭州顺利召开筑好防线,制定护航G20方案,成立平安志愿者队伍,增加巡逻频率和密度,提高群众的“见队率”和安全感;整合全镇资源,建立社会治理综合指挥平台,新增治安监控69只。2016年开展村级矛盾纠纷排查269次,化解各类矛盾纠纷41起;开展重点人员排查36人次,禁毒人员尿检42人次,邪教(全能神)人员走访20次,组织社区矫正人员学习24次,接待群众来访38人次,为打赢G20攻坚战奠定了坚实的基础。

【“两学一做”】推进“两学一做”学习教育,营造“两学一做”浓厚氛围,制作宣传栏39个,“两学一做”图解上墙76处,金安大道双侧两学一做标语127块,雅干垅单侧标语60处,外畈垅、项村垅立地广告牌15处,各村“两学一做”图解上墙74块。在“七一”前后分3次召开全镇党员大会,为全镇党员上党课。以抓好“整镇推进、整区提升”党建示范工作为切入点,逐村逐项抓好《浙江省农村基层党建工作经验20条》的落实,新建和改造村级红色阵地37个,打造了“桂花飘香红色风情线”“十里桂花长廊”红色风景线等两条特色党建+旅游线路,2016年4月,在安地召开的区红色阵地现场会,区组织部主要领导、18个乡镇街道党委书记、组织委员走访调研了雅干垅桂花飘香红色风情线。同时安地红色阵地建设也参与区红色阵地宣传片的制作。

【社会民生】2016年,全镇有优抚对象32人,发放优抚款约38万元,发放60周岁以上退伍军人生活补贴约15万元,发放军属、烈属困难对象补助款1.9万元,配合做好退伍军人的信访维稳工作。完成安地村文化礼堂建设申报工作,充分利用已建成的文化礼堂开展“春泥计划”,组织读书及文体活动,丰富群众文化生活;积极转变计生工作方式,全面推行二孩政策及社会抚养费征收工作;人民武装工作有序推进,完成全镇民兵整组工作,完成征兵报名的任务,并上报预征对象名单;推进农村医疗保险缴费工作,缴费率达96%,完成区里下达的任务数;顺利通过森林城镇创建预检,完成国家级生态文明示范乡镇创建方案论证并上报区政府报批;全面启动农村土地承包经营权登记颁证工作,现基本完成调查摸底,进入实地勘测阶段,已有15个村完成地块指界。同时,加大对农业、水利基础设施建设的投入,做好了防汛抗旱、森林防火工作。

(郑戈弋)

白龙桥镇

【概况】白龙桥镇镇域面积92.91平方千米,辖46个行政村,6个居委会,521个村民小组,人口24806户、64130人。辖区内另有:华电新村6034人、华核社区3007人、玉龙社区15358人、金奥社区5665人。2016年外来人口26370人,流动人口2330人。

【工业经济】2016年,完成工业总产值154亿元,完成下达任务指标(172.9亿元)的89%。规模以上企业总产值68.7亿元,新增固定资产投资15.7亿元,完成区下达指标任务(15亿)的104%。引进内资6亿元,出口交货值26亿元,财政税收达到6.5亿元。来料加工产值7600万元。继续开展“千名干部进企业,千方百计解难题”活动,实行班子成员联系规模以上企业,一般干部联中小企业制度,定期走访,了解企业经营状况,收集化解各类难题,宣传上级扶工政策。

【农业经济】2016年,农业总产值4.7亿元,粮食种植面积达3066.67公顷。完成49个村的股份制改革工作;完成土地流转面积6066.67公顷;建成粮食生产功能区493.33公顷,发放惠农补贴资金3437.8万元。2016年种粮大户杨祝芳创建的早稻高产攻关田单产达到562.6千克,为全区最高产。创建市级农业龙头企业3家,区级8家,农业专业合作社195家,家庭农场48家。

【“五水共治”】投入70万元开始建设第一批水利及农田水利建设工程。2016年完成河道清淤26.2万立方米,涉及19个村,8口池塘整治。完成集镇污水管网一期工程,二期工程(改造道路长1478米,排水管道建设6.6千米)完成审价,计划年内开工。实施农村生活污水治理提升工程,2016年实施的18

个村,15个村已完工。2016年于美宝龙召开全省畜牧业转型升级现场会,得到省长肯定。畜禽整治关停任务482家,占全区总任务50%,100%完成签约。

【重点工程】完成行政中心区块垃圾中转站、洞溪高压铁塔、石门溪污水干管、规划十四号路、广源路、西堰街、白沙溪景观绿化、白沙溪污水干管等工程政策处理,已进场施工;经济总部22.4公顷地块政策处理已完成,围墙建设已全面完成;基本完成临江湿地公园、广兴路延伸工程政策处理;金华江城防三联潘家自然村段完成放样;白龙桥法庭、桑田街北延(东俞村)段、临江东路两侧绿化景观工程完成评估;电力大厦地块北边6.2公顷正在苗木搬迁中;龙蟠区块南面西面围墙已连接,雅绕区块完成清表;秀美南山风景线已完成两侧土地租用,部分路段已进场施工。

【集镇建设】成立小城镇环境综合整治办公室,多部门联动开展集镇"六乱"整治,重点针对集镇主干道脏乱差、管理无序、占道严重等问题。集镇整治规划初步方案通过评审会,强弱电下地项目已启动。完成集镇金龙路段及华龙南街墙体立面改造21000余平米,店面招牌更换2300余平米,结合两路两侧,对白门线、白汤下线两侧进行专项整治,提升镇西大门入口景观效果。

【新农村建设】2016年,完成52个村"四治两化"验收,完成绿化改造提升59256平方米,新增村口小景观35处,新增湿地1050平方米。建立垃圾分类长效考核机制,垃圾分类水平稳步提升。启动4个精品村、4个秀美村、1个美丽宜居示范村建设。

【综合治理】开展平安综治双月宣传活动,在镇、村主要街道路口悬挂横幅20余条,各村张贴宣传标语200余条,利用农民信箱、电子屏、宣传车、平安综治宣传牌等途径广泛开展宣传。发放签订禁毒责任书、信访责任书、流动人口责任书、反邪教责任书、社会管理责任书4847份。成立平安建设领导小组、白龙桥镇G20杭州峰会维稳安保工作领导小组,下发白龙桥镇G20杭州峰会维稳安保工作方案,明确2016年积案包案化解工作责任领导及相关责任人,在全国"两会"期间及G20期间实现零上访,被评为金华市级综治(平安维稳)工作先进单位。

【社会保障】2016年,完成失地转社保9902人;企业退休登记6162人;落实社会救助金516万元和优抚资金1076万元;新建居家养老服务照料中心4家;完成2个社保家园创建工作,全面建立村级劳动保障服务平台。全面消除收入4600元以下的贫困人口。新增居民家庭电子健康档案700户、建立个人电子健康档案4600人。

【文体教育】2016年,新建成农村文化礼堂2个,企业文化礼堂1个。重阳节、春节等节日白龙桥村、天姆山村、叶店村、黄堰头村等在各自文化礼堂开展文艺晚会。成功举办新一届老年人运动会乒乓球比赛。开展市、省级文保单位申报工作,东俞宗祠、古方一村朱氏宗祠、双牌窑古窑址进入申报阶段。

【党政建设】围绕"两学一做"开展学习教育,完成50个村红色阵地建设,规范村级党组织运行,建成临江工业园区"两新"党建示范带,助推两新党建。完成中国共产党白龙桥镇第十一届委员会换届,选出区九届人大代表、镇十七届人大代表。

(陈元庆)

琅琊镇

【概况】琅琊镇为国家级生态镇,镇域面积93.07平方千米,共有6891户、19427人,辖3个分中心,30个行政村,有43个党支部。全镇以农业为主,特色产品有畜禽、西瓜、冷水茭白、富硒米、葡萄、生态鳖等。有全国重点文物保护单位铁店古窑址和省级文物保护单位白沙堰、杨塘下滕氏宗祠、市级风景名胜区琅峰山等名胜古迹,2016年被评为省级美丽乡村示范镇。

【工业经济】2016年,实现工业总产值6.24亿元,其中:规模以上企业实现总产值1.2亿元,同比增长9.1%;全部工业投资完成3000万元;引进区外内资712.5万元,完成年度考核指标3000万元的23.75%,同比增长42.5%。浙商回归内资675万元,完成年度考核指标2000万元的33.75%,同比增长35%。2016年发放来料加工费1393万元,打造来料加工专业村2个,建设来料家加工基地900余平方米。

【农业经济】2016年,实现农业总产值2.18亿元,增长6.9%。重视粮食生产功能区建设,完成了东山村、水碓村、南山村、马坦村、琅琊徐村等5个村粮食生产功能区建设167.33公顷;建成泉口村、高田塍村无花果基地8.93公顷,后金村芦笋基地3.33公顷;发展农村电商“万斤农产品进城”项目,琅琊冷水茭白配送启动成为金华“万斤项目”首个推广农产品,不到一个月销售0.75万千克。实现了农业增效、农民增收。

【财政税收】2016年,完成税收收入2200万元,完成财政收入670万元。

【重点工程】2016年,完成集镇污水处理厂提标改造。投资1200多万元的琅琊污水处理厂一级A提标改造项目主体已完成,镇主要企业、集镇5个村的污水已全部进入污水处理厂处理。厂区绿化提档已完成。攻破白门线琅琊集镇段最后瓶颈。2015年实施白门线集镇段道路拓宽优化工程,但仍有一栋297平方米的民房影响道路通行。2016年6月,成功拆除位于白门线和镇南山路交叉路口的房屋,实现全线拓宽。加强集镇配套基础设施建设。投入270余万元实施集镇白沙溪沿线景观改造,建设白沙溪休闲绿道1.9千米,增设休憩长廊、厕所等基础设施,已经完成工程量的40%。“琅琊阁”廊桥完成了各项图纸设计、地质勘探和评审,已通过财政审核,送建设、水利部门审核。投入90余万元建设琅琊榜一期工程,在白沙溪边对琅琊人文历史、生态环境等进行展示宣传,已经完成技术交底,正在建设中。

【畜牧养殖】在整治畜牧业违章建筑、优化养殖布局工作中,对全镇所辖的养殖场进行全面的排查和摸底,排摸出现有养殖场176家,全镇按照婺城区出台的相关畜禽养殖文件,落实相关整治政策,配合中介机构完成了所有畜禽养殖的养殖、管理和辅助用房的测量核实。通过镇村干部走村入户、夜以继日,连续推进畜禽养殖整治工作不放松,完成135家养殖场签约工作,其中15家已关停拆除,存栏量明显减少。

【“五水共治”】实施农村生活污水治理提升工程,完成2016年度11个村农村生活污水治理工程,对2014、2015年度已完成村生活污水治理工程建设的19个村进行了检查维护,督促实施问题整改,已有8个村通过第三方运维公司移交,其余村争取2016年全部移交托管。

【美丽乡村建设】2016年,继续抓好特色村、精品线的培育和创建工作,2016年成功创建上盛村美丽乡村精品村,已通过市级验收。已启动杨塘下村市级精品村建设和高田塍村市级秀美村建设,启动琅琊徐村散落历史文化保护点修缮。增加美丽乡村风景线沿线景观标识,墙画300余平方米。

【农村专业合作社】2016年,举办5期农业科技培训班,培训种养殖大户、家庭农场、粮食生产合作社176人次。组建琅琊镇农民合作经济组织联合会,土地确权登记颁证工作正在有序推进中。

【水利工程】完成黄波兰、老虎头水库除险加固工程竣工结算造价审计工作,完成泉口村老鼠形山塘整治工程,完成南山村总投资89万元的东塘山塘除险加固工程招标工作。完成基层防汛防台体系规范化建设。进行27个河湖库塘清淤工程,超额完成区下达的清淤任务,清淤方量69278立方米。

【“三改一拆”】2016年,拆除违法建筑任务13.5万平方米,截止11月底,已经超额完成13.7万平方米,完成拆后利用率100%。全镇开展危旧房大排查活动,排查危旧房160余幢,面积1.4万余平方米,现已经完成危房整治6户。

【社会保障】2016年,城乡居民医疗保险参保率达96.9%,农村养老保险参保率95%以上,做好农房政策性保险,农户保险率达100%。做好社会救助工作,开展对低保户和低保边缘户的年审核消工作,现有低保户151户、224人,累计发放低保金99.12万元。针对突发性、临时性的生活困难群众,发放临时救助款6万元。做好优抚安置保障工作,发放抚恤补助金80.34万元。

【民生事业】制定《琅琊镇村级计生服务员考核办法》,调动村级计生服务员的工作积极性。开展计生和妇幼健康政策及科普知识宣传,对“全面二孩”政策、“三优”知识等进行集中宣传,出生149人,二孩73人,计划内出生144人,计划外5人,计划生育率96.64%。

【文化宣传】新建高田塍村文化礼堂，打造800平方米的文化墙，礼堂修缮将于年底完成。举办丰富多彩的活动，浙师大、金职院的暑期社会实践队30余人走进文化礼堂开展“春泥计划”，琅琊初中在2016年中考中取得好成绩。开展白沙文化调研，举办“全国知名作家走读白沙”活动，创作“白沙”诗歌18首，汇编成《白沙雅集》。发展体育事业，做好体育强镇复评工作。

【平安建设】举办法治宣传两次、张贴标语20张、横幅5条，收到良好效果。加强群防群治队伍建设。以各村为单位组建10人以上的治安巡逻队伍30组，组织各队伍在重要节点、部位进行巡逻，筑牢最基层的安保防线。招募平安志愿者280余人，动员1500多人安装注册平安浙江APP。

【矛盾纠纷排查】2016年，全镇排查出矛盾纠纷及不稳定因素51件，调处成功51起，调处成功率100%。狠抓信访维稳工作，收到区交办的信访件3件，已办结3件，办结率100%。收到“8890”交办件137件，办结137件。同时，加强重点人员稳控，做好重大会议和节假日期间的维稳安保工作，开展矛盾化解，做好稳控工作。

【安全生产】成立安全生产专项检查组，进行各项检查186次。动员各村对辖区内的企业、来料加工点、山塘水库、木材加工厂、在建工程等全面开展安全生产隐患排查自纠。开展六小行业整治，高污染燃料锅炉整治26家，其中，注销高污染燃料锅炉9家。（朱楚一）

蒋堂镇

【概况】蒋堂镇全镇有35个行政村，区域面积54.29平方千米，人口7058户、19042人。2016年，蒋堂镇工作荣获婺城区先进单位。

【工农业经济】2016年，全镇实现工业总产值18.65亿元，同比增长102%，其中，规模以上企业完成产值7.01亿元；工业新增固定资产投入2亿元，完成自营进出口额952万美元，全镇财政总收入达2713.93万元，同比增长13.5%。通过股权转让、资产转让及拍卖等方式盘活工业用地2.48公顷，新引进项目1个，总投资800万元，新增工业建设项目8个，建设区级粮食功能区229.47公顷、无公害富硒米示范基地50公顷，顺利完成农村土地确权颁证试点工作。

【“两路两侧”】结合小城镇环境综合整治，蒋堂镇完成上级交办任务点43处，全面完成市、区两级交办的任务。全镇还开展自查自纠行动，拆除白汤下公路沿线广告牌26处，投入3万余元对集镇道路两侧的“赤膊墙”1345平方米进行统一粉刷。年底，对白汤下路、浙赣铁路沿线集镇区域内的乱搭乱建、乱堆乱放进行集中整治，整治店铺285家，清运垃圾杂物58车，拆除广告牌126处、钢棚74处、洗衣池65个。

【“三改一拆”】2016年，全镇召开干部和各村村委会议，将婺城区“三改一拆”工作传达到村、传达到人。利用镇干部手机中的微信工作群，进行网络化巡查和信息上报，要求有违必知、有违必报、及时处置。健全每周一报制度，由分管领导带队的“三改一拆”工作组对全镇进行每一礼拜两次巡查。2016年蒋堂镇已拆除各类违法建筑110处，计19.2万平方米，完成全年任务数的106.43%。其中，拆除砖混类违法建筑81处，占地面积8.5万平方米，建筑面积8.5万平方米；大棚20处，面积5万平方米；围墙及地面硬化，面积5.7万平方米。为了做好“三改一拆”拆后利用工作，对35个行政村的房前屋后的拆后闲置用地进行绿化提升和重点区域景观改造，拆后利用面积已达到18.4万平方米，拆后利用率达到96.31%。此外涉及全镇“三改一拆”工作的各类督办、交办件1项，已办结。

【美丽乡村】2016年，全镇开化村和许里村分别申报创建美丽乡村精品村和秀美村，下尹村申报创建美丽宜居示范村。许里村已粉刷墙面2000多平方米，拆除危旧房2000多平方米，围墙上盖古瓦500多米，弄堂铺装雨花石300多米，新建码头风景墙100米，村内绿化补种和四条主路白改黑已基本完成；开化村已完成施工图纸和招投标工作；下尹村电力管网下地工程已完成80%。

【“四治两化”】2016年年初，胡家、寺前、李塘下、石坑、莘移、平水殿、黄碧垄、大源头8个村作为试点村率先完成“四治两化”工作。各村结合实际，对公共区域进行清理、设置小景观等，2016年年底已完成28个村。

【“垃圾分类”】2016年，出台《农村环境卫生长效管理考核办法》和《蒋堂镇环境卫生及垃圾分类长效管理考核办法》，采取周查、月考、年评定的方法对各村的环境卫生、制度落实、垃圾分类、太阳能减量化处理房使用等进行检查、量化，在镇公开栏进行公示。完成并试运行机械式垃圾堆肥装置资源化处理设备安装和调试。

【“五水共治”】定期召开“河长”工作例会，严格落实河道巡查制度，开展污染摸排，镇级河长每月4次、村级“河长”每月8次，做好巡查、监督和记录，实行电子式和记录本式相结合。此外，每年安排7.2万元聘请专职河道巡查、保洁员6人，不定时对其进行河道保洁监督考核。2016年，蒋堂镇4条支流交接断面水质全面达到年终目标水质，其中横路溪、乌引溪、山后金溪平均水质达II类水。截止年底，全镇累计完成包括泽口枫树塘、界首有15口池塘面积1.2公顷和1段河道的清淤任务，完成区水务局制定的2016年全镇河湖库塘清淤计划，总投资达202余万元，清淤方量7.22万立方米。全镇污水处理厂一级A提标改造也已完成，年平均运行负荷率86.2%，污水处理达158.3吨，污泥处置达1261吨。完成蒋堂镇移民新村市政应急给水管道工程和移民新村一期自来水“一户一表”安装工程，计新建管道3001米，项目总投资149万元。2016年，污水项目建设村平水殿、殿后、西洪、直里、下尹、开化、许里、蒋堂、石坑、莲塘、泽口、杨梅垅、界首、低路底等16个村均已基本完成工程建设。2014、2015年污水项目19个村已由第三方运维公司检查验收。

【面源污染控制】完成淘汰落后产能和化解严重过剩产能年度任务，完成“低小散”块状行业整体提升任务。拆除锅炉9台，整治提升为生物质燃料20台。引导和督促辖区内13户养殖场进行美丽生态牧场创建，鼓励和提倡农户使用有机肥，减少化肥、农药使用量，实行农药废弃包装物回收。10月，养殖场违法建筑专项整治中，预计拆除养殖场187家，处置生猪3万余头，已完成签约185户，签约率达98.9%。

【基层党建】聚精会神抓党建，开展“两学一做”学习教育。联村干部、村书记至少上一次党课，班子成员每月下村上党课，上党课104场。为强化不合格党员的教育整转，有26人党员转入镇教育帮扶支部，对于不支持配合党政中心工作的党员由纪委进行约谈和诫勉谈话共25人次，查处党员干部违法违纪案件8起。全镇35个村均已完成红色阵地建设及党员活动场所规范化建设。

【民生实事】2016年，完成燕山背25公顷造地改田项目、下汪畈48公顷高标准农田提升项目以及四监区奶牛场20公顷复垦项目；安装集镇出租房烟感报警器357只，实行全覆盖；新建村居家养老中心2家，全镇基本医疗参保率达97%。不断提高人民群众的幸福感。 （吕兰政）

汤溪镇

【概况】汤溪镇镇域面积106.36平方千米。全镇有72个行政村1个居委会，总人口16354户、46342人。

【工业经济】始终坚持“工业强镇”战略，强化招商引资，优化企业服务，开展攻坚竞赛活动，创造良好经济发展环境。先后引进一批龙头骨干企业，全镇亿元以上企业达11家。2016年，规模以上工业总产值33.57亿元；规模以上工业新产品产值9.23亿元，同比增长29%；主营业务收入32.88亿元，同比增长9%。

【农业经济】稳步推进生态高效农业园区和粮食生产功能区建设，落实农业扶持政策。申报《金华市国家农业综合开发现代园高标准农田建设模式创新试点项目》，提升建设厚大畈、寺平畈、山坊畈三大片区高标准农田，打造迷农、向月、嘉园三大经营主体的农业示范基地。做优做强“采云间有机茶产业园”“九峰佳乐牧场” 等农业综合园区重点项目。加大农业改革，完成农村股份制改革相关工作，全面推进农村土地确权赋权深化改革。

【旅游业】整合旅游资源，完成通景区农村公路绿化提档工程，将城隍庙、陈双田纪念馆、九峰山、九峰温泉、九峰牧场、寺平古村、鸽坞塔畲族风情等旅游资源“串珠成链”。完善寺平古村“家+”模式，改造提升17户住家配套设施，挖掘古村文化内涵，传播传统文化，打造研、学、游相结合的汤溪特色旅游风景线。成功承办“海外名校学子走进金华古村落（寺平）”“感受中国年·快乐寺平行”“九峰牧场亲子行”等活动，接待多批来自英国、美国、德国、意大利、韩国、印度等12个国家的海外研学团。“登九峰山、逛城隍庙、游古村落、品汤溪菜、观现代农业园”成为汤溪旅游新的经济增长点，寺平古村及周边风景区全年接待游客260万人次，其中寺平村游客量增长150%，并被评定为国家3A级景区。

【开发建设】推进现代生物医药产业园征迁工作：试点征迁范围386.67公顷土地已100%完成征迁协议签订并完成全部评估，全部完成征迁工作并清表交地13个村302公顷，蒋堂镇20.33公顷。里朱垄村搬迁安置地块已签约4户，腾空2户。完成蒋堂镇杨梅山村28户苗木补偿政策处理，92穴坟墓搬迁；完成金华监狱92.07公顷土地征收，15户苗木大户和10余户散户、4个养殖户协议签订和补偿款发放。

【新农村建设】以改善村庄环境面貌为出发点，以拆除危旧房及六乱整治为抓手，加快推进美丽乡村建设。成功举行全市“美丽乡村建设”现场会，2016年，实施危旧房改造67村、106户；完成12个精品村、17个秀美村、69个“洁美村”建设。22个村农村生活污水治理工程已全面开工。强化保洁队伍建设，抓好农村垃圾分类工作，明确全镇村级、集镇保洁员183人，专职垃圾清运员9人，全镇可腐烂垃圾每天收集量保持在12吨以上，垃圾减量达30%以上。

【环境综合整治】推进省级中心镇建设步伐，完成城中路提档工程，实施城河路雨污水管网及道路改造工程，护城街雨污水管网及道路改造工程，老城区污水管网建设工程，白汤下路段路灯和绿化带工程。投入6.3亿元，实施省级重点工程汤莘汤九线18千米道路改造工程，现已开通试运行。围绕汤溪“小西湖”建设目标，投入3亿元，实施峙垅湖西岸“四破”项目一期工程，区块内27家企业已全部签约，20家已腾空拆除，18户民房已全部进行评估，7户已签约拆除，402穴坟墓已完成搬迁。2016年12月7日成功入选浙江省第三批国家新型城镇化综合改革试点。

【“五水共治”】加快“最美河流”打造，完成莘畈溪鸽坞塔至金星堰段整治工程。建立河长制，组建保洁队伍，加强河道长效保洁工作。2016年，全镇以零排放的要求实施专项整治，2016年，禁养区已有138家养殖场（户）签订了关停、拆除协议，面积达5.3万平方米，有效的根治源头污染。限养区涉及减量60家畜禽养殖场（户），整治资金500余万元。

【文化宣传】整合汤溪人文资源，基本形成以城隍庙为核心、以寺平古村落为中心、以鸽坞塔少数民族风情资源为支点的人文历史文化区，顺利举办厚大抢头杵、城隍庙摆胜、东祝村文化走亲、畲族“三月三”文化节、厚大白菜文化节、金华“非遗”走进寺平等系列民俗活动，丰富群众文化生活。修缮上境刘氏宗祠、堰头古厅堂等古建筑，提升文物保护水平。投入200万完成胡碓、岩下等5个的农村文化礼堂建设，提升农村文化活动设施配套；投入100万元实施镇综合文化站、镇图书馆及节义、下伊2个村的村级公共电子阅览室建设，完善公共文化服务网络体系。

【安全生产】开展企业安全生产标准创建，成立行业协会，组建两个机械、化工行业安全生产互助协作组，抓好安全生产隐患排查整治。组建农村集体聚餐厨师协会，加强餐饮行业自律。开展烟花爆竹销售安全检查，定期组织农村义务消防队进行消防安全大演练，做好防汛抗台和森林防火各项工作。2016年没有发生重大安全生产事故。

（范　翠）

罗埠镇

【概况】罗埠镇镇域面积44.33平方千米,集镇面积为0.78平方千米,耕地面积为2208公顷,辖62个村和1个居委会,设罗埠、莲湖、湖田三个分中心,全镇现有12872户、35308人、外来人口4600人。

【工业经济】保开发求突破,工业经济稳中求进。罗埠镇2016年完成工业总产值30.07亿元,同比增长3.9%;其中,16家规模以上企业完成总产值13.15亿元,同比增长47.2%;完成工业销售产值30.00亿元,同比增长4.6%;完成规模以上新产品产值8.19亿元,同比增长81.9%;规模以上工业实现利税总额3752万元,同比增长60.9%。金丽达、锦绣、圣立邦等一批本土企业家顶住经济下行的压力,投入技改转型升级,成为全镇工业经济的中流砥柱。蒙牛乳业、宁能热电、金西污水处理二期、110kV变电所等一批项目建成投产,成为全镇经济发展新动力。

【农业经济】农业经济固本强基,增长态势逐年提升。2016年,农业总产值达2.1亿元。全镇现有各类专业合作社77家,其中粮食类31家、苗木类9家、水产类9家、畜禽类10家、蔬果类10家、农产品类2家。全年种粮面积达2339.33公顷,棉花种植面积达139.47公顷,油料作物504.33公顷,果蔬种植面积达208.13公顷。

【开发建设】征迁工作逐项突破。2015年开发区交办征迁任务政策处理完成的基础上,保障金西污水厂项目二期、健康生物医药产业园尾水管网项目、110kV汤溪—罗埠送电线路工程铁架搭建及电线搭建、白汤下公路路灯亮化工程的施工建设。110kV罗埠变电所2座塔基政策处理已全部完成,莲湖加油站涉及黄路村0.51公顷土地目前已完成土地征收协议签订和附着物政策处理,府前路涉及孙家村0.55公顷土地征地协议已签,政策处理已完成。罗埠镇2016年累计向上争取政府性投资项目20个,其中,2016年新建项目15个,续建项目5个,投资总概算156万余元。集镇雨污水管网改造项目二期已总体完成,项目三期于12月30日开始招投标,老集镇雨污水管网改造项目、蒋罗路路灯已完成审价,S315省道两路两侧环境整治工程完成招投标即将开工;罗埠垃圾中转站项目已完成招投标;府前路年内将与陶罗路贯通,其余各投资项目均按预定的计划稳步实施中。

【新农村建设】探索农村建设新思路,打造“一村一品、一村一韵”。全镇积极推进美丽乡村建设,打造2016年确定并创建的7个“美丽乡村”,其中,孙家为精品村已经完成设计,6个秀美村中塘下朱、荞麦畈、上章3个村已开工建设,征岩头、上潘、陈家3个村已完成招投标。农村生活污水治理力度不断加强。2016年,全镇申报的农村生活污水提升工程共19个行政村,已基本完工的有11个,完成80%以上的6个。全镇积极探索新农村建设,努力打造宜居示范村。黄稍村作为宜居示范村已完成投资200多万元,拆除危旧房17000余平方米,2016年12月底前完成建设。以加强文体基础设施建设为抓手,努力提升文化体育公共服务水平。2016年,全镇投资75万完成山下陈、何家、沙溪、东潘、联群村的5个文化礼堂建设,截至12月底,完成全部建设工程。“两路两侧”整治全力推进,全年完成市交办任务17处,其中杭长高铁5处,完成率100%;

【“五水共治”】“五水共治”顺利开展。全镇对16条河道建立河道长负责制,重新制定2016年“五水共治”作战图、表、册,落实河道巡查长效保洁机制和问题整改,加强镇村水务员日常巡查监管,做好巡查记录。做好池塘、河道清淤及防汛防旱工作,2016年计划清淤池塘71口,河道5条,完成清淤30万立方米。清理河道垃圾80余吨。黄坑溪、新沃里溪水流域治理工程,横路溪水环境治理工程已列入开发区2016年政府性投资项目,设计方案已完成。加快推进集镇截污纳管建设,累计完成雨水管网改造4.9千米、污水管网13.6千米,完成29个村的农村生活污水提升改造。

【文化宣传】农旅结合促转型、探索以旅兴农。征岩头村甘蔗文化节、金龙水库农业休闲观光园建设项目、后朱山村彩色稻田等农旅项目正在全速推进中。第二届征岩头村甘蔗文化节经过前期与各媒体对接进行了广泛宣传，网上微片宣传点击量突破27.5万次。利用甘蔗节举办契机，不仅向游客们展示当地的特色农业及历史文化，也促进了地方产业、农旅经济的发展。金龙水库农业休闲观光园建设项目已开工建设，预计2016年底投入建设资金约500万元。（徐雍骏）

洋埠镇

【概况】洋埠镇镇域面积18.11平方千米。?下辖24个行政村，1个居委会，全镇现有5735户、人口15513人，其中农业人口14950人，耕地面积166.67公顷，其中粮食作物播种面积1290.53公顷，粮食生产功能区面积326.67公顷，省级146.67公顷。

【工业经济】2016年，完成规模以上工业总产值13.89亿元，同比下降14.4%；其中，新产品产值4.31亿元，同比下降7.15%；固定资产投资9.85亿元，其中，工业投资8.87亿元。1—11月，规模以上工业利税总额5255万元，同比上升28.49%。财政收入3957万元，同期4973万元，同比下降20.48%。

【集镇建设】2016年，投资650万元实施集镇截污纳管工程和老街改造工程。老街改造工程已完成，集镇截污纳管工程已进入招标阶段。投资300万元实施人民路延伸工程，已进入规划设计阶段。12月，顺利完成洋埠中小学校迁建项目涉及洋埠村4.87公顷土地的政策处理，确保无障碍施工。

洋埠镇开展治危拆违工作（洋埠镇政府供稿）

【新农村建设】青阳洪、西上陈、后彰陈3个精品村图纸设计已完成，进入招标编审阶段；三益里、寺前杨、戴家3个秀美村已开工建设，已完成工程量的40%左右；东十、寺前杨、后彰陈、青阳洪4个村农村生活污水处理工程已开工建设，已完成工程量的90%左右；2015年，9个村的农村生活污水提升已经申报验收。

【“五水共治”】2016年，河道保洁出动人力300余人次，机械5台200天，清障清淤2000米，清理水面垃圾200余吨。全镇拆除养殖场11家，拆除面积5924.26平方米并已完成复耕，开发区要求整改的12家养殖场已整改到位，通过验收。

【民生事业】全镇出生156人，完成33人失地农民转社保工作。全镇参保人员达8728人，参保率96.9%，人武、共青团、妇联、365便民服务中心、老干、老龄等工作都有序开展。

【平安综治】接待来访件14件、29人次，信访件办结率100%。认真办好市长信箱及“8890”便民服务台交办事项共受理94件，办结率100%，满意率97%。签订安全生产责任书108份，建立安全生产长效管理机制，开展安全生产大检查5次，各类专项检查4次。在G20信访维稳安保工作中被开发区评为先进单位。（董　燕）

乾西乡

【概况】乾西乡位于金华市区西郊，环城西路西侧，距金华铁路新客站、汽车西站仅2千米，南临婺江，乡域面积24平方千米。下辖6个居委会，常住人口8592户、22711人。2016年，乾西全乡实现工农业生产总值41.58亿元，其中，工业产值40.3亿元，财政收入13048.55万元。

【工业经济】面对国际经济形势低迷的现状，乾西乡党委政府深化服务，加大扶持力度，帮助企业克服困难、渡过难关，提振企业发展信心，实现逆势而上，经济指标完成较好。2016年工业总产值40.3

亿元，完成年度计划的107.8%；完成金华市浩然铝制品有限公司等六家企业入园工作。

【环境治理】“五水共治”多措并举，严格落实河长制，加强河道日常保洁。湖河库塘共清淤5.92万立方米。投资660万元完成长湖治理景观提升工程。完成工贸街长湖桥下北岸排污口(9号市控排污口)整治。完成工贸街南段雨污分流工程、盛会街雨污分流改造和工贸街人行道改造。“两路两侧”全面整治，清理一批省市主干道路两侧、高铁沿线的环境硬伤，提升了窗口形象。“三改一拆”力度不减。坚持疏堵结合，加强乡、村巡查，做到即查即拆。拆违137处，拆违面积27057.8平方米，完成年度任务的100.2%。此外，17个村(居)基本完成“四治两化”整治任务；投入50余万元对各村垃圾房进行美化，每月2次进行督查将问题督办到村期限整改；投入850余万元实施5个村农村生活污水治理。

【城市管理】乾西乡二环以内11个村(居)已被列入城市化管理，为此，乡党委政府与时俱进，主动承担新的责任使命，不断精细城市管理。一方面不断完善机制、充实力量，做好智慧城管工作，提高办案质量和结案率；另一方面做好全国文明城市创建工作，集中整治上天师和雅宅两个马路市场，顺利完成国卫复检工作和星级社区村居评选工作。

【重点工程】乾西乡承担市区城西片区90%的污水管网建设工程量，共20.34千米涉及土地69.73公顷。金华江北岸污水管网工程4.5千米，江北岸污水管网东延工程3.4千米，已全线贯通。竹马污水管网工程3.3千米、黄湖路污水干网1.34千米、长湖支流一标4千米、二标污水管网工程3.8千米，施工基本结束。完成金泉畈高标准农田提升工程；灌溉机埠改造11座；做好马淤溪4.5千米防洪堤乱栽乱种整治。另外投入120万元做好了乾西乡蛋鸭养殖小区前期筹建工作。后畈田整村搬迁旧村腾空拆除111户、完成二期地基建设。45省道征地24公顷已完成丈量和评估，青苗和征地补偿款在发放中。完成粮食市场道路及配套工程征地1.73公顷。

【党建工作】精心安排部署“两学一做”学习教育，营造活动氛围，开展各类各级专题党课74次。投入80余万元完成13个村居红色阵地建设改造。规范每月15日村级党日生活，处置不合格党员10人，吸收预备党员8人。纪委党纪处分5人，移送检察机关2人。

7月1日，乾西乡全体党员重温入党宣誓

(乾西乡政府供稿)

【平安综治】围绕G20做好社会稳定和服务保障工作，创新工作方法，全面做好重点群体和人员稳控工作，G20期间全乡未发生重大信访事件。开展食品安全大抽检大排查大整治严打击专项行动，对天师东路六小行业30余家进行整治，对全乡1400多户出租房调查摸底，组织开展4次消防安全大检查。做好接待群众来访、化解矛盾纠纷工作。

【社会保障】关注弱势群体，服务民生，2016年发放各类救济、优抚优待资金142万余元。省级标准三优指导服务中心通过初步验收。成功举办婺城区第六届民俗文化艺术节，新建文化礼堂2家，完成乾西乡文化体育站和乾西小学薄弱学校改造。其它各项社会事业平稳发展。(余小蕾)

竹马乡

【概况】竹马乡总面积19.58平方千米，辖16个行政村、38个自然村，人口4123户，11769人，耕地面积693公顷。2016年工业经济走在全区各乡镇前列。全乡有花卉种植面积533.33公顷，其中茶花生产基地连片186.67公顷。1999年，获“中国茶花之乡"美誉,世界原始物种最丰富的国际山茶花物种园位于竹马乡下张家村,2012年,被评为世界杰出公园。

【工业经济】 2016年,工业总产值22.37亿元,同期下降16.23%,完成年计划的81.06%(其中:规模以上工业企业产值13.4亿元,同期下降18.08%,完成年计划的77.47%;规模以上新产品产值1.7亿元与去年基本持平);完成限额以上工业投入1141亿元,完成年计划的5.71%。

【三百竞赛】 开展百日攻坚。启动省重点工程S313(45省道)改建工程婺城区段竹马段征迁工作,对联民、下张家、西宅等3村11.33公顷土地、4幢房屋、100余穴坟墓进行政策处理。服务做好省重点工程竹马货场及配套建设项目补征地块政策处理扫尾工作。完成云计算金华分中心项目输电线6座塔基政策处理。开展百日招商。依托竹马铁路货场和45省道改建等优势,引进云南省勐腊县勐远大展水泥有限责任公司投资3亿元、用地13.33公顷的大展物流园区项目;对浙江佳嘉工贸有限公司拟新建年产100万只汽车铝合金轮毂项目进行可行性研究。开展百日服务。鼓励企业转型升级,服务企业技改项目。推进锅炉整治,淘汰高污染燃料锅炉13台。益迪医疗设备投资700余万元正在新建厂房和设备引进。金圆水泥有限公司计划投资600余万元进行袋收尘器技改,虎鹰水泥有限公司将投资500万元进行窑系统节能升级,技改完成后,将有效减少主要污染物排放。

【农业经济】 2016年,农业产值1.4亿元,同期增长9%。成功举办婺城区第七届茶花节暨第二十四届茶花展活动。培育上报16户农业科技示范户。启动73.8公顷金店畈(金店、里梅)的粮食生产功能区建设。完成耕地地力保护补贴调查工作。完善农产品质量安全快速检测,确保竹马生态农业产品质量安全。开展土地确权赋权改革,2016年,全乡16个村均已召开村民代表大会通过土地确权方案,11个村完成外沿指界,4个村完成内业测量。

【基础设施建设】 2016年,投资73万元完成王包地水库涵管改造及坝体渗漏加固工程;投资97.54万元完成姜衙、联民的灌溉水渠改造工程;投资63.95万元完成姜杨头村大塘山塘改造项目;投资220万元的姜衙村山江堰塘和姜杨头布包塘山塘已放样测量准备进场。3月,发现九龙水库险情,4月,完成水库应急抢险,投入资金20余万元。修建机耕路1.5千米,新置农机具2套。

区水库移民资金项目在汪山头环村公路进行路面硬化 (竹马乡供稿)

【筹建农合联】 成立竹马乡"三位一体"农民合作经济组织联合会,发展会员40人,形成生产、供销、信用"三位一体"农民合作经济组织体系及有效运转的体制机制,更有效推进竹马茶花生产销售。

3月7日,竹马乡工业功能区妇女联合会成立 (竹马乡政府供稿)

【"五水共治"】 长湖、盘溪、乾溪等3条主要河道全面落实河段长制,按照管、治、保"三位一体"职责进行长效管理。设置河长公示牌6块。长湖水质消灭劣Ⅴ类，盘溪长湖交汇口水质达Ⅲ类。长湖联民段堤岸道路和护砌工程2016年进场施工。完成婺城区段污水干管工程竹马段政策处理工作并顺利进场施工。对排查出的13.78万立方米山塘水库进行清污(淤)已清淤4.5万立方米。开展畜牧业污染专项整治，关停拆除30户，拆除房屋栏舍面积5000余平方米。

【环境卫生长效管理】落实环境卫生长效管理。以城乡环境卫生综合整治和农村生活垃圾分类减量化处理工作为抓手，结合精品村、秀美村创建，开展环境卫生和垃圾分类工作竞赛，联村干部每周下村督查，乡“速度力度深度”督察组每月组织交叉检查，对发现问题及时督促整改，确保环境卫生和垃圾分类工作长效管理。新建垃圾中转站，设置门禁及监控系统，有效管理垃圾分类投放情况。

【“三改一拆”】规范建房审批制度，建立农户建房二维码管理制度加强建房管理，严控新增违法建筑。结合“两路两侧”、“四治两化”等工作开展“三改一拆”，2016年整治完成省市区交办25处，对公路边违法建筑、乱搭乱建开展统一集中整治35次。全乡拆除各类违法建筑9.55万平方米，完成任务数106.96%。其中拆除危旧房4.08万平方米，拆除两路两侧、房前屋后乱搭乱建的简易房、钢棚、围墙等3725平方米，拆除旧厂房2.06万平方米，养殖场2.37万平方米，拆后率用率达93.21%。

【美丽乡村建设】创建完成姜衙精品村，方下店秀美村。完成竹马货场配套道路金竹路、站西路、通站路的柏油粗沥青路面铺设和道路两侧绿化行道树绿化种植；金兰北线毛村岗至姜衙村路段公路两侧新增绿化小树苗2万余棵、银杏树200余棵，进一步改善竹马环境面貌，提升竹马形象。开展农作物秸秆综合利用宣传，全乡农作物秸秆综合利用率达到88%以上。

【文化宣传】文化活动中心功能归位，规范完善多功能文化活动中心、健身、培训、图书电子阅览、书画、摄影等五个活动室。抓文化礼堂建设，完成下张家村茶花文化礼堂大楼主体土建工程。推进农村文化惠民工程和加大基础设施建设力度，开展文化下乡送影、送戏下村和庆祝建党95周年暨草根文艺评选等活动，更换6个村的文体器材

【社会事业】完善最低生活保障、特困救助等制度，加强对弱势群体的关注。2016年，基本医疗保险参保率达98%以上，大额医疗保险参保率达32.7%。完成602个历史遗留、12个即征即保的被征地农民失地保险，54个金兰北线加宽的被征地农民失地保险正在办理中。计划生育常抓不懈。全乡出生139人，计划内出生134人，计划外出生5人，计划生育率96.4%。做好全面二孩、优生检测等政策宣传，促进家庭和谐幸福和人口均衡发展。顺利完成民兵整组点验工作，向部队输送新兵6人。

【平安建设】围绕“G20”峰会和“第三届互联网大会”，梳理本单位存在的影响社会和谐稳定的社会矛盾、安全隐患、民间纠纷、涉恐涉邪和信访等问题，排查化解稳控，对重点人员和社区矫正人员建立“一人一档一策”，做到责任到人，每天关注动态。2016年排查调处各类矛盾纠纷7起，成功化解7起，调处成功率达100%。整合浙江平安信息系统、华数视频治安监控系统，安装巨幅LED显示屏，建成社会治理指挥和信息处理中心。新增12只治安监控。开展社会治理创新，在市工业功能区党群服务中心挂牌成立平安志愿者竹马工作站。开展无邪教创建工作，2016年，全乡被授予省级“无邪教创建”示范乡荣誉称号。

1月31日，竹马乡领导“联邻帮户”走访农户

（竹马乡政府供稿）

【安全生产】实行安全生产“一岗双责”制度，

安全生产例会常态化。开展特种设备普查试点工作，对174台锅炉、起重机械等特种设备调查录入数据。开展燃气安全消防检查，排查农户、个体工商户4172户，排查钢瓶数4865只，发现整改隐患255个。加强食品药品安全监管，保障农户食品药品安全。全乡未发生大的安全生产责任事故。

【基层党建】 开展“两学一做”。制定《党员学习日管理办法》和《党员先锋奉献日实施方案》，规定每月15日开展党日学习和先锋奉献行动，使广大党员干部学做结合、以学促做，“学”得深入，“做”得扎实。完成16个村红色阵地提升工程。下派“第一书记”和选调生村官到里梅村，推进软弱落后村整转。完成16个村村级财务清查，为村级组织换届奠定基础。完善“智慧竹马”微信工作平台的各项功能，实行“工作项目化管理”，推行乡干部工作日志制度和“乡干村考”每周一报制度。建立“深度速度力度”检查督察工作组，对年度各项工作做到逐项抓落实，件件出实效。

9月7日，竹马乡开展土地确权赋权测绘工作

（竹马乡政府供稿）

【工业功能区妇联】 2016年3月7日，竹马乡工业功能区妇女联合会第一次代表大会，成立全区首个工业功能区妇女联合会。工业园区内妇女42人代表参加，覆盖园区内27家企业，女职工629人。

（朱　雯）

长山乡

【概况】 长山乡乡域面积60.35平方千米，下属21个行政村，146个村民小组，户籍人口4978户、13286人。森林面积6047.47公请求，山塘水库109座，距离婺城区政府中心所在地9千米。

【工业经济】 2016年，全乡工业经济难中求进。有工业企业36家，其中，规模以上企业1家(青年汽车)。开展“双千”活动和“三百竞赛”(百日攻坚、百日招商、百日服务)活动。乡干部联系企业制度，每家企业都有一名乡班子成员和乡干部联系，为企业送政策、送服务，营造良好的发展环境。2016年，实现工业总产值3.42亿元，其中，规模以上企业产值1.64亿元。

【农业经济】 长山乡发展特色农业，培育省级农业精品园1个、农民专业合作社7家、家庭农场13家；探索农产品销售新模式，利用“互联网+农业”开拓新市场。

【“五水共治”】 长山乡十分重视“五水共治”工作。2016年，桐溪平均水质为二类水，漪溪消灭劣Ⅴ类，达到Ⅳ类水，水质得到明显提升。全乡计划完成8个村农村生活污水，其中上溪、下溪、乌石屏、桐溪、杨里5个村已基本完工，石门村、乌石屏、思村3个村于12月完成。长山乡制定“河长负责制”、督查通报制、考核奖惩制等各种规章制定，明确责任分工，强化落实责任。每条河都有相应的村级河长、乡级河长、责任人、河道警长、区级监督员等。要求定期不定期对各村各河道明察暗访，对发现的问题下发督查通报，并限期整改。在主要河道配备保洁员7人，实行全天清理，每年耗资30万元对河道保洁市场化长效管理机制。同时，建立微信工作群，搭建乡与村沟通和互相监督促进的平台，了解河道水质情况，将“河长制”执行到位。村级河长也能实时将水质动态情况和遇到的问题以“图片+文字”的形式进行“微报告”，在第一时间将处理结果汇报乡政府。投入51.84万元，完成漪溪、桐溪等群众性清淤17千米，4.21万立方米，完成朱山水库项目清淤0.91

万立方米;11座小二型水库已全部开始实行洁水养鱼;完成四村东干渠1400米护溪加固加高工程。

【美丽乡村建设】 实施农村环境"四治两化"工程,集中整治农村环境,持续美化村容村貌,21个行政村推进"四治两化"工作,乌石屏、东屏、二村、三村、宋家、扎坑6个试点已基本完成,力争12月完成80%。2016年被列为全市、区四治两化现场会主办地,得到市、区领导的充分肯定。铺开垃圾分类工作。投资210万元,完成15座太阳能垃圾房建设,成立专门分拣队伍21人,定期组织保洁员和清运员集中培训,通报考核结果,提高分类标准,通过开展垃圾分类光荣户、促进户评比活动,调动村民积极性,形成良好氛围。完成"两路两侧"工作任务。完成姜新线和古长线两条县道整治点23个,清理建筑垃圾6800平米,摘除广告牌112块,粉刷围墙500平米,整改沿线公交车候车厅5个。

【"三改一拆"】 按照"因村制宜、统筹兼顾、推进"的工作思路,结合"四治两化、两路两侧"整治,以建筑垃圾堆放场复垦、畜牧业专项整治、乱搭乱建专项整治行动为抓手,严格依法处理各类违法建筑,取得了较好的成效。从年初开始,在违建户自拆的基础上,对石门村、下溪村、扎坑村等6个典型违建点进行强制拆除,拆除面积8000多平方米。2016年,共拆除违法建筑133处,拆除面积14.67万平方米,完成年度总任务数104.81%,拆后利用率达92.42%以上。三村周思塘造地改田项目8.27公顷,已完成60%;桐溪罗盘型造地改田项目2067公顷,已完成80%;二村古塘里造地改田项目、四村废弃矿石土地复垦项目招标已完招标;完成卢家高标准基本农田建设项目80公顷。落实耕地地力保护机制,发放保护资金136119元,有效防止新增违法建筑,提高保护耕地积极性。

【畜牧业转型】 长山乡党委政府高度重视畜牧业转型升级工作,严格按照"两条红线"、"四个一律"要求,做好防疫和病死猪无害化处理工作,开展整治畜牧业违法建筑、优化养殖布局专项行动,迅速完成240户调查摸底、测量核实等前期工作,成立10个工作小组,实行每日通报制、两天例会制。由领导班子带队,走村入户做畜禽养殖户思想工作,在各村党员干部的配合下,展开集中攻坚。深入农户宣讲政策,为养殖户排忧解难,寻找新出路,帮助他们解决畜禽处理等实际困难。全乡畜禽养殖总量呈下降趋势,全乡干部将继续齐心发力,加快工作进度,争取早日完成整治工作。

【民生保障】 2016年,全乡城乡居民医疗保险参保率达到96%以上,养老保险做到应保尽保,顺利办理第一批失地农民保险180人。14家居家养老服务照料中心健康运行,服务对象数量逐年增长。完善社会救助、福利事业,完成全乡120户低保户年审工作,发放低保救济款30余万元。优抚安置落实到位,发放优抚款40余万元,发放率100%。消除收入"4600"元以下的贫困人口。企退社保家园通过市级验收。组织开展农村劳动力技能培训500人,提高农民的素质和技能,加快农村劳动力转移就业。

【文教卫事业】 推进农村文化惠民工程和加大基础设施建设力度,开展了文化送影、送戏下村和庆祝建党95周年等活动,联合金华市电视台都市农村频道拍摄宣传系列片。修复明末抗清英雄朱大典读书处等古建筑、文保点,促进历史文化的传承与保护。已建农村文化礼堂5家,在建农村文化礼堂3家,其中建设中的长山乡文化礼堂是全区首家乡本级文化礼堂,立意新、标准高,力争打造成样板工程。2016年成功创建区级文明村5个,"春泥计划"示范村2个。通过资产置换方式,把原为上世纪七八十年代粮库的场地,经过改造将变成集合阅览室、灯光篮球场、舞蹈室、健身房、多功能厅、辅导培训室、书画创作室等功能为一体的乡级文体活动中心。

【平安建设】 开展多网融合工作,完善"网格化管理,组团式服务"模式,开展群防群治,维护全乡和谐稳定。创新平安建设机制,推行"平安通"信息采集系统。建立安全生产长效管理机制,加大安全隐患的排查力度,做好森林防火、防汛防旱、抗台工作,完善集镇的治安防控系统。市、区基层防汛体系标准化建设工作现场会在我乡召开,巩固桐溪村基层防汛体系建设成果,打造基层防汛体系标准化建设新样板。为深刻吸取事故教训,开展危旧房屋治理隐患排查整治,对房屋等级低、建筑年代较长、失修失养严重、邻近上坡河道、低洼积水地段的危旧房屋以及违法违章建筑重点排查，做到不漏一户。同时，加强液化气安全检查工作。联村干部走村入户宣传液化气罐使用安全知识，逐一检查液化气使用情况，防范安全事故发生。完成全乡4990户户籍改革清理核对工作。推进“四张清单一张网”改革，开展“政务服务网”建设，方便群众办事。在“G20”维稳安保工作中荣获区先进集体，市级先进个人1人、区级先进个人8人。

【基层组织建设】长山乡各基层党组织深入开展“两学一做”学习教育，实施“党群连心桥”工程、红色阵地建设、软弱涣散支部教育整顿、从严管理党员干部队伍等为重点，推进基层党建“整乡推进、整体提升”工作。顺利完成党委换届选举工作。成功召开中共长山乡第十三届代表大会。严格审查“两代表一委员”资格条件，共选出55人党代表，全体党委委员高票当选。各支部党员每月15日开展学《党章》、《党规》和习近平总书记系列重要讲话精神，每季度开展专题讨论。以农村党员“联邻帮户、守望相助”活动为抓手，组织开展党员公益活动，带领群众做好四治两化、垃圾分类等中心工作，取得环境面貌新变化。全乡党员开展立家规、亮家风活动，在党员户门前张贴家规家训。2016年上溪支部列入全区软弱涣散支部，通过区领导联系、下派第一书记等措施，支部整转效果明显。全乡21个村支部全部新建公开栏，展示党员形象，规范党员活动场所，全面推进基层党建“整乡推进，整体提升”。加强乡机关干部管理，深入开展联村联党建制度，严格落实周一夜学，周三夜访，值班住夜制度；全面落实村干部岗位目标考核办法，村干部坐班值班制度，加强对党员队伍管理，对不参加党日活动、不配合、不支持中心工作的党员，采取降星、教育整转措施，2016年有4人被评为低星级党员，组织关系转移到乡党员教育整转支部管理。（郭文琴）

沙畈乡

【概况】沙畈乡乡域面积184.94平方千米，是金华市最大的纯山区乡，也是省级贫困乡。下辖30个建制村、70个自然村，全乡人口4794户、12981人。耕地399公顷，山林14591公顷，主要特产是毛竹和茶叶。2016年，全乡工农业总产值23105万元，同比增长6.2%。完成财政税收2051万元，乡财政收入达535万元。

【工农业经济】2016年，抓好工农业经济，传统产业提质增效。红豆杉、猕猴桃等经济作物的种植面积持续扩大。扩大猕猴桃种植面积9.2公顷，新建香榧基地3.33公顷。新增旱稻3.33公顷种粮大户1人。培育典型示范。发挥浙江石宫农业开发有限公司等创新型产业的龙头作用，拓展新兴绿色农林产业，建设示范种植基地。

来料加工脱贫致富。保持全乡参加来料加工人数稳定在1000人以上，有效解决农村剩余劳动力的就业，年发放来料加工费近1600万元。

探索文化+旅游农民创收。周村、高儒村、亭久村文化礼堂建设，挖掘并打造了明代武馆、传统古村落、明清古建筑等多个文化景点，已吸引了上千人前来参观。银坑村文化礼堂2014年建成。对银坑村当地红色文化进行了充分挖掘，建起红军游步道、粟裕展陈馆等10个红色旅游景点，新办民宿7家。全乡文化礼堂已有6家，乡文化中心也将在年底投入使用。

【党风廉政建设】加强领导、健全机制、落实党风廉政建设责任制，乡纪委以强组织、促公开、严管理、抓落实、转作风为工作机制，建立健全乡、村两级党风廉政建设小组。

开展“两学一做”专题教育。组织全乡党员学习《中国共产党章程》《中国共产党廉洁自律准则》《中国共产党纪律处分条例》等党章党规和《习近平总书记系列重要讲话读本》《十六届六中全会精神》，并组织开展专题讨论。6月24日，乡党委书记章利军开展“两学一做”专题党课，全乡全体党员参与学习。

开展“联系不漏户、党群心贴心”活动，党员干部联系群众进户到人，全乡210人乡、村干部，650人党员开展入户走访4500余户，召开各种座谈会议近12场次，收集意见建议60余条，帮助群众解决实际困难18次，接受群众合理化建议20条；开展党员活动场所建设规范化，推进红色阵地提升。

投资50余万元,分两批对16个村支部的党员活动室进行规范化建设。推进红色阵地提升项目建设,全乡已完成19个村。

推行换届选举制度,保证换届风清气正。成立以党委书记章利军为组长的换届领导小组和工作机构,向全乡党员干部发放了换届纪律提醒卡等资料,签订严格遵守换届纪律承诺书;乡联村干部、村党员干部上门发放党建红色挂历,对换届纪律作重点宣传。经过村级投票初选,乡区级多部门联审后,村级考评投票后,全乡范围推选出53人乡党代表。

【"五水共治"】 推进"五水共治"工作。切断污染源抓农村生活污水治理提升。4个村,赛畈、周村、乌云、三个村污水改造已完成,石宫村进入收尾阶段,污水治理提升工程今年将达到全覆盖。

落实河道巡查制度,村级河长每周至少两次巡查,水务员每天巡查。严格水政渔政执法,利用周末时间与多部门进行联合执法,制止盗挖砂石行为15次。

开展农业污染"三控"工作。建立畜禽养殖污染防控三级网管理体系,清除复养的100余只养鸡户1家,及28只养羊户1家。乌云村一户精神病人养殖母猪已生仔猪两窝,经过乡干部多次劝说以及通过精神救助将该户处理。

多方面治理水源。3月份,完成市沙金兰水源涵养功能区石坞等小流域水土流失综合治理项目验收。白沙溪沙畈段堰坝灌溉工程黄坛坑口堰、裴家堰工程同月开工建设,已完成裴家堰施工任务。改造供水设施,完成应急管网建设,周村等7个村供水得到有效保障。河道清淤有序开展,完成2个村的清淤工作,清理淤泥5100千方。开展基层防汛体系建设,在去年建设的基础上补充12个防汛重点村的防汛物资。

【"三改一拆"】 开展"三改一拆"工作,创无违建乡。对店边村、高儒村多处违章建筑进行强拆。2016年10月30日全乡拆除违法建筑面积1.42万平方米,占地面积8939平方米,涉及周村,赛畈等19个行政村49户。2016年,区委区政府下达拆违任务数10000平方米,全乡通过上级指导和自我加压已超额完成任务数,完成率为101.27%,

对拆除整治的土地及时利用,面积达8939平方米,拆后利用率达到100%。开展两路两侧整治,拆除乱搭乱建7处,完成率175%,拆除蓝色屋顶4处,650平方米。完善建房审批管理制度。我乡有12个村申请提出规划调整要求,规范农村建房对部分村、乡规划范围内的粮食功能区、标准农田等专项规划进行调整置换。推行危旧房改造对乡内12处困难户危旧房房开展危房修缮工作。对全乡范围内的所有的危旧房全面进行摸底排查,并登记在册。

【城乡环境整治】 推进城乡环境综合整治。持续开展垃圾分类工作推进垃圾分类长效管理。在全乡范围内分发宣传倡议书3000份,各村书记主任代表签订责任书。各村依托党员活动带头开展环境卫生整治,清理村内卫生死角。乡、村干部逐户走访宣传,其中,东山、亭久、芝肚坑三个试点村,全面完成四治两化工作,其余村也已基本完成,准备接受区级验收。

【社会事业】 抓好计划生育工作。今年新出生婴儿64人,其中男孩38人,女孩26人,二孩全过程管理100%,无多孩违法生育情况发生。认真开展矛盾纠纷排查护航G20峰会,做好矛盾纠纷排查。制定"G2O"应对方案,保障我乡的和谐发展。1-10月份受理矛盾纠纷41起,调处理成功率100%,辖区内未发生越级访及赴省进京访。

2016年,落实各项社会保障,低保、五保户173余户,困难残疾人127人,申请各类补助172万余元。新建6个居家养老中心,现有23个村有居家养老中心。按时完成城乡居民医疗保险征缴工作,基本医疗保险参保率达到98%,大额补充保险参保率也较往年有所提高。

【安全生产】 抓好安全生产成立安全生产领导小组。坚持"安全第一、预防为主、综合治理"的工作方针,召开例行会议2次,出动各项专项检查计80人次,重点检查饮食服务业、烟花爆竹销售点、施工场所,来料加工点及小电站等计44家,发现隐患5个及时整改。

【文化宣传】 加强文化阵地建设。2016年建设的三座文化礼堂都全面完工,提升银坑村文化礼堂一座。银坑村被评为青少年学习文化教育基地。7月,承办全区文化礼堂现场会。 (沈 元)

塔石乡

【概况】塔石乡乡域面积约99.63平方千米，下辖39个行政村，人口4109户、10889人。山林总面积10533公顷，耕地面积370.73公顷。2016年完成税收1072.1万元，同比增长32.4%。

【工业经济】2016年，实现工业总产值6139.4万元。同比略有增长。

【特色农业】2016年，农业产值8314.4万元。高山蔬菜、油茶、笋竹两用林等一批农业示范基地形成一定规模，发展猕猴桃基地33.33公顷、蓝莓基地10公顷。新建山坑、上阳、石塘、后坞等多个粮食生产功能区，面积233.33公顷，新增上下塔等多个有机米种植示范基地。培育农民专业合作社，发展番薯干、稻米等合作社43家、无公害家庭农场6家，涌现一批农事体验园、水果采摘基地，农业产业化成效明显。完成人工造林233.33公顷、植树12万株、封山育林6400公顷，森林覆盖率超92%。

【美丽乡村建设】守护绿水青山，“五水共治”重拳出击，37个村的农村生活污水处理提升改造全部完成。开展畜禽养殖整治，退养拆除85家畜禽养殖场，拆除面积2.6万平方米，实现“零存量”。申报实施中央省级扶贫项目23个、市级扶贫项目20个、“一事一议”项目22个，争取上级补助资金近1500万元。严格落实河长制，抓好“清三河”工作，考核断面水质检测始终保持Ⅱ类以上。以厚大溪为主积极修建防洪坝、灌溉渠，7个村修建3.8千米。8个村完成饮用水改造提升。37个村建成垃圾房41座、太阳能垃圾房28座，实现农村生活垃圾分类收集资源化综合利用全覆盖和长效化管理。铁腕推进“三改一拆”，处置违法违建513处，累计拆除违法违建面积8.3万平方米。认真开展县道两侧集中整治，清除乱堆乱放1300处，拆除乱搭乱建127处，创建市级绿化示范村2个(上塔石、山坑)、市级生态示范村3个(上阳、余仓、塘头)，乡容村貌焕然一新。

【民生工程】2016年，公共财政预算的支出40%用于民生事业，医疗保险率达98%以上，建成居家养老服务中心16个，全面消除“4600”以下人口。对受灾群众及时予以安置、救助，累计发放社会救助和优抚资金2000多万元。苏坑、东岭、岱上、余仓等一批乡道、通村路相继建成或拓宽，里程33千米，集镇公交车站投入使用，塔石至张村公交线路开通，群众出行更加便捷。深化殡葬改革，推进生态公墓建设。银岭、山坑公墓完成扩容提档；金堂公益公墓、仙伞形公益公墓、寺口桥公益性公墓、上阳村公益性公墓等4个新建公墓已破土动工。完成5个村级卫生服务站建设，每年开展送医、送药下乡、免费体检等活动，实现小病不出乡。发展文教体育事业，农家书屋、体育健身广场等实现全乡覆盖，7个村文化礼堂投入运行，“三月三”民俗文化节、塘头美食节等群文群艺更加丰富多采。

【生态旅游】坚持“旅游强乡”战略不动摇，结合山区经济发展项目，通过集镇亮化、廊桥、堰坝等一批景观提升、河道治理工程，基础设施建设不断推进，“小埠口休闲－塘头孝道－塔石集镇－余仓飞瀑－岭边梯田”旅游主轴带基本形成。省级重点历史文化村落上阳、一般历史文化村落珊瑚、散落历史建筑保护点上塔石、银岭、东岭等项目相继实施，塔石(山坑)民俗文化馆开工建设。推进文旅融合，挖掘塔石历史传统文化，央视《大地有名》、浙江在线、《金华日报》等主流媒体相继走进塔石，知名度和影响力进一步扩大。2016年，接待游客近13万人次，同比增长184%。乡村旅游直接经营性收入294.47万元，带动各类农副产品销售200余万元。

【特色产业】依托山水资源，做足山水文章，农户从“粗劳力务工、粗犷养殖、竹木砍伐”行业向“农特产品加工、乡村旅游、来料加工”行业转变。做优生态农产品品牌提高收入，岭边山茶油、冷水稻、银岭番薯干、珊瑚云雾茶、岱上高山蔬菜等特色农产品供不应求，麻糍、油煎馃等快餐式旅游产品让集镇百姓持续获利。培育农村电商，指导年轻人参与农村经济建设，本土的“村官的杂货铺”、“妈妈的粽子”等电商团队销售额超过百万。培育发展农家乐民宿21家，实现旅游产业产值432万元，同比增长了80%。利用闲置劳动力发展来料加工，解决人员就业 900 人,年均产值达 800 多万元。

【地质灾害移民工作】高田、鱼潭地质灾害村整村搬迁工作进展顺利,两村 96 户(其中,高田 77 户、鱼潭 19 户),216 人(高田 180 人、鱼潭 36 人),已全部撤离危险区域,滑坡体内房屋基本拆除,完成蒋堂一期选房,成功解除悬在两村人民群众头上的生命利剑,两村群众下山移民,踏上了山民变居民的幸福之旅。

【四项平台建设】2016 年调整机构设置,重新划分管理处、设置了旅游办、招标办、公路养护站等部门,理顺管理模块,增设对口管理人员,提高办事效率。畅通群众诉求通道,办理 8890 交办事项 155 件,接受来信来访 33 件,满意率均达 95%以上。深入开展党的群众路线教育实践活动、"三严三实"?专题教育活动,严格落实中央"八项规定",认真执行公车改革、规范办公用房管理等制度,加强财政预算管理、行政监察、审计监督、效能问责,"三公"经费支出下降超过 50%。严格落实安全生产主体责任,健全平安信息员队伍,推进网格化管理、组团式服务。坚持依法行政,开展六五普法,创建 4 个民主法治村。认真开展信访化解工作,信访积案逐年减少,将矛盾隐患在基层化解。抓好人民武装工作,为部队输送优秀新兵 31 人,统战、计生工作取得新进展,共青团、妇联等群团组织作用得到充分发挥。高度重视防灾避灾工作,健全巡查防控体系,森林防火、防汛抗台、地质灾害监测等常抓不懈,2016 年未发生重大安全生产事故。 (严光远)

岭上乡

【概况】岭上乡乡域面积 60.66 平方千米,是九峰水库移民乡。下辖 9 个行政村,人口 3559 户、8793 人。分别安置在汤溪镇南门和白龙桥镇上邵两个安置区。

【工业经济】2016 年,全乡完成工业产值 2430 万元;完成出口交货值 1100 万元;企业增加值 650 万元;完成税收 255 万元,财政收入 136 万元;发放来料加工费 660.1 万元;出租房、超市、旅馆等二三产业发展增速明显。

【美丽乡村建设】以精品村建设为目标,新村提档有序推进。两村已成功申报市级精品村,完成精品村总体规划方案设计,下一步上平台招标;完成两个村的路灯亮化工程,农村治安环境得到极大改善;农村生活污水提升改造工程竣工验收,实现雨污分离,改善农村水环境;公共地块完成绿化 4.5 万平方米;"四治两化"工作推进,制定下发《岭上乡农村环境"四治两化"工作实施意见》,乡财政预算 20 万元专项用于"四治两化"工作。党员干部带头整治,率先垂范,全部完成乱搭乱建整治,拆除搭建的钢棚、简易棚 232 个,面积 5000 多平米,清理乱堆乱放 785 处,面积 2 万平方米,切割雨棚 8500 米,清理杂物 600 余车。

【"五水共治"】以区域生态环境优化为目标,"五水共治"有序开展。投入 10 万元清理两村河沟 3500 米,促进河道恢复原有灌溉排涝功能,提高农村水环境;加强库内巡查频率,阻止偷倒废土废渣 10 车次、偷盗砂行为 4 起,处置禁养区复养肉牛 3 头,清理水岸游人遗留垃圾及漂浮物等约 15 吨;参与联合护水执法行动,查处电鱼、网鱼、钓鱼等不法行为,没收渔具 200 余件,劝离野炊烧烤等 50 批次近500 余人次;河段水质保持在Ⅱ类以上。

【平安建设】全面排摸分析制定预案,做好"G20"峰会等重大会议和节日期间的维稳安保工作,成功化解一起多年的交通事故赔偿执行不到位的上访问题。深入排查化解矛盾纠纷,注重信访维稳化解,排查化解矛盾纠纷 16 起,化解信访积案 6 件,"8890"平台转来信件 11 件,都已按程序进行答复。成立岭上乡平安志愿者中队、九峰村、桃源村分队,壮大群防群治力量;建设综治视联网,搭建了信息化大平台,社会治安防控体系建设不断推进。稳妥有序处理一起因来料加工点老板出逃引发的农民工欠薪问题。

【民生事业】被征地农民基本生活保险指标顺利落实。全乡有被征地农民基本生活保险指标 1480 人,克服原 9 个村相互间指标数不均衡、指标享受对象确定难等矛盾,吃透政策做细工作,指标全部落实。做好城乡居民医疗保险工作，全乡参保率达96.5%；抓好居家养老服务中心开办，全乡的居家养老工作得到市、区领导肯定，市人大、市民政及外县市领导多次来乡调研、观摩学习。两村省级扶贫项目来料加工基地顺利承租，实现新村自我造血功能零突破。积极做好社会救助和优抚工作。发放各类补助款530226元；按照规定，取消不符合条件低保户13户、19人，新增低保户4户、5人；发放重度残疾人护理补贴66680元。抓好计划生育“全面两孩”新政策学习培训和知识竞赛，上半年发放生育登记证34本。加快发展文化体育事业。举办了百姓才艺pk大赛、暑期“春泥计划”活动班、岭上乡首届农民运动会等多彩的活动，丰富村民的业余文化生活。工、青、妇、团、人武、统战、关工委、老龄委等各项社会事业协调发展。

【队伍建设】牢牢把握“抓班子、带队伍、保稳定、促发展”的总体思路，从严管理落实年和两全干部活动为抓手，深入推进“党群连心桥”工程，开展创先争优活动、党的群众路线教育实践活动、推进“三严三实”及“两学一做”专题教育，建立乡干部重点工作考核制度，规范值班、夜学夜访夜谈制度，实现干部在重点项目、重点工作中转变作风、提高本领。（傅小婷）

莘畈乡

【概况】莘畈乡乡域面积73.04平方千米，下辖11个建制村，全乡2261户、6203人。

【工业经济】通过招商引资和项目建设，实施民生工程，促进全乡经济和社会各项事业的协调发展。2016年，浙婺商回归项目—下社坞自然村民宿建设拟投资6300万元；完成工业总产值8966万元，截止9月底，旅游（农家乐）接待游客人数累计7.82万人，直接营业收入538万元，10月，发放来料加工费628.1万元。完成税收收入760万元。

【农业经济】2016年，全乡农业总产值3350万元，按照“效益农业特色化、种养殖业规模化”工作思路，抓好效益农业发展。利用莘畈独特的生态自然资源，以保护环境为前提，发展生态农业，娃娃鱼养殖基地、石蛙养殖项目、香水百合种植项目、土蜂养殖等产业不断壮大。科技特派员示范基地不断优化，结合生态旅游观光采摘等功能需求，已种植1.33公顷果桑，0.33公顷蓝莓。启动14.8公顷粮食生产功能区建设（井下村宋村畈8.13公顷，和尚廖村白殿脚畈6.66公顷）。完善农产品快速检测，不断提升莘畈生态农业产品综合竞争力。

【美丽乡村建设】2016年，超额完成“三改一拆”“无违建”任务。截至11月23日，拆除违章建筑1.41万平方米 。完成率100.63%，超额完成“三改一拆”和“无违建”创建工作现场会下达的任务。加强舆论引导，发动群众、组织群众、宣传群众、引导广大群众自觉参与到“无违建”乡镇创建工作中来。11个行政村按照时间节点进行“一户多宅”全面摸排和处置，全乡整治57户、58个点。将“一户多宅”清理整治、新违建零发生作为“无违建”底线，将拆除的空间还绿于民，让老百姓看得到、摸得到、感受到变化，享受到实惠。推进“两路两侧”专项整治。莘畈乡完成“两路两侧”整改16个问题，区交办12个，自查自纠4个。根据区政府对“两路两侧”环境整治的要求，从刺眼到养眼最后达到靓眼，所有赤膊房（包括泥土房）进行粉刷，按照新农村建设穿衣戴帽的标准及相关政策，外墙颜色因村制宜；有合法手续的，统一使用灰色油漆进行喷涂，违法的原则上一律拆除；农业设施用房外立面统一刷白色，加盖“金华农业”或其他标志的印章式图案；墙体广告或其他违法广告一律拆除并恢复原貌。“五水共治”、畜牧业整治初显成效。以提升水环境质量为重点，开展“五水共治”工作。做好河道保洁工作，以村为单位，落实责任制、河长制，乡政府组织每月一次督查，每季度一次交叉检查，检查结果进行通报并列入年度考核，每月召开一次河长例会汇报交流工作，莘畈乡水域内4个交接断面全年水质都保持在Ⅱ类以上；2个村河道清淤工程完成，3个村清淤工程已完成测量，进入招投标阶段；完成4个村饮用水提升工程；基本实现农村生活污水治理上的全覆盖、农户普遍汇集、排放基本达标的要求；关停养殖场2家，拆除养殖场面积550平方米。2016年，全乡以围绕莘畈溪大力打造水韵莘畈美丽风景线，现已在设计当中；对莘畈溪以及山塘水库进行堤坝维护和淤泥清理，清理河道9.1千米，清除淤泥7.44万立方米，耗资61.1万元，提高排水泄洪能力，提升水质。结合“四治两化”工作，以大立元村为试点大力推进村庄环境整治，投资120余万元的大立元美丽乡村景观工程预期年底前完工，全乡11个村计划全面实施村庄整治工作，预计年底完成80%村庄的验收。环境整治、四治两化、垃圾分类有序进行，全乡环境卫生得到改善。2016年新增垃圾清运车11辆、新增新置垃圾箱3900余只，投资75万元新建太阳能垃圾房9座；村庄内主干道和公共场所修缮路灯44盏；全乡10个实施农村生活污水改造提升工程，现已全面完工，接受建设局移交，改善养殖业对农村生态环境的污染。11个村都建立了保洁员队伍、绿化维护员队伍、基础设施维护员队伍，负责清理垃圾和卫生死角，清理河道、池塘和乱堆乱放、乱搭乱建，对绿化和基础设施进行长期维护。同时各村将保洁员、绿化员、设施维护员的名单和联系号码予以公开，接受群众监督。乡政府成立以书记为组长、乡长、分管副书记为副组长的环境综合整治督查工作领导小组，每个月分赴各村检查农村环境卫生整治成效，将检查结果整理汇总在全乡进行通报。同时，乡党委、政府将该项工作列入《婺城区莘畈乡农村环境综合整治考核办法》。群众的保洁意识进一步提高，全乡的环境卫生状况得到很大的改善。开展2个市文明单位申报和1个区级文明村复评工作。评选最美丽、最洁净、最脏乱村庄和最美家庭、最洁净家庭，实现群众素质的大提升。开展“双百结对、共建文明”活动，结对村积极与结对单位联系，共商村庄文明建设。组织开展“春泥计划”相关活动。开展好“两富”创建活动，倡导绿色生活方式，落实“门前三包”，实施垃圾分类收集处理，采取多种手段推进乡风文明建设。

【平安建设】为确保G20峰会期间的社会稳定，成立G20峰会的安保工作领导小组，全乡重点部位、重点人员逐一排查、摸清底数、登记造册、责任到人，圆满完成G20安保任务；开展矛盾纠纷排查调处，2016年排查调处各类纠纷5起，成功化解5起，调处成功率达100%；重视综治队伍建设，全年召开综治例会10次，对村调委会主任培训3次，对综治信息员培训3次，有效地提高综治队伍的综合素质。开展“安全生产年”活动，召开各村书记、主任、部门负责人、各企业主参加的安全生产会议，增强人们的安全意识，营造良好的安全生产氛围。按照山洪防范预案要求，组织各村抓好汛期山塘水库、水利设施的全面排查和防洪防汛工作。2016年，全乡重新选派防汛防旱指挥部成员，落实防汛责任制，签订防汛责任书。组织进行水利工程安全大检查，检查山塘6座，小水电站2座，防洪堤16处，地质灾害点3处。对4个重点村及乡防汛物资仓库的防汛物资进行充实，对预案等非工程性措施进行完善。调整森林消防队伍，做好森林防火宣传。完成春季营林造林任务，全年完成44.53公顷造林任务，完成全乡37棵古树名木调查和信息采集工作，完成公益林护林员（6人）的调整和新护林员的培训工作。配合区森防站做好松线虫病防治工作。

【社会事业】社会保障落到实处。坚持“以民为本，为民解困”宗旨，完善最低生活保障、特困救助等制度，加强对低收入群众的社会救助力度。时刻关注弱势群体，做好重要节日的走贫访苦工作。认真核实低保、低保边缘户人员，完成全乡居民医疗保险费用的收缴工作，新农保参保率100%；五类人员参保，医保参保率97.3%，大额医保参保率22.1%。人民武装部工作落到实处，民兵整组点验工作顺利完成，完成2016年夏季征兵工作；妇联、共青团、计生、残联等工作扎实有效；完成招标12项，资金342.4万元。

【文化工作】2016年，完成和尚廖村新建农村文化礼堂创建。每个文化礼堂均配备管理人员，负责文化礼堂日常管理；建立文化志愿者队伍，协助开展文化礼堂各项活动；落实形势政策宣讲员，开展形势政策宣讲和热点问题引导。协办婺城区2016年送电影下乡启动仪式、送戏下乡、送文化下乡等多个文化展演活动，另外，全乡还举办了《视觉婺城》第二季——知名艺术家走进婺城古村落写生采风系列活动之“人文自然莘畈”；“接力爱心 传承婺剧”金华市文艺志愿者赴莘畈小学爱心支教活动启动仪式；婺城百姓才艺比赛暨七一建党95周年文艺汇演等活动。组建乡级、村级优秀特色文艺团队各1个，对11个村的农家书屋进行出版物更新，多方着手构建农民精神家园。建立健全新闻发言人制度和突发事件新闻发布会制度，建立健全网络评论员制度和网评引导应急响应制度。及时做好新闻报道工作，加强与新闻媒体的沟通联系。配备宣传干事、文化站副站长1人，各村配有宣传文化员，按要求完成宣传干部培训工作。组建由大学生村官和年轻干部组成的宣传信息队伍，由宣传干事负责，报送宣传信息。参加宣传部组织的各类会议、培训及调研工作，不断提升工作水平。按要求完成党报党刊征订任务。上半年开通了微信公众号“水韵莘畈”，向社会公众以图文并茂的形式推送乡党委、政府的工作动态和党政信息。另外，在《今日婺城》上设立了专版，全年在《今日婺城》刊登40余篇，其中头版19篇。

【生态旅游】以生态山水景观为主体，以人文历史文化为内涵，以山村民居为特色，加强旅游业整体、综合开发，打造集休闲、养生、度假；农耕、科技、观光；培训、拓展、户外运动为一体的“浙中慢游基地”。我们精心筹划莘畈溪沿岸景观改造工程，投资600余万元建设莘畈乡两侧游步道、骑行道，恢复20公顷油菜花的种植；完成万象花卉莘畈现代农业生态园建设，流转土地33.33公顷，打造集观光、体验、娱乐为一体的大型植物旅游基地；露营基地一期二期、大立元旅游接待中心、码头游步道等旅游配套设施也即将投入使用。祝村、方家、大立元三个精品村建设正在实施，美丽风景线逐步成型。组建了莘畈农家乐协会，对各村的农家乐进行规范经营，统一服务，稳步推进农家乐旅游工作，同时以农家乐示范点和旅游特色村为抓手，挖掘莘畈特有的自然景色、人文景观和生态价值，实现大立元、方家、祝村WiFi全覆盖，提升莘畈乡村旅游的档次，增加旅游客源和农民收入。由金华广播电视总台推出的大型少年生存电视真人秀节目——《奔跑吧少年》摄制组在大立元村取景，16位队员分成两组开展竞赛，体验农耕、土灶台、露营帐篷搭建等活动，提升莘畈旅游在金华范围的知名度。　(潘晨晨)

箬阳乡

【概况】箬阳乡乡域面积60.38平方千米，辖14个建制村，1644户、4190人。2016年工农业总产值5155万元。其中，工业总产值3450万元，农业总产值1705万元，农民人均收入已突破8000元。

【经济发展】2016年，全乡茶叶面积286.67公顷。生态农业实现新发展。出台《发展生态经济促进农民增收》一号文件，鼓励发展生态农业和林下经济，全年新成立家庭农场5家，建成香榧种植基地66.67公顷，猕猴桃种植基地11.33公顷。浙江榧龙生态农业开发有限公司累计完成投资2500余万元。经济转型发展实现突破，浙江药谷农业开发有限公司签订8.2亿元意向投资。完成“三位一体”农合联改革，提升农业生产经营组织化水平。

稳步推进生态公益林扩面提升工作，2016年完成省级生态公益林扩面4322.4公顷。加强森林管护，开展森林防火宣传和森林防治工作，完成一般造林47.67公顷，严格执行限额采伐，狠抓林木采伐管理，审批伐木270立方米。

【新农村建设】“五水共治”扎实推进，垃圾分类排名全区前列，河长制全面落实，交接断面水质稳定在Ⅱ类水以上。严控畜禽养殖反弹回潮，落实清淤工作，完成河道清淤2千米，实施箬阳村门口塘清淤。区农办、运维公司等对我乡12个村污水治理工程进行了初验，并针对存在的问题进行了整改。“四治两化”全面展开，乱搭乱建乱堆乱放得到有效整治，绿化美化工作成效初显。“三改一拆”面积10400平方米，完成区下达任务的115%。成功创建市级卫生乡镇。创建“无违建乡”，全面消除存量违建，建立了违法建设日常巡查监管机制，农民建房得到规范，有效遏制新增违建3起，拆除一户多宅、危旧房、简易棚等各类面积10400平方米，超额完成年度拆违任务，拆后利用率达96%。

石辽公路政策处理取得突破。乡、村二级干部集中时间、集中精力、集中力量打好“300攻坚”仗，基本完成“石井坑—周辽”通村联网公路涉及石井坑村、箬阳村41户农户政策处理。

【生态休闲旅游】在琴坛客家文化带动地方旅游经济的有力牵引下，各村深入挖掘地方特色，农家乐多点开花，民宿经济高端化，群众参与乡村发展热情空前高涨，全乡经营户已发展到27家，床位180余张，全年接待游客超10万人次，年经营收入超500万元。琴坛至茶园十里旅游长廊规划通过论证。智丈山隐野乡村文化项目完成初步规划和启动区块政策处理。琴坛民宿外立面改造工程启动实施。黄阳游步道工程和茶园游步道一期工程竣工。

【社会民生】推进一事一议、山区经济发展、扶贫等各类项目的实施，地质灾害点治理、古树群保护和光伏进村等项目得到有效落实，石井坑休闲亭、南坑堰坝护栏工程、箬阳茶园基地等项目相继完工，琴坛村、沙坑村文化礼堂完成验收。箬阳乡文化(体育)站建成投入使用。精准扶贫全面推进。实施各类扶贫项目16个，争取到各级补助资金260万元。2016年核销不符合低保标准农户28户，现有低保对象40户、68人实现低保金及时足额发放。开展雨露计划助学补助和各项救灾救济工作，实施安居工程2户。平安箬阳不断深化。林区禁燃和严禁秸秆焚烧工作全面实施，安全生产和森林防火工作扎实有效。圆满完成G20峰会和世界互联网大会维稳安保工作。

公共服务进一步优化。8月，起湖大线农村公路大中修工程开始实施，公路路况有所改善。小学学区成功纳入仙缘湖实验学校，二孩政策宣传和优生服务切实开展，居家养老服务照料中心实现全覆盖，居民基本医疗保险参保率达99.8%。乡卫生院医务人员增至6人，基层卫生服务有所改善。

【“两学一做”】深入开展“两学一做”学习教育，从严治党，基层党员的党性观念、规矩意识明显增强。认真实施基层党建“整乡推进、整体提升”工程，红色阵地建设实现全覆盖。建立了覆盖全乡党员的党建微信群，“箬阳党建”微信公众号于今年6月正式开通，全乡13个村全面完成党建宣传栏和三务公开栏的规范化建设，打造了线上线下两个红色阵地。

【“6·27”箬阳遭遇强暴雨侵袭】2016年6月27日傍晚，箬阳乡遭受连续1个多小时的强暴雨袭击，最高雨量达到100毫米以上，多处山体滑坡，导致7处公路塌方，通往乡政府的道路被中断。经路政部门连夜作业得以抢通。 (沈　丹)

苏孟乡

【概况】苏孟乡乡域面积37.98平方千米，与石门农场(现石门蓝镇)交叉。下辖34个行政村，常住人口7574户、19893人。苏孟乡13个在二环线内的行政村，其中，12个村已实施整村搬迁，实施公寓式安置。区域内配有湖海塘公园、市体育中心、湖海塘九年一贯制学校、市妇保院(在建)等配套服务设施。

【工业经济】因生态环境规划需要，苏孟乡工业经济不发达，全乡规模以上工业仅一家。2016年，完成规模以上工业总产值10011万元，同比下降1.83%；完成规模以上新产品产值8398万元，同比下降0.38%；完成规模以上主营业务收入7751万元，同比增长4.24%；规模以上工业实现利税总额1033万元，同比增长67.29%，其中规模以上企业实交税金580万元，同比增长42.28%。全年实现财政总收入20126万元，同比增长20.78%。

【农业经济】苏孟乡原先是以种养殖为主的农业乡，全乡耕地面积1213.4公顷(包括市石门农场耕地235.6公顷)，山林800公顷。2014年以来，根据“五水共治”要求，苏孟乡实施畜禽养殖“清零”行动，农业产业结构进一步调整，花卉苗木正成为全乡农民增收的支柱产业。2016年，全乡花卉苗木种植面积达1800公顷，果蔬140公顷。二环以外村庄全乡实施美丽乡村建设，初步形成以山下、后尘、楼司美丽一条带，探索发展农村旅游经济。成功创建“省级生态乡”，21个村被评为“市级生态村”。2016年，农民人均纯收入达25971元。

【新农村建设】继续推进以山下、楼司、后尘为主的“美丽一条带”建设，稳步推进2个精品村，5个秀美村建设，发挥村内优质水体资源，做美“水”景观，丰富“水”文化，打造独具苏孟特色的美丽乡村。2016年完成“苏孟水乡”横一路改造及“美丽一条街”暨苏延路改造项目。紧扣市区梅溪流域综合治理工程，按照可持续发展的项目建设要求，认真做好前期准备工作，完成沿线9个村项目申报工作，计划按相关配套政策高标准启动梅溪沿线村庄美丽乡村建设，打造精品休闲旅游集聚地。

【开发建设】 凝心聚力强攻坚，征地拆迁破冰前行。继续发扬“敢担当、敢突破、善攻坚”的开发区精神，以“5+2”“白加黑”的工作作风，克难攻坚，苦干实干，完成了西埠头、对家地、三瑞堂、双枧头、溪口下、和仁堂、官堰下、后徐、江家等9个村184.50公顷土地征收工作，完成了武义江以西区块、湖海塘公园核心区块、新能源汽车产业园、妇幼保健院、“6+1”管线、第二自来水厂等项295.44公顷土地政策处理工作。特别是2016年9月下旬，根据开发区党工委、管委会统一部署，开展对西埠头、对家地两个村的征迁工作。完成对家地村22.79公顷、西埠头村79.44公顷共计102.23公顷土地征收工作；完成对家地村101穴坟墓、西埠头村315穴坟墓及其它无主坟492穴坟墓搬迁工作；完成对家地村119户、西埠头村371户、共490户青苗处理的评估和签约工作；完成对家地村100户、西埠头村374户、共计474户的农房征收签约工作。“三改一拆”纵深推进。苏孟乡通过前几年的大规模拆违后，沿路、沿河等大型违建已基本拆除完毕。2016年主要针对二环以南21个村内的一户多宅、房前屋后违法搭建等违建进行集中整治，拆除违法建筑250宗，拆除违建面积6.88万平方米，完成开发区下达4万平方米任务数的172%。

9月16日，苏孟乡后尘村召开“三改一拆”现场会

（苏孟乡供稿）

【“五水共治”】 “五水共治”持续推进。按时完成畜禽养殖“清零”任务，开展河库池塘清淤工作，开发区下达清淤任务数6万立方米，2016年，已完成6.197万方，超额完成任务数。深入推进农村生活污水治理工程，二环以南21个村的工程项目已全部完成。建立健全垃圾分类长效机制，落实农村基础设备长效管理。制定出台了《苏孟乡环境卫生、生活垃圾减量化处理考核办法》，每月考核、通报、奖惩分明，有效推动垃圾分类工作常态化。

【平安综治】 全面加强综治信访维稳工作。2016年，苏孟乡狠抓社会治安综合管理责任制的落实，深化“平安苏孟”建设，成立了苏孟乡反邪教协会，创建省级“无邪教”示范村。开展了“两打一查”专项行动，完成了各个重点时期特别是G20期间的信访维稳工作。接待群众来访或咨询325人次，收处“8890”便民服务平台交办事项342件，维护群众的利益和社会的稳定。（傅文斌）

附　录

2016 年金华市婺城区国民经济和社会发展统计公报

2016 年是“十三五”发展规划的开局之年，全区上下全面贯彻落实党的十八大和历次全会精神，认真落实市委、市政府和区委、区政府的决策部署，以开展“经济发展、城乡建设、民生保障”三大提质赶超行动为载体，全面落实好“去产能、去库存、去杠杆、降成本、补短板”五大任务，聚精会神抓发展，全力以赴促转型，克服了各种困难，实现了经济平稳发展的态势，社会保持和谐稳定，人民生活不断改善。

一、综合

全区主要经济指标(含金华市经济技术开发区)全区实现生产总值 (GDP)516.8 亿元，比上年增长 6.8%。其中：第一产业增加值 19.4 亿元，增长 1.0%；第二产业增加值 170.3 亿元，增长 3.4%；第三产业增加值 327.1 亿元，增长 9.1%。在第三产业中，交通运输、仓储和邮政业增长 9.7%，批发零售业增长 5.5%，住宿餐饮业增长 6.0%，金融业增长 3.0%，房地产业增长 6.2%，其他营利性服务业增长 29.4%，非营利性服务业增长 6.5%。土地总面积 1391.24 平方千米，年末户籍总人口 64 万人，人均生产总值(户籍人口)81011 元，比上年增长 5.9%。第一、二、三产业增加值占地区生产总值的比重由上年的 3.8:34.8:61.4 调整为 3.7:33.0:63.3。

区属主要经济指标(不含金华市经济技术开发区) 实现区属生产总值(GDP)256.0 亿元，比上年增长 6.1%。其中：第一产业增加值 13.1 亿元，增长 2.2%；第二产业增加值 63.6 亿元，增长 1.9%；第三产业增加值 179.4 亿元，增长 7.9%。在第三产业中，交通运输、仓储和邮政业增长 13.2%，批发零售业增长 5.5%，住宿餐饮业增长 6.5%，金融业增长 2.7%，房地产业增长 4.4%，其他营利性服务业增长 20.5%，非营利性服务业增长 6.4%。土地总面积 1139.6 平方千米，年末户籍总人口 38.49 万人，人均生产总值(户籍人口)66560 元，比上年增长 5.5%。第一、二、三产业增加值占地区生产总值的比重由上年的 5.1:26.3:68.6 调整为 5.1:24.8:70.1。

二、农业

全年完成农林牧渔业总产值 23.2 亿元，同比增长 3.5%，完成农林牧渔业增加值 13.7 亿元，同比增长 2.2%。根据粮食监测统计全年粮食作物播种面积 96466.67 公顷，同比下降 10.4%，粮食总产量 3.9 万吨，同比下降 13.9%。花卉苗木种植面积 5200 公顷，同比增长 18%。全区油菜籽产量 2990 吨，同比增长 85.3%；蔬菜产量 7.3 万吨，同比增长 7.7%；水果产量 3.5 万吨，同比下降 10%。全年生猪出栏 33.2 万头，同比下降 4.2%，年末生猪存栏 13.6 万头，同比下降 30.1%；家禽出栏 91.4 万只，同比下降 17.6%；奶牛存栏数 7414 头，同比下降 41.9%；牛奶产量 30304 吨，同比下降 16.2%；水产品产量 7475 吨，同比增长 4.4%。

全年完成造林面积 7.9 公顷，迹地更新面积 236 公顷，低产林改造面积 533 公顷，封山育林面积 44451 公顷。

三、工业和建筑业

全区完成工业增加值 49.2 亿元，同比增长 1.9%，工业增加值占 GDP 的比重 19.2%。其中规模以上工业企业完成总产值 150.0 亿元，同比下降 13.1%；完成销售产值 143.2 亿元，同比下降 11.4%，工业品产销率为 95.4%。规模以上工业企业完成出口交货值 20.5 亿元，同比下降 6.3%，占销售产值比重为 14.3%。全年规模以上工业企业实现主营业务收入 141.8 亿元，同比下降 6.7%；实现利税总额 10 亿元，同比增长 14.8%，其中利润总额 5.5 亿元，同比增长 31.9%。

全年完成建筑业总产值 123.8 亿元。全区 48 个三级及三级以上建筑施工企业全年房屋建筑施工面积 1590.5 万平方米，竣工房屋面积 593.4 万平方米。

四、固定资产投资

全年完成限额以上固定资产投资 101.8 亿元，同比增长 3.5%。其中，投资项目投资 79.3 亿元，同比增长 33.9%，房地产开发投资 22.5 亿元，同比下降 42.5%。投资项目中工业投资 21.0 亿元，同比下降 1.4%。限额以上固定资产投资按产业分：第一产业完成投资 3054 万元；第二产业完成投资 21.0 亿元，同比下降 1.5%；第三产业完成投资 80.5 亿元，同比增长 4.5%。

五、国内贸易和对外经济

全年完成社会消费品零售总额 311.3 亿元，同比增长 8.8%。其中：商品零售 293.0 亿元，同比增长 7.4%，餐饮收入 18.4 亿元，同比增长 37.3%。

全年实现外贸进出口总额 5.7 亿美元，同比下降 1.2%，其中外贸出口额 5.4 亿美元，同比增长 0.8%；合同利用外资 1920 万美元，同比下降 43.7%；实际利用外资 41 万美元，同比下降 96.0%。

六、财政

全区财政总收入 42.5 亿元，同比增长 14.2%，区级收入 10.8 亿元，同比增长 12.4%；全区财政总支出 20.9 亿元，同比下降 14.4%。

七、科学技术

2016 年，全年累计获省、市各类科技立项 53 项（省 35 项，市 18 项），其中省重点研发计划项目 1 项、省级新产品试制计划 27 项、省科技特派员项目 7 项；市科技项目 7 项（工业 4 项、农业 3 项）、市科技特派员项目 10 项、市农业科技成果转化项目 1 项、省技术发明奖 1 项、市科学技术奖 2 项。培育创新主体能力加强。全年累计认定高新技术企业 30 家（省级 5 家、市级 25 家）、省科技型中小企业 35 家、市农业科技企业 3 家、高新技术研发中心 9 家（省级 1 家、市级 8 家）、市农业科技研发中心 2 家。全区专利申请量达 3156 件，其中发明专利申请量 776 件，比上年增长 46.1%；全区专利授权量 1802 件，其中发明专利授权 325 件，比上年增长 29%。

八、教育、文化和体育

通过了“全国义务教育均衡区”国家级评估，学校办学条件得到较大提升，实现教育资源的优化配置，使教育教学质量稳步持续发展。启动第二轮“学前教育三年行动计划”，努力发展小学“特色教育”，切实推广初中“高效课堂”，积极推进职业教育精品化，创新实施“警校家”联动护校。全区小学入学率、小学毕业升初中比例均为 100%。年末全区有职业高中 1 所，专任教师 217 人，在校学生 4206 人；普通初中 16 所，专任教师 1071 人，在校学生 13498 人；小学 32 所，专任教师 1797 人，在校学生 28112 人；幼儿园 129 所，专任教师 1193 人（其中包括幼儿园园长 147 人），入园儿童 16400 人。

文化体育事业持续繁荣，深入实施重点文化惠民工程，大力推进公共文化服务体系建设，积极探索公共文化标准化、均衡化路径。全区 15 个乡镇街道完成综合文化站整改；开展 “送戏下乡”、“送书下乡”、“送电影下乡”以及“信义金华 美丽婺城”、“激情婺城”系列大型文艺活动；截止 16 年底，12 个乡镇被评为浙江体育强乡镇，3 个街道被评为浙江省城市体育先进街道，20 个社区被评为浙江省城市体育先进社区。

九、卫生事业

全区有政府办医疗卫生机构 22 家，其中综合医院 1 家，乡镇卫生院（社区卫生服务中心）18 家，疾控中心、妇计中心、卫生监督所各 1 家，卫生技术人员 742 人，民营医疗机构 158 家，其中民营医院 7 家，门诊部 26 家，个体诊所 125 家，核定医疗床位 682 张。全区有 26 家具备运行条件的社区卫生服务站和108家村卫生室实施了基本药物制度,实施率为100%,达到了省卫计委的实施要求。2016年开展参保城乡居民健康体检97072人次,共体检成人38262人次(其中老人25966人次),学生儿童58810人次,体检结果异常25180人次,建立了规范化电子健康档案325491份,户籍人口电子建档率达89.99%。责任医生规范化签约77900人,规范化签约率达21.53%,完成了省定目标。

十、人口、人民生活和社会保障

据公安人口年报统计,年末全区户籍管理人口为38.49万人,其中男性19.28万人,女性19.22万人;全年出生人口4445人,人口出生率为12.16‰,死亡人口2448人,死亡率为7.8‰,人口自然增长率为4.36‰。

据抽样调查,2016年,城镇居民人均可支配收入44503元,同比增长7.2%;人均消费性支出27858元,同比增长8.1%,其中食品烟酒消费支出7925元,同比增长8.6%。农村居民人均可支配收入19357元,同比增长8%;人均生活消费支出13652元,同比增长8.9%,其中食品烟酒消费支出4984元,同比增长7.1%。

2016年,城镇低保标准每人每月665元,农村低保标准每人每月600元。截至2016年年底,全区共有2877户3867名城乡低保对象、1116户2090名低保边缘困难群众、480名重度残疾人享受相应救助,累计发放低保、低保边缘、重残、医疗等各类救助款2850余万元;发放冬春荒生活补助30万元,主要用于900余户因灾受困群众的生产自救。新增18家城乡社区居家养老服务照料中心,全区7000多名老人享受到居家养老政府购买服务政策。开展"2016年慈善温暖行动"、慈善助学系列活动,发放慈善救助金203万元;做好慈善总会筹备前期基础工作,宣传发动并开展募捐,2016年共收到善款(物)50万元(其中定向捐款15万元)。按政策落实全区符合条件的孤儿(或困境儿童)基本生活费的发放,发放孤儿基本生活费93万元。

劳动部门积极做好就业服务工作。全年新增就业岗位4848个,失业人员实现再就业2070人,其中就业困难人员再就业175人,城镇登记失业率2.87%,远低于4%的控制目标。

注:

1)本公报所列各项数据为年度初步统计数据。

2)公报中生产总值和各产业增加值绝对数按现价计算,增长速度按可比价计算。

3)本公报中除标注(含金华市经济技术开发区)段落外,其余内容均不含金华市经济技术开发区。

金华市婺城区统计局

2016年主要社会经济指标一览表

表15

指标名称	单位	全区	与2015同比(%)	区属	与2015同比(%)
人口、土地面积					
人口	万人	64.01	0.7	38.49	0.3
年平均人口	万人	63.78	0.8	38.44	0.5
人口自然增长率	‰	7.16	–	2.87	–
土地总面积	平方千米	1391.24	–	1139.59	–
地区生产总值(当年价)	亿元	516.85	6.8	256.00	6.1
第一产业	亿元	19.40	1.0	13.05	2.2

续表 15

指标名称	单位	全区	与2015同比(%)	区属	与2015同比(%)
第二产业	亿元	170.32	3.4	63.57	1.9
工业	亿元	142.69	3.5	49.21	1.9
建筑业	亿元	27.67	2.6	14.39	1.8
第三产业	亿元	327.14	9.1	179.38	7.9
人均国内生产总值(按常住人口计算)	元	—	—	—	—
工农业总产值(当年价)	亿元	—	—	—	—
工业总产值	亿元	—	—	295.31	-3.3
农业总产值	亿元	—	—	23.21	3.5
固定资产投资		—	—	—	—
固定资产投资额	亿元	289.36	9.8	101.77	3.5
其中:房地产开发投资	亿元	75.77	—	22.48	-42.5
批零贸易和外贸业		—	—	—	—
社会消费品零售总额	亿元	428.49	9.6	311.33	8.8
自营出口总额	万美元	—	—	52997.89	0.1

国民经济产业结构一览表

表 16

项　目	绝对值(亿元)		构成(%)	
	全区	区属	全区	区属
地区生产总值	516.85	256.00	100.00	100.00
第一产业	19.40	13.05	3.75	5.10
第二产业	170.32	63.57	32.95	24.83
第三产业	327.14	179.38	63.29	70.07

人口情况表(公安年报)

表 17

乡镇街道	年末数			
	总户数(户)	总人口(人)	其中:男(人)	其中:城镇人口(人)
全区合计	242689	640080	319325	320755
城东街道	9788	23174	11455	11719
城中街道	9046	24207	11934	12273
城西街道	6061	14386	7530	6856
城北街道	15878	39658	19614	20044
新狮街道	11964	32201	15741	16460
罗 店 镇	6758	18294	9060	9234
雅 畈 镇	8754	22954	11591	11363
安 地 镇	6342	16625	8502	8123
琅 琊 镇	6891	19427	9842	9585
蒋 堂 镇	7058	19042	9631	9411
竹 马 乡	4123	11769	5961	5808
长 山 乡	4978	13286	6643	6643
箬 阳 乡	1644	4190	2164	2026
沙 畈 乡	4794	12981	6646	6335
塔 石 乡	4109	10889	5750	5139
岭 上 乡	3559	8793	4383	4410
莘 畈 乡	2261	6203	3235	2968
婺城新城区小计	33398	86841	43081	43760
白龙桥镇	24806	64130	31849	32281
乾 西 乡	8592	22711	11232	11479
金华市开发区小计	95283	255160	126562	128598
江南街道	11180	29357	14486	14871
三江街道	26086	69246	34157	35089
西关街道	9170	22994	11436	11558
秋滨街道	6312	16507	8022	8485

续表 17

乡镇街道	年末数			
	总户数(户)	总人口(人)	其中:男(人)	其中:城镇人口(人)
汤溪镇	16354	46342	23409	22933
罗埠镇	12872	35308	17686	17622
洋埠镇	5735	15513	7800	7713
苏孟乡	7574	19893	9566	10327

全区农村基本情况表

表 18

指标	计量单位	全区		区属	
		2016 年	2015 年	2016 年	2015 年
一、农村人口与从业人员					
1.农村户数	万户	13.12	13.06	9.07	8.99
2.农村人口数	万人	35.98	35.88	24.68	24.54
二、农村劳动力资源总数	万人	23.46	23.16	16.21	15.76
三、农村从业人员数	万人	20.65	20.82	14.23	14.08
其中:从事农业人员	万人	10.14	9.87	6.79	6.86
四、农村用电量	万千瓦小时	33553	31153	24505	22419
五、农用化肥施用量					
1.按实物量计算合计	吨	53218	66438	31997	35836
2.按折纯法计算合计	吨	11581	14969	7096	7758
六、农用塑料薄膜使用量	吨	1138	1199	932	986
七、农用柴油	吨	5562	6393	2707	2896
八、农药使用量	吨	852	1746	634	970
九、农作物播种面积总计	公顷	30062	29396	18580	17766
(一)粮食作物合计	公顷	13990	15025	6495	7245
1.谷 物	公顷	12622	14009	5304	6389
(1)稻 谷	公顷	11656	12973	4452	5545
(2)小 麦	公顷	120	188	120	186

续表 18

指　　标	计量单位	全区		区属	
		2016 年	2015 年	2016 年	2015 年
(3)玉　米	公顷	761	843	651	653
2.豆　类	公顷	762	584	613	445
(1)大　豆	公顷	682	482	544	356
3.薯　类	公顷	606	432	578	411
(1)番　薯	公顷	278	233	252	218
(二)油　料	公顷	3348	2561	1950	1140
#油　菜　籽	公顷	3047	2252	1796	978
(三)棉花(皮棉)	公顷	280	438	55	106
(四)甘　蔗	公顷	159	166	42	78
(五)药　材　类	公顷	12	10	12	8
(六)蔬菜(含菜用瓜)	公顷	4026	3772	3356	3194
(七)果　用　瓜	公顷	1164	1210	1004	1021
(八)花卉园艺					
#花卉苗木	公顷	6593	5589	5195	4401
(九)其他作物	公顷	490	623	471	573
十、茶叶生产					
(一)茶园总面积	公顷	1759	1852	1514	1501
(二)茶叶总产量	吨	1797	1802	1375	1431
十一、水果生产					
(一)果园面积合计	公顷	1215	1343	1027	1083
1.柑橘园	公顷	490	598	392	435
2.梨　园	公顷	60	72	50	58
3.桃　园	公顷	27	33	26	31
4.葡萄园	公顷	105	187	90	172
(二)水果总产量	吨	42976	52643	35012	38907
1.柑橘	吨	5056	8244	3876	4733
2.梨	吨	779	1450	627	1240
3.桃	吨	434	591	424	586

续表 18

指　　标	计量单位	全区		区属	
		2016 年	2015 年	2016 年	2015 年
4.葡萄	吨	2428	2845	2211	2562
十二、生　猪					
1.生猪年末存栏头数(含未断奶小猪)	万头	23.36	34.56	13.57	19.42
# 能繁殖的母猪	万头	2.3	3.25	1.39	1.86
2.年内生猪出栏头数	万头	54.36	55.31	33.16	34.61
十三、牛					
1.牛年末存栏头数	头	12340	16981	10439	14302
其中:良种及改良种乳牛	头	8955	13781	7414	12750
2.年内牛出栏头数	头	6149	6146	5410	5632
十四、羊					
1.羊年末存栏只数	万只	0.59	0.73	0.31	0.46
2.年内羊出栏只数	万只	0.77	0.61	0.46	0.34
十五、家　禽					
1.家禽年末存栏只数	万只	75.41	117.96	46.29	70.32
2.家禽年内出栏只数	万只	161.44	210.34	91.37	110.9
十六、兔					
兔年末存栏只数	万只	0.02	0.22	0.02	0.19
十七、养蜂年末箱数	箱	13988	14199	10889	10547
十八、畜禽产品产量					
1.肉类产量	吨	36691	38011	25716	27451
(1)猪　肉	吨	33469	34022	23673	25023
(2)牛　肉	吨	740	676	658	630
(3)羊　肉	吨	118	94	72	53
(4)禽　肉	吨	2345	3191	1294	1718
2.鸡鸭鹅蛋产量	吨	5806	7962	5086	6830
3.牛奶产量	吨	38532	42845	30304	36142
十九、淡水产品	吨	10705.2	10305	7475.2	7163
1.鱼　类	吨	8385.2	7978	5287.2	4987

续表 18

指　　标	计量单位	全区		区属	
		2016 年	2015 年	2016 年	2015 年
#淡水珍珠	千克	4305	4505	3520	3510
二十、农林牧渔业总产值(当年价)	万元	345550	333179	232099	224315
1.农业产值	万元	152585	146313	108008	103599
2.林业产值	万元	12148	11857	9763	9456
3.牧业产值	万元	144070	139396	85781	83575
4.渔业产值	万元	20701	20235	16017	15655
5.农林牧渔服务业	万元	16046	15378	12530	12030

农林牧渔业总产值、增加值一览表

表 19

指标名称	合计	1.农业	2.林业	3.牧业	4.渔业	5.农林牧渔服务业
一、总产值	232099	108008	9763	85781	16017	12530
二、中间消耗	95396	32186	4704	45816	6370	6320
(一)物质消耗	73019	18841	4501	39999	5827	3851
1.用种量	884	801	83	0	—	—
2.饲料	27702	270	—	25952	1480	—
3.肥料	8707	6064	2643	—	—	—
4.燃料	3430	557	165	2400	308	—
5.农药	970	740	230	—	—	—
6.电	18289	5641	500	8575	3573	—
7.农用塑料薄膜	1194	1194	—	—	—	—
8.小农具	761	374	42	120	225	—
9.其他	7231	3200	838	2952	241	—
(二)劳务支出	22377	13345	203	5817	543	2469
三、增加值	136703	75822	5059	39965	9647	6210
(一)固定资产折旧	15357	8136	905	4112	1470	734
(二)劳动者报酬	129147	72619	6020	36567	8465	5476
(三)生产税	0	0	0	0	0	0
(四)生产补贴	7801	4933	1866	714	288	—
四、按可比价格计算的增加值	134854	76792	5083	37248	9589	6142

农村基本情况表

表 20

单位名称	一、农村人口与从业人员												二、农村基础设施		
	农村户数(户)	农村人口(人)			农村劳动力资源数(人)			农村从业人员(人)					自来水受益村数(个)	通有线电视村数(个)	通宽带村数(个)
			1.男	2.女		1.男	2.女	合计	1.男	其中:从事农业人员	2.女	其中:从事农业人员			
黎城区	90717	246788	124408	122380	162109	85044	77065	142332	75419	36783	66913	31099	384	384	384
黎城区罗店镇	8018	22348	11115	11233	15316	7883	7433	13041	6803	3509	6238	3386	40	40	40
黎城区雅畈镇	8228	22653	11464	11189	15429	8011	7418	13886	7463	4477	6423	3658	37	37	37
黎城区安地镇	6148	16310	8296	8014	10136	5525	4611	9257	5147	3464	4110	2610	37	37	37
黎城区琅琊镇	6719	19398	10024	9374	13577	7170	6407	11836	6319	2666	5517	2252	30	30	30
黎城区蒋堂镇	5871	17132	8601	8531	11814	6151	5663	11160	5806	2965	5354	2763	35	35	35
黎城区竹马乡	4113	11673	5920	5753	7705	4081	3624	6729	3596	1906	3133	1668	16	16	16
黎城区新狮街道	1693	4842	2446	2396	3343	1748	1595	3138	1665	321	1473	182	5	5	5
黎城区长山乡	4815	12925	6513	6412	8258	4249	4009	6810	3547	1902	3263	1882	21	21	21
黎城区箬阳乡	1595	1840	947	893	1282	670	612	1098	571	517	527	487	14	14	14
黎城区沙畈乡	4759	13090	6762	6328	8989	4874	4115	7643	4149	1608	3494	1287	30	30	30
黎城区塔石乡	5485	14500	7530	6970	8980	4986	3994	5594	3250	1483	2344	992	39	39	39
黎城区岭上乡	2021	5052	2466	2586	3032	1750	1282	2995	1720	856	1275	425	2	2	2
黎城区莘畈乡	2207	6136	3198	2938	3994	2083	1911	3777	1921	604	1856	537	11	11	11
黎城新城区小计	29045	78889	39126	39763	50254	25863	24391	45368	23462	10505	21906	8970	67	67	67
黎城区白龙桥镇	19566	52598	25780	26818	35897	18470	17427	32519	16766	7396	15753	6118	52	52	52
黎城区乾西乡	9479	26291	13346	12945	14357	7393	6964	12849	6696	3109	6153	2852	15	15	15

工业、企业、能源购进、消费与库存表

表 21

能源名称	计量单位	企业单位数(个)	年初库存量	本年购进量	购自省外	本年消费量					年末
						合计	1、工业生产消费	用于原材料	2、非工业生产消费	合计中：运输工具消费	
原煤	吨	28	40656	262375	135826	289234	289047	—	187	—	15157
其中:1.无烟煤	吨	6	77	3095	600	3164	3164	—	-	—	—
3.一般烟煤	吨	22	40578	259280	135226	286070	285883	—	187	—	9
焦炭	吨	1	—	256	—	256	256	—	—	—	15148
天然气(气态)		7	—	1622	—	1622	1622	218	—	—	—
液化天然气(液态)		2	—	86	—	86	86	0	—	—	—
汽油	万立方米	64	5	745	—	753	312	16	441	345	2
柴油	吨	58	53	3562	—	3582	2618	17	964	2437	40
燃料油	吨	1	32	548	—	532	532	—	—	—	48
液化石油气	吨	3	0	464	—	464	464	—	—	—	—
润滑油	吨	1	2	29	—	29	29	—	—	—	—
其他石油制品	吨	1	—	61	—	61	61	—	—	—	—
热力	百万千焦	7	—	265559	—	265559	265064	—	495	—	—
电力	万千瓦时	139	—	50192	—	57182	55776	—	1406	193	—
余热余压	百万千焦	2	—	—	—	417251	417251	—	—	—	—
其他燃料	吨标准煤	1	—	—	—	34232	34232	—	—	—	—
能源合计	吨标准煤	139	—	—	—	367099	363148	—	3952	—	—

固定资产投资项目完成情况表

表 22　　单位:万元

指 标 名 称	完成投资额
1.计划总投资	3931921
其中:本年新开工项目	760074
2.自开始建设累计完成投资	2615729
3.自年初累计完成投资	1017749
其中:国有投资	536553
其中:非国有投资	481196
其中:民间投资	478077
其中:房地产开发投资	224830
其中:投资项目	792919
其中:基础设施投资	468376
1. 水利、环境和公共设施管理	210042
2.电力、燃气及水的生产供应业	5255
3.交通运输、仓储和邮政业	171381
4.电信和其他信息传输服务业	3720
5.教育设施	53959
6.广播、电视、电影和音像业	-
7.文化艺术业	3150
8.体育设施	-
9.卫生设施	20869
其中:农村投资	-
其中:工业投资	210038
其中:工业技术改造投资	181436
按三次产业分:	-
第一产业	3054
第二产业	210038
第三产业	804657
按登记注册类型分:	-

续表 22

指 标 名 称	完成投资额
内资企业	1012286
国有企业	295092
集体企业	33472
股份合作企业	—
联营企业	—
国有联营企业	—
集体联营企业	—
国有与集体联营企业	—
其他联营企业	—
有限责任公司	234026
国有独资公司	175609
其他有限责任公司	58417
股份有限公司	77589
私营企业	360200
其他企业	11907
港、澳、台商投资企业	2344
外商投资企业	3119
个体经营	—
按建设性质分	—
(1)新建	379281
(2)扩建	109415
(3)改建	287719
(4)单纯建造生活设施	1996
(5)迁建	1471
(6)恢复	—
(7)单纯购置	13037
(8)内涵技术改造	—
3.按构成分	—
建筑工程	536466

续表 22

指标名称	完成投资额
安装工程	62531
设备工器具购置	178483
其中:购置旧设备	24
其中:用于更新的设备	—
其他费用	240269
其中:旧建筑物购置费	444
其中：土地购置费	175595
按国民经济行业分 2012	—
(一)农、林、牧、渔业	3054
农业	—
林业	—
畜牧业	—
渔业	—
农、林、牧、渔服务业	3054
(二)采矿业	0
煤炭开采和洗选业	—
石油和天然气开采业	—
黑色金属矿采选业	—
有色金属矿采选业	—
非金属矿采选业	—
开采辅助活动	—
其他开采业	—
(三)制造业	204783
农副食品加工业	12286
食品制造业	420
酒、饮料和精制茶制造业	—
烟草制品业	—
纺织业	2302
纺织服装和服饰业	8312

续表 22

指标名称	完成投资额
皮革、毛皮、羽毛(绒)及其制品业	1598
木材加工及木、竹、藤、棕、草制品业	6027
家具制造业	800
造纸及纸制品业	1447
印刷业和记录媒介的复制业	5807
文教体育用品制造业	540
石油加工、炼焦及核燃料加工业	—
化学原料及化学制品制造业	5480
医药制造业	1960
化学纤维制造业	—
橡胶和塑料制品业	8496
非金属矿制品业	7946
黑色金属冶炼和压延加工业	
有色金属冶炼和压延加工业	960
金属制品业	9695
通用设备制造业	16694
专用设备制造业	12433
汽车制造业	96474
铁路、船舶、航空航天等制造业	—
电气机械及器材制造业	624
计算机、通信和其他电子设备制造业	3647
仪器仪表制造业	835
其他制造业	—
废弃资源综合利用业	—
金属制品、机械和设备修理业	—
(四)电力、热力、燃气及水的生产和供应业	5255
电力、热力的生产和供应业	1181
燃气生产和供应业	2344
水的生产和供应业	1730

续表 22

指 标 名 称	完成投资额
(五)建筑业	0
房屋建筑业	—
土木工程建筑业	—
建筑安装业	—
建筑装饰和其他建筑业	—
(六)批发和零售业	3800
批发业	—
零售业	3800
(七)交通运输、仓储和邮政业	171381
铁路运输业	53415
道路运输业	117966
水上运输业	—
航空运输业	—
管道运输业	—
装卸搬运和运输代理业	—
仓储业	—
邮政业	—
(八)住宿和餐饮业	0
住宿业	—
餐饮业	—
(九)信息传输、软件和信息技术服务业	63086
电信、广播电视和卫星传输服务业	3720
互联网和相关服务业	—
软件和信息技术服务业	59366
(十)金融业	2766
货币金融业	2766
资本市场业	—
保险业	—
其他金融业	—

续表 22

指标名称	完成投资额
(十一)房地产业	232209
房地产业	232209
(十二)租赁和商务服务业	19159
租赁业	—
商务服务业	19159
(十三)科学研究和技术服务业	6326
研究与试验发展	—
专业技术服务业	1471
科技交流和推广服务业	4855
(十四)水利、环境和公共设施管理业	210042
水利管理业	13570
生态保护和环境治理业	56236
公共设施管理业	140236
(十五)居民服务和其他服务业	0
居民服务业	—
机动车、电子产品和日用产品修理业	—
其他服务业	—
(十六)教育	53959
教育	53959
(十七)卫生和社会工作	24468
卫生	20869
社会工作	3599
(十八)文化、体育和娱乐业	3150
新闻和出版业	—
广播、电视、电影和影视录音制作业	—
文化艺术业	3150
体育	—
娱乐业	—
(十九)公共管理和社会组织	14311

续表 22

指 标 名 称	完成投资额
中国共产党机关	—
国家机构	14311
人民政协和民主党派	—
社会保障	—
群众团体、社会团体和其他成员组织	—
基层群众自治组织	—
(二十)国际组织	—
国际组织	—
三、本年新增固定资产(万元)	559797
四、项目个数(个)	—
1.施工项目个数	204
其中:本年新开工	129
2.本年投产项目个数	110
五、房屋建筑面积(平方米)	—
1.房屋施工面积	3009522
其中:住宅	1790907
2.房屋竣工面积	408412
其中:住宅	268330
3.房屋竣工价值	149825
其中:住宅	128055
六、本年资金来源合计(万元)	1227244
1.上年末结余资金	145767
2.本年资金来源小计	1081477
(1)国家预算内资金	43842
其中:中央预算资金	1900
(2)国内贷款	34210
(3)债券	0
(4)利用外资	0
其中:外商直接投资	0

续表 22

指 标 名 称	完成投资额
(5)自筹资金	708193
其中:企、事业单位自有资金	172006
其中:股东投入资金	21377
其中:借入资金	28595
(6)其他资金来源	295232
七、各项应付款合计(万元)	188834
其中:工程款	76900
八、投资项目土地征用和购置土地情况	—
1.投资项目规划用地面积(平方米)	0
2.投资项目本年实际征用和购置土地面积(平方米)	0
3.投资项目本年实际征用和购置土地成交价款(万元)	0

社会消费品零售总额

表 23　　单位:万元

指标名称	代码	2010 年	2015 年	累计增幅(+%)
社会消费品零售总额	00	3113325.3	2860335.5	8.8
城镇	01	3029359.1	2790040.6	
乡村	03	83966.2	70294.9	
餐饮收入	04	183635.5	133726.7	
商品零售	05	2929689.8	2726608.8	

限额以上批发零售法人企业商品购进、销售和库存表

表 24

单位：万元

指标名称	代码	批发和零售业									
		法人企业数（个）	商品购进额	进口	商品销售额	其中：通过公共网络实现的销售额	批发额	出口	零售额	其中：通过公共网络实现的零售额	期末商品库存额
甲	乙	1	3	4	5	6	9	10	11	12	14
总计		77	1542623.9	10806.7	2936999.4	938836.3	1533848.4	27659.1	1403151.0	9977.4	133115.1
一、批发业	51	43	1057121.9	3681.6	2398225.0	928358.9	1486853.2	27659.1	911371.8	—	97931.4
农、林、牧产品批发	511	1	9739.5	—	9749.2	—	9749.2	—	—	—	—
牲畜批发	5116	1	9739.5	—	9749.2	—	9749.2	—	—	—	—
食品、饮料及烟草制品批发	512	7	712067.7	—	987090.6	928358.9	987083.7	—	6.9	—	73831.7
米、面制品及食用油批发	5121	2	8560.4	—	9702.4	—	9702.4	—	—	—	936.8
盐及调味品批发	5125	1	11501.6	—	14374.1	—	14367.2	—	6.9	—	181.9
酒、饮料及茶叶批发	5127	2	7066.5	—	6831.3	—	6831.3	—	—	—	1200.3
烟草制品批发	5128	1	680932.7	—	951969.9	928358.9	951969.9	—	—	—	70962.1
其他食品批发	5129	1	4006.5	—	4212.9	—	4212.9	—	—	—	550.6
纺织、服装及家庭用品批发	513	5	20469.0	3512.1	19797.4	—	19797.4	10394.4	—	—	1427.0
纺织品、针织品及原料批发	5131	2	6830.2	3512.1	6975.5	—	6975.5	1666.3	—	—	115.0
服装批发	5132	2	9620.4	—	8728.1	—	8728.1	8728.1	—	—	—
化妆品及卫生用品批发	5134	1	4018.4	—	4093.8	—	4093.8	—	—	—	1312.0
文化、体育用品及器材批发	514	1	3400.0	—	6291.0	—	6291.0	—	—	—	95.2
文具用品批发	5141	1	3400.0	—	6291.0	—	6291.0	—	—	—	95.2
医药及医疗器材批发	515	2	20547.7	—	21195.8	—	21195.8	—	—	—	3527.8

续表 24

指标名称	代码	批发和零售业									
		法人企业数（个）	商品购进额	进口	商品销售额	其中：通过公共网络实现的销售额	批发额	出口	零售额	其中：通过公共网络实现的零售额	期末商品库存额
甲	乙	1	3	4	5	6	9	10	11	12	14
西药批发	5151	1	17264.0	—	16022.4	—	16022.4	—	—	—	2954.3
医疗用品及器材批发	5153	1	3283.7	—	5173.4	—	5173.4	—	—	—	573.5
矿产品、建材及化工产品批发	516	16	239908.3	169.5	1301208.5	—	390735.1	9033.0	910473.4	—	13481.9
煤炭及制品批发	5161	1	1974.9	—	2159.5	—	1295.7	—	863.8	—	399.9
石油及制品批发	5162	3	38250.6	—	1096160.6	—	186653.0	—	909507.6	—	3547.5
金属及金属矿批发	5164	5	59045.4	—	59174.8	—	59174.8	—	—	—	3352.2
化肥批发	5166	1	2680.8	—	2667.8	—	2667.8	—	—	—	235.7
农药批发	5167	1	4442.5	—	4792.8	—	4690.8	—	102.0	—	884.8
其他化工产品批发	5169	5	133514.1	169.5	136253.0	—	136253.0	9033.0	—	—	5061.8
机械设备、五金产品及电子产品批发	517	10	41724.2	—	43936.1	—	43044.6	8231.7	891.5	—	4815.6
汽车零配件批发	5173	3	11561.7	—	12195.1	—	12195.1	4453.4	—	—	595.2
五金产品批发	5175	1	3280.4	—	3778.3	—	3778.3	3778.3	—	—	—
电气设备批发	5176	3	9177.3	—	9948.2	—	9108.9	—	839.3	—	906.7
其他机械设备及电子产品批发	5179	3	17704.8	—	18014.5	—	17962.3	—	52.2	—	3313.7
其他批发业	519	1	9265.5	—	8956.4	—	8956.4	—	—	—	752.2
再生物资回收与批发	5191	1	9265.5	—	8956.4	—	8956.4	—	—	—	752.2
内资企业	100	43	1057121.9	3681.6	2398225.0	928358.9	1486853.2	27659.1	911371.8	—	97931.4
国有企业	110	1	680932.7	—	951969.9	928358.9	951969.9	—	—	—	70962.1

续表 24

指标名称	代码	批发和零售业									
		法人企业数(个)	商品购进额	进口	商品销售额	其中:通过公共网络实现的销售额	批发额	出口	零售额	其中:通过公共网络实现的零售额	期末商品库存额
甲	乙	1	3	4	5	6	9	10	11	12	14
有限责任公司	150	7	70711.5	—	75751.4	–	75642.5	–	108.9	–	6037.8
国有独资公司	151	1	9739.5	—	9749.2	–	9749.2	–	–	–	–
其他有限责任公司	159	6	60972.0	—	66002.2	–	65893.3	–	108.9	–	6037.8
股份有限公司	160	1	6.6	—	1056543.9	–	147036.3	–	909507.6	–	6.6
私营企业	170	34	305471.1	3681.6	313959.8	–	312204.5	27659.1	1755.3	–	20924.9
私营独资企业	171	1	3836.3	—	3962.4	–	3962.4	–	–	–	296.3
私营有限责任公司	173	33	301634.8	3681.6	309997.4	–	308242.1	27659.1	1755.3	–	20628.6
国有控股	1	4	702180.4	—	2032637.1	928358.9	1123122.6	–	909514.5	–	71150.6
集体控股	2	1	17264.7	—	18160.8	–	18160.8	–	–	–	–
私人控股	3	37	334996.0	3681.6	344759.3	–	342902.0	27659.1	1857.3	–	26545.1
其他	9	1	2680.8	—	2667.8	–	2667.8	–	–	–	235.7
独立门店	01	35	994176.9	3512.1	2329753.7	928358.9	1418490.8	21539.4	911262.9	–	93329.2
连锁总店	02	1	4442.5	—	4792.8	–	4690.8	–	102.0	–	884.8
其他	04	7	58502.5	169.5	63678.5	–	63671.6	6119.7	6.9	–	3717.4
大型	1	2	680939.3	—	2008513.8	928358.9	1099006.2	–	909507.6	–	70968.7
中型	2	8	141940.3	169.5	145668.7	–	145661.8	7677.4	6.9	–	9966.9
小型	3	30	210895.0	—	219710.2	–	217852.9	18931.0	1857.3	–	16933.8
微型	4	3	23347.3	3512.1	24332.3	–	24332.3	1050.7	–	–	62.0

续表 24

指标名称	代码	批发和零售业									
		法人企业数（个）	商品购进额	进口	商品销售额	其中：通过公共网络实现的销售额	批发额	出口	零售额	其中：通过公共网络实现的零售额	期末商品库存额
甲	乙	1	3	4	5	6	9	10	11	12	14
二、零售业	52	34	485502.0	7125.1	538774.4	10477.4	46995.2	—	491779.2	9977.4	35183.7
综合零售	521	3	80673.2	—	112133.8	—	—	—	112133.8	—	1818.2
百货零售	5211	3	80673.2	—	112133.8	—	—	—	112133.8	—	1818.2
食品、饮料及烟草制品专门零售	522	4	15278.1	—	18037.7	—	—	—	18037.7	—	1619.9
粮油零售	5221	2	5159.8	—	5268.9	—	—	—	5268.9	—	471.1
肉、禽、蛋、奶及水产品零售	5224	1	952.3	—	1034.3	—	—	—	1034.3	—	289.7
烟草制品零售	5227	1	9166.0	—	11734.5	—	—	—	11734.5	—	859.1
纺织、服装及日用品专门零售	523	3	12371.4	—	13913.6	4171.3	500.0	—	13413.6	3671.3	6715.2
服装零售	5232	2	8817.8	—	10005.3	4171.3	500.0	—	9505.3	3671.3	4093.6
钟表、眼镜零售	5235	1	3553.6	—	3908.3	—	—	—	3908.3	—	2621.6
文化、体育用品及器材专门零售	524	3	4556.2	—	4975.6	1360.7	—	—	4975.6	1360.7	400.8
体育用品及器材零售	5242	1	1395.2	—	1360.7	1360.7	—	—	1360.7	1360.7	92.8
图书、报刊零售	5243	1	1871.9	—	2345.0	—	—	—	2345.0	—	66.9
珠宝首饰零售	5245	1	1289.1	—	1269.9	—	—	—	1269.9	—	241.1
医药及医疗器材专门零售	525	5	47973.4	—	51306.7	193.1	1974.6	—	49332.1	193.1	7257.3
药品零售	5251	5	47973.4	—	51306.7	193.1	1974.6	—	49332.1	193.1	7257.3
汽车、摩托车、燃料及零配件专门零售	526	11	157544.7	7125.1	155485.9	—	10553.4	—	144932.5	—	14393.8
汽车零售	5261	7	148150.2	7125.1	144985.6	—	9082.3	—	135903.3	—	13159.1

续表 24

指标名称	代码	批发和零售业									
		法人企业数(个)	商品购进额	进口	商品销售额	其中:通过公共网络实现的销售额	批发额	出口	零售额	其中:通过公共网络实现的零售额	期末商品库存额
甲	乙	1	3	4	5	6	9	10	11	12	14
汽车零配件零售	5262	1	4993.1	—	4681.0	—	726.2	—	3954.8	—	1047.2
机动车燃料零售	5264	3	4401.4	—	5819.3	—	744.9	—	5074.4	—	187.5
家用电器及电子产品专门零售	527	1	930.6	—	922.3	922.3	—	—	922.3	922.3	23.5
日用家电设备零售	5272	1	930.6	—	922.3	922.3	—	—	922.3	922.3	23.5
五金、家具及室内装饰材料专门零售	528	1	617.5	—	646.5	—	—	—	646.5	—	259.0
五金零售	5281	1	617.5	—	646.5	—	—	—	646.5	—	259.0
货摊、无店铺及其他零售业	529	3	165556.9	—	181352.3	3830.0	33967.2	—	147385.1	3830.0	2696.0
互联网零售	5294	1	3445.5	—	3830.0	3830.0	—	—	3830.0	3830.0	426.3
生活用燃料零售	5297	2	162111.4	—	177522.3	—	33967.2	—	143555.1	—	2269.7
内资企业	100	34	485502.0	7125.1	538774.4	10477.4	46995.2	—	491779.2	9977.4	35183.7
集体企业	120	1	2316.1	—	3265.0	—	—	—	3265.0	—	21.3
有限责任公司	150	17	251568.9	7125.1	270374.1	1115.4	11056.9	—	259317.2	1115.4	22000.8
其他有限责任公司	159	17	251568.9	7125.1	270374.1	1115.4	11056.9	—	259317.2	1115.4	22000.8
股份有限公司	160	2	160129.1	—	173909.1	—	33363.3	—	140545.8	—	2407.1
私营企业	170	14	71487.9	—	91226.2	9362.0	2575.0	—	88651.2	8862.0	10754.5
私营有限责任公司	173	13	32876.8	—	37229.4	9362.0	2575.0	—	34654.4	8862.0	9268.5
私营股份有限公司	174	1	38611.1	—	53996.8	—	—	—	53996.8	—	1486.0
国有控股	1	4	175932.3	—	193628.9	—	33363.3	—	160265.6	—	4988.1

续表 24

指标名称	代码	批发和零售业									
		法人企业数（个）	商品购进额	进口	商品销售额	其中：通过公共网络实现的销售额	批发额	出口	零售额	其中：通过公共网络实现的零售额	期末商品库存额
甲	乙	1	3	4	5	6	9	10	11	12	14
集体控股	2	2	44663.1	—	48209.5	—	—	—	48209.5	—	4024.9
私人控股	3	27	235552.6	7125.1	267202.8	10477.4	11657.3	—	255545.5	9977.4	23917.2
其他	9	1	29354.0	—	29733.2	—	1974.6	—	27758.6	—	2253.5
独立门店	01	26	459953.7	7125.1	510020.3	10284.3	46995.2	—	463025.1	9784.3	29439.7
连锁总店	02	6	22938.0	—	25806.9	193.1	—	—	25806.9	193.1	5519.9
其他	04	2	2610.3	—	2947.2	—	—	—	2947.2	—	224.1
中型	2	15	353867.4	7125.1	400866.6	193.1	36668.0	—	364198.6	193.1	23635.3
小型	3	12	121754.0	—	126376.8	5190.7	9827.2	—	116549.6	5190.7	10543.2
微型	4	7	9880.6	—	11531.0	5093.6	500.0	—	11031.0	4593.6	1005.2
有店铺零售	1000	30	476325.8	7125.1	528490.1	193.1	46495.2	—	481994.9	193.1	34480.5
便利店	1020	1	2316.1	—	3265.0	—	—	—	3265.0	—	21.3
超市	1040	1	3029.5	—	2963.5	—	—	—	2963.5	—	275.0
百货店	1070	5	89639.7	—	121876.1	—	—	—	121876.1	—	8372.8
专业店	1080	12	190778.6	—	209964.4	193.1	35438.3	—	174526.1	193.1	8840.8
专卖店	1090	10	188431.6	7125.1	188115.7	—	11056.9	—	177058.8	—	16774.5
厂家直销中心	1120	1	2130.3	—	2305.4	—	—	—	2305.4	—	196.1
无店铺零售	2000	4	9176.2	—	10284.3	10284.3	500.0	—	9784.3	9784.3	703.2
网上商店	2030	4	9176.2	—	10284.3	10284.3	500.0	—	9784.3	9784.3	703.2

十强企业

婺城区 2016 年度工业综合实力十强企业

浙江万里扬股份有限公司
浙江东兴实业有限责任公司
浙江时通电气制造有限公司
浙江高峰控股集团有限公司
浙江今飞亚达轮毂有限公司
浙江金华南方尖峰水泥有限公司
金华中燃爱思开汇能城市燃气发展有限公司
浙江八达电子仪表有限公司
浙江虎鹰水泥有限公司
浙江远大铝业有限公司

婺城区 2016 年度区级财政贡献十强企业

浙江万里扬股份有限公司
浙江浙能金华燃机发电有限责任公司
浙江八达电子仪表有限公司
浙江金圆水泥有限公司
金华中燃爱思开汇能城市燃气发展有限公司
浙江时通电气制造有限公司
浙江今飞亚达轮毂有限公司
金华市精工工具制造有限公司
浙江金华南方尖峰水泥有限公司
浙江巨龙管业股份有限公司

婺城区 2016 年度工业亩产税收十强企业

金华中燃爱思开汇能城市燃气发展有限公司
浙江八达电子仪表有限公司
金华市龙达塑胶助剂有限公司
浙江润华机电有限公司
金华中动工具有限公司
浙江金祥板业有限公司
浙江今飞亚达轮毂有限公司
浙江万里扬股份有限公司
优胜美特制药有限公司
金华市巨龙商品混凝土有限公司

婺城区 2016 年度工业特色产业十强企业

汽摩配

浙江万里扬股份有限公司
浙江今飞亚达轮毂有限公司

五金工量具

浙江远大铝业有限公司
浙江赤诚工贸有限公司

医药化工

优胜美特制药有限公司
金华双宏化工有限公司

食品加工

浙江金华双汇食品有限公司

新型建材

浙江高峰控股集团有限公司
浙江金圆水泥有限公司

包装彩印

金华市佳怡包装有限公司

婺城区 2016 年度工业企业纳税大户

浙江万里扬股份有限公司
浙江浙能金华燃机发电有限责任公司
浙江八达电子仪表有限公司
金华中燃爱思开汇能城市燃气发展有限公司
金华市精工工具制造有限公司
浙江今飞亚达轮毂有限公司
浙江金圆水泥有限公司
优胜美特制药有限公司
浙江时通电气制造有限公司
浙江金磐机电实业有限公司
浙江虎鹰水泥有限公司
浙江巨龙管业股份有限公司

浙江金华南方尖峰水泥有限公司
浙江润华机电有限公司
金华市星球机械铸钢有限公司
浙江东兴实业有限责任公司
金华欧仑催化科技有限公司
浙江金祥板业有限公司
浙江耐司康药业有限公司
浙江米兰诺皮革有限公司
浙江精深实业有限公司
浙江天丰生物科学有限公司
金华市沙畈电厂
金华市巨龙商品混凝土有限公司

婺城区 2016 年度 建筑企业纳税大户

新世纪建设集团有限公司
晟元集团有限公司
浩龙建设集团有限公司
浙江金华兴达建设有限公司
浙江天众建设有限公司
浙江通园建设集团有限公司
金华市鑫隆路桥建设有限公司
金华中宇建筑工程有限公司

“2016 年婺城区政府质量奖”获奖企业

浙江致远工程管理有限公司

婺城区 2016 年度 纳税千万元以上企业

浙江省烟草公司金华市公司
国网浙江省电力公司金华供电公司
浙江万里扬股份有限公司
浙江金华成泰农村商业银行股份有限公司
金华银行股份有限公司
中国人民财产保险股份有限公司金华市分公司
新世纪建设集团有限公司
中国平安财产保险股份有限公司金华中心支公司
中国工商银行股份有限公司金华分行
中国石化销售有限公司浙江金华石油分公司
金华银行股份有限公司婺城支行
金华泰龙置业有限公司
浙江正方置业有限公司
晟元集团有限公司
中国建设银行股份有限公司金华分行
浙江国贸集团金信资产经营有限公司
金华市嘉恒房地产开发有限公司
金华银泰购物中心有限公司
浙江师范大学
金华市中心医院
中信证券股份有限公司金华中山路证券营业部
上海铁路局金华车务段
金华市巨龙置业有限公司
浙江浙能金华燃机发电有限责任公司
中国移动通信集团浙江有限公司金华分公司
金华意谐房地产开发有限公司
金华鸿基置业投资有限公司
浩龙建设集团有限公司
中国农业银行股份有限公司金华分行
北京红牛饮料销售有限公司金华分公司
浙江八达电子仪表有限公司
金华中燃爱思开汇能城市燃气发展有限公司
浙江茂新房地产开发有限公司
浙江省交通投资集团有限公司杭金衢分公司金华管理处
金华市通济置业有限公司
金华市精工工具制造有限公司
金华送变电工程有限公司三为电力分公司
中国太平洋财产保险股份有限公司金华中心支公司
浙江今飞亚达轮毂有限公司
华融金融租赁股份有限公司金华分公司
浙江金圆水泥有限公司

优胜美特制药有限公司
浙江时通电气制造有限公司
金丽温铁路有限责任公司
金华市第一百货集团股份有限公司
中国农业银行股份有限公司金华婺城支行
浙江金磐机电实业有限公司
浙商证券股份有限公司金华后街证券营业部
安盛天平财产保险股份有限公司金华中心支公司
金华市民用爆破器材专营有限公司
中国人寿财产保险股份有限公司金华中心支公司
阳光财产保险股份有限公司金华中心支公司
金华市竟达房地产有限公司
浙江虎鹰水泥有限公司
浙江巨龙管业股份有限公司
浙江金华南方尖峰水泥有限公司
上海铁路局金华货运中心
中国电信股份有限公司金华分公司
浙江润华机电有限公司

婺城区 2016 年度 人才开发先进企业

浙江万里扬股份有限公司
浙江正方控股集团有限公司
优胜美特制药有限公司
浙江润华机电有限公司
金华双宏化工有限公司
浙江中科正方电子技术有限公司
浙江高峰控股集团有限公司
浙江尖峰集团股份有限公司
金华市捷特包装有限公司
金华市锦程人才服务有限公司婺城分公司

婺城区 2016 年度 优秀企业科技人才

龙晓荣 (浙江正方交通建设有限公司)
张雷刚 (浙江万里扬股份有限公司)
倪志权 (浙江巨龙管业股份有限公司)
朱建英 (浙江润华机电有限公司)
康章保 (莱恩农业装备有限公司)
徐雅飞 (浙江天丰生物科学有限公司)
王丽燕 (浙江高峰控股集团有限公司)
肖　刚 (金华双宏化工有限公司)
胡红华 (优胜美特制药有限公司)
陈立平 (浙江美保龙种猪育种有限公司)

著名商标

2016年婺城区获省著名商标一览表

表25

序号	单位名称	法定代表人	企业住所
1	金华满篮春食品有限公司	李建跃	浙江省金华市婺城区河盘桥路712号
2	金华大山茶蔬专业合作社	邵莲香	浙江省金华市婺城区箬阳乡沙坑村
3	浙江海螺万家调味品有限公司	夏 环	浙江省金华市河盘桥路243号
4	金华市婺城区华峰食品厂	华兆根	浙江省金华市婺城区琅琊镇文卫路

2016年婺城区获市著名商标一览表

表26

序号	单位名称	法定代表人	企业住所
1	金华市精工工具制造有限公司	林秀蓉	浙江省金华市婺城区白龙桥镇临江工业园区龙乾南街108号
2	金华市鼎鑫大鲵驯养繁殖场	金根清	浙江省金华市婺城区汤溪镇莘畈乡大立元村
3	浙江海蜜机械有限公司	沈佳秋	浙江省金华市婺城区白龙桥镇古方村
4	浙江超浪新材料有限公司	杨庆伟	浙江省金华市婺城区新业街77号
5	浙江金祥板业有限公司	郑春祥	浙江省金华市婺城区乾西乡工业园
6	浙江师大人家餐饮管理有限公司	方志刚	浙江省金华市婺城区人民东路光华里20号
7	金华满篮春食品有限公司	李建跃	浙江省金华市婺城区河盘桥路712号
8	浙江鼋生农业发展有限公司	杨建忠	浙江省金华市婺城区长山乡石门村
9	浙江金盾保安服务有限公司	徐薛明	浙江省金华市婺城区二环北路1339号
10	浙江双溪印业有限公司	范国凯	浙江省金华市婺城区荷塘路壹号

名牌企业、产品

2016年婺城区浙江省名牌企业、名牌产品一览表

表27

序号	名牌企业	名牌产品
1	浙江时通电气制造有限公司	高压开关设备
2	金华市华洲连锁超市有限公司	华洲超市

2016年婺城区获金华市名牌企业、名牌产品一览表

表28

序号	企业名称	产品名称
1	金华欧仑催化科技有限公司	排气消声器
2	浙江海螺万家调味品有限公司	调味品
3	金华光华印务制衣有限公司	贺卡
4	浙江美保龙种猪育种有限公司	种猪
5	金华市白龙山茶场	茶叶

重要文件目录

区委文件目录

关于印发区委常委会“三严三实”专题民主生活会方案的通知

中共金华市婺城区委办公室金华市婺城区人民政府办公室关于召开区委六届十次全体（扩大）会议暨区政府八届八次全体会议的通知）

中共金华市婺城区委办公室金华市婺城区人民政府办公室关于2016年度区领导信访接待日和下访接访工作安排的通知

中共金华市婺城区委办公室金华市婺城区人民政府办公室关于从严规范婺城区先进单位和先进个人评比表彰活动的意见

中共金华市婺城区委办公室金华市婺城区人民政府办公室关于进一步提高乡镇街道干部待遇的补充通知

中共金华市婺城区委办公室金华市婺城区人民政府办公室关于进一步加强司法行政基层建设的实施意见

中共金华市婺城区委办公室金华市婺城区人民政府办公室关于印发《区纪委派驻机构工作规定(试行)》的通知

中共金华市婺城区委办公室金华市婺城区人民政府办公室关于印发王健、申屠福华同志在区委六届十次全体(扩大)会议暨区政府八届八次全体会议上的报告、讲话的通知

中共金华市婺城区委办公室金华市婺城区人民政府办公室关于召开2016年全区干部大会的通知

中共金华市婺城区委办公室金华市婺城区人民政府办公室关于印发婺城区加快构建现代化公共文化服务体系实施方案的通知

中共金华市婺城区委办公室金华市婺城区人民政府办公室关于调整婺城区地方志编纂委员会成员的通知

中共金华市婺城区委办公室金华市婺城区人民政府办公室关于成立婺城区国家卫生城市管理工作领导小组的通知

中共金华市婺城区委办公室金华市婺城区人民政府办公室关于表彰2015年度信访工作先进集体和先进个人的决定

中共金华市婺城区委办公室金华市婺城区人民政府办公室关于印发婺城区加快构建现代化公共文化服务体系实施方案的通知

中共金华市婺城区委办公室金华市婺城区人民政府办公室关于表彰2015年度信息、调研工作先进单位和个人的通报

关于印发区委常委会“三严三实”专题民主生活会方案的通知

中共金华市婺城区委办公室金华市婺城区人民政府办公室关于2015年度人口和计划生育目标管理责任制考核结果的通报

关于印发婺城区委理论学习中心组2016年学习计划的通知

中共金华市婺城区委办公室金华市婺城区人民政府办公室关于继续开展千名干部进企业,千方百计解难题活动的通知

关于印发2016年全面深化法治婺城建设工作要点的通知

中共金华市婺城区委办公室金华市婺城区人民政府办公室关于调整金华市婺城区机构编制委员会成员的通知

关于成立创建全国青少年普法教育示范区领导小组的通知

关于印发区委全面深化改革领导小组2016年工作要点

关于印发婺城区2016年主要工作任务和重点惠民实事的通知

关于印发婺城区G20杭州峰会安保工作方案的通知

关于公布2016年度婺城重点建设项目的通知

关于调整婺城区岗位目标考核委员会成员的通知

关于印发关于在全区党员中学党章党规,学系

列讲话,做合格党员学习教育的实施方案的通知

关于成立婺城区五改工作领导小组的通知

关于印发婺城区开展以打短板、化积案、创标杆为主题的信访积案化解百日攻坚大会战工作方案的通知

关于印发金华市婺城区农村环境四治两化工作实施意见的通知

关于印发金华市婺城区两路两侧环境整治工作实施方案的通知

关于印发婺城区平安护航G20大会战十大专项行动工作实施方案的通知

关于召开区委六届十一次全体扩大会议暨区政府八届九次全体会议的通知

关于调整区反恐怖工作领导小组组成人员的通知

关于区委区政府美丽婺城建设领导小组组成人员的通知

关于于印发婺城区全国青少年普法教育示范区创建活动的实施方案的通知

关于印发王健、申屠福华同志在区委六届十一次全体(扩大)会议暨区政府八届九届全体会议上的报告、讲话的通知

关于印发中共金华市婺城区委建设平安婺城领导小组关于2016年深化平安婺城建设维护社会和谐稳定工作的意见的通知

关于印发2016年区领导联系重点突破改革项目工作方案的通知

关于做好区先进基层党组织、优秀共产党员、优秀党务工作者推荐工作的通知

关于成立婺城区乡镇党委换届试点工作领导小组的通知

关于成立区两学一做学习教育协调小组及工作机构的通知

关于印发婺城区基层党员干部侵害群众利益专项整治工作方案的通知

关于成立区委统战工作领导小组的通知

关于召开婺城区二七区块征迁工作暨“两优一先”表彰大会的通知

关于印发金华市婺城区综合行政执法工作实施方案的通知

关于转发中共浙江省委办公厅关于在“两学一做”学习教育中深入学习贯彻中国共产党党组工作条例(试行)的通知的通知

关于认真组织学习贯彻习近平总书记在庆祝中国共产党成立95周年大会上的讲话的通知

关于调整婺城区扶贫开发工作领导小组的通知

关于印发婺城区2016年度区级机关部门(单位)工作目标责任制等6个考核办法的通知

关于印发关于落实党委(党组)意识形态工作责任制的实施方案的通知

关于成立婺城区委巡察工作领导小组的通知

关于印发中共金华市婺城区委巡察工作实施办法的通知

关于印发党风廉政建设党委(党组)主体责任和纪委(纪检组)监督责任清单的通知

中共金华市婺城区委办公室金华市婺城区人民政府办公室关于印发2016年党风廉政建设和反腐败工作组织领导与责任分工的通知

区委常委会议纪要

中共金华市婺城区委办公室金华市婺城区人民政府办公室关于成立婺城区农村生活污水治理设施长效运维管理工作领导小组的通知

中共金华市婺城区委办公室金华市婺城区人民政府办公室关于印发婺城区关于做好4600元以下贫困现象消除后巩固提升工作实施意见的通知

中共金华市婺城区委办公室金华市婺城区人民政府办公室关于杭州峰会决战阶段实行区级领导坐班接访的通知

中共金华市婺城区委办公室金华市婺城区人民政府办公室关于表彰2011-2015年全区法治宣传教育先进集体和先进个人的决定

关于调整区委统战工作领导小组的通知

中共金华市婺城区委办公室金华市婺城区人民政府办公室关于印发婺城区公务用车制度改革实施方案的通知

中共金华市婺城区委办公室金华市婺城区人民政府办公室转发省委办公厅、省府办公厅关于进一步严明公务用车使用管理纪律的通知

关于开展婺城区落实巡视反馈意见整改情况“回头看”工作实施方案

关于征集建设“两富”“两美”打造标杆省份(2012.6—2016.12)一书图文的通知

中共金华市婺城区委办公室金华市婺城区人民政府办公室关于印发婺城区百日攻坚百日招商百日服务竞赛活动实施方案的通知

关于认真开展巡视整改工作情况回头看的通知

中共金华市婺城区委关于巡视整改“回头看”工作情况的自查报告

中共金华市婺城区委办公室金华市婺城区人民政府办公室关于切实做好房屋安全隐患排查和风险防范工作的紧急通知

中共金华市婺城区委办公室金华市婺城区人民政府办公室关于印发2016年社会主义新农村建设领导小组成员单位主要工作任务的通知

中共金华市婺城区委办公室金华市婺城区人民政府办公室关于印发婺城区整治畜牧业违法建筑、优化养殖布局专项行动工作方案的通知

中共金华市婺城区委办公室金华市婺城区人民政府办公室关于加强乡镇(街道)“四个平台”建设完善基层治理体系的指导意见

中共金华市婺城区委办公室金华市婺城区人民政府办公室关于印发婺城区关于全面加强中小学德育工作的实施意见的通知

关于切实做好2017年度党报党刊征订发行工作的通知

中共金华市婺城区委办公室金华市婺城区人民政府办公室关于成立婺城区深化供销合作社和农业生产经营管理体制改革构建“三位一体”农民合作经济组织体系工作领导小组的通知

转发区委统战部关于区工商联(总商会)换届工作的实施意见的通知

关于印发婺城区小城镇环境综合整治行动实施方案的通知

关于在全区组织开展学习《中国共产党的九十年》的通知

关于做好乡镇(街道)和机关部门(单位)2016年工作目标责任制考核工作的通知

关于组织学习《婺城发布》微党史的通知

关于召开中国共产党金华市婺城区第七次代表大会的通知

关于做好2016年度党委(党组)履行党风廉政建设主体责任情况报告工作的通知

关于调整婺城区“五水共治”工作领导小组的通知

关于印发金华市婺城区行业协会商会与行政机关脱钩实施意见的通知

关于印发金华市婺城区综合行政执法局主要职责内设机构和人员编制规定的通知

区政府文件目录

关于印发《中共金华市婺城区人民政府办公室党组会议制度》的通知

关于开展“学党章党规、学系列讲话,做合格党员”学习教育活动的通知

关于下发区政府办公室十项相关制度的通知

关于公布第七批婺城区农业龙头企业名单的通知

关于婺城区小城镇环境综合整治工程(一期)项目政府购买服务相关事项的通知

关于婺城区小城镇环境综合整治工程(二、三期)项目政府购买服务相关事项的通知

关于印发2016年度金华市婺城区人民政府常务会议集体学法专题计划的通知

关于转发《金华市行政败诉案件通报与过错责任追究暂行办法》的通知

关于公布区级重大火灾隐患单位的通知

关于开展春节前安全生产大检查的通知

关于认真落实《浙江省行政处罚结果信息网上公开暂行办法》的通知

关于印发金华市婺城区人民政府部门职责管理办法的通知

关于转发金华市人民政府办公室关于进一步推进市、县(市、区)两级行政审批扁平化改革的通知

转发浙江省人民政府办公厅关于进一步加强消防安全工作的通知

关于开展市区2016年烟花爆竹禁限燃分片包干工作的通知

关于转发金华市行政机关负责人出庭应诉工作规定的通知

关于转发浙江省行政复议责任追究暂行办法的通知

关于印发婺城区林权勘界和林权信息化建设项目实施方案的通知

关于建立金华市婺城区综合行政执法工作部门联席会议制度的通知

关于印发婺城区“小微企业三年成长计划”(2015-2017年)实施方案的通知

转发浙江省人民政府办公厅关于深化权力清单责任清单工作的意见

关于修订《婺城区名师名校长奖励办法》的通知

关于印发《婺城区创建浙江省慢性非传染性疾病综合防控示范区工作实施方案》的通知

关于印发《婺城区实施浙江省知识产权示范区工作方案》的通知

关于印发《婺城区2016年国家卫生城市复审工作方案》的通知

关于进一步做好畜禽养殖污染整治工作的通知

关于开展地方文献征集工作的通知

关于下达2016年全区工业经济和招商引资目标任务的通知

关于印发《婺城区清污(淤)专题月工作实施方案》的通知

关于开展“走在前列、共建金华”解放思想大讨论活动的通知

关于印发《金华市婺城区小微企业安全生产委托管理工作实施方案》的通知

关于开展农村留守儿童排查及信息录入工作的通知

关于下达2016年有关经济计划指标的通知

关于印发《浙江政务服务网婺城分厅“淘宝式”全流程网上办理工作实施方案》的通知

关于下达2016年乡镇(街道)财政收入任务的通知

关于印发,金华市婺城区特种设备普查整治工作实施方案》的通知

关于实施优化完善后的《婺城区粮食生产功能区建设规划(2010—2018年)》的通知

关于调整办公室内部事务分工的通知

关于印发2016年婺城区地质灾害防治方案的通知

关于印发婺城区县域经济体制综合改革总体方案的通知

关于印发婺城区行政事业单位资产清查工作方案的通知

关于对金华市爱斯曼食品有限公司等三家区级重大火灾隐患单位予以摘牌的通知

关于印发婺城区2016年度“四破攻坚”工作要点的通知

关于印发2016年浙江政务服务网婺城分厅建设工作要点的通知

关于转发2016年浙江省法治政府建设工作要点的通知

关于印发2016年婺城区服务业工作要点及责任分工的通知

关于印发《金华市婺城区特种设备事故应急预案》的通知

关于印发《婺城区农村危房改造工作实施方案》的通知

关于印发《婺城区2016年度大气污染防治工作实施计划》的通知

关于组团参加第十八届中国浙江投资贸易洽谈会等活动的通知

关于印发《婺城区户籍制度改革工作实施方案》的通知

关于印发《婺城区户口专项清理整顿工作方案》的通知

关于做好2016年高中段学校招生考试组织工作的通知

关于转发《金华市整合建立统一的公共资源交易平台实施方案的通知》的通知

关于下达婺城区畜禽养殖污染专项整治第一批关停任务的通知

关于印发《全区“夏霆斩污”守护“碧水蓝天”百

日环保执法大行动方案》的通知

关于印发婺城区西市街上商业活动管理工作联席会议制度的通知

关于进一步加强中小学生防溺水工作的实施意见

关于印发《婺城区回溪综合治理方案》的通知

关于转发《金华市财政局 金华市人民政府金融工作办公室 中国人民银行金华市中心支行中国银行业监督管理委员会金华监管分局关于修订印发〈金华市区企业应急周转金管理办法〉的通知》的通知

关于印发《婺城区网格化环境监管实施方案》的通知

关于公布区级重大火灾隐患单位的通知

关于批转区国土分局等三部门《婺城区村级集体经济组织耕地保护奖补机制实施细则》的通知

关于印发婺城区森林资源二类调查工作方案的通知

关于批转区财政局等两部门《婺城区耕地地力保护补贴政策实施意见》的通知

关于印发《G20峰会婺城区环境质量保障工作方案》的通知

关于印发婺城区科技型中小微企业风险池资金管理办法(试行)的通知

关于印发《金华市婺城区农村公路养护管理办法》的通知

关于印发婺城区创建浙江省食品安全区工作方案的通知

关于公布第三批区级重大火灾隐患单位的通知

关于加强婺城区补充耕地指标资金统筹管理的通知

关于公布第四批区级重大火灾隐患单位的通知

关于成立婺城区创建浙江省体育强区工作领导小组的通知

关于印发婺城区重点公益林护林员配备实施方案的通知

关于印发婺城区河湖库塘清污(淤)项目监督管理及资金补助办法的通知

关于对领导班子成员分工进行调整的通知

关于做好婺城区2016年无偿献血工作的通知

关于印发《婺城区整合建立统一的公共资源交易平台实施方案》的通知

关于印发婺城区2016年主要污染物总量减排计划的通知

关于开展护航G20安全生产综合整治督查行动的通知

关于印发《婺城区政府质量奖评管理办法(2016年修订)》的通知

关于印发婺城区创建浙江省体育强区实施方案的通知

关于印发《婺城区2016年深化政府购买服务改革试点工作实施方案》的通知

关于印发《婺城区农药废弃包装物回收和集中处置实施办法(试行)》的通知

关于下达2016年婺城区“三改一拆”行动第二批违法建筑拆除任务的通知

关于印发2016年婺城区深化“四张清单一张网”改革推进简政放权放管结合优化服务工作要点的通知

关于成立婺城区洪源溪流域水环境综合治理指挥部的通知

关于印发金华市婺城区政务地理信息资源采集共享工作方案的通知

关于印发《婺城区农村生活污水治理设施运行维护管理办法(试行)》的通知

关于印发婺城区莘畈水库饮用水水源保护生态补偿专项资金使用管理办法的通知

关于印发婺城区节地生态安葬补实施办法(暂行)的通知

转发金华市人民政府办公室关于深化“先照后证”改革加强事中事后监管的实施意见的通知

关于加强安全生产监管执法的通知

关于进一步加强婺城区“电商换市”建设工作的通知

关于印发2016年婺城区城区生活垃圾分类实施计划的通知

关于下达2016年婺城区“三改一拆”行动第三批违法建筑拆除任务的通知

关于印发2016年婺城区治气“每微必争”百日攻坚行动实施方案的通知

关于成立婺城区见义勇为工作领导小组的通知

关于开展婺城区农业“两区”土壤污染防治行动的通知

关于开展婺城区第十五届 “优秀企业科技人才”“人才开发先进企业”评选的通知

关于做好2017年政策性农村住房保险工作的通知

关于印发全区服务小微企业成长暨2016年民企“双对接”活动实施方案的通知

关于建立金华市婺城区行政执法统筹协调指挥领导小组的通知

关于做好推行“双随机”抽查监管情况报送工作的通知

关于印发《金华市婺城区推进安全生产社会化服务工作实施意见》的通知

关于实行区政府正副区长AB岗制度的通知

关于印发婺城区加强“六小”服务行业污染防治管理办法(试行)的通知

关于对金华市婺城区丁奕健身俱乐部等9家区级重大火灾隐患单位予以摘牌的通知

关于公布2016年婺城区第二批创新型企业名单的通知

关于开展网格化环境监管落实情况督查的通知

关于做好2016年粮食生产功能区建设验收认定工作的通知

关于转发《浙江省人民政府办公厅关于进一步减轻企业负担降低企业成本的若干意见》的通知

关于开展元旦前安全生产大检查的通知

关于印发婺城区林森采伐管理制度的通知

关于加快推进残疾人全面小康进程的实施意见

关于转发《金华市人民政府办公室关于印发金华市公共资源交易目录的通知》的通知

关于开展打造整洁田园建设美丽农业行动的通知

名词解释

“五位一体” 从经济建设、政治建设、文化建设、社会建设、生态文明建设五个方面总体布局,组成一个有机整体, 共同推进中国特色社会主义事业。其中经济建设是根本,政治建设是保证,文化建设是灵魂,社会建设是条件,生态文明建设是基础。

“四个全面” 指全面建成小康社会、全面深化改革、全面依法治国、全面从严治党。

“两富”“两美” “两富”浙江由省十三届党代会提出,全称为建设“物质富裕精神富有”的浙江。“两美” 浙江由省委十三届五次全会提出, 全称为“建设美丽浙江、创造美好生活”。

“双千”“双服务” 指“千名干部进企业,千方百计解难题”“服务基层、服务企业”活动。

“两链”风险 指企业资金链、担保链风险。

浙中信息产业园区“一区八园” “一区”是指浙中信息产业园区,“八园”是指:以信息科技类企业为主的“新华信息产业园”;以电子商务类企业为主的“金华电子商务创业园”;以摄影制作创意类企业为主的“八咏文化创意园”;以服务外包、信息安全类企业为主的“婺星信息科技园”;以学生自主创业为主的“科贸创客园”;以创意设计类企业为主的“CRC 文化创意园”; 以传统工业转型升级为主的“智汇橙家居科技园”;以农村电子商务为主的“三分田农村电商创业园”。

“R&D”经费支出 指统计年度内全社会实际用于基础研究、应用研究和试验发展的经费支出。包括实际用于研究与试验发展活动的人员劳务费、原材料费、固定资产购建费、管理费及其他费用支出。

“四张清单一张网” “四张清单”具体指的是政府权力清单、企业投资负面清单、政府责任清单、省级部门专项资金管理清单。“一张网”则指的是浙江政务服务网。

“五证合一” 指浙江省在全国率先实行的“营业执照、组织机构代码证、税务登记证、社会保险登记证和统计登记证”“合并为一证的登记制度。

“一岗”综合受理 指市场行政管理部门在商事登记制度领域的一项改革,任何一个业务窗口都能受理企业、个体户的所有登记事项,节省了跑证时间,大大提高了审批效率。

农村“三权”改革 “三权”,即农村土地集体所有权、农户承包权、土地经营权。当前开展的三权改革是在保持农村土地集体所有不变的基础上,通过确权、登记、颁证等基础性工作将权利分置,量化到人(户),并在此基础上探索“权随人走”“带权进城”的具体办法,进一步保障农民权益,激发农村活力。

“三改一拆” 指开展旧住宅区、旧厂区、城中村改造和拆除违法建筑。

“五水共治” 指治污水、防洪水、排涝水、保供水、抓节水。

“四破”攻坚 指破僵尸企业、破围墙圈地、破低效用地、破既得利益。

个转企、“小上规” “个转企”指具有一定规模的个体工商户转型升级为企业、“小上规”指规模以下企业转型升级为规模以上企业。

“互联网+” “互联网+”代表着一种新的经济形态,它指的是依托互联网信息技术实现互联网与传统产业的联合,以优化生产要素、更新业务体系、重构商业模式等途径来完成经济转型和升级。

“两路两侧” 指围绕公路、铁路两侧开展环境美化行动。

“四边三化” 指在公路边、铁路边、河边、山边等区域开展洁化、绿化、美化行动。

“四治两化” 以改善农村人居环境为目的,全面治理乱堆、乱放、乱搭、乱建,提升绿化和美化。

“AQI” 空气质量指数(Air Quality Index)的简称AQI,是定量描述空气质量状况的重要指标,指数越大、级别越高说明污染的情况越严重,对人体的健康危害也就越大。

“双下沉、两提升” 为有效破解城乡卫生资源不均衡的结构性问题,浙江省委、省政府提出以“人才下沉、资源下沉”为手段,引导优质医疗卫生资源流向基层,支持基层医疗卫生机构“服务能力提升,服务效率提升”。

“激情婺城”系列活动 以培育和打造文化品牌、繁荣和丰富基层文化生活为目的,通过举办“三花节”、文化走亲等活动,展示婺城区独特的文化魅力、辉煌的发展成果、丰富的旅游资源以及婺城人民昂扬向上的精神风貌。

“六大防控”体系 指自防守护、巡逻防控、技术监视、信息联网、动态处警、哨卡围堵6个防控体系。

“五大平安”系统 指平安家庭、平安医院、平安工地、平安校园、平安交通。

“党群”连心桥 指全区探索实施的一项以服务群众、做群众工作为主要任务,旨在发挥基层党组织和党员干部在联系服务群众中的桥梁纽带作用的基层党建工程。

“九个一”工程 指每位区领导联系一个乡镇(街道)、一个贫困村、一个社区、一个整治村、一批强优重点骨干企业、一项重点工程(或重点技改项目)、一家农业龙头企业(或专业合作社、种养大户)、一批重点统战成员、一项招商引资任务。

联邻帮户 这是我区推行的强化农村基层党建、进一步密切联系群众的重要举措,以基层党员包片联户为手段,目的是实现家家户户都有党员联系,进户到人,做到联系服务全覆盖,搭建起党群“零距离”沟通桥梁切实解决群众困难。

“整乡推进、整区提升” 这是近阶段我区抓农村基层党建工作的总思路、总载体,目的是以推进党建示范带建设为抓手,以乡镇、村党组织全面晋位提升,实现“整县(区)提升”,努力把基层党建工作的基础打得更牢、各项任务落得更实,推动农村基层党建全面进步、全面过硬。

红色接力棒 围绕破解干部队伍老化、青黄不接、后继乏人问题,以选拔“狮子型”干部为重点配强好班长,以增强整体功能为重点建设好班子,以加强优秀年轻干部队伍建设为重点培养好梯队,努力建设一支适应婺城区经济社会发展、忠诚干净担当的好干部队伍。

“两个责任” 党的十八届中央委员会第三次全体会议提出,落实党风廉政建设责任制,党委负主体责任,纪委负监督责任。

“供给侧改革” 指在经济结构中,调整劳动力、土地、资本、制度创造、创新等供给要素,从而实现最优配置,提升经济增长的质量和数量。

“八八战略” 省委第十一届四次全会在总结浙江经济多年来的发展经验基础上,全面系统地总结了浙江省发展的八个优势,提出了面向未来发展的八项举措,即进一步发挥浙江的体制机制优势,大力推动以公有制为主体的多种所有制经济共同发展,不断完善社会主义市场经济体制;进一步发挥浙江的区位优势,主动接轨上海、积极参与长江三角洲地区交流与合作,不断提高对内对外开放水平;进一步发挥浙江的块状特色产业优势,加快先进制造业基地建设,走新型工业化道路;进一步发挥浙江的城乡协调发展优势,统筹城乡经济社会发展,加快推进城乡一体化;进一步发挥浙江的生态优势,创建生态省,打造“绿色浙江”;进一步发挥浙江的山海资源优势,大力发展海洋经济,推动欠发达地区跨越式发展,努力使海洋经济和欠发达地区的发展成为我省经济新的增长点;进一步发挥浙江的环境优势,积极推进基础设施建设,切实加强法治建设、信用建设和机关效能建设;进一步发挥浙江的人文优势,积极推进科教兴省、人才强省,加快建设文化大省。

“一带两城三区多点” “一带”指二环路信息经济产业带,“两城”指婺城新城区、江北老城区。

“三区”为仙源湖省级旅游度假区、山区生态经济示范区、高铁经济组团区。“多点”主要指以乡镇为主体的紧凑型发展平台等。

“五大发展”理念 中共党的十八届五中全会指出，实现“十三五”时期发展目标，破解发展难题，厚植发展优势，必须牢固树立并切实贯彻的创新、协调、绿色、开放、共享的发展理念。

“四换三名” 是腾笼换鸟、机器换人、空间换地，着力培养知名企业、知名品牌、知名企业家。

“一区一镇” 指农业产业集聚区、现代特色农业强镇。

“一轴五区” 即在安地镇北部打造“梅溪滨水休闲观光区”主轴，安地镇中、南、西、东南、东北部分别打造“安地古镇生活休闲区”“仙源湖观光游览区”“项村垅桂花产业休闲区”“雅干垅风情民宿休闲体验区”“安雅田园湿地度假区”，提升旅游品质。

“811”美丽婺城建设行动 全省同步开展的第四轮“811”专项行动，通过绿色经济培育、节能减排、“五水共治”、大气污染防治、土壤污染防治、“三改一拆”、深化美丽乡村建设、生态屏障建设、灾害防控、生态文化培育、制度创新这 11 项专项行动，达到绿色经济培育、环境质量、节能减排、污染防治、生态保护、灾害防控、生态文化培育、制度创新 8 个方面的目标。

“一加强三整治” 指加强规划设计引领，整治环境卫生、整治城镇秩序、整治乡容镇貌。

“海绵城市” 是新一代城市雨洪管理概念，是指城市在适应环境变化和应对雨水带来的自然灾害等方面具有良好的“弹性”，也可称之为“水弹性城市”。

“一核一区一圈三板块” 是实现婺城旅游由分散向集聚化、板块化、集约化转型的新格局，一核指城市休闲核、一区指仙源湖旅游度假区、一圈是环城游憩圈、三大板块分别是都市休闲板块、大南山生态旅游板块、生态保护板块。

“三位一体”农民合作经济组织体系 指在浙江省开展的深化供销合作社和农业生产经营管理体制改革，构建“生产、供销、信用”为一体的农民合作经济组织体系。

“一点一区、两大通道” “一点一区”指全面深化义乌国际贸易综合改革试点，努力争创金义商贸特区。“两大通道”指“义甬舟”大通道和“义新欧”大通道。

外贸“四个多元化” 是指外贸经营主体多元化、出口商品多元化、出口市场多元化、贸易方式多元化。

宣传文化领域“六大行动” 指在全省宣传文化领域推行的核心价值普及行动、优秀文化传承行动、文化礼堂推进行动、最美风尚培育行动、网络空间清朗行动、推进诚信浙江建设行动六项行动，旨在推动社会主义核心价值观落地生根、取得实效。

低收入农户收入倍增计划 主要目标是到 2017 年，计划中列入的 26 县和台州市黄岩区、金华市婺城区、兰溪市部分乡镇低收入农户人均纯收入比 2012 年翻一番，达到 10000 元以上。

全民健身“四提升四覆盖” 指浙江省推进全民健身国家战略四项重要举措，一是提升群众身边的体育场地建设水平，努力实现“15 分钟健身圈”便民体育设施全覆盖；二是提升群众身边的休育组织水平，努力实现乡镇(街道)“1+5”体育社会组织网络全覆盖；三是提升群众身边的健身活动水平，努力实现常态化健身活动全覆盖；四是提升群众身边的健身指导水平，努力实现行政村(社区)社会体育指导员及乡镇(街道)体质测试网点全覆盖。

安全生产“七大重点领域” 指具有较大安全生产隐患的道路交通领域、消防领域、建筑施工领域、危险化学品及烟花爆竹和非煤矿山领域、水上交通娱乐领域、特种设备领域、“三场所一企业(有限空间场所、涉可燃爆粉尘作业场所、喷涂作业场所、涉氨制冷企业)”领域。

“六大纪律” 指党的政治纪律、组织纪律、廉洁纪律、群众纪律、工作纪律、生活纪律。

“四种形态” 一、党内关系要正常化，批评和自我批评要经常开展，让咬耳扯袖、红脸出汗成为常态；二、党纪轻处分和组织调整要成为大多数；三、对严重违纪的重处分、作出重大职务调整应当是少数；四、而严重违纪涉嫌违法立案审查的只能是极少数。

索 引

一 画

二 画

三 画

四 画

五 画

六 画

七 画

八 画

九　画

十　画

十一画

十二画

十三画

十四画

撰稿人名单

(按编稿顺序排列)

朱艳萍	朱德勤	叶琳琳	洪志生	叶巨擘	周江海	徐　胜	张纯陆	蒋　涛	邱飞飞
汪　璐	鲁杭燕	戴建东	袁倩蕾	李　琛	林晨宇	杨金凤	陈志强	申洪广	邵蓓蕾
罗　强	叶小磊	欧阳靖宇	徐　意	单华杰	陈璐莹	陈小方	徐　超	吴耀峰	孔爱华
周国忠	郑艳球	郑池爱	季美珍	张建红	马益君	丁　成	徐美珍	张　敏	章国新
叶爱莲	倪庚耀	沅　华	池　清	郑慧卿	孟展麟	李英昌	金　婷	邱苗涵	宋　佳
吴　超	何杨啸	傅晓生	王一鸥	胡群慧	佟晓云	邓先辉	王杭亮	袁　也	张倩文
赵　晨	章杨倩	陈雪淮	祝江浩	祝晓恒	邓　磊	黄慧华	林　可	方少云	胡崇禄
张根友	邢均林	叶一平	孙傲雪	盛华君	沈伊娜	朱明升	郎亚红	徐　斌	覃亚萍
范志俊	宋　佳	蒋晓怡	杨秀清	王佳杰	王圣昕	罗齐梅	李　敬	袁　昕	李竞然
杨朝洋	董未名	吴天昊	李思锋	祁　雪	朱丽娜	戴爱红	刘国强	倪俭余	王　鲁
李安可	朱光夏	郑艳宏	周济果	徐国君	余　莉	赵一帆	方瑞敏	沈　丹	高　俊
张树云	吴　梦	张倩云	华白璐	崔梦琪	胡卫军	张　乐	王　伟	周文斌	姚清正
吕爱姣	方翠荷	许美丹	成　龙	单霄鹏	周　蔷	卢珊珊	滕春生	张凌雁	丁小璐
舒　畅	张国军	楼祖跃	李　春	金一婷	虞志倩	郑紫钰	陈　键	费　芳	陈元庆
朱楚一	吕兰姣	范　翠	徐雍骏	董　燕	余小蕾	朱　雯	郭文琴	沈　元	傅小婷
严光远	潘晨晨	沈　丹(箬阳)		傅文斌					